R과 Python을 이용한 확률 및 통계

박진호 · 박헌진 · 온일상 · 유동현 · 조민호 · 조성일 · 조성훈 · 황진수 지음

자유아카데미

머리말

통계학은 데이터를 체계적으로 다루는 학문으로서, 여러 학문 분야뿐만 아니라 데이터를 다루는 실제 사회 현장에서도 그 응용범위와 필요성이 날이 갈수록 증가하고 있다. 더욱이 4차 산업혁명의 특징 중 하나인 초연결사회에서 발생하는 빅데이터를 활용하여 이를 과학적으로 분석해 의사결정에 이용하는 학문 분야로서 그 중요성은 어느 때보다 강조되고 있다. 이러한 배경에서 통계학은 학문 분야를 포함한 사회 여러 부분의 많은 이들에게 필수적인 학문이라고 할 수 있다.

이 책은 통계학을 전공하는 학생은 물론 이를 응용하는 여러 분야의 학생들을 의한 통계학 입문서이다. 통계학의 기반이 되는 자료를 요약 및 정리하는 방법과 확률이론에 대하여 알아보고, 기본적인 통계적 추론방법의 이론을 공부하여 다양한 예제와 컴퓨터 실습을 통해 실제 문제에서 쉽게 응용할 수 있도록 집필하였다.

또한 오늘날 통계학을 이용하여 데이터 분석을 하기 위해서는 통계소프트웨어를 활용하는 것이 필수적이라고 할 수 있는데, 이 책에서는 대표적인 통계소프트웨어 R과 최근 인공지능 및 빅데이터 처리에 가장 많이 사용되는 Python을 활용하였다. R과 Python은 일반적인 데이터부터 빅데이터까지 다양한 형태의 데이터 처리에 쓰이는 보편적인 프로그래밍 언어로서 인터넷을 통해 무료로 구할 수 있으며 수많은 통계 관련 라이브러리가 제공되고 있다. 또한, 지속해서 새로운 함수 등이 업데이트되어 다양한 최신 데이터 분석기법도 사용할 수 있다. 각 장의 마지막 부분에는 R을 이용한 예제와 그에 해당하는 Python 코드를 제시하여 그 장에서 소개한 내용에 대해 예제를 따라하면서 언어와 분석 방법을 익히도록 설계하였다.

장별 내용을 살펴보면, 1~2장에서는 간단한 그림과 수치들로 데이터를 정리 및 요약하는 기술통계학을 다루었고, 3~7장에서는 통계학의 이론적인 바탕을 이루는 확률이론과 다양한 확률분포이론에 대하여 소개하였다. 9~10장에서는 통계학의 중심 이론인 통계적추론에 대하여 설명하였고, 11~13장에서는 통계학의 대표적인 응용이론 몇 가지를 소개하였으며 마지막 14장에서는 최근 빅데이터 시대에 다시 각광을 받는 비모수 통계분석을 소개하였다.

통계학을 전공하는 학생들은 두 학기에 걸쳐 다룰 수 있으며, 통계학을 필요로 하는 다른 분야 학생들은 1장부터 10장까지 간단하게 다룬 후 11장 이후에는 관심 분야만을 취사선택하여 한 학기에도 다룰 수 있을 것으로 생각한다.

좋은 책을 위해 최선을 다했지만 부족한 부분이 있을 수 있다. 이 점은 양해를 바라며 출간 후에라도 수정사항이 있는 경우에는 자유아카데미 홈페이지(www.freeaca.com) 자료실에 제공할 예정이니 참고하기를 바란다. 마지막으로 이 책이 나오기까지 도움을 주신 자유아카데미를 포함한 모든 분들께 감사의 마음을 전한다.

2023. 7.

저자 일동

차례

13장 범주형 자료분석

14장 비모수 추론

부록

1장

서론

1.1 통계학의 소개

통계학(statistics)의 어원은 라틴어에서 '국가'라는 의미의 'status'라는 단어에서 유래한 것이다. 오랫동안 통계라는 것은 어느 한 국가의 지표로서 경제, 인구, 정치적인 상황을 자료나 도표로 나타내는 것과 동일시되어 왔다. 오늘날에도 대다수의 일반 사람들은 통계학을 복잡한 숫자들의 나열이나 그래프들만을 다루는 것으로 생각하고 있다. 이는 우리가 일상생활 등에서 접하는 통계라는 것이 깨알 같은 숫자나 도표 등이 나열된 "농업 생산량의 통계", "실업률 통계" 등과 같은 것이므로 어쩌면 당연한 일인지도 모른다. 그러나 20세기 들어 괄목할 만한 발전을 이룬 통계학은 이제 더 이상 단순히 주어진 자료를 그림이나 표로 정리하거나 간단한 수치로 요약하는 것이 전부가 아니라, 주어진 자료를 기초로 해서 보편타당한 이론을 추론해 내는 학문의 한 분야로서 그 중요성을 인정받게 되었다.

그렇다면 과학적인 학문의 한 분야로서 통계학의 역할과 주된 목표는 무엇인가? 이제 통계학은 단순히 자료를 전시하는 영역을 뛰어넘어 정보를 가지고 있는 자료를 효과적으로 수집하는 과정, 이러한 자료를 합리적으로 해석하는 과정, 그리고 이 자료로부터 올바른 결론을 유도하는 과정을 총체적으로 다루는 것이다. 통계학의 영역은 자료의 수집과 조사를 통해 사실을 밝혀내는 것을 포함하는 모든 지식의 습득과정까지 자연스럽게 확장된다. 여론조사, 새로운 농작물의 실험, 백신의 임상실험 등은 일부분의 예에 불과하다. 어떤 종류의, 얼마만큼의 자료를 수집해야 하는가, 어떻게 자료를 정리하고 해석해야 하는가, 통계학적으로 내린 결론이 얼마나 타당한가, 그리고 그 결론의 불확실성은 무엇으로 측정해야 하는가 등의 여러 질문에 대답하는 데에 통계학의 원리와 방법론은 매우 유용하게 쓰인다.

통계학의 역할

통계학은 자료의 수집과정을 설계하고, 자료를 요약하고 해석하여 결론을 이끌어 내거나 일반화하는 전체적인 원리와 방법론을 제공한다.

통계학의 주된 목표

1. 관측값으로부터 효율적인 추론을 할 수 있도록 표본추출의 과정과 범위를 설계한다.
2. 표본에 포함되어 있는 정보를 분석하여 모집단에 관하여 추론한다. 이때 추론에 수반되는 불확실성도 측정한다.

표본추출의 과정을 설계하는 것은 아주 중요한 부분이다. 잘 설계된 표본추출의 결과로 얻어진 자료로부터는 효율적인 분석과 추론이 가능하지만 잘못 설계된 표본추출의 결과로 얻어진 자료로는 아무리 고도의 통계적인 기법을 적용하여도 잘못된 결과를 얻기 쉽다.

과거에는 단순히 자료를 축적하거나 요약하는 데 이용되었던 통계학은 이제 효율적인 자료의 수집, 이해, 해석을 가능하게 하는 현대적인 분석의 도구를 제공하는 학문으로 그 역할이 변모하고 있다. 통계적인 개념과 방법은 표본으로부터 모집단에 대한 타당한 결론을 내릴 수 있게 해 준다. 이러한 목표를 갖는 통계학은 자료에 근거한 증거로만 정보를 평가해야 하는 모든 학문 분야에 널리 사용되고 있다.

1.2 모집단과 표본

이 절에서는 통계학에서 사용되는 가장 기본적인 몇 가지 용어에 대해 소개한다. 통계학은 다양한 분야에서 여러 경우에 사용되지만 각 경우마다 몇 가지 공통적인 면이 있다.

첫째, 새로운 정보나 지식을 얻기 위해서는 관련된 자료를 수집해야 한다.

둘째, 조건이 거의 같은 상황에서 관측되더라도 관측값들 사이에 어느 정도의 변동은 피할 수 없다. 예를 들어, 같은 종류의 쥐들을 대상으로 약의 효능을 실험한다고 할 때 그 결과는 쥐마다 다르게 나타나게 된다. 또한 실험의 조건(온도, 압력, 시료의 양 등)을 일정하게 유지하면서 실험을 한다고 해도 측정된 반응의 결과가 실험마다 똑같이 나오는 것을 기대하기는 어렵다.

셋째, 관련된 자료를 모두 수집한다는 것은 전혀 불가능하거나 현실적으로 있을 법하지 못한 경우가 흔하다. 실험실이나 사업 현장에서 실험을 통해 얻은 자료는 실험을 아무리 많이 시행하였다고 하더라도 항상 새로운 조건하에서 실험이 시행될 수 있어 실현 가능한 모든 조건을 고려하여 실험을 시행할 수 없다. 여론조사나 가계지출조사 등에서 모든 국민을 대상으로 자료를 수집한다면 완전한 자료를 얻을 수 있을 것이다. 그러나 이 경우 이론적으로 불가능한 일은 아니지만 현실적인 면에서 거의 실현 불가능한 일이라고 할 수 있다. 또 다른 예로서, 어떤 특정한 차종이 어떤 속도에서 충돌할 때 그 손상 정도를 측정하기 위한 실험을 생각해 보자. 완전한 자료를 수집하기 위해서는 생산라인에서 만들어지는 모든 자동차를 실험 대상으로 삼아야 한다. 그러나 이는 자료를 얻는 목적을 생각할 때 전혀 의미 없는 일이라고 할 수 있다. 이와 같이 완전한 자료를 얻는다는 것은 시간, 자원, 시설, 때로는 자료를 수집하는 과정에서 피할 수 없는 파괴적인 특성 등의 제한조건으로 인하여 거의 불가능하다. 따라서 실제로 얻게 되는 제한된 자료를 이용하여 전체에 관한 정보를 얻고자 하게 된다.

여기서 나열된 특성으로부터 주목해야 할 것은 관측과정을 통해서 실제로 수집하는 관측값과 주어진 상황에서 수집 가능한 모든 관측값과는 차이가 있다는 것이다. 여기에서 수집 가능한 모든 관측값들을 모은 집합을 **모집단**(population)이라고 하고, 실제로 수집되는 모집단의 일부분에 해당되는 관측값들의 집합을 **표본**(sample)이라고 한다. 이때 표본에 속하는 각 관측값은 어떤 개체, 예를 들면 사람이나 실험용 쥐 등으로부터 관측되거나 측정된 것인데 이러한 개체를 **표본추출단위**(sampling unit)라고 한다. 따라서 관측과정을 통해 얻어진 각 개체의 관측 결과를 모두 모아 놓은 집합이 앞에서 정의한 표본이 된다. 모집단은 연구 목적에 따라 다르게 정의될 수 있으며 우리가 얻고자 하는 정보를 가진 연구 대상이라 할 수 있다.

1. 모집단

얻고자 하는 정보와 관련이 있는 모든 개체로부터 얻을 수 있는 모든 관측값들의 집합

2. 표본

모집단의 일부분으로, 원하는 정보를 얻기 위해 수행한 관측과정을 통해 실제로 얻어진 관측 결과의 집합

이 책은 관측된 표본으로부터 모집단에 대해 추론하는 통계학의 기본 개념과 방법들을 다루고 있으며 모든 기초이론 및 응용 분야의 핵심이 된다. 우리는 여러 응용 분야에서의 예를 통해 통계학의 다양한 기법들을 살펴보고, 이를 통해 통계학의 이용 가능성 및 오용 가능성도 함께 소개한다.

2장

자료의 요약

자료가 주어질 때 우리는 자료를 분석하여 전체적인 경향을 파악하거나 새로운 사실을 유추하고자 한다. 이때 각각의 관측값을 보면서 분석한다면 이것은 매우 지루할 뿐 아니라 몇 개의 값에 의하여 크게 영향을 받을 수 있다. 또한 자료가 방대하면 각각의 관측값을 보고 분석하는 것은 실행하기 어렵다. 따라서 자료에 내포된 내용을 쉽고 빠르게 파악할 수 있도록 자료를 정리 및 요약할 필요가 있다. 자료를 요약하는 방법은 분석의 대상이 되는 자료의 형태에 따라서 달라지므로 먼저 자료를 그 형태에 따라 구분하는 방법을 공부하고, 자료의 형태별로 자료를 정리, 요약하는 방법을 공부하기로 한다.

2.1 자료의 형태

자료는 일반적으로 **수치형 자료**(numerical data)와 **범주형 자료**(categorical data)의 두 가지 형태로 구분된다. 수치형 자료는 관측된 값이 수치로 측정되는 자료를 말한다. 키, 몸무게, 시험 성적, 자동차 사고 건수 등이 여기에 속한다. 수치형 자료에서 우리가 관심이 있는 것은 관측된 값의 크기이므로 수치형 자료를 **양적 자료**(quantitative data)라고도 한다. 수치형 자료는 관측되는 값의 성질에 따라서 다시 두 가지로 구분된다. 키, 몸무게와 같이 관측 가능한 값이 연속적이면 그 자료는 **연속형 자료**(continuous data)라고 하고 교통사고 건수와 같이 관측 가능한 값이 셀 수 있는 자료이면 **이산형 자료**(discrete data)라고 한다. 그러나 연속형 자료라고 할지라도 기록의 편리함이나 측정기구의 한계 때문에 반올림되거나 가장 가까운 눈금의 값을 얻게 되어 실제로는 이산형인 값을 갖게 된다. 예를 들면 키를 잴 때 센티미터 단위까지만 기록하고 그 이하 단위는 반올림되므로 기록된 값은 이산의 형태를 갖게 된다. 이때 기록된 값은 이산의 형태이지만 실제로 관측 가능한 값은 연속적인 척도로 주어지기 때문에 연속형 자료라고 한다. 한편 범주형 자료는 관측 결과가 몇 개의 범주(category) 또는 항목의 형태로 나타나는 자료를 말한다. 예를 들어 성별 (남, 여), 선호도(좋다, 보통이다, 싫다), 혈액형(A, B, O, AB), 지역(서울, 부산, 대구, 광주 등) 등에 관한 자료가 범주형 자료에 속한다. 범주형 자료는 관측된 값의 크기가 아니라 내용이 관심의 대상이므로 양적 자료에 대응하여 **질적 자료**(qualitative data)라고도 하며, 각 범주에 속한 관측값의 개수가 보통 관심의 대상이 된다.

여기서 주의할 점은 범주형 자료와 수치형 자료의 구분은 자료가 숫자로 표현되는가의 여부에 따라 구분되는 것이 아니라는 것이다. 남자를 1로, 여자를 0으로 표시하는 것처럼 범주형 자료를 숫자로 표현하는 것은 실제로 흔히 있는 일이다. 이때 1과 0은 남자와 여자라는 항목을 나타내기 위하여 편의상 사용된 부호에 불과하다. 따라서 1과 0 대신에 M과 F라는 알파벳으로 쓸 수도 있고 1과 −1 등의 다른 숫자로 쓸 수도 있다.

때때로 수치형 자료가 범주형 자료로 변환되어 사용되는 경우가 있다. 예를 들어 시험 성적 자료에서 100~90점, 90~80점, 80~70점, 70~60점, 60점 이하의 점수를 각각 A, B, C, D, F의 평점으로 표현하면 시험점수라는 수치형 자료가 평점이라는 범주형 자료로 변환된 것이다. 이러한 변환은 성적, 소득 등의 자료에서 흔히 이용된다.

범주형 자료는 **순위형 자료**(ordinal data)와 **명목형 자료**(nominal data)로 구분할 수 있다. 만일 선호도에 관한 자료에서 '매우 좋다', '좋다', '보통이다', '싫다', '매우 싫다'라는 5가지 범주가 주어진다면 5가지 범주에는 순서가 주어지게 된다. 이처럼 범주 간에 순서의 의미가 있으면 이러한 범주형 자료는 순위형 자료라고 하고, 혈액형이나 지역을 나타내는 변수와 같이 범주 간에 순서의 의미가 없으면 명목형 자료라고 한다.

위에서 구분된 자료의 형태를 표로 요약하면 다음과 같다.

- 수치형 자료(양적자료)
  - 연속형 자료(예: 키, 몸무게 등)
  - 이산형 자료(예: 댓글 건수, 교통사고 건수 등)
- 범주형 자료(질적자료)
  - 순위형 자료(예: 학점, 선호도 등)
  - 명목형 자료(예: 혈액형, 성별 등)

수집된 자료는 관심의 대상이 되는 특성을 측정 또는 관측한 결과로서, 그와 같이 관측되는 특성을 변수(variable)라고 한다. 이때 키, 교통사고 건수와 같이 관측 결과가 수치로 나타나는 변수를 **수치형 변수**(numerical variable)라고 하고, 성별과 같이 범주의 형태로 나타나는 변수를 **범주형 변수**(categorical variable)라고 한다. 수치형 변수는 다시 키처럼 연속적인 값을 갖는 **연속형 변수**(continuous variable)와 교통사고 건수와 같이 셀 수 있는 값을 갖는 **이산형 변수**(discrete variable)로 구분될 수 있다. 그리고 범주형 변수는 순서의 의미가 있는 범주를 갖는 **순위형 변수**(ordinal variable)와 순서의 의미가 없는 범주를 갖는 **명목형 변수**(nominal variable)로 구분된다.

연습문제

1.1 다음의 자료의 형태를 구분하라.

(1) 1시간 동안 어느 지점을 통과하는 자동차의 수

(2) 1일 주식거래량

(3) 출생 지역

(4) 감기 환자의 치유 기간

(5) 주사위를 던진 후 윗면에 나타나는 숫자

(6) 식당에 대한 만족도 (매우 만족, 만족, 보통이다, 불만족, 매우 불만족)

1.2 어느 지점을 통과하는 자동차의 수를 기록한 후에 자동차의 수가 10,000대 미만은 '적다', 10,000대 이상 100,000대 미만은 '보통', 100,000대 이상은 '많다'로 변환시켰다. 변환 전후의 자료의 형태는 각각 무엇인가?

2.2 표와 그림을 이용한 자료의 요약

이 절에서는 자료를 요약 정리하는 방법 중에 먼저 표와 그림을 통해 자료의 형태별로 시각적으로 손쉽게 자료를 파악하는 방법을 공부한다. 자료의 요약 방법은 각 자료의 형태에 따라 다르게 적용되므로 다음 절에서 범주형, 이산형, 연속형 자료의 요약 방법에 대해 각각 공부하고자 한다.

2.2.1 범주형 자료의 요약

범주형 자료에서는 몇 개의 범주가 반복해서 나타나게 되고 각 관측값의 크기가 아니라 자료가 갖는 범주의 종류와 각 범주의 빈도에 관심이 있으므로 범주형 자료에서는 각 범주가 나타나는 빈도를 요약함으로써 범주형 자료의 개요를 파악할 수 있다. 이 절에서는 하나의 범주형 변수에 대해 각 범주에 속하는 관측값의 개수를 세어서 빈도로 요약하고 그림을 작성함으로써 전체에서 차지하는 각 범주의 비율을 파악, 범주 간의 비교 등을 용이하게 하는 기법을 공부한다.

도수분포표(Frequency Table)

범주형 자료의 경우에 각 관측값은 몇 개의 범주 중의 하나의 값을 갖게 된다. 이때 각 범주에 속하는 관측값의 개수를 그 범주의 **도수**(frequency)라고 하고, 이 도수를 자료의 전체 개수로 나눈 비율을 그 범주의 **상대도수**(relative frequency)라고 한다. 이를 표로 작성하면 전체 자료의 개요를 파악하기 쉽다. 범주형 자료에서 범주와 그 범주에 대응하는 도수와 상대도수를 나열하여 표를 작성한 것을 **도수분포표**(frequency table)라고 한다. 도수분포표는 첫 번째 열에 모든 범주를 나열하고, 두 번째 열과 세 번째 열에 각 범주에 상응하는 도수와 상대도수를 나열한다. 또한 필요에 따라서 각 범주에 대한 다른 정보를 추가하여 함께 나열하기도 한다.

예제 1

한 회사에서 새로 개발한 자동차의 외형에 대하여 고객 150명을 임의로 뽑아 선호도를 조사하였다. 150명 중에서 71명은 좋다고 답하고, 42명은 보통으로 답하고, 28명은 싫다고 답하고, 9명은 답을 하지 않았다. 조사에 대한 도수분포표를 작성하라.

풀이

위의 자료에서 범주와 범주에 대응하는 도수를 첫 번째와 두 번째 열에 배열하고 각 범주의 도수를 자료의 전체 개수인 150으로 나누어 상대도수를 구하여 세 번째 열에 나열하면 표 2-1과 같이 도수분포표를 얻을 수 있다. 표 2-1에서 알 수 있듯이 전체적으로 긍정적인 반응을 가진 고객이 약 47%인 것에 반하여 부정적인 고객이 약 19%밖에 되지 않으므로 새로운 자동차의 외형에 대한 반응이 괜찮다는 것을 알 수 있다.

표 2-1 자동차 외형의 선호도에 대한 도수분포표

답	도수	상대도수
좋다	71	0.473
보통	42	0.280
싫다	28	0.187
무응답	9	0.060
합	150	1.000

범주형 자료가 주어질 때, 단순한 숫자의 나열보다는 그림을 통하여 전체의 개요를 더 쉽게 이해할 수 있다. 이때 쓰이는 것이 원형그래프와 막대그래프이다.

원형그래프(Pie Chart)

원형그래프는 먼저 원을 그리고, 이 원을 상대도수에 비례하도록 중심각을 나누어 마치 파이의 조각을 나눈 것과 같은 형태를 갖도록 하는 그림이다. 원형그래프를 이용하면 전체에서 각 범주 또는 몇 개의 범주가 전체에서 차지하는 비율을 파악하기 쉽다. 그러나 범주 간의 도수를 비교하거나 도수 크기의 차이를 파악할 때 원형그래프를 이용하면 그 내용을 명확히 파악하기 힘든 경우가 많다. 이러한 단점을 보완하기 위하여 도수 또는 상대도수를 기입하기도 한다. 그림을 통하여 범주 간의 도수를 비교하거나 도수 크기의 차이를 파악하기 위해서는 다음에 소개할 막대그래프를 이용하는 것이 더 좋다.

예제 2

어느 고등학교에서 한 학급을 임의로 선택하여 그 학급 60명에 대한 혈액형 검사를 실시한 결과가 다음과 같다. 이 자료에 대한 원형그래프를 그려라.

A	B	B	A	A	O	A	AB	O	O	A	B	O	AB	B
B	A	O	B	A	B	B	O	AB	B	A	AB	A	B	A
O	A	A	B	AB	A	O	B	A	B	B	A	B	A	B
AB	B	A	O	AB	O	B	A	B	A	O	B	A	A	A

풀이

이 자료에서 A형은 22명, B형은 20명, AB형은 7명, O형은 11명이다. 따라서 A, B, AB, O형의 상대도수는 각각 36.67%, 33.33%, 11.67%, 18.33%이다. 원의 전체 각도는 360°이므로 각 혈액형(범주)이 차지하는 각도는 360×(각 혈액형의 상대도수)가 된다. 따라서 A형이 차지하는 각도는 360°×0.367≃132°이고, 이와 같이 계산하면 B형은 120°, AB형은 42°, O형은 66°가 된다. 이 결과를 도수분포표로 정리한 것이 표 2-2이다.

표 2-2 혈액형에 대한 도수분포표

혈액형	도수	상대도수(%)	각도(°)
A	22	36.67	132
B	20	33.33	120
AB	7	11.67	42
O	11	18.33	66
합	60	100.00	360

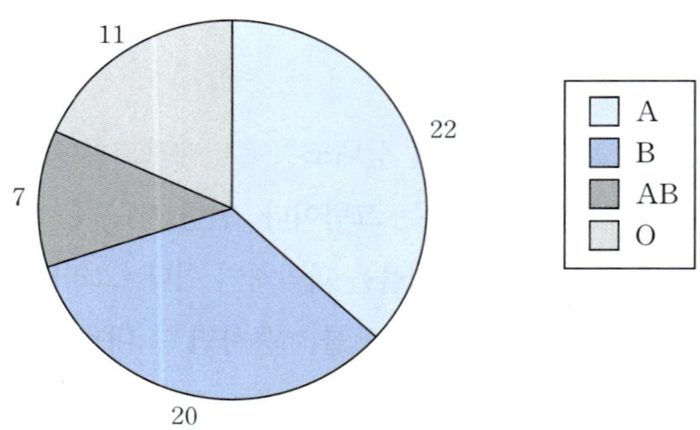

그림 2-1 혈액형에 대한 원형그래프

표 2-2에서의 각도를 이용하여 원형그래프를 그리면 그림 2-1과 같이 되는데 그림 2-1의 원형그래프에는 도수가 기입되어 있다. 그림 2-1의 원형그래프를 보면 A형 또는 B형을 가진 학생이 다수를 차지하고 있고 AB형 또는 O형을 가진 학생은 소수인 것을 알 수 있다.

막대그래프(Bar Chart)

막대그래프는 각 범주에서 도수의 크기를 막대로 그려 나타낸다. 즉 그래프의 한 축에는 도수에 대한 눈금을 그리고, 또 다른 축에는 범주를 나열한다. 그리고 각 범주에 대하여 도수의 크기만큼 막대를 그리면 막대그래프가 된다. 만약 전체에서 각 범주가 차지하는 비율에 관심이 있으면 도수 대신 상대도수를 사용하기도 한다. 도수를 이용하든 상대도수를 이용하든 그림의 모양은 같게 되므로 이들을 하나의 그림에 나타낼 수 있는데 이때에는 왼쪽 수직 축에는 도수를, 오른쪽 수직 축에는 상대도수를 기록하기도 한다. 때로는 막대의 끝에 그 범주의 도수, 상대도수 등을 기입하여 알기 쉽게 나타내기도 한다. 막대그래프를 이용하면 각 범주 간의 도수를 비교하는 데 용이하다. 그러나 각 범주 또는 몇 개의 범주가 전체에서 차지하는 비율을 파악하려면 원형그래프가 적당하다.

예제 3

예제 2에서 주어진 자료에 대한 막대그래프를 그려라.

풀이

각 혈액형의 도수의 크기에 비례하여 막대그래프를 그리면 그림 2-2와 같다. 그림 2-2의 막대그래프를 보면 A형을 가진 학생수가 가장 많고 AB형을 가진 학생수가 가장 적다는 것을 알 수 있다. B형을 가진 학생수는 A형을 가진 학생수보다 적지만 차이가 크지 않다는 것을 알 수 있다.

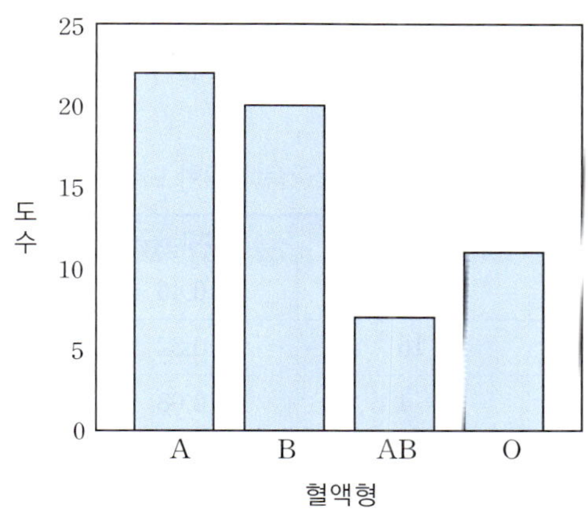

그림 2-2 혈액형에 대한 막대그래프

파레토그림(Pareto Diagram)

이탈리아 경제학자인 파레토(Vilfredo Pareto, 1843~1923)는 이탈리아의 경제 관련 자료를 조사하던 중 전체 부의 80% 정도를 대략 20%의 사람이 가지고 있다는 것을 발견하였다. 이때 전체 부의 80%를 점유하고 있는 20% 정도를 중요한 소수(vital few)라고 하고 나머지 80% 정도를 사소한 다수(trivial many)라고 한다. 이러한 현상은 명목형 자료에서도 나타나는데, 예를 들면 자동차 고장의 원인이 보통 10가지 정도 있다고 하자. 이때 80% 정도의 고장은 점화플러그와 발전기가 원인이라면 이 두 가지가 중요한 소수가 되는 것이다. 이와 같이 중요한 소수를 찾는 것이 문제의 해석이나 해결에 도움이 된다. 명목형 자료에서 다수를 점유하고 있는 중요한 소수의 범주를 찾는 데 파레토그림이 사용된다. 파레토그림은 막대그래프의 일종으로, 상대도수의 크기가 큰 순서로 범주를 왼쪽부터 오른쪽으로 배열하여 만든다. 즉 가장 큰 막대가 왼쪽, 작은 막대가 오른쪽에 오도록 배열한다. 또한 크기 순서대로 배열된 범주에서 누적상대도수(순서대로 배열된 각 범주에서 그 범주를 포함하여 왼쪽 범주들의 상대도수 합)를 구하여 그림에서 누적도수를 각 범주의 막대 위에 중앙에 표시하고 그 점들을 연결한다. 이렇게 함으로써 상대도수가 증가하는 정도와 큰 도수의 범주들이 차지하는 비율을 쉽게 파악할 수 있다. 파레토그림에서 범주의 순서는 도수의 크기에 따라 바뀌게 되므로 순위형 자료와 같이 범주의 순서가 의미가 있는 자료에서는 파레토그림은 유용하지 않다.

파레토그림을 통하여 어떠한 범주가 중요한 범주인지를 쉽게 파악할 수 있으므로 문제 파악의 수단으로 많이 사용된다. 예를 들어 어느 상품에 대한 불량품의 원인을 파악하여 불량품을 줄이고 싶다고 하자. 일반적으로 이러한 경우에 불량의 종류가 여러 가지가 있다. 이때 전체 불량의 종류를 모두 해결하기는 힘들기 때문에 전체 불량품의 80% 정도를 차지하는 몇 종류의 불량에 대한 원인을 찾아 문제점을 고친다면 불량품을 효율적으로 줄일 수 있다.

표 2-3 화장지 불량품에 대한 도수분포표

불량의 종류	도수	상대도수	누적상대도수
찢어짐	23	0.46	0.46
구멍 뚫림	16	0.32	0.78
기타	4	0.08	0.86
잘못 접혀짐	3	0.06	0.92
크기 불량	2	0.04	0.96
두께 불량	2	0.04	1.00
합계	50	1.00	

예제 4

어느 화장지 회사에서 생산된 미용용 화장지 500장을 임의로 뽑아 불량품을 조사하여 불량의 종류를 알아보았더니, 구멍 뚫림이 16개, 잘못 접혀짐이 3개, 찢어짐이 23개, 크기 불량이 2개, 두께 불량이 2개, 그리고 4종류의 불량이 각각 1개씩 있었다. 불량품이 1개인 불량의 종류를 기타의 항목으로 묶어 하나의 범주로 하여 불량의 종류에 대한 파레토그림을 그려라.

풀이

불량이 1개씩 있는 4가지의 불량을 기타의 항목으로 묶은 후 불량의 종류를 도수의 크기 순서로 배열하면 찢어짐, 구멍 뚫림, 기타, 잘못 접혀짐, 크기 불량, 두께 불량이 된다. 크기 순서대로 배열하고 도수분포표를 만들어 4번째 열에 누적상대도수를 배치하면 표 2-3과 같다.

표 2-3의 도수분포표를 이용하여 파레토그림을 만들면 그림 2-3과 같이 주어진다. 그림 2-3을 보면 찢어짐, 구멍 뚫림이 전체 불량품 중에서 78% 차지하고 있고 그 이외의 불량은 소수를 차지하고 있다는 것을 알 수 있다. 따라서 불량품을 줄이려면 먼저 앞의 2가지의 불량에 대한 원인을 찾아 해결하여야 할 것이다.

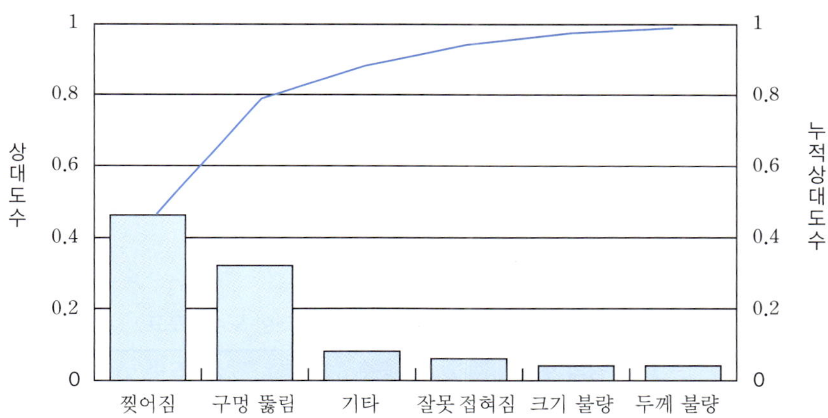

그림 2-3 화장지 불량품에 대한 파레토그림

2.2.2 이산형 자료의 요약

관측된 수치형 자료가 셀 수 있는 경우 그 자료를 이산형 자료라고 한다. 이때 관측값의 종류가 많고 적음에 따라 요약하는 기법이 달라지는데, 보통 관측값의 종류가 적은 경우에는 범주형 자료를 요약하는 기법을 사용하고, 관측값의 종류가 많은 경우에는 연속형 자료를 요약하는 기법을 사용하게 된다. 예를 들어 각 가정의 자녀 수와 같이 관측값의 종류가 많지 않은 경우 각 숫자 0,1,2,3 등을 범주로 간주하고 각 범주의 도수를 세어 도수분포표, 막대그래프, 원형그래프 등을 만들 수 있다. 이때 주의할 것은 이산형 자료는 수치형 자료로서 관측값의 크기가 의미가 있으므로 파레토그림과 같이 범주의 순서가 바뀌는 기법은 피해야 한다는 것이다. 한편 작년 한 해 동안 발생한 일별 교통사고 건수와 같이 0부터 몇백까지의 값을 관측값으로 갖는 경우 이를 다음에 소개하는 연속형 자료로 간주하여 연속형 자료의 요약 기법을 사용할 수 있다.

다음의 예제는 관측값의 종류가 많지 않은 이산형 자료를 범주형 자료의 기법을 이용하여 분석하였다.

예제 5

어느 콩밭에서 60개의 콩깍지를 임의로 추출하여 각 깍지에서의 콩의 개수를 세어 다음과 같이 기록하였다. 다음의 자료를 이용하여 도수분포표, 원형그래프, 막대그래프를 만들어라.

4	3	4	3	3	5	5	6	4	4	4	3
3	4	3	3	6	4	5	3	6	3	2	1
4	4	4	4	4	5	3	4	3	1	2	2
5	2	4	3	5	5	3	3	3	3	5	5
3	3	6	4	3	5	6	4	4	3	3	4

풀이

깍지 안의 콩의 개수에 대하여 발생한 도수를 세고 각 도수를 전체 도수의 합(60)으로 나누어 상대도수를 계산하여 도수분포표를 만들면 표 2-4와 같다.

표 2-4 깍지 안의 콩의 개수에 대한 도수분포표

콩의 개수	도수	상대도수
1	2	0.033
2	4	0.067
3	21	0.350
4	18	0.300
5	10	0.167
6	5	0.083
합계	60	1.000

원형그래프를 그리려면 표 2-4의 상대도수를 이용하여 콩의 각 개수별로 각도를 계산해야 한다. 이때 각도는 $360^\circ \times$ (상대도수)로 얻어진다. 이와 같이 각도를 구하여 원형그래프를 그리면 그림

2-4와 같다. 그림 2-4의 원형그래프를 보면 한 깍지 안의 콩의 개수가 3, 4, 5개인 것이 대부분이다. 특히 3, 4개일 경우가 가장 많고 5개일 경우는 3, 4개보다 적다. 콩의 개수에 대한 도수를 비교하기 위해서는 막대그래프를 이용하는 것이 바람직하다. 그림 2-5의 막대그래프를 보면 깍지 안에 있는 콩의 개수는 3개일 경우가 가장 많고 그 다음은 4개인데 3개와 4개에서 도수는 크게 차이가 나지 않는다. 그리고 1, 2, 6개가 있을 가능성은 적은 것을 알 수 있다.

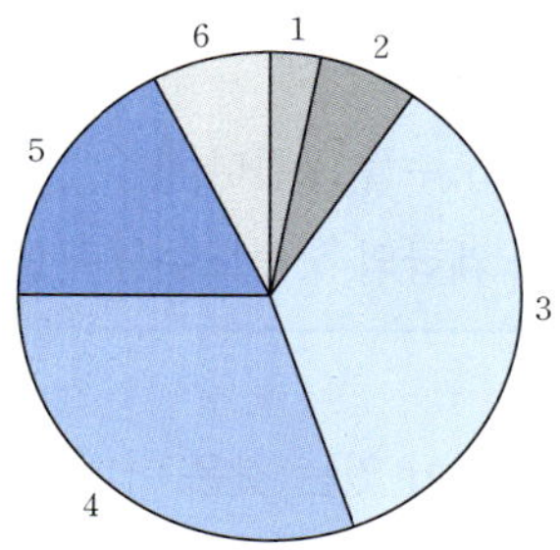

그림 2-4 깍지 안의 콩의 개수에 대한 원형그래프

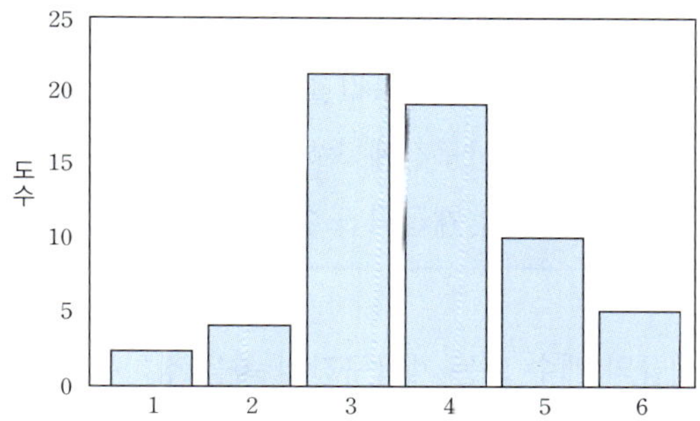

그림 2-5 깍지 안의 콩의 개수에 대한 막대그래프

2.2.3 연속형 자료의 요약

수치형 자료가 연속적인 척도로 관측된 경우에 해당 자료를 연속형 자료라고 한다. 보통 자료는 반올림이 되어 이산형의 형태로 기록이 되기는 하지만 일반적으로 이산형 자료와는 달리 연속형 자료는 많은 다른 값을 갖게 된다. 연속형 자료에서는 관측값의 종류가 적은 자료에서와는 다른 기법이 사용되는데, 보통 하나의 변수에 대한 자료의 요약 시 도수분포표, 히스토그램, 상대도수 다각형 등이 사용된다. 이산형 자료도 관측값의 종류가 많은 경우에는 연속형 자료를 요약하는 기법을 적용하여 자료를 분석할 수 있다.

도수분포표(Frequency Table)

일반적으로 연속형 자료에서는 관측값의 종류가 많기 때문에 범주형 자료에서의 도수분포표처럼 개별 관측값에 대한 빈도로 요약하지 않고 모든 관측값을 포함하는 범위를 몇 개의 구간으로 나누어 각 구간에 포함되는 관측값의 개수를 이용하여 자료를 요약한다. 이 때 구간에 포함되는 관측값의 개수를 도수로 정의하고, 이 도수를 자료의 전체 개수로 나눈 비율을 그 구간의 상대도수로 정의한다. 이렇게 나눈 구간과 대응하는 도수를 표로 정리하여 도수분포표를 작성한다. 도수분포표에서 나누어진 각 부분을 계급(class)이라고 하며, 각 계급에 포함되는 값의 범위를 계급구간(class interval)이라고 하고, 각 계급구간의 크기를 계급구간의 폭이라고 한다. 연속형 자료를 가지고 도수분포표를 만드는 과정을 정리하면 다음과 같다.

연속형 자료를 위한 도수분포표의 작성방법

1. 자료의 범위: 자료에서 최댓값과 최솟값을 찾아 범위(최댓값－최솟값)를 구한다.
2. 계급구간의 폭: 계급의 개수가 5개에서 15개 정도 되도록 대략 정하고 자료의 범위를 구간의 개수로 나누어 얻은 값보다 조금 큰 값을 계급구간의 폭으로 정한다.
3. 계급구간: 모든 관측값을 포함하도록 각 계급구간의 경계점을 구한다.
4. 도수: 각 계급구간에 속하는 관측값의 개수를 세어 계급의 도수를 구한다.
5. 상대도수: 각 계급의 도수를 전체 관측값의 개수로 나누어 계급의 상대도수를 구한다.

계급의 개수 또는 계급구간의 폭을 정하는 문제는 특별한 법칙이 있는 것은 아니다. 계급의 개수가 너무 적어서 계급구간의 폭이 너무 크면 자료가 간략하게 요약되기는 하지만 너무 많은 정보를 잃어버린다. 또한 계급의 개수가 너무 많아서 계급구간의 폭이 너무 작으면 각 계급의 도수에서 어떤 경향을 찾기 힘들어지므로 자료의 요약으로서 도수분포표의 의미가 약해진다. 위에서 계급의 개수를 5개에서 15개 사이에서 선택하는 것은 일반적으로 그 정도의 계급의 개수에서 분포의 경향이 잘 드러나기 때문이다. 따라서 계급의 개수를 꼭 5~15 범위 안에서 정할 필요는 없고 분포의 경향이 잘 드러나는 계급의 개수를 선택하면 된다.

전체 계급구간의 시작값은 최솟값과 최댓값의 구간의 중앙값이 대략 전체 계급구간의 중앙에 위치하도록 정한다. 또한 관측값이 계급의 경계점에 놓이지 않도록 하는 것이 바람직하기 때문에 첫 번째 계급구간의 시작값을 자료가 측정된 단위보다 한 단계 아래의 단위로 잡기도 한다. 일반적으로 계급구간의 시작값보다는 계급구간의 개수가 분포의 모양에 영향을 많이 미치므로 계급의 개수를 결정한 후 계급구간의 시작값을 구하기도 한다.

예제 6

다음의 자료는 어느 대학 통계학과 신입생 51명의 키를 센티미터 단위로 기록한 것이다. 이 자료에 대한 도수분포표를 만들어라.

181	161	170	160	158	169	162	179	183	178	171	177	163
158	160	160	158	174	160	163	167	165	163	173	178	170
167	177	176	170	152	158	160	160	159	180	169	162	178
173	173	171	171	170	160	167	168	166	164	174	180	

풀이

자료에서 최솟값과 최댓값은 각각 152과 183이므로 자료의 범위는 31로 주어진다. 계급의 개수를 7로 잡았을 때 자료의 범위를 7로 나누면 약 4.4가 되므로 계급구간의 폭을 5로 하자. 그리고 최솟값과 최댓값 사이의 중앙값이 전체 계급구간의 중앙에 위치하려면 계급구간의 시작값이 150이 되어야 하는데 기록된 단위 한 자릿수 아래를 잡기 위하여 149.5를 계급구간의 시작값으로 하여 도수분포표를 작성하면 표 2−5와 같다.

표 2−5 통계학과 신입생의 키에 관한 도수분포표

계급	계급구간(cm)	도수	상대도수
1	149.5∼154.5	1	0.020
2	154.5∼159.5	5	0.098
3	159.5∼164.5	14	0.275
4	164.5∼169.5	8	0.157
5	169.5∼174.5	12	0.235
6	174.5∼179.5	7	0.137
7	179.5∼184.5	4	0.078
합계		51	1.000

표 2−5의 도수분포표를 보면 도수가 증가하였다가 감소하고 다시 증가하였다가 감소하는 경향이 나타난다. 즉 신입생들의 키가 159.5 cm와 164.5 cm 사이, 그리고 169.5 cm와 174.5 cm의 사이의 두 군데에 몰려 있는데, 이 두 구간에 속한 학생의 비율은 0.275+0.235=0.51로 전체의 50%가 넘는다.

위에서 설명한 도수분포표 작성법은 계급구간의 폭이 같은 크기로 작성되어 있다. 그러나 소득과 같은 자료에서와 같이 넓은 범위에 흩어져 있지만 일부 계급구간에 집중되어 있는 경우에는 자료가 집중된 부분에서는 계급구간의 폭을 작게 하고 자료가 드문 부분에서는 계급구간의 폭을 크게 하면 더 많은 정보를 얻을 수 있다. 즉 동일하지 않은 계급구간의 폭을 사용함으로써 도수분포표에 더 많은 정보를 포함시키고, 대략적인 분포상태가 좀 더 명확하게 드러나도록 할 수 있다.

히스토그램(Histogram)

연속형 자료에서 도수분포표에서 정의한 계급구간과 상대도수를 이용하여 막대그래프 형식의 그림을 그릴 수 있는데, 이를 히스토그램이라고 한다. 히스토그램을 통해 각 계급구간 간의 도수를 비교하는 것 이외에도 계급구간에 따른 도수 변화의 경향, 즉 자료의 분포를 파악할 수 있다.

히스토그램은 계급구간과 막대의 높이가 주어짐으로써 그릴 수 있는데, 막대의 높이는 상대도수를 계급구간의 폭으로 나눔으로써 구할 수 있다. 이렇게 구한 히스토그램의 전체 면적은 1이 된다. 모든 계급구간의 폭이 같으면 도수 또는 상대도수를 막대의 높이로 사용하여 그린 그림과 히스토그램은 같은 모형이 된다. 따라서 도수나 상대도수를 막대의 높이로 사용하여 히스토그램의 모양을 얻기도 한다. 그러나 계급구간의 폭이 일정하지 않은 경우에 도수나 상대도수를 사용하면, 계급구간의 폭이 커지면 도수가 커지고 계급구간에서 도수의 밀도에 상관없이 막대의 높이가 커지므로 계급구간에서 도수의 밀도에 따라 높이를 결정하기 위해서는 상대도수를 계급구간의 폭으로 나눈 값을 막대의 높이로 사용하여야 한다. 예를 들어 계급구간 10~30, 계급구간 30~40의 도수가 똑같이 3이라고 하자. 이때 도수의 크기만을 이용하여 히스토그램을 그린다면 계급구간 10~30과 계급구간 30~40의 막대 높이는 같게 되어 두 계급구간의 도수의 밀도가 같은 것처럼 보인다. 그러나 실제로는 10~30의 계급구간이 30~40의 계급구간에 비하여 관측값이 나타나는 빈도가 반밖에 되지 않으므로 빈도가 같은 것처럼 보이는 그림은 적합하지 않다. 이러한 단점을 보완하기 위해서는 히스토그램을 그릴 때 항상 상대도수를 계급구간의 폭으로 나눈 값을 막대의 높이로 사용하는 것이 안전하다. 또한 관측값의 개수 또는 계급구간의 폭이 다른 여러 개의 히스토그램을 비교할 경우 관측값의 개수나 계급구간의 폭에 영향을 받지 않도록 상대도수를 계급구간의 폭으로 나눈 값을 막대의 높이로 사용하는 것이 바람직하다.

예제 7

예제 6의 통계학과 신입생의 키에 관한 자료에 대한 히스토그램을 그려라.

풀이

예제 6의 도수분포표를 기초로 하여 히스토그램을 그리면 그림 2-6과 같다. 여기서 그림 2-6의 수평축에 표시된 값은 계급구간의 중간값이다. 그림 2-6의 히스토그램을 보면 표 2-5의 도수분포표에서보다 분포의 모양을 더 명확하게 파악할 수 있는데, 이 자료의 분포는 두 개의 봉우리를 가지고 있는 것을 알 수 있다. 즉 3번째와 5번째의 두 구간에 관측값이 몰려 있다는 것을 알 수 있다.

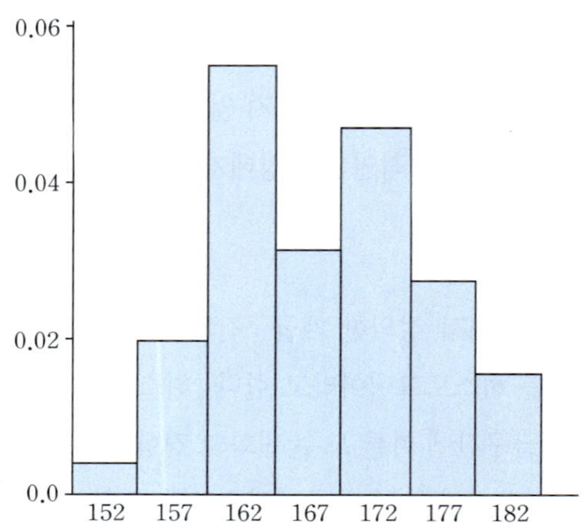

그림 2-6 통계학과 신입생의 키에 대한 히스토그램

도수분포표에서 분포의 전체적인 모양이 잘 드러나는 계급구간의 폭이나 시작값을 구하려면 계급구간의 폭과 시작값을 변화시켜 가면서 분포의 모양이 잘 드러나는 값을 선택하면 된다. 이러한 작업은 손으로 하기 어려우므로 통계 소프트웨어를 사용하여 여러 히스토그램을 그려서 비교하게 된다. 그림 2-7은 예제 6의 자료에서 계급구간의 폭과 시작값이 바뀔 때 히스토그램이 어떻게 변하는가를 나타내고 있다. 그림 2-7에서는 계급구간의 폭이 5이고 계급구간의 시작값이 149.5인 히스토그램에서 분포의 모양이 잘 드러난다.

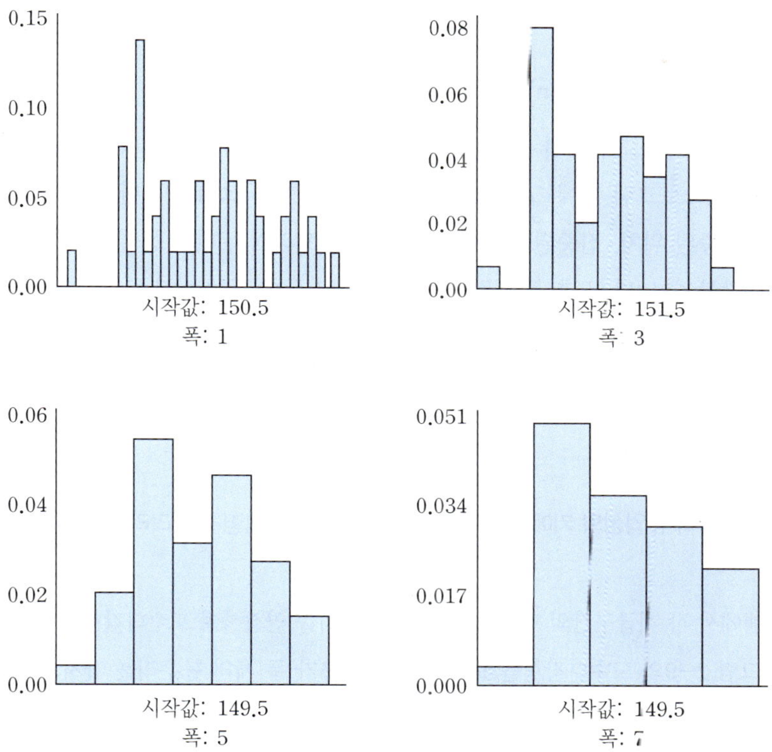

그림 2-7 계급구간의 폭과 계급구간의 시작값의 변화에 따른 히스토그램의 변화

히스토그램은 하나의 자료 분포를 분석하는 것 이외에도 두 개의 히스토그램을 그림 2-8과 같이 옆으로 연결하여 두 개의 자료의 분포를 비교할 수 있다. 예제 7에서 다룬 신입생의 키에 관한 자료에서 남자와 여자를 구별하여 이 두 집단에 대하여 따로 히스토그램을 그린 후 두 히스토그램을 옆으로 연결하면 그림 2-8과 같이 된다. 그림 2-8을 보면 각 집단은 봉우리가 하나인 분포를 하고 있다. 따라서 그림 2-6에서 봉우리가 두 개 나타난 것은 두 개의 서로 다른 집단, 즉 남자와 여자를 하나로 합쳤기 때문이다. 이와 같이 봉우리가 여러 개 생기는 것은 성질이 다른 여러 집단이 함께 있을 경우에 많이 나타난다.

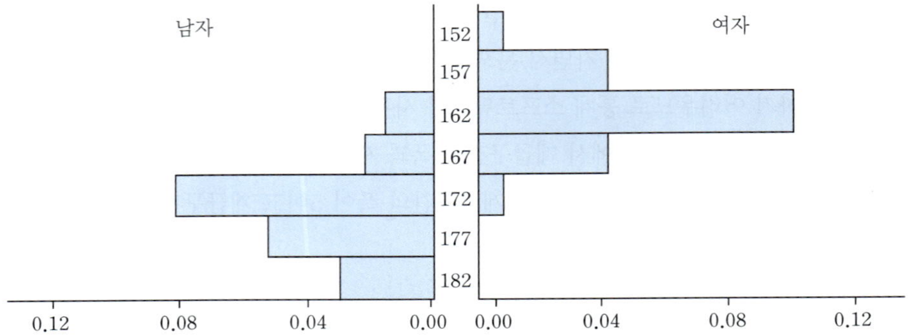

그림 2-8 신입생 남녀 간의 키 비교

도수다각형(Frequency Polygon)

도수다각형은 히스토그램에서 각 계급구간의 막대 상단의 중앙점을 직선으로 연결하여 그린다. 도수다각형은 히스토그램 위에 그리기도 하고 도수다각형만 그리기도 한다. 도수다각형을 이용하면 관측값의 집중된 위치, 집중된 정도, 치우친 정도, 꼬리의 두터움 등 분포의 상태를 히스토그램보다 쉽게 파악할 수 있다. 또한 관측값의 변화에 따라 도수 또는 상대도수의 변화를 잘 나타낸다. 도수다각형은 다음 절에 나오는 중심의 위치, 퍼진 정도 등을 그림을 통해 파악하는데 유용하게 쓰인다.

예제 8

예제 6의 통계학과 신입생의 키에 대한 자료를 가지고 도수다각형을 그려라.

풀이

히스토그램에서 각 계급구간의 막대 상단의 중앙 위치를 연결하여 도수다각형을 만들면 그림 2-9와 같다. 그림 2-9의 도수다각형을 보면 자료의 분포가 두 개의 봉우리를 가지고 있다는 것을 히스토그램보다 좀 더 명확하게 알 수 있다.

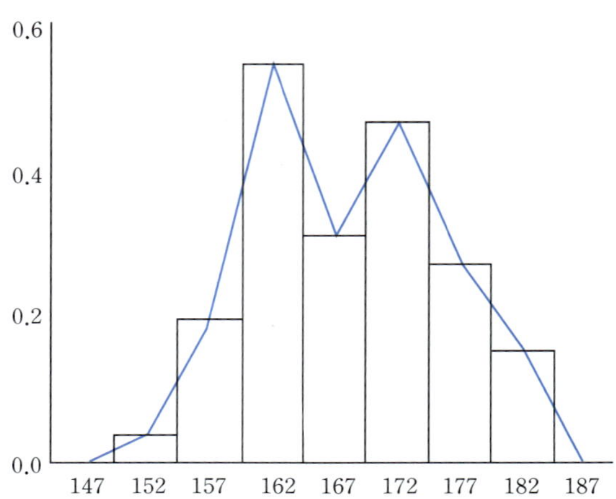

그림 2-9 통계학과 신입생의 키에 대한 도수다각형

도수다각형은 여러 개의 자료를 비교하는 데도 유용하게 쓰인다. 히스토그램의 경우 여러 개의 자료의 히스토그램을 옆으로 나열하여 비교할 수 있지만 도수다각형의 경우에는 하나의 좌표에 여러 종류의 선으로 표시할 수 있으므로 비교하는 데 더 용이하다. 따라서 여러 개 자료를 비교하기 위해서는 히스토그램보다는 도수다각형이 적당하다.

예제 9

어느 회사에서 지름 1 cm짜리 나사를 두 공장에서 납품받고 있다. 두 공장에서 생산된 나사를 비교하기 위하여 각 공장에서 납품된 나사 중에서 임의로 50개씩 뽑아 지름을 측정하고 (측정값-1 cm)$\times$1000을 하여 아래와 같은 자료를 얻었다. 도수다각형을 이용하여 두 공장에서 나온 나사의 지름 분포를 비교하라.

공장 A :

1	−8	10	−3	−3	−5	0	−6	−3	3
5	8	−6	0	−5	−1	7	−4	0	3
1	0	−2	5	0	−1	7	2	−7	5
0	5	5	−8	2	2	3	11	4	−10
0	−3	−2	−6	−8	2	0	−2	−3	2

공장 B :

6	−17	21	−7	−4	−12	0	−9	−5	6
9	15	−7	0	−10	−5	16	−11	0	4
1	−1	−7	9	1	1	14	5	−15	11
3	8	10	−13	6	6	6	19	10	−20
2	−7	−5	−10	−20	4	−2	−3	−4	3

풀이

도수다각형을 그리기 위해서는 먼저 히스토그램을 그릴 필요가 있다. 공장 A에서 생산된 나사의 지름에 대한 자료에서 계급구간의 개수를 9개로 하고 자료의 범위 21을 9로 나누면 2.3이므로 계급구간의 폭을 2.5로 하고 계급구간의 시작값은 -11.5로 선택하자. 그러면 각 계급구간에서 막대의 높이는 도수/(자료의 개수$\times$계급구간의 폭)$=$도수/125가 된다. 공장 B에서 생산된 나사의 지름에 대하여 계급구간의 개수를 9개로 하고 자료의 범위 41을 9로 나누면 4.56이므로 계급구간의 폭을 5로 잡고 계급구간의 시작값을 -22.5로 선택하자. 이때 막대의 높이는 도수/250이 된다. 이렇게 선택한 계급구간의 폭과 시작값을 가지고 만들어진 도수다각형을 한 좌표에 그리면 그림 2-10과 같다. 이 도수다각형을 보면, 공장 A에서 생산된 나사와 공장 B에서 생산된 나사 모두 지름이 1 cm 주위에 분포한다.

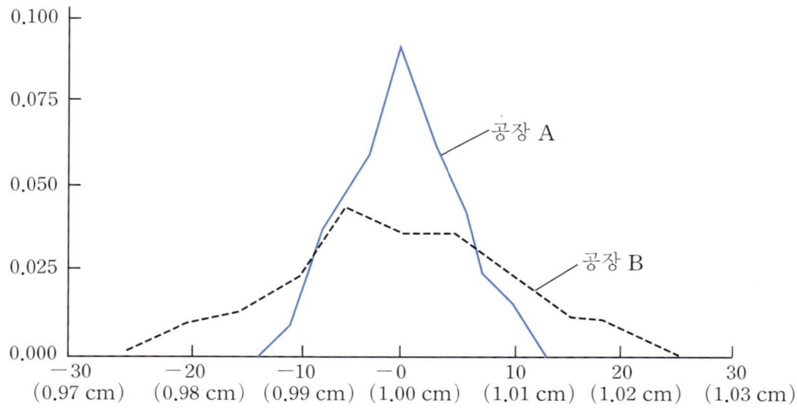

그림 2-10 나사의 지름에 대한 도수다각형

그러나 공장 A에서 생산된 나사의 지름이 공장 B에서 생산된 나사에 비하여 더 좁은 구간에 분포하고 있다는 것을 알 수 있다. 따라서 만약 1 cm ± 0.01 cm가 원하는 기준이라면 공장 A에서 생산된 나사가 공장 B에서 생산된 나사보다 기준에 포함되는 비율이 더 높은 것을 알 수 있다.

분포의 모양

이제까지 히스토그램, 도수다각형 등을 이용하여 주어진 연속형 자료의 분포를 파악하는 기법을 공부하였다. 자료마다 나타나는 분포의 모양은 다양한데, 이런 다양한 분포의 모양을 몇가지로 구분해 보면 그림 2−11과 같다. 그림 2−11에서 (a), (b), (c)는 그림 좌우의 모양이 중앙을 기준으로 비슷한 것을 알 수 있는데, 이러한 분포를 **대칭형 분포**(symmetric distribution)라고 한다. (a)의 분포와 같이 중앙에 관측값이 몰려 있고 중앙에서 멀어질수록 도수가 줄어드는 대칭형 분포를 종모양 분포라고 한다. (b)의 분포는 봉우리가 두 개여서 이봉형 분포라고 하는데, 이러한 분포는 두 개의 다른 집단이 같이 섞여 있을 때 종종 나타난다. 하나의 예로 남자와 여자가 같이 있는 집단의 키의 분포가 여기에 속한다. (c)의 분포는 사각형 모양을 하고 있는데 관측값이 모든 계급구간에 고르게 나타나게 된다. (d)와 (e)의 분포는 (a), (b), (c)의 분포와는 달리 관측값이 한쪽에 몰려 있는 것을 알 수가 있다. 이러한 경우는 소득과 같은 자료의 분포에서 실제로 흔히 볼 수 있는 일인데 이러한 분포를 **편중된 분포**(skewed distribution)라고 한다. 이 중에서 (d)의 분포를 **오른쪽으로 편중**되었다고(skewed to the left, 분포의 왼쪽 꼬리가 긴 형태) 하고 (e)의 분포를 **왼쪽으로 편중**되었다고(skewed to the right, 분포의 오른쪽 꼬리가 긴 형태) 한다. (영어 표현에서는 방향이 바뀌는 것에 유의하라.)

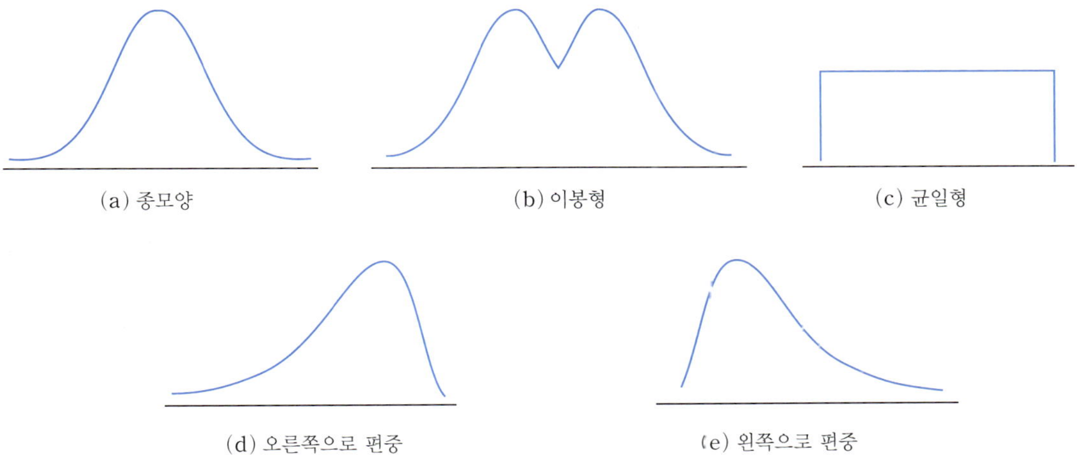

그림 2-11 여러 가지 분포 모양의 예

연습문제

2.1 어느 대학교에서 각 단과대학별 학생수와 전공학과수를 조사한 결과 다음과 같이 정리되었다고 한다.

단과대학	학생수(명)	학과수
공과대	1300	20
자연대	300	6
경영대	500	5
사범대	300	6
법대	200	3
사회대	400	8
가정대	170	3

(1) 위의 학생수 자료를 이용하여 원형그래프와 상대도수 막대그래프를 작성하라.

(2) 문제 (1)에서 구한 그림을 이용하여 단과대학별 학생수에 대한 분도상태를 해석하여 보아라.

(3) 문제 (1)에서 구한 두 그림 중 어느 그림이 더 유용하다고 생각하는가? 그 이유를 간단히 기술하라.

(4) 전공학과의 평균 학생수가 가장 큰 두 단과대학에 소속된 학생수는 전체 학생수의 몇 퍼센트에 해당하는가?

2.2 어느 지역의 지붕공사 중 안전사고에 대한 연구에서, 사고유형을 조사하여 다음과 같은 결과를 얻었다. 전체 사고 1,132건 중 추락사고 329건, 화상 256건, 열사병 219건, 타박상 202건, 부주의 40

건, 기타 86건이었다. 위의 자료를 가지고 상대도수를 포함하는 도수분포표를 작성한 후 원형그래프와 막대그래프를 그려라.

2.3 대학기금모금운동을 통해 모은 총 2억 7백만 원 중 1억 1천 7백만 원은 개인과 자선단체에서, 2천 4백만 원은 사업을 통해, 6천 6백만 원은 재단으로부터 얻어졌다. 위의 자료를 가지고 도수분포표를 만들고 원형그래프와 막대그래프를 그려라.

2.4 어느 도시의 교통 문제에 관한 조사에서 임의로 뽑은 통근자에 대한 통근 수단이 다음과 같다.

통근 수단	도수
나 홀로 자가용	8500
승용차 함께 타기	1000
대중교통	400
기타(자전거, 도보 등)	100

위의 자료에 대해 막대그래프와 원형그래프를 그려라.

2.5 어느 자동차 회사의 한 자동차 기종에서 발생하는 결함을 조사하기 위하여 정비 업소들을 통해 조사한 결과 다음과 같은 자료를 얻었다.

결함의 종류	발생건수
차체	72
보조장비(에어컨, 라디오 등)	53
전기	12
전동장치	8
엔진	5

위의 자료에 대한 파레토그림을 그려라.

2.6 어느 책에서 임의로 40쪽을 선택하여 틀린 글자를 찾아보았더니 틀린 글자의 수가 다음과 같았다.

0	0	1	0	0	0	0	0	1	0
0	1	0	2	3	2	1	1	0	1
0	0	0	1	0	1	0	1	2	0
2	0	0	1	1	2	1	3	1	1

위의 자료에 대한 도수분포표, 막대그래프, 원형그래프를 만들어라.

2.7 어느 초등학교 한 반에서 자신을 포함한 형제자매의 수를 조사하여 다음과 같은 자료를 얻었다.

1	5	2	1	3	4	2	2	1	1
3	2	3	1	4	1	1	2	5	1
2	2	2	1	2	3	2	2	2	2
2	2	3	3	2	1	2	2	2	1
1	3	1	3	3	2	1	1	2	2

위의 자료에 대한 도수분포표, 막대그래프, 원형그래프를 만들어라.

2.8 어느 통계학 강좌를 수강한 학생 35명의 성적이 다음과 같다.

54	80	83	42	86	63	63	57	71	84	77	59
90	73	81	76	56	81	85	51	94	66	73	88
89	87	56	84	61	78	83	91	58	50	82	

(1) 계급의 수를 7, 첫 계급구간의 시작점을 39.5로 하여 도수분포표를 작성하고, 히스토그램을 그려라.

(2) 문제 (1)의 히스토그램을 이용하여 상대도수다각형을 그려라.

2.9 연습문제 2.8의 자료와 작성된 그래프를 이용하여 아래의 질문에 답하라.

(1) 위 성적자료의 분포상태를 기술하고, 그 의미를 적어 보라.

(2) 성적이 62점 이상인 학생은 전체의 몇 퍼센트인가?

(3) 55점 미만의 학생들은 재시험을 치러야 한다면, 전체의 몇 퍼센트가 재시험의 대상이 되는가?

2.10 다음은 20곳에 설치된 어떤 상품의 자판기에서 거두어들인 하루 수입을 각각 기록한 자료이다. (단위: 100원)

749	776	813	585	649	679	760	751	767	642
580	681	734	754	594	654	747	765	651	760

(1) 계급의 개수가 5이고, 각 계급의 중간값을 600, 650, 700, 750, 800으로 하여 도수분포표와 히스토그램을 작성하라.

(2) 계급의 개수가 3이고, 각 계급의 중간값을 600, 700, 800으로 하여 도수분포표와 히스토그램을 작성하라.

(3) 문제 (1)과 (2)의 히스토그램을 서로 비교하라.

2.11 다음은 생후 31일 된 실험용 쥐 50마리의 몸무게 자료이다. (단위: g)

120	116	94	120	112	112	106	102	118	112
116	98	116	114	120	124	112	122	110	84
106	102	140	102	122	112	110	130	112	114
106	102	140	102	122	112	110	130	112	114
108	110	116	118	118	108	102	110	104	112

(1) 적절한 계급구간의 폭과 시작값을 정하고, 계급에 따른 도수를 구하라.

(2) 각 계급의 상대도수를 구하라.

(3) 상대도수를 이용하여 히스토그램을 그려라.

2.3 수치를 이용한 자료의 요약

앞 절에서는 도표나 그림으로 자료를 요약하여 관측한 자료의 분포상태를 시각적으로 빠르고 쉽게 전달하는 방법을 다루었다. 그러나 그림이나 도표에 의한 분석에는 몇 가지 단점이 있다. 앞 절에서 히스토그램의 모양이 계급구간의 폭, 시작값 등에 따라 달라지는 것처럼 그림이나 도표의 모양이 작성자의 주관적 판단에 따라 달라지므로 도표나 그림을 통한 분석방법은 일관성과 객관성이 부족한 면이 있다. 또한 그림이나 도표에 의한 방법은 추론에서 요구되는 이론적 근거를 제시하기가 쉽지 않다. 그림이나 도표를 이용한 분석방법상의 이러한 단점을 보완하기 위하여, 방대한 양의 자료를 몇 개의 의미 있는 수치로 요약하여 자료의 대략적인 분포상태를 파악할 수 있는 통계기법을 고려하게 된다.

이 절에서는 연속형 자료가 어떤 값을 중심으로 분포되어 있는가를 나타내는 중심위치의 측도(measure of center), 자료가 각 중심위치의 값으로부터 얼마나 흩어져 있는가를 나타내는 퍼진 정도의 측도(measure of dispersion), 그리고 몇 개의 의미 있는 수치를 이용하여 작성되는 상자그림 등을 공부하고자 한다.

2.3.1 중심위치의 측도

이 절에서는 자료에서 중심이 되는 위치값을 결정하는 문제를 다루기로 한다. 중심위치의 측도로는 평균(mean), 중앙값(median), 최빈값(mode) 등이 있다.

평균(Mean)

평균은 중심위치의 측도 중에서 가장 많이 사용되는 방법으로서, 모든 관측값의 합을 자료의 개수로 나눈 것이다. 표본자료 $x_1, x_2, x_3, \cdots, x_n$의 평균을 표본평균(sample mean)이라고 하며, $\bar{x}$ (엑스 바)라고 표기한다.

$$\text{표본평균} : \bar{x} = \frac{\text{모든 관측값의 합계}}{\text{총 자료의 개수}} = \frac{x_1 + x_2 + \cdots + x_n}{n}$$

예제 10

어떤 과목에서 6명의 학생의 점수가 다음과 같다. 표본평균을 구하라.

89 74 91 88 72 84

풀이

학생들의 성적에 대한 표본평균은 다음과 같다.

$$\bar{x} = \frac{89+74+91+88+72+84}{6} = 83$$

따라서 학생들의 평균점수는 83이고, 이것이 6명 학생들의 성적에 대한 경향을 나타내 주고 있다. 또한 위의 자료를 점도표로 표시하면 그림 3-1과 같이 되는데, 표본평균은 관측값이 나열될 때 무게중심에 해당한다. 즉 각 관측값의 위치에 동일한 무게의 추를 올려놓는다고 할 때 표본평균의 위치는 평형이 되는 곳이다.

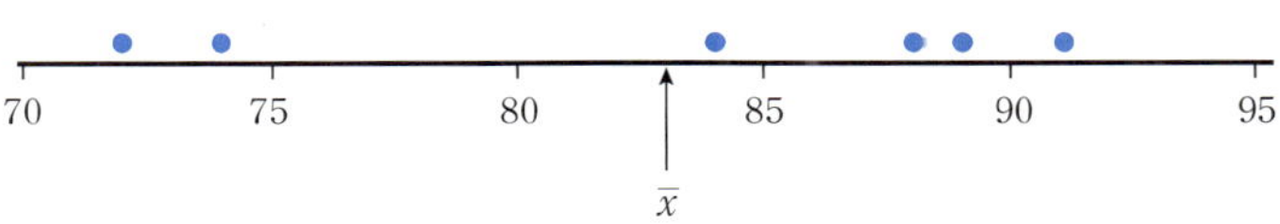

그림 2-12 성적에 대한 자료에서 평균값의 위치

표본평균은 관측값의 산술평균(arithmetic average)으로서 통계적 추론 과정에서 광범위하게 사용된다. 또한 통계적 분석과정에서 기초적인 통계수치로 가장 많이 사용된다. 그러나 표본평균에는 모든 관측값이 반영되므로 표본평균은 극단적으로 아주 큰 값이나 아주 작은 값에 영향을 많이 받는다는 것에 주의해야 한다.

중앙값(Median)

표본에서 관측값을 크기 순서로 배열하였을 때 가운데 위치하는 값을 표본중앙값(sample median)이라 하고 이를 편의상 중앙값이라 부른다. 구하는 방법은 다음과 같다.

중앙값(median): 관측값을 크기 순서로 배열하면 중앙값은 다음과 같다.

(i) 자료의 개수(n)가 홀수이면 $\frac{(n+1)}{2}$번째 관측값

(ii) 자료의 개수(n)가 짝수이면 $\frac{n}{2}$번째 관측값과 $\frac{n}{2}+1$번째 관측값 사이의 중간값 또는 평균

위와 같이 정의하면 50% 이상의 관측값이 중앙값보다 크거나 같고 50% 이상의 관측값이 중앙값보다 작거나 같게 된다. 즉 전체 관측값을 반으로 나누는 경곗값이라고 할 수 있다.

예제 11

예제 10에 주어진 자료에서 중앙값을 구하라.

풀이

학생들의 성적을 크기 순서로 재배열하면 72, 74, 84, 88, 89, 91이 된다. 이때 관측값의 개수가 짝수이므로 중앙값은 관측값 84와 88의 중간값이다. 따라서 86이 중앙값이 되는데, 이 값은 표본평균 83보다 큰 값이다.

중앙값에서는 관측값을 크기 순서로 배열할 때 관측값의 위치가 중요하고 가운데 위치한 관측값 이외의 관측값들의 크기는 중요하지 않다. 따라서 표본평균과는 달리 중앙값은 관측값들의 변화에 민감하지 않고 특히 아주 큰 관측값이나 아주 작은 관측값에 영향을 받지 않는다.

백분위수와 사분위수(Percentiles and Quartiles)

자료의 개수가 늘어나면 중앙값의 개념을 확장하여 자료를 순서대로 배열하여 4등분으로 나누는 것이 필요할 경우가 있다. 2등분하여 나누는 점을 중앙값이라 하듯이 4등분하는 점들을 사분위수(quartile)라고 부르며, 이를 더 자세히 세분하는 점들을 백분위수(percentile)라고 부른다.

표본 $100p$ 백분위수 (sample $100p-$th percentile)

자료의 개수가 n개일 때, 표본 $100p$ 백분위수는 그 값보다 작거나 같은 관측값의 개수가 np개 이상이고 그 값보다 크거나 같은 관측값이 $n(1-p)$개 이상인 값이다.

관측값이 1, 2, 4, 6, 8로 5개의 관측값이 주어질 경우, 제30 백분위수를 구하려면 그 값보다 작거나 같은 관측값의 개수가 $5\times0.3=1.5$ 이상이어야 하고, 그 값보다 크거나 같은 관측값의 개수가 $5\times0.7=3.5$ 이상이어야 한다. 이때 2보다 작거나 같은 관측값이 2개이고 2보다 크거나 같은

관측값이 4개이므로 제30 백분위수는 2가 되고 그 외의 다른 값은 제30 백분위수가 될 수 없다는 것을 알 수 있다. 그러나 제40 백분위수의 경우, 2와 4 사이의 어떤 값에 대해 그 값보다 작거나 같은 관측값의 개수가 2이고 크거나 같은 값이 3개이므로 2와 4 사이의 모든 값이 제40 백분위수가 될 수 있다. 이와 같이 여러 개의 값이 위의 정의를 만족할 경우, 이론적으로 어느 값이나 백분위수로 가능하지만, 이 책에서는 그 구간의 중간값을 백분위수로 정하기로 한다. 이렇게 하면, 여기서의 제50 백분위수의 정의와 앞 절에서의 중앙값의 정의는 일치하게 된다.

제100 × p 백분위수를 구하는 방법

1. 관측값을 작은 순서로 배열한다.
2. 관측값의 개수(n)에 p를 곱한다.
   (i) 만약 $n \times p$가 정수이면, $n \times p$ 번째로 작은 관측값과 $n \times p + 1$ 번째로 작은 관측값의 평균을 제100 × p 백분위수로 한다.
   (ii) 만약 $n \times p$가 정수가 아니면, $n \times p$에서 정수부분에서 1을 더한 값 m을 구한 후, m 번째 작은 관측값을 제100 × p 백분위수로 한다.

사분위수는 전체를 4등분하는 값으로서 제25, 제50, 제75 백분위수를 나타내며 이를 제1 사분위수, 제2 사분위수, 제3 사분위수라고 부르며 각각 Q_1, Q_2, Q_3로 표시한다.

사분위수

제1 사분위수: Q_1 = 제25 백분위수

제2 사분위수: Q_2 = 제50 백분위수 = 중앙값

제3 사분위수: Q_3 = 제75 백분위수

예제 12

서울의 한 전철역에서 인천의 한 전철역까지 소요되는 시간을 기록한 자료가 다음과 같다. (단위: 분)

42 40 38 37 43 39 78 38 45 44 40 38 41 35 31 44

제50 백분위수인 중앙값과 제20 백분위수, 그리고 각 사분위수를 구하라.

풀이

위의 자료를 크기 순서로 재배열하면 다음과 같다.

31 35 37 38 38 38 39 40 40 41 42 43 44 44 45 78

관측값의 개수가 16이고 $16 \times 0.50 = 8$이므로 제50 백분위수는 8번째로 작은 값과 9번째로 작은 값의 평균으로 주어진다. 그런데 주어진 자료에서 8번째와 9번째 작은 값 모두 40이므로 제50 백분위수인 중앙값은 40이 된다. 제20 백분위수의 경우는 $16 \times 0.20 = 3.2$이므로 제20 백분위수의 값은 4번째 작은 값인 38로 주어지게 된다.
제1 사분위수 Q_1은 제25 백분위수 이므로 $16 \times 0.25 = 4$이므로 4번째와 5번째 값의 중간인 38이 되고, 제2 사분위수 Q_2는 중앙값 또는 제50 백분위수로 위에서 구한 값 40, 그리고 제3 사분위수 Q_3는 제75 백분위수 이므로 12번째와 13번째 값의 중간인 43.5가 된다.

최빈값(Mode)

최빈값은 관측값 중에서 가장 자주 나오는 값을 말한다. 최빈값은 표본평균이나 중앙값과는 달리 이산형 자료나 범주형 자료에서 흔히 사용된다. 그러나 연속형 자료에서는 같은 값이 다시 나오는 경우는 흔하지 않으므로 연속형 자료에서 원자료를 직접 사용하여 최빈값을 구하는 것은 적절하지 않다. 연속형 자료의 경우에는 도수분포표로 자료를 그룹화하여 최대의 도수를 갖는 계급구간의 중간값을 최빈값으로 정한다.

예제 13

예제 5의 콩의 개수에 관한 자료에서 최빈값을 구하라.

풀이

표 2-4의 도수분포표를 보면 콩의 개수가 3일 때의 도수가 21로 가장 크다. 따라서 최빈값은 3이다. 이때 표본평균은 3.75이고 중앙값은 4가 된다.

최빈값은 표본평균이나 중앙값에 비해 자주 쓰이지는 않는다. 그러나 관측값의 종류가 많지 않은 이산형 자료나 범주형 자료에서는 최빈값이 대푯값의 의미로 쓰인다. 또 관측값의 종류가 많은 이산형 자료나 연속형 자료에서는 도수분포표를 이용하여 자료를 그룹화한 다음 최빈값을 찾게 된다. 그러나 연속형 자료의 경우 최빈값은 표본평균이나 중앙값에 비해 자주 쓰이지 않는데, 그 이유는 다음과 같은 단점이 있기 때문이다. 첫째, 도수분포표를 사용할 때 계급구간의 폭에 따라 최빈값이 달라질 수 있다. 둘째, 이봉형 분포를 갖는 자료에서와 같은 경우 여러 개의 최빈값이 존재할 수 있는데, 이 경우 중심위치로서의 의미가 줄어든다. 따라서 중심위치의 측도로서 최빈값은 단봉형 분포를 갖는 자료에서만 유효하다.

표본평균, 중앙값과 최빈값의 비교

중심위치의 측도로 실제에서는 표본평균이 가장 많이 쓰이고 중앙값이 그다음으로 쓰인다. 표본평균은 이해하기 쉽고 이론 전개도 용이하여 통계적 추론에서 가장 널리 사용된다. 표본평균은 전체 관측값이 골고루 반영되므로 대푯값으로서 가치가 있는 반면 극단적인 값에 영향을 많이 받는다. 따라서 극단적인 관측값이 있는 경우 주의하여 사용하여야 한다. 중앙값의 경우, 관측값의 크기보다는 관측값을 크기 순서로 배열하였을 때의 순서가 중요하므로 중앙 부분 이외의 관측값의 변화에 민감하지 않고 극단적인 관측값에 영향을 받지 않는다.

극단적인 관측값이 있는 경우, 표본평균과 중앙값 중에서 상황에 따라 적합한 것을 사용하여야 할 것이다. 예를 들어 어느 보석상에 금으로 만든 행운의 열쇠가 1돈짜리 9개, 10돈짜리 1개가 있다고 할 때, 이 보석상에서 가지고 있는 금으로 만든 행운의 열쇠당 돈수의 평균은 1.9돈이고 중앙값은 1돈이다. 이때 보석상이 어느 정도 크기의 금을 취급하는지를 알려고 한다면 평균보다는 중앙값을 사용하는 것이 바람직하다. 왜냐하면 평균은 10돈짜리 1개의 영향을 받아 보석상이 취급하는 행운의 열쇠의 돈수가 과장되는 것처럼 보이기 때문이다. 그러나 행운의 열쇠의 돈수보다 가치에 관심이 있다면 중앙값보다는 평균을 사용하는 것이 바람직하다. 왜냐하면 1돈이라는 중앙값은 보석상이 10돈짜리 행운의 열쇠가 있음에도 불구하고 중앙값에서는 그 가치가 완전히 무시되기 때문이다. 이처럼 전체의 경향을 볼 때 극단적인 관측값의 영향을 배제하고 싶으면 중앙값이 바람직하고 전체 관측값을 모두 포함하고 싶으면 평균을 사용하는 것이 바람직하다.

예제 14

예제 10의 자료에서 74점이 50점으로 바뀌었다고 하자. 표본평균과 중앙값을 구하라.

89 50 91 88 72 84

풀이

위의 자료에 대한 표본평균은

$$\bar{x}=\frac{89+50+91+88+72+84}{6}=79$$

이다. 예제 10에서의 표본평균이 83이므로 74가 50으로 바뀜으로써 평균이 4점 내려갔다는 것을 알 수 있다. 한편 중앙값을 구하기 위하여 크기 순서로 재배열하면 50, 72, 84, 88, 89, 91이고 중앙에 위치한 두 개의 관측값 84와 88의 평균을 구하면 86이 된다. 따라서 74가 50으로 바뀌어도 중앙값은 변하지 않는 것을 알 수 있다. 이와 같이 표본평균은 자료값의 변화 또는 극단적인 값에 민감하고 중앙값은 그렇지 않다는 것을 알 수 있다.

분포의 모양에 따른 각 중심위치의 측도가 그림 2－13에서 주어진다. 그림 2－13에서 보는 것처럼 봉우리가 하나인 단봉형이고 대칭인 분포의 경우 평균, 중앙값, 최빈값 모두 같은 값을 갖는다. 그러나 봉우리가 두 개인 이봉형이고 대칭인 분포의 경우, 평균과 중앙값은 같으나 최빈값은 다르다. 이봉형 분포에서는 최빈값은 봉우리가 높은 위치를 반영하게 되므로 중심위치에서 벗어나는 것을 알 수 있다. 보통 성질이 다른 두 개의 집단을 하나로 묶었을 때 이봉형의 분포를 얻게 되는데, 최빈값은 각 집단 또는 두 집단 중 하나의 중심위치를 나타내게 된다. 이처럼 다봉형의 분포의 경우 최빈값은 중심위치의 측도로 부적합하다는 것을 알 수 있다. 한편 분포가 대칭인 경우, 봉우리의 개수와 상관없이 평균과 중앙값은 같다는 것을 알 수 있다.

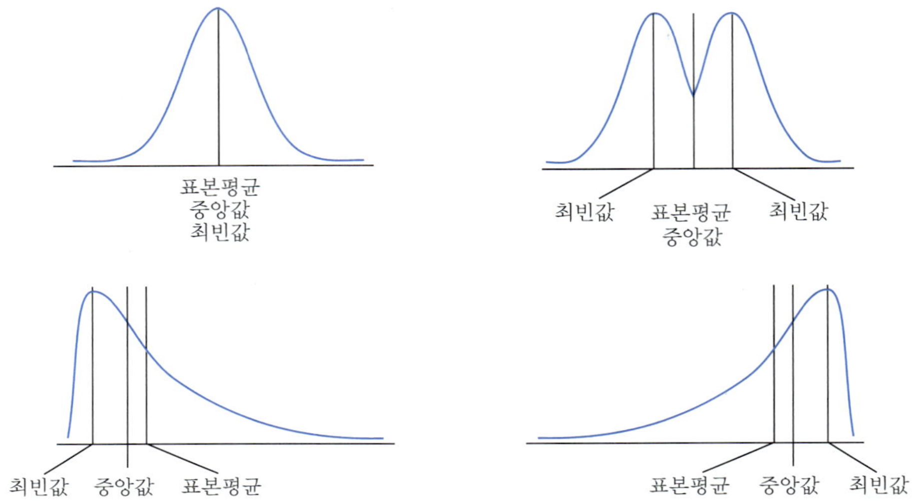

그림 2-13 분포의 모양에 따른 표본평균, 중앙값, 최빈값의 위치

분포가 치우친 경우 중심위치의 측도들은 서로 다른 값을 갖게 된다. 분포가 왼쪽으로 치우친 경우에는 평균이 중앙값보다 크게 되는데, 이것은 평균이 소수의 아주 큰 값들에 영향을 받기 때문이다. 또한 분포가 오른쪽으로 치우친 경우에는 평균이 중앙값보다 작게 된다. 이처럼 분포의 모양에 따라서 표본평균과 중앙값의 위치가 정해지는데, 때때로 평균과 중앙값의 위치를 가지고 분포의 모양을 판단하기도 한다.

2.3.2 퍼진 정도의 측도

앞에서 자료의 분포를 요약하는 방법으로 중심의 측도를 소개하였다. 중심위치를 아는 것은 분포를 파악하는 데 있어서 중요한 요소이기는 하지만 중심위치만을 가지고 분포를 파악하는 데는 부족한 점이 많다. 예를 들어 그림 2-14의 히스토그램과 같이 두 개의 분포에서 중심위치가 같지만, 분포의 퍼진 정도가 다른 경우 중심위치만을 가지고 두 분포를 설명할 수 없다. 따라서 중심의 위치에 대한 측도와 더불어 퍼진 정도를 측정하기 위한 수치가 필요하다. 이 절에서는 퍼진 정도의 측도로 분산, 표준편차, 범위, 사분위수범위 등을 소개한다.

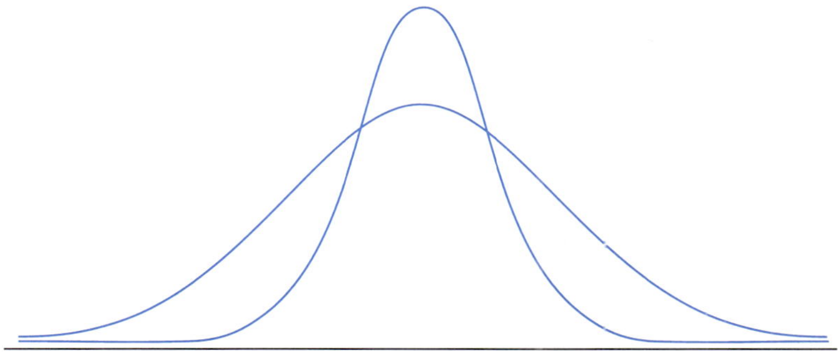

그림 2-14 퍼진 정도가 다른 두 개의 분포

분산과 표준편차(Variance and Standard Deviation)

자료가 얼마나 흩어져 있는가를 숫자로 표현하기 위하여 우선 각 관측값이 자료의 중심위치로부터 떨어진 정도를 고려하여 보자. 표본평균을 중심위치의 측도로 사용할 때 각 관측값과 평균의 차이를 **편차**(deviation)라고 한다. 즉 관측값이 $x_1, x_2, \cdots, x_n$이고 표본평균이 $\overline{x}$일 때, 각 관측값에 대한 편차는 (관측값－표본평균)＝$(x_i - \overline{x})$로 주어진다.

앞 절에서 언급한 바와 같이 표본평균은 관측값들의 무게중심이다. 따라서 표본평균을 중심으로 양쪽, 즉 양수의 편차들의 합과 음수의 편차들의 합은 항상 상쇄되므로 편차들의 합은 항상 0이 된다.

관측값이 $x_1, x_2, \cdots, x_n$이고 표본평균이 $\overline{x}$일 때, 편차의 합 $\sum(x_i - \overline{x})$는 항상 0이다. 즉 $\sum(x_i - \overline{x}) = 0$이다.

(여기 이후에 다르게 표현되지 않으면 $\sum$는 $i=1$부터 n까지의 합을 의미한다.) 편차를 가지고 자료의 퍼진 정도를 측정하기 위하여 편차들의 평균을 생각할지도 모른다. 그러나 편차들의 합은 항상 0이고, 따라서 편차의 평균도 항상 0이므로 편차의 표본평균은 자료의 퍼진 정도에 대한 측도로 적합하지 않다.

퍼진 정도를 측정하는 것은 관측값이 중심위치에서 얼마나 멀리 떨어져 있는가를 알기 위한 것이다. 따라서 퍼진 정도의 측도로 편차의 크기가 중요하고 편차가 양수인가 음수인가 하는 것은 중요한 요소가 아니므로 편차에서 부호를 없앤 다음 퍼진 정도를 측정할 수 있다. 이때 편차에서 부호를 없애는 방법으로 보통 절댓값과 제곱을 고려할 수 있는데, 실제에서는 절댓값은 잘 사용되지 않고 제곱이 자주 쓰인다. 여기서 편차의 제곱의 평균과 비슷한 값을 구하여 퍼진 정도의 측도로 쓸 수 있다. 즉 편차의 제곱합을 구한 후에 관측값의 개수에서 1을 뺀 값으로 나누면 **표본분산**

(sample variance)이 되는데 보통 s^2으로 표기한다. 관측값의 개수에서 1을 뺀 값으로 나누는 이유는 편차의 제곱합을 구할 때 편차의 합이 0이라는 제약이 하나 있기 때문인데, 이때 관측값의 개수에서 1을 뺀 값을 편차제곱합의 **자유도**(degrees of freedom)라고 한다. 이 자유도에 대한 자세한 설명은 이 책의 수준을 벗어나므로 생략하기로 한다.

관측값이 $x_1, x_2, \cdots, x_n$이고 표본평균이 $\bar{x}$일 때, 표본분산은 다음과 같다.

$$s^2 = \frac{\text{편차의 제곱합}}{n-1} = \frac{1}{n-1}\sum(x_i - \bar{x})^2$$

관측값들이 넓게 퍼져 있으면 편차들의 값이 크고 표본분산이 크게 된다. 따라서 표본분산의 값이 클수록 관측값들이 표본평균으로부터 멀리 퍼져 있다는 것을 알 수 있다.

표본분산을 구하기 위하여 편차의 제곱합을 계산할 때 편차의 제곱식을 전개시키면 다음과 같은 식을 얻을 수 있다.

$$\begin{aligned}\sum(x_i - \bar{x})^2 &= \sum x_i^2 - 2\sum x_i \bar{x} + n\bar{x}^2 \\ &= \sum x_i^2 - n\bar{x}^2 \\ &= \sum x_i^2 - \frac{1}{n}\left(\sum x_i\right)^2\end{aligned}$$

위의 식을 이용하면 편차를 구하지 않고 관측값의 제곱합, 관측값의 합 또는 표본평균으로부터 표본분산을 구할 수 있다.

표본분산의 간편식 : $s^2 = \frac{1}{n-1}\left(\sum x_i^2 - n\bar{x}^2\right)$

$$= \frac{1}{n-1}\left(\sum x_i^2 - \frac{1}{n}\left(\sum x_i\right)^2\right)$$

표본분산의 단위는 관측값의 단위의 제곱으로 관측값의 단위와 일치하지 않는다. 이때 표본분산의 양의 제곱근은 관측값의 단위와 일치하는데, 이 측도를 표본표준편차(sample standard deviation)라고 하고 보통 s로 표기한다.

표본표준편차 : $s = \sqrt{s^2}$

예제 15

예제 10의 자료에서 표본분산과 표본표준편차를 구하라.

풀이

표본분산을 구하기 위하여 관측값에서 평균(83)을 빼면 편차는 6, −9, 8, 5, −11, 1이 된다. 그러므로 표본분산은 다음의 식에 의하여 구할 수 있다.

$$\begin{aligned} s^2 &= \frac{1}{5}\sum_{i=1}^{6}(x_i - 83)^2 \\ &= \frac{1}{5}(6^2 + (-9)^2 + 8^2 + 5^2 + (-11)^2 + 1^2) \\ &= 65.6 \end{aligned}$$

따라서 표본표준편차 s는 $\sqrt{65.6} = 8.10$이다. 이때 표본평균은 83이고 관측값의 제곱합은 $\sum_{i=1}^{6} x_i^2 = 41662$이므로 편차를 이용하지 않고 표본분산을 구하면

$$s^2 = \frac{1}{n-1}\left(\sum x_i^2 - n\bar{x}^2\right) = \frac{1}{5}(41662 - 6 \times 83^2) = 65.6$$

이므로 표본분산을 구하는 두 식으로부터 같은 결과를 얻을 수 있다. 그러나 때때로 표본평균 등을 계산할 때 유한의 자릿수를 사용하기 때문에 두 공식에 의하여 얻은 값들 사이에 약간의 차이가 있을 수 있다.

범위(Range)

퍼진 정도를 나타내는 또 다른 측도로 범위를 들 수 있다. 범위는 관측값에서 가장 큰 값과 가장 작은 값의 차이를 말한다.

범위 : (관측값 중에서 최댓값) − (관측값 중에서 최솟값)

예제 16

예제 10의 자료에서 범위를 구하라.

풀이

자료에서 최댓값은 91이고 최솟값은 72이므로 범위는 91 − 72 = 19이다. 따라서 어느 두 관측값을 선택하더라도 그 차이는 19보다 작거나 같다는 것을 알 수 있다.

범위는 간편하게 구할 수 있고 해석이 용이하다는 장점이 있으나 양 끝점에 의해서만 결정되기 때문에 중간에 위치한 관측값들이 어떻게 퍼져 있는가 하는 것이 전혀 그려되지 않는 단점이 있

다. 더욱이 극단적으로 큰 값이나 작은 값이 있을 경우 그 관측값이 미치는 영향이 매우 클 수 있다.

백분위수는 분포의 모양에 대한 이해 등 여러 가지로 이용되지만 그러한 예를 여기서는 다루지 않고 백분위수의 일종인 사분위수를 이용하여 퍼진 정도를 측정하는 사분위수범위를 소개하겠다.

사분위수범위(Interquartile Range, IQR)

극단적으로 치우친 값에 영향을 받지 않는 퍼진 정도의 측도로 제3 사분위수와 제1 사분위 사이의 거리로 다음처럼 정의되는 사분위수범위를 사용한다.

$$\text{사분위수범위} : IQR = \text{제3 사분위수} - \text{제1 사분위수} = Q_3 - Q_1$$

범위는 전체 관측값들의 퍼진 정도를 나타내는 반면 사분위수범위는 상위 25%의 관측값과 하위 25%의 관측값을 제외한 중앙에 위치한 50%의 관측값의 퍼진 정도를 나타낸다. 따라서 사분위수범위는 극단값에 영향을 받지 않게 되고, 한쪽으로 치우친 분포에서 극단값을 제외한 퍼진 정도를 알려고 할 때 사용되지만 사분위수범위에 대해 이론적 추론이 어렵기 때문에 분산이나 표준편차만큼 널리 쓰이지는 않는다.

그림 2-15는 분포에서의 사분위수들의 위치와 범위를 나타낸다.

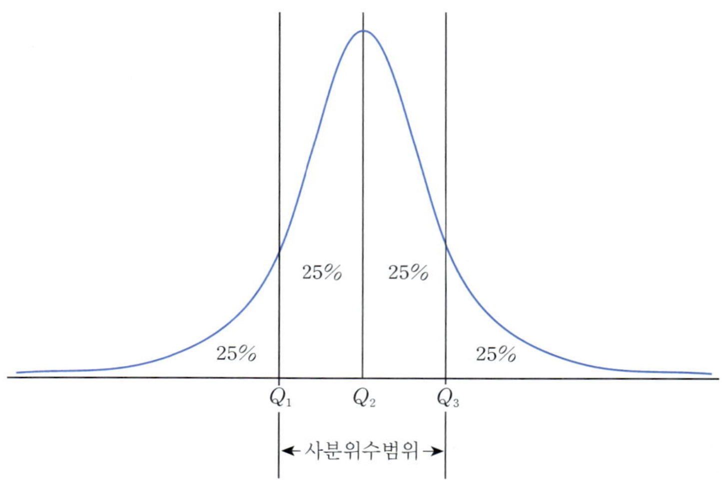

그림 2-15 사분위수의 위치와 사분위수범위

예제 17

예제 10의 자료에서 사분위수범위를 구하라.

풀이

예제 10의 자료를 작은 순서대로 재배열하면 72, 74, 84, 88, 89, 91이 된다. 제1 사분위수는 제25 백분위수이기 때문에 $n \times p = 6 \times 0.25 = 1.5$이므로 제1 사분위수는 2번째로 작은 값인 74가 된다. 또 $6 \times 0.75 = 4.5$이므로 제3 사분위수는 5번째로 작은 값 또는 2번째로 큰 값인 89가 된다. 제1 사분위수와 제3 사분위수로부터 사분위수범위를 구하면 IQR=제3 사분위수－제1 사분위수 = $89-74=15$이다.

표준편차, 범위, 사분위수범위의 비교

표준편차와 사분위수범위는 모두 퍼진 정도를 측정하기 위한 수치이나 그 이론적 배경은 다르다. 표준편차는 표본평균과 같은 이론적 배경을 가지고 만들어졌고 사분위수범위는 중앙값과 같은 이론적 배경을 가지고 만들어졌다. 따라서 중심위치의 측도로 표본평균을 사용할 경우 표준편차를 퍼진 정도의 측도로 쓰는 것이 바람직하고, 중앙값을 중심위치의 측도로 사용할 경우 사분위수범위를 퍼진 정도의 측도로 쓰는 것이 바람직하다. 그리고 표본평균과 중앙값의 특징은 표준편차와 사분위수범위의 특징이 된다. 표준편차는 전체 관측값의 퍼진 정도를 골고루 반영하고 있고, 극단적인 관측값에 의하여 영향을 받는다. 한편 사분위수범위에서는 제1 사분위수와 제3 사분위수의 밖의 관측값이 어떻게 퍼져 있는지는 반영하고 있지 않고, 또 제1 사분위수와 제3 사분위수 사이의 관측값에 대한 분포도 반영하고 있지 않다. 따라서 사분위수범위는 각 관측값의 퍼진 정도를 전체적으로 반영하지는 않지만 극단적인 관측값에 크게 영향을 받지 않는 장점이 있다. 이처럼 표준편차와 사분위수범위는 다른 의미를 가지고 있으므로 표본평균과 중앙값과 같이 어떤 관점에서 퍼진 정도를 볼 것이냐에 따라 적절히 사용하여야 할 것이다.

범위는 전체 관측값의 퍼진 정도를 나타내고 있지만 극단적인 관측값에 영향을 받는 표준편차의 단점과 관측값을 골고루 반영하지 않는 사분위수범위의 단점을 모두 가지고 있다. 따라서 실제에서는 퍼진 정도의 측도로 많이 쓰이지는 않는다.

예제 18

예제 10의 자료에서 다음과 같이 74점이 50점으로 바뀌었다고 하자. 표준편차, 범위와 사분위수범위를 구하라.

89 50 91 88 72 84

풀이

예제 13으로부터 표본평균은 79이므로 분산은

$$s^2 = \frac{1}{n-1}\left(\sum x_i^2 - n\bar{x}^2\right) = \frac{1}{5}(38686 - 6 \times 79^2) = 248$$

이고 표준편차는 $s=\sqrt{s^2}=15.75$이다. 한편 예제 17에서와 같이 제1 사분위수와 제3 사분위수는 2번째로 작은 값과 5번째로 작은 값이 되므로 제1 사분위수와 제3 사분위수는 각각 72와 89가 되고 사분위수범위는 17이 된다. 또한 범위는 최댓값에서 최솟값을 뺀 값이므로 $91-50=41$이 된다. 예제 5, 6, 8로부터 관측값 50이 바뀌기 전 값인 74일 때의 표준편차, 사분위수범위, 범위는 각각 8.10, 15, 19이므로 극단값에 의하여 범위가 22 증가하였고 표준편차는 7.65, 사분위수범위는 2 증가하였으므로 범위가 극단값에 의하여 가장 크게 영향을 받았고 사분위수범위가 가장 영향을 적게 받은 것을 알 수 있다.

변동계수(Coefficient of Variation)

표준편차, 범위, 사분위수범위 등은 퍼진 정도를 나타내는 데 가장 많이 쓰이는 수치이다. 그러나 이 수치들이 퍼진 정도의 비교로 적당하지 않은 경우가 있다. 예를 들어 단위가 다르거나 중심위치가 매우 다른 두 개 이상의 분포를 비교할 때 이들 수치를 가지고 퍼진 정도를 비교하는 것은 불합리하다. 이러한 경우에 상대적으로 퍼진 정도를 나타내는 수치로 **변동계수**(coefficient of variation)가 쓰이고 보통 CV로 표시한다. 변동계수는 표본평균에 대한 상대적인 퍼진 정도를 백분율(%)로 나타낸 것이다.

$$\textbf{변동계수} : CV=\frac{\text{표준편차}}{\text{표본평균}}\times 100$$

예제 19

한 투자자가 A회사의 주식과 B회사의 주식 중 하나를 매입하기 위하여 6일 동안 조사한 두 회사 주식의 마감가격은 표 2-6과 같다. A회사 주식과 B회사 주식 가격의 표본평균, 표준편차, 변동계수 등을 구하고 퍼진 정도를 비교하라.

표 2-6 6일간 A회사와 B회사의 주식 가격 비교(단위: 원)

날짜	A회사	B회사
1	76,300	6,400
2	77,400	7,000
3	77,900	7,400
4	77,200	6,900
5	76,900	7,300
6	78,800	7,600

풀이

A회사 주식에 대하여 평균은 77,417, 표준편차는 861이고 B회사 주식은 평균이 7,100, 표준편차가 429이다. 두 회사의 주식에서 표준편차를 비교하면 A회사의 주식의 가격이 B회사의 주식의 가격보다 넓게 퍼져 있다는 것을 알 수 있다. 즉 가격의 변동이 A회사의 주식에서 더 크다는 것을 알 수 있다. 그러나 표준편차를 평균으로 나누어 변동계수를 구하면 A회사 주식의 변동계수는 1.11이고 B회사 주식의 변동계수는 6.04이다. 따라서 평균에 대한 상대적 변동은 B회사의 주식이 더 크다는 것을 알 수 있다. 따라서 B회사의 주식의 단위가격당 변동 폭이 더 크다는 것을 알 수 있다. 결론적으로 제한된 액수 안에서 주식을 매입하려고 하면 변동계수를 이용하는 것이 바람직하다고 할 수 있다.

위의 식을 보면 변동계수의 단위는 없다. 따라서 무게와 길이 같이 서로 다른 단위 사이의 퍼진 정도를 비교할 수도 있다.

2.3.3 상자그림(Box Plot)

앞 절에서 살펴본 히스토그램이나 도수다각형 등의 그림은 자료가 모여 있는 위치나 자료의 범위 등에 관한 대략적인 정보를 한눈에 볼 수 있게 하는 장점이 있으나 수치적 특성값들은 손쉽게 알아볼 수 없는 단점이 있다. 상자그림은 자료로부터 얻는 다섯 가지의 요약 수치인 최솟값, 자료의 25%의 위치값(Q_1), 중앙값(Q_2), 자료의 75%의 위치값(Q_3), 최댓값을 가지고 그림을 그린 것으로 히스토그램 등에서는 드러나지 않는 수치 정보를 그림과 함께 제공한다. 상자그림은 주로 Q_1, Q_2, Q_3의 값이 중심이 되어 작성된다. 여기서 Q_1, Q_2, Q_3의 값은 사분위수를 나타낸다. 상자그림은 Q_1의 값과 Q_3의 값을 이용하여 상자를 그리고, 좌우에 선을 그어 최솟값, 최댓값을 나타낸다. 상자그림을 작성하는 자세한 과정은 다음과 같다. 그림 2−16은 이해를 돕기 위하여 구성 요소를 표시한 상자그림이다.

상자그림의 작성과정

1. 사분위수(Q_1, Q_2, Q_3)를 결정한다.
2. Q_1과 Q_3을 네모난 상자로 연결하고, 중앙값(Q_2)의 위치에 수직선을 긋는다.
3. $IQR = Q_3 - Q_1$을 계산한다.
4. 상자 양끝에서 $1.5 \times IQR$ 크기의 범위를 경계로 하여, 이 범위에 포함되는 최솟값과 최댓값을 Q_1과 Q_3으로부터 각각 선으로 연결한다.
5. 양 경계를 벗어나는 자료값들을 * 로 표시하고, 이 점들을 이상점이라고 한다.

그림 2−16을 보면 상자그림은 상자와 상자에 붙은 선으로 이루어져 있으므로 때로는 **상자-수염 그림**(box−whisker plot)이라고도 한다.

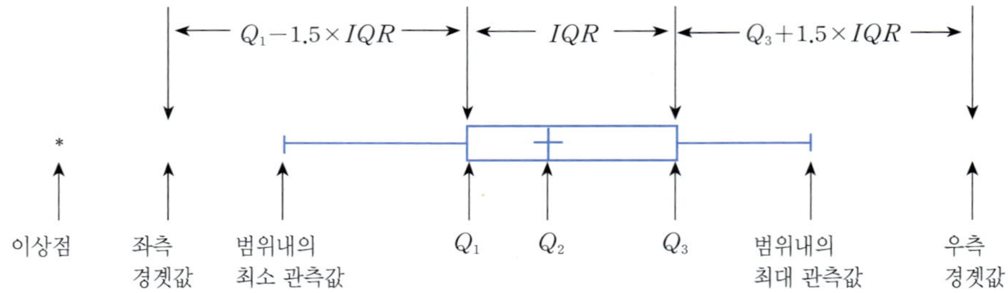

그림 2−16 상자그림

예제 20

어떤 교차로에서 교통소음 정도를 측정한 값이 아래와 같다. 측정자료를 이용하여 상자그림을 그려라. (단위: dB)

55.9	63.8	57.2	59.8	65.7	62.7	60.8	51.3	61.8	56.0
66.9	56.8	66.2	64.6	59.5	63.1	60.6	62.0	59.4	67.2
63.6	60.5	66.8	61.8	64.8	55.8	55.7	77.1	62.1	61.0
58.9	60.0	66.9	61.7	60.3	51.5	67.0	60.2	56.2	59.4
67.9	64.9	55.7	61.4	62.6	56.4	56.4	69.4	57.6	63.8

풀이

상자그림을 그리려면 먼저 사분위수를 구해야 한다. 관측값의 개수가 50이고 $n\times p=50\times 0.25=12.5$이므로 제1 사분위수는 13번째 작은 값인 57.6이다. 마찬가지로 $50\times 0.75=37.5$이므로 제3 사분위수는 38번째 작은 값인 63.8이다. 따라서 사분위수범위는 $IQR=6.2$이다. 또한 $50\times 0.5=25$이므로 제2 사분위수는 25번째 작은 값과 26번째 작은 값의 평균인 $(60.8+61.0)/2=60.9$이다. 제1, 제3 사분위수로부터 상자의 아래와 위의 경곗값은 각각 $Q_1-1.5\times IQR=57.6-9.3=48.3$, $Q_3+1.5\times IQR=63.8+9.3=73.1$이다. 자료의 최솟값 51.3은 이 경곗값 48.3보다 크므로 범위에 포함되어 51.3과 Q_1을 선으로 그어 연결한다. 우측 경곗값 73.1보다 작은 자료의 최댓값은 69.4이므로 Q_3와 69.4를 연결하는 선을 긋는다. 관측값 77.1은 이 경계를 초과하기 때문에 해당 위치에 *로 표시하고, 이상점이라고 판정한다. 이렇게 작성된 상자그림은 그림 2−17과 같다. 이 상자그림에서 중앙값의 위치는 제1, 3 사분위수의 중간 부분에 놓이고, 왼쪽 꼬리선은 오른쪽 꼬리선보다 좀 더 길다는 것을 알 수 있다. 즉 이 자료는 중심 부분은 대략 대칭을 이루지만 작은 자료값 쪽으로 더 길게 늘어져 있는 약간 비대칭의 모양을 보인다.

또한 한 점 77.1은 73.1보다 크므로 이상점으로 표시된다.

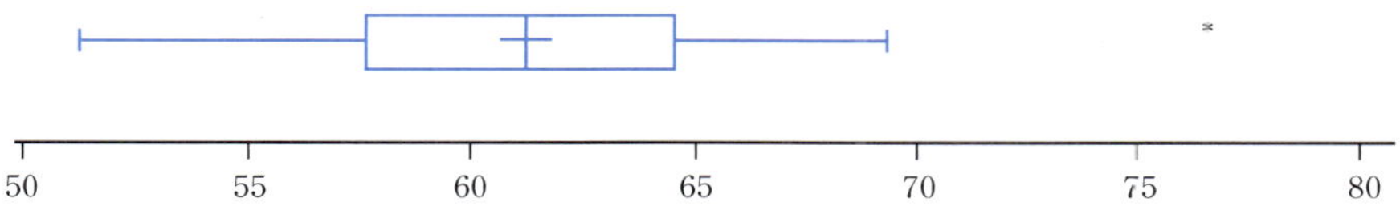

그림 2-17 교통소음에 대한 상자그림

상자그림의 장점으로는 분포의 다양한 특성을 하나의 그림에 함축시키는 것이다. 즉 상자그림으로부터 자료의 중심위치, 퍼진 정도 등의 주어진 수치 이외에도 분포의 대칭성, 분포의 집중 정도, 대부분의 자료값들에서 동떨어진 이상관측점 등을 알 수 있다. 또한 예제 21의 그림 2-18에서 볼 수 있듯이 여러 개의 자료집단으로부터의 상자그림을 나란히 배열함으로써 여러 개의 분포를 동시에 비교할 수 있다.

예제 21

예제 6에서의 통계학과 신입생의 키에 관한 자료에서 남녀를 구분하면 다음과 같이 주어진다. 남자 신입생과 여자 신입생에 대하여 각각 상자그림을 그리고, 분포를 비교하라.

남자	181	170	179	183	178	171	177	174	163	167	163	173	178	170
	167	177	176	180	169	178	173	173	171	171	170	174	180	
여자	161	160	158	169	162	163	158	160	160	158	160	165	170	152
	158	160	160	159	162	160	167	168	166	164				

풀이

남자의 경우에는 관측값의 개수가 27이고 $27 \times 0.25 = 6.75$, $27 \times 0.5 = 13.5$, $27 \times 0.75 = 20.25$이므로 관측값을 작은 순서로 배열하였을 때 제1 사분위수, 중앙값, 제3 사분위수는 각각 7번째 관측값(170), 14번째 관측값(173), 21번째 관측값(178)이 된다. 따라서 사분위수범위는 8이 된다. 그리고 경곗값은 $Q_1 - 1.5 \times IQR = 170 - 1.5 \times 8 = 158$과 $Q_3 - 1.5 \times IQR = 190$인데 관측값의 최솟값과 최댓값이 각각 163과 183이므로 이상점은 없고 선의 양 끝점은 163과 183이 된다. 여자의 경우에는 관측값의 개수가 24이고 $24 \times 0.25 = 6$, $24 \times 0.5 = 12$, $24 \times 0.75 = 18$이므로, 제1 사분위수, 중앙값, 제3 사분위수는 관측값을 작은 순서로 배열하였을 때 6번째 관측값과 7번째 관측값의 평균, 12번째 관측값과 13번째 관측값의 평균, 18번째 관측값과 19번째 관측값의 평균으로 주어지게 된다. 따라서 $Q_1 = 159.5$, $Q_2 = 160$, $Q_3 = 164.5$, $IQR = 5$이다. 그리고 경곗값은 $Q_1 - 1.5 \times IQR = 152$와 $Q_3 + 1.5 \times IQR = 172$로 주어지는데, 모든 관측값이 이 범위 안에 있으므로 이상점은 없고 양 끝점은 관측값의 최솟값과 최댓값인 152와 170이 된다.

위에서 주어진 값을 갖고 남자와 여자에 대하여 상자그림을 그리면 그림 2-18과 같다. 그림 2-18로부터 남자와 여자의 키의 분포를 비교할 수 있다. 먼저 남자의 키가 여자의 키보다 평균적으로 약 10 cm 크다는 것을 알 수 있고, 사분위수범위는 남자의 경우가 여자의 경우보다 크지만 범위는 남자와 여자의 경우가 거의 같다는 것을 알 수 있다. 또한 남자 키의 분포는 대칭에 가까운 반면 여자 키의 분포는 제1 사분위수와 중앙값 사이에 좁게 몰려 있는 모양을 하고 있는데, 이는 그림 2-8의 히스토그램에서 보여 주는 대칭에 가까운 분포와는 상당히 거리가 있는 것이다. 실제로 여자 키의 관측값을 보면 158 cm와 160 cm 사이에 많은 관측값이 있는 것을 알 수 있는데, 이러한 사실에서 분포가 중앙값을 중심으로 대칭이 아니라 조금 작은 쪽에 집중적으로 몰려 있다는 것을 알 수 있다. 그림 2-8에서 여자 키의 분포가 대칭으로 나타난 것은 관측값이 그룹화됨에 따라 그렇게 보이게 된 것이다. 이와 같이 상자그림을 통하여 히스토그램에서는 알기 힘든 사실을 알아낼 수도 있다.

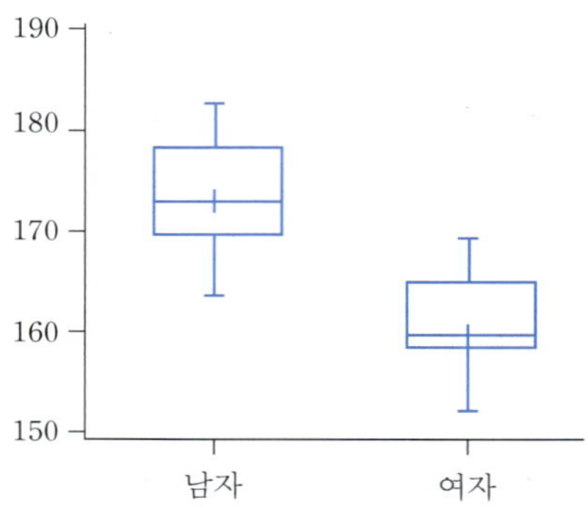

그림 2-18 상자그림을 통한 남자 신입생의 키와 여자 신입생의 키 비교

상자그림은 자료의 봉우리가 하나 있는 분포의 특징을 나타내는 데 적절하며, 봉우리가 여러 개 있는 분포를 갖는 자료에 대해서는 상자그림을 가지고 효과적인 분석을 할 수 없다. 따라서 자료를 분석할 때 상자그림을 그리려면 도수분포표, 히스토그램 등으로부터 자료의 봉우리가 하나 있는 분포를 갖는지를 먼저 검토하는 것이 바람직하다.

연습문제

3.1 사이클 경기에 참가한 8명의 선수는 다음과 같은 기록으로 경기를 마쳤다. (단위: 분)

28 22 26 33 21 23 37 24

선수들 기록의 평균과 중앙값을 구하라.

3.2 대졸 초임자 7명의 연봉을 조사한 자료가 다음과 같다고 한다. (단위: 만 원)

2,700　2,750　3,100　2,350　2,500　5,600　2,650

(1) 연봉의 평균과 중앙값을 구하라.

(2) 이 자료의 중심위치로 어느 측도값이 더 좋다고 생각되는가? 이유를 간단히 기술하라.

3.3 다음은 표본으로 추출한 국가의 연평균 미세먼지농도(μg/m^3, 2016년) 자료이다.

국가	농도	국가	농도
한국	24.57	오스트리아	12.43
중국	49.16	덴마크	10.12
인도	65.20	프랑스	11.64
인도네시아	15.58	독일	11.71
일본	11.45	이탈리아	15.28
싱가포르	18.26	노르웨이	7.02
터키	41.97	스페인	9.48
캐나다	6.48	알제리	35.17
미국	7.40	카메룬	65.26
브라질	11.49	이집트	79.28
칠레	21.02	오스트레일리아	7.19

(1) 표본평균을 구하라.

(2) 표본평균과 중앙값을 비교하고 어느 것이 미세먼지농도를 잘 대표한다고 할 수 있는가?

3.4 다음 각 그림에서 *는 하나의 관측점을 의미한다. 각 문제에서 계산을 하지 않고 평균과 중앙값의 위치를 표시해 보라.

(1) 두 개의 관측값 5, 8의 평균과 중앙값의 위치는?

(2) 세 개의 관측값 5, 5, 8의 평균과 중앙값의 위치는?

3.5 **평균과 중앙값의 성질**

표본자료 $x_1, x_2, \cdots, x_n$의 평균을 $\overline{x}$, 중앙값을 M_x라고 표기하자. 상수 c와 d에 대하여 다음이 만족됨을 보여라.

(1) $y_i=x_i+c$이면 $\overline{y}=\overline{x}+c$, $M_y=M_x+c$

(2) $y_i=dx_i$이면 $y=d\cdot\overline{x}$, $M_y=d\cdot M_x$

(3) $y_i=c+dx_i$이면 $\overline{y}=c+d\overline{x}$, $M_y=c+d\cdot M_x$

(4) 상수 $c=4$, $d=2$이고 표본의 자료(x_i)가

$$6 \quad 8 \quad 9 \quad 10 \quad 7 \quad 8$$

이라고 할 때, y_i를 구하고, 위의 (1)~(4)가 만족됨을 확인하라.

3.6 다음 자료는 경쟁 관계에 있는 두 회사 A와 B에 고용된 기계기술자 직원들 수당의 평균과 중앙값이다. (단위: 천 원)

	A 회사	B 회사
평균	37,500	35,250
중앙값	33,000	36,000

임금은 직업 능력에 따라 결정되고 직원들의 전반적인 자질은 두 경쟁회사가 같다고 할 때 다음 물음에 답하라.

(1) 능력이 뛰어난 기계기술자는 어느 회사를 택하면 좀 더 많은 수입을 얻겠는가? 그 이유를 설명하라.

(2) 평범한 능력을 갖춘 기계기술자가 좀 더 많은 보수를 받는 회사는 어디인가? 그 이유를 설명하라.

3.7 다음 자료를 가지고 문제에 답하라.

$$10,\quad 8,\quad 16,\quad 6$$

(1) 편차 $(x_i-\overline{x})$를 계산하고, 합이 0이 됨을 보여라.

(2) 분산과 표준편차를 계산하라.

3.8 다음의 각 질문에 답하라.

(1) $\sum x_i=19$, $\sum x_i^2=95$, $n=5$로부터 $\sum(x_i-\overline{x})^2$과 s^2을 구하라.

(2) $\sum x_i=35$, $\sum(x_i-\overline{x})^2=10$, $n=5$로부터 $\sum x_i^2$과 s^2을 구하라.

(3) $\overline{x}=7$, $s^2=18.5$, $n=5$로부터 $\sum x_i^2$을 계산하라.

3.9 다음은 한 음반매장에서 베토벤 교향곡 9번 CD 7장을 표본으로 하여 연주 시간을 재어 보았다. (단위: 분)

$$66.9 \quad 66.2 \quad 71.0 \quad 68.6 \quad 65.4 \quad 68.4 \quad 71.9$$

(1) 표본중앙값을 구하라.

(2) 표본평균을 구하라.

(3) 표본표준편차를 구하라.

3.10 분산과 표준편차의 성질

표본자료 $x_1, x_2, \cdots, x_n$의 평균을 $\bar{x}$, 분산을 $s_x{}^2$이라고 표기할 때, 상수 c, d에 대하여 다음의 사실이 성립함을 보여라.

(1) $y_i = x_i + c$이면 $s_y{}^2 = s_x{}^2$, $s_y = s_x$

(2) $y_i = d \times x_i$이면 $s_y{}^2 = d^2 \times s_x{}^2$, $s_y = |d| \times s_x$

(3) $y_i = c + dx_i$이면 $s_y{}^2 = d^2 \times s_x{}^2$, $s_y = |d| \times s_x$

(4) 상수 $c=4$, $d=2$이고 표본자료 (x_i)가

6 8 8 9 7 10

이라고 할 때, y_i를 구하고 위의 (1)~(3)이 만족됨을 확인하라.

3.11 어떤 역학연구에서 모유에 포함된 인체에 유해한 제초제 성분을 알아보려고 40명의 기증자 표본자료를 크기순으로 배열하였다.

27	43	52	53	53	53	61	63	63	65
68	70	72	75	83	95	96	97	101	105
110	115	115	115	115	126	127	134	145	152
153	182	190	197	197	282	322	322	342	521

(1) 중앙값과 사분위수를 구하라.

(2) 제20 백분위수와 제70 백분위수를 구하라.

3.12 지방정부와의 사업의 경제적 효과를 조사하기 위하여 국가를 상대로 상행위를 하는 서비스 부문의 소기업 15곳에서 표본을 추출하였다. 다음 자료는 총판매량에서 지방정부를 상대로 한 판매량의 비율을 나타낸 것이다.

27.0 12.0 15.0 1.0 0.1 1.0 5.0 0.1 8.0 5.0 1.0 3.0 3.0 7.0

(1) 중앙값, 제1 사분위수, 제3 사분위수를 구하라.

(2) 표본의 제90 백분위수를 구하라.

3.13 연습문제 3.11의 자료를 가지고 사분위수범위를 계산하라.

3.14 어느 날 5곳의 기상관측소에서 측정한 정오의 기온이 다음과 같다. (단위: °F)

76 82 78 78 75

(1) 기온의 평균과 중앙값을 화씨단위(°F)로 구하라.

(2) 화씨단위(°F)의 온도를 섭씨단위(°C)의 온도로 변환하는 식은 $C = \frac{5}{9}(F - 32)$이다. (1)에

서 계산된 대푯값을 이용하여 섭씨단위의 평균과 중앙값을 구하라.

(3) 섭씨단위(°C)로 변환 시 변동계수의 값에 차이가 있는지 설명하라.

3.15 동일 업종의 두 경쟁회사에 종사하는 특정 직급의 연봉이 다음과 같이 요약되었다고 한다. (단위: 만 원)

	최솟값	Q_1	중앙값	Q_3	최댓값
회사 A	1,840	2,400	2,830	3,040	3,630
회사 B	1,960	2,650	3,120	3,570	4,180

(1) 회사 A의 연봉에 대한 상자그림을 작성하라.

(2) 회사 B의 연봉에 대한 상자그림을 작성하고, 두 회사의 연봉 분포를 비교하라.

3.16 다음은 여러 날 동안 두 염색공장(A, B)에서 나오는 폐수의 농도를 측정하여 그 자료를 상자그림으로 그린 것이다.

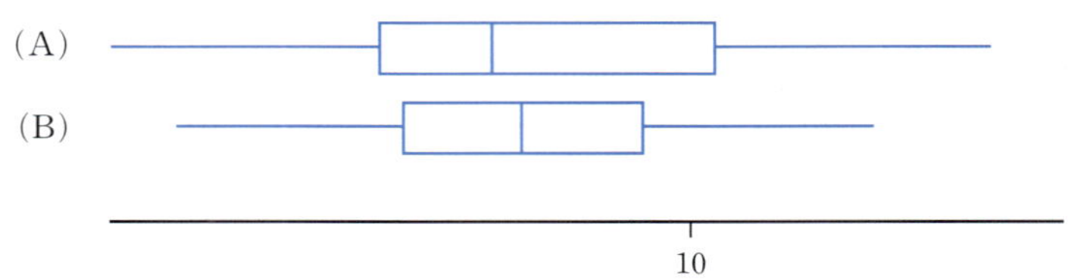

(1) 오염농도가 10을 넘기면 위법이라고 했을 때 어느 공장이 위법을 더 자주 저지르는가?

(2) 만약 중앙값으로 공장들의 오염정도를 비교한다면 어느 공장의 오염도가 높다고 하겠는가?

R과 Python을 이용한 분석

분석 1

어느 도시의 사망자 목록에서 130명을 임의로 추출하여 이들의 사망원인을 10가지로 분류한 결과 다음을 얻었다. R을 이용하여 사망원인에 대한 도수분포표를 작성하고 막대그래프와 원형그래프를 그려라.

2 1 2 4 2 5 3 3 5 6 3 8 3 3 6 3 6 5 3 5 2 6 2 3 4 3 2 9 2 2 3 2 7 3 2
10 6 2 3 1 2 3 3 4 3 2 6 2 2 3 2 3 4 3 2 3 5 2 5 5 3 4 3 6 2 1 2 3 2 6
3 3 6 3 2 3 6 4 6 5 3 5 6 2 6 3 2 3 2 6 2 6 3 3 2 6 9 6 3 6 6 2 3 2 3
5 3 5 2 3 2 3 3 1 3 3 2 3 3 4 3 6 6 3 3 3 2 3 3 6

(1: 감염성 질환, 2: 각종 암, 3: 순환기 질환, 4: 호흡기 질환, 5: 소화기 질환, 6: 각종 사고사, 7: 비뇨기 질환, 8: 정신병, 9: 노환, 10: 신경계 질환)

풀이

R을 클릭하여 R을 구동시킨 후 c 함수를 이용하여 death라는 이름을 가진 변수에 다음과 같이 자료를 입력해 보자.

```
> death <- c  (2,1,2,4,2,5,3,3,5,6,3,8,3,
+              3,6,3,6,5,3,5,2,6,2,3,4,3,
+              2,9,2,2,3,2,7,3,2,10,6,2,3,
+              1,2,3,3,4,3,2,6,2,2,3,2,3,
+              4,3,2,3,5,2,5,5,3,4,3,6,2,
+              1,2,3,2,6,3,3,6,3,2,3,6,4,
+              6,5,3,5,6,2,6,3,2,3,2,6,2,
+              6,3,3,2,6,9,6,3,6,6,2,3,2,
+              3,5,3,5,2,3,2,3,3,1,3,3,2,
+              3,3,4,3,6,6,3,3,3,2,3,3,6)
```

그림 2-19 자료 입력

R에서는 table 함수를 사용하여 주어진 데이터에 대한 도수분포표를 구할 수 있다.

table(death): 도수분포표를 만드는 함수

death: 자료가 입력되어 있는 변수

```
> freq.table <- table(death)
> freq.table
death
1  2  3  4  5  6  7  8  9  10
4 33 48  7 11 22  1  1  2   1
```

그림 2-20 도수분포표

그림 2-20과 같이 명령어를 실행하면 도수분포표가 freq.table이라는 객체에 저장이 된다. 그리고 도수분포표를 저장한 객체 freq.table과 barplot 함수를 이용하여 막대그래프를 그릴 수 있다.

barplot(height, col, main, ylab, xlab, legend.text, args.legend): 막대그래프 출력

height: 도수분포표를 저장한 객체

col: 막대그래프의 색깔

main: 막대그래프의 제목

ylab: y축의 이름

xlab: x축의 이름

legend.text: 각 범주의 이름

args.legend: 범례의 위치

```
> barplot (height=freq.table, col=4, main="사망원인에 대한 막대그래프",
+           ylab="빈도수", xlab="사망원인")
```

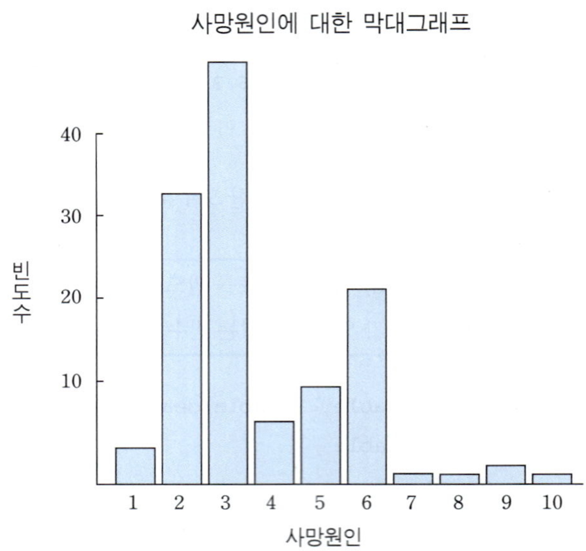

그림 2-21 막대그래프

barplot 함수에서 col은 막대그래프의 색깔을 지정하는 옵션으로 "red", "blue", "green" 등 문자로 입력할 수도 있고 1, 2, 3과 같이 숫자로 입력할 수도 있다. 문자로 입력하는 경우에는 반드시 따옴표를 사용해야 하며 숫자로 입력하는 경우에는 각 숫자와 미리 대응되어 있던 색이 지정된다. col에 4를 지정하여 막대그래프를 그린 것이 그림 2-21이다. 유의할 점은 main, xlab, ylab에 문자를 입력할 때 반드시 따옴표를 사용해야 한다는 것이다.

각 범주의 이름을 c 함수를 이용하여 cause에 입력하고, 그림 2-21에 범례를 추가한 명령어(그림 2-22)를 실행하여 다음과 같이 그림 2-23을 그릴 수 있다. 이때 col 옵션에 rainbow 함수

를 사용한 것은 그림에서 각 범주마다 다른 색을 주기 위해서이다. rainbow(10)은 함수명처럼 빨간색에서 보라색까지 10개의 색을 차례대로 출력하는 함수이다. 이 함수는 여러 개의 범주가 있을 때, 범주마다 다른 색을 주는 것을 간편하게 해 준다. args.legend를 이용하여 범례의 위치를 지정할 때는 "bottomright", "bottom", "bottomleft", "left", "topleft", "top", "topright", "right", "center"와 같이 미리 약속된 단어를 사용하거나 직접 좌표를 지정하는 방법이 있다.

```
> cause <- c("감염성 질환", "각종 암", "순환기 질환", "호흡기 질환", "소화기 질환",
+            "각종 사고사", "비뇨기 질환", "정신병", "노환", "신경계 질환")
>
> barplot(height=freq.table, col=rainbow(10), main="사망원인에 대한 막대 그래프",
+         ylab="빈도수", xlab="사망원인", legend.text=cause,
+         args.legend=list(x="topright"))
```

그림 2-22 범례가 있는 막대그래프를 그리기 위한 명령어

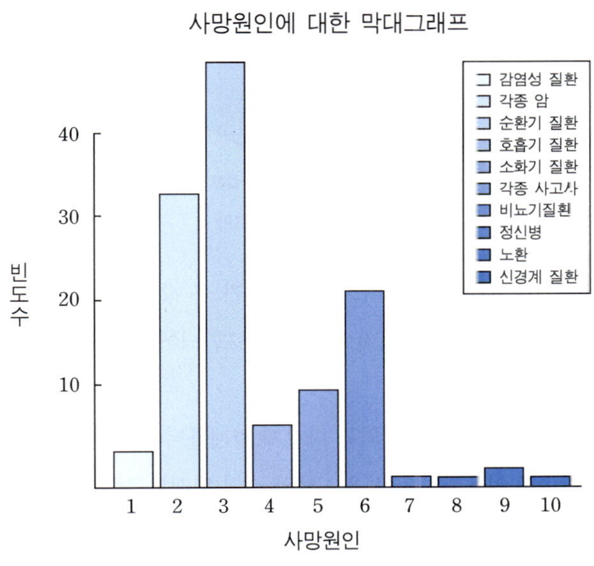

그림 2-23 범례가 추가된 막대그래프

막대그래프와 유사하게, R에서 원형그래프를 얻기 위해서는 도수분포표의 결과를 저장한 변수를 이용해야 한다. 원형그래프를 그리기 위한 함수는 pie이며 앞에서 구한 freq.table을 이용해 얻은 원형그래프가 그림 2-24이다.

pie(x, label, main, col, cex): 파이그림 출력

x: 도수분포표를 저장한 객체

label: 범주명 지정

main: 그림제목

col: 파이 그림의 색깔지정

cex: 범주 글자 크기 조절

```
> pie(freq.table, label=cause, main="사망원인에 대한 원형그래프", cex=0.7)
```

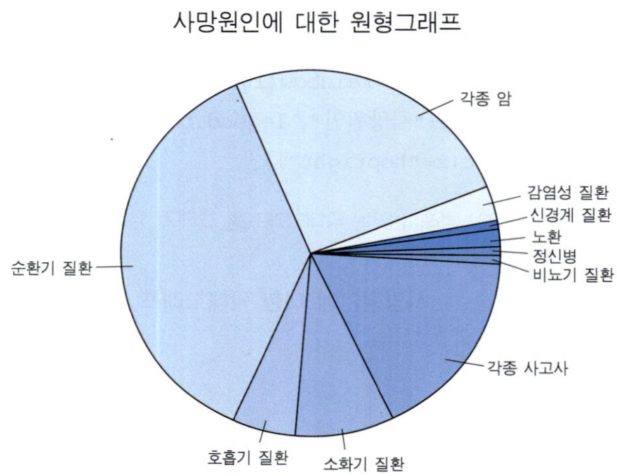

그림 2-24 원형그래프

파레토그림은 본문에서 언급하였듯이 상대도수의 크기가 큰 값부터 작은 값으로 정렬되어 있어야 한다. 이러한 그림을 얻기 위해서는 패키지 'qcc'에 포함되어 있는 pareto.chart 함수를 사용해야 한다.

pareto.chart 함수는 barplot 함수와는 다르게 범례를 추가하기 위한 옵션이 존재하지 않는다. 대신에 legend 함수를 이용하여 그림 2-24와 같이 파레토그림에 범례를 표기할 수 있다. 주의해야 할 점은 legend 함수를 사용하기 전에 반드시 그림이 먼저 출력되어 있어야 한다는 것이다. 따라서 pareto.chart 함수를 먼저 실행한 후에 legend 함수를 시행해야 한다.

pareto.chart(x, main, xlab, ylab, ylab2): 파레토그림 출력

x: 도수분포표를 저장한 객체

main: 파레토그림 제목

xlab: x축의 이름

ylab: 빈도수를 나타내는 축의 이름

ylab2: 누적상대도수를 나타내는 축의 이름

---

legend(x, y=NULL, legend, lty, pch, fill, title, border): 범례 출력

x: 범례의 위치

legend: 범주의 이름

lty: 범례에 표기할 선 모양

pch: 범례에 표기할 점 모양

fill: 범례에 표기할 색(상자 안에 색을 채워 넣음)

title: 범례의 제목

border: 상자 테두리 색

그림 2-25의 명령문과 같이 pareto.chart 함수를 실행하면 빈도수가 큰 값부터 작은 값으로 정렬된 모양의 막대그래프와 누적상대도수에 대한 꺾은 그래프를 얻는다(그림 2-26). 또한 그림 2-27에서처럼 pareto.chart 함수의 결과를 pareto.result에 저장 후 출력을 하면 그림 2-27이 출력된다. 그림 2-27에서 각 범주의 이름은 각 행의 이름으로 사용되었고 첫 번째 열은 빈도수를 크기가 큰 값부터 작은 값으로 정렬한 것이다. 두 번째 열(Cum.Freq.)은 누적 빈도수를 나타낸다. 세 번째 열(Percentage)과 네 번째 열(Cum.Percent.)은 각각 상대도수와 누적상대도수를 나타낸다. 위의 명령어로부터 그림 2-26은 첫 번째 열의 빈도수를 막대그래프로 표현하고 있으며 네 번째 열의 누적상대도수를 꺾은 그래프로 나타낸다.

```
> library(qcc)
> pareto.result <- pareto.chart(x=freq.table, main="사망원인", xlab="질병종류",
+ ylab="Frequency", ylab2="Cumulative Percentage")
>
> legend(x="right", legend=c("빈도수", "누적상대도수"), lty=c(0,1), pch=c(-1,20),
+        fill=c("orange", 0), title="범례", border=c("black", "white")
```

그림 2-25 파레토그림을 그리기 위한 명령어

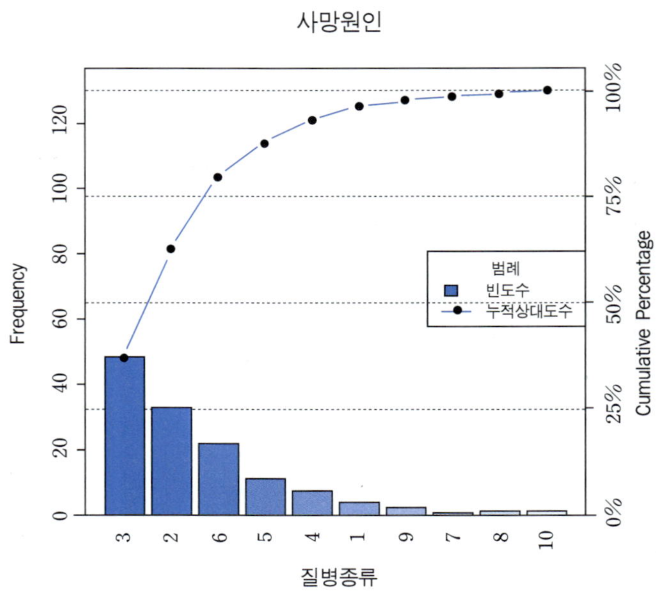

그림 2-26 파레토그림

```
> pareto.result
Pareto chart analysis for freq.table
      Frequency    Cum.Freq.    Percentage   Cum.Percent.
  3          48           48    36.9230769       36.92308
  2          33           81    25.3846154       62.30769
  6          22          103    16.9230769       79.23077
  5          11          114     8.4615385       87.69231
  4           7          121     5.3846154       93.07692
  1           4          125     3.0769231       96.15385
  9           2          127     1.5384615       97.69231
  7           1          128     0.7692308       98.46154
  8           1          129     0.7692308       99.23077
  10          1          130     0.7692308      100.00000
```

그림 2-27 파레토함수의 결과값

분석 2

어느 음료수가 한 병에 100 mL씩 들어 있도록 되어 있는데 그 음료수 80병을 임의로 추출하여 그 내용물의 양을 재어 다음과 같은 자료를 얻었다.

101.8	101.5	101.8	102.6	101	96.8	102.4	100	98.8	98.1
98.8	98	99.4	95.5	100.1	100.5	97.4	100.2	101.4	98.7
101.4	99.4	101.7	99	99.7	98.9	99.5	100	99.7	100.9
99.7	99	98.8	99.7	100.9	99.9	97.5	101.5	98.2	99.2
98.6	101.4	102.1	102.9	100.8	99.4	103.7	100.3	100.2	101.1
101.8	100	101.2	100.5	101.2	101.6	99.9	100.5	100.4	98.1
100.1	101.6	99.3	96.1	100	99.7	99.7	99.4	101.5	100.9
101.3	99.9	99.1	100.7	100.8	100.8	101.4	100.3	98.4	97.2

위의 자료에 대해 R을 이용하여 히스토그램을 그리고 각 계급구간의 막대 상단의 중앙 점을 직선으로 연결하여 도수다각형을 그려라.

풀이

먼저 R에서 drink 라는 변수에 자료를 저장한다.

```
> drink <- c(101.8, 101.5, 101.8, 102.6, 101, 96.8, 102.4, 100, 98.8, 98.1,
+            98.8, 98, 99.4, 95.5, 100.1, 100.5, 97.4, 100.2, 101.4, 98.7,
+            101.4, 99.4, 101.7, 99, 99.7, 98.9, 99.5, 100, 99.7, 100.9,
+            99.7, 99, 98.8, 99.7, 100.9, 99.9, 97.5, 101.5, 98.2, 99.2,
+            98.6, 101.4, 102.1, 102.9, 100.8, 99.4, 103.7, 100.3, 100.2, 101.1,
+            101.8, 100, 101.2, 100.5, 101.2, 101.6, 99.9, 100.5, 100.4, 98.1,
+            100.1, 101.6, 99.3, 96.1, 100, 99.7, 99.7, 99.4, 101.5, 100.9,
+            101.3, 99.9, 99.1, 100.7, 100.8, 100.8, 101.4, 100.3, 98.4, 97.2)
```

그림 2-28 자료 입력

이후 `hist` 함수와 `lines` 함수를 이용하여 히스토그램과 도수다각형을 그린다.

hist(x, breaks= "Sturges", freq=NULL)
x: 히스토그램을 그릴 값의 벡터
breaks: 구간을 나누는 기준 (구간의 개수, 구간을 나누는 경계값)
freq: 히스토그램을 그리는 기준 (NULL 혹은 TRUE 일 경우, 빈도수를 기준으로 그림)

lines(x, y=NULL, ⋯)
x: x축 좌표
y: y축 좌표
⋯ : 추가적인 그래프 파라미터

그림 2-29는 기본 설정을 이용하여 위의 자료에 대한 히스토그램과 도수다각형을 그린 것이다. 히스토그램에서 각 빈도수는 그 계급보다 하나 낮은 계급의 계급값보다 크고 해당 계급값보다 작거나 같은 값을 갖는 빈도수를 나타내므로, 그림 2-29에서는 계급구간 95 이하의 빈도수가 1개, 100 ~ 101의 빈도수가 18개임을 나타낸다.

```
> hist.result <- hist(drink)
> hist.result
$breaks
 [1] 95 96 97 98 99 100 101 102 103 104

$counts
 [1] 1 2 4 12 21 18 17 4 1

$density
 [1] 0.0125 0.0250 0.0500 0.1500 0.2625 0.2250 0.2125 0.0500 0.0125

$mids
 [1] 95.5 96.5 97.5 98.5 99.5 100.5 101.5 102.5 103.5

$xname
 [1] "drink"

$equidist
 [1] TRUE

attr(,"class")
 [1] "histogram"
> lines(x=hist.result$mids, y=hist.result$counts, type="b", pch=20)
```

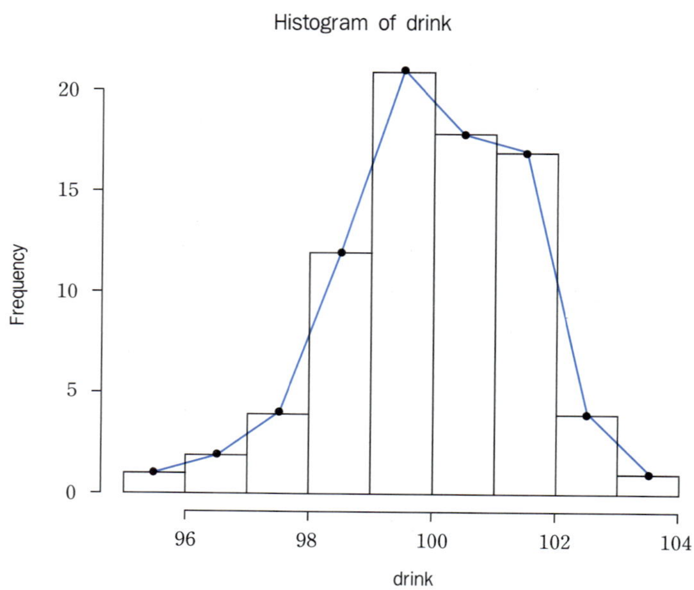

그림 2-29 히스토그램 및 도수다각형

분석 3

분석 2에서 주어진 음료수 한 병의 부피에 대한 자료에서 중심위치의 측도를 알아보기 위한 평균과 중앙값, 퍼진 정도의 수치인 분산, 표준편차, 범위, 사분위수범위를 R을 이용하여 구하라.

풀이

분석 2에서 주어진 자료를 drink라는 변수에 저장한 후 다음의 주어진 R의 함수들을 이용하면 기본적인 통계량들은 쉽게 구할 수 있다.

drink: 분석할 자료를 저장한 변수

length(drink): 자료의 개수

mean(drink): 평균

median(drink): 중앙값

quantile(drink): 분위수

var(drink): 분산

sd(drink): 표준편차

min(drink): 최솟값

max(drink): 최댓값

IQR(drink): 사분위수범위

그리고 위의 명령어들을 R에서 출력해 보면 다음과 같은 결과를 얻을 수 있다.

```
> length(drink)
 [1] 80
> mean(drink)
 [1] 100.0413
> median(drink)
 [1] 100.05
> quantile(drink)
     0%     25%     50%     75%    100%
 95.500  99.175 100.050 101.200 103.700
> var(drink)
 [1] 2.316125
> sd(drink)    #sqrt(var(drink))
 [1] 1.521882
> min(drink)
 [1] 95.5
> max(drink)
 [1] 103.7
```

```
> IQR(drink)
 [1] 2.025
```

그림 2-30 기술통계량 결과값

위에서 분위수 함수 quantile은 기본적으로 사분위수를 출력하도록 설정되어 있다. 하지만 probs 옵션을 사용하면 사용자가 원하는 백분위수도 구할 수 있다.

예를 들어 quantile(drink, probs=c(0.1,0.9))를 사용하면 제10백분위수와 제90백분위수를 구할 수 있다(그림 2-31).

```
> quantile(drink, C(0.1, 0.9))
   10%      90%
 98.10    101.71
```

그림 2-31 백분위수 결과값

평균, 중앙값, 제1사분위수, 제3사분위수, 최솟값, 최댓값을 그림 2-30에서와 같이 따로따로 구할 수 있지만 다음과 같이 summary 함수를 이용하면 그 통계량들을 한 번에 구해준다.

```
> summary(drink)
   Min.  1st Qu.  Median    Mean  3rd Qu.    Max.
  95.50    99.18  100.00  100.00  101.20  103.70
```

그림 2-32 summary 함수의 결과값

최솟값과 최댓값을 동시에 구할 수 있는 R의 함수는 range이며, 명령문 range(drink)를 실행하면 된다. 최댓값만을 구해주는 함수는 max(drink)이고 최솟값만을 구해주는 함수는 min(drink)이다. 이 두 값의 차이인 max(drink)-min(drink)가 주어진 자료의 범위가 되고, 그 결과는 다음과 같다.

```
> range(drink)
 [1] 95.5  103.7
> max(drink) - min(drink)
 [1] 8.2
```

그림 2-33 range 함수와 범위

사분위수 범위는 IQR(drink) 대신에 quantile(drink, 0.75)-quantile (drink, 0.25)로 구할 수도 있다. 다음은 그 결과를 나타낸다.

```
> quantile(drink, 0.75) - quantile(drink, 0.25)
 75%
 2.025
> IQR(drink)
 [1] 2.025
```

그림 2-34 사분위수 범위 결과값

또한 R에서 boxplot 함수를 이용하여 다음과 같이 상자그림을 작성할 수도 있다. 다음은 그 결과를 나타낸다.

```
> boxplot(drink, xlab="drink", ylab="volume(mL)")
```

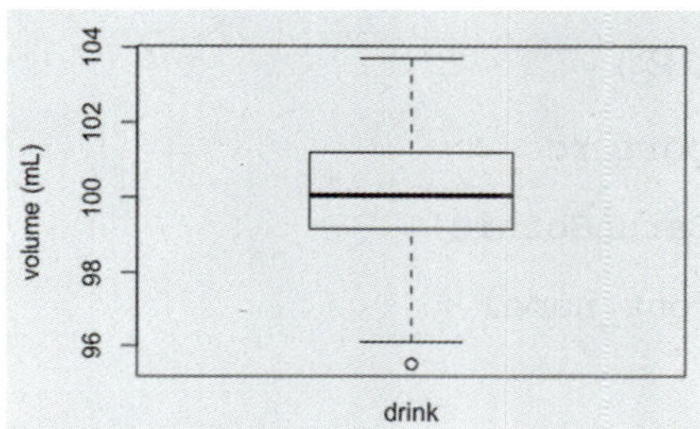

그림 2-35 상자그림

Python 코드

분석 1

\# 자료입력

```
import numpy as np
death = np.array([2, 1, 2, 4, 2, 5, 3, 3, 5, 6, 3, 8, 3,
                  3, 6, 3, 6, 5, 3, 5, 2, 6, 2, 3, 4, 3,
                  2, 9, 2, 2, 3, 2, 7, 3, 2, 10, 6, 2, 3,
                  1, 2, 3, 3, 4, 3, 2, 6, 2, 2, 3, 2, 3,
                  4, 3, 2, 3, 5, 2, 5, 5, 3, 4, 3, 6, 2,
                  1, 2, 3, 2, 6, 3, 3, 6, 3, 2, 3, 6, 4,
                  6, 5, 3, 5, 6, 2, 6, 3, 2, 3, 2, 6, 2,
                  6, 3, 3, 2, 6, 9, 6, 3, 6, 6, 2, 3, 2,
```

```
                    3, 5, 3, 5, 2, 3, 2, 3, 3, 1, 3, 3, 2,
                    3, 3, 4, 3, 6, 6, 3, 3, 3, 2, 3, 3, 6])

import pandas as pd
table = pd.crosstab(index = death , colnames = ["질병"], columns = '도수')
table.index = ["감염","각종암","순환기","호흡기","소화기",
               "사고사","비뇨기","정신병","노환","신경계"]
print(table)

# 한글입력(나눔 글꼴 설치 가정)
from matplotlib import rc
font_name = 'NanumBarunGothic'
rc('font',family =font_name)

# 막대그래프
import matplotlib.pyplot as plt
table.plot(kind='bar', color='blue',legend=False)
plt.xlabel('사망원인')
plt.ylabel("빈도수")
plt.title("사망원인에 따른 막대그래프")
plt.xticks(rotation=0)
plt.show()

# 원형그래프
import matplotlib.pyplot as plt

plt.figure()
plt.pie(table.values.flatten(),labels=table.index)
plt.rc('font', size=6) # 그래프 글자 크기
plt.title("사망원인에 따른 원형그래프")
plt.show()
```

```
# 파레토그림
import pandas as pd
from matplotlib import rc
import matplotlib.pyplot as plt
from matplotlib.ticker import PercentFormatter
import matplotlib.patches as mpatches # 범례를 만들기 위한 모듈

tb_sort = table.sort_values(by='도수', ascending=False)
tb_sort['누적비율'] = tb_sort['도수'].cumsum()/tb_sort['도수'].sum()*100

rc('font',family ='NanumBarunGothic')

color1 = 'blue'
color2 = 'black'
line_size = 4

plt.figure()
fig, ax = plt.subplots() # subplot 생성
ax.bar(tb_sort.index, tb_sort['도수'], color=color1)
ax2 = ax.twinx()
ax2.plot(tb_sort.index, tb_sort['누적비율'], color=color2, marker="D",
ms=line_size)
ax2.yaxis.set_major_formatter(PercentFormatter())

p_legend = mpatches.Patch(color='black', label='누적상대도수') # 범례1
p_legend1 = mpatches.Patch(color='blue', label='빈도수') # 범례2
plt.legend(handles=[p_legend,p_legend1],loc='center right') # 범례 표시

plt.title("사망 원인") # 제목
plt.xlabel("질병종류") # x축
ax.set_ylabel("Frequency") # 왼쪽 y축
plt.ylabel('cumulative percentage') # 오른쪽 y축
```

```
plt.rc('font', size=10) # 그래프 글자 크기 조절
plt.show()
```

분석 2

```
# 자료입력
import numpy as np
drink = np.array
    ([101.8, 101.5, 101.8, 102.6, 101, 96.8, 102.4, 100, 98.8, 98.1,
      98.8, 98, 99.4,95.5, 100.1, 100.5, 97.4, 100.2, 101.4, 98.7,
      101.4, 99.4, 101.7, 99, 99.7, 98.9, 99.5, 100, 99.7, 100.9,
      99.7, 99, 98.8, 99.7, 100.9, 99.9, 97.5, 101.5, 98.2, 99.2,
      98.6, 101.4, 102.1, 102.9, 100.8, 99.4, 103.7, 100.3, 100.2, 101.1,
      101.8, 100, 101.2, 100.5, 101.2, 101.6, 99.9, 100.5, 100.4, 98.1,
      100.1, 101.6, 99.3, 96.1, 100, 99.7, 99.7, 99.4, 101.5, 100.9,
      101.3, 99.9, 99.1, 100.7, 100.8, 100.8, 101.4, 100.3, 98.4, 97.2])

# 히스토그램 및 도수다각형
import matplotlib.pyplot as plt

plt.figure()
n, bins, patches = plt.hist(drink, bins = 10, facecolor="blue", alpha =
0.3) #, linewidth = 3)
x = [(bins[i]+bins[i+1])/2 for i in range(len(bins)-1)]
w_bin = bins[1]-bins[0]
x.insert(0,x[0]-w_bin)
x.append(x[-1]+w_bin)
n = np.insert(n,0,0.0)
n = np.append(n,0.0)
plt.xlabel('drink')
plt.ylabel('Frequency')
plt.title("Histogram of drink")
```

```
plt.plot(x,n,'blue',marker='o')
plt.show()
```

분석 3

```
import numpy as np
# length
count = len(drink)
print(count)
# mean
mean = np.mean(drink)
print(mean)
# median
median = np.median(drink)
print(median)
# quantile
per = np.percentile(drink,[0,25,50,75,100])
print(per)
# var
var = np.var(drink,ddof=1)
print(var)
# std
std = np.std(drink,ddof=1)
print(std)
# min, max, range
min, max = np.min(drink), np.max(drink)
print(min,max)
range = max - min
print(range)
# IQR
q75, q25 = np.percentile(drink, [75, 25])
print(q75,q25)
```

```
IQR = q75 - q25
print(IQR)
# summary
drink_df = pd.DataFrame(drink)
summary = drink_df.describe()
print(summary)

# 상자그림
import matplotlib.pyplot as plt
import numpy as np
plt.figure()
plt.boxplot(drink)
plt.show()
```

2장 종합문제

4.1 다음은 어느 나라 남자들의 초혼 연령이다.

나이 구분	결혼한 수
<18	40
18∼20	4,550
20∼25	16,830
25∼30	6,190
30∼35	1,140
35∼45	330
45∼55	160
55∼65	10
65 이상	20
합계	29,270

(1) 각 범주의 상대도수를 구하라.

(2) 상대도수로 히스토그램을 그려라. (힌트: 계급구간의 폭이 다르므로 상대도수를 계급구간의 폭으로 나누어 계급구간의 높이로 삼는다.)

(3) 25세 이전에 결혼한 비율은 얼마인가? 30세 이후에 결혼한 비율은 얼마인가?

4.2 혈중 콜레스테롤 농도를 43명으로부터 조사하였다. (단위: mg/dL)

239	212	249	227	218	310	281	330	226	233
223	161	195	233	249	284	245	174	154	256
196	299	210	301	199	258	205	195	227	244
355	234	195	179	357	282	265	286	286	176
195	163	297							

(1) 도수분포표를 작성하라.

(2) 히스토그램을 그리고 분포에 대해 설명하라.

4.3 매출액 기준 상위 200개 제조업체의 내년도 투자심리도를 조사하였다. 응답을 한 162개 제조업체의 금년 대비 내년의 투자증감계획을 업종별로 정리한 자료는 다음과 같다. 예를 들어 업종 A에 해당되는 18개 기업 중 27.8%는 감축, 22.2%는 동일수준, 50%는 증가할 계획이다.

업종	회사수	감축(%)	동일수준(%)	증가(%)
A	18	27.8	22.2	50.0
B	14	14.3	50.0	35.7
C	9	44.4	22.2	33.3
D	19	10.5	42.1	47.4
E	7	14.3	0.0	85.7
F	6	16.7	16.7	66.7
G	6	100.0	0.0	0.0
H	14	28.6	0.0	71.4
I	19	26.3	5.3	68.4
J	9	11.1	33.3	55.5
K	17	23.5	11.8	64.7
L	10	20.0	40.0	40.0
M	6	0.0	16.7	83.3
N	8	75.0	12.5	12.5

(1) 응답을 한 162개 제조업체를 투자 증가, 동일수준, 감축의 3범주로 그룹화하여 원형그래프와 상대도수 막대그래프를 작성하라.

(2) (1)에서 구한 그림을 이용하여 제조업체의 내년도 투자심리를 예측하라.

4.4 위의 종합문제 4.3에서 투자를 증가하기로 계획한 기업의 69.4% 정도는 금년 대비 20% 이상, 30.6%는 20% 미만 증가할 예정이라고 한다. 또한 투자를 감축하려는 기업의 72.1% 정도는

20% 이상, 27.9%는 20% 미만 감축할 예정이라고 한다.

(1) 위의 자료를 5개 범주로 그룹화하여 도수분포표를 작성하라.

(2) (1)의 답을 이용하여 원형그래프를 그리고, 이 자료를 해석하라.

(3) 금년 대비 20% 이상의 투자를 계획할 때, 내년의 상황을 낙관적으로 본다고 한다. 내년의 상황이 낙관적이지 않다고 보는 기업은 전체의 몇 퍼센트인가?

4.5 전력회사가 50명의 고객에게 "정전 시 발생되는 문제는 전적으로 개인이 해결해야 한다."라는 말에 대한 의견을 조사하였고, 대답의 보기는 다음과 같다.

1. 전적으로 동의한다.
2. 조금은 동의한다.
3. 조금은 반대한다.
4. 전적으로 반대한다.

위의 질문에 대한 대답은 다음과 같다.

4	2	1	3	3	2	4	2	1	1	2	2	2	2	1	3	4
1	4	4	1	3	2	4	1	4	3	3	1	1	1	2	1	1
4	4	4	4	4	1	2	2	2	4	4	4	1	3	4	2	

위 설문에 대한 도수분포표를 작성하고 원형그래프와 막대그래프를 그려라.

4.6 어느 도시에 내린 비의 산성도를 측정하였다. (단위: pH)

3.57	3.80	4.01	4.01	4.05	4.05	4.58	4.60	4.61	4.61	4.62	4.62
4.12	4.18	4.20	4.21	4.27	4.28	4.65	4.70	4.70	4.70	4.70	4.72
4.30	4.32	4.33	4.35	4.35	4.41	4.78	4.78	4.80	5.07	5.20	5.26
4.50	4.51	4.52	4.52	4.52	4.57	5.41	5.48				

R을 이용하여 히스토그램, 도수다각형 등을 얻고 분포의 모양을 설명하라.

4.7 신입생의 수학 실력을 측정하기 위해 24명에게 문제를 풀게 해서 맞춘 문항 수를 기록하였다.

4	0	2	2	4	1
4	6	9	7	2	7
5	4	13	7	7	10
10	0	5	3	9	8

위의 자료를 가지고 다음을 구하라.

(1) 평균과 표준편차

(2) 중앙값과 사분위수

(3) 범위와 사분위수범위

4.8 다음의 물음에 답하라.

(1) 자료 9, 11, 7, 12, 11에 대해 $\bar{x}$와 s를 구하라.

(2) 문제 (1)의 자료에 100을 더한 자료 109, 111, 107, 112, 111을 생각하 보자. 문제 (1)의 결과와 연습문제 2.19과 3.20의 성질을 이용하여 새로운 자료에 대한 평균과 표준편차를 직접 구하라.

(3) 문제 (1)의 자료에 -3을 곱한 자료 -27, -33, -21, -36, -33을 가지고 문제 (2)에서와 같이 계산하라.

4.9 표본자료 $x_1, \cdots, x_n$의 평균과 분산을 $\bar{x}$와 $s_n{}^2$으로 표시할 때

(1) 자료의 평균이 50, 표준편차가 10이 되도록 자료를 변환하는 방법을 기술하라.

(2) 원자료($n=30$)에서 $\bar{x}_{30}=65$, $s_{30}^2=14.5$라고 하고 새롭게 추가된 관측치가 $x_{31}=72$일 때 전체자료(31개)의 평균과 표준편차를 구하라.

4.10 다음은 어느 지역의 1년간 월별 최고 온도(화씨)의 자료이다.

34 39 50 62 71 78 82 84 77 66 51 39

(1) 섭씨로 변환한다면 연간 평균온도와 표준편차를 구하라.

(2) 섭씨자료와 화씨자료의 변동계수를 각각 구하라.

4.11 다음의 자료는 어느 지방에 내린 비의 산성도를 40번 측정한 자료이다. 측정 단위는 pH로서, 측정값이 1이면 산성도가 매우 높고 7이면 중성을 나타낸다. 일반적으로 pH가 5.6 이하이면 산성비라고 할 수 있다.

4.80	4.75	4.92	4.80	5.80	4.80	4.31	5.50
5.00	4.57	4.90	4.63	4.65	4.91	4.35	4.42
5.78	4.95	4.92	4.82	4.80	4.50	5.00	4.65
5.37	4.75	4.48	4.82	4.81	4.51	4.65	5.02
4.35	4.71	4.72	5.00	5.00	4.65	4.58	5.56

(1) 중앙값과 사분위수를 계산하라.

(2) 제90 백분위수를 구하라.

(3) 평균과 표준편차를 구하라.

(4) 상자그림을 그리고, 자료의 분포상태를 해석하라.

4.12 어느 전기부품이 고장날 때까지 걸리는 시간을 조사하기 위하여 24개 부품을 실험한 결과 다음의 자료를 얻었다. (단위: 일)

44	48	64	51	32	29	48	39	57	55
101	49	74	59	56	62	60	37	61	73
122	45	69	52						

(1) 이 표본에서 고장날 때까지 걸린 시간의 평균과 중앙값을 구하라.

(2) 고장날 때까지 걸린 시간의 표준편차를 구하라.

(3) 이 자료의 대략적인 분포상태를 설명하라.

4.13 같은 모집단에서 추출된 두 자료의 표본크기가 각각 n_1과 n_2라고 하고, 표본평균을 $\overline{x}_1$과 $\overline{x}_2$라고 하자. 이때에 두 자료를 합친 자료의 표본평균에 대하여 다음의 식이 성립함을 증명하라.

$$\overline{x} = \frac{n_1\overline{x}_1 + n_2\overline{x}_2}{n_1 + n_2}$$

4.14 **종모양의 대칭(symmetric bell-shaped) 분포 성질**

자료가 평균 $\overline{x}$를 중심으로 어떻게 분포되어 있는가를 표준편차를 s를 이용하여 대략적으로 파악할 수 있다. 자료의 분포가 대칭이고 종모양을 이룰 때 경험적 사실로 다음의 성질을 받아들일 수 있다.

근사적으로
68%의 자료가 $\overline{x} \pm s$ 구간에,
95%의 자료가 $\overline{x} \pm 2 \times s$ 구간에,
99.7%의 자료가 $\overline{x} \pm 3 \times s$ 구간에 포함된다.

어떤 자료의 수리적 측도값들이 다음과 같다고 한다.

평균$=80.5$, $s=10.5$
중앙값$=82.0$, $Q_1=73.0$, $Q_3=90.0$

종모양의 대칭분포를 가정하고, 다음의 각 구간에 해당되는 관측자료의 비율을 근사적으로 구하라.

(1) 90.0보다 작은 경우

(2) 82.0보다 작은 경우

(3) 59.5－101.5 사이에 있는 경우

(4) 73.0－90.0 사이에 있는 경우

(5) 49.0－90.0 사이에 있는 경우

4.15 표준화(standardized)된 자료 또는 z-값

z-값은 특정 자료값이 평균으로부터 표준편차의 몇 배만큼 떨어져 있는가를 측정하는 상대적 위치의 측도이다. 그 정의는 다음과 같다.

$$z\text{-값} = \frac{x-\bar{x}}{s}$$

z-값은 특히 두 종류 이상의 자료에서 한 자료의 특정 관측값의 크기와 다른 자료의 특정 관측값의 크기를 상대적으로 비교할 때 사용될 수 있다. 예를 들어 어떤 학생의 수학성적이 65, 영어성적이 72라고 하자. 이 두 성적만으로 이 학생의 성취 정도를 제대로 평가할 수 없다. 만약 수학의 평균과 표준편차가 각각 60과 20이고, 영어의 평균과 표준편차가 78과 10이라면, 이 학생의 z-값은

$$\text{수학의 } z\text{-값} = \frac{65-60}{20} = 0.25$$

$$\text{영어의 } z\text{-값} = \frac{72-78}{10} = -0.60$$

이 된다. 따라서 이 학생의 수학성적은 평균보다 0.25×(표준편차)만큼 더 높고, 영어성적은 평균보다 0.6×(표준편차)만큼 낮음을 알게 된다. 여기에서 두 성적이 z-값에 의해 상대적으로 비교 가능한 같은 단위로 변환되었음을 주목해야 한다. 다음의 각 질문에 답하라.

(1) $\bar{x}=490$이고 $s=210$일 때, $x=350$의 z-값을 구하라.

(2) z-값$=2.4$, $\bar{x}=210$, $s=50$일 때 원 자료값 x를 계산하라.

(3) 표본자료 $x_1, \cdots, x_n$의 평균과 분산을 각각 $\bar{x}$와 s_x^2라고 표기할 때, $\bar{z}=0$이고 $s_z^2=1$이 됨을 증명하라.

4.16 어느 수업의 수강인원은 40명이고 이 중 여학생은 15명이라고 한다. 이 수업의 중간시험에서 평균점수(75점) 이상의 학생은 25명이고, 여학생 중 80%가 75점 이상이라고 한다.

(1) 여학생의 평균점수가 80점이라고 할 때 남학생의 평균점수는 몇 점이겠는가?

(2) 중간시험 점수의 평균과 중앙값을 비교하여 분포에 대한 특징을 추론하여 기술하라.

4.17 유전자에 관한 연구를 하기 위하여 일반 먹이와 포도주스를 각각 20개의 실험관에 넣고 각 실험관에서 특별한 유전자를 가진 파리의 수를 세어 보았다.

일반 먹이	15	20	31	16	22	22	23	33	38	28
	25	20	21	23	29	26	40	20	19	31
포도 주스	6	19	0	2	11	12	13	12	15	16
	2	7	13	20	18	19	19	9	9	9

(1) 두 자료의 중심과 퍼진 정도를 고려하여 비교하라.

(2) 각 자료로부터 평균과 표준편차를 구하라.

(3) 각 자료로부터 변동계수를 구하라.

3장

확률

앞에서 우리는 자료를 그림이나 표 또는 몇 가지의 숫자로 요약하는 방법에 대하여 공부하였다. 이런 방법을 통하여 일부분(표본)으로부터 전체(모집단)를 파악하게 되는데, 앞에서 배운 간단한 방법 외에도 통계적인 추론을 통하여 모집단에 대한 좀 더 다양한 정보를 얻을 수 있다. 이러한 통계적 추론은 확률이론을 기초로 하므로, 이 장에서는 통계적 추론을 공부하기 전에 확률에 대하여 공부해 보기로 하자.

일상생활의 대화에서 우리는 '거의', '틀림없이', '아마도', '거의 불가능' 등의 용어를 사용하는데, 이는 어떤 사건이 일어날 가능성의 정도를 나타내는 것이다. 확률론은 이처럼 주관적인 일상용어를 객관적인 수치로 나타내는 방법을 배우는 학문이다. 즉 불확실성을 0과 1 사이의 수를 이용하여 가능성이 높을수록 1에 가깝게 하고 가능성이 낮을수록 0에 가깝도록 체계적으로 나타낸다.

이와 같이 불확실성을 구체적으로 수치화시키는 작업은 통계적 추론에서 아주 유용한 것으로 다음은 그런 일면을 보여 주는 한 예이다.

> 오랫동안 관측해 온 결과로 근육통이 있는 경우 50%는 저절로 치유되는 것으로 알려져 있다. 한 최면술사가 그의 최면술의 효과를 증명하려고 15명의 근육통 환자 중 12명의 환자가 치료된 기록을 제시하였다면, 과연 이 자료가 최면술이 효과가 있다는 그의 주장을 뒷받침한다고 할 수 있는가?
>
> 이것을 통계학의 관점에서 한 번 생각해 보자. 최면술의 효과가 없다면 각 환자가 치료될 확률은 50%가 된다. 이러한 조건하에서 12명이 치료되었다는 것은 동전을 15번 던져 12번이 어떤 특정한 면(예: 앞면)이 나온 것과 같은 정도의 가능성을 가진 사건이 발생한 결과가 된다. 실제로 동전을 던져 같은 면이 15번 중에 12번 이상 나오게 될 확률은 0.018로 그 사건은 잘 일어나지 않는 희귀한 사건임을 나타낸다. 그러므로 15명 중 12명을 치료하였다는 정보로부터 우연히 희귀한 사건이 일어났다고 생각하기보다는 치료 확률이 50%라는 가정을 의문시하여 최면술이 효과가 있다고 추론을 하게 되는 것이다.

이 예에서 보여 주는 과정은 보통 통계적 검정이라고 불리는 것으로 뒤에서 자세히 설명될 것이다. 여기서 0.018이라는 수치는 확률이론에서 얻어지는 것으로 통계적 추론에서 사용된다.

3.1 사건의 확률

한 사건의 확률이란 그 사건이 일어날 가능성의 정도를 나타내 주는 수치이다. 즉 실험이나 관측의 결과로서 나타날 수 있는 상황이 일정하지 않을 때 그 불확실성을 설명하기 위해 확률이 이용된다. 여기서 언급된 '실험'이란 용어는 일상생활에서 쓰는 의미보다는 조금 넓은 범위의 뜻을 내포하고 있다. 즉 일반 연구 실험실에서 행해지는 것만이 아니라 동전던지기나 여론조사 등 다양한 결과가 예측되는 행위 일체를 뜻한다.

이와 같은 실험의 각 결과들에 어떻게 확률을 대응시키는가를 알아보기 위해서는 실험의 결과를 체계적으로 표현할 필요가 있는데, 이를 위해 사용되는 용어들을 소개하면 다음과 같다.

표본공간(sample space: Ω): 한 실험에서 나올 수 있는 모든 결과들의 모임
근원사건(elementary outcomes: ω_1, ω_2, ⋯): 표본공간을 구성하는 거개의 결과
사건(event: A, B, ⋯): 표본공간의 부분집합으로 어떤 특성을 갖는 결과들의 모임(즉 근원사건들의 집합)

예를 들어 국회의원 선거에서 투표를 생각해 보자. 만약에 후보자가 5명이 나왔다고 하면 우리가 선택할 후보자는 1, 2, 3, 4, 5번 후보자 중 하나가 될 것이다. 이 경우 표본공간은 각 후보자를 기호(또는 이름)로 표시하면 $\Omega=\{1, 2, 3, 4, 5\}$로 나타낼 수 있다. 여기에서 각각의 기호는 근원사건을 나타낸다. 이 중에서 기호 1, 2, 3번 후보는 소속 정당이 있고 4, 5번이 무소속 후보일 때 무소속 후보를 나타내는 사건을 A라고 하면, $A=\{4, 5\}$가 되고 만일 선거에서 무소속 후보를 찍게 된다면 우리는 사건 A가 실현되었다고(혹은 일어났다고) 말한다.

예제 1

과거 두 차례의 대통령 선거에서 여당후보(X)나 야당후보(Y) 중 하나를 선택하였다고 하자. 이때 사건 A를 두 선거에서 여당후보를 한 번 선택한 사건이라고 하고, 사건 B를 두 번 다 야당만 선택하는 사건이라고 할 때, 표본공간과 사건 A, B를 근원사건을 이용하여 나타내어 보아라.

풀이

두 차례의 선거결과를 수형도(tree diagram)를 이용하여 나타내 보자.

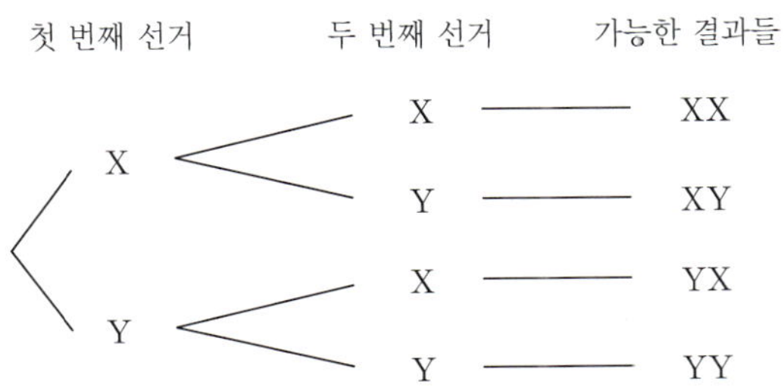

표본공간은 모든 가능한 결과의 모임이므로

$$\Omega=\{XX, XY, YX, YY\}$$

가 된다. 위에서 사건 A는 여당을 한 번만 찍는 것으로 $A=\{\mathrm{XY}, \mathrm{YX}\}$가 되고, 사건 B는 두 번 모두 야당을 찍는 사건이므로 $B=\{\mathrm{YY}\}$로 나타낼 수 있다.

예제 2

어느 주말 오후 경부고속도로 상에서 버스전용차로제를 위반하는 차의 대수를 조사한다고 하자. 조사 대상의 승용차가 143대일 때 (1) 표본공간과 (2) 60% 이상의 차들이 위반을 하게 되는 사건(A)을 근원사건을 이용하여 나타내어 보아라.

풀이

(1) 위반한 차의 대수는 0, 1, ⋯, 143 중에 하나일 것이므로 표본공간은 다음과 같이 나타낼 수 있다.

$$\Omega=\{0, 1, \cdots, 143\}$$

(2) 143대의 60%는 $143\times 0.6=85.8$이므로 60% 이상의 차들이 위반하는 사건은

$$A=\{86, 87, \cdots, 143\}$$

이 된다.

위의 두 예제에서 우리는 표본공간이 유한개의 원소만을 가지는 유한표본공간을 소개하였다. 그러나 표본공간의 원소의 개수가 유한한 경우만 있는 것은 아니다. 예를 들어, 어떤 사람이 주택복권에서 일등이 당첨될 때까지 계속해서 복권을 사는 시행을 생각해 보자. 이런 경우에 그 사람이 사게 되는 가능한 복권의 수는 이론적으로 무한개가 될 것이다. 즉 표본공간이 유한이 아니고 무한개의 원소를 포함하는 표본공간이 되는 것이다. 무한개의 원소를 포함하는 표본공간 중에는 셀 수 있는 경우가 있고 다음과 같이 셀 수 없는 경우도 있다. 예를 들면 우리의 관심이 0과 1 사이의 실수(real number)라면 표본공간은 $\Omega=\{x : 0\leq x\leq 1\}$로 표현되고 원소의 개수는 셀 수 없다. 이처럼 표본공간의 원소가 연속체(continuum)로 주어져 나열할 수 없는 경우를 연속표본공간(continuous sample space)이라고 한다.

연속표본공간에서의 확률이론도 근본적으로는 유한인 표본공간의 경우와 다를 게 없으나, 약간의 복잡한 이론을 필요로 하므로 여기에서는 유한개의 원소를 포함하는 표본공간에만 국한하여 확률의 이론을 설명하고자 한다. 먼저 사건이 발생할 가능성을 수치로 표현한다는 개념으로서의 확률을 좀 더 체계화할 필요가 있다. 어떤 사건의 확률이 갖는 가장 직관적인 의미는 동일한 실험을 무한히 반복할 때 그 사건이 일어나게 되는 상대적인 비율이라는 것이다.

사건의 확률: 동일한 조건하에서 한 가지 실험을 반복할 때 전체 실험 횟수에서 그 사건이 일어나리라고 예상되는 횟수의 비율을 말한다. 사건을 A라고 하면 사건 A의 확률은 $\mathbf{P}(A)$로 표시 한다.

위의 정의로부터 우리는 확률의 특성을 몇 가지 유추해낼 수 있다. 우선 전체에 대한 비율로 나타내므로 0과 1 사이의 수여야 한다. 따라서 2.3 또는 -3.7 등의 확률이란 있을 수 없다. 어떤 사건 A가 일어나기 위해서는 A에 속하는 근원사건이 하나 일어나야 하므로 A가 일어날 확률은 A에 속하는 근원사건이 일어날 확률의 합이 되어야 한다. 또한 표본공간은 모든 가능한 결과들의 모임이므로 시행마다 표본공간에 있는 근원사건이 꼭 하나는 일어나야 한다. 따라서 표본공간을 하나의 사건이라고 하면 이 사건은 반드시 일어나므로 확률은 1이 되어야 한다. 이를 정리하면 다음과 같다.

확률의 법칙: (1) 모든 사건 A에 대하여 $0 \leq \mathbf{P}(A) \leq 1$

(2) $\mathbf{P}(A) = \sum_{\omega_i \in A} \mathbf{P}(\omega_i)$

(3) $\mathbf{P}(\Omega) = \sum_{\omega_i \in \Omega} \mathbf{P}(\omega_i) = 1$

연습문제

1.1 다음의 주어진 확률값들에 어울리는 표현을 연결하라. (하나 이상의 표현이 연결될 수 있다.)

확률	표현
(1) 0.95	(a) 발생하지 않는다.
(2) 0.03	(b) 매우 자주 발생한다.
(3) 4.0	(c) 반반으로 발생한다.
(4) -0.2	(d) 매우 드물게 발생한다.
(5) 0.4	(e) 발생하는 경우가 더 드물다.
(6) 0.5	(f) 확률이 아니다.
(7) 0	

1.2 다음 주어진 확률값들에 어울리는 표현을 연결하라. (하나 이상의 표현이 연결될 수 있다.)

확률	표현
(1) $\sqrt{2}$	(a) 확률이 아니다.
(2) $\frac{1}{\sqrt{2}}$	(b) 매우 드물게 발생한다.

(3) $\frac{1}{186}$ (c) 반반으로 발생한다.

(4) 1.1 (d) 매우 자주 발생한다.

(5) $\frac{1}{2}$ (e) 일어나는 경우가 더 많다.

(6) $\frac{43}{45}$

1.3 다음의 각 실험에 대응하는 표본공간을 기술하라.

(1) 어떤 사람이 같은 상표의 병맥주, 캔맥주, 생맥주를 구분할 수 있다고 주장한다. 이를 확인하기 위하여 각 맥주들을 잔에 부은 후 무작위로 그 사람에게 주었을 때, 그 사람이 어떤 맥주인지 맞춘 횟수를 기록한다.

(2) 한 지방에서 올해 일어난 교통사고 사망자수를 기록한다.

(3) 새로운 비디오가 고장 없이 잘 작동하는 날짜를 기록한다.

1.4 연습문제 **1.3**의 각 문항에서 다음의 사건에 해당되는 근원사건을 기술하라.

(1) 하나 이상 맞춘다.

(2) 345건 이상 발생한다.

(3) 90일 이상 425일 이하

1.5 정민, 민석 그리고 미화가 지역 경시대회 최종결선자인데 이 중 1등과 2등이 전국 결선에 진출한다.

(1) 지역 예선의 결과에 관한 표본공간을 기술하라.

(2) 다음의 사건에 포함되는 근원사건을 기술하라.

$A=$미화가 지역 시험에서 1등을 한다.

$B=$정민은 전국 결선에 나가지 못한다.

1.6 두 개의 동전을 던진 후, 뒷면이 나온 수만큼 동전을 더 던진다. 즉, 모두 앞면이면 그만 던지고, 뒷면이 한 개 나오면 한 번 더 던지고, 뒷면이 두 개 나오면 두 번 더 던진다.

(1) 수형도를 그리고, 표본공간을 기술하라.

(2) 다음에 포함되는 근원사건을 기술하라.

$A=$앞면이 두 번 나온다.

$B=$뒷면이 두 번 나온다.

1.7 네 개의 근원사건 $\{\omega_1, \omega_2, \omega_3, \omega_4\}$로 이루어진 표본공간이 있을 때 $\mathbf{P}(\omega_1)=0.1$, $\mathbf{P}(\omega_2)=0.5$, $\mathbf{P}(\omega_2)=0.1$이라면 $\mathbf{P}(\omega_4)$는 얼마인가?

1.8 표본공간이 $\Omega=\{\omega_1, \omega_2, \omega_3\}$일 때 각각의 근원사건이 일어날 확률이 같다면 $\mathbf{P}(\omega_1)$, $\mathbf{P}(\omega_2)$, $\mathbf{P}(\omega_3)$는 얼마인가?

1.9 표본공간이 사형제도에 대한 한 사람의 태도로 $\omega_1 = \{$찬성한다$\}$, $\omega_2 = \{$반대한다$\}$, $\omega_3 = \{$결정하지 못했다$\}$의 세 개의 근원사건으로 이루어져 있다. 이때 다음의 확률들은 타당한가?

(1) $\mathbf{P}(\omega_1) = 0.4$, $\mathbf{P}(\omega_2) = 0.5$, $\mathbf{P}(\omega_3) = 0.1$

(2) $\mathbf{P}(\omega_1) = 0.4$, $\mathbf{P}(\omega_2) = 0.4$, $\mathbf{P}(\omega_3) = 0.4$

(3) $\mathbf{P}(\omega_1) = 0.5$, $\mathbf{P}(\omega_2) = 0.5$, $\mathbf{P}(\omega_3) = 0$

1.10 표본공간이 ω_1, ω_2, ω_3, ω_4, ω_5로 이루어져 있을 때, ω_1, ω_4, ω_5는 같은 확률을 가지고, ω_2는 ω_1의 두 배의 확률을 가지며, ω_3는 ω_1의 네 배의 확률을 갖는다고 한다.

(1) 각각의 $\mathbf{P}(\omega_i)$를 구하라.

(2) $A = \{\omega_1, \omega_4\}$일 때, $\mathbf{P}(A)$를 구하라.

1.11 표본공간이 ω_1, ω_2, ω_3, ω_4의 네 개의 근원사건으로 이루어졌을 때, 각 근원사건의 확률의 비가 $1:4:9:6$이라고 한다. 만약 사건 $A = \{\omega_1, \omega_3\}$라면, $\mathbf{P}(A)$는 얼마인가?

1.12 **확률과 오즈**(probability and odds) 우리가 어떤 사건이 k 대 m의 오즈(odds)로 일어난다고 하면, 이것은 해당 사건이 일어날 확률과 일어나지 않을 확률의 비가 $k:m$이라는 의미이다. 이를 이용하여 아래에서 각 사건이 일어날 확률을 구하여라.

(1) 내일 비가 올 오즈는 2대 1이다.

(2) 국회가 새로운 스포츠 경기장에 대한 재정 지원을 연기할 오즈는 5대 2이다.

3.2 확률의 계산

사건의 확률을 계산하는 것에 관하여 다음의 두 가지 예를 생각해 보자. 첫째는 보통의 주사위를 던질 때 1의 눈이 나오는 사건의 확률이고, 둘째는 새로 개발된 상품이 시장에서 성공을 할 확률을 구하는 경우이다. 이때 주사위의 경우는 모든 면이 나올 가능성이 동일하므로 1의 눈이 나올 확률은 1/6로 계산될 것이다. 그러나 두 번째의 새로 개발된 상품이 시장에 성공을 할 확률은 앞에서처럼 특정한 규칙을 통하여 구할 수 없다. 따라서 이 경우에는 시제품을 가지고 여러 사람들에게 의견을 물어보는 사전 시장조사를 하여 성공할 확률을 추측하게 된다. 더 정확하게 추측하려면 많은 사람들을 대상으로 시장조사를 하면 될 것이다. 다시 말하면 사전조사 결과에서 성공의 상대도수로서 확률값을 추측하게 된다. 이와 같은 방법은 앞에서의 방법과는 달리 귀납적인 방법으로 확률값을 계산하는 것이다. 이와 같이 확률을 계산하는 두 가지의 경우를 규칙으로 표현하면 다음과 같다.

규칙 1(균일 확률): 표본공간 Ω가 k개의 원소로 이루어져 있고 각 근원사건이 일어날 가능성이 동일(equally likely)하다고 하자. 이때 근원사건 중 하나가 일어날 확률은 $1/k$로 주어진다. 또 사건 A가 m개의 근원사건으로 이루어져 있다면 사건 A가 일어날 확률은 다음과 같이 주어진다.

$$\mathbf{P}(A)=\frac{m}{k}=\frac{A\text{에 속하는 근원사건의 개수}}{\Omega\text{에 속하는 근원사건의 개수}}$$

예제 3

한 반에 있는 50명의 학생 중에 42명이 오른손잡이고 8명이 왼손잡이라고 하자. 이 중에서 한 명을 임의로 선택할 때 이 학생이 왼손잡이일 확률은 얼마인가?

풀이

임의추출을 하였으므로 각 학생이 선택될 확률은 같다. 각 학생을 선택하는 것을 근원사건으로 보면 표본공간은 50개의 원소($\Omega=\{1, 2, \cdots, 50\}$)로 구성되고 그 중 8명은 왼손잡이가 된다. 따라서 $\mathbf{P}$(왼손잡이)$=8/50=0.16$이다. 만약 선택된 학생이 왼손잡이(L)인지 오른손잡이(R)인지만을 고려한다면, 표본공간은 이제 $\Omega=\{L, R\}$이 되고 각 근원사건, L과 R은 일어날 가능성이 동일한 근원사건이 아니다.

규칙 2(상대도수 수렴치로서의 확률): 동일한 실험을 N회 반복할 때 사건 A의 상대도수는 다음과 같이 표현된다.

$$r_N(A)=\frac{N\text{번의 시행 중 }A\text{가 일어난 횟수}}{N}$$

여기서 만약 N이 증가함에 따라 상대도수가 일정한 값으로 수렴한다면, 그 값으로 사건 A가 일어날 확률 $\mathbf{P}(A)$를 추정한다.

초창기 확률이론의 발달에 기여한 프랑스의 도박사들은 주사위나 카드게임 등을 수만 번 반복실험하여 상대도수의 안정화를 확인하였다. 그들은 이러한 이해를 바탕으로 위와 같은 확률게임에서 발생하는 불확실성을 이해하려고 하였다. 어떤 인구학자가 40대 한국남자의 사망률이 얼마라고 하는 것도 수많은 자료에서 근거하여 나온 이야기가 될 것이다. 보험회사의 경우는 실제로 이러한 상대도수의 안정화에 의거하여 영업을 하고 있는 것이다. 다음 그림 3-1은 컴퓨터의 모의실험으로 주사위를 던져 1의 눈이 나오는 상대도수를 그린 것으로 횟수가 증가함에 따라 상대도수가 안정화되어 실제 확률인 1/6에 수렴하는 것을 알 수 있다.

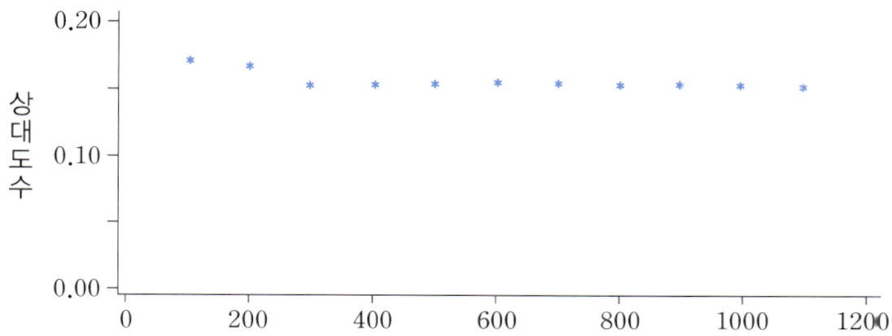

그림 3-1 상대도수의 안정화

예제 4

대한민국에서 20세 남자가 생명보험에 가입하였을 때, 보험회사는 이 사람이 30세에도 살아 있을 확률에 관심이 있을 것이다. 그렇다면 이러한 확률은 어떻게 계산할까?

풀이

산다는 것과 죽는다는 것이 같은 가능성을 가진 사건이 아니므로 이를 대답하기 위하여는 실제의 수많은 자료(한국인의 생명표 등)로부터 이 값을 추측해야 한다. 만약 만 명의 20세 남자를 대상으로 조사한 자료에서 9,840명이 30세까지 살아 있었다고 하면 확률의 근삿값은 9,840/10,000=0.984로 주어진다.

연습문제

2.1 동전을 세 번 던지는 실험을 할 때, 다음 질문에 답하라.

(1) 표본공간을 수형도로 표시하라.

(2) 각 근원사건의 확률을 계산하라.

(3) 정확히 한 번의 앞면이 나올 확률은 얼마인가?

2.2 PROBABILITY라는 단어에서 하나의 철자를 무작위로 선택하였을 때 모음일 확률을 계산하라.

2.3 1, 1, 1, 2, 2, 3, 3, 3의 번호가 적혀 있는 8개의 카드가 들어 있는 상자에서 임의로 하나를 선택한다.

(1) 표본공간을 기술하고, 각각의 근원사건의 확률을 계산하라.

(2) 홀수가 적혀 있는 카드를 선택할 확률은 얼마인가?

2.4 당신은 두 친구와 함께 피자를 먹은 후, 다음 방식으로 피자 값을 내기로 결정하였다. 모두 동전을

한 번씩 던져서 만약 모두 같은 면이면 똑같이 나누어 내기로 하고, 같지 않다면 나머지 두 사람과 다른 면이 나온 그 사람이 돈을 내기로 한다. 다음의 확률을 계산하라.

(1) 당신이 모두 지불할 확률

(2) 모두 똑같이 지불할 확률

2.5 흰색 주사위와 빨간색 주사위를 한 번씩 던진다.

(1) 다음 네 사건에 포함되는 근원사건을 기술하라.

A = {두 주사위의 눈의 합이 6이다}

B = {두 주사위의 눈의 합이 7이다}

C = {두 주사위의 눈의 합이 짝수이다}

D = {두 주사위의 눈이 같은 수이다}

(2) 보통 주사위일 경우 각각의 근원사건의 확률은 얼마인가?

(3) $\mathbf{P}(A)$, $\mathbf{P}(B)$, $\mathbf{P}(C)$, $\mathbf{P}(D)$를 구하라.

2.6 상자에 34개의 카드가 들어 있는데, 그 중 2개는 녹색, 16개는 검은색, 16개는 빨간색이다. 검은색이나 빨간색에 돈을 걸고 하나를 뽑았을 때, 뽑힌 카드의 색이 돈을 건 색과 일치하면 건 돈의 두 배를 받고, 녹색에 돈을 걸고 하나를 뽑았을 때 녹색을 뽑으면 건 돈에 30배를 받는다고 한다. 물론 색깔이 다른 경우는 돈을 잃는다. 검은색에 2,000원을 걸었을 때 다음의 확률을 구하라.

(1) 돈을 잃는다.

(2) 2,000원을 번다.

2.7 다음은 어느 해 출생률에 따라 미국 52개 주를 구분한 표이다.

출생률 (1,000명당)	12−13	13−14	14−15	15−16	16−17	17−18	18−19	19 이상	합계
주의 수	1	5	13	17	4	5	5	2	52

한 주가 임의로 선택되었을 때 다음의 확률을 계산하라.

(1) 출생률이 16보다 작다.

(2) 출생률이 15 이상 18 미만이다.

(3) 출생률이 17 이상이다.

2.8 토질이 강산성인 지역, 약산성인 지역, 보통인 지역이 있다. 이 세 지역 중 한 곳을 임의로 선택하여 콩을 심고, 남은 두 지역에서 임의로 또 한 곳을 선택하여 후추를 심는다.

(1) 표본공간을 수형도로 작성하라.

(2) 후추를 약산성이거나 보통의 지역에 심을 확률은 얼마인가?

(3) 작물(콩, 후추)을 강산성 지역에 심을 확률은 얼마인가?

2.9 (1) 사람이 태어나는 달에 대한 확률이 같다고 한다면, 한 사람을 임의로 뽑았을 때 그가 11월 혹은 12월에 태어났을 확률은 얼마인가?

(2) 다음은 어느 지역의 41,208명의 생일을 월별로 기록한 자료이다. 월별 상대도수를 구하고, 그것을 볼 때 각 달에 태어날 확률이 같다는 확률모형은 타당한지 결정하라.

1월	3,478	4월	3,542	7월	3,476	10월	3,331
2월	3,333	5월	3,479	8월	3,495	11월	3,188
3월	3,771	6월	3,304	9월	3,490	12월	3,321
							합계 41,208명

2.10 정부에서는 제지 공장들이 안전기준을 만족시키고 있는지를 조사하기 위해 15개의 공장 중 한 공장을 선택하여 조사하려고 한다. 실제로 15개의 공장 중 10개의 공장은 안전기준을 만족하고, 3개의 공장은 기준 근처에 있으며, 2개 공장은 크게 위반을 하고 있다고 하자.

(1) 표본공간을 작성하라. 이때 각 공장이 뽑히는 것은 균일확률모형을 따른다고 하자.

(2) 기준을 크게 위반한 공장이 선택될 확률은 얼마인가?

2.11 유전학자는 Aa 유전자를 가지고 있는 식물을 서로 교배시켰다. 이때 자손세대는 부모세대에서 각각 하나의 유전자(A나 a)를 받는다고 한다.

(1) 자손세대의 유전자에 대한 표본공간을 기술하라.

(2) 동일한 확률로 유전자를 받는다고 할 때 각 근원사건의 확률을 계산하라.

(3) 만약 A 유전자가 우성 인자여서 aa의 유전자를 가지고 있는 자손만이 작고, 나머지는 크다고 할 때, 작은 자손이 나올 확률을 구하여라.

2.12 다음 경우에 상대도수 수렴치로서의 확률의 개념을 사용할 수 없는 이유를 설명하라.

(1) 일 년 중 종합주가지수가 하락하는 날의 비율

(2) 부당한 공제를 포함한 소득세 정산 비율. 단 자료는 불경기인 1월에만 수집됨.

(3) 배기가스 기준을 만족하지 않는 차의 비율. 단, 자료는 서비스 센터에 서비스를 받으러 온 차 중 배기가스 검사를 요구한 경우에서 얻어짐.

2.13 3개의 시험관에 각각 R, S, T의 다른 화학물질이 들어 있었는데, 운송 과정에서 실수로 시험관에 어떤 화학물질이 들었는지 알려 주는 이름표가 없어졌다. 어떤 사람이 이 실수를 숨기기 위해 3가지 이름표를 각 시험관에 무작위로 붙였다.

(1) 표본공간을 기술하라.

(2) 다음 사건을 근원사건으로 나타내어라.

$A=$ {3가지 화학물질의 이름표가 모두 올바르게 붙어 있다}

$B=$ {모든 시험관이 잘못된 이름표를 가지고 있다}

2.14 위의 연습문제 **2.13**을 참조하여 다음을 계산하라.

(1) 모든 근원사건의 확률을 계산하라.

(2) $\mathbf{P}(A)$, $\mathbf{P}(B)$를 구하라.

3.3 확률법칙

앞 절에서 우리는 한 사건의 확률을 그 사건에 포함되는 근원사건들의 확률의 합으로 표현하였다. 그러나 어떤 사건이 여러 다른 사건들과 연관지어져 복합적인 형태를 이루고 있을 때는 확률을 구하기 위해 그 사건과 관계 있는 다른 사건들의 확률들을 이용하는 것이 쉬운 경우가 많이 있다. 이 절에서는 사건들의 기본 연산인 여사건, 합사건 등과 확률계산에 유용한 확률법칙에 대하여 공부해 보자.

예제 5

다음은 어떤 모임에 참석한 네 명의 의사를 전공 분야와 성별로 분류한 것이다.

사람	전공 분야	성별
1	소아과	여
2	소아과	남
3	산부인과	여
4	산부인과	여

이 중 두 사람을 선택하여 다이어트 습관을 조사한다고 하자. 이때 다음의 각 사건을 근원사건으로 나타내어 보아라.

$A=${서로 같은 분야의 사람을 뽑는다.}

$B=${서로 성별이 같은 사람을 뽑는다.}

$C=${서로 성별도 다르고 분야도 다른 사람을 뽑는다.}

풀이

네 명 중에 둘을 선택하는 방법의 수는 $\binom{4}{2}=6$가지이고, 각각의 근원사건을 사람번호를 이용하여 나타내면 다음과 같다.

$$\omega_1=\{1,2\} \qquad \omega_4=\{2,3\}$$
$$\omega_2=\{1,3\} \qquad \omega_5=\{2,4\}$$
$$\omega_3=\{1,4\} \qquad \omega_6=\{3,4\}$$

이때 원하는 사건들을 근원사건을 이용해서 표현해 보면 다음과 같다.

$$A=\{\omega_1,\ \omega_6\},\quad B=\{\omega_2,\ \omega_3,\ \omega_6\},\quad C=\{\omega_4,\ \omega_5\}$$

그림 3-2는 벤다이어그램(Venn-diagram)을 이용하여 예제 5의 세 사건들의 관계를 보기 쉽게 표현하였다.

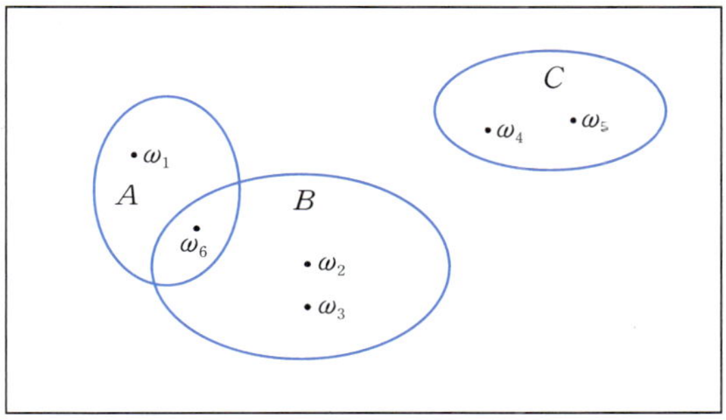

그림 3-2 사건들의 벤다이어그램

사건들의 기본적인 연산은 다음과 같이 정리할 수 있다.

여사건: 사건 A의 여사건은 A에 포함되지 않은 근원사건들의 모임으로 A^c로 표현된다.

합사건: 사건 A, B의 합사건은 A 혹은 B에 포함되는 근원사건들의 모임으로 $A \cup B$로 표현된다.

곱사건: 사건 A, B의 곱사건은 A와 B에 동시에 포함되는 근원사건들의 모임으로 $A \cap B$로 표현된다.

위 예제 5에서 보면 사건 A와 사건 C는 공유하는 근원사건이 없어서 벤다이어그램에서 보면 서로 떨어져 있다. 이와 같이 동시에 일어날 수 없는 사건을 **배반사건**(disjoint event)이라고 한다.

예제 6

예제 5의 경우에서 다음의 사건들을 A, B를 이용하여 표현하고 구성원인 근원사건을 밝혀라.

(1) 선택된 사람들이 분야와 성별이 같다.

(2) 분야가 같고 성별이 다르다.

(3) 분야가 다르거나 성별이 같다.

풀이

(1) $\{$분야와 성별이 같다$\} = A \cap B = \{\omega_6\}$

(2) {분야가 같고 성별이 다르다} $= A \cap B^c = \{\omega_1\}$

(3) {분야가 다르거나 성별이 같다 $= A^c \cup B = \{\omega_2, \omega_3, \omega_4, \omega_5, \omega_6\}$

확률의 기본법칙을 이용하여 여사건과 합사건의 확률을 구하는 데 유용한 확률법칙을 알아보자. 다음 확률의 합, $\mathbf{P}(A^c)+\mathbf{P}(A)$는 사건 A에 속하는 근원사건들의 확률의 합과 사건 A에 속하지 않은 근원사건들의 확률의 합을 나타낸다. 이때 더해지는 근원사건은 결국 표본공간 내의 모든 근원사건을 나타내므로 확률값은 기본법칙에 의하여 1이 된다. 이를 이용하면 **여사건의 확률법칙**을 얻을 수 있다.

여사건의 확률법칙: $\mathbf{P}(A^c) = 1 - \mathbf{P}(A)$

예제 7

예제 5에서 각각의 근원사건이 나올 확률이 동일하다고 가정할 때 선택된 사람들의 분야가 다르거나 성별이 다른 사건의 확률을 구하라.

풀이

예제 5의 사건 A, B를 이용하면 원하는 사건은 $A^c \cup B^c$가 된다. 집합의 관계식을 이용하면 $A^c \cup B^c = (A \cap B)^c$이 되고 예제 6의 결과를 이용하면 균일확률모형 가정하에서 $\mathbf{P}(A \cap B) = \mathbf{P}(\omega_6) = 1/6$이 된다. 따라서 원하는 확률은 여사건의 확률법칙으로부터

$$\mathbf{P}(A^c \cup B^c) = 1 - \mathbf{P}(A \cap B) = 1 - 1/6 = 5/6$$

가 된다.

합사건 $A \cup B$는 A 또는 B에 속하는 근원사건들로 이루어져 있다. 여기에서 $\mathbf{P}(A)+\mathbf{P}(B)$는 사건 A에 속하는 근원사건들의 확률과 사건 B에 속하는 근원사건들의 확률의 합을 나타낸다. 따라서 사건 A와 B에 동시에 속하는 근원사건의 확률은 중복으로 더해지게 된다. 그러므로 합사건 $A \cup B$의 확률을 계산하려면 중복되는 부분인 $A \cap B$에 속하는 근원사건의 확률을 빼 주어야 한다. 이를 정리하여 일반적인 **합사건의 확률법칙**을 나타내면 다음과 같다.

합사건의 확률법칙: $\mathbf{P}(A \cup B) = \mathbf{P}(A) + \mathbf{P}(B) - \mathbf{P}(A \cap B)$

합사건의 확률법칙에서 사건 A와 B가 배반사건이라면 곱사건 $A \cap B$에 속하는 근원사건이 없

으므로 확률의 기본법칙에 따라 $\mathbf{P}(A\cap B)=\mathbf{P}(\phi)=0$이 되어

$$\mathbf{P}(A\cup B)=\mathbf{P}(A)+\mathbf{P}(B)$$

가 된다.

예제 8

예제 5에서 다음 합사건 $A\cup B$, $B\cup C$의 확률을 구하라.

풀이

예제 5에서의 각 근원사건은 나올 확률이 같으므로 $\mathbf{P}(\omega_i)=1/6$이 되고 합사건의 확률법칙과 그림 3-2를 참조하면

$$\begin{aligned}\mathbf{P}(A\cup B)&=\mathbf{P}(A)+\mathbf{P}(B)-\mathbf{P}(A\cap B)\\&=\mathbf{P}(\omega_1,\ \omega_6)+\mathbf{P}(\omega_2,\ \omega_3,\ \omega_6)-\mathbf{P}(\omega_6)\\&=\frac{2}{6}+\frac{3}{6}-\frac{1}{6}=\frac{2}{3}\end{aligned}$$

이 되고 사건 B와 사건 C는 서로 배반사건이므로

$$\mathbf{P}(B\cup C)=\mathbf{P}(B)+\mathbf{P}(C)=\frac{3}{6}+\frac{2}{6}=\frac{5}{6}$$

가 된다.

연습문제

3.1 8개의 근원사건이 각각 다음의 확률을 갖는 표본공간이 있다고 한다.

$$\mathbf{P}(\omega_1)=0.16,\ \mathbf{P}(\omega_2)=\mathbf{P}(\omega_3)=\mathbf{P}(\omega_4)=0.08,$$
$$\mathbf{P}(\omega_5)=\mathbf{P}(\omega_6)=\mathbf{P}(\omega_7)=\mathbf{P}(\omega_8)=0.15$$

이때 $A=\{\omega_1,\ \omega_2,\ \omega_5,\ \omega_6,\ \omega_7\}$, $B=\{\omega_2,\ \omega_3,\ \omega_6,\ \omega_7\}$, $C=\{\omega_6,\ \omega_8\}$의 사건이 있다.

(1) 각 사건을 나타내는 벤다이어그램을 그려라.

(2) 다음 사건의 구성원을 구하고 각 사건에 대응하는 확률을 구하라.

(i) B^c (ii) $B\cap C$

(iii) $A\cap C$ (iv) $A^c\cup C$

3.2 위의 연습문제 **3.1**를 참조하여 다음 사건의 구성원을 구하고, 사건의 확률을 구하라.

(1) C가 일어나지 않는다.

(2) A와 C가 모두 일어난다.

(3) A는 일어나고, B는 일어나지 않는다.

(4) A와 C가 모두 일어나지 않는다.

3.3 어떤 학생이 여름방학 동안 아르바이트를 하기 위해 주유소, 백화점, 편의점에서 면접을 하였다. 주유소에서 일자리를 제공하는 것을 G, 백화점에서 일자리를 제공하는 것을 D, 편의점에서 일자리를 제공하는 경우를 L이라고 한다. 다음 표현을 집합 기호로 나타내어라.

(1) 주유소와 편의점에서 일자리를 제공받았다.

(2) 주유소와 편의점에서는 일자리를 제공받았으나, 백화점에서는 일자리를 제공받지 못하였다.

(3) 백화점과 편의점에서 일자리를 제공받지 못하였다.

3.4 어느 정유 회사에서 결원이 생겨 한 명을 보충하려고 한다. 네 명의 신청자 중 서류전형으로 한 명을 뽑으려고 하는데 그들의 특징은 다음과 같다.

(a) 화학전공, 남자, 평점 3.5 (b) 지구과학전공, 여자 평점 3.8

(c) 화공학전공, 여자, 평점 3.7 (d) 환경공학전공, 남자, 평점 3.2

(1) 다음 세 사건을 나타내는 벤다이어그램을 그려라.

A: 공학전공을 뽑는다.

B: 평점이 3.6 이상인 사람을 뽑는다.

C: 남자를 뽑는다.

(2) 사건 $A\cup B$, $A\cap B$의 구성원은 무엇인가?

3.5 연습문제 **3.4**를 참조하여 다음 사건에 합당한 표현과 그 사건의 구성원을 기술하라.

(1) C^c

(2) $A^c\cap C$

(3) $A\cup C^c$

3.6 $\omega_1, \omega_2, \cdots, \omega_9$의 9개의 근원사건으로 이루어진 표본공간의 각 구성원의 확률은 다음과 같다.

$$\mathbf{P}(\omega_1)=\mathbf{P}(\omega_2)=0.08,\ \mathbf{P}(\omega_3)=\mathbf{P}(\omega_4)=\mathbf{P}(\omega_5)=0.1,$$
$$\mathbf{P}(\omega_6)=\mathbf{P}(\omega_7)=0.2,\ \mathbf{P}(\omega_8)=\mathbf{P}(\omega_9)=0.07$$

그리고 $A=\{\omega_1, \omega_5, \omega_8\}$, $B=\{\omega_2, \omega_5, \omega_8, \omega_9\}$라고 한다.

(1) $\mathbf{P}(A)$, $\mathbf{P}(B)$, $\mathbf{P}(A\cap B)$를 계산하라.

(2) 확률법칙을 이용하여 $\mathbf{P}(A\cup B)$를 계산하라.

(3) $A\cup B$를 이루는 근원사건을 기술하고, 근원사건의 확률의 합을 이용하여 $\mathbf{P}(A\cup B)$를 계산하라.

(4) $\mathbf{P}(B^c)$의 값을 $\mathbf{P}(B)$를 이용하여 구하고, B^c의 근원사건을 기술하라.

3.7 두 사건 A, B에 대하여 다음 확률값이 대응된다고 한다.

$$\mathbf{P}(A)=0.52,\ \mathbf{P}(B)=0.36,\ \mathbf{P}(A\cap B)=0.2$$

(1) 위 확률을 아래 표에 채워 넣어라.

(2) $A\cap B^c$, $A^c\cap B$, $A^c\cap B^c$를 구해서 표를 완성하라.

	B	B^c	합계
A			
A^c			
합계			

3.8 연습문제 **3.7**를 참조하여 다음 사건을 집합기호로 나타내고, 확률을 구하라.

(1) B는 일어나고, A는 일어나지 않는다.

(2) A와 B는 모두 일어나지 않는다.

(3) A가 일어나거나, B가 일어나지 않는다.

3.9 $\mathbf{P}(A)=0.6$, $\mathbf{P}(B)=0.5$일 때 두 사건은 배반사건이 될 수 있는가? 그 이유를 설명하라.

3.10 한 강의에 4학년과 대학원생을 합하여 64명이 수강신청을 하였다. 이 중 38명은 남자이고, 15명이 대학원생인데 대학원생 중 8명이 여자이다. 만약 이 학급에서 임의로 한 명을 선택하였을 때, 4학년이 뽑힐 확률과 남자 대학원생이 뽑힐 확률은 각각 얼마인가?

3.11 15개의 개인 병원 중 6개의 병원은 위생기준을 위반하였고, 8개의 병원은 보안기준을 위반하였다. 또한 이들 중 5개의 병원은 둘 다 위반하였다. 임의로 하나를 선택하였을 때 두 기준을 모두 위반한 병원이 뽑힐 확률은 얼마인가?

3.12 A가 일어날 확률이 $1/3$, B가 일어나지 않을 확률이 $1/4$, A나 B가 일어날 확률이 $8/9$일 때 다음 확률을 구하라.

(1) A가 일어나지 않을 확률

(2) A와 B가 모두 일어나는 확률

(3) A가 일어나고 B가 일어나지 않을 확률

3.13 일 년 동안 병원을 찾아온 남자 당뇨병 환자에 대한 자료이다. (단위: %)

당뇨병 / 나이	경증		중증	
	부모의 당뇨병 여부		부모의 당뇨병 여부	
	예	아니오	예	아니오
40세 미만	15	10	8	2

40세 이상	15	20	20	10

이 집단에서 임의로 한 명이 선택될 때, 다음과 같이 세 사건을 정의하자.

A: 그는 중증의 당뇨병 환자이다.

B: 그는 나이가 40세 미만이다.

C: 그의 부모는 당뇨병 환자이다.

(1) $\mathbf{P}(A)$, $\mathbf{P}(B)$, $\mathbf{P}(B\cap C)$, $\mathbf{P}(A\cap B\cap C)$를 계산하라.

(2) 다음 사건을 기술하고 그 확률을 구하라.

(i) $A^c\cap B^c$ (ii) $A^c\cup C^c$

(iii) $A^c\cap B^c\cap C^c$

3.14 다음은 58군데 쓰레기 매립지를 비소, 바륨, 수은 등의 유독성 화학물질의 농도에 따라 분류한 표이다.

비소	바륨			
	높다		낮다	
	수은		수은	
	높다	낮다	높다	낮다
높다	1	3	5	9
낮다	4	8	10	18

만약 하나의 매립지가 임의로 선택되었을 때 다음의 확률을 구하라.

(1) 바륨의 농도가 높다.

(2) 수은의 농도는 높고, 바륨과 비소의 농도는 낮다.

(3) 두 개의 화학물질의 농도는 높고, 하나의 물질의 농도는 낮다.

(4) 하나의 화학물질의 농도는 높고, 나머지 두 화학물질의 농도는 낮다.

3.15 어느 통신 판매 회사에서 '의문의 상자'라는 상품을 개발하였다. 소비자가 3만 원을 내고 주문하면, 다음의 물품이 들어 있는 상자들 중 하나를 임의로 보낸다고 한다. (상자가 선택될 확률은 모두 같다.)

(a) 열쇠고리와 다용도칼 (b) 이름표와 메모리스틱

(c) 다이어리와 메모리스틱 (d) 다용도칼과 다이어리

(e) 메모지와 열쇠고리

(1) 어떤 고객이 6만 원을 내고 두 개의 상자를 주문하였다. 이때 표본공간을 기술하고, 각각의 근원사건에 대응하는 확률을 기술하라.

(2) 다음의 사건에 속하는 근원사건을 기술하고, 각 사건의 확률을 계산하라.

A: 고객은 메모리스틱을 받았다.

B: 고객은 다이어리를 받았다.

$A \cap B$: 고객은 메모리스틱과 다이어리를 받았다.

3.16 위의 연습문제 **3.15**에서 새로운 사건 C를 고객이 메모리스틱을 받거나 메모리스틱과 다이어리를 동시에 받는 경우라고 한다.

(1) C와 A의 관계를 나타내고, 확률법칙을 이용하여 $\mathbf{P}(C)$를 구하라.

(2) C를 구성하는 근원사건을 기술하고, 근원사건의 합으로 $\mathbf{P}(C)$를 나타내라.

3.4 조건부확률과 독립성

두 개 이상의 사건이 있을 때 한 사건의 결과가 다른 사건의 확률에 영향을 미치는 경우를 종종 보게 된다. 예를 들면 남녀가 같이 있는 집단에서 임의로 한 사람을 뽑았을 때 그 사람이 흡연자일 사건을 A라고 하고 뽑힌 사람이 남자일 사건을 B라고 하자. 이때 뽑힌 사람이 남자라는 사실을 알 때 그 사람이 흡연자일 확률은 뽑힌 사람의 성별을 모를 때의 확률과 다르리라고 예상할 것이다. 이와 같이 사건 B에 관한 정보(사전정보: prior information)가 주어졌을 때 사건 A의 교정된 확률을, B가 주어졌을 때 사건 A의 **조건부확률**이라고 하고 $\mathrm{P}(A \mid B)$로 표시한다.

예제 9

한 기업에서 임원들을 대상으로 몸무게와 혈압에 따라 분류한 후 각 경우의 비율을 계산하여 표 3-1과 같이 정리하였다. 다음 물음에 답하라.

(1) 한 명의 임원을 임의추출하였을 때 그가 고혈압의 증세를 갖고 있을 확률은 얼마인가?

(2) 임의로 추출된 한 명의 임원이 비만이라고 할 때 그가 고혈압의 증세를 갖고 있을 확률은 얼마인가?

풀이

사건 A를 추출된 한 임원이 고혈압의 증세를 갖고 있을 경우라고 하고 사건 B를 추출된 한 임원이 비만일 사건이라고 하자.

표 3-1 몸무게와 혈압에 의한 분류

	비만	정상	정상 이하	합계
고혈압	0.10	0.08	0.02	0.20
정상혈압	0.15	0.45	0.20	0.80
합계	0.25	0.53	0.22	1.00

(1) 전체 임원 중 20%가 고혈압이므로 사건 A의 확률은 $\mathbf{P}(A)=0.2$가 된다.

(2) 임의추출된 사람이 비만이라고 하면 비만 이외의 경우(정상이나 정상 이하)는 고려할 필요가 없다. 즉 비만인 사람 중에서의 고혈압 환자의 비율이 원하는 확률이므로

$$\mathbf{P}(A|B)=\frac{0.10}{0.10+0.15}=0.4$$

가 된다. 이때의 확률을 사건 B가 주어졌을 때 사건 A의 조건부확률이다.

사건 B가 주어졌을 때 사건 A의 조건부확률은

$$\mathbf{P}(A|B)=\frac{\mathbf{P}(A\cap B)}{\mathbf{P}(B)}\ (\text{단, } \mathbf{P}(B)>0)$$

로 정의한다.

위의 조건부확률의 정의를 이용하면

$$\mathbf{P}(A\cap B)=\mathbf{P}(A|B)\cdot\mathbf{P}(B)$$

가 되는데 이를 **곱사건의 확률법칙**이라고 한다. 또한 사건 A와 사건 B의 역할이 바뀌면 다음과 같은 식으로 표현할 수 있다.

$$\mathbf{P}(A\cap B)=\mathbf{P}(B|A)\cdot\mathbf{P}(A)$$

예제 10

한 신용카드 회사에서 주요 고객 25명에 대해 그들의 대금결제현황을 조사하였더니, 그 중 20명은 매달 착실하게 결제하고 있었고 나머지 5명은 항상 기일을 넘기는 것으로 드러났다. 이런 25명의 고객 중에 2명을 임의추출한다고 하였을 때 다음의 확률을 계산하라.

(1) 두 사람 모두 대금결제 기일을 어긴다.

(2) 한 사람은 기일을 어기는 사람이고, 또 한 사람은 착실하게 대금결제를 하는 사람이다.

풀이

문자 S를 제때에 대금결제를 하고 있는 사람으로, 문자 F를 결제기일을 어기는 사람으로 표시하자. 그리고 각 문자에 첨자로 숫자 1 또는 2를 붙여 첫 번째 추출한 경우와 두 번째 추출한 경우를 나타내도록 하자. 예를 들어 사건 S_1F_2는 첫 번째 추출된 사람은 결제기일을 잘 지키고 두 번째 추출된 사람은 기일을 어기는 사건을 나타낸다.

(1) 구하고자 하는 확률은 $F_1F_2(=F_1 \cap F_2)$의 확률이므로 곱사건의 확률법칙에 의해 $\mathbf{P}(F_1 \cap F_2) = \mathbf{P}(F_1)\,\mathbf{P}(F_2 | F_1)$가 된다. 25명 중 5명이 F이므로 $\mathbf{P}(F_1)=5/25=1/5$이고, F_1이 주어진 경우에 F_2의 조건부확률은 다음과 같이 구한다. 즉 F_1이 주어져 있으므로 남아 있는 고객은 20명의 S와 4명의 F가 된다. 따라서 이들 중 다시 F를 뽑는 확률인 $\mathbf{P}(F_2 | F_1)$은 $4/24=1/6$이 되고 이로부터 $\mathbf{P}(F_1 \cap F_2)=(1/5)\times(1/6)=1/30$이 된다.

(2) 고려해야 할 사건은 두 명의 임의추출된 고객 중 한 명은 S이고 한 명은 F인 경우의 사건이므로 이는 S_1F_2와 F_1S_2 두 사건의 합사건으로 표현된다. 이 두 사건은 배반사건이므로 구하고자 하는 확률은 각 확률의 합으로 계산될 수 있다. 위의 (1)에서와 같이 각 확률을 구해보면

$$\mathbf{P}(S_1 \cap F_2)=\mathbf{P}(S_1)\mathbf{P}(F_2 | S_1)=\frac{20}{25}\times\frac{5}{24}=\frac{1}{6}$$
$$\mathbf{P}(F_1 \cap S_2)=\mathbf{P}(F_1)\mathbf{P}(S_2 | F_1)=\frac{5}{25}\times\frac{20}{24}=\frac{1}{6}$$

이 되고, 따라서 구하고자 하는 확률은

$$\mathbf{P}(S_1 \cap F_2)+\mathbf{P}(F_1 \cap S_2)=\frac{1}{6}+\frac{1}{6}=\frac{1}{3}$$

이 된다.

예제 11

한 학생이 날씨가 좋은 휴일 아침에 공부를 하러 학교에 갈 것인가(S) 아니면 영화를 보러 갈 것인가(M)를 동전을 던져 결정하고, 공부하게 되면 A, B, C 과목 중 하나를 임의로 선택하여 공부하고, 영화를 보게 되면 D, E 프로 중 하나를 임의로 선택하여 보기로 하였다. 이 학생이 결국 학교에 가서 C 과목을 공부할 확률을 구하라.

풀이

표본공간을 더 잘 이해하기 위하여 가능한 결과를 수형도를 이용하여 그려 보면 다음과 같다.

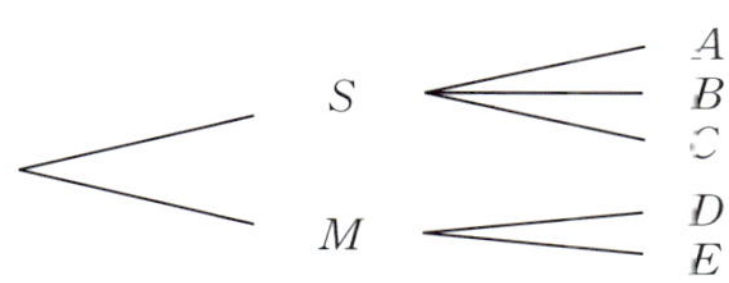

위의 수형도에서 원하는 확률은 $S-C$ 가지의 확률이므로 먼저 동전을 던져서 학교를 가게 될 확률은 1/2, 즉 $\mathrm{P}(S)=1/2$이 되고 학교를 간다면 A, B, C 세 과목 중 하나를 임의로 선택하여 공부하므로 $\mathrm{P}(C | S)=1/3$이 된다. 따라서 곱의 법칙을 이용하면 원하는 확률은

$$\mathbf{P}(C)=\mathbf{P}(S)\cdot\mathbf{P}(C | S)=\frac{1}{2}\times\frac{1}{3}=\frac{1}{6}$$

이 된다.

이처럼 어떠한 사건이 다른 사건의 영향을 받을 수 있는 경우를 실제로 많이 볼 수 있다. 예를 들어 지하철을 이용하여 등교하는 학생이 아침 1교시에 지각을 하는 것은 그 학생이 타고 있는 지하철이 정시운행을 하는지에 영향을 받게 될 것이고, 야구경기에서 승리하게 되는 것은 선발투수의 컨디션에 영향을 받을 수 있다.

이와는 달리 두 사건의 발생이 전혀 무관할 때, 예를 들면 주사위와 동전을 던질 때 주사위에서 1의 눈이 나오는 사건과 동전 앞면이 나오는 사건과 같이 전혀 무관한 사건들이 있는데, 이러한 두 사건을 서로 **독립**이라고 한다.

두 사건 A, B가 다음을 만족할 때 사건 A와 사건 B가 서로 독립이라고 한다.

$$\mathbf{P}(A \cap B)=\mathbf{P}(A)\mathbf{P}(B)$$

주어진 두 사건의 독립 여부를 위의 방법으로 확인할 수도 있으나 독립의 의미가 더 명확하게 드러나는 것으로는 조건부확률을 이용하여 표현하는 방법이 있다. 즉 $\mathbf{P}(A \cap B)=\mathbf{P}(A|B)\cdot\mathbf{P}(B)$인데, 사건 A와 사건 B가 서로 독립이라면 $\mathbf{P}(A \cap B)=\mathbf{P}(A)\mathbf{P}(B)$가 되므로 $\mathbf{P}(A|B)\mathbf{P}(B)=\mathbf{P}(A)\mathbf{P}(B)$의 등식이 성립하고, $\mathbf{P}(B)$가 0이 아니라면 양변을 $\mathbf{P}(B)$로 나누어 $\mathbf{P}(A|B)=\mathbf{P}(A)$가 된다. 이것은 사건 B의 발생 여부가 사건 A의 발생에 영향을 주지 않는다는 것으로 독립의 개념을 명확하게 드러내 주는 표현이 된다. 이를 요약하여 정리하면 다음과 같다.

사건 A와 B가 서로 독립 $\Longleftrightarrow$ $\mathbf{P}(A|B)=\mathbf{P}(A)$ 또는 $\mathbf{P}(B|A)=\mathbf{P}(B)$

여기서 주의해야 할 점은 두 사건 A와 B가 독립이라는 것과 배반이라는 것의 차이를 이해해야 한다는 것이다. 즉 사건 A와 B가 서로 독립이라면 $\mathbf{P}(A \cap B)=\mathbf{P}(A)\mathbf{P}(B)$가 되며, 배반이라면 $A \cap B=\phi$이므로 $\mathbf{P}(A \cap B)=0$이 된다. 만약 두 사건의 확률이 모두 양수라면 독립과 배반의 조건을 동시에 만족시킬 수는 없다.

예제 12

다음은 60명을 대상으로 조사한 자료이다. 임의로 한 명을 추출할 때 그가 남자일 사건을 M이라고 하고, 추출된 사람이 길거리 금연에 찬성한 사람일 사건을 A라고 할 때 사건 M과 A가 서로 독립인지 알아보라.

표 3-2 남녀별 길거리 금연에 대한 찬반 의견

	남자	여자
금연 찬성	24	14
금연 반대	16	6

풀이

이 자료에서 남자의 사건(M)과 찬성의 사건(A)이 서로 독립인지를 정의를 이용하여 확인하여 보자. $\mathbf{P}(M \cap A)$는 전체 60명 중에서 남자이면서 금연을 찬성하는 사람의 비율을 나타내므로 $24/60=0.4$가 되고 남자는 40명이고 성별에 관계없이 금연을 찬성하는 사람의 수는 38명이므로 $\mathbf{P}(M)=40/60$, $\mathbf{P}(A)=38/60$이 된다. 그러므로 $\mathbf{P}(M)\cdot\mathbf{P}(A)=\frac{40}{60}\times\frac{38}{60}=0.422$가 되어 $\mathbf{P}(M \cap A)\neq\mathbf{P}(M)\cdot\mathbf{P}(A)$이다. 따라서 남자인 사건과 금연 찬성의 사건은 독립이 아니다. 이것을 조건부확률을 이용하여 확인하여 보면 남자 중에서 금연 찬성자의 비율, 즉 $\mathbf{P}(A|M)$의 값은 $24/40$이고 전체에서 금연에 찬성하는 사람의 비율인 $\mathbf{P}(A)$는 $38/60$이 되어 둘이 서로 다른 값을 가지므로 사건 M과 사건 A는 서로 독립이 아니다.

예제 13

15개의 동일 상품 중에 5개의 불량품이 섞여 있다고 하자. 이때 2개의 상품을 선택하는데 (1) 꺼낸 것을 다시 집어넣고 추출하는 복원추출방법과 (2) 꺼낸 것을 다시 넣지 않고 추출하는 비복원추출의 두 가지 방법으로 할 때, 각 경우에 두 번 모두 불량품을 추출하게 될 확률을 구하라.

풀이

(1) 복원추출: 15개의 상품 중에서 5개는 불량품이므로 하나씩 상품을 추출해서 그것의 불량여부를 기록한 후에 다시 집어넣고 추출을 반복한다. 이때 각 추출의 결과는 정상품(F_i)이거나 불량품(S_i)이다. 여기에서 첨자는 1, 2 중 하나이고 추출 순서를 나타낸다. 예를 들면 S_1은 첫 번째 추출에서 불량품을 추출할 사건이고, F_2는 두 번째 추출에서 정상품을 추출할 사건을 나타낸다. 각 추출마다 불량품을 추출할 확률은 $\mathbf{P}(S_i)=5/15=1/3$, $i=1, 2$로 일정하다. 또한 첫 번째의 추출결과가 두 번째 추출에 영향을 주지 않고 독립이므로 원하는 확률은

$$\mathbf{P}(S_1 \cap S_2)=\mathbf{P}(S_1)\cdot\mathbf{P}(S_2)=\frac{1}{3}\times\frac{1}{3}=\frac{1}{9}$$

이 된다.

(2) 비복원추출: 2번의 추출을 하되 첫 번째 추출된 상품을 다시 집어넣지 않는 경우를 생각해 보자. 이때 첫 번째 불량품을 추출할 확률은 $\mathbf{P}(S_1)=1/3$이 되고 두 번째는 14개 중에 4개의 불

량품이 남아 있어 $\mathbf{P}(S_2|S_1)=4/14$가 된다. 즉 두 번째 추출할 때에는 비복원이기 때문에 첫 번째와는 다른 상황이 된다. 따라서 사건 S_1과 사건 S_2는 서로 독립이 아니므로 곱사건의 확률 법칙을 이용하면 원하는 확률값은 $\mathbf{P}(S_1 \cap S_2)=\mathbf{P}(S_1)\cdot\mathbf{P}(S_2|S_1)=\frac{5}{15}\times\frac{4}{14}$이 된다. 그러나 만약 추출하게 되는 집단의 크기가 표본의 크기에 비해 상당히 크다면 이 독립성의 위반은 아주 미약해진다. 예를 들어 모집단의 크기가 1500이고 이 중 불량품의 개수는 500이라고 하자. 이때에는 $\mathbf{P}(S_2|S_1)=499/1499 \approx 1/3$이므로 첫 번째 추출의 결과가 두 번째 추출의 확률값에 별로 영향을 미치지 못하여 S_1과 S_2가 독립이라고 가정하는 데 별 무리가 없다.

표본공간의 분할과 베이즈 정리(Bayes' Rule)

표본공간을 몇 개의 배반사건들의 합사건으로 표현할 수 있을 때 이러한 배반사건들의 모임을 표본공간의 분할(partition)이라고 한다. 이를 일반적으로 표현하면 다음과 같다.

표본공간의 분할(partition)

사건 $A_1, A_2, \cdots, A_n$이 서로 배반사건이고 $\Omega=A_1\cup\cdots\cup A_n$일 때 사건 $A_1, A_2, \cdots, A_n$을 Ω의 분할이라고 한다.

표본공간의 분할은 한 가지로만 유일하게 결정되는 것은 아니다. 예를 들어 통계학과 신입생을 남녀로 분할할 수 있고 본적지별로 분할할 수도 있다. 또한 임의의 사건의 분할도 위와 같은 방법으로 생각할 수 있다. 사건 M과 사건 S에 대하여

$$M=(M\cap S)\cup(M\cap S^c)$$

이고, 사건 $M\cap S$와 $M\cap S^c$는 배반사건이므로 합사건의 확률법칙을 이용하면

$$\mathbf{P}(M)=\mathbf{P}(M\cap S)+\mathbf{P}(M\cap S^c)$$

가 된다. 이를 다시 곱사건의 확률법칙을 이용하여 정리하면

$$\mathbf{P}(M)=\mathbf{P}(S)\mathbf{P}(M|S)+\mathbf{P}(S^c)\mathbf{P}(M|S^c)$$

로 표현된다. 이와 같이 곱사건의 확률법칙과 사건의 분할을 이용하여 임의의 사건의 확률을 표현하는 것을 **총확률의 법칙**(law of total probability)이라고 한다.

총확률의 법칙(law of total probability)

사건 $A_1, A_2, \cdots, A_n$이 표본공간의 분할일 때, 임의의 사건 B의 확률 $\mathbf{P}(B)$는 다음과 같이 계산할 수 있다.

$$\mathbf{P}(B)=\sum_{i=1}^{n}\mathbf{P}(A_i)\mathbf{P}(B|A_i)$$

예제 14

어느 컴퓨터 회사의 주기판(motherboard) 중 30%는 A_1공장에서 만들어지고 50%는 A_2공장에서 만들어지고 나머지 20%는 A_3공장에서 만들어진다고 하자. 각 공장에서 만들어지는 주기판의 불량률을 각각 2%, 1%, 5%라고 하면, 이 회사제품 중 임의로 하나를 추출하였을 때 이 제품의 주기판이 불량일 확률은 얼마인가?

풀이

임의로 추출한 제품이 불량품일 사건을 B로 나타내면

$$\mathbf{P}(B|A_1)=0.02,\ \mathbf{P}(B|A_2)=0.01,\ \mathbf{P}(B|A_3)=0.05$$

가 되고, 주어진 조건으로부터

$$\mathbf{P}(A_1)=0.3,\ \mathbf{P}(A_2)=0.5,\ \mathbf{P}(A_3)=0.2$$

이므로 총확률의 법칙에 의하면

$$\begin{aligned}\mathbf{P}(B)&=\mathbf{P}(A_1)\mathbf{P}(B|A_1)+\mathbf{P}(A_2)\mathbf{P}(B|A_2)+\mathbf{P}(A_3)\mathbf{P}(B|A_3)\\&=0.3\times0.02+0.5\times0.01+0.2\times0.05\\&=0.021\end{aligned}$$

이므로 주기판의 불량률은 2.1%가 된다.

다음에 소개할 정리는 표본공간의 분할과 곱사건의 확률법칙을 이용하여 사전지식(prior knowledge)을 실험을 통하여 보완하는 방법으로 영국의 통계학자 토머스 베이즈(Thomas Bayes)가 제안하여 널리 쓰이고 있는 베이즈 정리이다.

베이즈 정리(Bayes' Rule)

사건 $A_1, A_2, \cdots, A_n$이 표본공간의 분할일 때, 임의의 사건 B에 대하여 다음 식이 성립한다.

$$\mathbf{P}(A_i|B)=\frac{\mathbf{P}(A_i)\mathbf{P}(B|A_i)}{\mathbf{P}(A_1)\mathbf{P}(B|A_1)+\cdots+\mathbf{P}(A_n)\mathbf{P}(B|A_n)},\ i=1,\cdots,n$$

예제 15

예제 14의 회사에서 불량 주기판이 발견되었을 때 이것이 A_1공장에서 만들어졌을 확률을 구하라.

풀이

원하는 확률은 $P(A_1|B)$가 된다. 베이즈 정리를 이용하면

$$\begin{aligned}\mathbf{P}(A_1|B) &= \frac{\mathbf{P}(A_1)\mathbf{P}(B|A_1)}{\mathbf{P}(A_1)\mathbf{P}(B|A_1)+\mathbf{P}(A_2)\mathbf{P}(B|A_2)+\mathbf{P}(A_3)\mathbf{P}(B|A_3)} \\ &= \frac{0.3\times 0.02}{0.3\times 0.02+0.5\times 0.01+0.2\times 0.05} \\ &= 0.28571\end{aligned}$$

가 된다.

베이즈 정리는 어떤 사건의 발생 확률에 대한 선험적인 생각이 실험에 의하여 변화되어 가는 체계적인 과정을 표현한 것이라고 할 수 있다. 예를 들어 주문진에 사는 어부가 오징어 철에 새벽마다 오징어를 잡으러 나가는데 통상적으로 잡히는 오징어의 양이 있다고 하자. 만약에 어부가 지난 열흘간 잡아온 오징어의 양을 평균하여 보니 예년보다 훨씬 많았다고 하면 그 다음 날 출어할 때 기대하는 오징어 어획량은 예년의 것보다 늘었을 것이고, 만약 지난 열흘간 오징어의 평균 어획량이 예년에 비하여 훨씬 줄었다면 그 다음 날 출어 시 기대량은 줄어 있을 것이다. 이처럼 실험 결과에 따라 과거의 생각이나 믿음이 변화를 하게 된다. 이때 믿음이 변화하는 정도는 예년의 평균 어획량에 대한 신뢰도와 지난 열흘간의 어획량이 변화하는 정도에 따라 결정이 된다. 즉 예년의 결과에 대하여 신뢰도가 높다면 상대적으로 현재의 실험 결과의 비중을 낮게 보고 만약 현재의 결과가 어느 하루, 이틀의 변화에 의해서 평균이 달라진 게 아니라 지속적으로 동일한 양상을 보였다면 현재의 실험의 결과에 비중이 높아질 것이다.

연습문제

4.1 $\mathbf{P}(A)=0.68$, $\mathbf{P}(B)=0.55$, $\mathbf{P}(A\cap B)=0.32$일 때 다음의 확률을 구하라.

(1) A가 일어났을 때 B가 일어날 조건부확률

(2) A가 일어났을 때 B가 일어나지 않을 조건부확률

(3) A가 일어나지 않았을 때 B가 일어날 조건부확률

4.2 $\mathbf{P}(A)=0.4$, $\mathbf{P}(B)=0.6$, A가 일어나거나 B가 일어날 확률이 0.7일 때 다음의 확률을 계산하라.

(1) B가 일어났을 때 A가 일어날 조건부확률

(2) A가 일어나지 않았을 때 B가 일어날 조건부확률

4.3 $\mathbf{P}(A)=0.45$, $\mathbf{P}(B)=0.32$, $\mathbf{P}(A^c \cap B)=0.22$라고 한다.

(1) 다음의 표를 완성하라.

	B	B^c	합계
A			0.45
A^c	0.22		
합계	0.32		

(2) 사건 B가 일어나지 않았을 때 A가 일어날 조건부확률을 구하라.

4.4 두 사건 A, B에 대하여 다음과 같은 확률이 주어졌을 때 아래의 확률을 구하라.

$$\mathbf{P}(A)=0.5,\ \mathbf{P}(B)=0.25,\ \mathbf{P}(A \mid B)=0.8$$

(1) $\mathbf{P}(A^c)$

(2) $\mathbf{P}(A \cap B)$

(3) $\mathbf{P}(A \cup B)$

4.5 어느 지역의 치과의사회에서 치과를 오는 데에 공포심을 느끼는지를 학생을 대상으로 하여 조사한 결과가 아래와 같다.

	학교		
	초등학교	중학교	고등학교
공포심을 갖는다.	0.12	0.08	0.05
공포심을 갖지 않는다.	0.28	0.25	0.22

이들 중 한 사람을 임의로 선택하였을 때 사건 A, B를 아래와 같이 정의한다.

$$A=\{\text{공포심을 갖는다}\},\quad B=\{\text{중학생}\}$$

(1) 다음의 확률을 구하라.

$\mathbf{P}(A)$, $\mathbf{P}(A \cap B)$, $\mathbf{P}(B)$, $\mathbf{P}(A \cup B)$

(2) 사건 A와 B는 독립인가?

4.6 녹색 공 2개와 빨간색 공 3개가 있는 주머니에서 비복원추출(첫 번째 뽑힌 공은 다시 주머니에 집어넣지 않고 두 번째 공을 뽑는다)로 두 개의 공을 뽑는다.

(1) 다음 사건의 확률을 구하라.

$A=\{$녹색 공이 첫 번째에 뽑힌다$\}$

$B=\{$녹색 공이 두 번째에 뽑힌다$\}$

(2) 두 사건은 독립인가? 그 이유를 기술하라.

4.7 위의 연습문제 **4.6**에서 복원추출(첫 번째 뽑힌 공을 다시 주머니에 넣고 두 번째 공을 뽑는다)로 하였을 때 (1)과 (2)에 대하여 답하라.

4.8 어떤 나라의 전체 노동가능인구 중에 남자가 58%를 차지하고, 남자 중 6.2%, 여자 중 4.3%가 실업자라고 한다.

(1) 만약 고용상태에 있는 한 명을 임의로 선택한다면 그 사람이 남자일 확률과 여자일 확률은 각각 얼마인가?

(2) 이 나라의 전체 실업률은 얼마인가?

(3) 노동가능인구 중에서 한 명을 선택하였을 때 그 사람이 실업자라고 한다. 이때 그 사람이 여자일 확률은 얼마인가?

4.9 $\mathbf{P}(A)=0.5$, $\mathbf{P}(B)=0.5$, $\mathbf{P}(A\cup B)=0.8$일 때

(1) 두 사건 A와 B는 독립인가? 그 이유를 설명하라.

(2) 두 사건은 배반사건인가? 그 이유를 설명하라.

4.10 $\mathbf{P}(A)=0.5$이고 $\mathbf{P}(B)=0.22$일 때

(1) 두 사건이 독립일 때 $\mathbf{P}(A\cup B)$를 구하라.

(2) 두 사건이 배반일 때 $\mathbf{P}(A\cup B)$를 구하라.

(3) 두 사건이 배반일 때 $\mathbf{P}(A\mid B^c)$를 구하라.

4.11 어느 도시의 성인 중 15%가 담배를 피우고, 전체 중에서 폐질환을 가지고 있는 흡연자는 0.86%이고, 폐질환을 가지고 있는 비흡연자는 0.14%라고 한다.

(1) 이 도시에서 성인 중 한 사람을 임의로 선택하였을 때, 폐질환을 가지고 있을 확률은 얼마인가?

(2) 임의로 선택된 사람이 흡연자라면 이 사람이 폐질환을 가지고 있을 확률은 얼마인가?

(3) 임의로 선택된 사람이 비흡연자라면 이 사람이 폐질환을 가지고 있을 확률은 얼마인가?

4.12 연습문제 **3.13**을 참조하여 다음에 답하라.

(1) 40세 미만의 환자에서 임의로 한 명을 선택하였을 때, 이 사람이 당뇨병 중증일 확률은 얼마인가? 조건부확률을 이용하여 답하라.

(2) 다음의 조건부확률을 계산하고 의미를 설명하라.

$$\mathbf{P}(A^c\mid B),\ \ \mathbf{P}(C\mid A)$$

4.13 연습문제 **3.11**를 참조하여 다음에 답하라.

(1) 임의로 개인 병원을 하나 선택하였는데 이 병원이 보안기준을 위반하였다고 한다. 이때 이 병원이 위생기준을 위반하였을 확률은 얼마인가?

(2) 임의로 개인 병원을 선택하였는데 이 병원은 적어도 하나의 기준을 위반하였다고 한다. 이때 이 병원이 보안기준을 위반하지 않았을 확률은 얼마인가?

4.14 15개의 에어컨이 한 박스에 포장되어 있는데 이 중 4개의 에어컨이 고장이라고 한다. 이 박스에서 임의로 2개를 선택하여 차례로 조사할 때, 다음의 확률을 계산하라.

(1) 첫 번째 고른 것이 고장이다.

(2) 첫 번째 것은 고장이고, 두 번째 것은 정상이다.

(3) 둘 다 고장이다.

(4) 두 번째 것이 고장이다.

(5) 하나만 고장이다.

4.15 위의 연습문제 **4.14**에서 임의로 3개의 에어컨을 고를 때, 다음의 확률을 계산하라.

(1) 모두 정상이다.

(2) 처음 두 개는 정상이고, 세 번째 것이 고장이다.

(3) 두 개는 정상이고, 하나는 고장이다.

4.16 $\mathbf{P}(A)=0.05$, $\mathbf{P}(B)=0.025$, $\mathbf{P}(A|B)=0.75$라고 한다.

(1) $\mathbf{P}(A^c)$, $\mathbf{P}(A\cup B)$, $\mathbf{P}(A\cap B)$를 계산하라.

(2) $\mathbf{P}(A^c|B)$를 구하기 위한 벤다이어그램을 그리고, 확률값을 구하라.

4.17 사건 A, B, C에 대하여 A와 B는 독립이고, B와 C는 배반사건이라고 한다. 또한 $\mathbf{P}(A)=0.7$, $\mathbf{P}(B)=0.1$, $\mathbf{P}(C)=0.3$이라고 한다. 다음을 집합 기호를 이용하여 나타내고, 그 확률값을 계산하라.

(1) B와 C가 모두 일어난다.

(2) A와 B 중 적어도 하나는 일어난다.

(3) B는 일어나지 않는다.

(4) 세 사건이 모두 일어난다.

4.18 어느 핵발전소의 주 냉각장치가 고장일 확률은 0.001이다. 또한 주 냉각장치가 작동하지 않을 경우 대비하여 보조 냉각장치가 있는데 보조 냉각장치가 고장일 확률은 0.110이다. 그러면 이 핵발전소의 전체 냉각장치가 작동할 확률은 얼마인가?(냉각시스템은 서로 독립적으로 작동된다고 가정한다.)

4.19 어느 회사에서 회계사가 회계감사를 위해 감사 방법으로 네 거의 장부단을 임의로 선택하여 그 네 장부에 문제가 없으면 감사에 통과한 것으로 하기로 하였다. 다음의 경우에 감사에 통과할 확률은 얼마인가?

(1) 5%의 장부에 문제가 있다.

(2) 20%의 장부에 문제가 있다.

4.20 연습문제 **3.14**을 참조하여 다음 문제를 풀어라. 매립지 중에서 하나를 선택하였을 때 그 매립지의 수은 농도가 높다고 한다. 이 매립지에 대한 다음의 질문에 답하라.

(1) 바륨의 농도가 높을 확률

(2) 비소와 바륨의 농도가 모두 높을 확률

(3) 비소나 바륨의 농도 중 적어도 하나가 높을 확률

4.21 한 질병에 대하여 전체 인구의 3%가 그 질병을 가지고 있다고 한다. 그 질병을 검진하기 위한 검사가 있다. 그러나 이 검사는 10%의 거짓 양성반응과 5%의 거짓 음성반응을 나타낸다. 즉 어떤 사람이 이 병을 가지고 있을 때 양성반응을 나타낼 확률은 0.95, 음성반응을 나타낼 확률은 0.05이고, 병을 가지고 있지 않을 경우 양성반응을 나타낼 확률이 0.10, 음성반응을 나타낼 확률이 0.90이다.

(1) 곱사건의 확률법칙을 이용하여, 다음 표에 확률을 채워 넣어라.

검사 결과 / 질병유무	양성반응	음성반응	합계
질병이 있다			
질병이 없다			
합계			

(2) 어떤 사람을 임의로 선택하여 검사를 하였더니 양성반응을 나타냈다. 이 사람이 실제로 질병을 가지고 있을 확률은 얼마인가?

4.22 정상적인 동전을 두 번 던질 경우, 첫 번째 던질 때 앞면이 나오는 사건을 A, 두 번째 던질 때 앞면이 나오는 사건을 B, 둘 다 앞면이거나 둘 다 뒷면이 나오는 사건을 C라고 하자.

(1) 위의 세 사건 중 두 사건으로 만들 수 있는 모든 쌍이 독립인지에 대하여 기술하라.

(2) $\mathbf{P}(A\cap B\cap C)$가 $\mathbf{P}(A)\times\mathbf{P}(B)\times\mathbf{P}(C)$와 다름을 보여라. (이것은 각 두 사건끼리 서로 독립이라고 해서, 세 사건이 독립이 아님을 보여 준다.)

4.23 어느 공장의 한 라인에서 생산된 제품을 좋음(G), 보통(B), 불량(D)으로 구분할 때, 그 구성비가 각각 75%, 15%, 10%라고 한다. 조사를 위하여 이 제품 중에서 2개를 선택하였다 (두 선택은 독립적으로 행한다).

(1) 표본공간을 기술하고 각각의 근원사건에 대응하는 확률값을 기술하라.

(2) 적어도 하나가 보통일 확률을 구하라.

(3) 두 개 중 적어도 하나는 좋음이 아닐 확률을 구하라.

4.24 어느 TV방송사에서 일기예보 방송의 정확성을 알아보려고 과거의 자료를 정리해 보니 다음과 같

았다.

(a) 실제로 맑은 날에 맑다고 예보한 비율이 0.8

(b) 실제로 비 온 날에 맑다고 예보한 비율이 0.4

(c) 전체적으로 맑은 날의 비율이 0.6

다음의 확률을 구하라.

(1) 예보관이 맑음을 예보할 확률은 얼마인가?

(2) 예보관이 맑다고 예보하였을 때 날씨가 맑을 확률은 얼마인가?

4.25 A건설회사가 신도시의 새로운 쇼핑센터 건설에 제안서를 낼 것인가를 결정하려고 한다. 과거의 경험에 의하면 A사의 경쟁사인 B회사는 이러한 경우에 70% 정도는 제안서를 내었다고 하자. 만일 B회사가 제안서를 내지 않으면 A회사가 그 공사를 수주할 확률이 0.5이고 제안서를 내게 되면 수주 확률은 0.25로 떨어진다고 하자. 이때 다음의 확률을 구하라.

(1) A회사가 공사를 하게 될 확률이 얼마인가?

(2) 만일 A회사가 공사를 하게 되었다면 B회사가 제안서를 내지 않았을 확률이 얼마인가?

4.26 어느 창고에 부품 S가 3개, 부품 T가 2개 있는 상태에서 부품 2개를 추가로 들여왔다. 추가된 부품은 S 또는 T이고 둘 다 S인 확률은 1/4, 둘 다 T인 확률은 1/4, S와 T가 하나씩인 확률은 1/2이다. 이 7개의 부품 중 임의로 1개를 선택한 것이 T일 때, 추가된 부품이 모두 S였을 확률을 구하라.

4.27 어느 비행기가 사라지면 동등하게 세 지역 중 한 곳에서 찾을 수 있다고 한다. 비행기가 실제로 지역 $i(i=1, 2, 3)$에 있을 때 그 지역에서 비행기를 찾을 확률을 $1-\alpha_i$라고 할 때 다음 물음에 답하라.

(1) 지역 1에서의 수색이 실패할 확률은?

(2) 지역 1에서 수색이 실패했을 때 비행기가 실제로 각 지역(1, 2, 3)에 있을 확률을 각각 구하라.

4.28 상자 A에는 흰색 공 3개와 검은색 공 2개가 들어있고, 상자 B에는 흰색 공 1개와 검은색 공 1개가 들어 있다. 상자 A에서 임의로 공 2개를 선택하고, 두 개의 색이 같으면 두 공 중 하나를 상자 B로 옮긴다. 한편 두 개의 색이 다르면 공 두 개를 모두 상자 B로 옮긴다. 이후 상자 B에서 임의로 공 하나를 선택할 때, 다음 물음에 답하라.

(1) 상자 B에서 선택한 공이 검은색일 확률을 구하라.

(2) 상자 B에서 선택한 공이 검은색이었을 때, 상자 A에서 꺼낸 두 개의 공이 서로 다른 색일 확률을 구하라.

3장 종합문제

5.1 다음 실험에서 표본공간을 기술하라.

(1) 당신이 좋아하는 축구팀의 다음 시즌 첫 경기의 결과를 기록한다.

(2) 20명의 초급 수영을 배우는 학생 중 다음 달에 중급반으로 올라갈 학생의 수를 조사한다.

(3) 실업률을 조사하기 위해서 1,000명의 사람에게 '당신은 지금 직업을 가지고 있습니까?'라는 질문을 던지고 여기서 '예', '아니요'로만 답하게 할 때 '아니요'라고 대답한 사람의 수를 적는다.

(4) 지질학자는 특정 지역의 천연가스 매장량을 기록하고자 한다. (단위: m^3)

5.2 위의 종합문제 **5.1**의 각 실험에서 표본공간이 이산인지, 연속인지 말하라.

5.3 위의 종합문제 **5.1**에서 다음 사건에 속하는 근원사건을 기술하라.

(1) 지지 않는다.

(2) 반 이상의 학생이 중급반으로 진급한다.

(3) 실업률이 5.5% 이하이다.

(4) 매장량은 1,000,000 m^3에서 2,000,000 m^3 사이이다.

5.4 다음의 확률들은 부적절하다. 그 이유를 설명하라.

(1) 내일의 날씨에 관련하여

$\mathbf{P}$(비가 온다)$=0.2$

$\mathbf{P}$(비가 오지 않는다)$=0.4$

$\mathbf{P}$(맑다)$=0.6$

(2) 당신의 통계학 시험에 관하여

$\mathbf{P}$(통과한다)$=2$, $\mathbf{P}$(통과하지 못한다)$=0.2$

(3) 당신의 통계학과 경제학 평점에 관하여

$\mathbf{P}$(통계학에서 A를 받는다)$=0.5$, $\mathbf{P}$(경제학에서 A를 받는다)$=0.8$,

$\mathbf{P}$(통계학과 경제학 모두에서 A를 받는다)$=0.6$

5.5 한 운전자가 음주단속에서 혈중알콜농도를 검사받는다. 법적 기준치가 0.1일 때 사건 $A=\{$법적 기준치를 넘는다$\}$라고 한다. 이때 표본공간과 사건 A에 해당되는 근원사건을 기술하라.

5.6 어느 테니스 대회에서 남자 경기의 경우 한 선수가 먼저 3세트를 따면 이긴다.

(1) 게임이 4세트 안에 끝나는 근원사건의 개수는?(3세트만에 끝나는 경우도 포함)

(2) 실력이 같은 두 선수가 경기를 한다면, 경기가 4세트 안에 끝날 확률은?

5.7 1, 2, 3, 4의 숫자가 기록된 4개의 카드가 주머니 속에 들어 있는데, 이 중 하나를 임의로 선택하여 십의 자리로, 나머지 3개의 카드에서 다시 임의로 한 장을 뽑아서 일의 자리로 하는 수를 만든다고

한다. (예를 들어 처음에 3, 두 번째에 1이 쓰여진 카드를 뽑는다면 수는 31이 된다.) 다음의 사건에 속하는 근원사건을 기술하고, 그 사건의 확률을 계산하라.

(1) 짝수이다.

(2) 수는 20보다 크다.

(3) 22 이상 30 이하의 수가 선택된다.

5.8 벼의 두 가지 품종 A, B를 비교하기 위해 다음의 그림과 같이 생긴 경작지에 각각의 품종을 두 곳에 파종한다고 한다.

1	2
3	4

(1) A품종을 파종할 수 있는 모든 경우를 기술하라.

(2) 만약 경작지를 임의로 선택하였을 때 A가 다음과 같이 파종될 확률값을 계산하라.

(i) 같은 열에 파종된다.

(ii) 두 경작지의 행과 열이 모두 다르게 파종된다.

5.9 위의 종합문제 **5.8**에서 완전한 무작위로 파종하는 대신, 각 행에서 임의로 하나씩의 경작지를 선택하여 파종하였을 때, 같은 품종이 다른 열에 파종될 확률을 구하여라.

5.10 17세기의 프랑스 사람인 세발리에는 공정한 주사위에서 $\mathbf{P}(1)=1/6$이므로 두 번 주사위를 던질 때 $\mathbf{P}$(1이 1번 이상 나온다)$=1/6+1/6=1/3$이라고 생각하였다. 무엇이 틀린지 설명하고, 정확한 답을 구하라.

5.11 통계학자라는 영어 단어인 STATISTICIAN에서 임의로 한 문자를 고른다

(1) 모음이 선택될 확률은 얼마인가?

(2) T가 선택될 확률은 얼마인가?

5.12 다음의 각 문제에서 표본공간을 만들었을 때, 균일 확률을 적용할 수 있는지 답하고 그 이유를 설명하라.

(1) 한 대도시에서 일주일 중 산화질소의 농도가 가장 높은 날

(2) 한 달 중 가장 높은 기온을 나타내는 날의 요일

(3) 일 년 중 새로운 차의 판매실적이 가장 좋은 주

5.13 1, 5, 6의 세 숫자를 가지고 임의로 3자리 정수를 만든다고 한다(중복 허락).

(1) 표본공간을 기술하라.

(2) 400보다 큰 수를 얻을 확률을 구하라.

(3) 짝수를 얻을 확률을 구하라.

5.14 늦은 저녁에 어떤 사람이 연인에게 선물하기 위해, 한 꽃가게에 전화를 걸어 꽃 한 송이를 사려고 한다. 그런데 이 가게에는 4송이의 장미와 6송이의 튤립만이 남아 있다. 이 중 3송이의 장미와 2송이의 튤립만이 내일까지 꽃이 활짝 핀다고 할 때, 다음의 물음에 답하라.

(1) 두 사건 $A=\{$장미$\}$, $B=\{$내일 활짝 필 꽃$\}$을 나타내는 벤다이어그램을 그려라.

(2) 가게 주인이 임의로 꽃을 하나 선택한다고 할 때, 그 꽃이 내일까지 활짝 피어 있지 않을 확률은 얼마인가?

5.15 중고차의 성능을 시험하는 데 있어, 변속장치에 이상이 있는 사건을 A, 브레이크에 이상이 있는 사건을 B, 배기장치에 이상이 있는 사건을 C라고 할 때 다음 사건을 말로 설명하라.

(1) $A\cup B$ (2) $A\cap B\cap C$ (3) $A^c\cap B^c\cap C^c$ (4) $A^c\cap B^c$

5.16 다음의 사건을 집합 기호로 표시하라.

(1) A가 일어나고, B가 일어나지 않는다.

(2) A와 B가 모두 일어나지 않는다.

(3) A와 B 중 하나만 일어난다.

5.17 A, $A\cap B$, $A\cup B$의 확률이 0.13, 0.47, 0.68 중에서 하나씩 대응된다고 할 때, 사건과 확률을 알맞게 연결하고 그 이유를 설명하라.

5.18 다음 벤다이어그램을 보고 $\mathbf{P}(A^c)$, $\mathbf{P}(A\cap B)$, $\mathbf{P}(B\cup A)$, $\mathbf{P}(B\cap C)$를 계산하라.

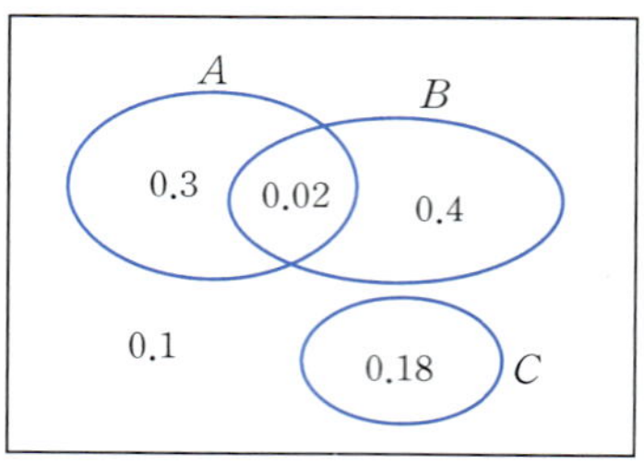

5.19 A, B, C 세 사건에 대하여 다음의 표현을 집합 기호로 나타내어라.

(1) 세 사건이 모두 일어난다.

(2) 세 사건 중 적어도 한 사건은 일어난다.

(3) A, B는 일어나고, C는 일어나지 않는다.

(4) B만이 일어난다.

5.20 세 가지 사건 A, B, C에 대한 확률이 아래 표에 주어졌다(예: $\mathbf{P}(A\cap B\cap C)=0.05$).

	B		B^c	
	C	C^c	C	C^c
A	0.05	0.10	0.12	0.17
A^c	0.13	0.15	0.18	0.10

(1) 벤다이어그램을 그리고, 각 부분마다 확률을 채워 넣어라.

(2) 다음 확률을 구하라.

$\mathbf{P}(A \cap B)$, $\mathbf{P}(A \cap C^c)$, $\mathbf{P}(C)$

(3) 다음 표에 대응하는 확률을 채워 넣어라.

	B	B^c	합계
A			
A^c			
합계			

5.21 위의 종합문제 **5.20**을 참조하여 다음의 확률값을 계산하라.

(1) B와 C가 모두 일어난다.

(2) B 또는 C가 일어난다.

(3) B는 일어나고 C는 일어나지 않는다.

(4) A, B, C 중 한 사건만이 일어난다.

5.22 다음 세 사건 A, B, C에 대한 확률을 보고 벤다이어그램을 그리고, 알맞은 확률을 적어 넣어라. 또한 종합문제 **5.20**에서 주어진 표와 같은 양식의 표를 작성하라.

$\mathbf{P}(A)=0.51$, $\mathbf{P}(A \cap B)=0.17$, $\mathbf{P}(A \cap B \cap C)=0.12$

$\mathbf{P}(B)=0.45$, $\mathbf{P}(B \cap C)=0.2$

$\mathbf{P}(C)=0.50$, $\mathbf{P}(A \cap C)=0.33$

5.23 위의 종합문제 **5.22**를 참조하여 다음 확률을 계산하라.

(1) B가 일어나고, C는 일어나지 않는다.

(2) A와 B 중 적어도 하나는 일어난다.

(3) A, B, C 중 정확히 두 개의 사건이 일어난다.

5.24 공정한 주사위에 짝수 눈이 있는 면은 빨간색으로, 홀수 눈이 있는 면은 하얀색으로 되어 있을 때, 다음과 같은 두 사건을 고려하자.

$A=\{$2 또는 3의 눈이 나온다$\}$, $B=\{$빨간색 면이 나온다$\}$

이때 다음 확률을 계산하라.

(1) $\mathbf{P}(A)$ (2) $\mathbf{P}(B)$ (3) $\mathbf{P}(A\cap B)$ (4) $\mathbf{P}(A|B)$ (5) $\mathbf{P}(A\cup B)$

5.25 $\mathbf{P}(A\cap B)=0.4$, $\mathbf{P}(B)=0.8$, $\mathbf{P}(A)=0.5$일 때 $\mathbf{P}(A|B)$를 구하라. 또한 두 사건 A와 B는 독립인지 말하라.

5.26 세 사건 A, B, C에 대하여 다음과 같이 확률이 주어지고 B와 C는 배반사건이라고 할 때, 다음 질문에 답하라.

$$\mathbf{P}(A)=0.6,\quad \mathbf{P}(B)=0.3,\quad \mathbf{P}(C)=0.25$$
$$\mathbf{P}(A\cap C)=0.1,\quad \mathbf{P}(A^c\cap B)=0.1$$

(1) 위의 세 사건 A, B, C를 이용하여 벤다이어그램을 그려라.
(2) 벤다이어그램의 각 부분에 확률을 채워넣어라.
(3) 세 사건 중 하나의 사건만이 일어날 확률을 구하라.

5.27 위의 종합문제 **5.26**을 참조하여 다음의 두 사건이 독립인지, 아닌지 말하라.
(1) A, C
(2) $A^c\cap B,\ C$

5.28 두 사건 A, B에 대하여 $\mathbf{P}(B)=\frac{1}{3}$, $\mathbf{P}(A|B)=\frac{2}{3}$, $\mathbf{P}(A|B^c)=\frac{3}{7}$일 때, 다음 확률을 계산하라.
(1) $\mathbf{P}(A\cap B^c)$ (2) $\mathbf{P}(A)$ (3) $\mathbf{P}(B^c|A)$

5.29 위의 종합문제 **5.20**을 참조하여 다음에 대하여 답하라.
(1) A가 일어났을 때, B가 일어나지 않을 조건부확률을 구하라.
(2) B가 일어났을 때, A와 C가 모두 일어날 조건부확률을 구하라.
(3) A와 C가 독립인지 결정하라.

5.30 서바이벌 게임 예선에 참가한 사람은 다른 참가자와 게임을 하게 된다. 첫 게임에서 지면 바로 탈락하고 이기면 다른 참가자와 다시 게임을 하여 지면 탈락하고 이기면 결선에 오를 수 있다. 각 게임에서 승리할 확률이 0.5인 어떤 사람이 결선에 오를 확률은?

5.31 주머니에 15개의 공이 있는데 이 중 5개는 1이 표시된 공이고 10개는 2가 표시된 공이라고 한다. 이때 비복원추출로 2개의 공을 뽑아서 첫 번째 선택된 공의 수를 10의 자리의 수로, 두 번째 선택된 공의 수를 1자리의 수로 하는 두 자리 정수를 만든다고 한다.
(1) 표본공간을 기술하고 각각의 근원사건에 해당하는 확률을 구하라.
(2) 만든 수가 짝수일 확률은 얼마인가?
(3) 만든 수가 15보다 클 확률은 얼마인가?

5.32 3개의 생산 라인을 가지고 있는 공장에서 1번 라인은 전체 생산량 중 20%를 차지하며 불량률은 15%이고, 2번 라인은 전체 생산량 중 50%의 생산량을 차지하고 불량률은 5%이고, 3번 라인은 전체 생산량 중 30%의 생산량을 차지하고 불량률이 6%라고 한다.

(1) 전체 불량률은 얼마인가?

(2) 생산품 중 하나를 임의로 선택하였을 때, 그것이 불량품이라면 1번 라인에서 생산된 것일 확률은 얼마인가?

5.33 두 개의 감지기를 이용해 실험을 진행한다. 사건 F, D, N은 각각 감지기가 빠른 반응을 보이는 사건, 느린 반응을 보이는 사건, 반응이 없음을 나타내는 사건이다. 두 감지기를 차례로 이용해 반응을 측정하고, 두 감지기의 성능은 동일하다고 한다.

(1) 수형도를 그리고, 이것을 이용하여 표본공간을 기술하라.

(2) $\mathbf{P}(F)=0.4$, $\mathbf{P}(D)=0.3$, $\mathbf{P}(N)=0.3$이고 각 실험이 독립이라고 할 때, 다음 물음에 답하라.

(i) 적어도 하나의 감지기가 빠른 반응을 보일 확률은 얼마인가?

(ii) 두 개의 감지기가 모두 반응을 보일 확률은 얼마인가?

5.34 8명의 학생에 관한 파일이 이름순으로 정렬되어 있다. 이 중에서 3개를 임의로 선택한다.

(1) 모든 가능한 경우의 수는 얼마인가?

(2) 인접한 파일들 3개가 선택될 확률은 얼마인가?

5.35 세무서에서 15개의 회사로부터 세무와 관련된 서류를 받았는데 이 중 6개 회사에서 탈세가 행해진다고 한다. 세무서에서는 조사를 위하여 임의로 15개 회사 중 4개를 선택한다고 할 때, 다음의 확률을 구하라.

(1) 선택된 회사들은 모두 탈세를 하지 않았을 확률

(2) 선택된 회사 중 적어도 2개의 회사가 탈세를 하였을 확률

5.36 위의 종합문제 **5.35**에서 회사를 차례로 선택할 때, 처음 선택한 두 회사가 탈세를 하지 않고, 나머지 두 회사가 탈세를 하였을 확률은 얼마인가?

5.37 한 반의 학생들의 생일을 조사하고 있다. 각 학생의 생일은 365일 중 하루이고(2월 29일은 고려하지 않음), 각 날에 태어났을 확률을 같다고 가정하자.

(1) 3명의 학생 중 2명 이상의 학생이 같은 생일을 가질 확률은 얼마인가? (힌트: 수형도에서 가능한 표본공간의 수는 $365\times365\times365$이고, 이 중 같은 생일이 없는 경우는 $365\times364\times363$이다.)

(2) N명 중 생일이 같은 학생이 하나도 없을 확률값이 다음과 같음을 보여라.

$$\mathbf{P}(\text{같은 생일이 없다})=\frac{365\times364\times\cdots\times(365-N+1)}{(365)^N}$$

(몇 개의 N값별로 계산한 예를 보면 다음과 같다.

N	5	9	18	22	23
$\mathbf{P}$(같은 생일이 없다)	0.973	0.905	0.653	0.524	0.493

위 표에서 보듯이 $N=23$이면 두 명 이상의 생일이 같을 확률이 0.5 이상임을 알 수 있다.)

5.38 4개의 빨간색 공과 6개의 녹색 공이 들어 있는 주머니에서 하나를 선택하여 색을 확인한다. 뽑힌 공과 같은 색의 공을 3개 보태어 모두 4개의 공을 다시 주머니에 집어 넣는다. 이제 13개의 공 중에서 한 개의 공을 두 번째로 뽑는다.

(1) 표본공간을 기술하라.

(2) 첫 번째 뽑힌 공이 녹색일 확률은 얼마인가?

(3) 첫 번째 뽑힌 공이 녹색일 때, 두 번째 뽑힌 공이 빨간색일 확률은 얼마인가?

(4) 두 번째 뽑힌 공이 녹색일 확률은 얼마인가?

5.39 다음은 어느 의학전문대학원에 입학한 신입생을 학부전공분야별, 성별로 정리한 것이다.

전공분야	예비의과대학	생명과학	기타자연과	기타전공	합계
남자	25	7	16	2	50
여자	32	3	11	4	50
합계	57	10	27	6	100

(1) 100명의 신입생 중 한 명을 선택한다고 할 때, 그가 여자인 사건을 A, 예비의과대학출신인 사건을 B, 기타자연과출신 여학생인 사건을 C라고 하자.

(i) 선택된 학생이 예비의과대학 남학생, 혹은 기타전공의 여학생인 사건을 위의 사건들로 표현하라.

(ii) 위 세 사건 중 정확히 하나의 사건이 일어날 확률을 구하라.

(2) 100명의 신입생 중 임의로 두 명을 선택한다고 할 때, 두 명이 모두 생명과학전공 학생인 사건을 D, 한 명은 여학생 한 명은 남학생인 사건을 G라고 하자.

(i) D와 G의 확률을 구하라.

(ii) $\mathbf{P}(D \cap G)$, $\mathbf{P}(D^c \cap G)$와 $\mathbf{P}(D^c | G)$를 구하라.

5.40 3교대로 운영되는 공장이 있다. 어떤 날 제품의 불량률을 조별로 나누어 보니 첫 번째 조에서는 1%, 두 번째 조에서는 2%, 세 번째 조에서는 5%의 불량이 나왔다고 한다. 만일 각 조별로 생산량이 동일하다면 그날 하루 전체의 불량률은 얼마인가? 만일 하나의 불량품이 나왔다면 이것이 세 번째 조에서 만들어진 제품일 확률은 얼마인가?

5.41 직업을 세 가지(A, B, C)로 분류할 수 있다고 가정하자. 이때 A_1은 부모의 직업이 A에 속하는 사건, A_2는 자식의 직업이 A에 속하는 사건이라고 하자. 마찬가지로 B_1, B_2, C_1, C_2를 정의한다. (여기에서 첨자는 세대를 나타내고 있다.) 다음의 자료는 세대 간의 직업의 유동성을 파악하고자 영국에서 1954년에 조사한 자료이다.

	A_2	B_2	C_2
A_1	0.45	0.48	0.07
B_1	0.05	0.70	0.25
C_1	0.01	0.50	0.49

위와 같은 표를 전이확률의 행렬(transition probability matrix)이라고 하는데, 다음과 같이 읽으면 된다. 즉 부모의 직업이 A에 속하면 자식의 직업이 A에 속할 확률이 0.45가 된다. 다시 말하면 행렬의 각 원소는 조건부확률의 값을 나타낸다. 예를 들면 $\mathbf{P}(A_2|A_1)=0.45$가 된다. 만일 부모 세대의 10%가 직업이 A에 속하고 40%가 B, 50%가 C에 속하였다면

(1) 자식 세대 중 임의로 한 명을 골랐을 때, 직업이 A에 속할 확률은 얼마인가?

(2) 만일 자식의 직업이 A에 속하였다면, 그 부모의 직업이 A에 속하였을 확률은 얼마인가?

4장

이산확률변수와 확률분포

앞 장에서 공부한 표본공간의 근원사건들은 숫자로 나타나는 경우보다 특성을 표현하는 형태로 나타나는 것을 많이 보아왔다. 예를 들면 동전 두 개를 던질 경우 나타나는 근원사건들은 HH, HT, TH와 TT 등의 형태로 표현된다. 그러나 한 도시에서 일주일 동안 발생한 교통사고의 횟수, 대학생이 여름방학 동안 부업을 하여 번 돈, 시험성적 등과 같이 숫자로 표현되는 자료도 많이 있고, 실제로 특성의 형태로 나타나는 것도 수를 이용하여 표현하는 것이 편리한 경우가 많이 있다. 만일 주민의 생활에 영향을 미칠 수 있는 지자체 사업의 시행여부를 지역주민 500명을 대상으로 여론조사를 하여 찬, 반의 의견을 물어보았다면, 결국 관심의 대상은 몇 명이 찬성을 하였고 몇 명이 반대를 하였는가가 될 것이다. 이와 같이 실제 개개인에게 물어본 결과(찬성, 반대)는 수적인 자료가 아니지만 결국 관심은 각 범주별로 나타난 숫자에 있게 된다. 이처럼 각 근원사건에 수치를 대응시키는 것을 **확률변수**라고 하는데 이 장에서는 확률변수를 중심으로 실험의 수치적 결과에 초점을 맞추어 공부해 보고자 한다.

4.1 확률변수

확률변수란 실험 결과들에 수치를 대응시키는 것이라고 하였는데 이를 수학적으로 정의하면 다음과 같다.

확률변수(random variable)

주어진 표본공간 Ω에서 실수로 가는 함수이며 보통 X, Y, …로 나타낸다. 즉,

$$X : \Omega \rightarrow R$$

확률변수는 정의역은 표본공간이고 공역이 실수인 함수이다.

확률변수는 일반적인 수학에서의 함수 표현인 f나 g로 표현하지 않고 알파벳 뒷부분의 대문자 X나 Y 등을 이용한다. $X(\omega)=x$는 근원사건 $\omega \in \Omega$에 대응하는 실숫값이 x임을 의미한다. '확률변수'에서 '확률'은 실험하기에 앞서 어떤 값을 갖게 될지 알 수 없는 불확실성을 표현하는 것이다.

예제 1

축구 경기에서 페널티 킥을 찰 때 골을 넣는 것과 넣지 못하는 것을 각각 성공(S)과 실패(F)라고 할 때, 표본공간은 $\Omega=\{S, F\}$이며, 확률변수 X를

$$X(S)=1, \ X(F)=0$$

로 정의하면 X는 성공 시 1, 실패 시 0을 나타내는 확률변수가 된다.

예제 2

3장의 예제 3에서 확률변수 Y를 다음과 같이 정의하면

$$Y=\begin{cases}1 & \text{선택된 학생이 왼손잡이}\\ 0 & \text{선택된 학생이 오른손잡이}\end{cases}$$

S=(왼손잡이 학생), F=(오른손잡이 학생)로 놓으면, 왼손잡이가 8명, 오른손잡이가 42명으로 구성된 표본공간은 학생 번호를 1부터 50이라 할 때, $\Omega=S\cup F=\{1, 2, \cdots, 50\}$가 된다. 따라서 50명 학생 중에서 번호 3번 학생이 왼손잡이, 즉 $3\in S$이면 $Y(3)=1$이고 번호 7번 학생이 오른손잡이, 즉 $7\in F$이면 $Y(7)=0$이다.

위 두 예제처럼 우리는 임의의 표본공간을 관심 있는 사건(S)과 그렇지 않은 사건(F)으로 명명하여 이분화시켜 그 사건을 수치 1과 0으로 대응하는(지시하는) 확률변수 X 또는 Y를 정의할 수 있다. 이러한 확률변수를 **베르누이(Bernoulli)** 확률변수라고 부르며 앞으로 공부하게 될 이산형의 확률변수에서 중요한 역할을 한다. 이 확률변수를 **지시(indicator)** 확률변수라고도 부른다.

같은 표본공간에서 관심사에 따라서 여러 개의 확률변수를 정의할 수 있다. 예를 들면 주사위를 한 번 던질 때 확률변수 X는 3의 배수를 나타내는 베르누이 확률변수, Y는 짝수를 나타내는 베르누이 확률변수로 정의한다면, 표본공간은 1부터 6까지의 주사위 윗면의 숫자 $\Omega=\{1, 2, \cdots, 6\}$가 된다. 표본공간의 근원사건에 따라서 각 확률변수가 가지는 값을 몇 가지 살펴보면 $X(3)=1$, $Y(3)=0$, $X(2)=0$, $Y(2)=1$이 되고 $X(6)=1$, $Y(6)=1$이 된다.

예제 3

승용차를 소유하고 있는 사람들 중에서 임의로 3명을 선택하여 어느 회사에서 만든 승용차를 가지고 있는지를 물어보는 실험을 하였다. 편의상 이들은 모두 A와 B회사 제품 중 하나를 가지고 있다고 가정하자. 이때 3명 중에서 A회사 제품을 가지고 있는 사람의 수를 X라고 하면 X가 가질 수 있는 값은 0, 1, 2, 3 중에서 하나가 될 것이다. 위의 실험에서 각 근원사건(예를 들면 {AAA}는 3명 모두 A회사 승용차를 소유하는 사건)과 이에 대응되는 X값을 표로 정리하면 다음과 같다.

실험의 결과(근원사건)	대응되는 X 값
AAA	3
AAB	2
ABA	2
BAA	2
ABB	1

BAB	1
BBA	1
BBB	0

실험을 하기 전에는 (3명에게 물어보기 전에는) X가 어떤 값을 갖게 될지 확실히 알 수 없으므로 X는 하나의 확률변수가 된다.

한편 하나의 근원사건에는 오직 하나의 X값이 대응되며 여러 개의 근원사건에 같은 X값이 대응될 수도 있다. 각 X값에 대응되는 근원사건들의 모임은 하나의 사건을 이루며 각기 다른 X값에 대응되는 사건들은 서로 배반사건이 된다.

확률변수 X의 값	각 X 값에 대응되는 사건
0	{BBB}
1	{ABB, BAB, BBA}
2	{AAB, ABA, BAA}
3	{AAA}

위의 표에서 보면 $\{X=1\}$이라는 사건은 ABB, BAB, BBA라는 3개의 근원사건이 모여 3명 중에 한 명만이 A회사 차를 소유하고 있는 사건을 나타낸다. 또한 이 사건은 $\{X=2\}$라는 사건과는 동시에 일어날 수 없는 배반사건이 됨을 알 수 있다.

예제 4

한 관찰자가 어느 지역을 통과하는 외제차를 처음 발견하기까지 지나가는 차의 대수를 센다고 하자. 이때 X를 외제차를 발견할 때까지 지나간 차의 대수라고 하면 X가 취할 수 있는 값은 0, 1, 2, 3, ⋯ 으로 무한히 많은 수가 될 것이다.

확률변수가 가질 수 있는 값의 개수가 예제 1에서와 같이 유한이거나 예제 2에서처럼 무한이라도 셀 수 있는 경우에 이를 **이산확률변수**라고 한다. 지금까지는 이와 같은 경우만 보아왔지만 연속적인 구간에 속하는 모든 값을 다 가질 수 있는 **연속확률변수**도 있다. 물론 이러한 연속확률변수는 측정기기 자체의 정확도의 한계 때문에 실제로는 우리의 개념상으로만 존재하게 된다. 예를 들어 X를 어떤 사람이 어느 날 은행에 가서 서비스를 받을 때까지 기다리는 시간이라고 하면, X가 취할 수 있는 값은 이론적으로 0부터 은행 영업시간(보통 8시간) 내의 모든 값이 가능하나 실제 관측값은 자세히 측정하여도 초 단위 이하로 기록하지는 않게 된다.

예제 5

어느 대학의 신입생 한 명이 건강검진에서 측정한 키의 값을 확률변수 X라고 하자. 만약 그 신입생의 키가 172 cm라면 $X=172$ (cm)로 나타낼 수 있다. 이 대학 신입생의 키의 최댓값과 최솟값은 예를 들어 205 cm와 153 cm라고 하면 는 보통 편의상 또는 측정기기의 정확성 때문에 정수 단위(cm)로 표현하지만, 실제 가질 수 있는 값 $X=x$는 다음과 같이 구간 153부터 205까지 모든 가능한 실숫값을 가진다.

$$\{x \in R: 153 \leq x \leq 205\}$$

이 장에서는 셀 수 있는 값을 가지는 이산확률변수의 확률분포를 다루고 예제 5와 같이 셀 수 없이 많은 값을 가지는 연속확률변수는 확률을 부여하는 다른 개념이 요구되므로 다음 장에서 다루고자 한다.

연습문제

1.1 아래의 각각의 예가 연속확률변수인지 이산확률변수인지 말하라.

(1) 한 자동차 정비공장에서 하루 동안 정비되는 자동차수

(2) 폭풍에 의한 강우량

(3) 꿩 사냥철 동안에 제주도에서 일어나는 사냥사고의 수

(4) 어떤 수리공이 고장 난 소음기를 교체하는 데 걸리는 시간

(5) 20문제의 퀴즈 중 학생들이 올바르게 답한 문제의 수

(6) 하루 동안 학교 내에 불법주차로 단속된 차량의 수

1.2 다음 변수들이 연속형인지 이산형인지 구분하라.

(1) 다이어트 프로그램에 따른 몸무게의 감소량

(2) 리히터 스케일로 측정한 지진의 진도

(3) 어떤 비행기의 좌석수

(4) 한 자동차 대리점에서 하루 동안 팔린 자동차의 수

(5) 과일 음료 안에 포함된 과일의 함유율

1.3 $\{2, 4, 6, 7, 8\}$ 중에서 두 개의 정수를 무작위로 뽑을 때, X를 큰 수에서 작은 수를 뺀 차라고 하자.

(1) 뽑힐 수 있는 가능한 모든 경우를 구하고, 그에 대한 X의 값을 구하라.

(2) 확률변수 X의 각각의 값에 대하여 그 확률값을 구하라.

1.4 세 명의 선수 A, B, C가 두 명의 심판으로부터 점수를 받았다. 각각의 심판은 가장 좋은 점수로 1을 주고, 중간 점수로 2를, 가장 나쁜 점수로 3을 주었다. 확률변수 X를 선수 A의 총점(두 심판으로부터 받은 점수의 합)이라고 할 때 다음에 답하라.

(1) 선수 A가 받을 수 있는 점수의 모든 가능한 경우를 나열하라.

(2) 확률변수 X가 가질 수 있는 값들을 나열하라.

1.5 위의 연습문제 **1.4**에서 이번에는 A, B 두 명의 선수와 네 명의 심판이 있다고 가정하자. 각각의 심판은 좋은 점수로 1, 나쁜 점수로 2를 준다고 한다.

(1) 선수 A가 각각의 심판으로부터 받을 수 있는 가능한 모든 점수들을 나열하라.

(2) 선수 A의 총점인 X가 가질 수 있는 값들을 나열하라.

1.6 한 공장의 관리자가 주간운송과 야간운송 중 어떤 것이 더 높은 운송률을 보이는지 알아보기 위해 다음 3일 동안 높은 운송률을 보인 방법(주간 또는 야간)을 기록하였다. 가능한 모든 결과를 나열하고, X를 야간운송이 더 높은 운송률을 보인 일수라고 할 때 각각의 결과에 대한 X를 결정하라. (단, 같은 운송률을 보이는 일은 없다고 가정한다.)

1.7 한 상점의 직원은 매주 캔 음료수(C)나 병 음료수(B)를 구입하는데 3주 동안 구입한 음료수의 종류를 기록하였다.

(1) 표본공간을 나열하라.

(2) 만약 지난 주와 다른 음료수를 구입한다면, 전환이 일어났다고 말한다. X가 전환이 일어난 횟수를 나타낼 때, 각각의 결과에 대한 X를 결정하라. (예: BBB이면 $X=0$, BCB이면 $X=2$)

1.8 아이들이 어떻게 친구를 사귀는지에 관심이 있는 한 아동심리학자가 각각 3명으로 이루어진 몇몇 집단의 아이들을 대상으로 조사를 하였다. 그 중 종선, 병민과 서영이 속해 있는 한 집단에서 각각의 아이가 나머지 두 명의 아이 중 누구를 더 좋아하는지 물었다.

(1) 나올 수 있는 모든 결과를 나열하라. (세 아이들의 이름으로 A, B, C를 사용하라.)

(2) 확률변수 X가 서영이 선택된 횟수라고 할 때, X의 모든 값들을 나열하라.

4.2 확률분포

앞 절에서 표본공간에 있는 각각의 근원사건에 수치를 대응시키는 함수를 확률변수라고 하였다. 이때 특정한 수치를 갖는 근원사건들을 모아놓으면 하나의 새로운 사건이 된다. 이처럼 확률변수가 특정한 값을 가질 확률은 표본공간에서 이에 해당하는 사건의 확률로부터 구할 수 있다. 즉 앞 절의 예제 3에서 보듯이 $\{X=1\}$이라는 사건의 확률은 3명 중 A회사의 차를 한 명만 소유하고 있을 사건의 확률이다. 이처럼 확률변수가 가지는 값과 각 값을 가질 확률을 정해주는 규칙 또는 관계를 확률분포라고 한다.

> **확률분포**(probability distribution): 확률변수가 갖는 값들과 그에 대응하는 확률값을 나타내는 것으로 나열된 표나 또는 수식으로 표현된다. 보통은 확률변수 X의 분포라고 한다.

예제 6

앞의 예제 3에서 3명이 A회사나 B회사 차를 가질 확률이 동일하다고 하면 표본공간에 포함되는 8개 근원사건의 확률은 각각 1/8이 확률변수 는 3명 중 A회사 차를 소유하는 사람의 수이므로 이를 확률변수가 취하는 값과 확률을 정리하면 다음과 같다.

표 4-1 세 명 중 A회사 차 소유자 수(X)의 확률분포

X의 값	확률
0	1/8
1	3/8
2	3/8
3	1/8
합계	1

풀이

3명 중 A회사의 차를 가지고 있는 사람이 1명 이하일 확률은

$$\mathbf{P}(X \le 1) = \mathbf{P}(X=0) + \mathbf{P}(X=1) = 1/8 + 3/8 = 4/8 = 1/2$$

이 되고 1명 이상 2명 이하일 확률은

$$\mathbf{P}(1 \le X \le 2) = \mathbf{P}(X=1) + \mathbf{P}(X=2) = 3/8 + 3/8 = 6/8 = 3/4$$

이다.

일반적으로 확률변수 X가 k개의 값 x_1, x_2, $\cdots$, x_k를 가질 때 그에 대응하는 확률을 $f(x_1)$, $f(x_2)$, $\cdots$, $f(x_k)$라고 하면 X의 확률분포는 다음의 표 4-2와 같이 표현한다.

표 4-2 이산확률변수의 확률분포

X가 취하는 값 (x)	확률 $f(x)$
x_1	$f(x_1)$
x_2	$f(x_2)$

⋮	⋮
x_k	$f(x_k)$
합계	1

이와 같은 함수 $f(x)$를 이산확률변수 X의 확률분포를 나타내는 확률질량함수라고 부르며 다음과 같이 정의한다.

확률질량함수(probability mass function)

이산확률변수 X가 가지는 모든 값 x에 대하여

$$f(x)=\mathbf{P}(X=x)=\mathbf{P}(\{w:X(w)=x\})$$

를 확률함수 또는 확률질량함수라고 하고 다음 조건을 만족한다.

(1) 모든 값 x에서 $0\leq f(x)\leq 1$

(2) 임의의 구간 A에 대하여 $\mathrm{P}(X\in A)=\sum_{x\in A} f(x)$

(3) $\sum_{\text{모든 } x} f(x)=1$

확률분포를 시각적으로 알아보기 쉽게 표현하는 방법으로, 2장에서 공부한 히스토그램과 비슷한 확률 히스토그램이 있다. 확률변수 X가 취하는 값을 $x-$축에 표시하고 그 점을 중심으로 $x-$축 위에 넓이가 $f(x)$가 되는 직사각형을 그리는 것이다. 이렇게 그려진 확률 히스토그램의 전체 직사각형의 넓이의 합은 1이 된다.

예제 7

어느 산림의 30%가 병충해를 입고 있다고 한다. 그 산림에서 4그루의 나무를 임의추출하였을 때 병충해를 입고 있는 나무의 수를 X로 표현해 보자. 이때 X의 확률분포를 구하고 그에 따른 확률 히스토그램을 그려라.

풀이

각 추출된 나무를 그것이 건강한 나무일 때 F로 표시하고 병든 나무일 때 S로 표시하면 모든 가능한 결과들의 수는 $2\times2\times2\times2=16$이 된다. 이 16가지의 경우를 X가 취하는 값에 따라 정리하면 다음과 같다.

$X=0$	$X=1$	$X=2$	$X=3$	$X=4$
$FFFF$	$FFFS$	$FFSS$	$FSSS$	$SSSS$

	$FFSF$	$FSFS$	$SFSS$	
	$FSFF$	$FSSF$	$SSFS$	
	$SFFF$	$SFFS$	$SSSF$	
		$SFSF$		
		$SSFF$		

확률변수 X가 취하는 각 값에 대응하는 확률을 계산하기 위해서 우리는 각 경우의 확률을 계산하여야 한다. 이때 우리가 가정하는 것은 4그루의 나무를 하나씩 임의추출할 때 각 추출의 단계는 독립이라는 것이다. 그것은 앞 장의 예제 13에서 설명하였듯이 워낙 많은 수의 나무들 중에 4그루를 추출하는 것이므로, 아무리 비복원추출이라고 하더라도 복원추출과 마찬가지로 각 단계의 추출의 결과가 그 다음 단계의 추출에 거의 영향을 주지 않기 때문에 독립이라는 가정에 별 무리가 없게 된다.

산림의 30%가 병든 나무이므로 $\mathbf{P}(S)=0.3$, $\mathbf{P}(F)=0.7$이 되고 독립이라는 사실과 확률의 곱의 법칙에 따라 $\mathbf{P}(FFFF)=0.7\times0.7\times0.7\times0.7=0.2401$이 되고, 따라서 $\mathbf{P}(X=0)=0.2401$이 된다. 사건 $\{X=1\}$은 4개의 근원사건이 포함되는데 각 근원사건은 3개의 F와 하나의 S를 포함한다. 각 경우의 확률은 $\mathbf{P}(FFFS)=(0.7)^3(0.3)=0.1029$이고 4개의 경우가 모두 같으므로 $\mathbf{P}(X=1)=4\times0.1029=0.4116$이 된다. 이와 같이 계산하면

$$\mathbf{P}(X=2)=6\times(0.7)^2\times(0.3)^2=0.2646$$
$$\mathbf{P}(X=3)=4\times(0.7)\times(0.3)^3=0.0756$$
$$\mathbf{P}(X=4)=(0.3)^4=0.0081$$

이 된다. 이를 정리하여 확률분포표를 만들면 표 4-3과 같이 되며 확률 히스토그램은 그림 4-1에 주어져 있다.

표 4-3 이산확률변수의 확률분포

x	$f(x)$
0	0.2401
1	0.4116
2	0.2646
3	0.0756
4	0.0081
합계	1.0000

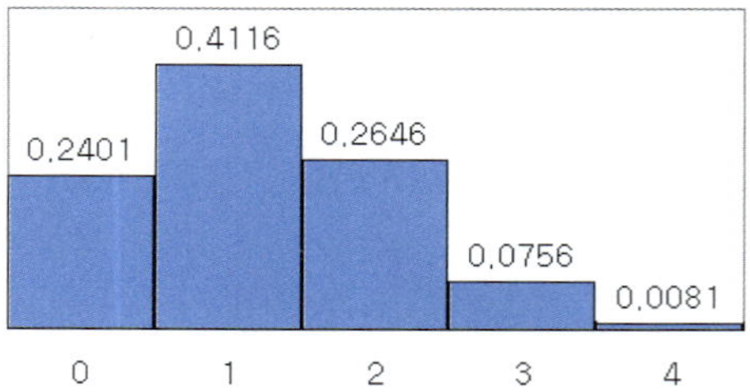

그림 4-1 예제 7의 확률 히스토그램

예제 8

예제 7에서 병충해를 입은 나무의 수가 1개 이하일 확률, 2개 이상일 확률, 그리고 1개 이상 3개 미만일 확률을 각각 구하라.

풀이

$\mathbf{P}(X \le 1) = \mathbf{P}(X=0) + \mathbf{P}(X=1) = f(0) + f(1) = 0.6517$이며 $\mathbf{P}(X \ge 2) = 1 - \mathbf{P}(X \le 1)$이므로 $\mathbf{P}(X \ge 2) = 1 - 0.6517 = 0.3483$이다. 또한 $\mathbf{P}(1 \le X < 3) = \sum_{1 \le x < 3} f(x) = 0.6762$가 된다.

3장에서 어떤 사건의 확률을 연역적으로 구할 수 없을 때 우리는 경험적 방법인 상대도수의 수렴치를 이용하였다. 마찬가지로 모집단의 확률분포를 알 수 없는 경우는 크기가 큰 표본을 이용한 히스토그램을 이용하여 확률분포를 추정하게 된다. 이러한 확률분포를 경험적 분포라고도 부른다.

예제 9

어떤 직장인이 가지고 있는 신용카드 수를 라고 하자. 400명의 직장인을 임의추출해서 다음과 같은 도수분포표를 얻었다.

신용카드 수(x)	0	1	2	3	4	합계
도수	61	153	106	56	24	400
상대도수	0.15	0.38	0.27	0.14	0.06	1

풀이

위 도수분포표에서 상대도수 행의 각 값들은 확률변수 의 확률분포를 나타내는 확률질량함수의 근사치로 생각할 수 있다. 즉, $\mathbf{P}(X=0) = f(0) \approx 0.15$, $\cdots$, $\mathbf{P}(X=0) = f(4) \approx 0.06$. 표본이 커지면 이 상대도수의 확률은 X의 모집단의 비율 즉, $f(x)$에 가까워지게 된다. 이 경험적 확률분포의 히스토그램을 그리면 다음과 같다.

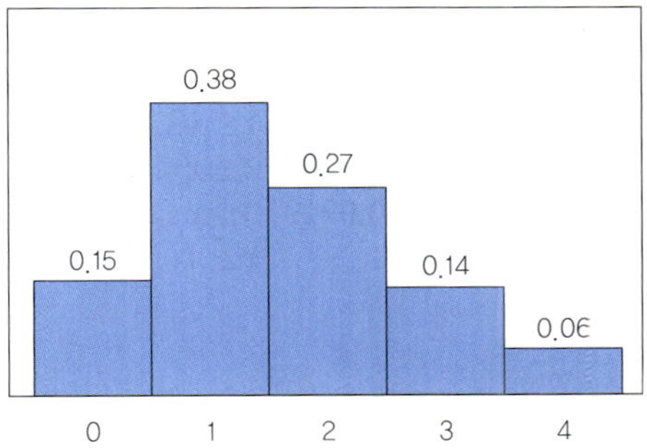

그림 4-2 예제 9의 히스토그램

일반적으로 확률 히스토그램은 확률변수 모집단의 확률분포를 그림으로 표현한 것이고 2장에서 사용되는 히스토그램은 표본의 분포이므로 표본이 바뀌면 히스토그램은 변하게 된다. 따라서 표본이 점점 커지면 히스토그램은 모집단의 확률 히스토그램 모양과 근접해진다.

이산확률변수의 확률분포를 확률질량함수로 표현할 수 있지만, 자료의 도수분포에서 누적상대도수처럼 다음과 같이 누적분포함수를 정의하여 확률변수의 분포를 나타낼 수 있다.

누적분포함수(cumulative distribution function, cdf)

이산확률변수 X의 확률질량함수를 $f(x)$라 할 때, 확률변수 X의 누적분포함수는 다음과 같이 모든 실수 x에 대하여 다음과 같이 정의한다.

$$F(x) = \mathbf{P}(X \le x) = \sum_{\text{모든 } y \le x} f(y)$$

누적분포함수의 정의에 따르면 확률의 정의에 따라 $F(-\infty)=0$, $F(\infty)=1$이 되고, 누적하여 확률을 더하므로 $F(x)$는 비감소함수(non-decreasing function)라는 것을 쉽게 확인할 수 있다.

예제 10

예제 7의 확률분포에서 누적분포함수를 구하고 그 개형을 그려 보아라.

풀이

확률변수는 $0 \le x \le 4$ 사이의 정수값만을 가지지만 누적분포함수는 모든 실수 구간에서 정의한다. 우선 $x<0$에서는 $\mathbf{P}(X \le x) = F(x) = 0$이 되며 $x>4$에서는 $\mathbf{P}(X \le x) = F(x) = 1$이 된다. 따라서 모든 실수에서 누적분포함수를 구하면,

$$F(x)=\begin{cases}0 & x<0\\ 0.2401 & 0\le x<1\\ 0.6517 & 1\le x<2\\ 0.9163 & 2\le x<3\\ 0.9919 & 3\le x<4\\ 1 & x\ge 4\end{cases}$$

가 되며 이를 그리면 다음과 같다.

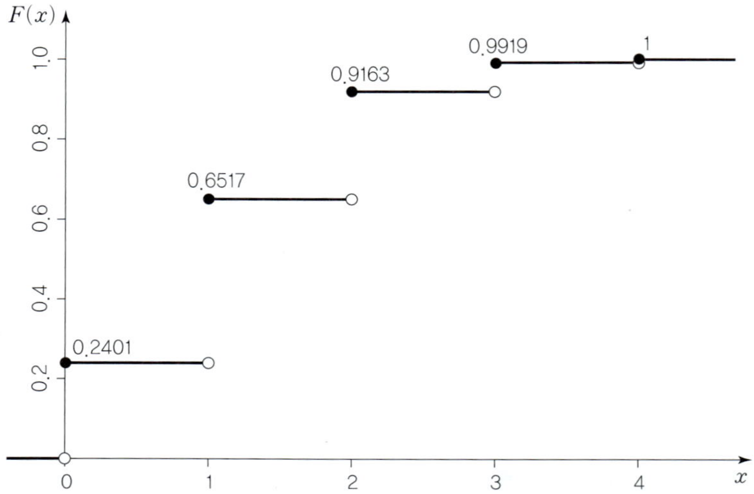

이산확률변수의 누적분포함수는 확률변수가 0보다 큰 확률질량값을 가지는 점에서 불연속이 되고 점프를 하는 계단함수(step function)의 형태를 가지고 있다. 그 계단의 높이는 바로 해당 x값에서의 확률질량값을 나타낸다.

$$f(x)=\mathbf{P}(X=x)=\mathbf{P}(X\le x)-\mathbf{P}(X<x)=F(x)-F(x-)$$

여기서 $F(x-)=\lim_{h\to 0-}F(x+h)$로 x값에서 좌극한을 의미한다.

예제 11

예제 10의 누적분포함수를 이용하여 $\mathbf{P}(1\le X\le 3)$와 $\mathbf{P}(X=2)$를 구하면,

$$\mathbf{P}(1\le X\le 3)=F(3)-F(1-)=0.9919-0.2401=0.7518$$

가 되고 $\mathbf{P}(X=2)=\mathbf{P}(X\le 2)-\mathbf{P}(X<2)=F(2)-F(2-)=0.9163-0.6517=0.2646$. 즉, $x=2$에서 점프의 크기 0.2646은 $x=2$에서 확률의 질량값 $f(2)=\mathbf{P}(X=2)$이다.

누적분포함수 $F(x)$를 확률질량함수의 합으로 정의하였지만 예제 11에서 보듯이 누적분포함수가 주어지면 확률변수의 모든 구간의 확률도 구할 수 있고 확률질량함수도 구할 수 있다.

임의의 두 수 a와 b에서 $a \le b$라면

$$\mathbf{P}(a \le X \le b) = F(b) - F(a-)$$

이며 만약 확률변수 X가 정수값만을 가지고 a와 b가 정수일 때

$$\mathbf{P}(a \le X \le b) = F(b) - F(a-) = F(b) - F(a-1)$$

여기서 $a=b$이면 $\mathbf{P}(X=a) = F(a) - F(a-1)$이 된다.

연습문제

2.1 다음의 표는 어떤 실험의 결과에 대한 확률변수 X값과 그 확률이다. X의 확률분포를 구하라.

근원사건	확률	X의 값
ω_1	0.08	2
ω_2	0.29	0
ω_3	0.15	2
ω_4	0.00	0
ω_5	0.16	4
ω_6	0.11	0
ω_7	0.21	0

2.2 $\{1, 2, 6, 7, 9\}$ 중 두 개의 숫자를 임의로 뽑고, 이때 X를 뽑힌 두 수의 합이라고 하자.

(1) 선택 가능한 모든 경우를 나열하고, 각 경우에 대하여 X를 계산하라.

(2) 서로 다른 X의 값을 나열하라.

(3) 확률변수 X의 확률분포를 구하라.

2.3 다음의 예들이 적절한 확률분포인지 말하라.

(1)

x	$f(x)$
2	0.2
8	0.6
13	0.1
15	0.1

(2)

x	$f(x)$
1	0.4
3	0.5
9	0.3
10	0.2

(3)

x	$f(x)$
-2	0.25
0	0.50
2	0.25
4	0.00

(4)

x	$f(x)$
0	0.3
1	-0.1
2	0.8

2.4 아래의 각 경우에 대하여 x와 $f(x)$의 값을 구하고, 확률분포의 성질을 만족하는지 조사하라. 만약 만족하지 않는다면, 확률분포의 어떤 성질을 만족하지 않는지 말하라.

(1) $f(x)=\frac{1}{10}(x-2),\ \ x=3,\ 4,\ 5,\ 6$

(2) $f(x)=\frac{1}{2}(x-2),\ \ x=1,\ 2,\ 3,\ 4$

(3) $f(x)=\frac{1}{20}(2x+4),\ \ x=-2,\ -1,\ 0,\ 1,\ 2$

(4) $f(x)=\frac{3}{2x},\ \ x=2,\ 3,\ 4,\ 5$

2.5 피검사를 하려고 5명이 준비 중이며 이 중 2명은 Rh음성 이라고 하자. 이들의 혈액을 차례로 검사할 때 확률변수 X를 Rh음성 보유자를 발견할 때까지 검사를 한 사람의 수라고 한다면, X의 확률질량함수를 구하라.

2.6 두 주사위를 던질 때 윗면에 나오는 수 중 큰 값을 X라 하자.

(1) 확률질량함수를 구하라.

(2) $\mathbf{P}(X\leq 4)$

2.7 계약의 종류에 따라서 최대 5가지 준비 서류가 필요하다고 하자. 확률변수 X를 어느 계약에 필요한 서류의 개수라고 할 때, $\mathbf{P}(X=x)=kx,\ x=1,\ 2,\ \cdots,\ 5$로 알려져 있다.

(1) k의 값을 구하라.

(2) 준비 서류가 적어도 4개 이상일 확률을 구하라.

(3) 준비 서류 개수가 2개 이상 4개 이하일 확률을 구하라.

2.8 이산확률변수 X의 확률질량함수가 다음과 같다.

$$f(-1)=0.3,\ f(0)=0.1,\ f(1)=0.4,\ f(2)=0.2$$

(1) 누적분포함수를 구하라.

(2) $\mathbf{P}(X<1)$

(3) $\mathbf{P}(X>1)$

(4) $\mathbf{P}(0\leq X<2)$

2.9 어느 달 전기세 첫째 자릿수 X가 다음의 확률법칙으로 주어진다고 하자.

$$f(x)=\log_{10}\left(\frac{x+1}{x}\right),\ \ x=1,\ \cdots,\ 9$$

(1) 확률질량함수임을 밝혀라.

(2) 누적분포함수를 구하라.

(3) 첫째 자릿수가 적어도 3 이상일 확률은?

2.10 0부터 4까지 정수값을 가지는 확률변수 X에 대하여 다음 정보가 주어졌다고 하자.

$$\mathbf{P}(X \leq 0.7) = 0.2,\ F(2) - F(0.9-) = 0.4,\ F(4-) = 0.9,\ \mathbf{P}(1 < X \leq 3) = 0.4$$

(1) $\mathbf{P}(X \leq 3)$

(2) 확률질량함수를 구하라.

(3) $\mathbf{P}(X \leq x^*) \geq 0.25$가 되는 최소 정수값 x^*를 구하라.

(4) $Y = |X-1|$이라 할 때 Y의 누적분포함수를 구하라.

2.11 확률변수 X의 누적분포함수가 다음과 같이 주어져 있을 때 물음에 답하라.

x의 구간	$x<0$	$0 \leq x < 1$	$1 \leq x < 2$	$2 \leq x < 3$	$x \geq 3$
$F(x)$	0	1/5	2/5	4/5	1

(1) $\mathbf{P}(X < 1.5)$

(2) $\mathbf{P}(X \geq 2)$

(3) $\mathbf{P}(1/2 < X \leq 2)$

(4) 확률질량함수를 구하라.

2.12 자연수 값을 가지는 확률변수 X가 임의의 자연수 k와 $0 < p < 1$에 대하여

$$\mathbf{P}(X \geq k+1) = c(1-p)^k$$

을 만족할 때, 적절한 c와 확률질량함수를 구하라.

2.13 자동차 도색공장의 한 경영자가 최근의 자료에 근거해서 하루 동안 공장을 찾는 자동차의 수에 대한 분포를 다음과 같이 결정하였다. 만약 이 공장의 수용능력이 자동차 두 대라면, 다음 물음에 답하라.

x	$f(x)$
0	0.05
1	0.20
2	0.30
3	0.25
4	0.15
5	0.05

(1) 어떤 날 1대 이상의 자동차가 그냥 돌아갈 확률을 구하라.

(2) 이 공장의 수용능력을 모두 이용하지 못할 확률을 계산하라.

(3) 자동차가 그냥 돌아갈 확률이 0.10을 넘지 않도록 하려면, 공장의 하루 수용능력을 얼마까지 늘려야 하겠는가?

2.14 확률변수 X는 한 가족에서 전화를 받는 사람의 수라고 하자. 한 도시의 전화 가입자 중 381군데의 주택에 대한 조사에서, 다음과 같은 도수분포표를 얻었다.

전화받는 사람의 수(X)	주택의 수(도수)
0	2
1	82
2	161
3	89
4	47
합계	381

(1) 위의 자료에 근거하여 X의 확률분포에 대한 근사적인 결과를 구하라.

(2) 이 결과가 왜 근사적인 결과로 간주되는지 설명하라.

(3) 확률 히스토그램을 그려라.

4.3 이산확률분포의 기댓값과 표준편차

앞 장에서는 표본의 중심을 나타내는 대표적인 수치로 중심의 위치를 나타내는 표본평균과 퍼진 정도를 나타내는 표본표준편차를 공부하였다. 여기에서는 여러 가지 값을 가지는 확률변수의 평균을 구하는 방법을 알아보자. 예를 들어 주사위를 던져 나온 눈의 수를 X라고 할 때, X는 1에서 6까지의 자연수 값을 가지며 각 값을 얻을 확률이 모두 같으므로 X의 평균은 1부터 6까지 자연수의 평균이라고 할 수 있다. 만약 X의 각 값에서 확률이 다르다면 X의 평균은 어떻게 구할 수 있을까? 이 절에서는 이산확률변수의 평균과 표준편차에 대해 공부하기로 한다.

기댓값(Expected Value)

어떤 사람이 100,000장의 행운권 중에서 한 장을 임의로 뽑을 때 그 사람이 받게 될 기대상금을 계산해 보자. 각 행운권의 상금과 장수는 다음과 같다.

상금(만 원)	장수
1000	1
100	4
10	10

1	100
0	99,885
합계	100,000

행운권의 기대상금은 전체 상금액수를 전체 상품권의 장수로 나눈 값이 될 것이다. 그러므로

$$\text{기대상금}=\frac{1000\times 1+100\times 4+10\times 10+1\times 100}{100,000}=0.016(\text{만 원})$$

이 된다. 기댓값을 구하는 일반식을 도출하기 위해 위의 식의 중간 항을 조금 변형시켜 보면 다음과 같이 된다.

$$\begin{aligned}\text{기대상금}&=1000\times\frac{1}{100,000}+100\times\frac{4}{100,000}+10\times\frac{10}{100,000}+1\times\frac{100}{100,000}\\&=0.016(\text{만 원})\end{aligned}$$

위 식은 각 상금의 액수에 그 액수의 행운권이 뽑힐 확률을 곱하여 모두 합한 것이다. 여기에서 이 사람이 받게 되는 행운권의 상금을 확률변수 X라고 놓으면 앞에서 구한 값을 다음과 같이 나타낼 수 있다.

$$\sum(\text{확률변수가 취하는 값}\times\text{그 값을 가질 확률})=\sum x_i f(x_i)$$

위 식에서 x_i는 확률변수 X가 취할 수 있는 값을 나타낸다. 이와 같은 값을 이산확률변수 X의 **기댓값**이라고 하며 $\mathbf{E}(X)$로 나타낸다. 확률변수 X의 기댓값을 X가 갖는 확률분포의 모평균이라고도 하고 그리스 문자인 μ(뮤우)로도 표시한다. 따라서 앞으로 μ와 $\mathbf{E}(X)$는 서로 같은 것을 나타내며 혼용하여 쓰게 된다.

확률이론의 많은 부분이 도박에서 발전되었듯이 평균 또는 기댓값의 개념 또한 도박에서 비롯되었다. 예를 들어 X를 포커게임이나 주택복권 등에서의 수익이라고 하면 '평균이익'보다는 '기대이익'이라는 말이 더 적절하다. 그러나 통계학에서는 '평균'과 '기댓값' 모두 널리 통용되고 있다.

확률변수 X의 기댓값 또는 평균

$$\begin{aligned}\mathbf{E}(X)=\mu&=\sum(\text{확률변수가 취하는 값})\times(\text{그 값을 가질 확률})\\&=\sum x_i\times f(x_i)\end{aligned}$$

여기에서 합의 기호는 X의 모든 서로 다른 값 x_i에 대하여 다 더하는 것을 의미한다.

예제 12

어느 여행보험회사의 약관에 의하면 고객이 5일간 여행에서 발생하는 도난이나 파손에 의한 손실에 대하여 100만 원을 보상해 준다고 하자. 만일 그러한 손실이 대략 200번 중에 한 번 꼴로 발생한다면, 이 보험회사에서 고객에게 요구하는 공정한 프리미엄은 얼마면 되겠는가?

풀이

보험회사가 백만 원을 지불해야 할 확률은 1/200=0.005이므로 보험회사가 지불하게 되는 보상금 X의 확률분포는 다음과 같다.

보상금(x)	확률 $f(x)$
0	0.995
1,000,000	0.005

$$\begin{aligned}\mathbf{E}(X) &= 0\times 0.995+1000000\times 0.005\\ &= 5{,}000(\text{원})\end{aligned}$$

이 보험회사의 고객당 기대비용(예상비용)은 5,000원이 되므로 이 액수로 프리미엄을 정하면 공정한 가격이 될 것이다. 그러나 이 가격으로 프리미엄이 책정된다면 제반비용 등을 고려할 때 이 회사는 장기적으로 손해를 보게 된다. 따라서 실제의 경우에는 프리미엄이 5,000원보다는 높게 책정될 것이다.

예제 13

예제 7의 확률변수 X(병충해를 입은 나무의 수)의 기댓값 $\mathbf{E}(X)=\mu$를 구하라.

풀이

$$\mathbf{E}(X)=\mu=\sum_{x=0}^{4} xf(x)=0\cdot f(0)+1\cdot f(1)+\cdots+4\cdot f(4)=1.2$$

4그루 중에서 병충해를 입은 나무의 수는 0, 1, 2, 3, 4개 중의 하나이므로 단순하게 평균(산술평균)을 구하면 2가 된다. 그러나 그림 4-1의 확률히스토그램에 의하면 작은 값에 확률가중치 ($f(x_i)$)가 편중되어 구하는 가중평균인 $\mathbf{E}(X)=1.2$는 모든 값에 균일한 확률가중치를 $f(x_i)=1/5$를 주는 산술평균($\bar{x}$)보다 작은 값이 나오게 된다.

$$\bar{x}=\frac{x_0+x_1+\cdots+x_4}{5}=\left(\frac{1}{5}\right)x_0+\left(\frac{1}{5}\right)x_1+\cdots+\left(\frac{1}{5}\right)x_4=2$$

기댓값 $\mu=1.2$의 의미는 특정한 4그루 나무를 조사했을 때 실제 병충해를 입은 나무의 수(정수)가 아니라, 4그루 조사를 무수히 많이 반복 시 병충해를 입은 나무 수의 평균값(long run average) 개념으로 이해해야 한다.

예제 14

로또 1등 당첨 확률을 $p(0<p<1)$라 하자. 확률변수 X를 어떤 사람이 1등 당첨될 때까지 하루에 1장씩 사게 되는 로또의 개수라고 하면, $P(X=x)=f(x)$가 다음처럼 주어진다면 확률질량함수임을 확인하고 기댓값 $\mathbf{E}(X)$을 구하라.

$$f(x)=(1-p)^{x-1}p,\ \ x=1,\ 2,\ \cdots$$

풀이

우선 주어진 $f(x)$가 확률질량함수임을 확인하면, 모든 자연수 x에서 $f(x)>0$이고

$$\sum_{x=1}^{\infty} f(x)=\sum_{x=1}^{\infty}(1-p)^{x-1}p=\frac{p}{1-(1-p)}=1$$

이므로 확률질량함수이다. 또한 기댓값의 정의를 이용하면 다음과 같다.

$$\mathbf{E}(X)=\sum_{x=1}^{\infty} x\cdot f(x)=p\sum_{x=1}^{\infty} x(1-p)^{x-1}=\frac{1}{p}$$

확률변수 X의 함수 $Y=g(X)$의 기댓값을 구하려면 주어진 X의 분포를 이용하여 Y의 확률분포를 구하고 기댓값 정의에 따라서 구하면 될 것이다. 다음의 예제는 함수로 변환된 확률변수 Y의 분포를 구하지 않아도 기존 X의 분포를 이용하여 기댓값을 구할 수 있음을 보여준다.

예제 15

예제 9의 확률변수 X에 대하여 확률변수 Y를 신용카드 수에 반비례하는 $Y=1/(X+1)$로 정의할 때 Y의 기댓값을 구하라.

풀이

X의 확률분포가 다음과 같고

x	0	1	2	3	4	합계
$f_X(x)=\mathbf{P}(X=x)$	0.15	0.38	0.27	0.14	0.06	1

x값에 대응하는 $y=1/(x+1)$을 구하여 정리하면 $Y=1/(X+1)$의 확률분포는 다음과 같다.

y	1	1/2	1/3	1/4	1/5	합계
$f_Y(y)=\mathbf{P}(Y=y)$	0.15	0.38	0.27	0.14	0.06	1

Y의 확률값은 $\mathbf{P}(Y=1)=\mathbf{P}(X=0),\ \cdots,\ \mathbf{P}(Y=1/5)=\mathbf{P}(X=4)$처럼 차례로 대응된다. 따라서 $\mathbf{E}(Y)=1(0.15)+(1/2)(0.38)+\cdots+(1/5)0.06=0.477$이다.

위 관계식을 보면 주어진 x값에 대응하는 $y=g(x)=\dfrac{1}{x+1}$값만 변하였고 확률은 $f_X(x)$를 사용하였음을 알 수 있다. 따라서 $\mathbf{E}(Y)=\sum_x g(x)\mathbf{P}(X=x)$로 구한 것과 마찬가지임을 알 수 있다. 이를 일반화하여 정리하면 다음과 같다.

이산확률변수 함수 $g(X)$의 기댓값

X의 확률질량함수가 $f_X(x)$로 주어졌을 때 임의의 함수 $g(x)$로 변환된 확률변수 $Y=g(X)$의 기댓값은 다음과 같이 구할 수 있다.

$$\mathbf{E}[g(x)]=\sum_x g(x)\cdot f_X(x)$$

함수 $g(X)=aX+b$(a,b는 상수)가 선형함수이면 기댓값 $\mathbf{E}[g(x)]$은

$$\mathbf{E}(aX+b)=\sum_x (ax+b)f_X(x)=a\sum_x xf_X(x)+b=a\mathbf{E}(X)+b$$

임을 확인할 수 있다. 즉, 선형변환된 확률변수의 기댓값은 원 확률변수의 기댓값을 선형변환한 것과 동일함을 알 수 있다.

표준편차(Standard Deviation)

이제까지 우리는 확률분포의 중심을 나타내는 한 수치로서 표본평균에 대응하는 모집단의 평균을 소개하였다. 확률분포의 퍼진 정도를 나타내는 수치로는 표본표준편차에 대응되는 모집단의 표준편차가 있는데 이는 모분산의 양의 제곱근으로 계산된다. 앞 장에서 표본분산이 편차제곱, $(x_i-\bar{x})^2$의 평균의 개념으로 정의되었듯이 모분산은 모집단의 중심인 μ로부터의 편차제곱, $(X-\mu)^2$의 기댓값으로 정의된다.

확률변수 X의 분산과 표준편차

$$\mathrm{Var}(X)=\mathbf{E}(X-\mu)^2$$
$$\mathrm{sd}(X)=\sqrt{\mathrm{Var}(X)}$$

확률변수 X의 분산은 보통 줄여서 $\mathrm{Var}(X)$로 쓰고 그리스 문자인 σ(시그마)의 제곱인 σ^2으로 나타내기도 한다. 분산의 계산은 확률변수함수의 기댓값 식에 따라서 $g(x)=(x-\mu)^2$라 놓을 때 $\mathrm{Var}(X)=\mathbf{E}(X-\mu)^2=\mathbf{E}[g(x)]$로 위 정리를 이용하여 구할 수 있다.

예제 16

다음의 확률분포로부터 X의 분산과 표준편차를 구하라.

x	0	1	2	3	4	합계
$f(x)$	0.1	0.2	0.4	0.2	0.1	1

풀이

분산을 구하기 위하여 먼저 기댓값을 구하면 다음과 같다.

$$\mathbf{E}(X)=\sum xf(x)=0\times 0.1+1\times 0.2+2\times 0.4+3\times 0.2+4\times 0.1=2.0$$

분산은 편차제곱, $(X-\mu)^2$의 기댓값이므로

$$\begin{aligned}\mathrm{Var}(X)&=\sum(x_i-\mu)^2 f(x_i)\\&=(0-2.0)^2\times 0.1+\cdots+(4-2.0)^2\times 0.1=1.2\end{aligned}$$

가 되고 표준편차는 $\mathrm{sd}(X)=\sqrt{1.2}=1.095$이다.

기댓값을 알고 있을 때 분산의 간편 계산식은

$$\mathrm{Var}(X)=\mathbf{E}(X^2)-\mu^2=\mathbf{E}(X^2)-[\mathbf{E}(X)]^2$$

로 구할 수 있다.

예제 17

예제 9의 확률분포에서 분산을 구하라.

풀이

다음 분포에서 기댓값이 $\mathbf{E}(X)=\mu=1.58$이며, 확률변수 함수의 기댓값 정리에서

x	0	1	2	3	4	합계
$f_X(x)=\mathbf{P}(X=x)$	0.15	0.38	0.27	0.14	0.06	1

$$\mathbf{E}(X^2)=\sum_x x^2 f(x)=0^2(0.15)+1^2(0.38)+\cdots+4^2(0.06)=3.68$$

을 얻을 수 있다. 분산의 간편 계산식에서 구하면 다음과 같다.

$$\mathrm{Var}(X)=\mathbf{E}(X^2)-\mu^2=3.68-(1.58)^2=1.1836$$

확률변수의 선형변환 함수에 대한 분산과 표준편차를 정리하면 다음과 같다.

임의의 상수 a, b에서

$$\mathrm{Var}(aX+b)=a^2\,\mathrm{Var}(X),\ \mathrm{sd}(aX+b)=|a|\,\mathrm{sd}(X)$$

확률변수가 여러 개가 있으면 그 기댓값과 분산은 첨자를 이용해서 구별한다.

예제 18

위 선형변환의 분산식이 성립함을 보여라.

풀이

$Y=aX+b$라고 할 때, 선형함수의 기댓값을 구하는 식에 따라서 $\mu_Y=a\mu_X+b$이고,

$$\mathbf{E}(Y^2)=\sum_x(ax+b)^2f(x)=a^2\sum_x x^2f(x)+2ab\sum_x xf(x)+b^2=a^2\mathbf{E}(X^2)+2ab\mu_X+b^2$$

이므로

$$\begin{aligned}\mathrm{Var}(Y)&=\mathbf{E}(Y^2)-\mu_Y^2=[a^2\mathbf{E}(X^2)+2ab\mu_X+b^2]-[a\mu_X+b]^2\\&=a^2[\mathbf{E}(X^2)-\mu_X^2]=a^2\mathrm{Var}(X)\end{aligned}$$

선형변환($Y=aX+b$) 확률변수의 기댓값, 분산과 표준편차를 요약하면

$$\mu_Y=a\mu_X+b,\ \sigma_Y^2=a^2\sigma_X^2,\ \sigma_Y=|a|\sigma_X$$

로 표현할 수 있다.

예제 19

예제 2의 지시확률변수 또는 베르누이 확률변수 Y의 기댓값과 표준편차를 구하라.

풀이

Y는 50명 학생 중에서 8명의 왼손잡이를 지시하는 확률변수이므로 $\mathbf{P}(Y=1)=p=8/50$이므로 $\mathbf{E}(Y)=1\times p+0\times(1-p)=p=8/50=4/25$이 되고, $\mathbf{E}(Y^2)=1^2\times p+0^2\times(1-p)=p$이므로

$\mathrm{Var}(Y)=\mathbf{E}(Y^2)-[\mathbf{E}(Y)]^2=p(1-p)=\dfrac{4}{25}\cdot\dfrac{21}{25}$이 된다.

따라서 $\mathrm{sd}(Y)=\sqrt{p(1-p)}=\dfrac{2\sqrt{21}}{25}$이 된다.

자료의 중심위치의 척도로 평균과 중앙값이 사용되는 것처럼 확률분포의 중심위치의 척도인 분포의 중앙값은 다음과 같이 정의한다.

확률분포의 중앙값

확률변수 X의 중앙값 m_0는 $\mathbf{P}(X \le m_0) \ge 0.5$와 $\mathbf{P}(X \ge m_0) \ge 0.5$를 동시에 만족하는 값으로 정의한다.

즉, $F(m_0) \ge 0.5$와 $1 - F(m_0 -) \ge 0.5$를 동시에 만족하는 m_0값으로서 자료의 중앙값처럼 유일하게 결정되지는 않을 수 있다. 예를 들어 확률변수 X의 분포가 다음과 같다면,

x	1	2	3	4
$f(x)$	0.25	0.25	0.25	0.25

이 확률분포의 중앙값은 $2 \le m_0 \le 3$이 된다.

연습문제

3.1 다음 표에 주어진 확률분포에서

x	$f(x)$
0	0.4
1	0.3
2	0.2
3	0.1

(1) 확률 히스토그램을 그려라.

(2) $\mathbf{E}(X)$, $\mathrm{Var}(X)$, $\mathrm{sd}(X)$ 각각 구하라.

3.2 다음 표에 주어진 분포의 평균과 표준편차를 구하라.

x	$f(x)$
0	0.3
1	0.5
2	0.1
3	0.1

3.3 어떤 상점에서는 프린터 구입자에게 행운권을 나누어 주었다. 아래는 상금과 그 상금을 탈 수 있는 행운권의 총 장수이다.

상금	기회
5천만 원	100만 장 중 1장
5백만 원	250,000장 중 1장
십만 원	5,000장 중 1장
만 원	500장 중 1장

당신에게 이 행운권이 지금 막 우편으로 배달되었다고 가정하고, X를 받을 상금이라고 하자.

(1) 확률변수 X의 확률분포를 구하라. (주의: 위에서 돈을 전혀 받지 못할 기회에 대해서는 전혀 언급하지 않았으나, 주어진 정보를 통해 알아낼 수 있을 것이다.)

(2) 기대상금을 계산하라.

3.4 다음은 기댓값이 3이라고 알려져 있는 확률변수 X의 확률분포이다. a와 b를 구하라.

x	0	1	2	3	4	5	합계
$P(X=x)$	a	0.1	0.2	0.2	0.1	b	1

3.5 위 연습문제 **3.4**의 확률분포의 분산과 표준편차를 구하라.

3.6 한 보험회사에서는 차를 도둑맞았을 때 3천만 원을 지원해 준다. 차를 도둑맞을 확률이 0.05일 때, 기대 지불액을 구하라. 만약 보험료가 2백만 원이라면, 이 보험의 기대이익은 얼마인가?

3.7 한 건설회사에서 두 개의 사업에 입찰하였다. 아래 표는 각 사업의 이익과 그 회사에 낙찰될 확률이며, 이때의 두 입찰 결과는 서로 독립이다.

	이익	낙찰될 확률
사업 1	6천만 원	0.50
사업 2	1억 원	0.65

(1) 각각의 사업에 대한 결과의 가능한 모든 경우를 나열하고, 그에 따른 확률을 구하라.

(2) 확률변수 X가 두 입찰의 결과에 따른 회사의 총이익을 나타낸다고 할 때, 확률변수 X의 확률분포를 구하라.

(3) 만약 이 회사가 사전 조사와 서류 구비를 위해 2백만 원이 든다고 하면, 기대순이익은 얼마인가?

3.8 연습문제 **3.7**에서, 올해에는 사업 1에 입찰하고, 그 다음 해에 사업 2에 입찰한다고 하자. 사업 1에 낙찰될 확률은 여전히 0.5이고, 두 입찰 결과가 독립이라는 가정 대신 사업 1에 낙찰되면 회사의 이미지가 좋아져서 사업 2에 낙찰될 확률이 0.8이 되고, 사업 1을 낙찰받지 못하면 사업 2에 낙찰

될 확률이 0.4로 낮아진다고 한다. 이 전제 아래에서 연습문제 **3.7**의 (1)~(3)에 답하라.

3.9 다음은 확률변수 X의 확률함수이다.

$$f(x)=\frac{1}{84}\binom{5}{x}\binom{4}{3-x}, \qquad x=0,\ 1,\ 2,\ 3$$

(1) 확률변수 X가 갖는 값 각각의 확률을 계산하고 나열하라.

(2) 확률변수 X의 평균과 표준편차를 구하라.

3.10 다음 표는 두 확률변수 X와 Y의 확률분포이다.

x	$f(x)$
0	0.1
1	0.3
2	0.4
3	0.2

x	$f(x)$
2	0.2
4	0.4
6	0.3
8	0.1

(1) 확률변수 X의 분포로부터 확률변수 $8-2X$의 분포를 구하고, 이것이 Y의 분포와 일치하는지 알아보라. (즉 $Y=8-2X$와 같다.)

(2) 확률변수 X의 평균과 표준편차를 구하라. (이것을 차례로 μ_X와 σ_X로 나타낸다.)

(3) 확률변수 Y의 평균과 표준편차를 구하라. (이것을 차례로 μ_Y와 σ_Y로 나타낸다.)

(4) 만약 $Y=a+bX$라면, 이론에 따라 $\mu_Y=a+b\mu_X$와 $\sigma_Y=|b|\sigma_X$의 관계가 성립해야 한다. (2)와 (3)의 결과를 가지고 이 관계가 성립하는지 확인해 보라.

3.11 가정용 컴퓨터 외판원이 한 주 동안 4명의 고객을 방문하였다. 각각의 방문에서 판매에 성공할 확률이 0.2이고, 실패할 확률이 0.8이라고 한다. 각각의 고객의 구매여부는 서로 독립이라고 가정하자.

(1) 근원사건을 나열하고 그에 대한 확률을 구하라.

(2) 확률변수 X가 한 주 동안 팔린 컴퓨터의 수라고 할 때 X의 확률분프를 구하라.

(3) 확률변수 X의 기댓값을 구하라.

3.12 연습문제 **3.11**에서 컴퓨터의 가격이 2백만 원이고, Y는 한 주 동안 그 외판원의 총판매액수라고 하자.

(1) 확률변수 Y의 확률분포를 구하라.

(2) $\mathbf{E}(Y)$를 구하고, 이것이 $2000000\times\mathbf{E}(X)$와 같은지 확인해 보라.

3.13 제품을 개발하여 성공하면 투자금액이 6배가 되고 이 금액은 다시 원래 자본금에 더해진다. 매번 제품개발에서 전체 자본금의 40%를 투자하고 매번 제품개발의 성공확률은 1/4이라고 하자. 초기

자본금이 a라고 할 때 제품개발 후 자본금의 기댓값은 얼마인가? 만약 이런 제품개발을 3회 반복한다면 그 후 자본금의 기댓값은 얼마인가?

3.14 연습문제 **3.1**에서 확률분포의 중앙값을 구하라.

4.4 이항분포

두 그룹으로 나누어져 있는 모집단에서 표본을 추출하는 경우 각 단계의 추출은 두 가지의 결과만을 갖게 된다. 이러한 예로는 앞 장에서도 언급한 산림에서 나무를 추출할 때 건강한 나무와 병에 감염된 나무, 생산라인에서 제품을 추출할 때 불량품과 정상품, 어떤 정치이슈에 대하여 표본조사를 할 때 반대자와 찬성자 등을 들 수 있다. 이런 경우 매번 반복되는 추출(실험)을 통계학용어로 시행(trial)이라고 하고, 두 개의 가능한 결과 중 하나는 성공(success, S), 다른 하나는 실패(failure, F)로 이름 붙이는데 이는 시행의 결과가 두 개뿐임을 강조하는 의미이며 보통의 성공이나 실패가 의미하는 바와는 무관한 것이다. 보통 우리가 관심이 있는 결과에 성공이란 이름을 붙이게 되는데 예를 들어 실업률에 대한 조사에서는 실업자가 통계적 용어로 성공으로 표현되는 것이다.

위의 '성공'과 '실패'로 나타나는 시행이 반복되면서 다음의 조건이 만족되는 경우 이를 **베르누이 시행**이라고 하는데 이는 프랑스의 수학자 야곱 베르누이(Jacob Bernoulli)의 이름을 딴 것이다.

베르누이 시행 (Bernoulli Trial)

(1) 각 시행은 성공(S), 실패(F)의 두 결과만을 갖는다.

(2) 각 시행에서 성공할 확률은 $\mathbf{P}(S)=p$로, 실패할 확률은 $\mathbf{P}(F)=q(=1-p)$로 그 값이 일정하다.

(3) 각 시행은 서로 독립으로 각 시행의 결과가 다른 시행의 결과에 영향을 미치지 않는다.

예제 20

(두 그룹으로 이루어진 모집단에서의 표본추출)

불량품이 섞여 있는 어떤 상품의 집합을 모집단이라고 하자.

(1) 복원추출: 15개의 상품으로 이루어진 모집단에서 5개는 불량품이라고 하자. 하나씩 상품을 추출해서 그것의 불량여부를 기록한 후에 다시 집어넣고 다시 추출을 반복한다. 이때 각 추출의 결과는 정상품(F)이거나 불량품(S)이고 각 추출마다 성공할 확률은 $p=\mathrm{P}(S)=5/15=1/3$로 일정하다. 또한 매 추출은 서로 영향을 주지 않고 독립이므로 이런 경우의 반복되는 추출은 베르누이 시행을 따른다고 할 수 있다.

(2) 비복원추출: 이 경우 두 번째 추출의 결과는 첫 번째 추출의 결과에 영향을 받게 된다. 따라서 베르누이 시행의 세 번째 조건인 독립성을 만족시키지 못한다. 그러나 만약 모집단의 크기가 표본의 크기에 비해 상당히 크다면 이 독립성의 위반은 아주 미약해진다.

예제 20에서 언급된 바와 같이 두 그룹으로 이루어진 모집단에서 표본을 추출할 때 복원추출은 베르누이 시행을 따르게 된다. 비복원추출인 경우에는 베르누이 시행의 독립성을 위반하게 되는데 이때에도 모집단의 크기가 표본에 비해 아주 클 때(약 20배)는 독립성의 위반 정도가 아주 작아져서 베르누이 시행의 모형을 적용시킬 수 있다.

예제 7의 산림에서 4그루의 나무를 추출하는 경우도 비복원추출이지만 모집단이 크다고 할 수 있으므로 성공(병충해 입은 나무 발견)할 확률은 $p=0.3$인 베르누이 시행으로 간주하여 확률을 구할 수 있다.

다음 예제는 또 다른 근사 상황에서 베르누이 시행을 적용시키는 예를 보여준다.

예제 21

어떤 질병에 효과가 있을 것으로 여겨지는 새로운 항생제를 10명의 환자들에게 투여해서 각 환자의 치유 여부를 조사한다고 하자. 이때 치유된 경우를 '성공'이라고 하고 치유되지 않은 경우를 '실패'라고 표현하기로 한다면 각 환자마다 약 투여 결과는 '성공'이나 '실패'로 나타나고 각 환자는 서로에게 아무런 영향도 주지 않으므로 독립이 된다. 그러나 각 환자의 병력이나 신체조건 등이 서로 다르기 때문에 각 환자마다 치유될 확률, 즉 성공할 확률이 다르므로 베르누이 시행의 두 번째 조건을 만족시키지 못한다. 그러나 확률모형이란 실제의 모든 복잡한 구조를 비교적 간단한 형태로 정리, 이론화하는 작업이므로 이 경우에도 각 환자의 조건을 같다고 가정하면 위의 실험은 10회 반복의 베르누이 시행으로 생각할 수 있다.

여러 가지 베르누이 시행을 기반으로 발생하는 랜덤한 사건 관련 확률변수의 분포 중에서 대표적인 분포가 이항분포로서 이산확률변수 분포에서 가장 중요한 분포이다.

이항분포(Binomial Distribution)

성공확률이 $p=\mathbf{P}(S)$인 베르누이 시행을 n번 반복할 때 일어나는 성공의 횟수를 X라고 하면 이 확률변수 X를 이항확률변수라고 하고 그 확률분포를 모수가 (n, p)인 **이항분포**라고 한다. 간편하게 $X \sim \mathrm{Bin}(n, p)$로 표현하기도 한다.

이항 확률변수 X가 취하는 값의 범위는 0, 1, ⋯, n이며 X가 0일 확률은 n번의 독립된 시행에서 모두 실패가 일어날 확률이므로 $\mathbf{P}(X=0)=q\times \cdots \times q=q^n$이다. X가 1일 확률은 n번의 시행 중 1번 성공이 일어나는 경우의 수 $\binom{n}{1}=n$에 각 경우의 확률 pq^{n-1}을 곱한 것으로 $\mathbf{P}(X=1)=npq^{n-1}$이다. 단 $\binom{n}{k}={}_nC_k$이다. 이와 같은 방법으로 임의의 수 $x=0, 1, \cdots, n$에 대하여 $X=x$일 확률은 n번 시행 중 x번 성공이 일어나는 경우의 수 $\binom{n}{x}$에 각 경우의 확률 p^xq^{n-x}를 곱하여 $\mathbf{P}(X=x)=\binom{n}{x}p^xq^{n-x}$로 얻을 수 있다. 그러므로 모수가 (n, p)인 이항분포의 확률 함수는 다음과 같이 주어진다.

확률변수 X의 분포가 $X \sim \mathrm{Bin}(n, p)$일 때, $x=0, 1, \cdots, n$에 대하여 확률 질량함수는

$$\mathbf{P}(X=x)=\binom{n}{x}p^xq^{n-x}$$

이다.

$X \sim \mathrm{Bin}(n, p)$에서 $n=1$이면 확률질량함수는 $\mathbf{P}(X=x)=p^x(1-p)^{1-x}$, $x=0, 1$이 되며 이 확률변수는 앞에서 정의한 베르누이 확률변수가 되며 베르누이 분포를 따른다고도 한다. 따라서 베르누이 분포는 이항분포의 특별한 경우($n=1$)로 생각할 수 있다.

예제 22

멘델의 법칙에 의하면 빨간색과 흰색이 섞여 있는 꽃나무를 자가수정시켜 얻은 꽃나무의 25%는 빨간 꽃을 피우게 된다고 한다. 만약 5그루의 혼합 색의 꽃나무를 자가수정시켜 5그루의 꽃나무를 얻었을 때 다음의 확률을 구하라.

(1) 빨간색 꽃나무가 하나도 없다.

(2) 빨간색 꽃나무가 4개 이상이다.

풀이

5그루의 꽃나무로부터 얻어진 꽃나무 중 빨간 꽃나무의 수를 X라고 하자. X가 취하는 값은 0, 1, …, 5가 되고 빨간 꽃나무가 나올 확률은 멘델의 법칙으로부터 0.25가 된다. 또한 각 나무의 꽃 색깔은 서로에 영향을 주지 않으므로 독립이라고 할 수 있다. 그러므로 X는 성공의 확률이 0.25인 5회의 베르누이 시행에서 성공의 횟수와 같은 분포를 갖게 되어 모수 $(n, p)=(5, 0.25)$인 이항분포를 갖게 된다. 따라서 구하고자 하는 확률은 다음과 같다.

(1) $\mathbf{P}(X=0)=\binom{5}{0}(0.25)^0(0.75)^5=0.237$

(2) $\mathbf{P}(X\geq 4)=\mathbf{P}(X=4)+\mathbf{P}(X=5)$

$$=\binom{5}{4}(0.25)^4(0.75)^1+\binom{5}{5}(0.25)^5(0.75)^0$$

$$=0.015+0.001=0.016$$

이 예제에서 보는 바와 같이 p가 0.25로 비교적 작은 경우에는 X가 작은 값을 갖게 되는 확률이 크게 나타난다. p가 0.5일 때와 비교하여 $p<0.5$와 $p>0.5$인 두 경우에 확률분포가 어떻게 달라지는가를 보여 주기 위해 그림 4-3에서는 $n=8$일 때의 확률 히스토그램을 $p=0.3$, $p=0.5$, $p=0.9$의 세 경우에 그려 보았다. 이 그림에서 보는 바와 같이 $p=0.5$일 때는 좌우 대칭으로 중앙에서 높은 확률을 갖게 되며 $p=0.3$인 경우에는 작은 값 쪽에 확률이 치우쳐 있는 것을 볼 수 있다. 반대로 $p=0.9$인 경우에는 큰 값에 확률이 치우쳐 있는데 $p=0.3$보다 더욱 끝 쪽으로 치우쳐 있는 것을 볼 수 있다.

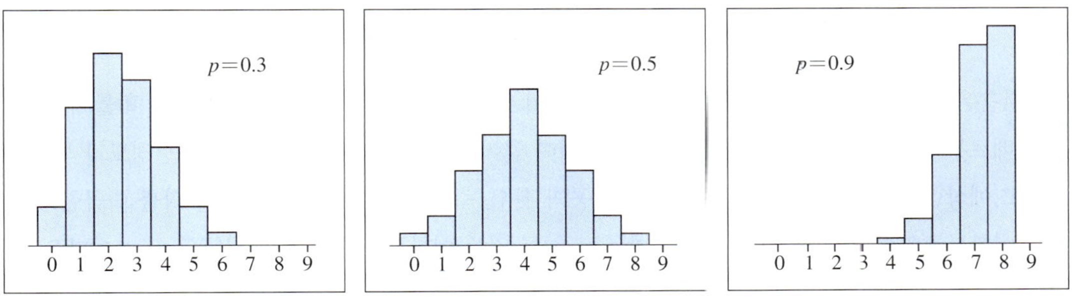

그림 4-3 이항분포의 확률 히스토그램($n=8$)

이항분포의 확률은 n이 커짐에 따라 그 계산이 번거롭게 되는데 이때는 부록에 주어져 있는 이항분포표를 이용해서 계산하면 간단하다. 이항분포표에는 각각의 $n(=1, \cdots, 25)$과 $p(=0.1, \cdots, 0.9)$의 경우에 임의의 $c=0, 1, \cdots, n$에 대하여 $\mathbf{P}(X\leq c)$가 주어져 있다. 이 표를 이용해서 여러 확률을 계산하는 방법들을 정리해 보면 다음과 같다.

임의의 정수 a, b에 대하여 다음을 만족한다.

$$\mathbf{P}(X=a)=\mathbf{P}(X\le a)-\mathbf{P}(X\le a-1)$$
$$\mathbf{P}(X\ge a)=1-\mathbf{P}(X\le a-1)$$
$$\mathbf{P}(a\le X\le b)=\mathbf{P}(X\le b)-\mathbf{P}(X\le a-1)$$
$$\mathbf{P}(a< X< b)=\mathbf{P}(X\le b-1)-\mathbf{P}(X\le a)$$

예제 23

어떤 병이 새로운 치료방법으로 치유될 확률이 50%라고 한다. 15명의 환자에게 이 치료법을 적용하였을 때 다음 확률을 계산하라.

(1) 6명 이하가 치유되었다.

(2) 6명 이상, 10명 이하가 치유되었다.

(3) 12명 이상이 치유되었다.

풀이

각 환자가 치유될 확률이 개인차를 무시하고 0.5라고 하고 X를 15명 중 치유된 환자의 수라고 할 때 이것은 $n=15$, $p=0.5$인 이항분포를 따르게 된다. 이항분포표로부터

(1) $\mathbf{P}(X\le 6)=0.304$

(2) $\mathbf{P}(6\le X\le 10)=\mathbf{P}(X\le 10)-\mathbf{P}(X\le 5)=0.941-0.151=0.790$

(3) $\mathbf{P}(X\ge 12)=1-\mathbf{P}(X\le 11)=1-0.982=0.018$

이 된다.

다음은 이항분포의 기댓값과 표준편차에 대하여 알아보도록 하자. 예를 들어 성공할 확률이 0.3인 베르누이 시행을 100번 반복한다고 하면 이때 얻어지는 성공의 횟수는 대략 30번 정도가 되리라고 예상할 것이다. 이와 같이 예상되는 성공의 횟수, 즉 전체 시행횟수에 성공할 확률을 곱한 것이 이항분포의 기댓값이 된다. X가 모수 (n, p)를 갖는 이항분포를 따를 때 $\mathbf{E}(X)=np$이다.

확률변수 X의 분포가 $\text{Bin}(n, p)$일 때 기댓값, 분산, 표준편차는

$$\mathbf{E}(X)=np,\ \text{Var}(X)=npq,\ \text{sd}(X)=\sqrt{npq}$$

가 된다.

예제 24

어떤 농구선수의 자유투 성공률이 80%라고 하자. 확률변수 X를 특정한 경기에서 10번 자유투를 던질 때 성공하는 횟수라고 하면, 자유투를 던지는 것을 베르누이 시행으로 간주하면 $X\sim\text{Bin}(10, 0.8)$로 볼 수 있으므로 이항확률변수 X의 기대 성공 횟수는 $\mu=np=8$이 되고 표준편차는 $\sigma=\text{sd}(X)=\sqrt{np(1-q)}=\sqrt{10(0.8)(0.2)}=1.2649$이 된다.

2장에서 종 모양(bell-shape) 분포의 경우 표본에서 $\bar{x}\pm s$ 범위에 대략 68% 자료가 포함되어 있는데, 위 예제 24의 이항확률변수에서 $\mu\pm\sigma$ 범위에 포함확률 $\mathbf{P}(\mu-\sigma\le X\le\mu+\sigma)$를 구해보면 $\mathbf{P}(6.735\le X\le 9.2649)=\mathbf{P}(7\le X\le 9)=F(9)-F(6)=0.893-0.212=0.772$가 되어 $X\sim\text{Bin}(10, 0.8)$의 분포가 대칭인 종 모양과 다름을 알 수 있다. 그림 4-3에서 이항분포의 확률히스토그램을 보면 성공확률 p가 1에 가까우면 분포가 오른쪽으로 편중되어 대칭이 아님을 알 수 있다.

이산확률분포에서 최빈값은 히스토그램에서 가장 높은 상대도수를 주는 계급의 대푯값으로 정하는 것처럼 확률히스토그램에서 가장 큰 확률을 주는 X의 값으로 정의한다. 그림 4-3을 보면 $X\sim\text{Bin}(8, p)$에서 p값에 따라서 가장 높은 확률을 주는 값들이 달라짐을 알 수 있다. 예를 들어 $p=0.3$이면 $X=2$, $p=0.5$이면 $X=4$, 그리고 $p=0.9$이면 $X=8$일 때가 각각 분포의 최빈값이 됨을 확인할 수 있다.

연습문제

4.1 다음의 X가 이항분포를 따르는지 확인하고, 이항분포를 따른다면 n, p값을 구하라.

(1) 공정한 주사위를 9번 던질 때, X는 5의 눈이 나온 횟수

(2) X는 공정한 주사위를 던져 홀수가 나올 때까지 던진 횟수

(3) 1이 적힌 공 하나, 2가 적힌 공 둘, 3이 적힌 공 셋이 항아리에 있다. X는 복원으로 3번 추출할 때 1 또는 2가 적힌 공이 나온 횟수

(4) (3)의 상황에서 X는 나온 공에 적힌 수의 합

4.2 확률변수 X가 이항분포를 따르고 $n=5$, $p=0.35$일 때, 다음의 확률을 구하라.

(1) $\mathbf{P}[X\le 2]$

(2) $\mathbf{P}[X\ge 2]$

(3) $\mathbf{P}[X=2$ 또는 $4]$

4.3 연습문제 **4.2**에서 X의 최빈값(mode)을 구하라.

4.4 $n=4$, $p=0.25$인 이항분포에서 다음의 확률값을 계산하라.

(1) 3번 이상 성공한다.

(2) 많아야 3번 성공한다.

(3) 2번 이하 성공한다.

4.5 유치원의 아이들 중 5%가 견과류 알레르기가 있다고 하자. 어느 지역 유치원생 25명을 랜덤하게 조사하여 확률변수 X를 견과류 알레르기가 있는 아이들의 수라고 할 때

(1) $\mathbf{P}(X \leq 3)$를 구하여라.

(2) $\mathbf{P}(1 \leq X \leq 3)$를 구하여라.

(3) $\mathbf{E}(X)$를 구하여라.

(4) X의 중앙값과 최빈값을 구하여 평균(기댓값)과 비교하라.

4.6 어떤 암에 대하여, 초기 상태에서 발견될 경우에 5년 후 생존율이 80%라고 한다. 18명의 암 초기 환자가 있다고 할 때, 5년 후 생존자를 조사하였다. 다음의 확률을 계산하라.

(1) 14명의 환자가 살아 있다.

(2) 6명이 5년 이내에 죽는다.

(3) 9명 이상, 13명 이하의 사람이 살아남았다.

4.7 위의 문제 **4.6**에서 살아남은 사람수에 대한 기댓값과 표준편차를 구하라.

4.8 유전법칙에 따르면 완두콩의 우성교배를 통한 자손은 네 가지 형태이고 각각의 비율이 둥글고 노란 것, 쭈그러지고 노란 것, 둥글고 녹색인 것, 쭈그러지고 녹색인 것이 9 : 3 : 3 : 1이라고 한다.

(1) 확률변수 X를 130개의 우성교배 자손에서 둥글고 노란 것의 개수라고 할 때, X의 평균과 표준편차를 구하라.

(2) 확률변수 Y를 85개의 우성교배 자손에서 쭈그러지고 녹색인 것의 개수라고 할 때, Y의 평균과 표준편차를 구하라.

4.9 이항분포에 대하여 다음 물음에 답하라.

(1) $n=80$, $p=0.35$일 때, 평균과 표준편차를 구하라.

(2) 평균이 60, 표준편차가 6일 때 n, p를 구하라.

4.10 어떤 사람은 어느 날 스파이더 게임을 시작하면 이길 때까지 한다고 한다. 이 사람의 승률이 30%라고 할 때 다음 물음에 답하라.

(1) 이길 때까지 적어도 5번 게임을 하게 되는 날(운이 따라주지 않는 날)의 확률은 얼마인가?

(2) 이 사람이 스파이더 게임을 시작해서 이길 때까지 하는 일을 10일간 반복한다고 할 때 운이 없는 날이 기껏해야 한 번 있을 확률은 얼마인가?

4.11 어떤 축구 선수의 페널티킥 성공률은 70%라고 하자. 이 선수가 어느 날 10번 성공할 때까지 페널티킥 연습을 한다고 할 때 12번 이상 시도해야 할 확률을 구하라.

4.12 시행횟수 n, 모수 p인 이항분포의 기댓값과 분산이 np, $np(1-p)$임을 보여라.

4.13 부품 n개가 병렬로 연결된 제품에서 모든 부품은 서로 독립적으로 작동하며 고장 확률은 p로 같다고 할 때

(1) 이 제품이 정상적으로 작동할 확률은?

(2) 만약 n개 부품 중 최소 $k(\leq n)$개만 작동하면 제품이 작동한다고 할 때 이 제품이 정상 작동할 확률은?

4.14 어떤 공항 4인승 리무진 택시는 예약시스템으로 운영되는데, 과거 경험으르 노쇼의 비율은 20%로 알려져 있기 때문에 1번 운행에 최대 6명까지만 예약을 받는다.

(1) 만약 6명이 예약을 한 경우 적어도 1명 이상이 초과예약으로 택시를 못 탈 확률은?

(2) 만약 6명이 예약한 경우 빈자리 개수의 기댓값은?

(3) 만약 예약자 수의 확률분포가 다음과 같을 때

예약자 수	3	4	5	6
확률	0.1	0.2	0.3	0.4

실제 탑승자 수 $X=0$의 확률을 구하라.

4.15 두 가지 기념품 중 30%는 우산을 나머지는 핸드크림을 원한다그 하자. 25명 중 우산을 원하는 사람 수를 X라 할 때

(1) 기댓값 μ와 표준편차 σ를 구하라.

(2) $\mathbf{P}(|X-\mu|\geq 2\sigma)$는?

(3) 기념품 개당 가격이 우산 8천 원, 핸드크림 1만 원이라면 소요 예산의 기댓값은?

(4) 현재 남아있는 기념품으로 15개의 우산과 15개의 핸드크림만 있을 때 25명이 차례로 선택할 때 모두 원하는 기념품을 받게 될 확률은?

4.5 초기하분포

어떤 공장에서 생산되는 퓨즈를 검사하는데 50개가 쌓여 있는 더미에서 10개를 꺼내어 불량 여부를 조사한다고 하자. 이때 실제로 전체 50개 중에서 불량인 퓨즈의 개수가 5개라고 할 때 검사관이 추출한 10개 중에 불량품의 개수에 관한 문제를 생각해 보자. 검사하는 사람이 10개를 복원추출하지는 않을 것이다. 따라서 10개를 동시에 추출하는 것은 하나씩 비복원으로 추출하는 것과 같게 된다. 이러한 경우는 각 추출과정이 서로 영향을 주게 되므로 베르누이 시행의 독립성을 충

족시키지 못한다. 이와 같이 유한한 모집단에서 비복원추출하는 경우 성공의 횟수를 X라고 할 때 확률변수 X의 분포를 **초기하분포**라고 한다. 위의 경우에 검사관이 2개의 불량품을 발견할 확률을 계산해 보자. 먼저 50개의 더미에서 조사할 10개를 선택하는 방법의 수는 $\binom{50}{10}$이고, 선택된 10개 중에 불량 퓨즈가 2개이고 정상품이 8개 있는 경우의 수는 5개의 불량품에서 2개의 퓨즈를 선택하고 45개의 정상품에서 8개를 선택하는 경우의 수의 곱인 $\binom{5}{2}\times\binom{45}{8}$이 된다. 따라서 원하는 확률은 $\binom{5}{2}\times\binom{45}{8}\Big/\binom{50}{10}$이다.

일반적으로 유한한 모집단의 구성원소가 두 가지의 범주로 분류될 때 비복원방법으로 추출되는 표본 중 어느 한 범주에 속하는 수에 관한 확률모형이 초기하분포의 확률모형이 된다.

초기하분포 (Hypergeometric Distribution)

N: 모집단의 크기

n: 표본의 크기

D: 모집단 내에서 범주A에 속하는 구성원소의 수

X: 표본 내에서 범주A에 속하는 구성원소의 수

이와 같이 정의된 X는 초기하분포를 따른다고 하며 그의 확률질량함수는

$$\mathbf{P}(X=x)=\frac{\binom{D}{x}\times\binom{N-D}{n-x}}{\binom{N}{n}},\quad x=0,\ 1,\ \cdots,\ n$$

이다. 이때 n은 D나 $(N-D)$보다 작거나 같은 수라고 가정한다.

위의 초기하분포식에서 이항분포처럼 성공의 확률 p를 다음과 같이 정의하면

$$p=\frac{D}{N}=\frac{\text{모집단 내의 범주 A에 속하는 수}}{\text{모집단의 크기}}$$

초기하분포의 기댓값은 $\mathbf{E}(X)=np$이고, 표준편차는 $\sqrt{np(1-p)}\cdot\sqrt{\frac{N-n}{N-1}}$가 되어 이항분포와 평균은 동일한 형태를 취하고 표준편차는 '유한모집단 수정요인'이라는 항, $\sqrt{\frac{N-n}{N-1}}$이 곱해진 형태를 하고 있다. 유한모집단에서의 비복원추출이라고 하더라도 모집단의 크기에 비하여 추출하는 표본의 크기가 상대적으로 작으면(보통 $n<0.05N$) 대략적으로 베르누이 시행을 따른다고 가정하고 이항분포와 동일하게 취급하게 된다.

예제 25

어느 자동차 회사의 본사에서 여러 지방 영업소에 내려보낸 48대의 새 차 중 12대에 불량 오디오가 설치되었다고 한다. 어느 영업소가 8대를 인수하였는데 이 중에서 오디오가 불량인 차가 적어도 1대 이상이 될 확률을 구하라.

풀이

이 영업소에서 받게 되는 불량 오디오가 부착된 차의 댓수를 X라그 하자. 그러면 X는 48개의 유한 모집단에서 비복원추출을 할 때 성공(불량 오디오가 부착된 차)의 횟수가 되므로 초기하분포를 따르게 된다. 즉 $N=48$, $D=12$, $n=8$인 초기하분포에서 $\mathbf{P}(X\geq 1)$의 확률을 구하면 된다. 위의 초기하분포의 모형으로부터 확률을 구하면 다음과 같다.

$$\begin{aligned}\mathbf{P}(X\geq 1)&=1-\mathbf{P}(X=0)\\&=1-\frac{\binom{12}{0}\times\binom{48-12}{8-0}}{\binom{48}{8}}\\&=1-0.0802=0.9198\end{aligned}$$

예제 26

포획/재포획 모형(capture/recapture model)

어느 지역에서 멸종 위기의 저어새 5마리를 잡아서 표식을 남긴 두 다시 풀어준 한참 후에 다시 10마리 저어새를 잡아서 표식을 남긴 저어새의 개체 수를 X라고 하면, 해당 지역의 총 저어새 개체 수가 N이라 할 때 10마리 중 표식을 한 저어새가 x마리일 확률은

$$\mathbf{P}(X=x)=\frac{\binom{10}{x}\times\binom{N-10}{10-x}}{\binom{N}{10}},\quad x=0,\ 1,\ \cdots,\ 5$$

로 계산되며 기댓값은 $\mathbf{E}(X)=10\left(\frac{5}{N}\right)$, 분산은 $\text{Var}(X)=\left(\frac{N-10}{N-1}\right)\left(\frac{5}{N}\right)\left(1-\frac{5}{N}\right)$이 된다.

참고로 위 예제 포획/재포획 모형은 희귀종의 총 개체 수를 추측하는 방법으로 활용된다. 즉, 총 저어새 개체 수 N은 일반적으로 모르는 값으로 관측한 $X=x$값을 이용하여 $\frac{10}{x}=\frac{N}{5}$ 관계식에서 총 개체 수를 $N=\frac{50}{x}$로 추측할 수 있다.

연습문제

5.1 어느 상자에 5개의 빨간 공과 4개의 흰 공이 들어 있다. 이 상자에서 임의로 3개의 공을 비복원추출한다고 하자.

(1) 표본공간을 작성하라.

(2) 각 근원사건에 대한 확률을 구하라.

(3) 확률변수 X를 추출된 3개의 공 가운데 흰 공의 개수라고 하면 X는 어떤 분포를 따르는가? 확률분포표를 작성하라.

5.2 어느 회사에서 사원을 8명 모집하기 위해 신문에 광고를 내었더니 15명의 남자와 8명의 여자가 지원하였다. 임의로 8명을 선택한다고 한다면 8명 중 여자가 3명 이상일 확률을 구하라. 예상되는 여자 신입사원은 몇 명이 되겠는가?

5.3 위의 연습문제 **5.2**에서 그 회사가 1명의 여자만을 뽑았다면 이 회사의 임의추출이 잘 시행되었다고 할 수 있겠는가?

5.4 어느 편의점의 진열대에 5개의 ㉮라면, 6개의 ㉯라면, 4개의 ㉰라면이 놓여 있다. 한 손님이 들어와서 4개의 라면을 사는데 이 중 ㉯라면의 개수를 X라고 하자. 확률변수 X의 확률분포표를 작성하라.

5.5 위의 연습문제 **5.4**에서 손님이 산 4개의 라면 중 ㉯라면이나 ㉰라면의 개수를 Y라고 하면 Y는 어떤 분포를 따르겠는가?

5.6 어느 대학에서 전체 50명의 교수 중에서 5명을 뽑아 위원회를 구성하고자 한다. 선출 과정은 무작위이다. 통계학과에 6명의 교수가 있다고 하자.

(1) 위원회에 통계학과 교수가 한 사람도 없을 확률은?

(2) 적어도 1명 이상의 통계학과 교수가 포함될 확률은?

(3) 몇 명의 통계학과 교수가 포함되리라고 예상되는가?

5.7 홍차와 우유를 섞을 때 혼합순서를 구별할 수 있다고 주장하는 사람에게 8번의 실험을 하였다. 4개는 홍차－우유, 4개는 우유－홍차 순으로 넣었다는 사실은 알려주고 랜덤한 순서로 시식하게 하여 홍차－우유 순으로 혼합된 차를 찾아낸다고 하자.

(1) 일반인이 랜덤하게 추측하여 4개의 홍차－우유 순서를 다 맞출 확률은?

(2) 만약 3개 이상 맞추면 홍차 전문가로 판정할 때 이 판정이 잘못될 확률은?

5.8 어떤 지자체 50곳 음식점 중에서 10곳의 위생 점검을 불시에 한다고 하자.

(1) 실제로 15곳의 음식점이 위반사항이 있다고 할 때 이 점검에서 적발되는 업소가 2곳 이상일 확

률은?

(2) 만약 500곳의 음식점 중 150곳이 실제 위반하고 있다면 10곳 중 2곳 이상이 적발될 근사확률은?

(3) 위 (1), (2) 문제에서 적발되는 음식점 수의 기댓값과 분산을 구하라.

4.6 기하분포

은행의 전체 방문 고객 중 대출상담 고객의 비율이 과거 경험에 비추어 0.2라고 알려져 있을 때 어느 날 대출상담 고객을 처음 만날 때까지 만나야 하는 고객의 수가 3명이 되는 확률을 구하는 문제를 생각해 보자. 방문 고객을 대출상담 고객과 그렇지 않은 고객으로 이분화("성공": 대출상담, "실패": 다른 업무)하고 방문 고객은 서로 독립이라고 가정한다면 방문 고객은 성공확률 $p=0.2$인 베르누이 시행으로 간주할 수 있다. 그러나 앞의 이항분포에서의 베르누이 시행과 다른 점은 시행횟수가 미리 정해지지 않고 확률변수가 되는 점이다. 이와 같이 베르누이 시행에서 처음 성공까지 필요한 시행횟수를 확률변수 X라고 할 때 확률변수 X의 분포를 **기하분포**라고 한다. 위의 경우 만약 3번째 고객이 대출상담 고객이라면 그 확률은 앞 두 명의 고객은 모두 다른 업무로 방문한 것이므로 그 확률은 경우의 수는 1가지만 가능하다. 즉, 연속 두 번의 실패 후 3번째 성공확률인 $(0.8)^2(0.2)$이 된다.

기하분포(Geometric Distribution)

p: 베르누이 시행의 성공확률

X: 처음 성공까지 필요한 시행횟수

이와 같이 정의된 확률변수 X는 기하분포를 따른다고 하며 그 확률질량함수는

$$\mathbf{P}(X=x)=(1-p)^{x-1}p,\ x=1,\ 2,\ \cdots$$

이다. 이를 간편하게 $X \sim \mathrm{Geo}(p)$로 표현하기도 한다.

기하분포의 기댓값은 $\mathbf{E}(X)=\dfrac{1}{p}$, 분산은 $\mathrm{Var}(X)=\dfrac{1-p}{p^2}$이다. 처음 성공하기 전까지 겪은 실패의 횟수 Y를 기하분포로 정의하는 경우도 있다. 앞에서 정의한 X와의 관계는 $Y=X-1$이 되므로 확률질량함수는 다음과 같이 주어진다.

$$\mathbf{P}(Y=y)=\mathbf{P}(X=y+1)=(1-p)^y p,\ y=0,\ 1,\ 2,\ \cdots$$

선형변환된 확률변수 Y의 기댓값과 분산은 $\mathbf{E}(Y)=\dfrac{1-p}{p}$, $\mathrm{Var}(Y)=\dfrac{1-p}{p^2}$가 된다.

예제 27

고장 확률이 0.05인 어떤 중요 부품을 매일 체크한다고 하자.

(1) 처음 고장이 5일째에 발견될 확률은?

(2) 10일 동안 부품이 고장 나지 않을 확률은?

(3) 처음 5일까지 정상 작동부품이 그 이후 5일 동안도 고장이 없을 확률은?

풀이

처음 고장을 발견하는 날 수를 확률변수 X로 하면, 매일 체크하는 것을 성공(고장)확률 $p=0.05$인 베르누이 시행으로 볼 수 있으므로 $X \sim \mathrm{Geo}(0.05)$로 나타낼 수 있다.

(1) 5일째 부품에서 고장이 날 확률은 $\mathbf{P}(X=5)=(0.95)^4(0.05)=0.0407$이 된다.

(2) 10일 동안 고장이 없다는 것은 부품 고장이 11번째 이후에 발생한다는 것과 동일한 사건이므로 구하는 확률은 $\mathbf{P}(X>10)=\sum_{x=11}^{\infty}(1-p)^{x-1}p=(1-p)^{10}=0.5987$.

(3) 주어진 문제는 조건부 확률로서 $\mathbf{P}(X>10\,|\,X>5)$로 표현할 수 있다. 조건부확률 정의에 따르면 구하는 확률은 $\mathbf{P}(X>10\,|\,X>5)=\dfrac{\mathbf{P}(X>10)}{\mathbf{P}(X>5)}=(1-p)^{10}/(1-p)^5=(1-p)^5=0.7738$ $=\mathbf{P}(X>5)$이다.

예제 27에서 보았듯이 임의의 자연수 n, m에서 다음의 관계식이 성립함을 알 수 있다.

$$\mathbf{P}(X>n+m\,|\,X>n)=\mathbf{P}(X>m)$$

위 관계식 왼편의 조건부 확률은 베르누이 시행에서 n회까지 성공이 발생하지 않은 조건에서 그 이후 m회 동안도 성공이 발생하지 않은 확률을 나타내며 오른편은 처음부터 m회까지 성공이 발생하지 않을 확률로서 양쪽이 서로 같다는 것이다. 이러한 성질을 무기억성이라고 부른다. 즉, 과거 n회 시행에서 성공이 없었다면 이후의 첫 성공은 과거 시행횟수와 무관하게 앞으로 시행횟수 m에 의해서 확률이 결정된다.

기하분포는 이산형의 대기시간(waiting time) 분포 또는 수명분포라고도 불린다. 즉, 첫 성공까지 걸리는 대기시간(시행횟수)에 관한 분포로서 다음 장에서 다루게 될 연속형 확률분포인 지수분포와 개념적으로 유사한 성질을 갖는다. 수명의 관점에서 본다면 무기억성은 중고제품의 수명이나 새 제품의 수명이나 동일한 확률분포를 한다는 것으로 해석할 수 있다. 사실 우리가 접하는 보통의 제품의 수명은 이러한 성질을 만족하지 않음을 알 수 있다. 만약 어떤 제품의 수명이 기하분포(연속형은 지수분포)를 따른다면 새로운 제품을 살 이유가 없어진다.

베르누이 시행에서 처음 성공까지의 시행횟수가 아니라 $r(\geq 2)$번째 성공까지 필요한 시행횟수의 확률분포는 **음이항분포**(negative binomial distribution)를 따른다. 음이항분포에서 $r=1$이면 기하분포가 되므로 기하분포를 일반화한 분포라고 볼 수 있으나 이에 대한 설명은 범위를 벗어나므로 다음 과정에서 다루게 된다.

연습문제

6.1 $X \sim \text{Geo}(p)$일 때 $\mathbf{E}(X)=\dfrac{1}{p}$를 보여라.

6.2 어느 클로버 군락지에서 네 잎 클로버를 찾을 때까지 클로버 잎을 조사한다고 하자. 네 잎 클로버의 비율은 $p=0.02$라고 할 때

(1) 5번 만에 네 잎 클로버를 발견할 확률은?

(2) 10번 이내에 발견할 확률은?

(3) 5회 이상 10회 내에 발견할 확률은?

6.3 붉은 공 10개와 파란 공 20개가 있는 주머니에서 한 개씩 공을 꺼내 색을 확인하고 다시 넣는 작업을 반복할 때

(1) 붉은색 공이 5번째에 처음 나타날 확률은?

(2) 붉은색 공이 나오는 횟수의 기댓값은?

(3) 붉은색 공이 나오는 횟수의 중앙값은?

6.4 세 사람이 가위-바위-보 게임을 계속할 때

(1) 7번째에 처음으로 모두 다른 것을 내게 될 확률은?

(2) 세 사람이 모두 같은 것을 내는 것보다 모두 다른 것을 내는 경우가 먼저 나올 확률은?

6.5 어떤 커피 가게에서 고객이 매번 구매 시 랜덤하게 5가지 스티커 중 하나를 준다. 만약 5가지 스티커를 다 모으면 무료 음료 쿠폰을 준다고 할 때

(1) 2가지 스티커를 모으려면 방문해야 하는 횟수의 확률질량함수를 구하라.

(2) 2가지 스티커를 모은 후 다른 스티커를 얻으려면 방문해야 하는 횟수의 기댓값은?

(3) 3번째 다른 스티커를 7회 방문 이전에 얻지 못했을 때 4번째 스티커를 얻기 위해 방문 횟수가 4회 이상일 확률은?

4.7 포아송분포

기초통계학 강의시간(50분)에 평균적으로 3번 정도 휴대전화가 울린다고 하자. 어느 날 한 선생님이 수업 중에 한 번이라도 휴대전화가 울리면 퀴즈를 보고 한 번도 울리지 않으면 퀴즈를 보지 않기로 마음 먹었다면 이 날 학생들이 결국 퀴즈를 보게 될 확률은 얼마나 될까? 만약 휴대전화가 1분에 기껏해야 한 번밖에 울리지 않고 휴대전화가 울리는 사건이 서로 독립이라면 이 문제는 50회의 베르누이 시행에서 성공(휴대전화가 울림)이 적어도 한 번 이상 일어나는 이항분포에서의 확률이 된다. 그러나 1분에 휴대전화가 기껏해야 한 번만 울릴 수 있다는 가정은 실제와는 약간 거리가 있는 가정이다. 연속된 시간상에서 발생하는 이와 같은 사건은 매 순간 발생할 수 있다. 그러나 매 순간 베르누이 시행을 한다고 하기에는 시행횟수가 너무 많고 매 순간의 성공확률은 아주 작기 때문에 이항분포로 설명하기에는 어려운 점이 있다. 이러한 문제는 현실에서 많이 접할 수 있는 확률의 문제로서 이를 체계적으로 다루기 위한 확률분포가 바로 이 절에서 배우게 될 포아송분포이다. 다음은 **포아송분포**로 다룰 수 있는 실제 현상의 예이다.

- 119 구조대에 시간당 걸려오는 전화횟수
- 경인 지역의 6월 중 부도를 낸 중소기업의 수
- 한 야구경기에서의 실책의 수
- 국내에서 발생하는 진도 4 이상 지진의 횟수
- 프러시아 기병 중 매년 말에 머리를 차여 사망하는 병사의 수(포아송분포의 대표적인 예)

예제 28

앞의 휴대전화 울림에 따른 퀴즈 시행여부에서 50분 동안에 발생하는 사건(휴대전화 울림)의 수를 확률변수 X라고 하고 이를 이항확률변수 $X \sim \text{Bin}(50, 0.06)$로 근사한다면 1분을 하나의 시행, 한 시행 당 성공확률은 $p=\dfrac{3}{50}$인 베르누이 시행으로 간주한 것이다. 이렇게 근사할 때 퀴즈를 보게 될 확률을 구하면, 50회 시행에서 적어도 한 번 사건이 발생할 확률인

$$\mathbf{P}(X \geq 1) = 1 - \mathbf{P}(X=0) = 1 - p^0(1-p)^{50} = 0.9547$$

이 된다.

위 예제처럼 이항분포를 이용한다면 한 시행(1분) 내에 2회 이상의 성공이 발생할 가능성이 크고 연속적인 시간상에서 발생하는 사건을 베르누이 시행으로 간주하여 이항분포로 접근하기에는 쉽지 않다. 따라서 이러한 연속적인 시간에서 발생하는 사건에 대한 확률의 문제를 체계적으로 다룰 수 있는 포아송분포를 공부해 보자.

포아송분포 (Poisson Distribution)

다음과 같은 확률질량함수를 가지는 확률변수 X의 분포를 모수 $m(m>0)$인 포아송분포를 따른다고 한다.

$$\mathbf{P}(X=x)=\frac{e^{-m}m^x}{x!},\quad x=0,\ 1,\ 2,\ \cdots$$

간편히 $X\sim\text{Poisson}(m)$이라고 나타내기도 한다.

$X\sim\text{Poisson}(m)$이면

$$\mathbf{E}(X)=m,\ \text{Var}(X)=m$$

으로서 기댓값과 분산이 동일한 분포이다. 위에서 보듯이 포아송분포의 모수 m은 기댓값(평균)을 나타낸다.

예제 29

50분 동안 발생하는 사건의 횟수 X가 평균이 $m=3$인 포아송분포를 따른다고 하면, 퀴즈를 보게 될 확률은 $X\sim\text{Poisson}(3)$에서

$$\mathbf{P}(X\geq 1)=1-\mathbf{P}(X=0)=1-\frac{e^{-3}3^0}{0!}=0.9502$$

이 된다. 이 확률은 예제 28에서 이항분포로 근사하여 구한 값과 비슷한 값임을 알 수 있다.

포아송분포는 보통 시간 또는 공간에 따라 랜덤하게 발생하는 희귀한 사건(rare event)을 모형화하는 데 사용되며 다음 3가지의 조건을 만족해야 한다.

1. 주어진 구간에서 사건의 평균 발생횟수의 확률분포는 구간의 시작점에는 관계가 없고 구간의 길이에만 영향을 받는다.
2. 한 순간에 2회 이상의 사건이 발생할 확률은 거의 0에 가깝다.
3. 한 구간에서 발생한 사건의 횟수는 겹치지 않는 다른 구간에서 발생하는 사건의 수에 영향을 받지 않는다.

단위 시간당 평균 발생횟수가 λ라면 시간 t동안 발생하는 사건의 수 X는 위 1번의 조건처럼 평균이 단위시간에 비례하는 λt인 포아송분포를 따른다. 즉, $X\sim\text{Poisson}(\lambda t)$가 된다.

예제 30

예제 29에서 퀴즈를 볼 확률을 근사적으로 이항분포 $X \sim \text{Bin}(50,\ 0.06)$을 이용하였는데, 1분이라는 1회의 시행에 2회 이상 사건이 발생할 확률이 0에 가깝지 않으므로 위 포아송분포의 조건에 위배가 된다. 따라서 50분을 1초 간격으로 나누어 $n=3000$회의 시행과 각 시행 당 성공확률을 $p=\frac{3}{3000}$으로 하는 이항분포를 이용하여 퀴즈를 보게 될 확률을 구하면,

$$\mathbf{P}(X \geq 1) = 1 - \mathbf{P}(X=0) = 1 - \binom{3000}{0} p^0 (1-p)^{3000} = 0.9503$$

이 되어 포아송분포로 계산한 것과 거의 차이가 나지 않는다. 만약 시간 간격을 더 세분하면 그 구간에서의 성공확률은 더 작아지고 그때의 원하는 확률값은 포아송분포에서 구한 값에 더 접근해 간다. 수학적으로 보면 이항분포의 확률함수에서 n이 커지고 동시에 p가 작아지면서 $np(=m)$ 값이 일정하게 유지되면 이항분포의 확률함수는 평균이 m인 포아송분포의 확률함수에 가까워진다.

실제로 이항 확률모형에서 n이 크고 p가 작은 경우의 확률계산은 복잡해지므로 보통 n이 20 이상이고 p가 0.05 이하인 경우에는 이항분포를 포아송분포로 근사시켜 계산하여도 별 차이가 나지 않게 된다.

p(성공확률)가 작은 경우는 희귀한 사건으로 생각할 수 있으므로 시행횟수가 크다면 포아송분포로 근사가 잘 된다고 할 수 있다.

예제 31

어떤 초등학교에서 지난 10년간 조사결과 평균적으로 4%의 학생이 색맹인 것으로 나타났다고 하자. 올해에도 색맹인 학생의 비율이 예년과 같다고 가정할 때 임의로 추출된 200명의 학생 중 색맹인 학생이 10명 이하일 확률은 얼마인가?

풀이

추출되는 학생은 색맹(S)이거나 정상(F) 둘 중의 하나이다. 확률변수 X를 200명 중 색맹인 학생의 수라고 하면 X는 모수가$(n,\ p)=(200,\ 0.04)$인 이항분포를 따르게 된다. 이때 원하는 확률을 계산하려면 다음의 식을 계산해야 한다.

$$\mathbf{P}(X \leq 10) = \sum_{x=0}^{10} \binom{200}{x} (0.04)^x (0.96)^{200-x}$$

표에서 구할 수 없는 위의 식을 계산하려면 상당히 번거로울 것이다. 그러면 위의 문제를 포아송분포의 근사를 이용하여 풀어보자. 이항분포에서 n과 p가 포아송근사에 적절하고 $np=8$

이므로 X는 근사적으로 평균 $m=8$인 포아송분포를 따른다. 부록의 포아송분포표에서 $m=8$열과 $c=10$행을 찾아보면 원하는 확률은 $\mathbf{P}(X\le 10)=0.816$이 된다.

포아송분포는 시간에 따라 발생하는 사건뿐 아니라 2차원 또는 3차원 단위 공간에서 평균적으로 발생하는 사건(예를 들면 액정의 불량 픽셀 개수, 파이프의 누수 점 개수, 또는 인체 내부의 기준 크기를 초과하는 용종의 개수 등)에도 포아송분포를 적용할 수 있다.

예제 32

만일 250 L의 물속에 10^6개의 박테리아로 오염되어 있다고 할 때 표본 1 cc의 물속에 박테리아가 한 마리도 발견되지 않을 확률은?

풀이

체적에 비례하는 포아송분포를 생각해 보면 250 L당 10^6개의 박테리아는 1 cc당 박테리아 수 X는 평균이 $m=10^6/(250\times 10^3)=4$인 포아송분포를 따른다고 볼 수 있다. 따라서

$$\mathbf{P}(X=0)=e^{-4}=0.0183$$

이 된다.

연습문제

7.1 포아송분포를 따르는 확률변수 X에 대해 다음 경우의 확률을 구하라.

(1) $m=3$일 때 $\mathbf{P}[X=3]$, $\mathbf{P}[X\le 5]$

(2) $m=4$일 때 $\mathbf{P}[3\le X\le 7]$, $\mathbf{P}[X=0]$

(3) $m=0.5$일 때 $\mathbf{P}[X=0]$, $\mathbf{P}[X>2]$

7.2 확률변수 X가 $n=100$, $p=0.04$인 이항분포를 따른다고 할 때, 포아송분포를 이용하여 다음의 근사확률을 계산하라.

$$\mathbf{P}[X\le 5],\ \mathbf{P}[X\ge 7],\ \mathbf{P}[X=0]$$

7.3 어느 가정집에 평일 평균 5통의 전화가 온다고 한다. 어느 평일에 전화가 한 통도 오지 않을 확률을 구하라.

7.4 어느 부동산 중개업소에서는 한 달에 평균 3건의 매매를 성사시킨다고 한다. 부동산의 매매가 계절의 영향을 받는다고 한다면 이는 포아송분포의 어느 성질을 위반하는 것인가?

7.5 어느 대학교에서 신입생의 2%는 졸업을 하지 못하고, 중도 탈락하게 된다고 하자. 신입생 50명을 뽑아 그들이 졸업을 하게 되는지를 관찰한다고 할 때, 이들 중 50명이 다 졸업하게 되는 확률을 근사적으로 구하라.

7.6 경부고속도로상의 어느 휴게소의 주유소는 평균적으로 5분에 6대 꼴로 차들이 기름을 넣으러 온다고 하자. 이때 어느 특정한 1분 동안 다음의 확률을 구하라.

(1) 2대 이하가 기름을 넣으러 온다.

(2) 2대 혹은 3대가 기름을 넣으러 온다.

(3) 3대 이상이 기름을 넣으러 온다.

7.7 과거의 경험에 의하면 전화요금 고지서 중 0.2%는 잘못된 것이라고 한다. 만일 200가구의 전화요금 고지서를 임의추출하였을 때 적어도 한 가구 이상의 고지서가 잘못되었을 확률을 구하라. 이 확률을 이항분포와 포아송분포의 두 방법으로 구하고 비교하여 보라.

7.8 대학생의 94%가 휴대폰을 소유하고 있다고 한다. 대학생 100명에게 휴대폰이 있는지 없는지 알아본다고 할 때 그 중 휴대폰이 있는 사람이 90명 이하일 확률을 근사적으로 구하라.

7.9 서로 독립인 확률변수 $X_i(i=1, 2, \cdots)$들은 1 또는 10의 값을 갖는다고 하자. 10의 값을 가질 확률이 0.9, 즉 $P(X_i=10)=0.9$라고 할 때 다음 물음에 답하라.

(1) $\mathrm{P}\left(\prod_{i=1}^{10} X \geq 10^9\right)$을 구하라.

(2) $\mathrm{P}\left(\prod_{i=1}^{40} X \leq 10^{35}\right)$의 확률을 근사적으로 구하라.

7.10 예전 작업 결과를 보면 100개 중 1개의 메모리칩에서 불량이 발생한다고 하자.

(1) 2,000개 메모리칩이 들어있는 상자에서 4개의 불량이 나올 확률은 얼마인가?

(2) 메모리칩을 넣은 상자에서 불량이 한 개도 나오지 않을 확률을 최소 0.5로 하려면 최대 몇 개의 메모리칩을 상자에 넣을 수 있는가?

7.1 정사각형 전체 하늘에는 평균적으로 별이 8개 보였다고 하자. 어느 날 다음과 같이 사등분된 하늘에 별들이 각각 0, 1, 2, 3개 보일 확률을 구하라.

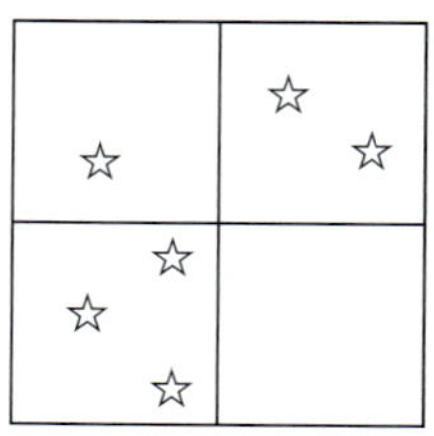

R과 Python을 이용한 분석

분석 1

예제 31의 확률을 R을 이용하여 계산하라.

풀이

함수 pbinom과 qbinom은 이항분포에서의 누적확률과 변량 값을 계산하는 함수이다.

pbinom(q, size, prob, lower.tail=TRUE): 변량 값 q에 해당하는 누적확률

qbinom(p, size, prob, lower.tail=TRUE): 누적확률 p에 해당하는 변량 값

q: 이항분포의 변량 값

p: 이항분포의 누적확률

size: 이항분포의 시행횟수

prob: 이항분포의 성공확률

lower.tail: $P[X \leq q]$또는 $P[X > q]$를 결정하는 논리값으로 TRUE이면 $P[X \leq q]$

$n=200$, $p=0.04$인 이항분포에서 10 이하의 누적확률을 구하는 문제이다. 다음과 같이 pbinom() 함수에서 적절한 인자 값을 지정하여 계산한다.

```
> pbinom(q=10, size=200, prob=0.04)
[1] 0.819979
```

그림 4-4 이항분포에서의 누적확률 계산

분석 2

평균이 8인 포아송분포에서 10 이하일 확률을 구하라.

풀이

함수 ppois과 qpois는 포아송분포에서의 누적확률과 변량 값을 계산하는 함수이다.

ppois(q, lambda, lower.tail=TRUE): 변량 값 q에 해당하는 누적확률

qpois(p, lambda, lower.tail=TRUE): 누적확률 p에 해당하는 변량 값

q: 포아송분포의 변량 값

p: 포아송분포의 누적확률

lambda: 포아송분포의 평균

lower.tail: $P[X \leq q]$또는 $P[X > q]$를 결정하는 논리값으로 TRUE이면 $P[X \leq q]$

다음과 같이 ppois() 함수에서 적절한 인자 값을 지정하여 계산한다.

```
> ppois(q=10, lambda=8)
[1] 0.8158858
```

그림 4-5 포아송분포에서의 누적확률 계산

Python 코드

분석 1

```
from scipy import stats

#calculate cdf of binomial
stats.binom.cdf(10,200,0.04)
```

분석 2

```
#calculate cdf of poisson
stats.poisson.cdf(10,8)
```

4장 종합문제

8.1 다음의 상황은 베르누이 시행이라고 말할 수 있는가? 아니라면 어떤 조건이 위배되는가?

(1) 치과의사가 어떤 사람의 아랫니에 충치가 있는지 없는지를 기록한다.

(2) 운전면허 신청자들이 오른손잡이인지 왼손잡이인지를 기록한다.

(3) 점심시간에 식당에서 식사하는 사람들이 식사하는 시간을 기록한다.

(4) 4월 1일부터 7일까지 날씨가 맑은지 흐린지를 기록한다.

(5) 임의로 선택된 차들이 안전기준에 합당한지 아닌지를 기록한다.

8.2 두 가지의 결과가 나오는 반복되는 시행 중 다음의 조건을 따르는 예를 들어라.

(1) 베르누이 시행

(2) 독립조건에 위배

(3) 성공할 확률 $\mathbf{P}(S)$가 같다는 조건에 위배

8.3 남자 아이가 태어날 확률이 0.5일 때, 세 번째 아이가 첫 번째 아들일 확률은 얼마인가?

8.4 베르누이 시행에서 처음의 두 시도가 실패할 확률이 4/49라고 할 때, 처음의 두 시도가 성공하고 세 번째에서 실패할 확률은 얼마인가?

8.5 어느 지역에 사는 40%의 사람의 혈액형이 O형이라고 한다. 이 지역에서 두 명을 임의로 선택하였을 때, 다음의 질문에 답하라.

(1) 적어도 한 명이 O형일 확률은 얼마인가?

(2) O형의 혈액형을 가진 사람 수의 기댓값은 얼마인가?

(3) 세 명을 임의로 선택하였을 때, (1)과 (2)의 질문에 다시 답하라.

8.6 어떤 바이러스 질병은 감염자와의 접촉을 통해서 이루어진다. 건강한 사람이 감염자와 한 번 접촉하였을 때, 감염될 확률이 0.4라고 한다.

(1) 감염자가 5명의 건강한 사람과 접촉해서 감염시킨 사람의 수를 X라고 할 때 X의 분포표를 작성하라.

(2) $\mathbf{P}[X \le 3]$, $\mathbf{P}[X = 0]$, $\mathbf{E}(X)$를 구하라.

8.7 유권자가 정치인에 대한 소문을 믿을 확률이 0.2라고 한다. 20명의 유권자가 정치인에 대한 소문을 들었다고 할 때 다음의 질문에 답하라.

(1) 아무도 소문을 믿지 않을 확률은 얼마인가?

(2) 7명 이상의 사람이 소문을 믿을 확률은 얼마인가?

(3) 소문을 믿는 사람의 수의 기댓값과 표준편차를 구하라.

8.8 베르누이 시행을 독립적으로 7번 실행하였다.

(1) $\mathbf{P}$[처음에 3번 성공하고 나머지 4번 실패하였다]$=0.008$일 때, 3번 성공할 확률을 구하라.

(2) 2번 실패할 확률이 0.033일 때, $\mathbf{P}$[처음 5번 성공하고 나머지 2번 실패한다]를 구하라.

8.9 학교신문에서 주장하기를 학교 관련 어떤 개선안에 80%의 학생이 동의하고 있다고 한다. 이 주장이 타당한지를 알아보기 위해 20명의 학생을 임의로 선택하여 조사하였더니 12명의 학생이 그 개선안에 동의한다고 하였다. 이때 $\mathbf{P}$(12명 이하의 사람이 동의한다 | 80%의 학생이 동의한다)의 확률을 구하라.

8.10 다음의 X가 이항분포를 따르는지 말하라. 아니라면 어떤 조건에 위배되는지 말하라.

(1) 5지선다형인 객관식 문제 10문항이 있을 때, 문제지를 보지 않고 답안지를 작성하였을 때, X를 틀린 문제수라고 하자.

(2) 18개의 문항으로 시험문제가 이루어졌는데, 1번부터 8번까지는 5지선다형이고, 나머지는 4지선다형이다. 역시 문제지를 보지 않고 답안지를 작성하였을 때, X를 맞은 문제수라고 하자.

(3) 20쌍의 부부(40명)에게 운동에 관하여 물어보았을 때, X를 조깅을 하는 사람의 수라고 하자.

8.11 $n=14$이고 $p=0.4$인 이항분포에서 다음의 값을 구하라.

(1) $\mathbf{P}[4 \leq X \leq 9]$ (2) $\mathbf{P}[4 < X \leq 9]$ (3) $\mathbf{P}[4 < X < 9]$

(4) $\mathbf{E}(X)$ (5) $\mathrm{sd}(X)$

8.12 이항분포표를 이용하여 다음에 답하라.

(1) $n=5$이고 $p=0.4$인 이항분포의 확률분포표를 작성하라.

(2) (1)의 확률 히스토그램을 그려라.

(3) (1)을 이용하여 기댓값과 분산을 구하라.

(4) $\mathbf{E}(X)=np$, $\mathrm{Var}(X)=npq$ 공식을 이용하여 기댓값과 분산을 구하고 (3)의 결과와 같음을 확인하라.

8.13 이항분포에서 $p=0.15$일 때, 한 번 성공할 확률이 한 번도 성공하지 못하는 확률보다 크게 되는 n의 값 중 가장 작은 n을 구하라.

8.14 길동이는 자신이 초능력을 가지고 있다고 주장하고 있다. 이 주장을 확인하기 위해 5가지의 다른 그림이 그려진 카드를 준비하고 길동이의 눈을 가리고 5장의 카드 중 하나를 선택한 다음 5가지의 카드 중 어느 카드가 선택되었는지에 대해 물어보는 작업을 16회 실시하였다. 사실은 길동이는 초능력이 없고, 임의로 대답하였다고 하자.

(1) 카드가 무엇인지 맞추는 횟수가 3회 이하일 확률은 얼마인가?

(2) 카드가 무엇인지를 못 맞추는 횟수가 10회 이상일 확률은 얼마인가?

8.15 위의 종합문제 **8.14**에서 카드의 그림을 맞추는 횟수에 대한 기댓값과 표준편차를 구하라.

8.16 회원이 12명이 있는 동아리에서 6명은 특정 도시출신 학생이다. 회원들 중 4명을 임의추출한다고 하였을 때, 4명 중 특정 도시출신 학생의 수를 X라고 하자.

(1) 확률변수 X의 분포를 구하라.

(2) 평균과 분산을 계산하라.

8.17 어느 도시에 있는 15개 초등학교 중 6개 학교를 골라 겨울 난방시설을 점검해 보려고 한다. 실제로 15개 학교 중 2개 학교가 불량 난방시설을 갖추었다고 한다면 임의추출된 6개 학교 중 불량 난방시설을 갖춘 학교가 포함될 확률은 얼마인가?

8.18 어느 기업에 25명의 비서가 있는데 이 중 10명은 5년 이상 근무한 베테랑이라고 한다. 이 회사의 전무가 3명의 비서를 임의로 선발하여 새로운 업무에 투입하려고 한다. 이때 다음의 질문에 답하라.

(1) 선발된 3명 중에 베테랑이 한 명도 없을 확률은 얼마인가?

(2) 2명의 베테랑이 선발될 확률은 얼마인가?

(3) 선발된 비서 중에 베테랑의 수를 X라고 할 때 X의 평균과 분산을 구하라.

8.19 어느 집에 시간당 평균적으로 걸려 오는 전화수를 2회라고 하자.

(1) 만일 철수 혼자 집을 보다가 10분간 샤워를 한다면 그 사이에 전화벨이 울릴 확률은 얼마인가?

(2) 만일 샤워하는 동안 전화벨이 울릴 확률이 0.5를 넘지 않도록 하려면 얼마 동안 샤워를 할 수 있겠는가?

8.20 어느 자동차 보험회사의 경우 매일 평균적으로 5건의 배상을 해야 하는 사고가 발생한다. 다음의 확률을 계산하라.

(1) 어느 날 1건의 사고도 발생하지 않을 확률

(2) 5건 이상의 사고가 발생할 확률

8.21 매년 남부지방에 영향을 미치는 태풍의 횟수는 평균적으로 2.4번 정도이다. 확률변수 X를 어느 해의 남부지방에 영향을 주는 태풍의 횟수라고 할 때, $\mathbf{P}[X=0]$, $\mathbf{P}[X\geq 4]$를 계산하라.

8.22 어느 도시의 고등학생 중 3%만이 IQ가 130 이상이라고 한다. 50명의 학생을 임의추출하여 IQ 검사를 하였을 때, X를 IQ가 130 이상인 학생의 수라고 하자. 포아송분포를 이용하여 확률 $\mathbf{P}[X=0]$, $\mathbf{P}[X\geq 3]$을 계산하라.

8.23 휴대폰을 생산하는 어느 공장의 불량률이 2%라고 한다. 100개가 포장된 박스를 조사하여 3개 이상 불량품이 나오면 그 박스는 불량 박스로 규정한다고 한다. 임의의 박스가 불량 박스로 규정될 확률을 근사적으로 구하라. 임의로 선택한 8개의 박스를 조사하여 불량 박스가 하나 이상 나올 확률을 구하라.

8.24 어떤 축구선수는 국가 간 A매치 경기에서 게임당 평균 0.12개의 골을 성공시키고 매 경기에서 같은 컨디션을 유지해서 k번 경기에서는 평균적으로 $0.12k$번 골을 성공시킨다고 한다.

(1) 이 선수가 출전하는 A매치 경기를 5번 관람한다고 할 때, 그 선수가 골 넣는 장면을 보게 될 확률은 얼마인가?

(2) 이 선수가 골 넣는 장면을 보게 될 확률이 90%를 넘으려면 최소한 몇 번의 A매치 경기를 관람해야 하겠는가?

8.25 확률변수 X가 0, 1, 2, 3의 값을 갖고 확률질량함수가 다음의 관계가 성립할 때

$$f(x)=2f(x-1),\ x=1,\ 2,\ 3$$

(1) 확률질량함수를 구하라.

(2) 기댓값 $\mathbf{E}(X)$은?

8.26 주머니에 1부터 5까지 숫자카드가 있다. 여기서 3개를 꺼내 가장 큰 수를 X라고 하자.

(1) X의 분포를 구하라.

(2) X의 기댓값과 분산을 구하라.

(3) 만약 차례로 적힌 숫자카드가 N개 있다면 이 중 $n(n \leq N)$개를 꺼내 가장 큰 수를 Y라고 하면 Y의 확률질량함수를 구하고 그 함수가 확률질량함수임을 보여라.

8.27 평소 119 구조대에 걸려오는 전화는 시간당 평균 4통이라고 하고 걸려오는 전화 중에서 실제로 긴급출동을 요구하는 전화는 4%에 불과하다고 하자. 전화한 사람의 성비를 보면 남자와 여자의 비가 4대 6이라고 알려져 있다(정확한 확률 또는 필요 시 근사확률을 구하라).

(1) 어느 날 오전 9시부터 10시 30분까지 걸려온 전화가 1통 이하일 확률은?

(2) 10시간 근무시간 동안 50통의 전화를 받았다면 이 중 긴급출동을 요구하는 전화가 2통 이상일 확률은?

(3) 10시간 근무시간 동안 50통의 전화를 받았다면 이 중 남자 전화가 20통 이하일 확률은?

8.28 매연이 나무의 생장에 어떤 영향을 끼치는지 알아보기 위해 어느 숲의 나무 10만 그루의 나무를 대상으로 매연에 대한 노출여부와 정상 속도로 자라는지를 조사하였다. 10만 그루의 나무 중 25,000그루의 나무가 매연에 노출되어 있었고, 이 중 5,000그루는 성장속도가 떨어져 있고, 매연에 노출되지 않은 나무 중에서는 750그루만이 성장속도가 떨어진 것으로 조사되었다.

(1) 10만 그루 중 성장속도가 떨어진 나무가 있었다면 이 나무가 매연에 노출되었을 확률은?

(2) 10만 그루 중 20그루를 임의 선택할 때 이 중 매연에 노출되어 있는 나무의 수는 어떤 분포를 따르는지 밝히고, 그 수가 6그루일 확률을 근사적으로 구하라.

(3) 매연에 노출되지 않은 나무 중에서 복원추출을 하여 조사할 때 성장속도가 떨어진 나무를 처음 발견할 때까지 조사하는 나무 수의 확률분포를 밝히고 기댓값을 구하라.

(4) (3)에서 성장속도가 떨어진 나무를 5개 발견할 때까지 조사하는 나무의 수가 201개 이상일 확률을 근사적으로 구하라.

8.29 일반인의 감염률이 p인 어떤 질병을 혈액검사를 통하여 발견할 수 있다고 한다. n명에 대하여 개별검사를 하는 것보다는 경제적인 방법으로 병합검사(group testing)를 한다. 즉, 전체를 합하여 검사를 해서 음성이면 모두 음성이므로 1번의 검사만 하면 된다. 그러나 병합검사가 양성이면 다시 n명에 대하여 개별검사를 해야 한다. 확률변수 X를 병합검사 시 필요한 혈액검사의 수라고 하면

(1) 확률분포를 구하라.

(2) 기댓값 $\mathbf{E}(X)$을 구하라.

(3) 병합검사가 이득이 되는 p의 범위를 구하라.

8.30 이산확률분포의 최빈값(mode)은 인접한 확률질량함수의 비가 1보다 크다가 작아지는 지점에서 찾을 수 있다. 모수가 m인 포아송분포를 따르는 확률변수 X의 최빈값을 구하라.

8.31 연습문제 **3.10**에서 두 확률변수 X와 Y분포에서

(1) 각각 분포의 중앙값을 구하라.

(2) 두 분포의 중앙값의 관계가 $Y=8-2X$ 관계와 일치하는가?

5장

연속확률변수와 확률분포

4장에서는 이산확률분포 중 가장 기본적이고 실제로 많이 적용되는 이항분포와 그에 관계된 분포들에 대하여 공부하였다. 이번 장에서는 확률변수가 취하는 값들이 셀 수 있는 것이 아니라 시간, 몸무게 또는 0과 1 사이의 임의의 실수처럼 셀 수 없는 연속적인 값을 가지는 연속확률분포들 중 대표적인 정규분포와 균등분포 그리고 지수분포에 관하여 공부해 보기로 한다.

5.1 연속확률분포

연속확률변수 X는 주어진 구간의 모든 값을 가질 수 있으므로 그 분포를 표현하는 데 있어서 X가 취하는 값(x)을 모두 나열하여 각각에 확률을 대응시키는 이산확률분포의 방법을 그대로 사용할 수는 없다. 이 경우에는 각 x 값에 확률을 대응시키는 대신에 주어진 구간에서 확률이 어떻게 분포하는가, 즉 어느 구간의 확률이 더 크고, 어느 구간의 확률이 작은가를 나타낼 수 있는 함수를 이용하게 된다.

예제 1

실수 집합에서 0부터 1까지의 구간에 있는 한 점을 임의로 선택하고 그 값을 X라고 하자. X는 0부터 1까지의 모든 값을 취할 수 있을 뿐만 아니라 모든 값을 비슷한 정도의 가능성을 갖고 취하게 된다. 그러므로 X가 0과 1 사이의 임의의 구간 $[a, b]$에 들어갈 확률은 구간 $[0, 1]$에 대한 구간 $[a, b]$의 길이의 비율인 $(b-a)/1$이다.

이번에는 전체 구간이 0과 1 사이가 아니라 0과 2 사이라고 하자. 이때 X는 0과 2 사이의 값을 같은 정도의 가능성을 갖고 취하고 위의 경우보다 두 배의 더 넓은 구간에 확률이 퍼져 있으므로 확률의 밀도가 반감된다고 할 수 있다. 즉 구간 $[a, b]$의 확률이 $(b-a)/2$가 될 것이다.

이렇게 확률의 밀도가 주어진 구간에서 일정한 경우도 있지만 구간에 따라서 변하는 경우도 많다. 이런 경우 확률 계산이 어떻게 되는지 다음 예제를 통해 살펴보기로 하자.

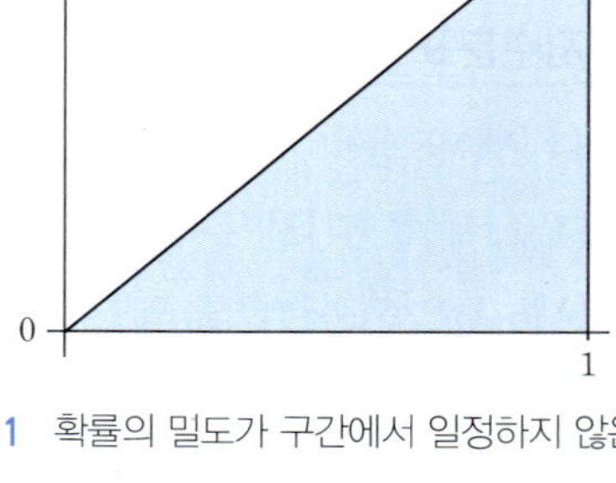

그림 5-1 확률의 밀도가 구간에서 일정하지 않은 경우

예제 2

그림 5-1의 색칠된 부분에서 임의의 한 점을 선택해 그 점의 x-축 값을 X라고 하자. 이 경우에도 예제 1에서와 같이 X는 0과 1 사이의 모든 값을 취할 수 있다. 그러나 그림에서 x가 1에 가까워질수록 색칠된 부분이 넓어지므로 확률의 밀도도 x값의 증가에 따라 정비례하여 증가함을 알 수 있다. 따라서 X가 1에 가까운 값을 취할 가능성이 0에 가까운 값을 취할 가능성보다 커질 것이다. X가 0과 1 사이의 임의의 구간 $[a, b]$에 있는 값을 취하기 위해서는 선택된 한 점이 $[a, b]$ 위의 색칠된 부분에 있어야 한다. 그러므로 X가 $[a, b]$ 위의 값을 가질 확률은 전체 넓이에 대한 $[a, b]$ 위의 색칠된 넓이의 비율이 된다. 즉

$$\mathbf{P}(a \le X \le b) = \frac{\int_a^b x\,dx}{\int_0^1 x\,dx} = \frac{1}{1/2}\int_a^b x\,dx = \int_a^b 2x\,dx = b^2 - a^2$$

예제 1에서 연속확률변수 X가 구간 $[a, b]$ 위의 값을 가질 확률은 전체 구간 내의 모든 값을 가질 가능성이 동일하다고 하였으므로 전체 구간의 길이에 대한 구간 $[a, b]$의 길이의 비로 확률을 구했다. 그러나 예제 2에서는 전체 구간 내의 값의 가능성이 선형으로 증가하므로 가능성을 나타내는 함수의 적분 형태로 확률이 결정되었다. 따라서 예제 2의 경우, 전체 면적을 1로 표준화하여 주어진 구간 $[a, b]$에서 피적분이 되는 함수 $f(x)=2x$가 확률을 결정하는 함수가 된다. 이러한 함수를 확률밀도함수라고 부르며 다음과 같이 정의한다.

확률밀도함수(probability density function)

연속확률변수 X의 확률밀도함수 $f(x)$는 다음의 조건을 만족한다.

(1) 모든 값 x에서 $f(x) \ge 0$

(2) 임의의 구간 $\mathbf{A}=[a, b]$에 대하여 $\mathbf{P}(a \le X \le b) = \int_a^b f(x)\,dx$

(3) $\int_{-\infty}^{\infty} f(x)\,dx = 1$

예제 1과 예제 2의 경우에 위의 조건을 따르는 확률밀도함수를 쉽게 구할 수 있다. 예제 1의 경우에는 구간 $[0, 1]$에서 확률의 밀도가 변하지 않으므로 확률밀도함수는 $f(x)=c$와 같이 x값에 따라 변하지 않는 상수함수의 형태를 가진다. 확률밀도함수의 조건 (3)으로부터 $c=1$이 되어야 하므로 $f(x)=1$이고 나머지 구간에서는 $f(x)=0$이다. 두 번째 경우에도 마찬가지로 생각하면 구간 $[0, 2]$에서 $f(x)=1/2$이고 나머지 구간에서는 $f(x)=0$이 된다. 예제 2에서 확률밀도함수

는 조건 (2)와 (3)을 예제 2에서의 식과 비교하면 구간 [0, 1]에서 $f(x)=2x$이고 나머지 구간에서는 $f(x)=0$이 된다.

확률밀도함수는 이산확률분포의 확률함수와는 달리 확률을 나타내는 것이 아니므로 $f(x)$가 1보다 작아야 된다는 조건은 필요가 없다. 위의 예제 2의 경우에서도 x가 1/2과 1 사이일 때에는 $f(x)$가 1보다 커지는 것을 볼 수 있다.

위의 조건들로부터 연속확률변수가 어떤 주어진 점 x 값을 갖게 될 확률이 0임을 알 수 있다. 그것은 x라는 점을 구간으로 표현해 보면 $[x, x]$가 되므로 조건 (2)로부터 $\mathbf{P}(X=x)=0$이라는 것을 알 수 있다. 그러므로 어떤 구간의 확률을 구할 때는 그 구간의 경계점이 포함되는가 포함되지 않는가에 영향을 받지 않는다. 즉 임의의 a부터 b까지의 구간의 확률은

$$\mathbf{P}(a \le X \le b)=\mathbf{P}(a \le X < b)=\mathbf{P}(a < X \le b)=\mathbf{P}(a < X < b)$$

가 된다.

이 점을 실제 문제에서 한 번 생각해 보면 재미있는 점을 발견하게 된다. 예를 들어 어느 신생아의 몸무게를 X라고 하자. 이때 X가 3.5 kg이 될 확률이 0이라고 하면 놀라운 일일 것이다. 왜냐하면 우리는 주위에서 3.5 kg의 신생아의 예를 많이 보아왔기 때문이다. 그러나 신생아의 몸무게가 3.5048965 kg이 될 확률이 0이라는 사실은 당연하게 여길텐데, 그것은 측정기기의 불완전성 때문에 그와 같은 몸무게를 가진 신생아의 예를 본 적이 없기 때문이다. 이와 같이 이론적으로는 똑같이 0인 확률을 갖는 두 값이 실제로는 다른 확률을 가질 것으로 예상된다. 실제로 3.5 kg과 3.5048965 kg은 그 구분이 불가능하기 때문에 둘 다 보통 3.5 kg으로 여겨지게 된다. 따라서 우리가 보통 신생아의 몸무게가 3.5 kg일 확률이란, 예를 들면 몸무게가 3.495 kg부터 3.505 kg 사이에 있을 확률과 같은 의미가 된다. 그러므로 이론적으로 3.5 kg이 될 확률은 0이지만 실제 상황에서 3.5 kg이 될 확률이란 X가 구간 (3.495, 3.505)에 속할 확률이 되므로 그 값이 0이 아니다.

예제 3

어떤 확률변수 X의 확률밀도함수가 다음과 같을 때 물음에 답하라.

$$f(x)=c(x-1),\ 0 \le x \le 1$$

(1) 확률밀도함수 조건을 만족하는 상수 c를 구하라.

(2) $\mathbf{P}(1/3 < X \le 1/2)$을 구하라.

풀이

(1) $f(x) \ge 0$에서 $c<0$, $\int_{-\infty}^{\infty} f(x)dx=1$에서 $\int_0^1 c(x-1)dx=c\left[\frac{1}{2}-1\right]=1,\ c=-2$

(2) $\mathbf{P}(1/3 < X \le 1/2)=\int_{1/3}^{1/2} -2(x-1)dx=-2\left[\frac{x^2}{2}-x\right]_{1/3}^{1/2}=\frac{7}{36}$

연습문제

1.1 다음의 그림으로 표현된 함수가 연속확률변수의 확률밀도함수일 수 있는가? 아니라면 이유를 설명하라.

(1)
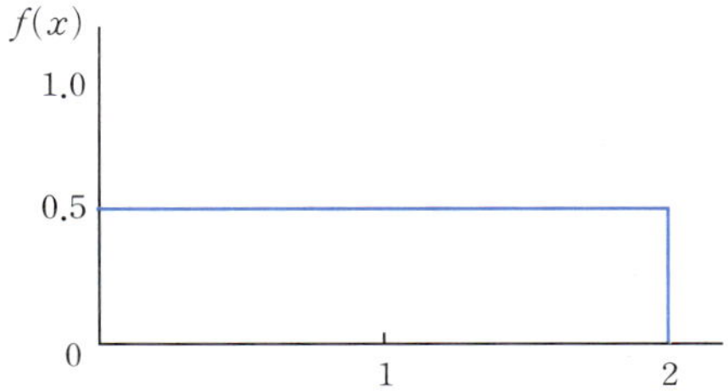

(2)
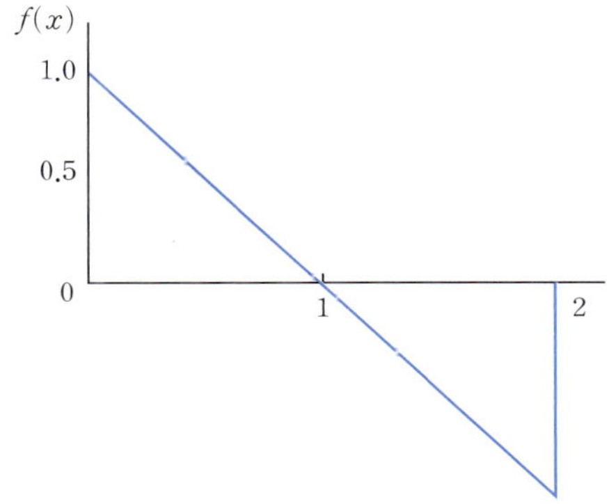

(3)
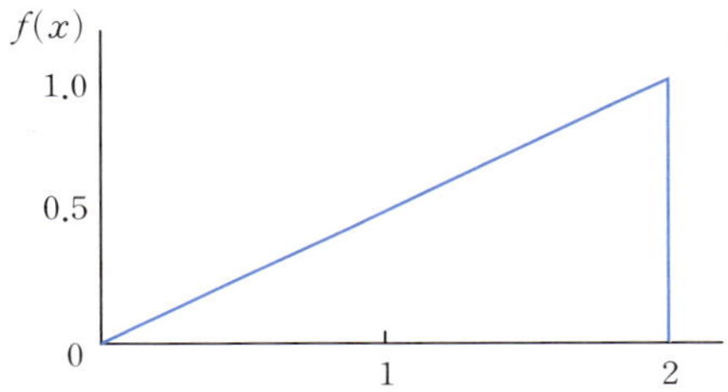

(4)
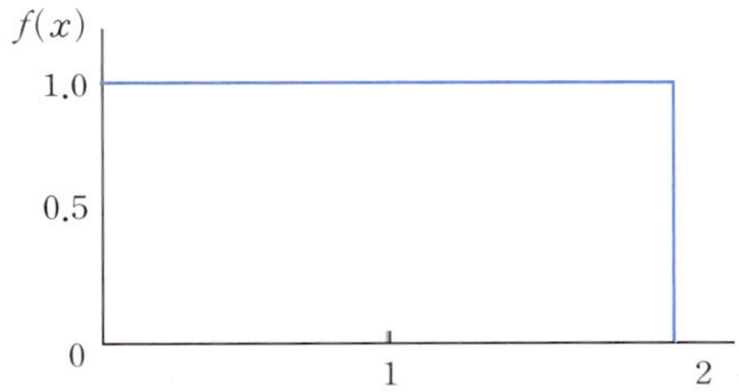

1.2 위의 연습문제 **1.1**의 (1)에서 다음의 확률을 구하라.

(1) $\mathbf{P}[0<X<1]$
(2) $\mathbf{P}[0.5<X<1]$
(3) $\mathbf{P}[1.5<X<2]$
(4) $\mathbf{P}[X=1]$

1.3 연습문제 **1.1**의 (3)에서 $\mathbf{P}[0<X<0.5]$와 $\mathbf{P}[1.5<X<2]$ 중 어느 값이 더 큰가?

1.4 연습문제 **1.1**의 (3)에서

(1) $\mathbf{P}(0.95<X\leq 1.05)$의 값과 $0.1\times f(1)$값을 구하여 비교하라.

(2) $\mathbf{P}(1.9<X\leq 2)$의 값과 $0.1\times f(2)$값을 구하여 비교하라.

1.5 어느 교수의 강의 초과시간은 확률변수 $-4\leq X\leq 2$(단위, 분)로 주어졌다고 하자. 여기서 음수는 일찍 끝나는 것을 의미하며, 양수는 초과한 시간을 의미한다. 확률밀도함수

$$f(x)=\begin{cases} a(x+4), & -4\leq x<0 \\ b(x-2), & 0\leq x\leq 2 \\ 0, & \text{otherwise} \end{cases}$$

가 연속함수라고 할 때

(1) 확률밀도함수를 만족하는 상수 a, b를 구하라.

(2) $\mathbf{P}(-2<X\leq 1)$을 구하라.

5.2 확률분포함수와 기댓값

이산확률변수에서 확률변수의 분포를 확률질량함수들의 합인 누적분포함수를 이용하여 나타낼 수 있는 것처럼 연속확률변수에서도 다음과 같이 확률밀도함수의 합(적분)으로 누적분포함수를 나타낸다.

누적분포함수(cumulative distribution function)

연속확률변수 X의 확률밀도함수가 $f(x)$일 때, 모든 실수 x에 대하여 누적분포함수는

$$F(x)=\mathbf{P}(X\le x)=\int_{-\infty}^{x} f(y)dy$$

이며, 미분가능한 x에서

$$f(x)=\frac{d}{dx}F(x),\quad F'(x)=f(x)$$

가 성립한다.

예제 4

예제 3에서 확률변수의 누적분포함수 $F(x)$를 구하라.

풀이

예제 3의 확률밀도함수는 $f(x)=-2(x-1)$, $0\le x\le 1$이므로

$F(x)=\int_{0}^{x} f(y)dy=\int_{0}^{x} -2(y-1)dy=[2y-y^2]_0^x=2x-x^2,\ 0\le x\le 1$이 된다. 이를

정리하면 $F(x)=\begin{cases}0 & x<0\\ 2x-x^2 & 0\le x<1\\ 1 & x\ge 1\end{cases}$ 이다.

예제 5

어떤 연속확률변수의 누적분포함수가 $F(x)=1-e^{-\lambda x}$, $x\ge 0$, $\lambda>0$일 때 확률밀도함수를 구하고 확률밀도함수의 조건을 만족하는지 확인하여라.

풀이

모든 $x>0$에서 미분가능하므로 $f(x)=\frac{d}{dx}F(x)=\lambda e^{-\lambda x},\ x\ge 0,\ f(x)=0,\ x<0$이다.

또한 $\lambda>0$이므로 $f(x)\ge 0$은 만족하고, $\int_{-\infty}^{\infty} f(x)dx=\int_{0}^{\infty}\lambda e^{-\lambda x}dx=[-e^{-\lambda x}]_0^{\infty}=1$이다.

예제 6

연속확률변수 X의 확률밀도함수가 다음과 같을 때

$$f(x)=\begin{cases} x & 0\le x\le 1 \\ 2-x & 1<x\le 2 \\ 0 & \text{otherwise} \end{cases}$$

누적분포함수 $F(x)$를 구하라.

풀이

$x<0$이면 $f(x)=0$이므로 $F(x)=\int_{-\infty}^{x} 0dy=0$이며,

$0\le x\le 1$이면 $f(x)=x$이므로 $F(x)=\int_{0}^{x} ydy=\left[\frac{y^2}{2}\right]_0^x=\frac{x^2}{2}$이고,

$1<x\le 2$이면 $f(x)=2-x$이므로

$F(x)=\int_{0}^{1} ydy+\int_{1}^{x}(2-y)dy=\left[\frac{y^2}{2}\right]_0^1+\left[2y-\frac{y^2}{2}\right]_1^x=-\frac{1}{2}x^2+2x-1$ 이 된다.

끝으로 $x>2$이면 $f(x)=0$이므로 $F(x)=\int_{-\infty}^{x} f(y)dy=\int_{-\infty}^{2} f(y)dy+\int_{2}^{x} f(y)dy=F(2)+0=1$ 이 된다.

정리하면

$$F(x)=\begin{cases} 0 & x<0 \\ \frac{x^2}{2} & 0\le x\le 1 \\ -\frac{x^2}{2}+2x-1 & 1<x\le 2 \\ 1 & x>2 \end{cases}$$

이 된다. 이 확률변수의 확률밀도함수와 분포함수의 개형은 다음과 같다.

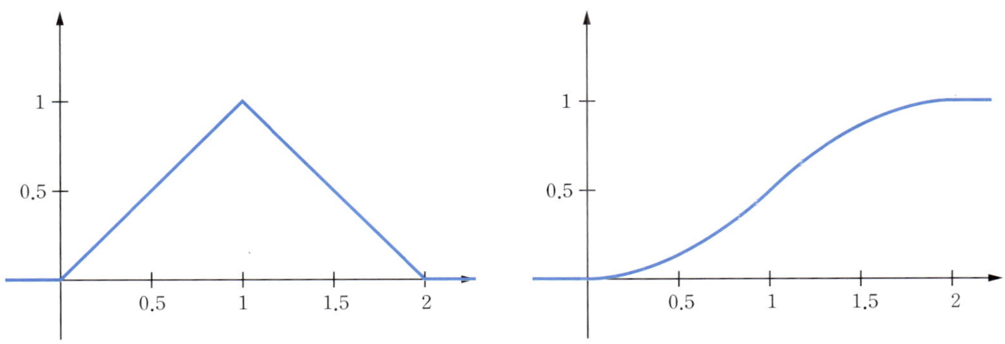

확률밀도함수 $f(x)$　　　누적분포함수 $F(x)$

이산확률변수의 기댓값은 확률변수가 가지는 값 x와 확률질량함수 $f(x)=\mathbf{P}(X=x)$를 곱하여 모든 x에 대해 합하여 구한 것처럼 연속확률변수의 기댓값은 확률변수가 가지는 값 x와 그 값에서의 확률밀도를 나타내는 확률밀도함수를 곱하여 합(적분)으로 구한다.

연속확률변수 X의 기댓값

확률변수 X의 확률밀도함수가 $f(x)$일 때, 확률변수 X의 기댓값은 다음과 같다.

$$\mathbf{E}(X)=\int_{-\infty}^{\infty} x\cdot f(x)dx=\mu_X$$

보통 확률변수 X의 기댓값을 첨자를 이용하여 표현하지만 명확한 경우에는 생략하기로 한다.

예제 7

예제 6에서 주어진 확률변수의 기댓값을 구하라.

풀이

확률밀도함수가 다음과 같으므로 기댓값은 다음과 같다.

$$f(x)=\begin{cases} x & 0\leq x\leq 1 \\ 2-x & 1<x\leq 2 \\ 0 & \text{otherwise} \end{cases}$$

$$\mathbf{E}(X)=\int_{-\infty}^{\infty} x\cdot f(x)dx=\int_0^1 x\cdot x dx+\int_1^2 x\cdot (2-x)dx$$

$$=\left[\frac{x^3}{3}\right]_0^1+\left[x^3-\frac{x^3}{3}\right]_1^2=1$$

연속확률변수의 함수 $g(X)$의 기댓값도 이산확률변수에서와 마찬가지로 합 대신 적분을 이용하여 구할 수 있다.

연속확률변수 함수 $g(X)$의 기댓값

확률변수 X의 확률밀도함수가 $f(x)$일 때, 확률변수 X의 함수 $g(X)$의 기댓값은 다음과 같다.

$$\mathbf{E}[g(X)]=\int_{-\infty}^{\infty} g(x)\cdot f(x)dx$$

예제 8

예제 6에서 주어진 확률변수 X에 대하여 $Y=X^2$의 기댓값을 구하라.

풀이

확률변수 함수의 기댓값을 구하는 정리를 이용하면 다음과 같다.

$$\mathbf{E}(X^2)=\int_{-\infty}^{\infty} x^2\cdot f(x)dx=\int_0^1 x^2\cdot x dx+\int_1^2 x^2\cdot(2-x)dx$$
$$=\left[\frac{x^4}{4}\right]_0^1+\left[\frac{2x^3}{3}-\frac{x^4}{4}\right]_1^2=\frac{7}{6}$$

이산확률변수와 마찬가지로 연속확률변수 X의 모분산도 모평균 $\mu=\mathbf{E}(X)$로부터의 편차제곱, $(X-\mu)^2$의 기댓값으로 정의된다. 편차제곱이 확률변수의 함수 $g(X)=(X-\mu)^2$이므로 다음과 같이 구한다.

연속확률변수 X의 분산과 표준편차

확률변수 X의 확률밀도함수가 $f(x)$일 때 X의 분산과 표준편차는 다음과 같다.

$$\mathrm{Var}(X)\equiv\mathbf{E}(X-\mu)^2=\int_{-\infty}^{\infty}(x-\mu)^2 f(x)dx=\sigma_X^2$$
$$\mathrm{sd}(X)=+\sqrt{\mathrm{Var}(X)}=\sigma_X$$

확률변수 X의 분산이나 표준편차도 혼동의 우려가 없는 경우에는 첨자를 생략한다. 이산확률변수와 마찬가지로 기댓값을 알고 있을 때 분산의 간편 계산식

$$\begin{aligned}\mathrm{Var}(X)&=\int_{-\infty}^{\infty}(x-\mu)^2 f(x)dx\\&=\int_{-\infty}^{\infty}x^2 f(x)dx-2\mu\int_{-\infty}^{\infty}xf(x)dx+\mu^2\int_{-\infty}^{\infty}f(x)dx\\&=\int_{-\infty}^{\infty}x^2 f(x)dx-\mu^2=\mathbf{E}(X^2)-\mu^2\end{aligned}$$

이 성립한다.

예제 9

예제 6에서 주어진 확률변수 X의 표준편차 σ를 구하라.

풀이

예제 8에서 $\mathbf{E}(X^2)=\frac{7}{6}$, 예제 7에서 $\mathbf{E}(X)=1$이므로 $\sigma=\sqrt{\mathrm{Var}(X)}=\sqrt{\frac{1}{6}}$이다.

연속확률분포에서 중앙값은 누적분포함수를 이용하여 구할 수 있다.

연속확률분포의 중앙값

확률변수 X의 확률밀도함수가 $f(x)$, 누적분포함수가 $F(x)$일 때

$$F(m)=\int_{-\infty}^{m} f(x)dx=\frac{1}{2}$$

을 만족하는 m이 확률변수 X의 중앙값이다.

이를 확장하여 연속확률분포에서 백분위수를 누적분포함수를 이용하면, 임의의 $0 \le q \le 1$에서

$$F(m_q)=\int_{-\infty}^{m_q} f(x)dx=q$$

를 만족하는 m_q가 확률변수 X의 제$100 \times q$백분위수이다. 따라서 제2사분위수 $Q_2=m_{0.5}$로 표현할 수 있다.

연습문제

2.1 확률변수 X의 누적분포함수가 다음과 같을 때 물음에 답하라.

$$F(x)=\begin{cases} 0 & x<-1 \\ \frac{1}{4}(-x^3+3x+2) & -1 \le x < 1 \\ 1 & 1 \le x \end{cases}$$

(1) $\mathbf{P}(X \le 0)$을 구하라.

(2) $\mathbf{P}(-0.5 < X \le 0.1)$을 구하라.

(3) 분포의 중앙값을 구하라.

(4) 확률밀도함수 $f(x)$를 구하라.

(5) 기댓값 $\mathbf{E}(X)$을 구하라.

2.2 어떤 전자 제품의 수명(시간) X의 확률밀도함수가 다음과 같을 때

$$f(x)=\frac{3000}{x^4}, \ x \ge c$$

(1) 적절한 상수 c를 구하라.

(2) 기댓값 $\mathbf{E}(X)$과 분산 $\mathrm{Var}(X)$을 구하라.

2.3 어떤 부품의 수명 의 확률밀도함수가 다음과 같을 때

$$f(x)=\mu e^{-\mu x}, \ x \ge 0$$

(1) 누적분포함수를 구하라.

(2) $\mathbf{P}(X > 1/\mu)$를 구하라.

(3) 기댓값 $\mathbf{E}(X)$를 구하라.

(4) $F(m_{0.5})=0.5$가 되는 제2사분위수 $Q_2=m_{0.5}$를 구하고 기댓값과 비교하여라.

2.4 연습문제 **1.5**의 확률밀도함수에서

$$f(x)=\begin{cases} \frac{1}{12}(x+4) & -4\le x<0 \\ -\frac{1}{6}(x-2) & 0\le x\le 2 \\ 0 & \text{otherwise} \end{cases}$$

(1) 누적분포함수를 구하라.

(2) 기댓값 $\mathbf{E}(X)$를 구하라.

(3) 중앙값을 구하여 평균과 비교하고 제3사분위수도 구하라.

2.5 확률변수 X의 밀도함수가 다음과 같다.

$$f(x)=c\left(1-\frac{1}{x^2}\right),\ 1\le x\le 2$$

(1) 확률밀도함수가 되는 c를 구하라.

(2) 누적분포함수를 구하라.

(3) 기댓값 $\mathbf{E}(X)$과 $\mathbf{E}(X^2)$을 구하라.

5.3 정규분포

정규분포는 종 모양의 확률밀도함수를 갖는 분포로서 그에 관한 연구는 지난 수세기에 걸쳐 이루어져 왔다. 특히 피에르 라플라스(Pierre Laplace)와 칼 가우스(Carl Gauss) 등에 의해 수학적인 체계가 갖춰진 후 여러 분야(물리학, 천문학 등)의 학자들에 의해 실제의 여러 종류의 자료를 설명하는 데 정규분포가 좋은 분포임이 밝혀졌다. 물론 정규분포가 모든 자료를 설명할 수 있는 것은 아니고 주어지는 자료에 따라 더 적합한 여러 근사분포들이 제안되어 왔다. 그러나 여전히 정규분포에 대한 이론들은 통계학 이론의 근간을 이루고 있으며 여러 분야에 응용범위가 넓다.

정규분포 (Normal Distribution)

연속확률변수 X의 확률밀도함수가 다음과 같을 때

$$f(x)=\frac{1}{\sqrt{2\pi}\sigma}e^{-\frac{(x-\mu)^2}{2\sigma^2}},\ -\infty<x<\infty\ (\text{단, } -\infty<\mu<\infty,\ \sigma>0)$$

확률변수 X는 모수가 $(\mu,\ \sigma^2)$인 정규분포를 따른다고 하며 $X\sim N\ (\mu,\ \sigma^2)$로 나타낸다.

$X \sim N(\mu, \sigma^2)$이면

$$\mathbf{E}(X)=\mu, \ \mathrm{Var}(X)=\sigma^2$$

가 된다.

정규분포의 모양과 성질을 정리하면 다음과 같다.

정규분포(Normal Distribution)

확률변수 X가 평균 μ와 분산 σ^2을 갖는 정규분포를 따른다고 하자. X의 확률밀도함수는 다음과 같이 주어진다.

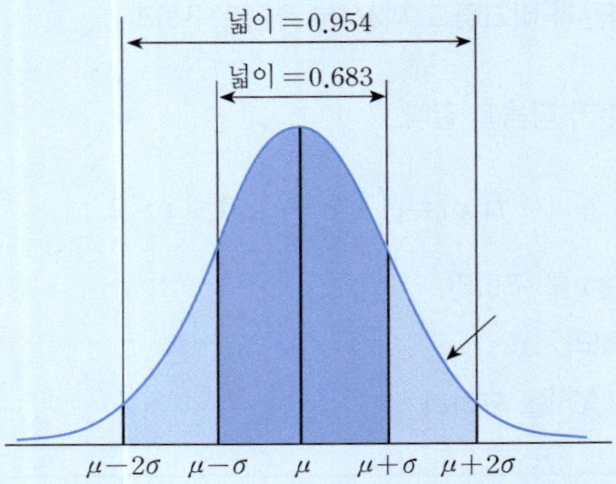

그림 5-2 정규분포의 확률밀도함수

X가 평균 μ로부터 $\pm\sigma$, $\pm 2\sigma$, $\pm 3\sigma$의 사이에 있을 확률은 다음과 같다.

$$\mathbf{P}[\mu-\sigma \le X \le \mu+\sigma] \quad =68.27\%$$
$$\mathbf{P}[\mu-2\sigma \le X \le \mu+2\sigma]=95.45\%$$
$$\mathbf{P}[\mu-3\sigma \le X \le \mu+3\sigma]=99.73\%$$

정규분포는 위의 그림 5-2에서도 보여지는 바와 같이 몇 가지 중요한 특성을 갖고 있다. 우선 평균 μ가 확률밀도함수의 최고치를 주는 최빈값과 일치하며, 평균 μ를 중심으로 좌우 대칭을 이루어서 평균과 중앙값도 일치한다는 점이다. 또한 확률밀도함수가 모든 실수에 대해 0보다 크지만 평균 μ로부터 멀어지면서 그 함숫값이 급격히 작아져서 확률이 μ를 중심으로 $\pm 3\sigma$ 안에 거의(99.73%) 집중되어 있는 특성이 있다.

정규분포에서 μ와 σ^2이 갖는 의미를 살펴보면 μ는 평균으로 분포의 중심을 나타내는 위치모수이고 σ^2은 평균으로부터 퍼져 있는 정도를 나타내는 모수가 된다. 그러므로 σ^2은 그대로 두고 μ를 변화시키면 그림 5-3에서와 같이 분포의 형태는 똑같이 유지한 채 위치만 변화하게 된다. 한편 μ

를 그대로 두고 σ^2을 변화시키면 대칭의 중심은 μ로 고정된 채 분포의 형태가 그림 5−4에서와 같이 변화하게 된다.

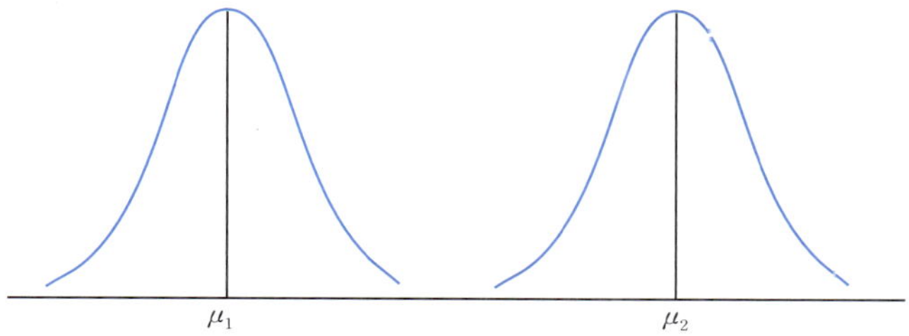

그림 5-3 분산은 같고 평균이 다른 정규분포의 확률밀도함수 비교

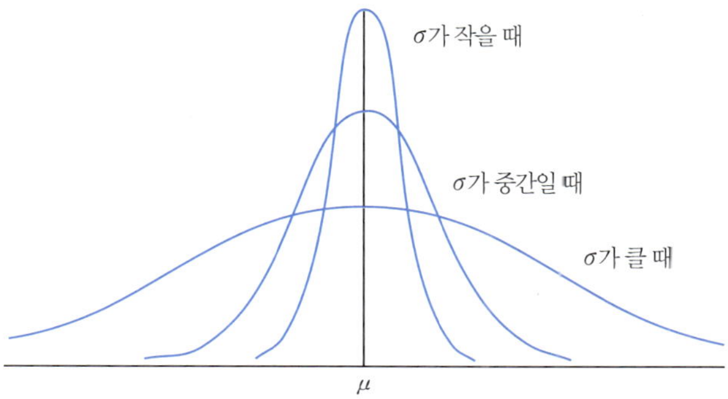

그림 5-4 평균은 같고 분산이 다른 정규분포의 확률밀도함수 비교

표준정규분포 (Standard Normal Distribution)

연속확률변수 Z의 확률밀도함수가 다음과 같을 때

$$f(z) = \frac{1}{\sqrt{2\pi}} e^{-\frac{z^2}{2}}, \ -\infty < z < \infty$$

확률변수 Z가 표준정규분포를 따른다고 하며 $Z \sim N(0, 1)$로 나타낸다.

정규분포 중에서 평균이 0이고 분산이 1인 경우를 **표준정규분포**(standard normal distribution)라고 한다. 확률변수 Z(표준정규분포를 갖는 확률변수를 관례상 Z로 표현한다.)가 $N(0, 1)$을 따른다고 할 때 Z는 0을 중심으로 대칭인 분포를 갖게 된다. 그러므로 그림 5−5에서와 같이 각 점 z에서 $\mathbf{P}[Z \le -z] = \mathbf{P}[Z \ge z]$이고 Z는 연속확률분포이므로 $\mathbf{P}[Z \ge z] = \mathbf{P}[Z > z] = 1 - \mathbf{P}[Z \le z]$가 되어 다음과 같이 표현할 수 있다.

$$\mathbf{P}[Z \le -z] = 1 - \mathbf{P}[Z \le z]$$

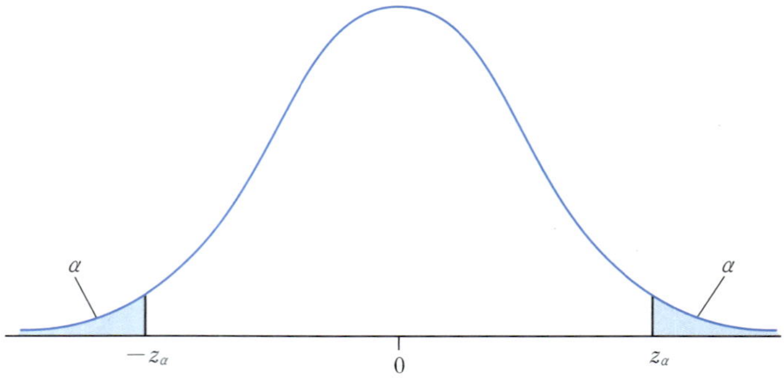

그림 5-5 $N(0,\ 1)$의 확률밀도함수

특히 $z=0$인 경우에는 $\mathbf{P}[Z\le 0]=1-\mathbf{P}[Z\le 0]$으로부터 $\mathbf{P}[Z\le 0]=1/2$을 얻을 수 있다. 각 점 z에 대한 확률 $\mathbf{P}[Z\le z]$을 정규누적확률이라고 하고 그 값은 부록에 있는 표준정규분포표(표 3)에 주어져 있다. 임의의 실수 $a<b$에 대해 Z가 구간 $[a,\ b]$에 있을 확률은 다음과 같이 구할 수 있다.

$$\mathbf{P}[a\le Z\le b]=\mathbf{P}[Z\le b]-\mathbf{P}[Z\le a]$$

표준정규확률변수 Z의 누적분포함수는 관례상 $\Phi(z)=\mathbf{P}(Z\le z)$로 표현하며 임의의 z에 대한 누적확률값은 부록에 있는 표준정규분포표(표3)에 주어져 있다.

예제 10

확률 $\mathbf{P}[Z\le 1.37]$와 $\mathbf{P}[Z\ge 1.37]$을 계산하라.

풀이

표준정규분포표로부터 $\mathbf{P}[Z\le 1.37]=0.9147$이 된다. 확률 $\mathbf{P}[Z\ge 1.37]$은 두 가지 방법으로 계산할 수 있는데 그 중 하나는 그림 5-6에서와 같이 대칭을 이용해서 $\mathbf{P}[Z\ge 1.37]=\ \mathbf{P}[Z<-1.37]=0.0853$로 구할 수 있으며 다른 방법은 $\mathbf{P}[Z\ge 1.37]=1-\mathbf{P}[Z\le 1.37]$을 이용해서 구하는 것이다. 두 방법이 동일한 결과를 주게 되지만 이 경우에는 앞에서 $\mathbf{P}[Z\le 1.37]$을 이미 구하였으므로 두 번째 방법이 더 간편하다고 할 수 있다.

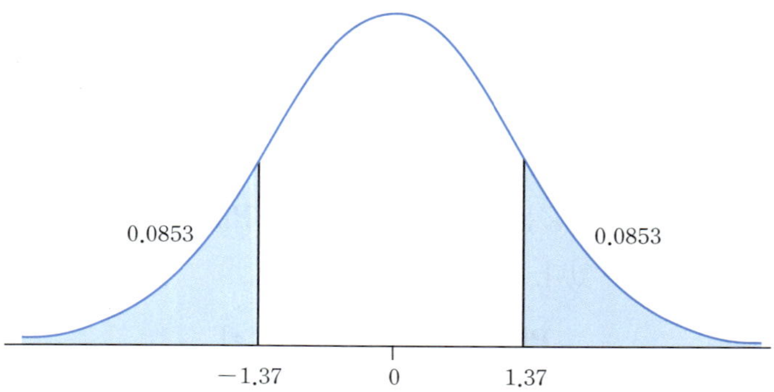

그림 5-6 $P[Z\ge 1.37]$의 계산

예제 11

확률 $\mathbf{P}[Z<-0.155$ 또는 $Z>1.6]$을 계산하라.

풀이

구하고자 하는 확률은 $\mathbf{P}[Z>1.6]+\mathbf{P}[Z<-0.155]=1-\mathbf{P}[Z\leq 1.6]+\mathbf{P}[Z\leq -0.155]$로 표현되므로 그림 5-7에서와 같이 표준정규분포표로부터 $\mathbf{P}[Z\leq 1.6]$과 $\mathbf{P}[Z\leq -0.155]$를 구해야 한다. 표준정규분포표에는 z가 소수점 2 자릿수까지만 확률이 주어져 있으므로 $z=1.6$일 때는 $\mathbf{P}[Z\leq 1.6]=0.9452$로 바로 구할 수 있는 데 반해서 $\mathbf{P}[Z\leq -0.155]$를 구할 때는 $\mathbf{P}[Z\leq -0.15]$와 $\mathbf{P}[Z\leq -0.16]$의 중간값(내분점)을 써서 근사적으로 계산해야 한다. 즉

$$\mathbf{P}[Z\leq -0.155]=\frac{1}{2}\{\mathbf{P}[Z\leq -0.15]+\mathbf{P}[Z\leq -0.16]\}=0.4384$$

로부터 구하고자 하는 확률은 $1-0.9452+0.4384=0.4932$가 된다.

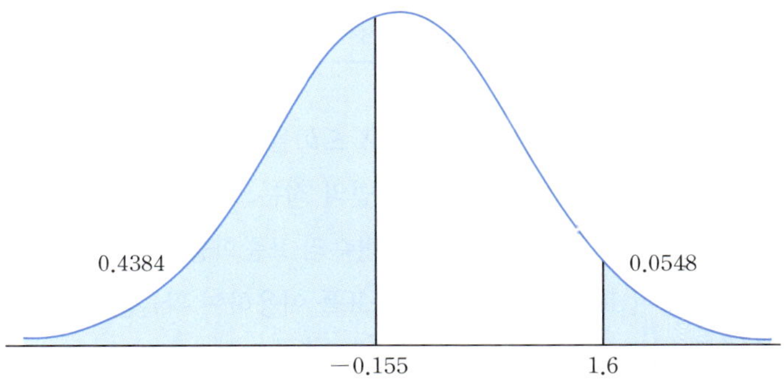

그림 5-7 $P[Z<-0.155$ 또는 $Z>1.6]$의 계산

예제 12

$\mathbf{P}[-z\leq Z\leq z]=0.90$을 만족시키는 양의 실수 z를 구하라.

풀이

확률변수 Z는 좌우 대칭의 분포를 가지므로 그림 5-8에서와 같이 $\mathbf{P}[Z\leq -z]=\mathbf{P}[Z\geq z]=0.05$를 만족시켜야 한다. 그러므로 표준정규분포표로부터 $\mathbf{P}[Z\leq -z]=0.05$를 만족시키는 z를 찾으면 되는데 $\mathbf{P}[Z\leq -1.65]=0.0495$이고 $\mathbf{P}[Z\leq -1.64]=0.0505$이므로 만족시키는 z 값은 두 값의 중간값인 1.645로 생각할 수 있다.

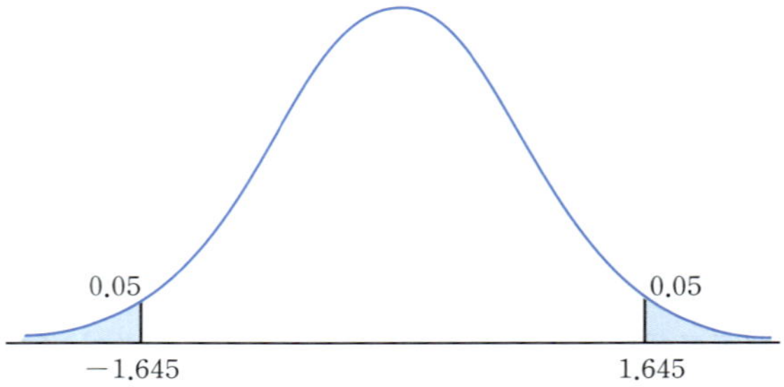

그림 5-8 예제 12에 대한 그림

표준정규분포에서의 $100(1-\alpha)\%$ 백분위수(percentile point)를 z_α로 보통 표현한다. 즉, $\mathbf{P}(Z \geq z_\alpha)=\alpha$이며 몇 가지 대표적인 α값에 대한 z_α값을 정리하면 다음과 같다.

백분위수	90	95	97.5	99
α	0.1	0.05	0.025	0.01
z_α	1.28	1.645	1.96	2.33

$X \sim N(\mu, \sigma^2)$의 경우 임의의 구간확률 $\mathbf{P}(a \leq X \leq b)$을 확률밀도함수 조건 (2)와 같이 적분으로 구해야 하나 정규확률밀도함수는 일반적인 방법의 적분으로 계산할 수가 없고 수치해석적인 방법으로 적분해야 한다. 따라서 다음의 정규확률변수의 표준화를 이용하여 X를 표준정규분포를 따르는 확률변수 Z로 만들어 표준정규분포의 확률표를 이용하여 확률을 구한다.

정규확률변수의 표준화

$X \sim N(\mu, \sigma^2)$이면

$$Z=\frac{X-\mu}{\sigma}$$

는 표준정규분포를 따른다. 즉, $Z \sim N(0, 1)$. 따라서

$$\mathbf{P}(a \leq X \leq b)=\mathbf{P}\left(\frac{a-\mu}{\sigma} \leq Z \leq \frac{b-\mu}{\sigma}\right)=\Phi\left(\frac{b-\mu}{\sigma}\right)-\Phi\left(\frac{a-\mu}{\sigma}\right)$$

예제 13

확률변수 X가 $N(60, 16)$을 따른다고 하였을 때 $\mathbf{P}[55 \leq X \leq 63]$을 계산하라.

풀이

X를 표준화시키면 $Z=\dfrac{X-60}{4}$이 된다. 그러므로

$$\mathbf{P}[55\le X\le 63]=\mathbf{P}\left(\frac{55-60}{4}\le\frac{X-60}{4}\le\frac{63-60}{4}\right)$$
$$=\mathbf{P}[-1.25\le X\le 0.75]$$
$$=\mathbf{P}[Z\le 0.75]-\mathbf{P}[Z\le -1.25]$$

표준정규분포표로부터 $\mathbf{P}[Z\le 0.75]=0.7734$, $\mathbf{P}[Z\le -1.25]=0.1056$이므로 구하고자 하는 확률은 $0.7734-0.1056=0.6678$이다.

예제 14

어느 대학교의 일반수학 중간고사 성적은 분포가 평균이 63이고 분산이 100인 정규분포를 따른다고 하자. 이때 다음의 물음에 답하라.

(1) 50점 이하의 학생은 몇 퍼센트나 되겠는가?

(2) 상위 10%의 학생에게 A를 준다고 하면 몇 점 이상이 되어야 A를 받을 수 있겠는가?

풀이

확률변수 X를 중간고사 성적이라고 하면

$$Z=\frac{X-63}{10}\sim N(0,\ 1)$$

(1) $\mathbf{P}[X\le 50]=\mathbf{P}\left(\frac{X-63}{10}\le\frac{50-63}{10}\right)=\mathbf{P}[Z\le -1.3]=0.0968=9.68\%$

(2) x점 이상의 학생들에게 A를 준다고 하면 x는 다음을 만족시켜야 한다.

$$\mathbf{P}[X\ge x]=0.10$$

우선 $\mathbf{P}[Z\ge z]=0.10$이 되는 z값을 찾아보자. 표준정규분포표로부터 $\mathbf{P}[Z\ge 1.28]=0.1003$이고, $\mathbf{P}[Z\ge 1.29]=0.0985$가 되는데 이런 경우에는 내분점을 찾기보다는 0.10에 가까운 값을 주는 $z=1.28$을 고르면 된다. 그러면

$$0.1\approx\mathbf{P}[Z\ge 1.28]=\mathbf{P}\left(\frac{X-63}{10}\ge 1.28\right)=\mathbf{P}[X\ge 75.8]$$

이므로 원하는 값은 $x=75.8$이 된다.

예제 15

$X\sim N(\mu,\ \sigma^2)$일 때 $\mathbf{P}(\mu-z_{\alpha/2}\sigma\le X\le\mu+z_{\alpha/2}\sigma)$를 구하라.

풀이

정규확률변수의 표준화를 이용하면

$\mathbf{P}(\mu-z_{\alpha/2}\sigma\le X\le\mu+z_{\alpha/2}\sigma)=\mathbf{P}(-z_{\alpha/2}\le\frac{X-\mu}{\sigma}\le z_{\alpha/2})$이며 $Z=\frac{X-\mu}{\sigma}\sim N(0,1)$이므로

$\mathbf{P}(\mu-z_{\alpha/2}\sigma\le X\le\mu+z_{\alpha/2}\sigma)=\mathbf{P}(-z_{\alpha/2}\le Z\le z_{\alpha/2})=\Phi(z_{\alpha/2})-\Phi(-z_{\alpha/2})=1-\alpha$가 된다.

연습문제

3.1 확률변수 X의 평균과 표준 편차가 다음과 같을 때, 표준화 변수 Z는 어떻게 표현되는가?

(1) 평균 15, 표준편차 4 (2) 평균 51, 표준편차 9

(3) 평균 151, 분산 25

3.2 어느 해 미국의 통계청 자료를 보면 18세에서 24세의 남자의 평균키는 178 cm이고 표준편차는 7.1 cm이며 여자의 경우는 평균이 165 cm, 표준편차가 6.1 cm라고 한다.

(1) 남자 키의 표준화 변수 Z는 무엇인가?

(2) 여자 키의 표준화 변수 Z는 무엇인가?

(3) 키가 168 cm인 남자의 표준화 값은 얼마인가?

(4) 키가 168 cm인 여자의 표준화 값을 구하고 (3)과 비교하라.

3.3 다음의 표준정규분포의 확률밀도함수에서 각각 z값을 구하라.

(1)

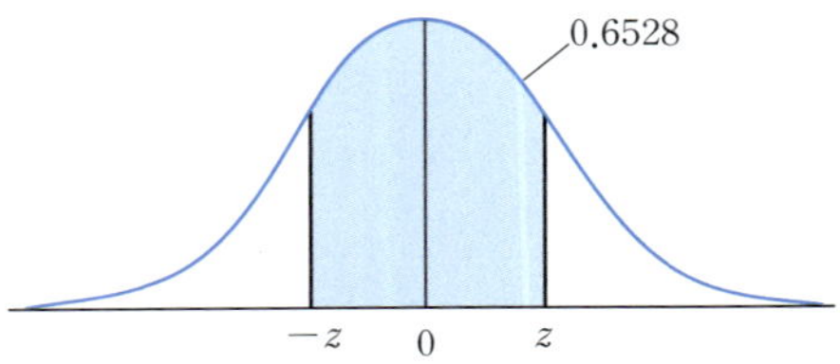

(2)

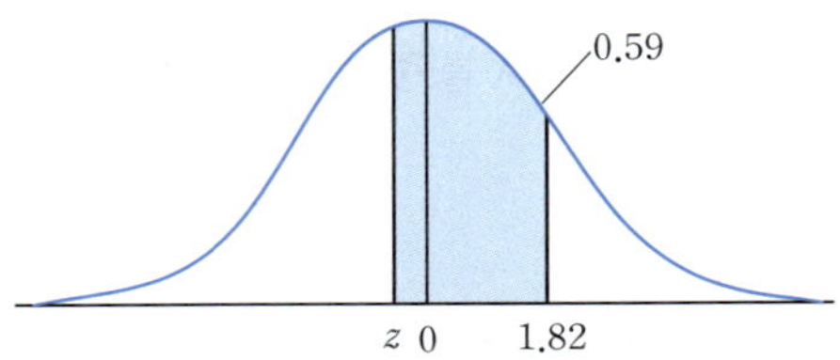

(3)

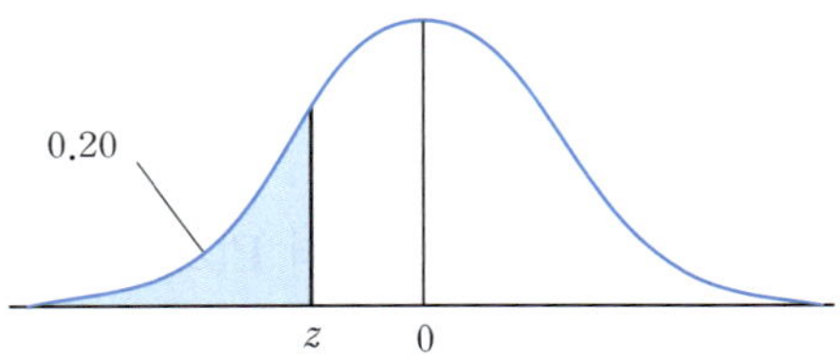

(4)

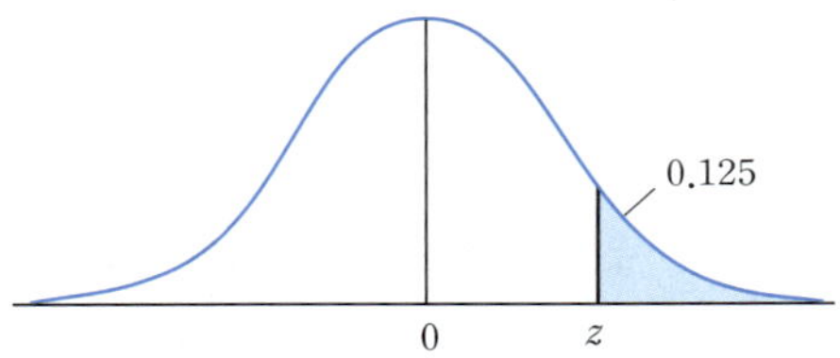

(5)

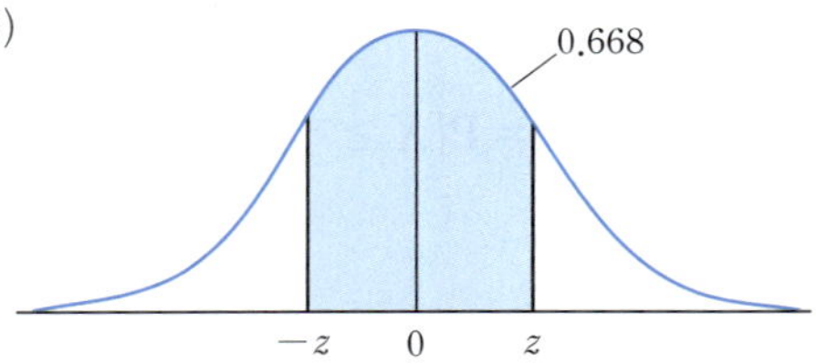

(6)

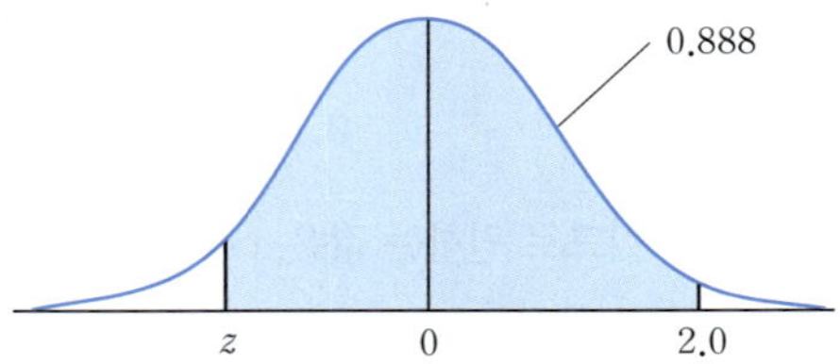

3.4 표준정규분포를 따르는 확률변수 Z에 대하여 다음의 확률을 구하라.

(1) $\mathbf{P}[Z \leq 0.42]$ (2) $\mathbf{P}[Z < -0.42]$

(3) $\mathbf{P}[Z > 1.69]$ (4) $\mathbf{P}[Z > -1.69]$

(5) $\mathbf{P}[-1.2 < Z < 2.1]$ (6) $\mathbf{P}[0.05 < Z < 0.8]$

(7) $\mathbf{P}[-1.62 < Z < -0.51]$ (8) $\mathbf{P}[|Z| < 1.64]$

3.5 표준정규분포를 따르는 확률변수 Z에 대하여 다음의 확률을 갖는 z값은 얼마인가?

(1) $\mathbf{P}[Z<z]=0.1736$ (2) $\mathbf{P}[Z<z]=0.10$

(3) $\mathbf{P}[-z<Z<z]=0.954$ (4) $\mathbf{P}[-0.6<Z<z]=0.50$

3.6 표준정규분포에서 사분위수들을 구하라.

3.7 표준정규분포를 따르는 확률변수 Z에 대하여 다음 물음에 답하라.

(1) $\mathbf{P}[Z<0.42]$을 구하라. (2) 제 36 백분위수를 구하라.

(3) $\mathbf{P}[Z<0.70]$을 구하라. (4) 제 70 백분위수를 구하라.

3.8 평균이 80이고 표준편차가 4인 정규확률변수 X에 관한 다음의 확률을 구하라.

(1) $\mathbf{P}[X<75]$ (2) $\mathbf{P}[X\leq 7]$

(3) $\mathbf{P}[X>86]$ (4) $\mathbf{P}[X>71]$

(5) $\mathbf{P}[73\leq X\leq 89]$ (6) $\mathbf{P}[81<X<84]$

3.9 확률변수 X가 평균이 150이고 표준편차 5인 정규분포를 따를 때, 다음 식을 만족하는 b를 구하라.

(1) $\mathbf{P}[X<b]=0.975$

(2) $\mathbf{P}[X>b]=0.025$

(3) $\mathbf{P}[X<b]=0.305$

3.10 어느 회사에 입사를 희망한 지원자의 영어점수는 평균이 700이고 표준편차가 100인 정규분포를 따른다고 한다. 한 지원자의 점수가 다음과 같을 확률을 구하라.

(1) 850점 이상의 점수를 받는다.

(2) 450점 이하의 점수를 받는다.

(3) 525점에서 875점 사이의 점수를 받는다.

3.11 연습문제 **3.10**에 대하여 다음 물음에 답하라.

(1) 영어시험에서 870점을 넘는 지원자가 합격한다면 몇 퍼센트의 지원자가 합격하겠는가?

(2) 50%의 지원자를 합격시키기 위해서는 커트라인은 몇 점이겠는가?

(3) 상위 15%를 선택하기 위한 커트라인은 얼마인가?

3.14 의사들이 참고로 사용하는 어린이 성장표에 따르면 생후 2년 된 남아의 키는 평균이 88 cm이고 표준편차가 3.3 cm인 정규분포를 따른다고 한다. 만약 임의로 생후 2년 된 한 남아를 선택하였을 때, 키가 85.3 cm에서 93.2 cm 사이일 확률은 얼마인가?

3.13 겨울철 내린 우박의 지름의 평균이 1.3 cm이고 표준편차가 0.3 cm라고 할 때, 다음의 확률을 구하라.

(1) 내린 우박 중 하나를 임의로 선택하였을 때, 지름이 1.9 cm보다 클 확률

(2) 내린 우박 중 두 개를 임의로 선택하였을 때, 둘 중 하나의 지름이 1.5 cm보다 클 확률(단 두 개의 지름의 크기는 독립임)

3.14 정부의 보고서에 따르면 성인 남자의 키는 평균이 175.3 cm이고 표준편차가 7.1 cm인 정규분포를 따른다고 한다. 한 의류회사에서는 남자들의 키 가운데 80%를 목표로 하여 제품을 생산하려고 한다. 이들이 목표로 세우려는 키의 범위를 구하라.

3.15 혈당량을 측정하는 한 기기의 오차가 평균이 0.05이고 표준편차가 1.5의 정규분포를 따른다고 할 때, 다음의 확률을 구하라. (오차=관측값−실제값)

(1) 혈당량이 실제값보다 높게 관측될 확률은 얼마인가?

(2) 실제값과의 차이가 2.8 이상이 되면 심각한 오류로 판정할 때, 심각한 오류가 발생할 확률은 얼마인가?

(3) 오차의 분포에서 제80 백분위수를 구하라.

3.16 구급차가 병원에서 시내에 있는 스포츠센터까지 가는 데 걸리는 시간은 평균이 17분이고 표준편차가 3분인 정규분포를 따른다고 한다.

(1) 소요되는 시간에 대해 다음의 확률을 구하라.

(i) 22분 이상이 소요될 확률

(ii) 13분에서 21분 사이의 시간이 소요될 확률

(iii) 15.5분에서 18.5분 사이의 시간이 소요될 확률

(2) 도착하는 확률이 가장 높은 1분의 구간은 어디인가?

3.17 표준정규확률변수 $Z \sim N(0, 1)$에 대하여 $Y = \sigma Z + \mu (\sigma > 0)$로 변환한다고 하자.

(1) Y의 누적분포함수를 Φ를 이용하여 표현하라.

(2) Y의 확률분포와 기댓값과 분산을 구하라.

3.18 금속의 경도를 측정하는 Rockwell hardness(RH) 계수가 있다. 특정한 합금의 경우 RH 의 값이 평균 70 표준편차 3인 정규분포를 따른다.

(1) 검사하는 합금의 RH값이 67과 75 사이일 때만 합격한다고 할 때 합격할 확률을 구하라.

(2) 만일 합격 범위가 $(70-c, 70+c)$라 할 때 95%의 합금이 합격하려면 c의 값을 구하라.

(3) 10개의 합금을 독립적으로 검사했을 때 최대 8개의 RH값이 73.84보다 작을 확률을 구하라.

5.4 균등분포

연속확률변수 X가 실수 구간 a부터 b까지 상수 확률밀도를 가지면 확률변수 X는 구간 $[a, b]$에서 균등분포 또는 균일분포를 따른다고 한다.

균등분포 (Uniform Distribution)

확률변수 X의 확률밀도함수가 다음과 같을 때 (단, $b>a$)

$$f(x)=\begin{cases} \dfrac{1}{b-a} & a\leq x\leq b \\ 0 & \text{otherwise} \end{cases}$$

확률변수 X는 균등분포를 따른다고 하며 $X\sim U[a, b]$로 나타낸다.

$X\sim U[a, b]$이면

$$\mathbf{E}(X)=\frac{a+b}{2},\ \ \mathrm{Var}(X)=\frac{(b-a)^2}{12}$$

가 되며 누적분포함수는 다음과 같다.

$$F(x)=\begin{cases} 0 & x<a \\ \dfrac{x-a}{b-a} & a\leq x\leq b \\ 0 & x>b \end{cases}$$

된다. 만약 $a=0, b=1$이면 $X\sim U[0, 1]$로서 누적분포함수는

$$F(x)=\begin{cases} 0 & x<0 \\ x & 0\leq x\leq 1 \\ 1 & x>1 \end{cases}$$

이고, 그 함수의 개형은 다음과 같다.

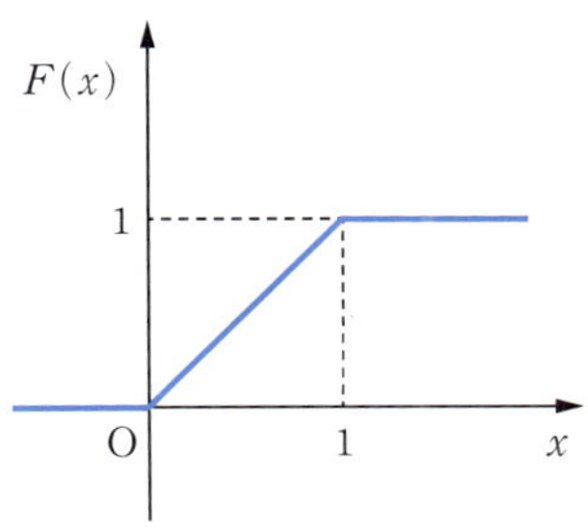

이 경우 $\mathbf{E}(X)=\frac{1}{2}$, $\mathrm{Var}(X)=\frac{1}{12}$이 된다.

예제 16

$X \sim U[0,\ 1]$일 때 $aX+b$의 기댓값과 분산을 구하라.

풀이

$X \sim U[0,\ 1]$의 확률밀도함수는 $f(x)=0,\ 1 \le x \le 1$이므로 확률변수함수의 기댓값을 구하는 식에 의하면 $g(X)=aX+b$에서 $\mathbf{E}[g(X)]$는

$\mathbf{E}(aX+b)=\int_0^1 (ax+b)\cdot 1\,ax=\left[\dfrac{ax^2}{2}+bx\right]_0^1=\dfrac{a}{2}+b$가 되며,

분산은 $\mathbf{E}(aX+b)=\int_0^1 (ax+b)^2\cdot 1\,ax=\dfrac{a^2}{3}+ab+b^2$에서 분산 간편계산식을 사용하면,

$\mathrm{Var}(aX+b)=\mathbf{E}(aX+b)^2-[\mathbf{E}(aX+b)]^2=\dfrac{a^2}{3}+ab+b^2-\left(\dfrac{a}{2}+b\right)^2=\dfrac{a^2}{12}$이다.

별해

이산 확률변수의 선형변환 확률변수의 기댓값과 분산식과 마찬가지로

$$\mathbf{E}(aX+b)=a\mathbf{E}(X)+b,\ \mathrm{Var}(aX+b)=a^2\mathrm{Var}(X)$$

와 $X \sim U[0,\ 1]$일 때, $\mathbf{E}(X)=\dfrac{1}{2},\ \mathrm{Var}(X)=\dfrac{1}{12}$을 이용하면 된다.

연습문제

4.1 $X \sim U[a,\ b]$일 때

(1) 기댓값 $\mu=\dfrac{a+b}{2}$와 분산 $\sigma^2=\dfrac{(b-a)^2}{12}$임을 보여라.

(2) $\mathbf{P}(\mu-\sigma < X < \mu+\sigma)$

4.2 $X \sim U[0,\ 1]$일 때 $2X$의 누적분포함수를 구하라.

4.3 $X \sim U[a,\ b]$일 때 $Y=\dfrac{1}{b-a}(X-a)$에 대하여, $\mathbf{E}(Y^2)$을 구하라.

4.4 어떤 연속확률변수 X의 누적분포함수가 $F(x)=1-e^{-2x},\ x \ge 0$일 때, $Y=1-e^{-2X}$에 대하여, Y의 확률밀도함수를 구하라.

4.5 길이가 1인 막대를 랜덤하게 이등분하여 큰 막대의 길이를 Y라 할 때

(1) Y의 분포함수를 구하라.

(2) Y의 기댓값과 분산을 구하라.

5.5 지수분포

대표적인 연속확률분포는 정규분포이지만 현실에서 보는 많은 자료들의 분포는 정규분포와 같은 대칭형이 아니다. 따라서 대칭이 아닌 대표적인 편중된 분포(skewed distribution)이면서 제품의 수명분포로 사용되는 지수분포에 대하여 공부해 보자.

지수분포 (Exponential Distribution)

확률변수 X의 확률밀도함수가 다음과 같을 때

$$f(x)=\lambda e^{-\lambda x},\ x\geq 0$$

확률변수 X는 모수 $\lambda(\lambda>0)$인 지수분포를 따른다고 하며 $X\sim \text{Exp}(\lambda)$로 나타낸다.

$X\sim \text{Exp}(\lambda)$이면

$$\mathbf{E}(X)=\frac{1}{\lambda},\ \text{Var}(X)=\frac{1}{\lambda^2}$$

가 되며, 누적분포함수는 다음과 같다.

$$F(x)=\begin{cases} 1-e^{-\lambda x} & x\geq 0 \\ 0 & x<0 \end{cases}$$

예제 17

쥐의 뇌세포를 이용하여 관찰한 결과 신경세포 하나에서 나트륨 채널이 열리는 시간이 평균 10(단위: ms)인 지수분포를 따른다고 하자. 이때 어느 쥐의 뇌세포 검사 시 채널이 열리는 시간이 10 ms 미만일 확률을 구하고 5 ms와 15 ms 사이일 확률을 구하라.

풀이

확률변수 X를 채널이 열리는 시간이라 하면 $X\sim \text{Exp}(1/10)$, 즉 $\lambda=\frac{1}{10}$인 지수분포를 따르므로 열리는 시간이 10(ms) 미만일 확률은

$$\mathbf{P}(X<10)=\mathbf{P}(X\leq 10)=F(10)=1-e^{-10\lambda}=1-e^{-1}=0.6321$$

이며, 5(ms)와 15(ms) 사이일 확률은 다음과 같다.

$$\begin{aligned}\mathbf{P}(5<X\leq 15)&=\mathbf{P}(X\leq 15)-\mathbf{P}(X\leq 5)\\ &=1-e^{-15\lambda}-(1-e^{-5\lambda})=e^{-5/10}-e^{-15/10}=0.3834\end{aligned}$$

예제 18

어떤 자동차 정비소에 서비스받으러 오는 차량의 수는 시간당 평균 3대인 포아송 분포를 따른다고 하자. 어느 날 아침에 정비소에 처음 정비를 하러 방문하는 차를 오기까지 기다리는 시간 확률변수 X의 확률밀도함수를 구하고 기다리는 시간이 30분 이상일 확률을 구하라.

풀이

확률변수 N_t를 시작 후 시간 구간 $[0, t]$동안 정비소를 찾은 차량의 수라고 하면 단위 시간당 평균 λ이므로 시간에 비례하는 포아송 분포 가정에 따라서 $N_t \sim \text{Poisson}(\lambda t)$이다. 확률변수 X를 정비소에 처음 방문하는 차량을 기다리는 시간이라 하면 $\{X>t\}=\{N_t=0\}$이 된다. 즉, 첫 고객 방문 시간이 t 이후일 사건 $\{X>t\}$는 시작 후 시간구간 $[0, t]$ 동안 방문고객 수가 0이라는 사건 $\{N_t=0\}$과 동일한 사건이 된다. $N_t \sim \text{Poisson}(\lambda t)$에서

$$\mathbf{P}(N_t=0)=\frac{(\lambda t)^0 e^{-\lambda t}}{0!}=e^{-\lambda t}$$

이므로 $\mathbf{P}(X>t)=\mathbf{P}(N_t=0)=e^{-\lambda t}$가 된다. 따라서 확률변수 X의 누적분포함수가 $F(t)=\mathbf{P}(X\le t)=1-e^{-\lambda t}$가 되고 이를 미분하면 확률밀도함수는 $f(t)=\lambda e^{-\lambda t}$로서 모수 λ인 지수분포가 된다. 따라서 구하는 확률은 $\mathbf{P}(X>0.5)=e^{-3\times 0.5}=0.2231$이 된다.

위 예제에서 보듯이 지수분포는 어떤 사건이 발생할 때까지의 대기시간(waiting time) 또는 제품의 수명 확률분포로 많이 이용된다. 사용하는 제품의 고장 사건까지의 수명을 모수 λ인 지수분포를 따르는 확률변수 X로 놓으면 다음과 같은 흥미로운 결과가 나온다.

$X \sim \text{Exp}(\lambda)$일 때, 임의의 양의 실수 s, t에 대하여 다음이 성립한다.

$$\mathbf{P}(X>t+s \mid X>t)=\mathbf{P}(X>s)$$

위 관계식은 t시간 고장 없이 사용한 제품이 추가로 s시간 이상 고장 없이 사용할 확률과 새 제품이 s시간 이상 고장 없이 사용할 확률과 동일하다는 것이다. 즉 앞으로 남은 제품의 수명에 대한 확률분포는 이전에 얼마 동안 사용하였는지에 상관이 없다는 것이다. 이러한 지수분포의 성질을 **무기억성(memoryless property)**이라고 한다. 앞 장의 이산형의 기하분포도 이와 같은 성질을 가짐을 보였다.

일반적인 제품의 수명은 보통 시간에 지나면 성능이 떨어지므로 전체 구간에서 지수분포를 적용하는 것은 어렵다. 그러나 부분적인 시간 구간에서는 사건의 발생이 지금까지 경과된 시간과 무관하게 랜덤하게 발생한다고 가정할 수 있다면 지수분포를 적용하는 것이 정당화될 수 있다.

연습문제

5.1 지수분포 $X \sim \mathrm{Exp}(\lambda)$의 기댓값과 분산을 구하라.

5.2 $X \sim \mathrm{Exp}(\lambda)$일 때 지수분포의 무기억성이 성립함을 보여라.

5.3 $X \sim \mathrm{Exp}(\lambda)$이고 $Y = aX$일 때$(a > 0)$

(1) Y는 어떤 확률분포를 따르는가?

(2) $\mathbf{E}(Y)$를 구하라.

5.4 $X \sim U(0,\ 1)$일 때 $Y = -\ln(1-X)$의 누적분포함수를 구하라.

5.5 $X \sim \mathrm{Exp}(1)$일 때

(1) $\mathbf{P}(1 \le X < 2)$를 구하라.

(2) 중앙값을 구하라.

(3) $Y = [X]$의 확률분포를 구하라. 여기서 $[x]$는 x를 넘지 않는 정수를 의미한다.

5.6 평균수명이 각각 4(시간)인 지수분포를 따르고 독립적으로 작동하는 두 개의 소자가 직렬 연결된 제품에서

(1) 제품이 4시간 이상 작동할 확률을 구하라.

(2) 제품 수명의 누적분포함수를 구하라.

(3) 제품 수명의 기댓값을 구하라.

R과 Python을 이용한 분석

분석 1

R을 이용하여 예제 14의 물음에 답하라.

풀이

함수 pnorm은 정규분포의 누적확률을 구하는 경우, 함수 qnorm은 정규분포의 역함수 값을 구하는 경우에 사용한다. 아래의 구문에서 보면 분산 대신 표준편차가 입력되는 점에 유의해야 한다.

pnorm(q, mean, sd, lower.tail=TRUE): q 이하의 확률

qnorm(p, mean, sd, lower.tail=TRUE): 누적확률이 p가 될 때 대응되는 변량의 값

q: 확률분포를 구하려는 변량의 값

mean: 확률분포의 평균

sd: 확률분포의 표준편차

lower.tail: $P[X \leq q]$ 또는 $P[X > q]$를 결정하는 논리값으로서 TRUE이면 $P[X \leq q]$

(1) 평균이 63이고 표준편차가 10인 정규분포에서 50 이하의 확률값은 "pnorm(q=50, mean=63, sd=10)"을 입력하면 0.09680048이 됨을 알 수 있다.

(2) 확률값을 주고 경곗값을 구하는 문제이므로 정규분포에서 역함수를 구하는 문제이다. 상위 10%에 해당하는 값은 아래에서부터 90%에 해당하는 값이므로 "qnorm(p=0.9, mean=63, sd=10)"을 입력하면 75.81552를 구할 수 있다.

Python 코드

분석 1

```
# 정규분포에서 확률과 분위수 계산
from scipy.stats import norm
print(norm.cdf(x=50,loc=63,scale=10))

from scipy.stats import norm
print(norm.ppf(q=0.9,loc=63,scale=10))
```

5장 종합문제

6.1 확률변수 X의 확률밀도함수가 다음과 같을 때 다음 물음에 답하라.

$$f(x) = c(3x - x^2),\ 0 < x < 3$$

(1) 적절한 상수 c를 구하라.

(2) 구간의 길이가 0.02인 $x=0.1,\ 1.5$에서 $X \in x \pm 0.01$일 확률을 구하라.

(3) 누적분포함수를 구하라.

6.2 확률변수 X의 확률밀도함수가 다음과 같을 때 물음에 답하라.

$$f(x)=\begin{cases} 5(1-x)^4 & 0<x<1 \\ 0 & \text{otherwise} \end{cases}$$

(1) $\mathbf{P}(X>x)=0.01$인 x를 구하라.

(2) 기댓값을 구하라.

6.3 확률변수 X의 확률밀도함수가 다음과 같을 때 다음 물음에 답하라.

$$f(x)=\frac{1+\alpha x}{2}, \quad -1\leq x\leq 1$$

(1) 이 함수가 확률밀도함수임을 보여라.

(2) 누적분포함수를 구하라.

(3) 제3사분위수(제75백분위수)를 구하라.

6.4 확률변수 X의 확률밀도함수가 다음과 같을 때 다음 물음에 답하라.

$$f(x)=\frac{1}{(1+x)^2}, \quad x>0$$

(1) $\mathbf{P}(X>3)$을 구하라.

(2) 기댓값 $\mathbf{E}(X)$를 구하라.

6.5 표준정규분포를 따르는 확률변수 Z에 대하여 다음의 확률을 구하라.

(1) $\mathbf{P}[Z>-0.72]$ (2) $\mathbf{P}[-1.5>Z>1.5]$

(3) $\mathbf{P}[|Z|>2]$ (4) $\mathbf{P}[|Z|<1]$

6.6 영어 시험 성적의 평균이 696점이고, 표준편차가 75점이라고 한다.

(1) 영어 성적이 696점이라면 표준화 값은 얼마인가?

(2) 표준화 값이 -0.8이라면 실제의 성적은 얼마인가?

(3) 영어 성적이 380점에서 560점 사이라면 표준화 값의 범위는 어떻게 되겠는가?

(4) 표준화 값이 범위가 -1.2에서 1.2 사이라면 실제 점수의 범위는 어떻게 되겠는가?

6.7 확률변수 X가 $\mu=100$, $\sigma=8$인 정규분포를 따를 때 다음의 확률을 구하라.

(1) $\mathbf{P}[X<107]$ (2) $\mathbf{P}[X>97]$

(3) $\mathbf{P}[X>106]$ (4) $\mathbf{P}[X<90]$

(5) $\mathbf{P}[95<X<106]$ (6) $\mathbf{P}[103<X<114]$

(7) $\mathbf{P}[88<X<100]$ (8) $\mathbf{P}[60<X<108]$

6.8 확률변수 X가 $\mu=200$, $\sigma=5$인 정규분포를 따를 때 다음을 만족하는 b를 구하라.

(1) $\mathbf{P}[X<b]=0.67$

(2) $\mathbf{P}[X > b] = 0.011$

(3) $\mathbf{P}[|X - 200| < b] = 0.966$

6.9 영어 시험 성적(X)이 평균이 597점이고 표준편차가 120점인 정규분포를 따른다고 한다.

(1) $\mathbf{P}[X > 660]$는 얼마인가?

(2) 제 90 백분위수는 얼마인가?

(3) 한 학생이 500점 이하의 점수를 받을 확률은 얼마인가?

6.10 새로 제작된 청소기가 첫 번째 고장까지 걸리는 시간이 평균이 530일이고 표준편차가 100일이라고 한다.

(1) 구입한 청소기가 아무 문제 없이 2년간 작동할 확률은 얼마인가?

(2) 이 청소기를 제조한 회사는 무상보증기간을 생산된 청소기 중에 10%가 고장 나는 기간까지로 하고자 한다. 보증기간을 며칠로 해야 되겠는가?

6.11 확률변수 X가 평균이 μ이고 표준편차가 σ인 정규분포를 따른다면, 선형함수에 의한 새로운 확률변수 Y, 즉 $Y = a + bX$(a, b는 상수)의 분포는 평균은 $a + b\mu$이며 표준편차는 $|b|\sigma$인 정규분포가 된다. 예를 들어 확률변수 X가 $N(25, 2^2)$라면, $Y = 7 - 3X$는 평균이 $7 - 3 \times (25) = -68$이며 표준편차가 $|-3| \times 2 = 6$인 정규분포를 따르는 확률변수이다.

(1) 보일러에 있는 물의 온도를 X라고 할 때 평균이 102°F이고 표준편차가 4°F의 정규분포를 따른다고 한다. 이 온도를 ℃로 표기하기 위해서 $Y = \frac{5}{9}(X - 32)$로 하였다. 이때 Y의 분포는 무엇인가?

(2) (1)에서 $\mathbf{P}[35 \le Y \le 42]$는 얼마인가?

(참고: 표준화 작업에 의한 확률변수 Z는 정규분포의 선형변환의 일종이다.
$Z = \frac{X - \mu}{\sigma} = \frac{-\mu}{\sigma} + \frac{1}{\sigma}X$에서 평균은 $\frac{-\mu}{\sigma} + \frac{\mu}{\sigma} = 0$이고 표준편차는 $\frac{1}{\sigma}\sigma = 1$이 된다.)

(3) 새로운 확률변수 Y의 누적분포함수를 이용하여 확률밀도함수를 구하라.

6.12 다음 각 확률분포에서 $\mathbf{P}(|X - \mu| \ge 2\sigma)$의 값을 구하라. 단, μ와 σ는 분포의 기댓값과 표준편차를 의미한다.

(1) $X \sim N(\mu, \sigma)$

(2) $X \sim \mathrm{Exp}(1/\mu)$

(3) $X \sim U[0, 1]$

6.13 $X \sim U[0, 1]$일 때 $Y = 2|X - 1/2|$에 대하여

(1) Y의 기댓값을 구하라.

(2) Y의 분산을 구하라.

6.14 확률변수 $X \sim U[-1, 2]$일 때 $Y = |X|$의 누적분포함수와 확률밀도함수를 구하라.

6.15 어떤 김치냉장고의 수명이 평균 10년인 지수분포를 따른다고 하자.

(1) 김치냉장고의 수명이 5년에서 10년 사이일 확률을 구하라.

(2) 5년 사용하고 친구에게 주었을 때 친구가 5년 미만 사용할 확률을 구하라.

6.16 자동차 사고에서 발생하는 수리비용은 평균 100만 원인 지수분포를 따른다고 하자. 어떤 사람이 50만 원이 넘는 수리비용만 보험회사에 청구한다고 할 때 청구 금액의 기댓값과 표준편차를 구하라.

6.17 두 종류(A 4개, B 8개)의 LED 전구 12개들이 상자에서 랜덤하게 한 개를 꺼냈을 때 이 전구의 수명 확률변수를 라 할 때 다음 물음에 답하라. 각 전구의 수명은 평균 A=100, B=200(시간)인 지수분포를 따른다고 하자.

(1) $\mathbf{P}(X \geq 200)$을 구하라.

(2) $\mathbf{E}(X)$을 구하라.

6.18 어떤 부품의 고장 횟수는 평균 하루(24시간)에 1회 발생하는 포아송 분포를 따른다고 하고 고장 나면 바로 동일한 예비부품으로 교체한다고 하자. 부품의 수명 X_1과 X_2는 서로 독립이라고 할 때

(1) X_1의 분포를 구하고, 24시간 동안 첫 부품의 고장이 없을 확률을 구하라.

(2) 총 수명의 기댓값 $\mathbf{E}(X_1 + X_2)$를 구하라.

(3) 이틀 동안 발생하는 고장 횟수 확률변수를 N_2라 할 때 $\mathbf{P}(N_2 = 0)$을 구하라.

(3) 예비부품까지 포함 총 작동시간이 48시간을 넘길 확률을 구하라.

6.19 5개의 동일 부품이 직렬로 연결되어 있는 제품을 생각해보자. 각 부품의 수명은 서로 독립이며 각각 모수 $\lambda = 0.01$인 지수분포를 따른다고 하자.

(1) 이 제품의 수명을 X라 할 때 $\mathbf{P}(X \geq t)$를 구하라.

(2) 제품의 평균수명을 구하라.

6.20 스트론튬(Strontium)90은 위험한 방사능물질이다. 이 물질의 수명은 $T \sim \text{Exp}(\lambda)$으로서 λ는 감쇠율(decay rate)을 나타낸다. 이 물질의 반감기는 28년이라고 하면

(1) λ를 구하라.

(2) 이 물질이 50년 이상 몸에 남아있을 확률을 구하라.

(3) 이 물질의 99%가 없어지려면 몇 년이 걸리는가?

6장

확률변수의 결합분포

지금까지는 실험에서 한 가지 측면에서의 특성이나 수치만을 관찰하는 경우에 대해 공부하였다. 그러나 한 실험에서도 두 개 이상의 측면에 대한 관측이 가능한데, 예를 들면 사람의 키와 몸무게를 같이 측정한다든지, 어느 위원회에서 구성원의 성별과 나이를 조사하는 경우가 이에 해당한다고 하겠다. 이런 경우에 우리는 그들 각각의 확률분포에도 관심이 있지만 그 두 가지 특성 간의 관계여부, 그 관계 정도에도 관심이 있게 된다. 이와 같은 것들을 공부하기 위해서 두 확률변수의 결합분포를 이해할 필요가 있다.

6.1 두 이산확률변수의 결합분포

두 개의 이산확률변수 X와 Y의 **결합확률분포**(joint probability distribution)란 X가 가질 수 있는 값과 Y가 가질 수 있는 모든 값들에 대응하는 확률을 나타내는 것이다. 만약 X의 가능한 값들이 $x_1, x_2, \cdots, x_m$이고 Y의 가능한 값들이 $y_1, y_2, \cdots, y_n$이라면 X와 Y의 결합확률분포는 모든 $1 \le i \le m$, $1 \le j \le n$에 대하여 $f(x_i, y_j) = \mathbf{P}(X = x_i, Y = y_j)$를 구함으로써 결정되는데, 이를 표 6-1과 같이 표현할 수 있다.

표 6-1 X와 Y의 결합확률분포

Y가 취하는 값 / X가 취하는 값	y_1	y_2	$\cdots$	y_n
x_1	$f(x_1, y_1)$	$f(x_1, y_2)$	$\cdots$	$f(x_1, y_n)$
x_2	$f(x_2, y_1)$	$f(x_2, y_2)$	$\cdots$	$f(x_2, y_n)$
$\vdots$	$\vdots$	$\vdots$	$\vdots$	$\vdots$
x_m	$f(x_m, y_1)$	$f(x_m, y_2)$	$\cdots$	$f(x_m, y_n)$

이렇게 표현된 함수 $f(x, y)$를 확률변수 (X, Y)의 결합확률질량함수라고 부른다.

결합확률질량함수(joint probability mass function)

이산확률변수 X와 Y의 결합확률질량함수 $f(x, y) = \mathbf{P}(X = x, Y = y)$는 다음 조건을 만족한다.

(1) 모든 쌍 (x, y)에서 $0 \le f(x, y) \le 1$

(2) 임의의 집합 A에 대하여 $\mathbf{P}[(X, Y) \in A] = \sum_{(x, y) \in A} \sum f(x, y)$

(3) $\sum_x \sum_y f(x, y) = 1$

만약 적절한 정수 i, j, k, l에 대하여 집합 $A=\{(x, y): i\le x\le j, k\le y\le l\}$이라면

$$\mathbf{P}[(X, Y)\in A]=\mathbf{P}[i\le X\le j,\ k\le Y\le l]=\sum_{x=i}^{j}\sum_{y=k}^{l}f(x, y)$$

와 같이 구한다.

예제 1

한 중고차 가게에 10대의 차가 진열되어 있다. 겉보기에는 거의 비슷한 상태이지만 10대 중 5대는 비교적 좋은 상태(G)이고, 2대는 기어변속기에 문제가 있고(DT) 남은 3대에는 엔진에 문제(DE)가 있다. 임의로 두 대의 차를 골랐을 때 확률변수 X를 기어변속기에 문제가 있는 차의 수라고 하고, Y를 엔진에 문제가 있는 차의 수라고 할 때 X와 Y의 결합확률분포를 구하라.

풀이

이 예제에서 X와 Y가 취하는 값은 각각 0, 1, 2로 (X, Y)가 취하는 모든 가능한 쌍은 $3\times 3=9$가지가 된다. 각 쌍에 대응되는 확률은 표 6-2에 정리되어 있는데 그 값들은 기본적인 확률계산 방법으로 구할 수 있다. 몇 가지 경우에 확률을 계산해 보면 다음과 같다.

$$f(0, 0)=\mathbf{P}[X=0, Y=0]=\frac{{}_5C_2}{{}_{10}C_2}=\frac{10}{45},$$

$$f(1, 0)=\mathbf{P}[X=1, Y=0]=\frac{{}_5C_1\ {}_2C_1}{{}_{10}C_2}=\frac{10}{45}.$$

다른 경우에도 이와 같은 방법으로 구할 수 있다. 단 $(X+Y)$가 2보다 크게 되는 경우는 일어날 수 없으므로 확률이 모두 0이 된다. 또한 모든 가능한 9쌍에 대한 확률을 더하면 1이 되어야 한다.

표 6-2 예제 1에서의 X와 Y의 결합확률분포

x \ y	0	1	2
0	10/45	15/45	3/45
1	10/45	6/45	0
2	1/45	0	0

이 예제와 달리 확률들이 이론적으로 계산되지 않을 경우에는 상대도수의 수렴치로 확률을 계산하게 된다. 즉 여러 차례의 실험에서 구해진 자료로부터 상대도수의 수렴치를 계산하는 것인데 이것을 보여 주는 한 예가 다음의 예제 2이다.

예제 2

한 공장에서 2부제 교대근무를 시행하고 있다. 근로자들의 결근률에 관해 조사하기 위해 다음의 확률 변수들에 관심이 있다고 하자.

X: 아침근무조의 결근자수

Y: 같은 날 저녁근무조의 결근자수

과거 오랫동안의 자료에 의해 관리자가 X와 Y의 결합확률분포를 아래 표 6-7과 같이 제시하였다.

표 6-3 예제 2에서의 X와 Y의 결합확률분포

x \ y	0	1	2	3	행의 합계
0	0.05	0.05	0.10	0.00	0.20
1	0.05	0.10	0.25	0.10	0.50
2	0.00	0.15	0.10	0.05	0.30
열의 합계	0.10	0.30	0.45	0.15	1.00

각각의 확률값들은 오랫동안의 자료에 의해 상대도수의 수렴치로써 얻어진 것이다. 예를 들어 $X=1$이고 $Y=2$일 확률이 0.25라는 것은 25%의 작업일에 1명의 아침근무 결근자와 2명의 저녁근무 결근자가 있었다는 의미이다. 각 행과 열의 합계는 각각 X와 Y의 확률분포를 나타내는데, 이때의 확률분포를 결합확률분포와 구별하기 위하여 **주변확률분포**(marginal probability distribution)라고 하기도 한다. 첫 행의 합인 0.20은 $X=0$일 확률로 $f_X(0)$로 표시하며, 의미는 20%의 작업일에 아침근무 결근자가 없었다는 것이며, 셋째 열의 합인 0.45는 $Y=2$일 확률로 $f_Y(2)$로 표시하며 이는 45%의 작업일에 두 명의 저녁근무 결근자가 있었다는 것을 의미한다.

이때 행의 합계와 열의 합계로 주어진 함수 $f_X(x)$와 $f_Y(y)$를 각각 X와 Y의 주변확률질량함수라고 부른다. 이를 일반화하여 정의하면 다음과 같다.

주변확률질량함수(marginal probability mass function)

확률변수 X와 Y의 결합확률질량함수가 $f(x, y)$이면 X와 Y의 주변확률질량함수는 각각

$$f_X(x)=\sum_{\text{모든 } y} f(x, y),\ f_Y(y)=\sum_{\text{모든 } x} f(x, y)$$

로 주어진다.

각 주변확률질량함수는 확률질량함수의 조건을 만족한다. 예를 들어, 결합확률질량함수의 조건

으로부터 $\sum_{\text{모든 } x} f_X(x) = \sum_{\text{모든 } x} \sum_{\text{모든 } y} f(x, y) = 1$임을 확인할 수 있다.

예제 3

예제 2의 결합확률분포에서 확률변수 X와 Y의 주변확률질량함수를 구하고 확률질량함수의 조건을 만족하는지 확인하라.

풀이

위 결합확률분포표 6-3에서 행과 열의 합계를 보면 각각

$$f_X(x) = \begin{cases} 0.20 & x=0 \\ 0.50 & x=1 \\ 0.30 & x=2 \end{cases}, \quad f_Y(y) = \begin{cases} 0.10 & y=0 \\ 0.30 & y=1 \\ 0.45 & y=2 \\ 0.15 & y=3 \end{cases}$$

이며 모든 x, y에서 $0 \le f_X(x) \le 1$, $0 \le f_Y(y) \le 0$ 그리고 $\sum_{x=0}^{2} f_X(x) = 1$, $\sum_{y=0}^{3} f_Y(y) = 1$임을 확인할 수 있다.

이러한 주변확률분포는 X와 Y가 함께 관계되는 경우가 아니고 X나 Y 하나만이 문제가 되는 경우의 확률, 기댓값, 표준편차 등을 계산하는 데 이용하게 된다. 즉 X나 Y의 기댓값, 분산을 계산하는 데는 각각의 주변확률을 이용해서 하나의 변수 때와 마찬가지로 구하면 된다. 확률변수 X의 기댓값과 분산을 μ_X, $\sigma_X{}^2$이라고 하면

$$\mu_X = \sum_{i=1}^{m} x_i f_X(x_i)$$

$$\sigma_X{}^2 = \sum_{i=1}^{m} (x_i - \mu_X)^2 f_X(x_i) = \sum_{i=1}^{m} x_i^2 f_X(x_i) - \mu_X{}^2$$

이 되며 Y에 대해서도 마찬가지로 μ_Y, $\sigma_Y{}^2$을 구할 수 있다. 위의 예제 2에서 μ_X, μ_Y, $\sigma_X{}^2$, $\sigma_Y{}^2$을 구해 보면 다음과 같다.

$$\mu_X = 0 \times 0.2 + 1 \times 0.5 + 2 \times 0.3 = 1.1$$

$$\mu_Y = 0 \times 0.1 + 1 \times 0.3 + 2 \times 0.45 + 3 \times 0.15 = 1.65$$

$$\sigma_X{}^2 = 1^2 \times 0.5 + 2^2 \times 0.3 - 1.1^2 = 0.49$$

$$\sigma_Y{}^2 = 1^2 \times 0.3 + 2^2 \times 0.45 + 3^2 \times 0.15 - 1.65^2 = 0.7275$$

위의 예제 2에서 X와 Y가 동시에 관계되는 몇 가지 확률을 계산해 보자.

(i) $\mathbf{P}[X > Y] = f(1, 0) + f(2, 0) + f(2, 1) = 0.05 + 0 + 0.15 = 0.20$

(ii) $\mathbf{P}[X + Y = 3] = f(0, 3) + f(1, 2) + f(2, 1) = 0 + 0.25 + 0.15 = 0.40$

이때 (ii)에서 $X+Y$가 3이 되는 경우뿐 아니라 임의의 상수 c에 대해서 $X+Y=c$가 되는 확

률을 계산하면 $X+Y$의 확률분포를 구할 수 있다. 확률변수 Z를 $X+Y$로 정의하면 Z는 아침과 저녁근무조의 총결근자수가 되며 Z가 취하는 값의 범위는 X와 Y가 모두 0인 경우에 0을 취하는 것으로부터 X와 Y가 각각 2, 3을 취할 때 5가 되는 것까지 $\{0, 1, 2, 3, 4, 5\}$가 된다. 임의의 $c=0, 1, \cdots, 5$에 대해 (ii)에서와 같이 계산하면 다음과 같이 Z의 확률분포를 얻을 수 있다.

Z가 취하는 값(z)	0	1	2	3	4	5	합계
$f(z)$	0.05	0.10	0.20	0.40	0.20	0.05	1.00

이 분포를 이용해서 Z의 기댓값 μ_Z를 구해 보면

$$\mu_Z=0\times 0.05+1\times 0.10+2\times 0.20+3\times 0.40+4\times 0.20+5\times 0.05=2.75$$

가 되며 이는 X와 Y의 기댓값을 합한 것과 같다. 이와 같은 두 개의 확률변수의 합의 기댓값은 각각의 기댓값의 합으로 표시되며, 이는 확률변수가 셋 이상일 때에도 성립된다. 즉 확률변수들의 합의 기댓값은 각각의 기댓값들의 합과 같다.

예제 4

어느 지역병원 A와 B에 각각 응급실 침대가 2개씩 있다고 하자. 특정 시점에서 병원별로 비어있는 응급실 침대 수 X와 Y의 결합확률분포가 다음과 같을 때 물음에 답하라.

x \ y	**0**	**1**	**2**
0	0.10	0.04	b
1	0.08	a	0.06
2	0.06	0.10	0.30

(1) $\mu_X=1.34$로 알고 있을 때, a와 b를 구하라.

(2) Y의 기댓값 μ_Y와 표준편차 σ_Y를 구하라.

(3) $\mathbf{P}(X<Y)$를 구하라.

(4) $Z=X-Y$의 확률분포를 구하고 기댓값 $\mu_Z=\mu_X-\mu_Y$를 확인하라.

풀이

(1) 결합확률분포에서 X의 주변확률질량함수 $f_X(x)$를 이용하여 구하면

$$\mu_X=\mathbf{E}(X)=\sum_{x=0}^{2} xf_X(x)=0\times(0.14+b)+1\times(0.14+a)+2\times(0.5)=1.14+a$$

이므로 $1.34=1.14+a$에서 $a=0.2$가 된다. 또한 $\sum\sum f(x, y)=1$로부터 $b=0.02$가 된다.

(2) 열의 합 $f_Y(y)$에서 $\mathbf{E}(Y)=\mu_Y=\sum_{y=0}^{2} yf_Y(y)=1.14$, $\mathbf{E}(Y^2)=\sum_{y=0}^{2} y^2f_Y(y)=1.9$이므로 $\sigma_Y^2=\mathbf{E}(Y^2)-\mu_Y^2=1.9-1.14^2=0.6004$, $\sigma_Y=0.775$이다.

(3) 조건에 맞는 결합확률을 더하면 $\mathbf{P}(X<Y)=f(0,\ 1)+f(0,\ 2)+f(1,\ 2)=0.12$이다.

(4) $Z=X-Y$가 가질 수 있는 값은 $\{-2,\ -1,\ 0,\ 1,\ 2\}$이며 예를 들어, $\mathbf{P}(X-Y=-1)$을 구하면 다음 두 가지를 합한 $f(0,\ 1)+f(1,\ 2)=0.04+1.16=0.10$이 된다. 이처럼 모든 값에서 정리하면 Z의 확률분포는 다음과 같다.

z	-2	-1	0	1	2	합계
$f_Z(z)=\mathbf{P}(Z=z)$	0.02	0.10	0.6	0.22	0.06	1

따라서 위 분포로부터 Z의 기댓값 $\mu_Z=\sum_{z=-2}^{2} zf_Z(z)=-2\times0.02+\cdots+2\times0.06=0.2$가 되며 $\mu_X-\mu_Y=1.34-1.14=0.2$이므로 $\mu_Z=\mu_X-\mu_Y$, 즉 $\mathbf{E}(Z)=\mathbf{E}(X-Y)=\mathbf{E}(X)-\mathbf{E}(Y)$이다.

연습문제

1.1 과일 바구니에 5개의 사과와 5개의 배, 10개의 감이 들어 있다. 어떤 사람이 임의로 두 개의 과일을 꺼내 먹으려고 한다. 이때 확률변수 X를 뽑힌 과일 중 사과의 개수, 확률변수 Y를 뽑힌 과일 중 감의 개수라고 하자. 확률변수 X와 Y의 결합확률분포와 각각의 주변확률분포를 구하라.

1.2 위의 연습문제 **1.1**에서 확률 $\mathbf{P}[X+Y=2]$, $\mathbf{P}[X\geq Y]$를 계산하라. 또한 확률변수 $X+Y$의 분포를 구하라.

1.3 두 개의 확률변수 X, Y의 결합확률분포가 다음과 같다.

x \ y	**0**	**2**	**4**	**6**	$f_X(x)$
0	0.10	0.05	0.10	0.00	
1	0.05	0.20	0.20	0.05	
2	0.00	0.10	0.05	0.10	
$f_Y(y)$					1.00

(1) 확률변수 X, Y의 각각의 주변확률분포를 구하라.

(2) 확률 $\mathbf{P}[X=Y]$, $\mathbf{P}[X\geq Y-1]$를 계산하라.

1.4 위의 연습문제 **1.3**에서 다음 물음에 답하라.

(1) X, Y의 각각의 기댓값을 계산하라.

(2) 확률변수 $(X-Y)$의 분포를 구하라.

(3) 위 (2)의 분포로부터 $\mathbf{E}(X-Y)$를 계산하고 이것이 $\mathbf{E}(X)-\mathbf{E}(Y)$와 일치하는지 보여라.

1.5 친구(A, B, C, D, E) 5명이 음악회에 갔다. 좌석이 1번부터 5번까지이고 표를 임의로 나누어 주었을 때 X를 A의 좌석번호라고 하고 Y를 B의 좌석번호라고 하자.

(1) (X, Y)의 결합확률분포표를 작성하라.

(2) A와 B 사이에 앉은 친구 수에 대한 기댓값은?

1.6 상자에 5개 제품 중 2개가 불량품이라고 하자. 확률변수 X를 차례로 검사할 때 첫 번째 불량품 발견에 필요한 제품의 수로 하고, Y는 그 이후 나머지 불량품을 발견까지 필요한 검사 수로 놓는다면

(1) (X, Y)의 결합확률분포를 구하라.

(2) X의 주변확률분포를 구하라.

(3) X의 기댓값과 표준편차를 구하라.

(4) $\mathbf{P}(X=x,\ Y=y)=\mathbf{P}(X=x)\mathbf{P}(Y=y)$가 모든 $(x,\ y)$에서 성립하는가?

1.7 공정한 주사위를 A가 10회 던지고 B가 10회 던진다고 하자. 각자 3의 배수가 나온 횟수를 X와 Y라고 하자.

(1) (X, Y)의 결합확률분포를 구하라.

(2) $\mathbf{P}(X+Y=2)$를 구하라.

(3) $X+Y$의 기댓값과 확률분포를 구하라.

1.8 다음은 어느 가게에서 일주일 동안 팔린 스마트폰 개수 X의 확률분포이다.

x	0	1	2	3	4
$f(x)$	0.1	0.2	0.3	0.25	0.15

스마트폰을 산 60% 고객은 분실보험을 든다고 하자. 확률변수 Y를 분실보험까지 가입한 고객의 수라고 할 때 다음 물음에 답하라.

(1) $\mathbf{P}(X=4,\ Y=2)$를 구하라.

(2) $\mathbf{P}(Y=2)$를 구하라.

(3) $\mathbf{P}(X=Y)$를 구하라.

6.2 두 연속확률변수의 결합분포

연속확률변수 (X, Y)의 결합확률분포는 확률밀도함수를 2차원 실수 공간으로 확장한 결합확률밀도함수를 다음과 같이 정의하여 구한다.

결합확률밀도함수(joint probability density function)

연속확률변수 X와 Y의 결합확률밀도함수 $f(x, y)$는 다음 조건을 만족한다.

(1) 모든 실수 x, y에서 $f(x, y) \geq 0$

(2) 임의의 2차원 부분집합 A에 대하여 $\mathbf{P}[(X, Y) \in A] = \int_A \int f(x, y)dxdy$

(3) $\int_{-\infty}^{\infty} \int_{-\infty}^{\infty} f(x, y)dxdy = 1$

만약 2차원 부분집합이 $A = \{(x, y):\ a \leq x \leq b,\ c \leq y \leq d\}$처럼 직사각형 형태이면

$$\mathbf{P}[(X, Y) \in A] = \iint_{(X, Y) \in A} f(x, y)dxdy = \int_c^d \int_a^b f(x, y)dxdy$$

로 적분 구간을 손쉽게 나타낼 수 있다.

예제 5

연속 확률변수 (X, Y)의 결합확률밀도함수가 다음과 같을 때 물음에 답하라.

$$f(x, y) = \begin{cases} x+y & 0<x<1,\ 0<y<1 \\ 0 & \text{otherwise} \end{cases}$$

(1) 정당한 결합밀도함수인지 밝혀라.

(2) $\mathbf{P}(0<X<0.5,\ 0<Y<0.5)$를 구하라.

풀이

(1) 주어진 구간 $0<x<1$, $0<y<1$에서 $f(x, y) = x+y \geq 0$은 성립하며

$$\int_{-\infty}^{\infty} \int_{-\infty}^{\infty} f(x, y)dxdy = \int_0^1 \int_0^1 (x+y)dxdy = \int_0^1 \int_0^1 x\,dxdy + \int_0^1 \int_0^1 y\,dxdy$$

$$= \left[\frac{x^2}{2} \right]_{x=0}^{x=1} + \left[\frac{y^2}{2} \right]_{y=0}^{y=1} = 1$$

(2) $$\mathbf{P}(0<X<0.5,\ 0<Y<0.5) = \int_0^{0.5} \int_0^{0.5} (x+y)dxdy = \left[\frac{x^2}{2} \right]_{x=0}^{x=0.5} + \left[\frac{y^2}{2} \right]_{y=0}^{y=0.5} = \frac{1}{4}$$

결합분포에서 주변확률분포도 이산결합분포와 유사하게 합(적분)으로 다음과 같이 구할 수 있다.

주변확률밀도함수(marginal probability density function)

확률변수 X의 주변확률밀도함수 $f_X(x)$는 모든 $-\infty < x < \infty$에서

$$f_X(x) = \int_{-\infty}^{\infty} f(x, y)dy$$

이며, Y의 주변확률밀도함수 $f_Y(y)$는 모든 $-\infty<y<\infty$에서 다음과 같다.

$$f_Y(y)=\int_{-\infty}^{\infty} f(x, y)dx$$

각 주변확률밀도함수도 확률밀도함수의 조건을 만족한다. 예를 들면,

$$\int_{-\infty}^{\infty} f_X(x)dx=\int_{-\infty}^{\infty}\int_{-\infty}^{\infty} f(x, y)dydx=1$$

이 성립함을 결합확률밀도함수의 조건으로부터 확인할 수 있다.

예제 6

위 예제 5에서 확률변수 X와 Y의 주변확률밀도함수를 각각 구하라.

풀이

$$f_X(x)=\int_{-\infty}^{\infty} f(x, y)dy=\int_0^1(x+y)dy=x+\frac{1}{2},\ 0<x<1$$

이고, Y의 주변확률밀도함수도 동일하게 하면 다음과 같다.

$$f_Y(y)=\int_{-\infty}^{\infty} f(x, y)dx=\int_0^1(x+y)dx=\frac{1}{2}+y,\ 0<y<1$$

결합분포가 주어졌을 때 주변확률밀도함수를 구하여 확률변수 X와 Y의 기댓값과 분산을 구할 수 있다.

$$\mu_X=\mathbf{E}(X)=\int_{-\infty}^{\infty} xf_X(x)dx,\ \sigma_X^2=\mathbf{E}(X^2)-\mu_X^2=\int_{-\infty}^{\infty} x^2f_X(x)dx-\mu_X^2$$
$$\mu_Y=\mathbf{E}(Y)=\int_{-\infty}^{\infty} yf_Y(y)dy,\ \sigma_Y^2=\mathbf{E}(Y^2)-\mu_Y^2=\int_{-\infty}^{\infty} y^2f_Y(y)dy-\mu_Y^2$$

예제 7

예제 5의 결합분포에서 X의 기댓값과 분산을 구하라.

풀이

예제 6에서 $f_X(x)=x+\frac{1}{2},\ 0<x<1$로 주어졌으므로

$\mu_X=\mathbf{E}(X)=\int_{-\infty}^{\infty}xf_X(x)dy=\int_0^1x\left(x+\frac{1}{2}\right)dx=\left[\frac{x^3}{3}+\frac{x^2}{4}\right]_0^1=\frac{7}{12}$이고,

$\mathbf{E}(X^2)=\int_0^1x^2\left(x+\frac{1}{2}\right)dx=\left[\frac{x^4}{4}+\frac{x^3}{6}\right]_0^1=\frac{5}{12}$이므로 $\sigma_X^2=\mathbf{E}(X^2)-\mu_X^2=\frac{5}{12}-\left(\frac{7}{12}\right)^2=\frac{11}{144}$

이다.

위 예제 5는 적분 영역이 직사각형 형태로 주어져서 주변확률분포나 결합확률을 계산하기 용이하였으나 일반적인 경우에는 적분 영역을 잘 파악하는 것이 중요하다.

예제 8

연속 확률변수 (X, Y)의 결합확률밀도함수가 다음과 같을 때 물음에 답하라.

$$f(x, y)=\begin{cases} cxy & 0<x<1,\ 0<y<1,\ x+y<1 \\ 0 & \text{otherwise} \end{cases}$$

(1) 결합확률밀도함수가 되는 상수 c를 구하라.

(2) X의 주변확률밀도함수를 구하고 확률밀도함수인지 확인하여라.

풀이

위 결합확률밀도함수가 정의된 영역을 표기하면 다음 그림의 삼각형 영역이다. 즉, 삼각형 영역 위에서 $f(x, y)=cxy$의 값을 가지며 그 외의 영역에서는 $f(x, y)=0$이 된다.

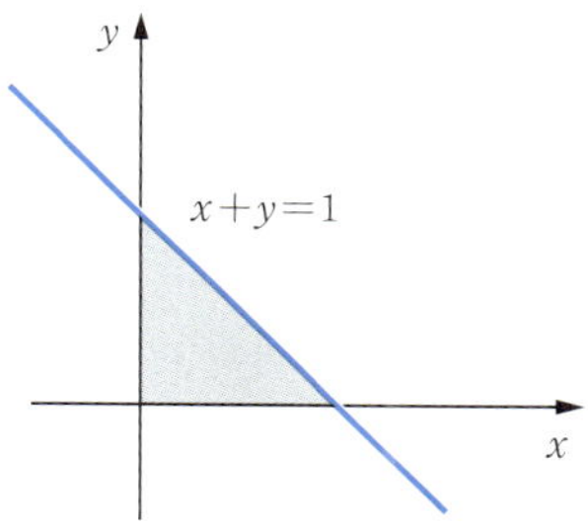

(1) 결합확률밀도함수의 조건 $1=\int_{-\infty}^{\infty}\int_{-\infty}^{\infty} f(x, y)dxdy$에서 $f(x, y)>0$인 삼각형의 적분 영역은 임의의 $0<y<1$에서 $0<x<1-y$로 범위가 정해지므로

$$\int_{-\infty}^{\infty}\int_{-\infty}^{\infty} f(x, y)dxdy=c\int_{0}^{1}\int_{0}^{1-y} xy\,dxdy=1$$

가 된다. 이중적분을 차례로 수행하면,

$$\int_{0}^{1}\int_{0}^{1-y} xy\,dxdy=\int_{0}^{1} y\left[\int_{0}^{1-y} x\,dx\right]dy=\int_{0}^{1} y\frac{(1-y)^2}{2}dy=\frac{1}{24}$$이므로 $c=24$이다.

(2) $f_X(x)=\int_{-\infty}^{\infty} f(x, y)dy$이며 주어진 $0<x<1$에서 범위가 $0<y<1-x$이므로

$f_X(x)=\int_{0}^{1-x} 24xydy=24x\frac{(1-x)^2}{2}=12x(1-x)^2,\ 0<x<1$이다.

확률밀도함수의 조건은

$0<x<1$에서 $f_X(x)=12x(1-x)^2\geq 0$이며

$\int_0^1 12x(1-x)^2 dx = 12\left[\frac{x^2}{2} - \frac{2}{3}x^3 + \frac{x^4}{4}\right]_0^1 = 1$을 만족한다.

연습문제

2.1 (X, Y)의 결합확률밀도함수가 아래와 같을 때 다음을 구하라.

$$f(x, y) = 2e^{-(x+2y)},\ 0<x<\infty,\ 0<y<\infty$$

(1) $\mathbf{P}(X>1, Y=1)$

(2) $\mathbf{P}(X<Y)$

(3) $\mathbf{P}(X\le 1)$

2.2 두 연속확률변수 X와 Y의 결합확률밀도함수가 다음과 같을 때 물음에 답하라.

$$f(x, y) = cye^{-y(2+x)},\ 0<x<\infty,\ 0<y<\infty$$

(1) 적절한 상수 c를 구하라.

(2) Y의 주변확률밀도함수를 구하라.

2.3 두 확률변수 X와 Y의 결합확률밀도함수가 다음과 같을 때 물음에 답하라.

$$f(x, y) = \begin{cases} c & 0\le x\le 60,\ 0\le y\le 60 \\ 0 & \text{otherwise} \end{cases}$$

(1) 적절한 상수 c를 구하라.

(2) $\mathbf{P}(|X-Y|\ge 10)$을 구하라.

2.4 (X, Y)의 결합확률밀도함수가 다음과 같을 때 물음에 답하라.

$$f(x, y) = e^{-(x+y)},\ 0<x<\infty,\ 0<y<\infty$$

(1) $\mathbf{P}(X/Y\le t)$를 구하라.

(2) X/Y의 확률밀도함수를 구하라.

2.5 두 연속확률변수 X와 Y의 결합확률밀도함수가 다음과 같다.

$$f(x, y) = ce^{-(x+y)},\ 0<x<y<\infty$$

(1) 결합확률밀도함수가 되는 상수 c를 구하라.

(2) X와 Y의 주변확률밀도함수를 각각 구하라.

(3) $\mathbf{P}(0<X<1, Y\le 2)$를 구하라.

6.3 두 확률변수의 독립

두 사건 A와 B가 독립이 되기 위해서는 $\mathbf{P}(A \cap B) = \mathbf{P}(A)\mathbf{P}(B)$를 만족시켜야 한다. 이와 비슷한 논리로 두 확률변수 X와 Y의 독립은 다음과 같이 정의한다.

> **두 확률변수 X와 Y의 독립**
>
> 두 확률변수 (X, Y)의 결합확률질량(밀도)함수가 $f(x, y)$이고 각 주변확률질량(밀도)함수가 $f_X(x)$, $f_Y(y)$라 할 때 모든 값 x, y에서
>
> $$f(x, y) = f_X(x) \cdot f_Y(y)$$
>
> 가 성립하면 두 확률변수 X와 Y가 **서로 독립(mutually independent)**이라고 한다.

위 조건을 만족하지 못하면 확률변수 X와 Y는 **종속(dependent)**이라고 한다. 확률변수 간의 독립은 각 확률변수에 의하여 생성되는 모든 사건들이 독립사건이 되어야 한다. 따라서 만약 이산 확률변수 간의 종속을 확인하려면 성립하지 않는 쌍 (x_i, y_i) 하나만 찾아도 된다. 예를 들어,

$$\mathbf{P}(X = x_1,\ Y = y_1) = \mathbf{P}(X = x_1)\mathbf{P}(Y = y_1),\ \mathbf{P}(X = x_2,\ Y = y_2) \neq \mathbf{P}(X = x_2)\mathbf{P}(Y = y_2)$$

라면, 사건 $\{X = x_1\}$와 $\{Y = y_1\}$은 서로 독립이지만, 사건$\{X = x_2\}$와 $\{Y = y_2\}$는 서로 독립이 아니다. 즉, (x_2, y_2)에서 $f(x_2, y_2) = f_X(x_2) f_Y(y_2)$가 성립하지 않으므로 확률변수 X와 Y는 독립이 아니고 종속(dependent)이다.

예제 9

동전을 세 번 던지는 실험에서 X를 처음 두 번 던질 때 나오는 앞면의 수라고 하고 Y를 세 번째 던질 때 나오는 앞면의 수라고 하면 X와 Y의 결합확률분포는 다음 표 6-4과 같다.

표 6-4 X와 Y의 결합확률분포

x \ y	0	1	2	$f_X(x)$
0	$\frac{1}{8}$	$\frac{1}{4}$	$\frac{1}{8}$	$\frac{1}{2}$
1	$\frac{1}{8}$	$\frac{1}{4}$	$\frac{1}{8}$	$\frac{1}{2}$
$f_Y(y)$	$\frac{1}{4}$	$\frac{1}{2}$	$\frac{1}{4}$	1

확률변수 X와 Y의 독립성을 확인하라.

풀이 위의 표 6-4에 주어진 바와 같이 모든 (x, y)값에 대해 그 확률은 두 주변확률들의 곱으로 표현됨을 알 수 있다. 실제로 X와 Y는 실험에서 서로 영향을 주지 않는 부분(처음 두 번 동전던지기와 세 번째 동전 던지기)에 관계하므로 두 변수가 독립이라는 것은 당연한 결과이다.

예제 10

예제 1의 이산결합분포에서 X와 Y가 독립인지 확인하여라.

풀이

표 6-2의 결합확률분포표에서 $f(1, 1)=\frac{6}{45}$, $f_X(1)=\frac{16}{45}$, $f_Y(1)=\frac{21}{45}$이고 $f(1, 1)\neq f_X(1)f_Y(1)$이므로 X와 Y는 독립이 아니고 종속이다.

예제 11

예제 5에서 두 연속확률변수 X와 Y가 독립인지 확인하여라.

풀이

결합확률함수 $f(x, y)=x+y$이며, 주변확률함수가 각각 $f_X(x)=x+\frac{1}{2}$, $f_Y(y)=y+\frac{1}{2}$이므로 모든 $0<x$, $x<1$에서 $f(x, y)=f_X(x)f_Y(y)$이 성립하지는 않으므로 종속이다.

일반적으로 결합확률분포로부터 주변확률분포를 구할 수 있지만, 주변확률분포로부터 결합확률분포를 구할 수 있는 경우는 두 확률변수가 독립인 경우만 가능하다. 따라서 두 확률변수가 예제 9처럼 서로 영향을 미치지 않고 독립이면 결합확률함수를 주변확률함수들의 곱으로 구할 수 있다.

예제 12

위 예제 9에서 $\mathbf{P}(X+Y=1)$를 구하라.

풀이

결합확률분포에서 사건 $\{X+Y=1\}=\{X=0, Y=1\}\cup\{X=1, Y=0\}$이므로

$$\mathbf{P}(X+Y=1)=\mathbf{P}(X=0, Y=1)+\mathbf{P}(X=1, Y=0)=f(0, 0)+f(1, 0)=\frac{1}{4}+\frac{1}{8}=\frac{3}{8}$$

처럼 결합확률분포를 이용하여 구하거나 X와 Y가 서로 독립이고 주변확률분포만 주어진 경우라면 다음과 같이 구할 수도 있다.

$$f(0, 1)=f_X(0)f_Y(1)=\left(\frac{1}{2}\right)\left(\frac{1}{2}\right)=\frac{1}{4},\ f(1, 0)=f_X(1)f_Y(0)=\left(\frac{1}{2}\right)\left(\frac{1}{4}\right)=\frac{1}{8}$$

예제 13

어느 가정에서 형광등의 수명(X)이 모수 $\lambda_1\left(=\frac{1}{720}\right)$(일)인 지수분포를 따르고 가습기의 수명($Y$)는 독립인 모수 $\lambda_2\left(=\frac{1}{550}\right)$(일)인 지수분포를 따를 때 다음 물음에 답하라.

(1) (X, Y)의 결합확률밀도함수를 구하라.

(2) 1년(365일)간 두 제품 모두 고장이 없을 확률을 구하라.

(3) 두 제품 수명의 합이 2년(730일)을 넘기지 못할 확률을 구하라.

풀이

(1) X와 Y는 서로 독립이므로 형광등과 가습기의 결합확률밀도함수는 다음과 같다.

$$f(x, y)=\lambda_1 e^{-\lambda_1 x}\lambda_2 e^{-\lambda_2 y}=\lambda_1\lambda_2 e^{-(\lambda_1 x+\lambda_2 y)},\ x>0,\ y>0$$

(2) 두 제품이 모두 365일 이상 고장이 없을 확률은 독립이므로 다음처럼 구하면 된다.
$\mathbf{P}(X\geq 365)=\int_{365}^{\infty}\lambda_1 e^{-\lambda_1 x}dx=e^{-365\lambda_1}=e^{-365/720}$이며 마찬가지로 $\mathbf{P}(Y\geq 365)=e^{-365/550}$이 된다. 따라서 구하는 확률은 $\mathbf{P}(X\geq 365,\ Y\geq 365)=\mathbf{P}(X\geq 365)(Y\geq 365)=0.31$이다.

(3) 두 제품 수명의 합 $X+Y$에 관한 확률은 (X, Y)의 결합분포를 이용해야 한다. 즉, $\mathbf{P}(X+Y\leq 730)=\int_A\int f(x, y)dxdy$에서 $A=\{(x, y):\ x+y\leq 730,\ x>0,\ y>0\}$이므로 다음과 같다.

$$\begin{aligned}\mathbf{P}(X+Y\leq 730)&=\int_A\int f(x, y)dxdy=\int_0^{730}\int_0^{730-y}\lambda_1\lambda_2 e^{-(\lambda_1 x+\lambda_2 y)}dxdy\\&=\int_0^{730}\lambda_2 e^{-\lambda_2 y}\int_0^{730-y}\lambda_1 e^{-\lambda_1 x}dxdy=\int_0^{730}\lambda_2 e^{-\lambda_2 y}\left[1-e^{-\lambda_1(730-y)}\right]dy\\&=\int_0^{730}\lambda_2 e^{-\lambda_2 y}dy-\lambda_2 e^{-730\lambda_1}\int_0^{730}e^{-(\lambda_2-\lambda_1)y}dy\\&=1-e^{-730\lambda_2}-\frac{\lambda_2 e^{-730\lambda_1}}{\lambda_2-\lambda_1}\left[1-e^{-730(\lambda_2-\lambda_1)}\right]=0.32\end{aligned}$$

연습문제

3.1 연습문제 **1.3**의 결합확률분포에서 두 이산확률변수 X와 Y의 독립여부를 판단하라.

3.2 연습문제 **2.4**의 결합분포에서 두 연속확률변수 X와 Y의 독립여부를 판단하라.

3.3 연습문제 **2.5**의 결합분포에서 두 연속확률변수 X와 Y의 독립여부를 판단하라.

3.4 독립적으로 작동하는 2개의 동일 부품으로 구성된 제품에서 각 부품의 평균수명은 2시간인 지수분포를 따른다고 하자.

(1) 두 부품의 수명 (X, Y)의 결합확률밀도함수를 구하라.

(2) 각 부품 모두 1시간 이내 고장 날 확률 $\mathbf{P}(X \leq 1, Y \leq 1)$을 구하라.

(3) 두 부품의 수명의 합이 2시간 이내일 확률을 구하라.

3.5 두 개의 확률변수 X와 Y가 서로 독립일 때, $2X$와 $2Y$가 서로 독립임을 보여라.

6.4 조건부분포

앞 절의 예제 1에서 확률변수 X는 10대의 차량에서 랜덤하게 2대를 선택할 때 기어변속기에 문제가 있는 차량의 수이고, Y는 엔진에 문제가 있는 차량의 수로 정의하였으며 확률변수 (X, Y)의 결합확률질량함수가 표 6-2에 주어졌다. 이때 2대 중 엔진에 문제가 있는 차량이 없을 때 기어에 문제가 있는 차량의 수가 2대 미만일 확률 $\mathbf{P}(X<2|Y=0)$은 이산인 경우는 사건의 조건부확률을 이용하거나 다음의 조건부 확률함수를 이용하여 구한다.

조건부 확률분포 (conditional probability distribution)

확률변수 (X, Y)의 결합확률질량(밀도)함수가 $f(x, y)$이며 각 주변확률질량(밀도)함수가 $f_X(x)$, $f_Y(y)$라고 하면, $X=x$로 주어졌을 때 Y의 조건부확률분포는 다음 조건부확률질량(밀도)함수

$$f_{Y|X}(y|x)=\frac{f(x, y)}{f_X(x)} \text{ (단, } f_X(x)>0)$$

를 이용하여 구한다.

확률변수 (X, Y)가 이산인 경우, 조건부확률질량함수 $f_{Y|X}(y|x)$는 $\mathbf{P}(X=x)>0$이 되는 x에서

$$f_{Y|X}(y|x)=\frac{f(x, y)}{f_X(x)}=\frac{\mathbf{P}(X=x, Y=y)}{\mathbf{P}(X=x)}=\mathbf{P}(Y=y|X=x)$$

와 같이 사건의 조건부확률로 정의할 수 있다. 그러나 확률변수 (X, Y)가 연속인 경우, 모든 x에서 $\mathbf{P}(X=x)=0$이므로 사건의 조건부확률처럼 정의할 수가 없고 결합확률밀도함수 $f(x, y)$를 주변확률밀도함수 $f_X(x)$(단, $f_X(x)>0$)로 나눈 값으로 $f_{Y|X}(y|x)$를 정의하여 사용한다.

확률변수 (X, Y)에서 $Y=y$로 주어졌을 때 X의 조건부 확률질량(밀도)함수는 앞에서와 유사하게 $f_{X|Y}(x|y)=\dfrac{f(x, y)}{f_Y(y)}$ (단, $f_Y(y)>0$)로 정의할 수 있다.

예제 14

예제 1에서 $\mathbf{P}(X<2|Y=0)$을 구하라.

풀이

$$\mathbf{P}(X<2|Y=0)=\sum_{x=0}^{1}\mathbf{P}(X=x|Y=0)=\sum_{x=0}^{1}f_{X|Y}(x|0)=\frac{f(0,\ 0)+f(1,\ 0)}{f_Y(0)}=\frac{20}{21}$$

예제 15

예제 5에서 $X=x$로 주어졌을 때 Y의 조건부 확률밀도함수를 구하고 이를 이용하여 확률 $\mathbf{P}(Y\le 0.5|X=0.5)$을 구하라.

풀이

예제 6에서 X의 주변확률밀도함수 $f_X(x)=x+0.5,\ 0<x<1$로 구했으며 $f(x,\ y)=x+y$로 주어졌으므로 $f_{Y|X}(y|x)=\dfrac{f(x,\ y)}{f_X(x)}=\dfrac{x+y}{x+0.5},\ 0<y<1$로 주어진다. 따라서 다음과 같다.

$$\mathbf{P}(Y\le 0.5|X=0.5)=\int_0^{0.5}f_{Y|X}(y|0.5)dy=\int_0^{0.5}(y+0.5)dy=\frac{3}{8}$$

조건부 확률함수가 주어졌을 때 조건부 기댓값은 다음과 같이 정의한다.

$X=x$로 주어졌을 때 Y의 조건부 확률함수가 다음과 같이 주어지면

$$f_{Y|X}(y|x)=\frac{f(x,\ y)}{f_X(x)}\ (\text{단, } f_X(x)>0)$$

조건부 기댓값은 다음과 같다.

$$\mathbf{E}(Y|X=x)=\begin{cases}\displaystyle\sum_{\text{모든 } y} yf_{Y|X}(y|x) & :(X,\ Y)\text{가 이산인 경우}\\ \displaystyle\int_{-\infty}^{\infty} yf_{Y|X}(y|x)dy & :(X,\ Y)\text{가 연속인 경우}\end{cases}$$

$X=y$가 주어졌을 때 X의 조건부 기댓값도 조건부 확률함수 $f_{X|Y}(x|y)$를 이용하여 마찬가지로 구하면 된다.

예제 16

결합확률밀도함수가 $f(x,\ y)=2e^{-(x+y)},\ 0<x<y<\infty$로 주어졌을 때 Y의 조건부 확률밀도함수를 구하고 기댓값 $\mathbf{E}(Y|X=x)$을 구하라.

풀이

$f(x, y)=2e^{-(x+y)}$, $0<x<y<\infty$이면 $f_X(x)=\int_0^{\infty}2e^{-(x+y)}dy=2e^{-2x}$, $x>0$이므로

$$f_{Y|X}(y|x)=\frac{f(x, y)}{f_X(x)}=\frac{2e^{-(x+y)}}{2e^{-2x}}=e^{-(y-x)},\ y>x$$

가 된다. 연속확률변수의 조건부 기댓값 정의에 따라서

$$\mathbf{E}(Y|X=x)=\int_{-\infty}^{\infty} yf_{Y|X}(y|x)dy=\int_x^{\infty} ye^{-(y-x)}dy$$

가 되고 $t=y-x$로 치환하면 위 적분은 부분적분을 이용하면

$$\int_0^{\infty}(t+x)e^{-t}dt=\int_0^{\infty}te^{-t}dt+x\int_0^{\infty}e^{-t}dt=[-te^{-t}]_0^{\infty}+\int_0^{\infty}e^{-t}dt+x=1+x$$

가 된다. 따라서 $\mathbf{E}(Y|X=x)=1+x$이다.

만약 확률변수 X와 Y가 서로 독립이면 $X=x$로 주어졌을 때 Y의 조건부 확률함수는 다음과 같이

$$f_{Y|X}(y|x)=\frac{f(x, y)}{f_X(x)}=\frac{f_X(x)f_Y(y)}{f_X(x)}=f_Y(y)(\text{단, } f_X(x)>0)$$

Y의 주변확률함수와 같아진다. 독립이면 $Y=y$가 주어졌을 때 X의 조건부 확률함수 역시 마찬가지로 주변확률함수와 같아진다.

연습문제

4.1 연습문제 **1.3**의 결합분포에서

(1) $\mathbf{P}(Y\geq 2|X=1)$를 구하라.

(2) 조건부 확률질량함수 $f_{Y|X=1}(y)$를 구하라.

(3) $\mathbf{E}(Y|X=1)$를 구하라.

4.2 연습문제 **1.7**에서

(1) 두 사람 성공(3의 배수) 횟수의 합이 3일 때 A의 성공횟수가 1일 확률을 구하라.

(2) $X+Y=m(\leq 20)$으로 주어졌다면 X의 조건부분포를 밝히고 그 기댓값을 구하라.

4.3 확률변수 (X, Y)의 결합확률밀도함수가 다음과 같을 때 물음에 답하라.

$$f(x,\ y)=\begin{cases}\frac{6}{5}(x+y^2) & 0\leq x\leq 1,\ 0\leq y\leq 1\\ 0 & \text{otherwise}\end{cases}$$

(1) $X=0.8$로 주어졌을 때 Y의 조건부 확률밀도함수를 구하라.

(2) $\mathbf{P}(Y \le 0.5 \mid X=0.8)$을 구하라.

(3) $\mathbf{E}(Y \mid X=0.8)$을 구하라.

4.4 연습문제 **2.2**에서 $X=y$로 주어졌을 때

(1) X의 조건부 확률밀도함수를 구하라.

(2) $\mathbf{E}(X \mid Y=y)$를 구하라.

4.5 확률변수 (X, Y)의 결합확률밀도함수가 다음과 같을 때 물음에 답하라.

$$f(x, y)=\frac{1}{6}x^3e^{-y},\ 0<x<y<\infty$$

(1) X의 주변확률밀도함수를 구하라.

(2) $\mathbf{P}(Y>6 \mid X=4)$를 구하라.

4.6 확률변수 (X, Y)의 결합확률밀도함수가 다음과 같을 때 물음에 답하라.

$$f(x, y)=\frac{1}{2\pi\sqrt{x(y-x)}}e^{-y/2},\ 0<x<y<\infty$$

(1) Y의 주변확률밀도함수를 구하라.

(2) $\mathbf{E}(X \mid Y=1)$를 구하라.

6.5 공분산과 상관계수

공분산은 두 개의 확률변수 X와 Y가 상호 어떤 관계를 가지며 변화하는가를 나타내 주는 척도로서 $(X-\mu_X)(Y-\mu_Y)$의 기댓값으로 정의된다. 예를 들어 X와 Y가 같은 방향으로 변화할 때, 즉 X의 큰 값에 Y도 큰 값이 대응되고 X의 작은 값에 Y도 작은 값이 대응될 확률이 상대적으로 클 때, $(X-\mu_X)$와 $(Y-\mu_Y)$의 부호가 일치할 확률이 상대적으로 커져서 $(X-\mu_X)(Y-\mu_Y)$의 기댓값은 양수가 될 것이다. 반대로 X와 Y가 서로 다른 방향으로 변화한다면 $X-\mu_X$)와 $(Y-\mu_Y)$가 서로 다른 부호를 갖게 될 확률이 상대적으로 커져서 $(X-\mu_X)(Y-\mu_Y)$의 기댓값은 음수가 될 것이다. 이와 같이 $\mathrm{E}[(X-\mu_X)(Y-\mu_Y)]$의 부호는 두 확률변수의 관계의 방향을 나타내게 된다.

확률변수 X와 Y의 공분산 (covariance)

$$\mathrm{Cov}(X, Y)=\mathbf{E}[(X-\mu_X)(Y-\mu_Y)]$$

여기서 $\mu_X=\mathbf{E}(X)$, $\mu_Y=\mathbf{E}(Y)$를 나타낸다.

두 확률변수 X와 Y의 관계를 나타내는 척도 중 하나인 공분산은 확률변수 (X, Y)의 함수 $h(X, Y)=(X-\mu_X)(Y-\mu_Y)$의 기댓값이므로 다음과 같이 임의의 이변량 함수의 기댓값을 구하는 방법으로 구할 수 있다.

확률변수 (X, Y)의 함수 $h(X, Y)$의 기댓값

(X, Y)의 결합확률함수를 $f(x, y)$라고 할 때

$$\mathbf{E}[h(Y, X)]=\begin{cases}\sum_x\sum_y h(x, y)f(x, y) & (X, Y)\text{가 이산인 경우}\\ \int_y\int_x h(x, y)f(x, y)dxdy & (X, Y)\text{가 연속인 경우}\end{cases}$$

참고로 위 계산식 합 또는 적분에서 두 변수 x와 y의 순서를 바꾸어도 동일한 결과를 준다. 다음 예제는 몇 가지 간단한 이변량 함수 $h(x, y)=xy$, $h(x, y)=x$, $h(x, y)=y$의 기댓값을 구하는 방법을 보여준다.

예제 17

예제 1 결합확률분포에서 $\mathbf{E}(XY)$, $\mathbf{E}(X)$와 $\mathbf{E}(Y)$를 구하라.

풀이

표 6−2의 결합확률분포표를 참고하여 구하면

$$\mathbf{E}(XY)=\sum_x\sum_y xyf(x, y)=(0\cdot 0)f(0, 0)+\cdots+(2\cdot 2)f(2, 2)=\frac{6}{45}$$

이 되고 마찬가지로

$$\begin{aligned}\mathbf{E}(X)&=\sum_x\sum_y xf(x, y)=\sum_x x\sum_y f(x, y)=\sum_x xf_X(x)\\&=0f_X(0)+1f_X(1)+2f_X(2)=\frac{18}{45}=\frac{2}{5}\end{aligned}$$

$$\begin{aligned}\mathbf{E}(Y)&=\sum_x\sum_y yf(x, y)=\sum_x y\sum_y f(x, y)=\sum_x yf_Y(y)\\&=0f_Y(0)+1f_Y(1)+2f_Y(2)=\frac{27}{45}=\frac{3}{5}\end{aligned}$$

이 된다.

위 예제에서 $\mathbf{E}(X)$나 $\mathbf{E}(Y)$는 결과적으로 각 확률변수의 주변확률질량함수를 구하여 기댓값을 구하는 것과 동일한 결과를 보여줌을 알 수 있다.

예제 18

예제 5의 연속확률변수의 결합확률분포에서 $\mathbf{E}(X+Y)$ 그리고 $\mathbf{E}(X)$와 $\mathbf{E}(Y)$를 구하라.

풀이

결합확률밀도함수가 $f(x,\ y)=x+y,\ 0<x,\ y<1$이므로

$$\mathbf{E}(X+Y)=\int_0^1\int_0^1(x+y)f(x,\ y)dxdy=\int_0^1\int_0^1(x+y)^2dxdy=\frac{1}{3}+\frac{1}{3}+\frac{1}{2}=\frac{7}{6}$$

이며, 주변확률밀도함수 $f_X(x)=x+\frac{1}{2},\ f_Y(y)=y+\frac{1}{2},\ 0<x,\ y<1$에서

$\mathbf{E}(X)=\int_0^1 xf_X(x)dx=\int_0^1 x(x+0.5)dx=\frac{1}{3}+\frac{1}{4}=\frac{7}{12}$이고, 주변확률밀도함수가 동일하므로 $\mathbf{E}(Y)=\frac{7}{12}$가 된다. 따라서 $\mathbf{E}(X+Y)=\mathbf{E}(X)+\mathbf{E}(Y)$임을 확인할 수 있다.

위의 예제에서 알 수 있듯이 두 확률변수의 임의의 선형결합에서 합이나 적분의 선형성을 이용하면 다음이 성립함을 알 수 있다.

> 이산이나 연속확률변수에서 결합확률분포가 주어졌을 때 임의의 상수 $a,\ b$에 대하여 선형함수 $h(X,\ Y)=aX+bY$의 기댓값은 다음과 같다.
>
> $$\mathbf{E}(aX+bY)=a\mathbf{E}(X)+b\mathbf{E}(Y)$$

분산의 간편 계산식과 마찬가지로 공분산의 간편 계산식은 다음과 같다.

$$\text{Cov}(X,\ Y)=\mathbf{E}[(X-\mu_X)(X-\mu_Y)]=\mathbf{E}[XY]-\mu_X\mu_Y$$

즉, 각 확률변수의 기댓값이 주어지면 공분산은 $\mathbf{E}(XY)$만 구하면 된다.

예제 19

예제 2의 X와 Y에 대한 공분산을 구하라.

풀이

위에서 $\mu_X=1.1,\ \mu_Y=1.65$로 계산되므로 $\mathbf{E}(XY)$만 구하면 된다. X와 Y 중 하나라도 0인 경우에는 XY값이 0이 되므로 고려할 필요가 없다. 따라서 X와 Y가 둘 다 0이 아닌 경우에 대해서만 계산해 보면

$$\begin{aligned}\mathbf{E}(XY)&=f(1,\ 1)+2\times f(1,\ 2)+3\times f(1,\ 3)+2\times f(2,\ 1)+4\times f(2,\ 2)+6\times f(2,\ 3)\\&=0.1+0.5+0.3+0.3+0.4+0.3=1.9\end{aligned}$$

가 된다. 그러므로 X와 Y의 공분산은 다음의 계산에 의하여 0.085이다.

$$\mathrm{Cov}(X, Y)=\mathbf{E}(XY)-\mu_X\mu_Y=1.9-(1.1)(1.65)=0.085$$

예제 20

예제 5의 결합분포에서 X와 Y의 공분산을 구하라.

풀이

결합확률밀도함수가 $f(x, y)=x+y,\ 0<x,\ y<1$이므로

$$\mathbf{E}(XY)=\int_0^1\int_0^1(xy)(x+y)\,dxdy=\int_0^1\left[\frac{y}{3}+\frac{y^2}{2}\right]dy=\frac{1}{3}$$

이며 예제 7에서 $\mu_X=\frac{7}{12}$, $\mu_Y=\frac{7}{12}$를 구하였으므로

$$\mathrm{Cov}(X, Y)=\mathbf{E}[(X-\mu_X)(Y-\mu_Y)]=\mathbf{E}(XY)-\mu_X\mu_Y=\frac{1}{3}-\left(\frac{7}{12}\right)^2=-\frac{1}{144}$$

가 된다.

다음은 공분산의 몇 가지 특징을 정리한 것이다.

공분산의 성질 (임의의 상수 a, b, c, d에서)

(1) $\mathrm{Cov}(aX+b,\ cY+d)=ac\mathrm{Cov}(X,\ Y)$

(2) $\mathrm{Cov}(aX+b,\ d)=0$

(3) $\mathrm{Cov}(X,\ Y)=\mathrm{Cov}(Y,\ X)$

(4) $\mathrm{Cov}(X,\ X)=\mathrm{Var}(X)$

위의 예제 19에서 X와 Y가 취하는 값의 단위가 1이 아니고 10이었다면, 즉 X와 Y가 취하는 값이 0, 1, 2, 3이 아니고 0, 10, 20, 30이었다면 공분산은 어떻게 되겠는가? 이때 X와 Y의 결합분포가 10으로 곱해진 각 값에 그대로 대응되도록 옮겨진다면 X와 Y는 서로 비슷한 관계를 갖게 될 것이다. 그러나 공분산의 값은 X와 Y의 단위에 영향을 받게 되어 예제 12에서 얻어진 값의 100배로 커지게 된다. 일반적으로 임의의 상수 a, b에 대해서

$$\mathrm{Cov}(aX, bY)=ab\,\mathrm{Cov}(X, Y)$$

가 성립한다. 이와 같이 공분산은 X와 Y의 관계에 영향을 받을 뿐 아니라 그것들이 퍼져 있는 정도에도 영향을 받게 된다. 이러한 공분산의 특징을 제거하고 두 확률변수의 관계를 측정하는 척도

로서 제안된 것이 상관계수이다. 이것은 두 확률변수의 공분산을 각각의 표준편차의 곱으로 나누어 준 것으로 정의된다.

확률변수 X와 Y의 상관계수 (correlation coefficient)

$$\mathrm{Corr}(X, Y)=\frac{\mathrm{Cov}(X, Y)}{\sigma_X \cdot \sigma_Y}=\rho$$

여기서 $\sigma_X=\sqrt{\mathrm{Var}(X)}$, $\sigma_Y=\sqrt{\mathrm{Var}(Y)}$를 나타낸다.

다음은 상관계수의 성질을 정리한 내용이다.

상관계수의 성질

(i) X와 Y의 상관계수는 항상 -1과 1 사이의 값을 갖는다. 정확한 선형관계 $Y=aX+b$가 성립할 때 상관계수의 값은 1 또는 -1이다.

(ii) X와 Y의 상관계수는 각 확률변수에 상수가 더해지거나 감해지는 것에 영향을 받지 않으며, 상수가 곱해진 경우에는 그 부호에만 영향을 받는다. 즉 0이 아닌 임의의 a, b에 대해

$$\begin{aligned}\mathrm{Corr}(aX, bY)&=[ab\text{의 부호}]\,\mathrm{Corr}(X, Y)\\&=\frac{ab}{|ab|}\mathrm{Corr}(X, Y)\end{aligned}$$

만약 상관계수 $\rho=0$이면 두 확률변수는 선형관계가 없다(uncorrelated)고 한다.

예제 21

예제 5의 결합분포에서 X와 Y의 상관계수를 구하라.

풀이

예제 7에서 $\mu_X=\frac{7}{12}$와 $\sigma_X^2=\mathrm{Var}(X)=\frac{11}{144}$을 구했고, 확률변수 Y의 주변확률밀도함수도 동일하므로 $\mu_Y=\frac{7}{12}$와 $\sigma_Y^2=\mathrm{Var}(Y)=\frac{11}{144}$이 된다.

앞의 예제 17에서 $\mathrm{Cov}(X, Y)=-\frac{1}{144}$를 구했으므로 상관계수는

$$\mathrm{Corr}(X, Y)=\frac{\mathrm{Cov}(X, Y)}{\sigma_X \cdot \sigma_Y}=\frac{-1/12^2}{(\sqrt{11}/12)^2}=-\frac{1}{11}$$

이 된다.

상관계수가 0이라는 것은 두 확률변수 간에 선형관계가 없음을 말하므로 두 확률변수가 독립이라는 것을 의미하지는 않는다. 두 확률변수 X, Y가 **독립**이라는 것은 두 변수 사이에 아무런 관계도 없음을 의미하지만, 상관계수가 0이라는 것은 두 변수 사이에 **선형관계**가 없음을 의미한다. 따라서 $\text{Corr}(X, Y)=0$일 때도 선형이 아닌 비선형의 관계는 존재할 수 있다. 그러나 두 확률변수가 서로 독립이면 당연히 선형관계도 없으므로 상관계수는 0이 된다.

다음의 예제는 상관계수는 0(두 변수 사이에 선형관계는 없지만 다른 연관성이 있어서)이지만 서로 독립이 아닐 수 있음을 보여준다.

예제 22

두 확률변수 X와 Y의 결합확률분포가 다음과 같다고 하자.

x \ y	-1	0	1	$f_X(x)$
0	0	$\frac{1}{3}$	0	$\frac{1}{3}$
1	$\frac{1}{3}$	0	$\frac{1}{3}$	$\frac{2}{3}$
$f_Y(y)$	$\frac{1}{3}$	$\frac{1}{3}$	$\frac{1}{3}$	1

(1) X와 Y가 서로 독립이 아님을 보여라.

(2) $\text{Cov}(X, Y)=0$이 됨을 보여라.

풀이

(1) 한 예로 $f(0, 0)=\frac{1}{3}\neq f_X(0)f_Y(0)=\frac{1}{3}\times\frac{1}{3}=\frac{1}{9}$이므로 X와 Y는 독립이 아니다.

(2)
$$\begin{aligned}\text{Cov}(X, Y)&=\mathbf{E}(XY)-\mu_X\mu_Y\\&=(-1)\times\frac{1}{3}+(1)\times\frac{1}{3}-\frac{2}{3}\times 0\\&=0\end{aligned}$$

앞에서 우리는 확률변수 X와 Y의 합에 대한 기댓값은 각각의 기댓값의 합으로 표현됨을 설명하였다. 그러면 $X+Y$의 분산을 구하는 방법을 알아보도록 하자. 우선 분산의 정의로부터 다음과 같이 유도할 수 있다.

$$\begin{aligned}\text{Var}(X+Y)&=\mathbf{E}[(X+Y)-\mathbf{E}(X+Y)]^2\\&=\mathbf{E}[(X-\mathbf{E}(X))+(Y-\mathbf{E}(Y))]^2\\&=\mathbf{E}[(X-\mathbf{E}(X))^2]+2\mathbf{E}[(X-\mathbf{E}(X))(Y-\mathbf{E}(Y))]+\mathbf{E}[(Y-\mathbf{E}(Y))^2]\end{aligned}$$

이때 분산과 공분산의 정의를 이용하면

$$\mathrm{Var}(X+Y)=\mathrm{Var}(X)+2\mathrm{Cov}(X,Y)+\mathrm{Var}(Y),$$

마찬가지 방법으로

$$\mathrm{Var}(X-Y)=\mathrm{Var}(X)-2\mathrm{Cov}(X,Y)+\mathrm{Var}(Y)$$

가 성립한다.

두 확률변수가 독립인 경우에는 공분산이 0이 되므로 두 확률변수의 합이나 차의 분산을 계산할 때 공분산 항을 제외시켜 다음과 같이 나타낼 수 있다.

$$\mathrm{Var}(X+Y)=\mathrm{Var}(X)+\mathrm{Var}(Y)$$
$$\mathrm{Var}(X-Y)=\mathrm{Var}(X)+\mathrm{Var}(Y)$$

이를 확장하면 두 확률변수의 선형결합의 분산은 임의 상수 a, b에서 다음과 같다.

$$\mathrm{Var}(aX\pm bY)=a^2\mathrm{Var}(X)+b^2\mathrm{Var}(Y)\pm 2ab\mathrm{Cov}(X,Y)$$

연습문제

5.1 두 개의 확률변수 X, Y의 결합확률분포가 다음과 같이 주어졌다.

x \ y	0	1	2
0	0.10	0.30	0.05
1	0.20	0.25	0.10

확률변수 X와 Y의 $\mathrm{Cov}(X,Y)$와 $\mathrm{Corr}(X,Y)$를 구하라.

5.2 위의 연습문제 **5.1**에서 $U=2X$라고 하고 $V=3Y$라고 할 때 U와 V의 결합확률분포를 구하라. 이 결합확률분포에 따라 $\mathrm{Cov}(U,V)$, $\mathrm{Corr}(U,V)$를 구하고, 이를 연습문제 **5.1**에서 구한 $\mathrm{Cov}(X,Y)$, $\mathrm{Corr}(X,Y)$와 비교하라.

5.3 확률변수 X와 Y에 대한 다음의 수치들이 주어져 있을 때 그의 공분산과 상관계수를 구하라.

$\mu_X=3$ $\quad \mathbf{E}(X^2)=16$ $\quad \mathbf{E}(XY)=10$

$\mu_Y=4$ $\quad \mathbf{E}(Y^2)=25$

5.4 확률변수 X와 Y에 대한 수치들이 다음과 같이 주어져 있다. 이로부터 $\mathrm{Ccv}(X,Y)$, $\mathrm{Corr}(X,Y)$를 구하라.

$\mu_X=3 \quad \sigma_X=3 \quad \mathbf{E}(XY)=20$

$\mu_Y=5 \quad \sigma_Y=5$

이때 새로운 확률변수 U, V를 다음과 같이 정의하면

$U=3X+2,\ V=2Y+3$

확률변수 U와 V의 공분산과 상관계수는 어떻게 되겠는가?

5.5 다음은 두 개의 확률변수 X, Y의 결합확률분포표의 일부분이다. 다음 물음에 답하라.

x \ y	-2	-1	1	2	합
-1	0.15	0.10	0.05	a	0.30
0	b	0.12	0.10	d	0.40
1	e	0.08	f	0.07	g
합	h	j	0.30	0.20	1

(1) 확률분포표를 완성하라.

(2) $\mathbf{P}(X=0 \mid Y=1)$, $\mathbf{P}(X+Y=-1)$, $\mathbf{P}(X=1$ 혹은 $Y=1)$을 계산하라.

(3) $\mathrm{Cov}(X, Y)$, $\mathrm{sd}(X+2Y)$, $\mathrm{Cov}(2X+3Y,\ X-Y)$을 구하라.

5.6 공분산의 성질 $\mathrm{Cov}(aX+b, cY+d)=ac\mathrm{Cov}(X, Y)$이 성립함을 보여라.

5.7 만일 임의의 상수 a, b에서 $Y=aX+b$라면 다음을 보여라.

$$\mathrm{Corr}(X,\ Y)=\begin{cases} 1 & a>0 \\ -1 & a<0 \end{cases}$$

5.8 확률변수 $(X,\ Y)$의 결합확률밀도함수가 다음과 같을 때 물음에 답하라.

$$f(x,\ y)=\begin{cases} 2 & x+y\le 1,\ x>0,\ y>0 \\ 0 & \text{otherwise} \end{cases}$$

(1) X의 주변확률밀도함수와 $\mathbf{E}(X)$를 구하라.

(2) $X=x$일 때 Y의 조건부 확률밀도함수를 구하라.

(3) X와 Y는 서로 독립인가?

(4) 공분산 $\mathrm{Cov}(X,\ Y)$을 구하라.

6장 종합문제

6.1 이산확률변수 X와 Y의 결합확률분포가 주어졌을 때 물음에 답하라.

x \ y	-1	0	1	2
-2	0.00	0.00	0.05	0.05
-1	0.00	0.10	0.15	0.05
0	0.15	0.05	0.20	0.00
1	0.10	0.05	0.05	0.00

(1) X의 주변확률분포를 구하라.

(2) μ_X와 σ_X를 구하라.

(3) $\mathbf{P}(X-Y=1)$, $\mathbf{P}(X=Y)$를 구하라.

6.2 확률변수 X와 Y의 결합확률분포가 다음과 같이 주어졌다. 확률변수 X와 Y가 서로 독립인가?

x \ y	1	2	3	$f_X(x)$
2	0.1	0.2	0.1	
4	0.15	0.3	0.15	
$f_Y(y)$				

6.3 위의 종합문제 **6.2**에서 $T=X+Y$라고 할 때 T의 분포를 구하그 그 분포로부터 기댓값과 분산을 계산하라. 또한 $S=X-Y$라고 할때 S의 분산과 T의 분산이 어떤 관계가 있는지 밝혀라.

6.4 상자에 검은색 공이 3개 흰색 공이 4개 붉은색 공이 5개가 들어있을 때 비복원으로 2개의 공을 꺼낸다고 하자.

(1) 검은색 공과 붉은색 공의 개수의 결합확률분포를 구하라.

(2) 검은색 공과 흰색 공의 개수의 결합확률분포를 구하라.

(3) 붉은색 공의 개수의 기댓값을 구하라.

6.5 확률변수 와 는 모수가 1과 2이며 서로 독립인 포아송 확률변수라고 할 때 다음을 구하라.

(1) $\mathbf{P}(X=1, Y=2)$

(2) $\mathbf{P}\left(\dfrac{X+Y}{2}\geq 1\right)$

6.6 2차원 공간에서 원점을 중심으로 반지름이 1인 원 내부의 임의의 점 좌표를 라고 할 때 물음에 답하라.

(1) (X, Y)의 결합확률밀도함수를 구하라.

(2) X의 주변확률밀도함수를 구하라.

(3) 원점에서 (X, Y)까지의 거리 확률변수를 Z라고 하면 Z의 누적확률분포함수를 구하라.

(4) Z의 기댓값과 표준편차를 구하라.

6.7 직렬로 연결된 두 부품의 수명이 평균 μ인 지수분포를 따르며 서로 독립이라 하자. 이 제품 수명의 확률분포와 기댓값을 구하라.

6.8 서로 독립인 확률변수 $X \sim \text{Geo}(p_1)$, $Y \sim \text{Geo}(p_2)$에 대하여 다음 물음에 답하라.

(1) $\mathbf{P}(X=1, Y=2)$를 구하라.

(2) $\mathbf{P}(X=Y)$를 구하라.

(3) $X+Y$의 확률질량함수와 기댓값을 구하라.

6.9 확률변수 X와 Y가 다음과 같은 결합확률분포를 갖는다고 하자.

$x \backslash y$	-1	0	1	$f_X(x)$
-1	0.09	a	0.11	0.3
0	0.14	0.16	c	0.4
1	b	0.14	0.09	0.3
$f_Y(y)$	0.3	0.4	0.3	1.0

(1) 위의 a, b, c를 구하라.

(2) 두 확률변수 X와 Y는 서로 독립인가?

(3) 공분산 $\text{Cov}(X+Y, X-Y)$를 계산하라.

(4) 확률 $\mathbf{P}[X+Y=0, X-Y=2]$, $\mathbf{P}[X+Y=0]$, $\mathbf{P}[X-Y=2]$를 계산하라.

(5) 두 개의 확률변수 $(X+Y)$와 $(X-Y)$는 서로 독립인가?

6.10 확률변수 X와 Y에 대한 수치들이 다음과 같이 주어졌다.

$$\mathbf{E}(X)=0,\ \ \text{sd}(X)=2,\ \ \mathbf{E}(Y)=-1,\ \ \text{sd}(Y)=4$$

(1) $\mathbf{E}(X-Y)$와 $\mathbf{E}(X+Y)$를 계산하라.

(2) 확률변수 X와 Y가 서로 독립이라고 할 때 $\text{Var}(X-Y)$와 $\text{Var}(X+Y)$를 계산하라.

(3) $\mathbf{E}(0.5(X+Y))$를 구하고, X와 Y의 독립성 가정하에 $\text{Var}(0.5(X+Y))$를 계산하라.

(4) 위의 (2)와 (3)에서 독립이라는 가정 대신에 공분산 $\text{Cov}(X, Y)=1$로 주어졌을 때 같은 물음에 답하라.

6.11 두 확률변수 X, Y에 대해서 $\text{Var}(X)=4$, $\text{Var}(Y)=9$로 주어져 있다.

(1) 만약 $\text{Cov}(X, Y)=2$라면 $\text{Var}(X-Y)$는 X와 Y가 서로 독립인 경우와 비교해서 값이 더 커지는지 더 작아지는지를 밝혀라.

(2) 만약 $\text{Cov}(X, Y) = -2$라면 위의 (1)에서와 같은 질문에 대한 대답은 어떻게 변하겠는가?

6.12 확률변수 X와 Y에 대해서 다음과 같은 수치가 주어졌다.

$$\text{Var}(X)=16,\ \text{Var}(Y)=25,\ \text{Cov}(X, Y)=-20$$

(1) $\text{Corr}(X, Y)$를 계산하라.

(2) $\text{Var}(3X+3)$, $\text{Var}(2Y-4)$을 구하라.

(3) $\text{Corr}(3X+3, 2Y-4)$을 계산하라.

6.13 두 개의 확률변수 X와 Y는 다음과 같은 결합확률분포를 갖는다.

x \ y	0	1	2	3
0	0.05	0.10	0.15	0.00
1	0.05	0.15	0.15	0.05
2	0.10	0.05	0.10	0.05

(1) X와 Y의 주변확률분포를 구하라.

(2) X와 Y가 서로 독립인가? 설명하라.

(3) 확률 $\mathbf{P}[X \geq Y]$, $\mathbf{P}[X+Y=3]$을 계산하라.

(4) X와 Y의 공분산과 상관계수를 구하라.

6.14 두 확률변수가 독립이면 $\mathbf{E}(XY)=\mathbf{E}(X)\mathbf{E}(Y)$가 성립함을 보여라.

6.15 두 종류의 잡곡 A와 B의 재고량(kg) X와 Y의 결합확률밀도함수가

$$f(x, y) = \begin{cases} cxy & x \geq 0,\ y \geq 0,\ 20 \leq x+y \leq 30 \\ 0 & \text{otherwise} \end{cases}$$

로 주어졌다면

(1) 적절한 를 c구하라.

(2) 잡곡 A의 재고량이 10(kg) 이하일 확률을 구하라.

(3) X와 Y는 서로 독립인가?

(4) 재고 잡곡 총량의 기댓값을 구하라.

(5) $\text{Corr}(X, Y)$를 구하라.

6.16 두 부품으로 이루어진 제품의 결합확률밀도함수가 다음과 같을 때

$$f(x, y) = xe^{-x(1+x)},\ x>0,\ y>0$$

(1) $\mathbf{P}(X>2)$를 구하라.

(2) X와 Y의 주변확률밀도함수를 구하고 서로 독립인지 확인 하여라.

(3) 적어도 하나의 부품 수명이 2보다 클 확률을 구하라.

(4) $\mathrm{Corr}(X, Y)$를 구하라.

6.17 직−병렬로 다음 그림과 같이 연결되어 있는 제품이 있다. 각 부품번호별 수명 확률변수 X_i, $i=1$, 2, 3는 서로 독립이고 모수가 λ인 지수분포를 따른다고 할 때

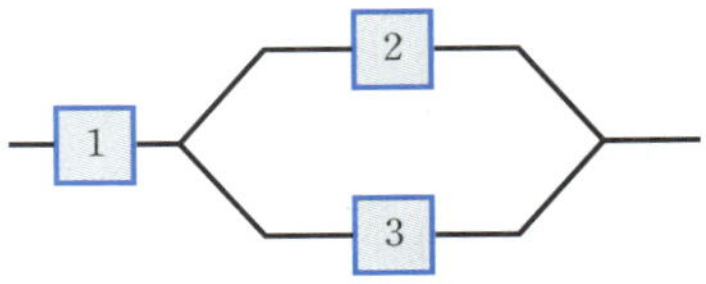

(1) 병렬로 연결되어 있는 부품2 또는 부품3이 기간 y이상 고장이 없을 확률을 구하라.

(2) 이 제품의 수명 확률변수를 Y라 할 때 누적분포함수를 구하라.

(3) 이 제품의 기대수명을 구하라.

6.18 확률변수 $X \sim U[0, 1]$이며 $X=x$일 때 의 조건부 확률밀도함수가 다음과 같을 때

$$f_{Y|X}(y|x)=e^{-(y-x)},\ x<y<\infty$$

(1) 결합확률밀도함수를 구하라.

(2) $\mathbf{E}(Y|X=x)$를 구하라.

(3) Y의 주변확률밀도함수를 구하라.

(4) X와 Y는 서로 독립인가?

(5) $\mathrm{Cov}(X, Y)$를 구하라.

7장

표집분포

주어진 표본으로부터 모집단의 성격을 알아내고자 하는 **추론**(inference)이 통계학의 가장 핵심부분이라고 할 수 있을 것이다. 이처럼 일부분을 가지고 전체에 대하여 일반화하여 이야기할 수 있는 배경에는 우리에게 주어진 일부분, 즉 적절한 표본추출법에 의한 표본이 전체 모집단의 특성을 잘 반영하고 있다는 생각이 깔려 있기 때문이라고 볼 수 있다. 우리는 모집단의 특성 중 어떠한 수치, 예를 들면 모평균이나 모비율 또는 모표준편차 등에 관심이 있는 경우가 많이 있다. 이러한 특성값을 **모수**(parameter)라고 하며 통계학에서 추론의 실제 대상이 된다.

모수(parameter): 수치로 표현되는 모집단의 특성을 말한다.

모수의 참값은 미지의 상수로서 이를 알아내려면 모집단 전체를 다 조사해야만 한다. 그러나 모집단을 전부 다 조사한다는 것은 불가능하거나 가능하더라도 많은 시간과 인력을 필요로 한다. 통계적 추론이 힘을 발휘하는 것이 바로 이 시점이라고 할 수 있다. 즉 제한된 표본으로부터 모수를 추론하는 이론적인 뒷받침을 제공하는 것이다. 표본을 이용하여 모수에 대해 추론하려면 표본에서 계산되는 적절한 양을 이용하게 되는데 이러한 양을 **통계량**(statistic)이라고 한다.

통계량(statistic): 표본의 관측값들에 의하여 결정되는 양을 말한다.

예를 들어 표본평균

$$\overline{X} = \frac{X_1 + \cdots + X_n}{n}$$

은 표본 $X_1, \cdots, X_n$의 관측값에 의하여 결정되므로 통계량이다. 마찬가지로 표본상관계수나 표본표준편차도 표본으로부터 계산하므로 통계량이다. 표본에서 계산한 통계량은 모수의 값을 추측하는데 쓰이게 되는데, 이때 유념하여야 할 점은 다음과 같다.

(1) 표본은 단지 모집단의 한 부분에 불과하므로 표본으로부터 계산된 통계량의 값은 모수의 참값과는 일반적으로 같지 않다.
(2) 통계량의 값은 추출된 표본의 영향을 받는다.
(3) 다른 표본을 추출할 때마다 통계량의 값은 변한다.

예를 들어 신도시를 계획하려는 사람이 근로자들의 집에서 직장까지의 평균 통근거리가 얼마나 되는지를 알아보려고 한다고 하자. 이때 관심의 대상은 전체 모집단의 평균 통근거리이며 이를 모평균 μ로 나타내어 보자. 이 경우 모집단의 크기는 유한하지만 방대하기 때문에 모집단 전체를 조사하여 직접 μ를 계산하기보다는 근로자 중에서 일부를 추출하여 모수 μ에 대한 정보를 얻는 것이 바람직하다. 가령 80명의 근로자를 표본추출하여 이들로부터 통근거리를 조사하여 표본평균이 $\bar{x}=12$ km로 얻었다고 하자. (실제로 관측된 값은 소문자로 표현하기로 한다.) 우선 여기에서 얻은 12 km가 모평균의 참값이라고 말할 수는 없을 것이다. 만약에 또 다른 80명의 근로자들의 표본에서 통근거리를 조사하였다면 전과 같이 평균이 12 km로 나올 가능성은 거의 희박하다. 각 개인마다 통근거리가 다르기 때문에 표본평균값도 역시 표본마다 달라지기 때문이다. 그러나 실제의 경우 우리는 여러 번 표본을 추출하지 않고 한 번의 표본추출에서의 표본평균, 즉 $\bar{x}=12$ km라는 값을 가지고 추론을 하게 된다. 표본평균 $\bar{X}$로부터 μ를 얼마나 정확하게 알 수 있는지를 결정하는 것은 바로 $\bar{X}$ 값이 표본추출 때마다 달라지는 변동성에 달려 있다. 즉 모든 가능한 표본의 종류별로 $\bar{X}$의 값들이 어떻게 달라지는지를 알 수 있다면 현재의 표본평균이 μ에 얼마나 가까운지를 알 수 있을 것이다.

7.1 통계량의 확률분포

앞에서는 통계량의 값이 표본추출마다 달라진다는 중요한 개념을 알게 되었다. 다시 말하면 통계량이라는 것은 그 자체가 확률변수로서 여느 확률변수처럼 자신의 확률분포를 갖게 된다. 반복되는 표본추출에서 통계량 값의 변동은 바로 이 확률분포에 의하여 설명될 수 있다.

표집분포(sampling distribution): 통계량의 확률분포를 말한다.

대부분의 경우에 우리는 하나의 표본에서 계산된 하나의 통계량의 값만을 가지고 있지만 여러 표본이 있을 때 통계량의 값들은 표집분포에 따라서 변화하게 된다. 통계량의 분포는 모집단의 분포에 영향을 받고, 또한 표본의 크기 n에도 영향을 받는다. 다음의 간단한 예로부터 표본평균 $\bar{X}$의 분포가 모집단의 분포에 어떻게 영향을 받는지를 살펴보기로 하자.

예제 1

어느 모집단이 세 개의 수 2, 3, 4로 이루어져 있는데 이 수치들은 세 주택의 방의 개수들을 나타내는 것이다. 이때 X를 각 주택의 방의 개수라고 하면 X는 2, 3, 4 중 하나의 값을 갖게 된다. 세 주택으로부터 두 주택을 복원추출해서 X_1, X_2를 각각 첫 번째와 두 번째 추출된 주택의 방의 개수라고 할 때, 표본평균 $\bar{X}=\dfrac{X_1+X_2}{2}$의 분포를 구하여 보자. $\bar{X}$의 분포는 X_1, X_2의 분포에 의해 결정되는데 X_1의 분포는 X의 분포와 일치하고, X_2의 분포도 복원추출의 특성상 X_1의 분포와 같이 모집단의 분포인 X의 분포를 따르게 된다. 확률변수 X의 분포는 각 값 2, 3, 4에 1/3씩의 확률을 주는 확률분포를 가지므로 (X_1, X_2)가 취하는 모든 값 (x_1, x_2)에서 $\bar{x}$ 값과 확률은 표 7-1과 같이 정리될 수 있다.

표 7-1 예제 1의 각 경우와 그에 대응하는 $\bar{X}$ 값과 확률

(x_1, x_2)	(2, 2)	(2, 3)	(2, 4)	(3, 2)	(3, 3)	(3, 4)	(4, 2)	(4, 3)	(4, 4)
$\bar{x}=\frac{x_1+x_2}{2}$	2	2.5	3	2.5	3	3.5	3	3.5	4
확률	1/9	1/9	1/9	1/9	1/9	1/9	1/9	1/9	1/9

표 7-1로부터 $\bar{X}$의 분포를 구하면 표 7-2와 같다.

표 7-2 $\bar{X}$의 분포

$\bar{X}$의 값($\bar{x}$)	2	2.5	3	3.5	4	합계
$f(\bar{x})$	1/9	2/9	3/9	2/9	1/9	**1**

그림 7-1은 $\bar{X}$의 분포와 모집단의 분포인 X의 분포를 비교해 보기 위하여 두 개의 확률 히스토그램을 그린 것이다. 그림 7-1로부터 $\bar{X}$의 분포가 X의 분포보다 중심에 더 몰려 있음을 알 수 있다.

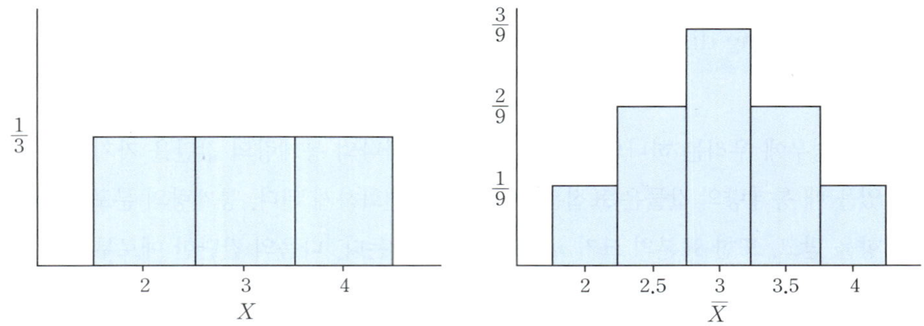

그림 7-1 X와 $\bar{X}$ 확률 히스토그램

위 예제 1에서는 X_1과 X_2의 분포가 모두 모집단의 분포와 같아지도록 하기 위해서 복원추출을 이용하였는데 만약 모집단이 방의 수가 2, 3, 4개인 주택을 각각 하나씩이 아니라 각각 100채씩 포함하여 모집단의 크기가 300인 경우에 크기가 2인 표본을 비복원추출하였다면, 이때는 복원추출에서와 같이 X_1과 X_2의 분포가 모두 모집단의 분포와 같은 것으로 간주할 수 있다. 일반적으로 크기가 큰 모집단으로부터 임의추출된 크기가 n인 표본 $X_1, \cdots, X_n$은 서로 독립이고 모두

모집단의 분포와 같은 분포를 갖는 것으로 간주한다. 이러한 $X_1, \cdots, X_n$을 **임의표본**(random sample)이라고 한다.

표본의 크기가 n인 경우에 통계량의 표집분포는 어떻게 구할 수 있을까? 표집분포는 위 예제에서와 같이 다음에 제시된 순서에 따라 구할 수 있다.

(1) 모든 가능한 표본의 종류를 나열한다.
(2) 각 표본에서의 통계량의 값을 구한다.
(3) 통계량이 취하는 각 값에 대응되는 확률을 계산한다.

그러나 이와 같은 방법은 모집단과 표본의 크기가 커짐에 따라 아주 방대한 계산을 요구하게 되며 이는 컴퓨터를 이용해서나 계산이 가능하다. 따라서 정확한 분포보다는 근사적으로나마 간단한 분포를 필요로 하는 경우가 많은데 이를 위하여 이용하게 되는 중요한 정리가 다음 절에 주어져 있다.

연습문제

1.1 다음의 용어가 모수를 지칭하는 것인지 통계량을 지칭하는 것인지를 밝혀라.

(1) 표본표준편차 (2) 표본범위
(3) 모집단의 제 10 백분위수 (4) 모집단의 중앙값

1.2 다음의 각 문장에서 모집단, 모수, 통계량 등을 밝혀라.

(1) 경기도 주민 1,000명을 조사한 결과 56명이 실업상태였다.
(2) 부산에 살면서 개를 기르고 있는 100명을 조사한 결과 18명이 진돗개를 기르고 있었다.

1.3 잘못된 질문, 시간, 장소로 인하여 수집된 자료에서 얻은 통계량이 쓸모없게 되는 경우가 있는데, 다음의 상황들은 어떤 것이 잘못되었는가?

(1) 아르바이트를 하고 있는 학생의 수를 구하기 위해, 학생회를 운영하는 학생들과 인터뷰를 하였다.
(2) 중산층의 소비형태를 조사하기 위해 12월의 첫 3주 동안에 조사를 시행하였다.

1.4 다음의 수집된 자료들로부터 원하는 결과를 얻지 못하게 되는 이유를 설명하라.

(1) 자동차 수입 규제에 대한 대중의 의견을 수집하기 위하여 다음과 같은 질문을 하였다.
"당신은 이 불공정한 규제가 철폐되어야 한다고 생각하십니까?"
(2) 초등학교 6학년 여학생들이 남학생들에 대해 어떤 생각을 가지고 있는지 알아보기 위하여 사립학교에서 6학년 여학생들을 임의로 선택하여 조사하였다.

1.5 복원추출로 $\{2, 4, 6\}$에서 두 수를 추출할 때, 다음에 답하라.

(1) 모든 가능한 표본을 구하고, 각각의 $\bar{x}$와 s^2을 구하라.

(2) 표본평균 $\overline{X}$ 분포를 구하라.

(3) 표본분산 S^2의 분포를 구하라.

1.6 소비자가 상점에서 팔고 있는 딸기의 크기를 알기 위해서 상점에 진열되어 있는 딸기 중 위에서 4개를 골랐다. 선택된 딸기는 임의표본이라고 할 수 있는가?

7.2 표본평균의 분포와 중심극한정리

모집단의 중심을 나타내는 수치로서 가장 많이 사용되는 것이 모평균이라고 할 수 있다. 모평균에 대한 추론은 표본의 평균 $\overline{X}$와 그 분포를 이용하는데 표본평균의 표집분포에 대해 살펴보는 것이 이 절의 과제라고 하겠다.

평균이 μ이고 분산이 σ^2인 모집단으로부터 크기가 n인 표본 $X_1, \cdots, X_n$을 임의추출하였을 때, 표본평균 $\overline{X}$의 기댓값과 분산은 다음과 같다.

표본평균 $\overline{X}$의 기댓값과 분산

표본의 크기가 n인 표본평균 $\overline{X}$의 기댓값과 분산, 표준편차는 다음과 같이 주어진다.

$$\mathbf{E}(\overline{X})=\frac{1}{n}[\mathbf{E}(X_1)+\cdots\mathbf{E}(X_n)]=\mu=(\text{모집단의 기댓값})$$

$$\mathrm{Var}(\overline{X})=\frac{1}{n^2}[\mathrm{Var}(X_1)+\cdots+\mathrm{Var}(X_n)]=\frac{\sigma^2}{n}=\left(\frac{\text{모집단의 분산}}{\text{표본의 크기}}\right)$$

$$\mathrm{sd}(\overline{X})=\sqrt{\mathrm{Var}(\overline{X})}=\frac{\sigma}{\sqrt{n}}=\left(\frac{\text{모집단의 표준편차}}{\sqrt{\text{표본의 크기}}}\right)$$

예제 2

예제 1에서 μ와 σ^2을 구하고 $\overline{X}$의 기댓값과 분산을 계산하여 $\mathrm{E}(\overline{X})=\mu$, $\mathrm{Var}(\overline{X})=\sigma^2/n$, $\mathrm{sd}(\overline{X})=\sigma/\sqrt{n}$ 가 되는지 확인하라.

풀이

기댓값과 분산을 구하기 위하여 각 경우에 대한 표를 작성하면 다음과 같다.

표 7-3 모집단과 표본평균의 기댓값, 분산비교

(1) 모집단의 분포

x	$f(x)$	$x\,f(x)$	$x^2 f(x)$
2	1/3	2/3	4/3
3	1/3	3/3	9/3
4	1/3	4/3	16/3
합계	1	9/3	29/3

$$\mu=\frac{9}{3}=3$$

$$\sigma^2=\frac{29}{3}-3^2=\frac{2}{3}$$

$$\sigma=\sqrt{\frac{2}{3}}$$

(2) $\overline{X}$의 분포

x	$f(x)$	$x\,f(x)$	$x^2 f(x)$
2	1/9	2/9	4/9
2.5	2/9	5/9	12.5/9
3	3/9	9/9	27/9
3.5	2/9	7/9	24.5/9
4	1/9	4/9	16/9
합계	1	27/9	84/9

$$\mathbf{E}(\overline{X})=\frac{27}{9}=3=\mu$$

$$\mathrm{Var}(\overline{X})=\frac{84}{9}-3^2=\frac{1}{3}=\frac{\sigma^2}{2}$$

$$\mathrm{sd}(\overline{X})=\sqrt{\frac{1}{3}}=\frac{\sigma}{\sqrt{2}}$$

앞의 결과가 말해 주듯이 표본평균의 분포의 중심은 모집단의 중심 μ와 일치한다. 그러나 표집분포의 퍼짐의 정도를 측정하는 표준편차는 모집단의 표준편차뿐만 아니라 표본의 크기에도 영향을 받는다. 즉 표본의 크기 n이 증가함에 따라 표본평균의 표준편차는 n의 제곱근에 반비례해서 감소하는데 이는 표본평균의 분포가 μ를 중심으로 더욱 집중됨을 나타낸다. 예를 들어 표본의 크기를 100배 늘리면 표본평균의 표준편차는 1/10로 감소하여 표집분포가 μ를 중심으로 더욱 집중된다.

임의표본에서 표본평균의 분포는 일반적으로 모집단의 분포에 따라 달라진다. 다음의 정리는 모집단의 분포가 정규분포를 따를 때 표본평균의 분포도 정규분포를 따른다는 내용으로 그 증명은 범위를 벗어나므로 생략한다.

정규모집단에서 표본평균의 분포

모평균이 μ이고 모표준편차가 σ인 정규모집단에서 n개의 표본을 임의추출할 때 그 표본평균 $\overline{X}$의 분포는 평균이 μ, 표준편차는 $\sigma/\sqrt{n}$인 정규분포이다. 즉,

$$\overline{X}\sim N\left(\mu,\ \frac{\sigma^2}{n}\right).$$

모집단의 분포가 정규분포가 아닌 경우는 $\overline{X}$의 정확한 분포는 모집단의 분포에 따라 다르게 나타난다. 그러나 표본의 크기 n이 큰 경우에는 $\overline{X}$의 분포는 모집단의 분포와 무관하게 근사적으로 정규분포를 따르게 된다. 이를 중심극한정리라고 한다.

중심극한정리 (central limit theorem)

모집단의 평균이 μ이고 분산이 σ^2일 때, 임의추출된 표본의 표본평균 $\overline{X}$는 표본의 크기 n이 큰 경우(보통 30 이상) 근사적으로 정규분포를 따르게 되며 그 평균은 μ이고 표준편차는 $\sigma/\sqrt{n}$가 된다. 이를 표준화하여 나타내면 다음과 같다.

$$Z = \frac{\overline{X} - \mu}{\sigma/\sqrt{n}} \sim N(0, 1)$$

이와 같이 모집단의 분포가 연속이거나 이산이거나 혹은 대칭이거나 비대칭이거나 상관없이 평균과 분산이 존재하면 표본의 크기가 클 때 표본평균의 분포가 근사적으로 정규분포를 따르게 된다. 따라서 정규분포에 관한 이해는 통계학 이론을 이해하는 데 꼭 필요한 것이다.

다음의 그림 7-2는 중심극한정리의 예로서 모집단의 평균이 $\mu=2$이고 모표준편차가 $\sigma=1.41$인 비대칭형의 분포에서 표본의 크기를 $n=3$과 $n=10$으로 하였을 때의 표본평균 $\overline{X}$의 분포를 그린 그림이다. 이 그림을 보면 n이 커감에 따라 분포의 모양은 모평균 μ를 중심으로 정규분포의 모양에 가까워 감을 알 수 있다.

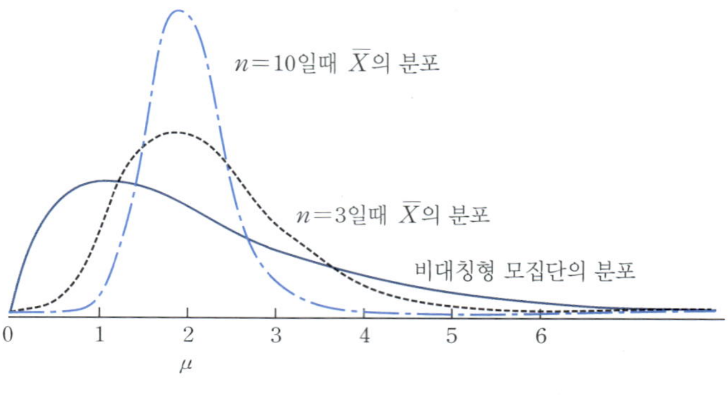

그림 7-2 비대칭형 모집단에서 $\overline{X}$의 분포($n=3$과 $n=10$)

예제 3

평균이 82이고 분산이 144인 모집단에서 임의추출한 표본에 대하여 생각해 보자.

(1) 표본의 크기가 64일 때 표본평균이 구간 (80.8, 83.2)에 있을 확률은?

(2) 표본의 크기가 100일 때 표본평균이 구간 (80.8, 83.2)에 있을 확률은?

풀이

표본 $X_1, \cdots, X_n$이 평균이 $\mu=82$이고 분산이 $\sigma^2=144$인 분포로부터 임의추출된 표본이라고 하자. 이때 $n=64$ 혹은 100인 경우는 표본의 크기가 상당히 크드로 표본평균 $\bar{X}$는 중심극한정리에 의해 근사적으로 $N\left(82, \frac{144}{n}\right)$를 따르게 된다.

(1) 표본의 크기가 $n=64$이므로

$$\bar{X} \sim N\left(82, \frac{144}{n}\right) = N\left(82, \left(\frac{3}{2}\right)^2\right)$$

이다. 따라서

$$\begin{aligned}\mathbf{P}[80.8 \le \bar{X} \le 83.2] &= \mathbf{P}\left[\frac{80.8-82}{3/2} \le \frac{\bar{X}-82}{3/2} \le \frac{83.2-82}{3/2}\right] \\ &\approx \mathbf{P}[-0.8 \le Z \le 0.8] \\ &= 0.7881 - 0.2119 \\ &= 0.5762\end{aligned}$$

(2) 표본의 크기가 $n=100$이므로

$$\bar{X} \sim N\left(82, \frac{144}{100}\right) = N\left(82, \left(\frac{6}{5}\right)^2\right)$$

이다. 따라서

$$\begin{aligned}\mathbf{P}[80.8 \le \bar{X} \le 83.2] &= \mathbf{P}\left[\frac{80.8-82}{6/5} \le \frac{\bar{X}-82}{6/5} \le \frac{83.2-82}{6/5}\right] \\ &\approx \mathbf{P}[-1 \le Z \le 1] \\ &= 0.8413 - 0.1587 \\ &= 0.6826\end{aligned}$$

위의 두 경우 (1), (2)를 비교해 보면 표본평균이 모평균 μ 주변의 어떤 구간에 속할 확률이 표본의 크기가 커짐에 따라 증가함을 알 수 있다. 즉 표본의 크기가 커짐에 따라 표본평균의 분포가 모집단의 평균 μ를 중심으로 더욱 더 집중된다.

이제 표본평균에 대한 확률은 표본의 크기가 충분히 큰 경우에는 표준정규분포표를 이용하여 구할 수 있음을 알았다. 그럼 표본의 크기가 어느 정도여야 만족스러운 근사치를 얻을 수 있을 것인가 하는 문제를 한 번 생각해 보자. 이는 모집단의 분포형태에 따라 달라진다. 분포가 정규분포의 형태로부터 멀리 떨어진 모집단, 즉 한쪽으로 많이 치우쳐 있다든지 혹은 양 끝에 두꺼운 꼬리를 갖는 모집단에서는 상대적으로 큰 표본이 필요하다. (모집단이 정규분포일 때는 크기가 1인 표본도 정규분포를 따른다.) 그러나 일반적으로 표본의 크기가 30 이상인 경우에는 비교적 만족스러운 근사치를 얻을 수 있다.

연습문제

2.1 연습문제 **1.5**에서 표본평균 $\bar{X}=\dfrac{X_1+X_2}{2}$의 분포를 이용하여 $\mathbf{E}(\bar{X})=\mu$, $\mathrm{sd}(\bar{X})=\sigma/\sqrt{2}$가 됨을 확인하라.

2.2 모집단이 평균 20, 표준편차 5인 정규분포를 따를 때, 표본의 크기가 6인 표본에 대하여 다음을 구하라.

(1) $\mathbf{E}(\bar{X})$ (2) $\mathrm{sd}(\bar{X})$ (3) $\bar{X}$의 분포

2.3 한 발전소에서 하루 동안 나오는 황화폐기물의 양은 평균이 61 kg이고 표준편차가 10 kg인 정규분포를 따른다고 할 때, 임의로 5일을 선택하여 조사한 황화폐기물의 총합이 320 kg을 넘을 확률은 얼마인가?

2.4 한 제과회사에서는 소유하고 있는 포장기계에서 나오는 과자의 무게는 평균이 기계에서 설정한 무게이고 표준편차는 3.459 g인 정규분포를 따른다고 한다. 회사는 소비자 단체와의 마찰을 피하기 위해 450 g이라고 표시된 과자를 포장하는 과정에 기계를 455 g 포장하도록 맞추어 놓았다.

(1) 9개의 과자를 표본으로 선택하였을 때, 표본평균이 450 g보다 작을 확률은 얼마인가?

(2) 오랜 시간 동안 이 기계를 사용하였을 때, 몇 %의 과자 무게가 450 g보다 적겠는가?

2.5 연습문제 **2.4**에서 다음 물음에 답하라.

(1) 크기가 9인 표본의 평균무게가 450 g보다 작을 확률이 0.02가 되기 위해서는 기계를 몇 g에 맞추어야 하는가?

(2) (1)과 같이 무게를 맞추면 오랜 시간 후 몇 %의 과자 무게가 450 g보다 적겠는가?

2.6 어느 포장기계를 이용하여 생산한 제품의 무게는 평균은 기계를 세팅한 값이며, 표준편차는 4 g인 정규분포를 따른다고 한다. 다음 물음에 답하라.

(1) 기계를 120 g으로 세팅했을 때, 25개 표본의 평균 무게가 119 g 이상일 확률을 구하라.

(2) 25개 표본의 평균 무게가 118 g 이상일 확률이 0.95가 되기 위해서는 이 기계를 몇 g으로 세팅하여야 하는가?

2.7 탈수된 단백질 500 g에 있는 수분은 평균이 3.5 g이고 표준편차가 0.5 g인 정규분포를 따른다고 한다. 표본의 크기가 16인 임의표본에 관하여 다음 물음에 답하라.

(1) 표본의 평균은 어떤 분포를 따르는가?

(2) (i) 표본평균이 3.7 g보다 클 확률은 얼마인가?

(ii) 표본평균이 3.34 g보다 크고 3.66 g보다 작을 확률은 얼마인가?

2.8 어느 도시 근로자의 수입은 평균이 250만 원이고 표준편차는 50만 원이라고 한다.

(1) 100명을 표본으로 선택하였을 때, 표본평균의 분포는 무엇인가?

(2) $\mathbf{P}[\bar{X} > 260$만 원]은 얼마인가?

2.9 정확한 분포는 모르지만 평균이 20이고 표준편차가 5인 모집단에서 크기가 100인 표본을 뽑았을 때 다음의 질문에 답하라.

(1) 표본평균 $\bar{X}$의 분포는 무엇인가?

(2) 표본평균 $\bar{X}$가 20.75 이상일 확률은 얼마인가?

2.10 어떤 연못에 있는 어린 송어의 크기는 평균이 8.6 cm이고 표준편차가 2.0 cm인 정규분포를 따른다고 한다.

(1) 어린 송어 중에서 12마리를 잡아서 평균을 조사하였을 때, 평균값이 7.5 cm보다 작을 확률은 얼마인가?

(2) 그물로 12마리의 어린 송어를 잡는다면 임의추출이라고 할 수 있는가?

2.11 어떤 대학의 남자 학생의 키는 평균이 175 cm이고 표준편차가 7.1 cm인 정규분포를 따른다고 한다. 만약 임의로 남자 학생 중에서 5명을 선택하여 농구팀을 만들었을 때, 평균 키가 180 cm를 넘을 확률은 얼마인가?

2.12 만 2세가 된 유아의 키는 평균이 87.6 cm이고 표준편차가 3.3 cm인 정규분포를 따른다고 한다. 만약 6명의 2세 된 유아의 키를 조사하였을 경우 표본평균이 86.6 cm에서 89.4 cm 사이일 확률은 얼마인가?

2.13 어떤 열매의 무게는 평균이 0.5 g이고 표준편차가 0.15 g인 정규분포를 따른다고 할 때, 크기가 100인 표본을 임의로 선택하였을 때, 무게의 합이 48 g에서 53 g 사이일 확률은 얼마인가?

2.14 중심극한정리에 따르면 표본평균 $\bar{X}$가 n이 증가함에 따라 모평균 μ에 가까워진다고 할 수 있는가?

7.3 이항분포의 정규분포근사

이항분포는 성공확률이 p인 베르누이 시행을 n번 반복할 때 성공의 횟수가 갖는 분포이다. 4장에서는 이항분포에서 n이 아주 크고 p는 작아서 $np \approx m$(상수)이 될 때, 그 분포가 포아송분포로 근사할 수 있음을 설명하였다. 이 절에서는 먼저 이 아주 크고 가 0이나 1에 가깝지 않을 때, 즉 와 가 모두 클 때 그 분포가 정규분포에 가까워짐을 설명하려고 한다.

그림 7-3은 $p=0.4$이고 $n=5$, 12, 25인 경우 이항분포의 확률 히스토그램이다. 이 그림에서 보는 바와 같이 n이 증가함에 따라 분포의 형태가 점차 대칭에 가까워지고 종 모양을 이루는 것을 알 수 있다. 이와 같은 경향은 n이 커짐에 따라 더욱 확실하게 드러나게 되는데, 실제로 이항분포

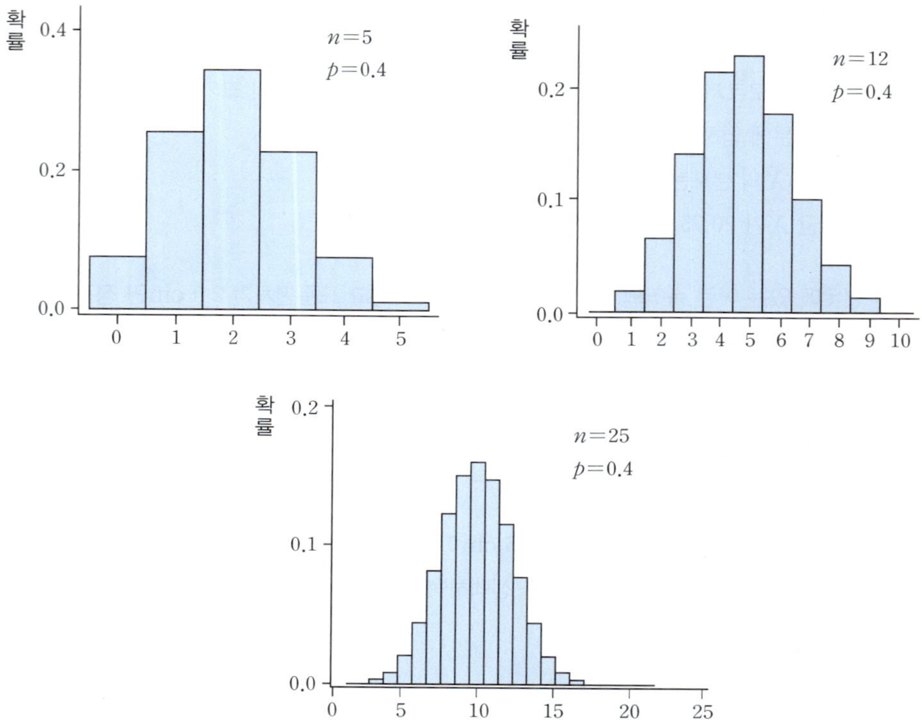

그림 7-3 이항분포의 확률 히스토그램

는 n이 커짐에 따라 근사적으로 정규분포를 따르게 된다. 이때 정규분포의 평균과 분산은 이항분포에서와 일치하여야 하므로 $\mu=np$, $\sigma^2=np(1-p)$가 된다. 그러면 X가 $\text{Bin}(n, p)$이고 n이 큰 경우에 $\mathbf{P}(X=x)$의 근사치는 어떻게 구할 것인가? 정규분포는 연속확률분포이므로 주어진 어느 한 점에서의 확률은 언제나 0인 데 반해서 이항분포의 경우에는 0과 n 사이의 임의의 정수 x에 대하여 $\mathbf{P}(X=x)$는 0이 아니다. 그러므로 X가 근사적으로 정규분포를 갖는다는 것만으로는 근사확률을 구하기 어렵다.

그림 7-3에서 보는 바와 같이 n이 증가함에 따라 이항분포의 확률 히스토그램은 정규분포의 확률밀도함수와 같이 대칭인 종 모양에 가까워진다. 한편 이항분포에서 X가 어느 한 점인 x 값을 가질 확률은 x가 정수일 때 X가 구간 $(x-1/2,\ x+1/2)$에 속할 확률과 동일하므로 그림 7-4(i)의 확률 히스토그램에서 x를 중심으로 밑변의 길이가 1인 구간 $(x-1/2,\ x+1/2)$과 높이 $\mathbf{P}[X=x]$로 만들어지는 직사각형의 색칠된 넓이는 근사적으로 그림 7-4(ii)의 정규분포에서 X가 구간 $(x-1/2,\ x+1/2)$에 포함될 확률(색칠된 부분의 넓이)과 같아질 것이다. 이와 같이 1/2씩 가감하는 과정을 이산분포에서 연속분포로의 근사를 위한 연속성 수정(continuity correction)이라고 한다. 정수 a, b에 대하여 이항분포에서 $[a\leq X\leq b]$일 확률은 정규분포에서 $\left(a-\frac{1}{2}\leq X\leq b+\frac{1}{2}\right)$일 확률로 근사된다.

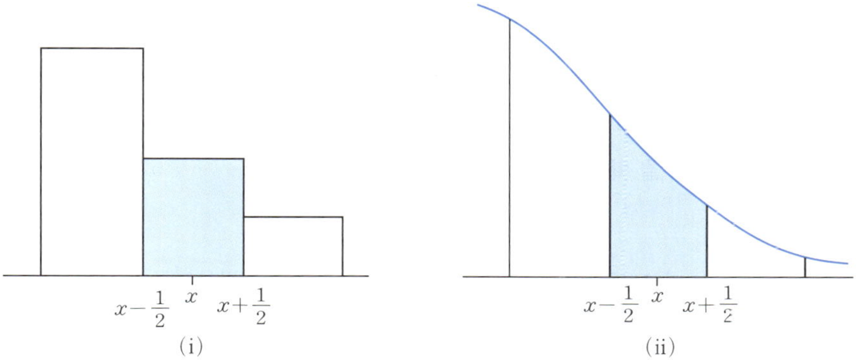

그림 7-4 이항분포 확률의 정규분포 확률로의 근사

이항분포의 정규분포근사

확률변수 X가 이항분포, 즉 $X \sim \text{Bin}(n, p)$이고 np나 $n(1-p)$가 모두 클 경우에 (보통 10 이상) X는 근사적으로 평균이 np이고 표준편차가 $\sqrt{np(1-p)}$인 정규분포를 따른다. 즉

$$Z = \frac{X-np}{\sqrt{np(1-p)}} \sim N(0, 1)$$

로 표현된다.

이항분포의 정규분포근사를 앞에서 설명한 중심극한정리를 이용하여 설경하면 다음과 같다. 베르누이 분포 Bin(1, p)를 따르는 모집단에서 크기 n인 임의표본을 $X_1, \cdots, X_n$이라 하면 모평균 $\mu = \mathbf{E}(X_1) = p$이고 모분산 $\sigma^2 = \text{Var}(X_i) = p(1-p)$, $i=1, \cdots, n$이므로 중심극한정리에 의하면 표본평균 $\overline{X}$는 근사적으로 평균이 $\mu = p$이고 표준편차는 $\sigma/\sqrt{n} = \sqrt{p(1-p)}/\sqrt{n}$인 정규분포를 따른다. 즉,

$$Z = \frac{\overline{X}-p}{\sqrt{p(1-p)/n}} \sim N(0, 1)$$

위 식의 Z에서 분모와 분자에 n을 곱하고, 확률변수 $X = X_1 + \cdots + X_n$로 놓으면 위 식은

$$Z = \frac{X-np}{\sqrt{np(1-p)}} \sim N(0, 1)$$

가 된다. 이때 확률변수 X는 n회 베르누이 시행 결과의 합이므로 1의 개수 또는 성공의 횟수이므로 이항분포를 따르게 된다. 즉, $X \sim \text{Bin}(n, p)$이므로 이항분포의 정규근사가 된다.

예제 4

확률변수 X는 Bin(150, 0.6)의 분포를 갖는다고 하자. 이때 다음의 확률을 근사적으로 구하라.

(1) 확률변수 X가 82 이상 101 이하일 확률은?

(2) 확률변수 X가 97보다 클 확률은?

풀이

이 경우 np, $n(1-p)$가 모두 10 이상이므로 X는 근사적으로 정규분포를 따르게 되며 평균은 $\mu=np=150\times0.6=90$이고 분산은 $\sigma^2=np(1-p)=150\times0.6\times0.4=36$이 된다. 그러므로 구하고자 하는 근사확률은 정규분포를 이용하여 다음과 같이 계산할 수 있다.

(1)
$$\begin{aligned}\mathbf{P}[82\le X\le 101]&=\mathbf{P}[81.5\le X\le 101.5]\\&=\mathbf{P}\left(\frac{81.5-90}{6}\le\frac{X-90}{6}\le\frac{101.5-90}{6}\right)\\&\approx\mathbf{P}[-1.42\le Z\le 1.92]\\&=0.9726-0.0778\\&=0.8948\end{aligned}$$

(2)
$$\begin{aligned}\mathbf{P}[X>97]&=\mathbf{P}[X\ge 97.5]\\&=\mathbf{P}\left(\frac{X-90}{6}\ge\frac{97.5-90}{6}\right)\\&\approx\mathbf{P}[Z\ge 1.25]\\&=1-0.08944\\&=0.1056\end{aligned}$$

예제 5

어느 도시에서 지난 5년 간의 조사결과 성인 전체의 30%가 정기적으로 술을 마시는 것으로 나타났다고 하자. 만약 현재도 이와 비슷한 비율이 유지된다면 1,000명의 성인표본에서 술을 마시는 사람의 수가 (1) 280명보다 작을 확률은 얼마인가? (2) (1)에서 연속분포로의 근사를 위한 연속성 수정, 즉 1/2의 가감 없이 계산하면 근사확률은 어떻게 되겠는가?

풀이

확률변수 X를 1,000명 중 술을 정기적으로 마시는 사람의 수라고 하면 X는 Bin(1000, 0.3)이 된다. 여기서 $\mu=np=300$, 분산은 $\sigma^2=np(1-p)=210$이므로 X는 근사적으로 $N(300, 210)$을 따른다.

(1) $\mathbf{P}[X<280]=\mathbf{P}[X\leq 279.5]=\mathbf{P}\left(\frac{X-300}{\sqrt{210}}\leq\frac{279.5-300}{\sqrt{210}}\right)$

$\approx\mathbf{P}[Z\leq -1.41]$

$=0.0793$

(2) $\mathbf{P}[X<280]=\mathbf{P}[X\leq 279]=\mathbf{P}\left(\frac{X-300}{\sqrt{210}}\leq\frac{279-300}{\sqrt{210}}\right)$

$\approx\mathbf{P}[Z\leq -1.45]$

$=0.0735$

위 예제에서 보는 바와 같이 연속분포로의 근사를 위한 수정을 한 경우와 하지 않은 경우에 확률 계산에 약간의 차이(0.0058)가 남을 알 수가 있다. 그러나 그 차이는 아주 근소할 뿐 아니라 정확한 확률 계산보다는 정규분포를 이용한 근사확률 계산이 가능하다는 의미가 더 중요하다. 이 장 이후의 확률 계산에서는 연속분포의 근사를 위한 연속성 수정을 하지 않음을 밝혀 두고자 한다.

연습문제

3.1 확률변수 X가 $n=25$이고, $p=0.7$인 이항분포를 따르는 확률변수이다.

(1) $X=15$, $13\leq X\leq 19$, $13<X<19$일 확률을 구하라.

(2) (1)을 정규분포의 근사를 이용하여 근삿값을 구하라.

3.2 확률변수 X가 $n=300$이고 $p=0.25$인 이항분포를 따르는 확률변수이다.

(1) $X=80$일 확률을 정규분포근사를 이용하여 근삿값을 구하라.

(2) $X\leq 65$일 확률을 정규분포근사를 이용하여 근삿값을 구하라.

(3) $68\leq X\leq 89$일 확률을 정규분포근사를 이용하여 근삿값을 구하라.

3.3 다음의 이항분포에서의 확률을 정규분포근사로 구하는 것이 적당한지에 대하여 논하라.

(1) $n=500$, $p=0.33$　　(2) $n=10$, $p=0.5$

(3) $n=400$, $p=0.4$　　(4) $n=200$, $p=0.98$

(5) $n=100$, $p=0.61$　　(6) $n=100$, $p=0.05$

3.4 그림 7-3에서 x-축의 값을 표준화된 값 $z=\frac{x-np}{\sqrt{np(1-p)}}$로 변환할 때 분포의 중심이 $z=0$이며, $z=-2$에서 $z=2$ 사이에 있을 확률이 대부분임을 확인하라.

3.5 미국인 나이의 중앙값이 32.3세라고 한다. 만약 200명을 임의로 선택하여 조사하였을 때, 선택된 사람 중에 적어도 110명의 나이가 32.3세 이하일 근사확률은 얼마인가?

3.6 실업률이 7.9%라고 하고, 300명의 사람을 임의로 선택하였을 때, 다음의 확률을 구하라.

(1) 표본 중 18명 미만의 사람이 실업상태일 확률

(2) 표본 중 실업상태인 사람이 30명을 초과할 확률

3.7 조사결과 96%의 사람이 지난 5년 동안 폭력이 증가하였다고 생각한다. 즉 50명을 임의로 선택하여 조사한 결과 48명의 사람이 지난 5년간 폭력이 증가하였다고 대답하였다. 이때 X를 폭력이 증가하였다고 대답하는 사람의 수라고 할 때, X를 정규분포로 근사시키는 것이 적당한지에 대해 논하라.

3.8 전자제품 판매점에 오는 손님 중 25%만이 실제로 물건을 구입한다고 할 때, 100명의 방문자 중 20명 이상이 물건을 구입할 확률을 구하라.

3.9 어떤 사무실에서는 1주일에 교통비로 쓰는 돈의 평균이 25만 원이고 표준편차가 4만 원이라고 한다. 한 해에 교통비로 27만 원 이상 쓰게 되는 주가 20주 이상이 될 확률을 구하라.

3.10 어떤 학교의 학생 중 30%가 아파트에서 살고 있다고 한다. 임의로 이 학교에서 학생 200명을 선택하였을 때, 아파트에 살고 있는 학생의 수가 50명 이상 또는 75명 이하일 확률을 구하라.

3.11 정부조사에 따르면 20세와 24세 사이의 사람 중에 35.2%의 사람이 지난 2006년에서 2007년 사이에 이사를 하였다고 한다. 만약 20세와 24세 사이의 사람 중에 100명을 임의로 선택하였을 때, 41명 이상의 사람이 위 기간에 이사하였을 확률은 얼마인가?

3.12 어떤 사람의 전화 통화시간은 평균이 80초이고 표준편차가 15초인 정규분포를 따른다고 한다. 이 사람이 100번 통화했을 때, 100번 통화 중 통화시간이 92초 이상인 횟수가 25번 이상일 확률을 구하라.

3.13 평균적으로 시간당 0.8번의 핸드폰이 울리는 학생이 2시간 강의를 듣는 동안에 한 번도 휴대폰이 울리지 않을 확률을 구하라. 이와 같은 학생 100명이 모두 휴대폰을 켜 놓고, 2시간 강의를 듣는다고 할 때 강의 동안 한 번도 휴대폰이 울리지 않는 학생의 수가 15명 이하일 확률을 근사적으로 구하라.

R과 Python을 이용한 분석

분석 1

0에서 9까지 10개의 정숫값을 균등하게 갖는 모집단(이러한 모집단의 분포를 이산균등분포라고 함)을 고려해 보자. 예를 들어, 전화번호 끝자리 번호의 분포를 생각해 보자. 여기서 크기가 5인 표본을 100번 뽑아서 매번 추출된 표본에서 표본평균을 구하고, 그 평균들을 가지고 히스토그램을 그려라.

풀이

이 문제에서와 같이 임의의 숫자를 표본추출하는 R 함수는 `sample`이다.

sample(x, size, replace=FALSE, prob=NULL): x에서 size만큼 표본을 추출

x: 표본을 추출할 변수의 이름 또는 범위

replace: 반복을 결정하는 논리값. 이 값이 TRUE이면 복원추출을 의미하고, FALSE이면 비복원추출을 의미한다.

prob: 범위에 속하는 각각의 값들이 추출될 확률

일반적으로 `sample` 함수를 사용할 때마다 추출된 표본의 값이 변하게 된다. 만약 고정된 난수를 뽑고자 한다면, 문장 실행 전 `set.seed` 함수를 이용할 수 있다.

set.seed(n): 난수 생성기의 seed number의 값을 n으로 초기화

n: seed number로 난수 생성에 사용되는 초깃값

R에서 어느 구간 내에서 1씩 증감하는 값들을 얻고자 하는 경우, 콜론(:)을 이용하여 나타낼 수 있다.

```
> 0:9
 [1] 0 1 2 3 4 5 6 7 8 9
> 9:0
 [1] 9 8 7 6 5 4 3 2 1 0
> 0.5:9
 [1] 0.5 1.5 2.5 3.5 4.5 5.5 6.5 7.5 8.5
> 9:0.5
 [1] 9 8 7 6 5 4 3 2 1
```

그림 7-5 구간별: 사용 시 출력 결과

위의 방법을 이용하여 문제의 조건에서 seed를 지정하지 않았을 때와 지정했을 때, 표본을 추출한 결과가 그림 7-6과 같다.

```
> sample(x = 0:9, size = 5, replace = TRUE)
 [1] 4 7 1 2 3
> sample(x = 0:9, size = 5, replace = TRUE)
 [1] 9 0 8 9 9
> sample(x = 0:9, size = 5, replace = TRUE)
 [1] 4 5 3 5 8
>
> set.seed(5555)
> sample(x = 0:9, size = 5, replace = TRUE)
 [1] 2 1 3 1 0
> set.seed(5555)
> sample(x = 0:9, size = 5, replace = TRUE)
 [1] 2 1 3 1 0
> set.seed(5555)
> sample(x = 0:9, size = 5, replace = TRUE)
 [1] 2 1 3 1 0
```

그림 7-6 seed 유무에 따른 출력 결과

그림 7-6의 결과로 seed의 숫자를 5555로 고정한 경우, 고정된 난수가 추출됨을 확인할 수 있다. 같은 작업을 여러 번 반복하기 위해서는 for문을 사용하는 것이 편리하며, 이때 각 시행의 결과가 저장될 수 있는 객체를 미리 생성해야 한다.

for(i in a : b){ }: i를 a에서 b까지 1씩 증감시키며 중괄호 안의 문장을 실행
object[i]: 객체 object의 i번째 원소 값

```
m <- rep(0, 100)
for (i in 1:100){m[i] <- mean(sample(x = 0:9, size = 5, replace = TRUE))}
```

를 입력하면, m이라고 하는 객체는 각 랜덤추출 시행마다의 평균들을 값으로 가지며 이를 100번 반복한 결과를 가지고 있다. m을 확인해 보면 그림 7-7과 같다.

```
> m
 [1] 1.4 5.4 2.8 4.0 5.0 4.0 6.0 7.0 5.0 2.8 4.8 5.8 5.4 5.2 3.4 5.2
[17] 5.0 5.6 4.6 5.2 7.2 5.6 5.0 6.4 5.8 6.2 6.2 6.2 4.4 4.2 4.2 4.2
[33] 6.4 3.2 2.8 3.2 4.2 4.4 1.2 2.6 5.2 3.8 3.0 4.8 3.6 3.4 3.8 5.4
[49] 3.0 4.8 4.8 6.8 4.0 8.0 1.8 4.6 6.2 5.2 4.0 4.2 2.8 6.2 4.0 2.4
[65] 3.4 7.8 1.8 5.4 3.8 5.2 4.8 5.8 2.2 4.0 5.6 4.8 4.8 4.0 6.6 4.4
[81] 4.8 3.6 3.8 3.2 4.0 5.4 2.4 3.6 3.2 5.8 4.4 3.4 4.2 4.2 4.4 5.2
[97] 6.2 3.6 4.6 5.2
```

그림 7-7 표본평균 출력 결과

계급을 0, 1, 2, …, 9로 하고 히스토그램을 그리면 그림 7-9와 같다.

```
> hist(x = m, breaks = c(0:9), xlim = c(0, 10))
```

그림 7-8 R 코드 입력

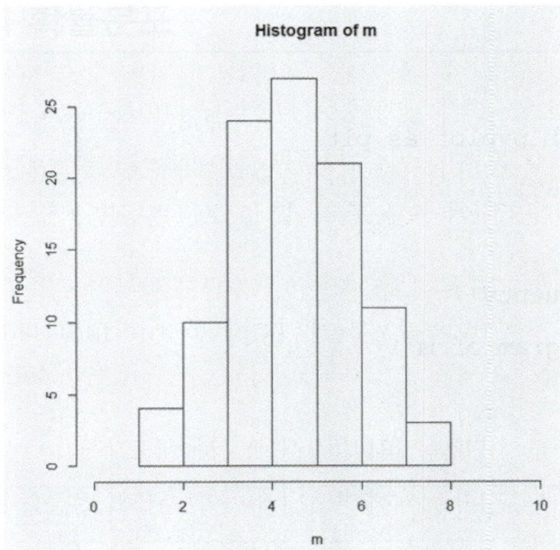

그림 7-9 표본평균의 히스토그램

모집단의 분포는 이산 균등분포로 정규분포의 분포형태와 차이가 크다. 그러나 표본평균의 히스토램을 보면 정규분포와 유사한 종 모양을 하고 있음을 알 수 있다. 표본의 크기가 5인 것을 감안하면 표본의 크기가 클 때는 상당히 정규분포에 가까우리라 예상할 수 있을 것이다.

Python 코드

분석 1

```
# 추출된 5개 표본의 평균을 구하는 것을 100번 반복하는 실험
import numpy as np
m = []
np.random.seed(1234)
for i in range(100):
    sample = np.random.randint(0, 10, size = 5)
    m.append(np.mean(sample))

m = np.array(m)
print(m)

# 평균들의 히스토그램
import matplotlib.pyplot as plt
plt.hist(m, bins=7)
plt.xlabel('m')
plt.ylabel('Frequency')
plt.title('Histogram of m')
```

7장 종합문제

4.1 모집단이 $\{2, 4, 6, 8\}$로 이루어져 있고 여기서 2개의 표본을 복원추출한다고 한다.

(1) 모든 가능한 표본을 기술하고, 표본평균들을 구하라.

(2) 표본평균 $\overline{X}$의 분포를 구하라.

(3) 모평균 μ와 모표준편차 σ를 구하라.

(4) (2)에서 구한 표본평균의 분포로부터 평균과 표준편차가 μ와 $\sigma/\sqrt{2}$ 임을 확인하라.

4.2 위의 종합문제 **4.1**에서 표본의 범위를 R이라고 하자. 예를 들어 2와 6이 뽑히면 $R=6-2=4$가 된다.

(1) 모든 가능한 표본에서 R을 구하라.

(2) 범위 R의 분포를 구하라.

4.3 평균이 80이고 표준편차가 10인 정규분포를 따르는 모집단에서 표본의 크기가 9인 표본을 추출할 때, 다음 물음에 답하라.

(1) 표본평균 $\overline{X}$의 평균과 표준편차는 어떻게 되겠는가?

(2) 표본평균 $\overline{X}$는 어떤 분포를 따르겠는가?

(3) 표본평균 $\overline{X}$가 76과 84 사이에 있을 확률은 얼마인가?

4.4 어떤 과수원에 있는 배의 무게는 평균이 445 g이고 표준편차가 36.2 g인 정구분포를 따른다고 한다.

(1) 만약 하나의 배를 임의로 선택하여 무게를 재었을 때, 무게가 426.9 g에서 454.05 g 사이일 확률은 얼마인가?

(2) 4개의 배를 임의로 선택하여 무게의 평균을 $\overline{X}$라고 할 때, 그 값이 426.9 g에서 454.05 g 사이일 확률은 얼마인가?

4.5 어떤 강에 있는 조약돌의 무게는 평균이 12.1 g이고 표준편차가 3.2 g인 정규분포를 따른다고 한다. 9개의 조약돌을 임의로 선택하여 평균무게를 $\overline{X}$라고 할 때, 다음의 질문에 답하라.

(1) 표본평균 $\overline{X}$의 분포는 어떻게 되겠는가?

(2) 표본평균 $\overline{X}$가 10 g보다 작을 확률은 얼마인가?

(3) 강에 있는 조약돌 중에서 무게가 10 g보다 작은 것들의 비율은 얼마인가?

4.6 평균이 60, 표준편차가 8이고 분포가 알려지지 않은 모집단에서 크기가 150인 표본을 추출한다.

(1) 표본평균 $\overline{X}$의 분포를 정규분포라고 할 수 있는가? 이유를 설경하라.

(2) 표본평균 $\overline{X}$가 59에서 61 사이에 있을 확률은 얼마인가?

(3) 표본평균 $\overline{X}$가 62보다 작을 확률은 얼마인가?

4.7 어떤 대학에서 한 학생이 수강신청을 하는 데 걸리는 시간은 평균이 9.4눈이고 표준편차가 1분인 분포를 따른다고 할 때, 81명의 학생을 임의로 선택하여 수강신청에 드는 시간을 측정하였다.

(1) 표본평균 $\overline{X}$의 평균과 표준편차를 구하라.

(2) 표본평균 $\overline{X}$의 분포는 어떻게 되겠는가?

4.8 어떤 물질이 견딜 수 있는 힘은 평균이 55 kg이고 표준편차가 7 kg인 분포를 따른다고 한다. 크기가 40인 표본을 추출하여 조사한다고 할 때 다음 물음에 답하라.

(1) 표본평균 $\overline{X}$가 54～56에 있을 확률은 얼마인가?

(2) 55를 중심으로 하는 구간 중에서 95%의 확률로 $\overline{X}$가 포함될 구간을 구하라.

4.9 표준편차가 20인 모집단에서 크기가 100인 표본을 추출하였다. 중심극한정리를 기반으로 다음 물음에 답하라.

(1) 표본평균 $\overline{X}$와 모평균 μ의 차이가 2 이하일 확률은 얼마인가? 즉 $\mathbf{P}[-2 \le \overline{X} - \mu \le 2]$는 얼마인가?

(2) $\mathbf{P}[-k \leq \overline{X}-\mu \leq k]=0.9$를 만족시키는 k를 구하라.

(3) 표본평균이 모집단의 평균으로부터의 차이가 4 이상일 확률을 구하라.

4.10 폭풍 속에서 내리는 우박의 지름은 평균이 1.27 cm이고 표준편차가 0.25 cm인 분포를 따른다고 할 때 다음의 물음에 답하라.

(1) 40개의 우박을 임의로 선택하였을 때 표본평균이 1.22 cm에서 1.34 cm 사이에 있을 확률은 얼마인가?

(2) 임의로 선택된 우박의 지름이 k보다 클 확률이 0.1이 되는 k를 구하라.

(3) 내린 우박 100개 중 많아야 12개가 지름이 k보다 클 근사확률을 구하라.

(4) 우박이 동그란 구형이면 반으로 쪼개진 경우 우박의 단면적의 기댓값을 구하라.

4.11 $N(\mu, \sigma^2)$인 모집단에서 표본을 추출할 때 표본평균이 모평균으로부터 0.5 이상 떨어져 있을 확률이 0.05였다. 표본의 크기를 2배로 하면 이 확률이 얼마가 되겠는가?

4.12 모표준편차가 σ인 모집단에서 표본의 크기가 64일 때 표본평균이 모평균으로부터 2 이상 떨어져 있을 확률이 0.05였다면 표본의 크기를 100으로 늘리면 표본평균이 모평균으로부터 2 이상 떨어져 있을 확률이 어떤 값을 갖겠는가?

4.13 현금 지급기에서 한 사람이 일을 처리하는 데 걸리는 시간은 평균이 2분이고 표준편차가 0.6분인 분포를 따른다고 한다. 50명을 임의로 추출할 때 50명이 총 사용한 시간이 90분에서 112.5분 사이일 확률은 얼마인가? 즉 표본평균 $\overline{X}$가 1.8분에서 2.25분 사이일 확률은 얼마인가?

4.14 R에서 rpois( )를 이용하면 포아송 분포를 따르는 난수를 생성할 수 있다. 예를 들어 평균이 5인 포아송 분포에서 난수를 3개 생성하고 싶다면 rpois(n=3, lambda=5)라고 지정해 주면 된다. 평균이 3인 포아송분포에서 크기가 9인 표본을 100번 뽑아 그 표본의 평균을 계산하고 100개의 표본평균의 평균과 표준편차를 계산하고, 그 값이 이론적인 평균값 3, 표준편차값 $\sqrt{3}/3$과 가까운지를 확인하여 보아라. 또한 이 100개의 표본평균에 대한 히스토그램을 그려보아라.

6.15 확률변수 X는 성공할 확률이 p인 베르누이 시행을 n번 수행하였을 때 성공의 횟수라고 한다.

(1) 다음의 확률을 구하라.

(i) $\mathbf{P}[X \leq 5]$, $n=25$, $p=0.4$

(ii) $\mathbf{P}[11 \leq X \leq 17]$, $n=20$, $p=0.7$

(iii) $\mathbf{P}[X \leq 11]$, $n=16$, $p=0.5$

(2) (1)의 확률을 정규분포근사를 이용하여 구하라.

4.16 세금 청구서에 대해 9%가 연체된다고 한다. 2만 개의 청구서가 발행되었을 때, 다음의 확률을 구하라.

(1) 1750개 미만의 청구서가 연체된다.

(2) 2000개 이상의 청구서가 연체된다.

4.17 어느 방송국의 텔레비전 프로그램 A의 시청률이 30%였다고 한다. 최근 경쟁관계에 있는 방송국에서 이 프로그램이 방영되는 시간에 새로운 프로그램 B를 개발하여 방영하기 시작하였다. 이 방송국은 시청률의 변화에 대해 알아보기 위하여 400명의 시청자를 임의로 선택하여 시청률 조사에 나섰다.

(1) 만약 시청률이 변화하지 않았다면, 400명 가운데 105명 이하의 시청자가 프로그램 A를 시청할 확률은 얼마인가?

(2) 400명 가운데 105명 이하의 시청자가 프로그램 A를 시청한다고 대답하였다면, 경쟁사의 새로운 프로그램 B가 프로그램 A에 악영향을 주었다고 할 수 있는가?

4.18 확률변수 X가 다음과 같은 n과 p를 갖는 이항분포를 따를 때, 정규분포근사를 이용하는 것이 타당하다고 할 수 있는가?

(1) $n=400,\ p=0.28$

(2) $n=20,\ p=0.04$

(3) $n=90,\ p=0.99$

4.19 어느 항공사 A노선의 예약자 중 10%가 공항에 나타나지 않는다는 것을 지금까지의 자료를 통해서 알아내고, 320석의 좌석에 대해 350석의 초과예약을 받았다.

(1) 비행기의 자리가 모자라서 예약승객이 탑승하지 못할 확률은 얼마인가?

(2) 300명 이하의 예약자가 나타날 확률은 얼마인가?

8장

통계적 추론

통계적 추론(statistical inference)이란 추출된 표본으로부터 모집단의 일반적인 특성을 추론해내는 것을 뜻한다. 일단 표본이 추출되면 2장에서 다룬 자료요약의 기법들을 이용하여 도수분포표, 평균, 분산, 표준편차 등의 표본에 대한 정보를 얻을 수 있다. 그러나 대부분의 경우에 단순히 하나의 표본에 대한 정보뿐 아니라 모집단의 일반적인 특성이 관심의 대상이 된다. 예를 들어 어느 조사자가 100명의 유권자를 대상으로 후보 A에 대한 지지여부를 조사하였더니 60명이 후보 A를 지지하였다고 하자. 이때 조사자의 관심사는 이 100명 유권자의 후보 A에 대한 지지율이 아니라 전체 유권자의 지지율이 될 것이다. 이때 전체 유권자를 대상으로 조사하지 않는 한 전체 유권자의 지지율은 구할 수 없으므로, 표본이 갖고 있는 정보를 이용하여 이를 추측하게 되는데 이와 같은 과정이 통계적 추론의 한 과정이라고 할 수 있다.

통계적 추론이란 표본이 갖고 있는 정보를 분석하여 모수에 관한 결론을 유도하고, 모수에 대한 가설의 옳고 그름을 판단하는 것을 말한다.

이처럼 통계적 추론이란 모집단의 일부인 표본으로부터 전체 모집단의 성질을 추론해내는 것이기 때문에 100% 확실하다고 할 수는 없다. 따라서 통계적인 추론을 할 때에는 그 결론의 부정확한 정도를 반드시 언급하여야 하는데 이러한 정도를 수치로 표시할 수 있게 하는 도구로 앞에서 공부한 확률론과 표집분포 등이 이용된다.

통계적 추론은 조사자의 관심에 따라 (1) 모수의 추정과 (2) 모수에 대한 가설검정이라는 두 가지 문제로 나눌 수 있다. 모수의 추정이란 미지수인 모수에 대한 추측 혹은 추측치를 그 수치화된 정확도와 함께 제시하는 것이다. 모수에 대한 가설검정이란 모수에 대한 여러 가설들이 적합한지 혹은 적합하지 않은 것인지를 추출된 표본으로부터 판단하는 것이다.

이 장에서는 표본의 크기가 클 때 중심극한정리를 이용하여 모평균과 모비율에 대한 추정과 검정을 다루어 보고자 한다. 다음의 두 예제가 이 장에서 다루고자 하는 전형적인 문제를 제시해 준다고 하겠다.

예제 1

어느 도시에서 청소년기의 성장에 관한 연구를 하기 위하여 중학교 1학년 남학생 30명을 임의추출하여 키를 측정한 결과가 다음의 표 8-1과 같이 주어졌다.

표 8-1 중학교 1학년 남학생 30명의 키 자료

163	161	168	161	157	162	153	159	164	170
152	160	157	168	150	165	156	151	162	150
156	152	161	165	168	167	165	168	159	156

앞 장에서 공부한 내용을 이용하여 위의 자료로부터 몇 가지 통계량의 값을 구하여 보면 다음과 같다.

표본평균: $\overline{x}=160.20$
표본표준편차: $s=5.99$

제1 사분위수: $Q_1=156$
제2 사분위수: Q_2(중앙값)$=161$
제3 사분위수: $Q_3=165$

그러나 이 연구의 목표는 단지 30명 학생의 키에 대한 기록을 얻는 것이 아니라 전체 중학교 1학년 남학생의 키에 대하여 알고자 하는 것이다. 예를 들어 그 도시의 전체 중학교 1학년 남학생의 평균 키 μ에 대하여 알고자 한다면 다음과 같은 추론을 해볼 수 있다.

(1) μ를 하나의 값으로 추정한다. (점추정)
(2) μ를 포함할 만한 적당한 구간을 정한다. (구간추정)
(3) μ 값이 5년 전의 평균값인 155 cm와 다른지를 판단한다. (가설검정)

예제 2

어느 기관이 한 도시의 실업률(p)에 관심이 있다고 하자. 실업률을 빠른 시간에 효과적으로 추측하기 위해서는 노동인구 중에서 적당한 수를 추출하고 그 표본으로부터 현재 실업자의 수를 세어 표본의 실업률을 얻어내는 것이 바람직할 것으로 생각된다.
예를 들어 노동인구 중 500명을 추출하여 조사한 결과 41명이 실업자로 밝혀졌다면 표본의 실업률은

$$\text{표본의 실업률 }(\hat{p})=\frac{41}{500}=0.082$$

로 표현될 수 있다. 이때 표본의 실업률 0.082는 그 도시의 전체 실업률에 대한 추측값이 될 것이다. 그러나 $\hat{p}$ 값은 도시 전체가 아닌 일부 표본으로부터 얻어진 수치이므로 실제 실업률 p값과 차이가 있게 마련이다. 이런 차이, 즉 오차의 한계를 명시하거나 혹은 이러한 오차를 감안하여 p의 추정치로 p가 포함될 만한 적당한 구간을 제시하는 것도 필요하다. 또한 실업률 p에 대한 기존의 어떤 예측치와 비교하여 현재의 실업률이 높은지 혹은 낮은지를 판단하는 가설검정을 실시하는 것도 중요한 추론의 한 과정이다.

8.1 모평균의 추정(표본의 크기가 클 때)

모수의 추정에는 점추정과 구간추정이 있다. 점추정이란 추출된 표본으르부터 모수의 값에 가까우리라고 예상되는 하나의 값을 제시하는 것이다. 구간추정은 하나의 값만을 제시하는 것이 아

니라 모수를 포함하리라고 예상되는 적절한 구간을 구하는 것이다. 이 절에서는 모평균에 대한 점추정과 구간추정에 관하여 공부하고자 한다.

점추정 (Point Estimation)

모수를 추정하기 위해 모집단에서 크기가 n인 표본을 임의로 추출할 때 이를 n개의 확률변수 $X_1, \cdots, X_n$로 표현한다고 하자. 점추정이란 추정하고자 하는 하나의 모수에 대하여 이 n개의 확률변수로 하나의 통계량을 만들고 주어진 표본으로부터 그 값을 계산하여 하나의 수치를 제시하려고 하는 것이다. 이와 같이 모수를 추정하기 위해 만들어진 통계량을 **추정량**(estimator)이라고 하고, 주어진 관측값으로부터 계산된 추정량의 값을 **추정치**(estimate)라고 한다. 예를 들어 예제 1에서 모평균(해당도시의 중학교 1학년 남학생의 평균키)을 추정한다고 할 때, 직관적으로 가장 타당한 추정량은 표본의 평균

$$\overline{X}=\frac{1}{n}(X_1+\cdots+X_n)$$

이 될 것이다. 또한 주어진 표본에서 표본평균의 값은 $\overline{x}=160.20$ cm이므로 평균키의 추정치는 160.20 cm가 된다.

추정량은 하나의 확률변수이므로 추출된 표본값에 따라서 그 값이 달라질 것이다. 즉 위의 예에서 만약 다시 30명의 학생을 임의추출하여 표본평균을 구한다면 160.20 cm가 아닌 다른 값을 갖게 될 것이다. 이런 수치들의 변화의 정도는 추정량의 정확도와 관계가 있는데 이 정확도를 측정하는 하나의 도구로 표준오차(standard error, $S.E.$)라고 하는 추정량의 표준편차가 있다. 표준오차는 그 이름에서도 예상할 수 있듯이 그 값이 작을수록 바람직하다고 할 수 있는데, 표본평균의 경우에 표준오차를 한 번 살펴보도록 하자. 표본평균의 기댓값과 표준오차는 모집단의 평균과 표준편차가 각각 μ와 σ일 때 다음과 같이 구할 수 있다.

$$\mathbf{E}(\overline{X})=\mu,\ \ S.E.(\overline{X})=\frac{\sigma}{\sqrt{n}}$$

따라서 $\overline{X}$를 가지고 μ를 추정할 경우 n이 클수록 표준오차가 작아져서 좀 더 정확한 추정이 가능해짐을 알 수 있다. 그러나 실제로 $S.E.(\overline{X})$를 계산하고자 할 때 σ가 주어져 있지 않은 경우가 많은데, 이런 경우에는 σ를 표본표준편차

$$S=\sqrt{\frac{1}{n-1}\sum_{i=1}^{n}(X_i-\overline{X})^2}=\sqrt{\frac{1}{n-1}\left(\sum_{i=1}^{n}X_i^2-n\overline{X}^2\right)}$$

로 추정하여 사용할 수 있다. 따라서 앞의 예제 1에서도 $s=5.99$이므로 $\overline{X}$의 표준오차를 추정하면 $5.99/\sqrt{30}=1.094$가 된다. 이상의 내용을 요약하면 다음과 같다.

모평균에 대한 점추정

모수: 모집단의 평균 μ

자료: 평균이 μ이고 표준편차가 σ인 모집단에서 임의추출한 표본, $X_1, \cdots, X_n$

추정량: 표본평균 $\overline{X}$

표준오차: $S.E.(\overline{X})=\frac{\sigma}{\sqrt{n}}$, 추정된 표준오차: $\frac{s}{\sqrt{n}}$

예제 3

어느 전기부품공장에서 자사의 제품 중 전기퓨즈의 평균수명(μ)을 알아보기 위하 40개의 표본을 추출하고 그 수명(x_i)을 조사하여 다음과 같은 결과를 얻었다.

$$\sum x_i = 88 \qquad \sum x_i^2 = 212$$

평균수명을 추정하고 그 추정량의 표준오차를 구하라.

풀이

평균수명(μ)의 추정량은 표본평균($\overline{X}$)이므로

$$\mu\text{의 추정치}: \overline{x}=\frac{88}{40}=2.2$$

이다. 모집단의 표준편차가 알려져 있지 않으므로 표본표준편차를 이용하여 표준오차를 추정하기 위하여 표본표준편차를 계산하면

$$s=\sqrt{\frac{1}{n-1}\left(\sum x_i^2 - n\overline{x}^2\right)}=\sqrt{\frac{1}{39}\left(212-40(2.2)^2\right)}=0.687$$

이다. 따라서 표본평균의 추정된 표준오차는

$$\frac{s}{\sqrt{n}}=\frac{0.687}{\sqrt{40}}=0.109$$

이다.

구간추정 (Interval Estimation)

점추정은 적합한 추정량을 만들고 주어진 표본으로부터 추정치를 계산하여 제시하는 것이다. 따라서 이 경우는 표준오차가 주어진다고 하더라도 결국은 하나의 수치로 모수를 추정하고자 하는 것이다. 이에 반해 구간추정은 하나의 수치를 구하는 것이 아니라 추정량의 분포를 이용하여 표본으로부터 모수 값을 포함하리라고 예상되는 구간을 구하여 제시하는 것이다. 이때 제시되

는 구간을 **신뢰구간**(confidence interval)이라고 한다. 신뢰구간은 대개 (L, U)의 형태로 이루어지며, 이때 L과 U는 통계량으로 표본으로부터 계산된다. 따라서 표본마다 계산되는 신뢰구간은 서로 다를 수 있다. 만약 어떤 신뢰구간이 어느 표본에서 계산되더라도 항상 모수를 포함하도록 만들어졌다면 이것은 가장 확실한 신뢰구간이 될 것이다. 그러나 그렇게 되기 위해서는 신뢰구간이 상당히 길어질 수밖에 없기 때문에 그런 경우는 모수에 대한 자세한 정보를 얻기 어렵다. 예를 들어 어떤 모평균에 대한 신뢰구간으로 $(-\infty, \infty)$가 주어졌다면, 어떤 표본에 대해서도 신뢰구간이 $(-\infty, \infty)$이므로 모평균의 값은 항상 포함될 것이다. 그러나 우리는 이 신뢰구간으로부터 모평균이 실수라는 것 외에 어떠한 정보도 얻을 수 없다. 따라서 모평균에 대한 좀 더 정확한 정보를 얻기 위해서는 신뢰구간을 가능한 한 줄일 필요가 있는데 그러기 위해서는 신뢰구간이 어떤 표본에 대해서도 모수를 포함해야 한다는 조건을 어느 정도는 완화시킬 필요가 있다. 즉 신뢰구간이 모수를 포함할 확률을 1보다는 작은 일정한 수준에서 유지시키면서 구간의 길이를 줄이는 것이 좋은 신뢰구간을 만드는 기초라고 할 수 있다. 이때에 모수를 포함할 확률은 대개 90%, 95%, 99% 등을 사용하는데, 이 확률을 **신뢰수준**(level of confidence) 또는 신뢰도라고 한다.

이제 모평균(μ)의 신뢰구간을 구해 보기로 하자. μ의 신뢰구간을 구하기 위해서는 μ의 추정량 $\overline{X}$의 분포가 필요하다. 우선 계산도 간단하고 쉽게 설명할 수 있는 경우로서 모집단이 정규분포이고 표준편차(σ)가 주어져 있을 때를 고려해 보자. 이 경우 $\overline{X}$의 분포는 7장에서 공부한 바와 같이 평균이 μ이고 표준편차가 $\sigma/\sqrt{n}$인 정규분포를 따른다. 따라서 표준화된 표본평균 $\dfrac{\overline{X}-\mu}{\sigma/\sqrt{n}}$의 분포는 표준정규분포 $N(0, 1)$을 따르고, 그림 8-1에서 볼 수 있듯이 다음의 식을 만족하게 된다.

$$\mathbf{P}\left(\left|\frac{\overline{X}-\mu}{\sigma/\sqrt{n}}\right|<z_{\alpha/2}\right)=1-\alpha$$

이때 $z_{\alpha/2}$는 $N(0, 1)$의 상위 $\alpha/2$의 확률을 주는 값으로, 예를 들어 $\alpha=0.05$인 경우 $z_{0.05/2}=z_{0.025}=1.96$이 된다. 위의 식에서 괄호 안의 부등식을 풀어 쓰면

$$\mathbf{P}\left(-z_{\alpha/2}\frac{\sigma}{\sqrt{n}}<\overline{X}-\mu<z_{\alpha/2}\frac{\sigma}{\sqrt{n}}\right)=1-\alpha$$

가 되고, 이 식을 μ에 대해서 정리하면 다음과 같다.

$$\mathbf{P}\left(\overline{X}-z_{\alpha/2}\frac{\sigma}{\sqrt{n}}<\mu<\overline{X}+z_{\alpha/2}\frac{\sigma}{\sqrt{n}}\right)=1-\alpha$$

따라서 구간 $(\overline{X}-z_{\alpha/2}\ \sigma/\sqrt{n},\ \overline{X}+z_{\alpha/2}\ \sigma/\sqrt{n})$이 μ를 포함할 확률이 $1-\alpha$가 된다는 것을 예상할 수 있다. 이로부터 모집단이 정규분포를 따르고 표준편차(σ)가 알려져 있는 경우, μ에 대한 $100(1-\alpha)\%$ 신뢰구간은 다음과 같이 구할 수 있다.

$$\left(\overline{X} - z_{\alpha/2}\frac{\sigma}{\sqrt{n}},\ \overline{X} + z_{\alpha/2}\frac{\sigma}{\sqrt{n}}\right) \tag{1}$$

이 식에서 보는 바와 같이 $100(1-\alpha)\%$ 신뢰구간은 $\overline{X}$를 중심으로 $\pm z_{\alpha/2}\sigma/\sqrt{n}$ 만큼 떨어져 있는 지점까지의 구간이다. 이 사실을 이용하여 $100(1-\alpha)\%$ 신뢰구간을 $\overline{X} \pm z_{\alpha/2}\sigma/\sqrt{n}$로 표현하는 경우도 많이 있는데, 이때 $z_{\alpha/2}\sigma/\sqrt{n}$를 $100(1-\alpha)\%$ 오차범위(error margin)라고 한다. 또한 표본마다 구해지는 $100(1-\alpha)\%$ 신뢰구간의 중심은 표본평균 $\overline{X}$이고 길이는 $2 \times z_{\alpha/2}\sigma/\sqrt{n}$가 된다. 따라서 σ가 작을수록 신뢰구간의 길이가 짧아지고, 신뢰수준을 높일수록, 즉 α를 줄일수록 $z_{\alpha/2}$가 커져서 신뢰구간의 길이가 길어진다. 또한 주어진 σ와 α에 대해서는 표본의 크기가 클수록 신뢰구간의 길이가 짧아지므로 μ에 대한 좀 더 정확한 정보를 얻을 수 있다.

예제 4

평균이 μ이고 표준편차가 $\sigma=8$인 정규분포를 따르는 모집단에서 크기가 25인 표본을 추출하여 평균을 계산하였더니 $\bar{x}=42.7$이었다. 이때 μ에 대한 95% 신뢰구간을 구하라.

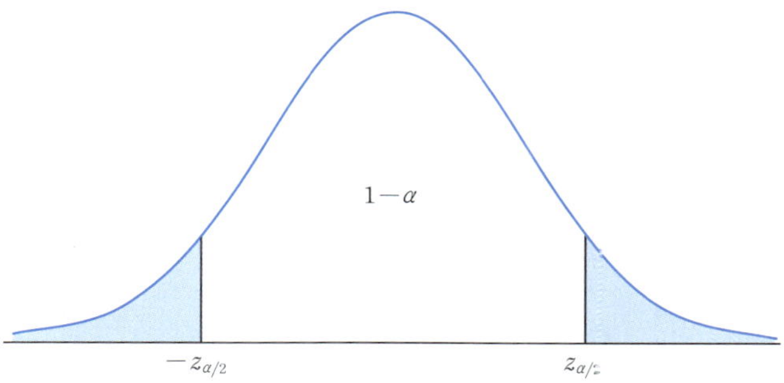

그림 8-1 $\dfrac{\overline{X}-\mu}{\sigma/\sqrt{n}}$의 분포

풀이

신뢰수준 $\alpha=0.05$이므로 $z_{\alpha/2}=1.96$이다. 따라서 주어진 자료로부터 95% 신뢰구간을 구하면

$$\left(42.7 - 1.96\frac{8}{\sqrt{25}},\ 42.7 + 1.96\frac{8}{\sqrt{25}}\right) = (39.56,\ 45.84) \text{ 또는 } 42.7 \pm 3.14$$

이 된다.

여기서 한 가지 분명히 언급하여야 할 것은 일단 표본으로부터 신뢰구간이 계산되고 나면 그 개별 구간에 대해서는 모수를 포함할 확률에 관한 이야기를 할 수 없다는 것이다. 위의 예제 4에서도 하나의 표본으로부터 계산된 95% 신뢰구간 (39.56, 45.84)은 μ를 포함하거나 포함하지 않거나 둘 중의 하나이지, 95%의 확률로 μ를 포함한다거나 하는 확률적인 이야기는 더 이상 의미가 없

다. 실제로 95% 신뢰구간에서 95%가 의미하는 바는 같은 크기의 표본을 여러 번 추출하여 같은 공식에 의한 신뢰구간을 구할 경우에 그 중 약 95%의 구간이 모수를 포함하리라고 예상할 수 있다는 것이다.

이제 좀 더 일반적인 경우에 신뢰구간을 구하는 방법을 공부해 보자. 우리가 만나게 되는 대개의 경우에 관심 있는 모집단은 그 분포나 표준편차(σ)가 알려져 있지 않다. 이런 경우에는 7장에서 공부한 중심극한정리를 이용하여 μ에 대한 신뢰구간을 구할 수 있는데 이때 필요한 조건은 표본의 크기(n)가 커야 한다는 것이다. 중심극한정리에 의하면 n이 클 때(30 이상) $\overline{X}$는 근사적으로 $N\left(\mu, \dfrac{\sigma^2}{n}\right)$를 따른다. 따라서 앞에서 구한 것과 같이 다음과 같은 식을 얻을 수 있다.

$$\mathbf{P}\left(\overline{X}-z_{\alpha/2}\frac{\sigma}{\sqrt{n}}<\mu<\overline{X}+z_{\alpha/2}\frac{\sigma}{\sqrt{n}}\right)=1-\alpha$$

(물론 이 경우의 확률 $1-\alpha$는 근사적으로 얻어지는 것인데, 이 책에서는 이를 정확하게 얻어지는 것과 구분하지 않기로 한다.) 그런데 이 경우 σ가 미지수이기 때문에 구간 $(\overline{X}-z_{\alpha/2}\,\sigma/\sqrt{n},\ \overline{X}+z_{\alpha/2}\,\sigma/\sqrt{n})$이 표본으로부터 계산될 수 없다. 그러나 앞에서도 언급하였듯이 n이 클 때는 σ 대신 s를 사용하여도 확률값에 크게 영향을 주지 않으므로, 표본의 크기가 클 때 μ에 대한 신뢰구간은 다음과 같이 구할 수 있다.

모평균 μ에 대한 신뢰구간

표본의 크기가 크고 평균과 표준편차가 $\overline{X}$와 s로 주어질 때 μ에 대한 $100(1-\alpha)\%$ 신뢰구간은 다음과 같이 구한다.

$$\left(\overline{X}-z_{\alpha/2}\frac{s}{\sqrt{n}},\ \overline{X}+z_{\alpha/2}\frac{s}{\sqrt{n}}\right) \quad \text{혹은} \quad \overline{X}\pm z_{\alpha/2}\frac{s}{\sqrt{n}} \qquad (2)$$

단, 모집단의 표준편차(σ)가 알려져 있으면 s를 σ로 대체한다.

일반적으로 추정량의 기댓값이 추정하고자 하는 모수값을 갖고 그 분포가 정규분포일 때 $100(1-\alpha)\%$ 신뢰구간은 다음의 형태를 따른다.

$$\text{추정량} \pm z_{\alpha/2}\times(\text{표준오차})$$

예제 5

어느 사과농장에서 올해 수확한 사과의 평균무게(μ)에 대해 알아보기 위하여 36개의 사과를 추출하여 무게를 측정하였더니 $\overline{x}=342$ g, $s=20$ g이 나왔다고 한다. 이때 μ의 95%와 99% 신뢰구간을 구하고 이를 비교하라.

풀이

표본의 크기가 36으로 30보다 크므로 위의 식 (2)를 이용하여 구하면 된다.

(i) 95% 신뢰구간

이 경우 $\alpha=0.05$이므로 $z_{\alpha/2}=1.96$이다. 따라서 주어진 자료로부터 95% 신뢰구간을 구하면 다음과 같다.

$$\left(342-1.96\times\frac{20}{\sqrt{36}},\ 342+1.96\frac{20}{\sqrt{36}}\right)=(335.47,\ 348.53)\ \text{ 혹은 }\ 342\pm6.53$$

(ii) 99% 신뢰구간

이 경우는 $\alpha=0.01$이므로 $z_{\alpha/2}=2.575$이다. 따라서 (i)의 식에서 1.96 대신에 2.575를 대입하여 99%의 신뢰구간을 다음과 같이 구할 수 있다.

$$\left(342-2.575\times\frac{20}{\sqrt{36}},\ 342+2.575\frac{20}{\sqrt{36}}\right)=(333.42,\ 350.58)\ \text{ 혹은 }\ 342\pm8.58$$

위의 (i), (ii)의 결과를 비교해 보면 95% 신뢰구간보다 99% 신뢰구간이 더 길다는 것을 알 수 있다.

신뢰구간의 의미

신뢰구간, 신뢰수준 등의 이해를 돕기 위해서, 컴퓨터를 이용하여 평균이 100, 표준편차가 10인 정규분포로부터 크기가 15인 표본을 25번 추출하고, 모평균에 대한 25개의 95% 신뢰구간을 구하여 보자. 모집단이 정규분포를 따르고 표준편차가 주어져 있으므로 각 표본에 대한 95% 신뢰구간은 식 (1)을 이용하여 다음과 같이 구할 수 있다.

$$\left(\overline{X}-1.96\times\frac{10}{\sqrt{15}},\ \overline{X}+1.96\times\frac{10}{\sqrt{15}}\right)=(\overline{X}-5.06,\ \overline{X}+5.06)$$

예를 들면 어떤 표본의 평균이 $\overline{x}=104.3$이었다면 얻어지는 95% 신뢰구간은 (99.24, 109.36)이 되어 모평균 100을 포함하게 된다. 만약 또 다른 표본의 평균이 $\overline{x}=92.5$였다면, 이때의 95% 신뢰구간은 (87.44, 97.56)가 되어 모평균인 100을 포함하지 않게 된다. 그림 8-2는 컴퓨터를 이용하여 크기가 15인 25개의 표본에 대한 신뢰구간을 구하고 이를 25개의 세로 선으로 표시한 것이다. 다음의 그림에서 보면 25개의 신뢰구간 중 23개(92%)의 신뢰구간이 모평균을 포함하고 있음을 알 수 있다. 확률을 상대도수의 수렴값으로 이해할 때, 이 92%는 95%에 가까워지는 한 과정이라고 할 수 있다. 즉 표본을 계속 추출하여 이 같은 신뢰구간을 계속 만들면 그 중 모평균을 포함하는 구간의 비율이 95%에 가까워지게 된다는 것이다. 이와 같은 의미에서 위의 구간을 95%의 신뢰도를 갖는 신뢰구간이라고 하는 것이다.

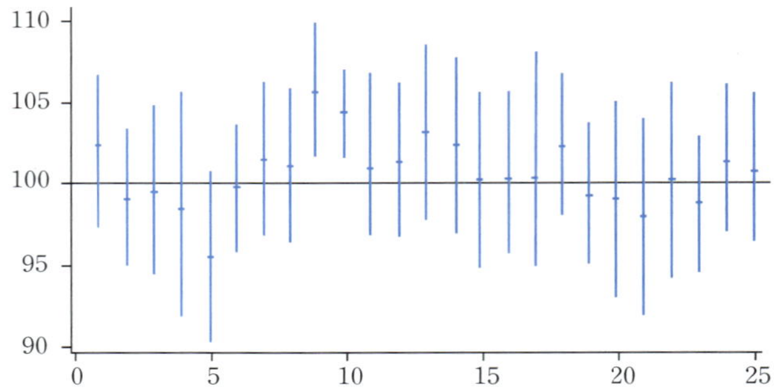

그림 8-2 모평균에 대한 25개의 95% 신뢰구간

표본크기의 결정

대부분의 연구에서 우리는 자료를 수집하기에 앞서 표본의 크기를 결정할 필요가 있다. 앞에서도 언급한 바와 같이 표본의 크기는 클수록 좀 더 나은 추정량과 신뢰구간을 얻을 수 있지만 많은 수의 자료를 얻기 위해서는 비용이나 시간이 많이 들 뿐만 아니라 때로는 불가능한 일이기도 하다. 따라서 우리가 원하는 정확도를 얻을 수 있는 범위 내에서 표본의 크기를 줄이는 것이 바람직하다. 보통 원하는 정확도는 '오차가 어떤 값 이내 또는 오차의 한계'라는 형태로 표현되는데, 여기서는 모평균의 경우에 오차가 d 이하로 될 확률이 최소한 $100(1-\alpha)\%$가 되도록 하기 위해서 필요한 최소의 표본크기를 구하는 방법을 공부하고자 한다.

우선 모집단이 정규분포이고 표준편차(σ)가 주어져 있을 때를 고려해 보자. 위에서 설명한 바와 같이 오차가 d 이하가 될 확률이 최소한 $100(1-\alpha)\%$가 되려면, 즉

$$\mathbf{P}(|\bar{X}-\mu|\le d)\ge 1-\alpha$$

를 만족하여야 한다. 표준화된 확률변수의 분포가 표준정규분포를 따르므로

$$\mathbf{P}\left(\frac{|\bar{X}-\mu|}{\sigma/\sqrt{n}}\le z_{\alpha/2}\right)=1-\alpha$$

라는 사실로부터

$$z_{\alpha/2}\frac{\sigma}{\sqrt{n}}\le d$$

가 성립해야 한다. 이를 n에 대하여 풀면

$$n\ge\left(z_{\alpha/2}\frac{\sigma}{d}\right)^2$$

을 만족해야 한다. 따라서 적정한 표본의 크기는 위의 부등식을 만족하는 최소의 정수가 된다.

만약 모집단이 정규분포라는 가정이 없다면, 표본의 크기는 중심극한정리를 이용할 수 있도록

30 이상이 되어야 한다. 따라서 정규분포 가정이 없을 때에는 적정한 표본의 크기가 30 이상으로 구해졌을 때에만 의미가 있다. 또한 σ가 주어져 있지 않을 때는 일단 소규모의 예비표본을 추출하여 표본표준편차를 구하고 이를 σ 대신 이용하여 적정한 표본의 크기를 구할 수 있는데, 이때에도 표본의 크기가 30 이상으로 나와야만 유효하다.

예제 6

호수의 성분을 연구하는 한 학자가 호수 성분의 하나인 인산염의 무게 분포에 관심이 있다고 한다. 그 학자가 단위부피당 평균무게(μ)를 추정하고자 하는데, 이제까지의 자료에 의하면 단위부피당 인산염의 무게의 표준편차는 $\sigma=4$를 갖는다고 한다. 평균무게 μ에 대한 오차가 0.75 이하가 될 확률이 최소한 90%가 되기 위해서는 어느 정도 크기의 표본을 조사하여야 하겠는가?

풀이

오차가 0.75 이하가 될 확률이 최소한 90%가 되어야 하므로 $\alpha=0.1$, $d=0.75$이다. 따라서 $z_{\alpha/2}=z_{0.05}=1.645$와 $\sigma=4$로부터 표본의 크기 n은

$$n \geq \left(1.645\left(\frac{4}{0.75}\right)\right)^2=76.97$$

을 만족시켜야 한다. 따라서 n은 자연수이어야 하므로 최소한 77 이상이어야 한다.

연습문제

1.1 모집단으로부터 추출한 크기가 n인 표본으로부터 모평균 μ를 추정한다고 하자. 다음의 경우에 μ를 추정하고, 표준오차의 추정치를 구하라.

(1) $n=70$, $\sum x_i=852$, $\sum(x_i-\bar{x})^2=215$

(2) $n=140$, $\sum x_i=1653$, $\sum(x_i-\bar{x})^2=464$

(3) $n=160$, $\sum x_i=1985$, $\sum(x_i-\bar{x})^2=475$

1.2 표본의 크기 $n=48$, 표본평균 $\bar{x}=86.5$, 표본표준편차 $s=7.9$라고 할 때 모평균 μ의 90% 신뢰구간을 구하라.

1.3 표본의 크기 $n=120$, 표본평균 $\bar{x}=0.816$, 표본표준편차 $s=0.061$이라고 할 때 모평균 μ의 99% 신뢰구간을 구하라.

1.4 한 연구자가 모평균의 90% 신뢰구간을 구한다고 하자. 그러한 작업을 200번 하였다고 하면 몇 개의 신뢰구간이 실제의 평균을 포함하고 있겠는가? 그 이유를 설명하라.

1.5 햄버거의 영양성분에 관한 연구에서, 어느 식당의 햄버거 35개를 임의로 추출하여 지방의 함량을 측정하였다. 이 표본의 평균이 30.2 g이고 표준편차가 3.8 g일 때, 그 식당의 햄버거에 포함된 평균 지방함량의 95% 신뢰구간을 구하라.

1.6 한 자동차 공장에서 38명의 새로운 직원들이 2주 동안의 연수를 마친 후, 특정한 작업을 얼마나 빠른 시간 안에 해 내는지를 측정하였다. 그 작업을 끝내는 데 걸리는 시간의 평균과 표준편차가 각각 68초와 12초였다. 모든 직원들이 2주의 교육을 마쳤을 때 그 작업을 마치는 데 걸리는 시간의 평균값의 95% 신뢰구간을 구하라.

1.7 한 도시의 근로자 170명에 대한 조사에서 통근거리의 평균과 표준편차가 각각 15 km와 6 km이었다. 그 도시 전체 근로자의 통근거리의 모평균에 대한 90% 신뢰구간을 구하라.

1.8 비정규직 근로자 50명의 월급을 조사하였더니 평균이 88만 원이고, 표준편차가 10만 원이었다. 평균 월급에 대한 90% 신뢰구간을 구하라.

1.9 어떤 흥분제에 관한 연구를 위하여 생쥐 55마리에 각각 일정량의 흥분제를 주사하였다. 얼마 후에 생쥐 각각의 흥분 정도를 조사해 보니 $\bar{x}=14.9$, 그리고 $s=2.8$로 나타났다. 모집단의 평균에 대한 95% 신뢰구간을 구하라.

1.10 한 엔지니어는 고속도로의 파손된 부분을 수리하는 데 쓰이는 새로운 혼합 시멘트가 굳기까지 걸리는 시간을 측정하려고 한다. 100군데의 파손된 부분을 수리하여 굳기까지의 시간을 조사해 보니, 표본의 평균과 표준편차가 각각 32분과 4분으로 조사되었다. 시멘트가 굳기까지의 평균시간(μ)에 대한 99% 신뢰구간을 구하라.

1.11 위의 연습문제 **1.10**에서 모평균(μ)에 대한 90% 신뢰구간을 구하라.

1.12 어느 회사에서 생산된 전자레인지 65개를 임의로 뽑아 전자파의 양을 측정하여 $\bar{x}=0.11$, $s=0.06$을 얻었다. 모집단의 평균 전자파량의 95% 신뢰구간을 구하라.

1.13 모집단에서 충분히 큰 표본을 뽑아 자료로부터 모평균(μ)의 추정값 $\bar{x}$가 126.7이고 95%의 오차범위가 5.8로 계산되었다. 다음을 계산하라.

(1) μ에 대한 95% 신뢰구간을 구하라.

(2) μ에 대한 90% 신뢰구간을 구하라.

1.14 모집단으로부터 충분히 큰 표본을 뽑아 모평균(μ)에 대한 95%의 신뢰구간 (52.6, 58.2)을 얻었다. 다음을 계산하라.

(1) 모평균(μ)의 점추정치와 추정량의 표준오차를 구하라.

(2) 모평균(μ)에 대한 80% 신뢰구간을 계산하라.

1.15 표본의 크기가 144일 때 μ에 대한 신뢰구간을 $(\bar{x}-0.12s, \bar{x}+0.12s)$라고 하자. 이때 신뢰수준은 얼마인가?

1.16 어떤 화학실험에서 구리 침전물량의 표준편차가 4.5 g이라고 하자. 이때 모평균에 대한 표본평균의 오차가 1.86 g 이하가 될 확률이 최소한 99%가 되도록 한다면 몇 번의 실험을 반복해야 하는가?

1.17 나이가 5세인 남자아이의 키의 표준편차가 9 cm라고 가정하자. 5세 남자아이의 평균키를 추정하는데 오차가 1.2 cm 이하가 될 확률이 최소한 90%가 되도록 추정하고자 한다면 표본의 크기를 얼마로 하여야 하겠는가?

1.18 62명의 6세의 여자아이들을 임의로 뽑아 그들의 키에 대한 모평균의 95% 신뢰구간을 구하였더니 (107.2 cm, 127.1 cm)였다고 하자. 다음 물음에 '예', '아니오', 혹은 '알 수 없다'로 답하라.

(1) 표본평균이 (107.2, 127.1) 안에 있는가?

(2) 모평균이 (107.2, 127.1) 안에 있는가?

(3) 다시 62명의 6세 여자아이들의 표본을 추출한다면 이 표본의 평균이 (107.2, 127.1)의 구간 안에 있겠는가?

(4) 표본의 95%가 (107.2, 127.1)의 구간 안에 포함되는가?

(5) 같은 자료로부터 99%와 같이 더 높은 신뢰수준의 신뢰구간을 구한다면 그 구간이 (107.2, 127.1)보다 좁아지겠는가?

8.2 모평균에 대한 검정(표본의 크기가 클 때)

모집단의 모수에 대한 추론에는 또 다른 하나의 중요한 통계이론인 **가설검정**(testing statistical hypotheses)이 있다. 가설검정이란 모수에 대한 가설이 적합한지를 추출한 표본으로부터 판단하고자 하는 것이다. 이 절에서는 가설검정의 개념과 방법을 설명하고자 한다. 다음의 예는 가설검정에 필요한 여러 개념을 설명하는 데 도움을 주리라고 생각한다.

가설검정이 필요한 한가지의 예

높은 콜레스테롤 수치를 보이는 성인의 경우 심장질환 등 성인병에 걸릴 위험이 높다고 알려져 있다. 어느 도시의 보건당국은 여러 성인병을 유발하는 높은 콜레스테롤 수치를 낮춤으로써 그 도시의 의료비용을 절감하고자 지난 1년간 콜레스테롤 수치를 줄이는 데 효과적인 여러 방안을 소개하는 등 대대적인 콜레스테롤 낮추기 캠페인을 벌였다. 이 캠페인이 성인의 콜레스테롤 수치를 낮추는데 효과가 있었는지 검증하고자 그 도시 성인 40명을 대상으로 콜레스테롤 수치를 측정하여 그 평균($\bar{X}$)을 계산하였다. 캠페인을 시작할 당시 그 도시 성인의 콜레스테롤 수치는 평균적으로 200(mg/dl)이고 표준편차는 24(mg/dl)인 분포를 따른다고 알려져 있다고 하자. 이 경우 캠페인으로 인해서 콜레스테롤 수치가 낮아졌는지 판단하기 위해서는 어떠한 과정을 거쳐야 하겠는가?

이 문제에 답하기 위한 통계적 가설검정을 하기에 앞서 우선 직관적인 추론의 과정을 밟아보자. 캠페인을 실시한 이후의 그 도시 성인의 콜레스테롤 수치의 모평균을 μ라고 하자. 이 μ값을 알기 위해서는 그 도시의 모든 성인을 검사해야 가능한데 이는 현실적으로 불가능한 일이다. 따라서 이런 이유로 40명의 성인만을 검사하였다면, 이 결과만 가지고는 μ가 실제로 200보다 작은지를 확인할 길이 없다. 즉 40명만의 결과로는 μ가 200보다 작다고 할 만한 근거가 있다든가 혹은 충분한 근거가 없다든가의 이야기를 할 수 있을 뿐, 그로부터 확정적인 답을 얻을 수는 없다.

그렇다면 어떤 경우에 μ가 200보다 작다고 할 만한 근거가 있을까? 모평균(μ)에 대한 판단을 하기 위해서는 표본의 평균($\bar{X}$)을 이용하는 것이 바람직하다. 우선 캠페인이 효과가 없었다고, 즉 $\mu=200$이라고 가정해 보자. 그렇다면 40명의 콜레스테롤의 수치는 캠페인 이전의 성인의 수치와 비슷할 것이고, 따라서 표본의 평균인 $\bar{X}$의 값은 200을 중심으로 그 주변의 값을 취하게 될 것이다. 따라서 $\bar{X}$가 200보다 조금 작거나 혹은 조금 큰 값을 갖는 것은 흔히 일어나는 일로 $\bar{X}$가 조금 작게 나왔다고 해서 이로부터 μ가 200보다 작다고 주장할 근거는 되지 못한다. 특히 $\bar{X}$가 200 이상으로 나왔다면 μ가 200보다 작다고 생각할 근거는 거의 없다. 그러나 $\bar{X}$의 값이 $\mu=200$일 때는 나오기 힘들 정도로 작은 값이었다면 우리는 이로부터 μ가 200보다 작은 것은 아니었을까 생각하게 되는 것이다. 즉 충분히 작은 c에 대해 $\bar{X}\leq c$의 형태를 가질 때 μ가 200보다 작다고 할 수 있을 것이다.

그러면 $\bar{X}$가 어느 정도로 작아야, 즉 c가 어떤 값이어야 μ가 200보다 작다고 주장할 수 있을까? 우선 $\mu=200$이라면 거의 나오지 않을 정도의 작은 값을 가져야 한다. 왜냐하면 $\bar{X}$가 그렇게 작은 값을 취하였다면, 이를 단순히 '우연하게 작은 값들로 이루어진 표본을 얻었다.'라고 생각하기보다는 'μ가 200보다 작은 것은 아닐까'라고 생각하는 것이 자연스러운 일이기 때문이다.

예를 들어 0.05의 확률을 거의 나오지 않을 정도의 확률이라고 하자. 만약 $\mathbf{P}[\bar{X}\leq c]=0.05$가 되는 c를 찾을 수 있다면, 우리는 $\bar{X}$가 c보다 작은 경우에 이를 '충분히' 작은 값이라고 보고 μ가 200보다 작다고 주장할 수 있을 것이다. 그러면 이제 우리에게 남은 일은 $\mathbf{P}[\bar{X}\leq c]=0.05$가 되는 c를 찾는 것이다. 이에 답하기 위해서는 $\bar{X}$의 분포를 알 필요가 있는데, 일단 이 예에서는 모집단이 정규분포를 따른다고 가정하자. 만약 캠페인이 효과가 없었다면 모집단의 분포는 $N(200,\ 24^2)$이므로 크기가 40인 표본의 평균 $\bar{X}$의 분포는 $N(200,\ 24^2/40)$이다. 따라서 $Z=\dfrac{\bar{X}-200}{24/\sqrt{40}}\sim N(0,\ 1)$이므로 정규분포표로부터 $\mathbf{P}[Z\leq 1.645]=0.05$를 이용하여 다음과 같은 식을 얻을 수 있다.

$$0.05 = \mathbf{P}\left(\frac{\overline{X}-200}{24/\sqrt{40}} \le -1.645\right) = \mathbf{P}[\overline{X} \le 200 - 1.645 \times 24/\sqrt{40}]$$

따라서 그림 8-3에서 보는 바와 같이 $c = 200 - 1.645 \times 24/\sqrt{40} = 193.76$이다. 따라서 경계점 $c = 193.76$을 기준으로 다음과 같은 결론을 내릴 수 있다.

(A) 만약 $\overline{X} \le 193.76$이면 캠페인이 콜레스테롤 수치를 줄이는 데 효과적이라고 할 수 있다.

(B) 만약 $\overline{X} > 193.76$이면 캠페인이 콜레스테롤 수치를 줄이는 데 효과적이라고 할 충분한 근거가 없다.

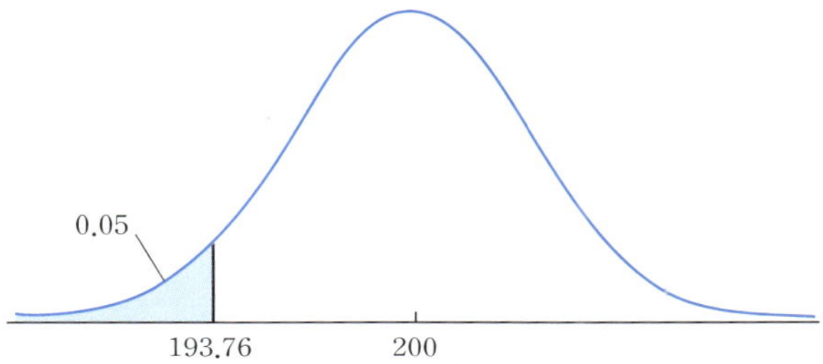

그림 8-3 $N(200,\ 24^2/40)$에서 하위 5%의 확률을 주는 값

이제까지의 설명을 통계적 가설검정의 틀에 맞게 만들기 위해서는 우선 몇 가지 용어와 개념의 설명이 필요하다.

가설 (Hypotheses)

가설검정에는 두 개의 가설이 있는데 하나는 우리가 주장하고자 하는 가설이고, 다른 하나는 그 주장을 입증할 수 없을 때 주장을 무효화시키면서 받아들여야 하는 가설이다. 이때 전자, 즉 주장하고자 하는 가설을 **대립가설**(alternative hypothesis; H_1)이라고 하고, 후자의 가설을 **귀무가설**(null hypothesis; H_0)이라고 한다. 즉 이를 정리하면 다음과 같다.

대립가설(H_1): 입증하여 주장하고자 하는 가설

귀무가설(H_0): 대립가설의 반대 가설로 대립가설을 입증할 수 없을 때 대립가설을 무효화시키면서 받아들이는 가설

위의 예의 경우를 보면 캠페인으로 인해 성인의 평균 콜레스테롤 수치(μ)가 200 mg/dl보다 작다는 것을 보이고자 하므로 대립가설은 $H_1: \mu < 200$로 표현할 수 있고, 캠페인의 효과를 입증할 수 없을 때 받아들이게 되는 가설은 캠페인이 효과가 없어서 콜레스테롤의 수치에 변화가 없다는

것이므로 귀무가설은 $H_0: \mu=200$으로 쓸 수 있다. 일반적으로 귀무가설은 대립가설의 반대의 가설이므로 대립가설의 여집합으로 표현되는 경우가 많다. 즉 위의 경우에도 $H_0: \mu \geq 200$으로 쓸 수 있다. 그러나 두 경우에 검정방법이나 그 결과에 전혀 차이가 없으므로, 여기서는 간단한 표현인 $H_0: \mu=200$을 사용하기로 한다. 또한 두 개의 가설 H_1과 H_0을 쓸 때 H_0을 먼저 쓰고 H_1을 나중에 쓴다. 관례에 따라 위에서 기술된 가설들을 표현해 보면 다음과 같다.

$$H_0: \mu=200 \quad \text{대} \quad H_1: \mu<200$$

오류의 종류

가설검정이란 추출된 표본으로부터 모수에 대한 가설이 적합한지를 판단하는 것이라고 하였는데 가설검정에서 내리는 판단이란 다음 두 가지 형태 중 하나로 나타난다.

(A) H_0을 기각하고 H_1을 채택한다.
(B) H_0을 기각할 수 없으므로 H_0을 유지한다.

앞의 예를 보면 (A)는 $\mu<200$이라고 주장하는 것으로 $\bar{X}$가 200보다 상당히 작을 때 내릴 수 있는 결론이고, (B)는 $\bar{X}$가 충분히 작지 않을 때 $\mu<200$을 주장할 수 없어서 $\mu=200$을 받아들이는 것이다. 이와 같이 위의 두 결론은 모집단의 일부분인 표본으로부터 판단되어 내려지기 때문에 잘못된 결론을 내리게 될 가능성이 항상 존재한다. 즉 실제로 H_0이 맞는데 H_0을 기각하거나, 실제로 H_0이 틀리는데 H_0을 기각하지 못하는 경우가 그것이다. 이 두 종류의 오류를 각각 **제1종 오류**(Type I error)와 **제2종 오류**(Type II error)라고 하는데 이를 정리하여 표로 만들면 다음과 같다.

표 8-2 검정의 결론과 오류의 종류

실제의 상태 \ 검정의 결론	H_0을 기각하지 않는다.	H_0을 기각한다.
H_0이 맞다. (H_1이 틀리다.)	옳은 결론	잘못된 결론(제1종 오류)
H_0이 틀리다. (H_1이 맞다.)	잘못된 결론(제2종 오류)	옳은 결론

앞의 예에서 보면 캠페인이 콜레스테롤 수치를 줄이는 데 효과가 없을 때, 즉 $\mu=200$일 때 캠페인이 콜레스테롤 수치를 줄이는 데 효과가 있다고 주장하게 되면 이는 제1종 오류를 범하게 되는 것이고, 캠페인이 콜레스테롤 수치를 줄이는 데 효과가 있을 때, 즉 $\mu<200$일 때 별 차이가 없는 것으로 잠정적으로 결론을 내리는 것이 제2종 오류를 범하는 것이다. 이 예에서 보듯이 제1종 오류는 H_1이 틀리는 데도 맞았다고 주장하는 오류이고, 제2종 오류는 H_1이 맞는 데도 맞다고 주

장하지 않는 오류이다. 일반적으로 우리가 무엇인가를 주장할 때는 좀 더 확실한 근거를 바탕으로 해서 주장을 하게 된다. 이는 제2종 오류보다는 제1종 오류를 범하지 않으려고 하기 때문인데, 검정에서도 대개의 경우 제1종 오류에 더 주의를 기울이게 된다.

오류의 종류

제1종 오류: 귀무가설이 맞을 때 귀무가설을 기각하는 오류

제2종 오류: 대립가설이 맞을 때 귀무가설을 기각하지 않는 오류

검정통계량과 기각역의 결정

우리는 모집단의 일부분인 표본으로부터 검정의 결론, 즉 H_0을 기각하거나 H_0을 기각하지 않고 유지하는 결정을 내리게 되는데, 이때 이용되는 표본의 함수, 즉 통계량을 **검정통계량**(test statistic)이라고 한다. 위의 예에서 검정통계량은 추출된 40명의 콜레스테롤 수치의 평균 $\overline{X}$가 된다. 즉 이 $\overline{X}$를 관측하여 그 값으로부터 μ에 대한 가설, H_0을 기각하거나 기각하지 않거나 둘 중 하나의 결론을 내리게 되는 것이다. 이 예에서는 $\overline{X}$의 값이 200에 비해 상당히 작을 때, 즉 적당한 c에 대해서 $\overline{X} \le c$일 때 H_0을 기각하게 된다. 이렇게 $\overline{X}$가 취하는 구간 중에서 H_0을 기각하게 하는 구간을 **기각역**(critical region)이라고 하는데, 이를 $R: \overline{X} \le c$로 표현하고, $\overline{X}$가 c 이하이면 H_0을 기각한다고 이해한다. 이 기각역의 올바른 선택이 검정의 가장 주요한 부분이라고 할 수 있다.

앞에서도 언급하였듯이 우리는 모집단 전체가 아닌 표본만을 관측하여 결정을 내리기 때문에 항상 오류를 범할 가능성이 존재한다. 이 가능성을 확률로 표현하면, 제1종 오류를 범하게 되는 확률을 보통 α로 쓰고, 제2종 오류를 범하게 되는 확률을 보통 β로 쓴다. 가장 바람직한 기각역이란 이 두 확률을 최소화시키는 것이 될 것이다. 그러나 α를 줄이려면 β가 커지게 되고, β를 줄이려면 α가 커지게 되는데, 이를 앞의 예의 경우에 그림 8-4를 보며 설명해 보기로 하자. 위의 콜레스테롤 수치의 예에서 기각역은 $R: \overline{X} \le c$의 형태를 갖는다고 하였다. 따라서

$$
\begin{aligned}
&H_0\text{이 맞을 때}(\mu = 200\text{일 때}) \qquad && \alpha = \mathbf{P}(\overline{X} \le c) \\
&H_1\text{가 맞을 때}(\mu < 200\text{일 때}) \qquad && \beta = \mathbf{P}(\overline{X} > c)
\end{aligned}
$$

가 된다. 여기서 모집단이 정규분포를 갖는다고 가정하면 $\overline{X}$도 정규분포를 따른다. 그림 8-4는 c를 변화시켜 가면서 α($\mu = 200$일 때의 빗금 친 부분의 넓이)와 β($\mu = 195$일 때 빗금 친 부분의 넓이)가 변하는 것을 그린 것이다. 그림에서 보는 바와 같이 c를 작게 하면 α는 작아지지만 β가 커지고 c를 크게 하면 β는 작아지지만 α가 커진다. 따라서 어느 선에서 타협점을 찾아야 하는데, 대

개의 경우에 제 1 종 오류가 제 2 종 오류보다 심각한 것이기 때문에 α값이 0.05, 0.1 또는 0.01 등의 작은 값을 갖도록 상한선을 두고 β를 작게 해 주는 기각역을 선택한다. 이때 선택된 기각역의 H_0하에서의 확률(α)을 **유의수준**(significance level)이라고 한다.

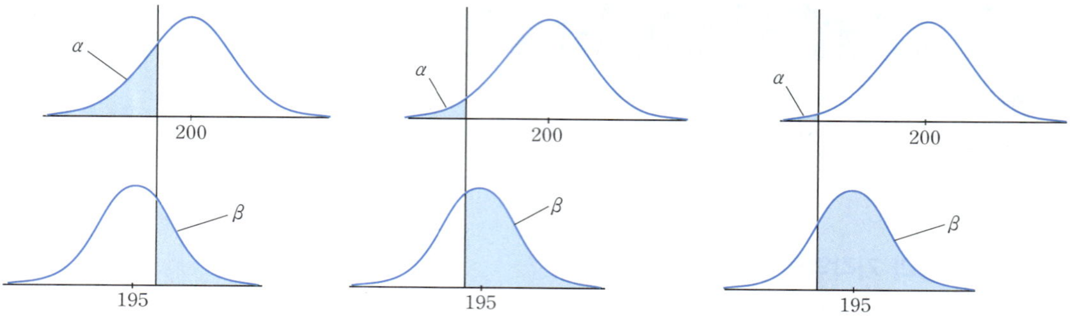

그림 8-4 제1종, 제2종 오류의 확률

위의 콜레스테롤 수치의 예에서 유의수준 $\alpha=0.05$일 때의 기각역을 구하여 보자. 기각역의 형태는 $R: \bar{X} \leq c$이므로, $\alpha=0.05$를 갖게 하는 c는 앞에서 구한 것과 같이 모집단이 정규분포를 따른다는 가정하에 193.76이다. 그러므로 구하고자 하는 기각역은 $R: \bar{X} \leq 193.76$이 된다.

위의 기각역을 결정하기 위하여 우리는 모집단에 대한 정규분포 가정을 하였다. 그러나 표본의 크기가 큰 경우에는 이러한 가정이 없더라도 중심극한정리를 이용하여 $\bar{X}$의 분포가 근사적으로 정규분포가 됨을 알 수 있다. 또한 대부분의 경우에 모집단의 표준편차(σ)를 모르는데, 이 경우에도 표본의 크기가 크면 σ를 표본표준편차(s)로 추정하여 대신 사용하여도 $\bar{X}$가 근사적으로 정규분포를 따른다는 사실에는 변화가 없다. 따라서 $H_0: \mu=\mu_0$ 대 $H_1: \mu<\mu_0$의 가설검정에서 검정통계량 $\bar{X}$를 표준화시키면, 표본의 크기가 크고 H_0이 맞을 때

$$Z=\frac{\bar{X}-\mu_0}{s/\sqrt{n}} \sim N(0, 1)$$

가 성립한다. 유의수준 α인 기각역은 $\mathbf{P}(Z \leq -z_\alpha)=\alpha$로부터 $R: \bar{X} \leq \mu_0 - z_\alpha\, s/\sqrt{n}$가 된다. 여기서 한 가지 언급할 것은 검정을 시행할 때 $\bar{X}$에 대한 기각역을 구하기보다는 표본으로부터 직접 Z를 계산하여 바로 $Z \leq -z_\alpha$가 성립하는가의 여부를 가린 후에 검정의 결론을 내리는 경우가 흔하다는 것이다. 따라서 검정통계량으로 $Z=\dfrac{\bar{X}-\mu_0}{s/\sqrt{n}}$을 사용하고 기각역을 $R: Z \leq -z_\alpha$로 표현하는 것이 일반적이다. 이와 같은 검정을 표준정규분포를 갖는 확률변수 Z를 붙여서 **Z−검정**(Z−test)이라고 하기도 한다.

이제까지는 귀무가설 $H_0: \mu=\mu_0$에 대하여 대립가설이 $H_1: \mu<\mu_0$인 경우만을 고려하였는데, 만약 모집단의 평균이 μ_0보다 크다고 주장하고 싶을 때는 대립가설이 $H_1: \mu>\mu_0$의 형태를 갖게

된다. 이 경우에는 $\overline{X}$가 μ_0에 비해 상당히 클 때, 즉 Z가 상당히 큰 값을 갖게 되는 경우에 H_0을 기각하게 된다. 따라서 기각역의 형태는 $R : Z \geq d$가 되는데, 유의수준이 α일 때 $\mathbf{P}(Z \geq z_\alpha) = \alpha$로부터 $d = z_\alpha$가 되므로 기각역은 $R : Z \geq z_\alpha$가 된다.

지금까지는 모평균이 어떤 값보다 크다고 주장하거나 작다고 주장하고 싶을 때 사용되는 기각역을 구하였다. 그러나 모평균(μ)이 어떤 값(μ_0)과는 차이가 난다. 즉 μ의 값이 μ_0는 아니라는 주장을 하고 싶을 때는 대립가설이 $H_1 : \mu \neq \mu_0$의 형태를 갖게 된다. 이 경우에는 $\overline{X}$가 μ_0으로부터 상당히 멀리 떨어져 있을 때, 즉 Z가 음수이든 양수이든 0으로부터 상당히 멀리 떨어져 있는 경우에 H_0을 기각하게 된다. 따라서 기각역의 형태는 $R : |Z| \geq d$를 갖게 되고 유의수준이 α일 때의 d는 양쪽에서 기각할 확률이 똑같이 $\alpha/2$가 되도록 구해진다. 즉 $\mathbf{P}(|Z| \geq z_{\alpha/2}) = \alpha$로부터 $d = z_{\alpha/2}$가 되므로 기각역은 $R : |Z| \geq z_{\alpha/2}$가 된다. 이와 같이 Z가 크거나 작은 모든 경우에 기각하는 검정을 **양측검정**(two-sided test)이라고 하고, 앞에서 언급한 두 경우, 즉 Z가 클 때만 기각하거나 작을 때만 기각하는 검정을 **단측검정**(one-sided test)이라고 한다.

모평균 μ에 대한 검정

표본의 크기가 클 때 모평균 μ에 대한 가설 H_0: $\mu = \mu_0$을 검정하기 위한 검정통계량은 다음과 같다.

$$Z = \frac{\overline{X} - \mu_0}{s/\sqrt{n}}$$

검정통계량은 H_0이 맞을 때 $N(0,\ 1)$을 따른다. 각 대립가설에 대하여 유의수준 α를 갖는 기각역은 다음과 같다.

H_1: $\mu < \mu_0$일 때	$R : Z \leq -z_\alpha$	(단측검정)
H_1: $\mu > \mu_0$일 때	$R : Z \geq z_\alpha$	(단측검정)
H_1: $\mu \neq \mu_0$일 때	$R : \|Z\| \geq z_{\alpha/2}$	(양측검정)

단 모집단의 표준편차(σ)가 주어져 있을 때 s를 σ로 대체한다.

(만약 Z가 기각역의 경계점의 값과 똑같은 값으로 관측되었다면 Z의 값의 유효숫자를 한 자리 더 계산하여 비교한다.)

예제 7

어느 다이어트 방법을 소개하는 책자에서 주장하기를 그 다이어트 방법을 이용하면 5주 동안 10 kg 넘게 체중을 줄일 수 있다고 한다. 56명을 대상으로 해당 다이어트 방법을 이용하여 5주 동안의 체중 감소량을 조사하였더니 평균이 10.5 kg, 표준편차가 4.5 kg이었다고 한다. 이 자료에 근거해서 그 책자의 주장이 옳다고 할 수 있는지 유의수준 5%로 검정하라.

풀이

5주 동안의 체중감소량의 모평균을 μ라고 하자. 책자에서 주장하는 것이 $\mu > 10$이므로 적절한 가설은

$$H_0 : \mu = 10 \quad \text{대} \quad H_1 : \mu > 10$$

이다. 표본의 크기가 $n=56$으로 30 이상이므로, 표본평균 $\overline{X}$와 표본표준편차 s를 이용한 검정통계량은

$$Z = \frac{\overline{X} - \mu_0}{s/\sqrt{n}} = \frac{\overline{X} - 10}{s/\sqrt{56}}$$

이고, 대응되는 기각역은 그림 8-5에서와 같이 $R : Z > z_\alpha = z_{0.05} = 1.645$이다. 관측치 $\overline{x}$, s로부터 Z의 관측값을 계산하면

$$z = \frac{10.5 - 10}{4.5/\sqrt{56}} = 0.83$$

이다. 이 값이 기각역에 포함되지 않으므로 H_0을 기각할 수 없다. 즉 주어진 자료가 책자의 주장(소개하는 다이어트 방법을 따라하면 5주 동안 10 kg 넘게 체중을 줄일 수 있다.)을 뒷받침한다고 할 수 없다.

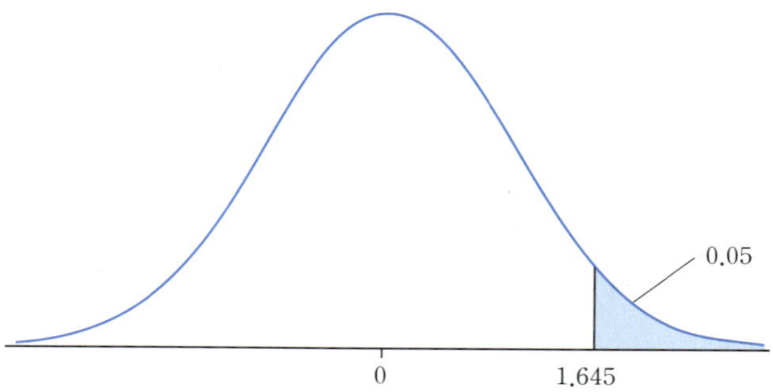

그림 8-5 $R : Z > z_\alpha$ 형태의 기각역

유의확률 (Significance Probability)

앞에서 우리는 주어진 유의수준을 갖는 기각역을 구하는 방법을 공부하였다. 일단 기각역이 구해지면 표본으로부터 검정통계량의 값을 구하여 그 값이 기각역에 포함되면 H_0을 기각하고, 그 값이 기각역에 포함되지 않으면 H_0을 기각하지 않는다. 위의 콜레스테롤 수치의 예를 보면 유의수준 5%를 갖는 기각역으로 $R: \overline{X} \leq 193.76$, 표준화된 검정통계량 Z에 대한 기각역으로 $R: Z \leq -1.645$를 구하였다. 만약 표본으로부터 Z를 계산하여 $z=-1.95$로 얻어졌다면 이는 기각역에 포함되는 수치이므로 우리는 이로부터 H_0을 기각하게 되고, 또 $z=-1.42$로 얻어졌다면 이는 기각역에 포함되지 않는 수치이므로 H_0을 기각하지 않게 된다.

이렇게 표본으로부터 계산된 Z의 값으로부터 기각여부를 결정한다. 또한 이 수치로부터 우리는 기각의 여부뿐 아니라 기각을 한다면 얼마나 확실하게 기각할 수 있는가를 판단할 수 있다. 예를 들어 $z=-2.22$로 얻어졌다면 앞에서 -1.95로 얻어졌을 때와 마찬가지로 H_0을 기각하게 되지만, 이 두 수치가 주는 정보에는 차이가 있다. 즉 $z=-1.95$일 때보다는 $z=-2.22$일 때 더 확실히 H_0을 기각할 수 있는데, 왜냐하면 H_0이 맞다면 Z가 -1.95 이하의 값을 갖기보다는 -2.22 이하의 값을 갖기가 더 드문 일이고, 따라서 $z=-2.22$일 때 H_1이 맞다는 확신을 더해 줄 것이기 때문이다.

또한 상대적으로 작은 유의수준하에서도 기각이 가능하게 하는 값을 얻었을 때 더 확실하게 H_0을 기각할 수 있다. 왜냐하면 상대적으로 작은 유의수준을 갖기 위해서는 기각역이 줄어들어야 하고, 계산된 Z의 값이 이렇게 줄어든 기각역에 포함되었다면, H_0 하에서는 상대적으로 더 일어나기 어려운 일이 일어난 것이므로 H_0이 틀리다는 확신을 크게 해줄 것이기 때문이다. 이를 위의 콜레스테롤 수치의 예에서 살펴보자. 만약 유의수준을 $\alpha=0.05$에서 $\alpha=0.025$로 줄인다면 그에 맞는 기각역도 $R: Z \leq -1.645$에서 $R: Z \leq -1.96$로 줄어들게 된다. 이때 $z=-2.22$인 경우는 두 개의 기각역에 다 포함되어 여전히 H_0을 기각할 수 있지만 $z=-1.95$인 경우는 줄어든 기각역에 포함되지 않아서 H_0을 기각하지 못하게 된다. 이와 같이 $z=-2.22$가 $z=-1.95$보다 더 작은 유의수준하에서도 H_0을 기각하게 하는 값이 되고, 따라서 $z=-2.22$일 때 좀 더 확실하게 H_0을 기각하게 된다. 일반적으로, 얻어진 Z의 값으로부터 기각할 수 있게 하는 최소의 유의수준이 작을수록 더욱 확실하게 H_0을 기각하게, 즉 H_1을 채택하게 된다.

그렇다면 얻어진 Z의 값을 가지고 기각할 수 있게 하는 최소의 유의수준은 어떻게 구할 수 있을까? 예를 들어 콜레스테롤 수치의 예에서 $z=-2.22$로 얻어졌다고 하자. 만약 기각역 $R: Z \leq d$의 경계점 d가 -2.22보다 작다면 $z=-2.22$가 기각역에 포함되지 않으므로 H_0을 기각을 할 수 없게 된다. 따라서 $z=-2.22$로부터 H_0을 기각하기 위해서는 -2.22가 기각역에 포함되어야 하므로, 기각역의 경계점 d는 -2.22보다 크거나 같아야 한다. 그런데 d가 -2.22보다 크면 클수록 기각역이 커져서 유의수준도 커지게 되므로, 가장 작은 유의수준을 갖기 위해서는 $d=-2.22$

가 되어야 한다. 즉 $z=-2.22$를 포함하는 기각역 중 가장 작은 유의수준을 주는 기각역은 R : $Z\le -2.22$가 된다. 따라서 $z=-2.22$로 관측되었을 때 H_0을 기각할 수 있게 하는 최소의 유의수준은 $\mathbf{P}(Z\le -2.22)=0.0132$이다. 이와 같이 얻어진 확률 0.0132를 $z=-2.22$의 값을 주는 자료에 대한 $P-$값($P-$value) 또는 **유의확률**(significance probability)이라고 한다.

> **$P-$값(혹은 유의확률)**: 주어진 검정통계량의 관측치로부터 H_0을 기각하게 하는 최소의 유의수준을 말한다.

일반적으로 $P-$값(유의확률)은 주어진 관측값을 경계점으로 하는 기각역의 유의수준으로 얻어지는데, $Z=z$일 때 각 기각역의 형태에 따라 $P-$값을 구하는 식을 정리하면 다음과 같다.

$$R : Z\le d\text{일 때} \qquad P-\text{값}=\mathbf{P}(Z\le z)$$
$$R : Z\ge d\text{일 때} \qquad P-\text{값}=\mathbf{P}(Z\ge z)$$
$$R : |Z|\ge d\text{일 때} \qquad P-\text{값}=\mathbf{P}(|Z|\ge |z|)$$

주어진 자료에 대한 $P-$값이란 H_0을 기각할 수 있게 하는 최소의 유의수준이라고 하였다. 따라서 계산된 $P-$값이 원하는 유의수준보다 작으면, H_0을 기각할 수 있고, 유의수준보다 크면 H_0을 기각할 수 없다. 이와 같이 유의수준에 따른 기각역을 구하지 않고도 주어진 자료로부터 $P-$값을 계산하고 이를 원하는 유의수준과 비교하여 기각여부를 결정할 수 있다. 실제로 많은 통계 소프트웨어들이 $P-$값을 계산해 주며, 이로부터 여러 유의수준에 대하여 매번 기각역을 구하지 않고 검정의 기각여부를 판단한다. 예를 들어 자료로부터 계산된 $P-$값이 0.024라고 하자. 만약 원하는 유의수준이 0.01이라면 H_0을 기각할 수 없으나, 유의수준이 0.05라면 H_0을 기각할 수 있다.

또한 자료로부터 계산된 $P-$값은 H_0을 기각하는 근거의 척도로 사용된다. 만약 $P-$값이 0.002라면 위의 0.024일 때와는 달리 유의수준이 0.05일 때뿐 아니라 0.01일 때에도 기각할 수 있다. 즉 $P-$값이 0.024인 경우보다 0.002일 때 좀 더 확실히 H_0을 기각할 수 있다. 일반적으로 $P-$값이 유의수준보다 작은 경우에 그 값이 작을수록 H_0을 기각할 근거가 충분하다고 판단하고, $P-$값이 유의수준보다 큰 경우에 그 값이 클수록 H_0을 기각할 근거가 희박하다고 판단한다.

이 책에서 $P-$값의 계산은 부록에 주어져 있는 표준정규분포의 분포표를 이용한다. 따라서 분포표에 주어져 있는 값들 중 관측값에 가장 가까운 값을 이용하여 구한다.

예제 8

예제 1에 주어진 중학생의 키 자료로부터 그 도시의 중학교 1학년 남학생의 평균키(μ)가 다른 도시의 중학교 1학년 남학생의 평균키인 159 cm와 차이가 있다고 할 수 있는지 판단하라.

풀이

평균키 μ가 159 cm와 차이가 있는지를 판단하고자 하는 것이기 때문에 이에 대한 적절한 가설은

$$H_0 : \mu = 159 \quad \text{대} \quad H_1 : \mu \neq 159$$

이다. 표본의 크기가 30 이상이므로 이용되는 검정통계량은

$$Z = \frac{\overline{X} - 159}{s/\sqrt{n}}$$

이고, 대응되는 기각역은 $R : |Z| > z_{\alpha/2}$의 형태가 된다. 여기서는 유의수준이 주어져 있지 않으므로 먼저 $P-$값을 구하여 보자. 예제 1에서 표본평균이 $\bar{x} = 160.2$이고, 표본표준편차가 $s = 5.99$로 주어져 있으므로, 이로부터 검정통계량 Z의 관측값을 구하면

$$z = \frac{160.2 - 159}{5.99/\sqrt{30}} = 1.097$$

이다. 표준정규분포의 분포표를 이용하여 $P-$값을 구하면 $z \doteqdot 1.10$이므로 그림 8-6에서 보듯이 이 관측값에 대한 $P-$값을 구하면

$$P-\text{값} = \mathbf{P}(|Z| \geq 1.10) = 2 \times \mathbf{P}(Z \leq -1.10) = 2 \times 0.1357 = 0.2714$$

이다. $P-$값은 주어진 자료로부터 H_0을 기각하게 하는 최소의 유의수준이므로, 원하는 유의수준이 0.2714 이상일 때에만 H_0을 기각할 수 있다. 그러나 보통 사용되는 유의수준이 0.01, 0.05 또는 0.1인 점을 고려하면 주어진 자료로부터 H_0을 기각하는 것은 바람직하지 않다. 즉 주어진 자료로부터는 그 도시의 중학교 1학년 남학생의 평균키가 다른 도시의 평균키와 차이가 있다고 판단할 수 없다.

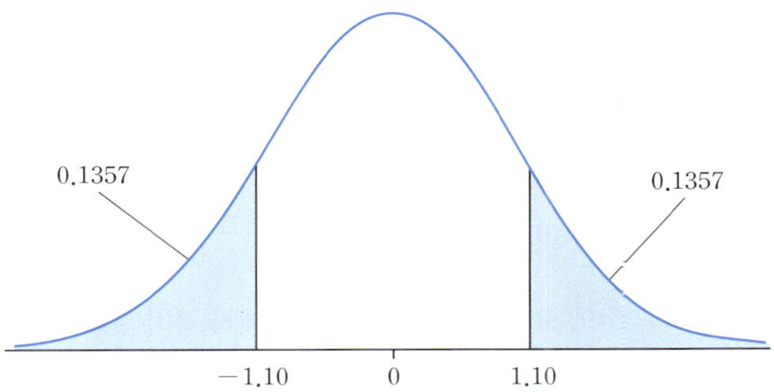

그림 8-6 양측검정에서 $z=1.10$에 대한 $P-$값 계산

연습문제

2.1 표본에 의해 옳고 그름이 판단될 여러 가지의 주장이 제시되었다. 각 경우에 모평균 μ에 대한 귀무가설(H_0)과 대립가설(H_1)을 나타내어라.

(1) 새로운 쓸개낭수술에 따르는 집중치료에 필요한 평균 시간은 13.5시간보다 작다.

(2) 유명상표 초코 아이스크림의 지방 함유량은 표지에 적힌 2%보다 많다.

(3) 모터의 평균 무게는 제조회사의 목표치인 6 kg과 차이가 있다.

2.2 표본으로부터 귀무가설을 기각하는 결정을 하였다고 하자. 연습문제 **2.1**의 각 경우에 대하여 다음의 질문에 답하라.

(i) 어떤 상황에서 그 결정(귀무가설을 기각하는 결정)은 옳은 것인가?

(ii) 그러한 결정이 잘못된 것이었을 때, 어떠한 종류의 오류가 행해졌는가?

2.3 표본으로부터 귀무가설을 기각하지 않는 결정을 하였다고 하자. 연습문제 **2.1**의 각 경우에 대하여 다음의 질문에 답하라.

어떤 상황에서 그 결정(귀무가설을 기각하지 않는 결정)은 옳은 것인가?

그러한 결정이 잘못된 것이었을 때, 어떠한 종류의 오류가 발생한 것인가?

2.4 연습문제 **2.1**의 (1)~(3)과 같은 각각의 상황에서, 아래와 같은 3가지 형태의 기각역 중 어느 것이 적당한지를 설명하라.

(a) $R : \overline{X} \leq c$

(b) $R : \overline{X} \geq c$

(c) $R : |\overline{X} - \mu_0| \geq c$

2.5 다음의 각 항에는 모표준편차 σ, 모평균 μ에 대한 주장, 표본크기 n, 유의수준 α가 주어져 있다. (i) 가설을 세우고, (ii) 검정통계량 Z, (iii) 기각역을 구하라. ((1)의 답은 예로서 주어져 있다.)

(1) $\sigma=2,\ \mu>30,\ n=55,\ \alpha=0.05$

답 : (i) $H_0 : \mu=30$ 대 $H_1 : \mu>30$

(ii) $Z=\dfrac{\overline{X}-30}{2/\sqrt{55}}$

(iii) $R : Z \geq 1.645$

(2) $\sigma=0.085,\ \mu<0.15,\ n=150,\ \alpha=0.025$

(3) $\sigma=8.6,\ \mu\neq 75,\ n=38,\ \alpha=0.01$

(4) $\sigma=1.62,\ \mu\neq 0,\ n=40,\ \alpha=0.06$

2.6 위의 연습문제 **2.5**의 각 경우에 표본평균의 관측값이 아래와 같이 주어졌다고 하자. 검정통계량 Z를 계산하고, 주어진 유의수준 α를 갖고 결론을 설명하라.

(1) $\overline{x}=30.54$ (2) $\overline{x}=0.142$ (3) $\overline{x}=72.35$ (4) $\overline{x}=-0.79$

2.7 크기가 70인 표본으로부터 $\mu > 20$이라는 주장을 증명하고자 한다. 단 여기서 $\sigma = 5.6$은 주어졌다고 하자.

(1) 기각역이 $R : \overline{X} \geq 21.31$이라고 하면, 이 검정의 유의수준은 무엇인가?

(2) 기각역 $R : \overline{X} \geq c$인 검정의 유의수준이 5%가 되도록 c의 값을 구하라.

2.8 한 대학서점으로부터 임의로 추출한 40개의 영수증을 조사한 결과 표본평균 $\overline{x} = 5$만 원, 표본표준편차 $s = 9$천 원이라고 한다. 이 값들을 이용해서 한 번에 판매한 평균액수(μ)에 대한 가설 $H_0 : \mu = 46000$ 대 $H_1 : \mu \neq 46000$를 유의수준 0.05에서 검정하라.

2.9 가설 $H_0 : \mu = 10$ 대 $H_1 : \mu < 10$의 검정에서, 표본으로부터 아래와 같은 결과를 얻었다.

$$n = 67, \quad \overline{x} = 7.80, \quad s = 8.62$$

(1) 검정통계량을 쓰고, 유의수준 $\alpha = 0.05$를 갖는 기각역을 결정하라.

(2) 검정통계량의 관측값을 계산하고, 결론을 유도하라.

(3) $P-$값을 구하고 그 결과에 대하여 설명하라.

2.10 가설 $H_0 : \mu = 1100$ 대 $H_1 : \mu \neq 1100$에 대한 검정을 하기 위하여 80개의 측정값으로 이루어진 표본을 얻었다. 표본평균과 표본표준편차는 각각 1,060과 210으로 나타났다.

(1) 유의수준 1%에서 가설검정을 시행하라.

(2) $P-$값을 계산하고 그 결과에 대하여 해석하라.

2.11 250개의 관측값을 갖는 표본에서 표본평균과 표본표준편차가 각각 169.8과 31.6으로 나타났다. 유의수준 10%에서 모평균 μ가 169.0보다 크다는 주장이 이들 자료에 의해 증명될 수 있는가?

2.12 새로운 치료법이 말기 암환자의 생명 연장에 기존의 치료보다 더 효과적이라는 주장이 있다. 기존의 치료는 오랫동안 사용되어 왔으며 의학잡지의 기록에 의하여 평균 생존기간이 4.2년으로 알려지고 있다. 새로운 치료법을 80명의 환자들에게 시행하여 그들의 생존기간을 기록한 결과 표본평균과 표본표준편차는 각각 4.5년과 1.1년으로 밝혀졌다. 위의 주장은 이들 결과에 의해 뒷받침될 수 있는가? 유의수준 $\alpha = 0.05$에서 검정하라. 또한 $P-$값도 계산하라.

2.13 36개의 관측치로 된 표본으로부터 표본평균 $\overline{x} = 80.4$, 표본표준편차 $s = 16.2$의 결과를 얻었다. 아래의 가설검정의 문제에서, 위의 결과들의 $P-$값을 계산하고 귀무가설 H_0을 기각할 수 있는지를 판단하라.

$$H_0 : \mu = 85 \quad \text{대} \quad H_1 : \mu \neq 85$$

2.14 주어진 상황하에서 귀무가설 H_0은 유의수준 $\alpha = 0.02$에서 기각되지 않았다고 하자. 다음 질문에 대하여 '예', '아니오', '판단할 수 없다' 중 하나로 답하라.

(1) 귀무가설 H_0은 유의수준 $\alpha=0.01$에서 계속 유지될 수 있는가?

(2) 귀무가설 H_0은 유의수준 $\alpha=0.05$에서 계속 유지될 수 있는가?

(3) $P-$값은 0.02보다 작은가?

2.15 오랜 기간의 기록에 의하면 기존의 치료방법에 의하여 한 질병을 치료하는 데에 평균 15일이 걸린다고 한다. 그런데 새롭게 개발된 치료법은 기존의 치료방법보다 치료기간을 줄일 수 있다는 주장이 있다. 이러한 주장을 검증하기 위하여 새로운 치료법을 70명의 환자들에게 시행하여 회복되는데 걸리는 시간을 검사한 결과 표본평균과 표본표준편차가 각각 14.6일과 3.0일로 밝혀졌다.

(1) 유의수준 2.5%를 이용하여 가설검정을 실시하라.

(2) $P-$값을 계산하고 그 결과에 대해 설명하라.

2.16 한 회사에서는 땅콩, 호두, 마카다미아 등을 혼합하여 캔으로 판매하고 있는데 내용물의 25%가 값비싼 마카다미아라는 표지를 붙이고 있다고 한다. 이 표지가 과대선전일지도 모른다고 생각한 검사자가 35개의 캔을 임의로 추출하여 마카다미아의 혼합비율을 측정하였다. 이들 측정치들의 평균과 표준편차는 각각 23.5과 3.1로 밝혀졌다. 이들 결과들은 검사자의 신념을 지지할 수 있는 강한 증거를 제시하는가?

2.17 제지공장에서 처리된 폐수의 오염지표로 생화학적 산소 요구량(BOD)을 사용한다. 한 제지공장에서 2006년 봄과 여름 사이에 43번에 걸쳐 BOD를 측정하였는데 평균과 표준편차가 각각 3,246과 757로 나타났다. 그 회사는 BOD의 평균치가 하루당 3,000이 되도록 설정하였다면 제시된 표본자료로부터 BOD의 실제량이 심각하게 그 회사의 목표설정치와 차이가 있다고 할 수 있는가?

2.18 다음의 물음에 답하라.

(1) 어느 회사에서 자회사 제품의 무게가 다른 회사 제품의 무게 50g보다 크다고 주장하고자 한다. 원하는 가설을 세워라.

(2) 실제로 이 회사 제품의 무게가 50g보다 크다면 검정에서 어떤 오류를 범할 수 있는가?

(3) 이 회사 제품의 무게에 대한 추론을 위하여 표본을 추출하려고 한다. 95% 신뢰구간의 길이가 1보다 작기를 원한다면 $\sigma=30$이라고 알려져 있을 때 표본의 크기는 얼마가 되어야 하는가?

(4) (1)에 대한 검정에서 H_0을 기각하였다. 어떤 오류를 범할 수 있는가?

2.19 다음의 기술에 대한 옳고 그름을 판단하고 그 이유를 설명하라.

(1) 신뢰구간의 길이를 줄이려면 표본의 크기를 크게 해야 한다.

(2) 유의수준이 5%인 검정에서 귀무가설이 기각되었다면 $P-$값은 0.05보다 크다.

(3) 제2종 오류의 확률을 줄이려면 유의수준을 작게 해야 한다.

(4) 주어진 관측값으로부터 $P-$값을 계산하는데 양측검정인 경우보다 단측검정의 경우에 더 큰 $P-$값을 갖게 된다.

(5) μ에 대한 95% 신뢰구간을 구하니 (2.3, 4.5)가 나왔다. 이로부터 μ가 (2.3, 4.5) 안에 들어올 확률이 0.95라고 할 수 있다.

(6) 제1종 오류를 범할 확률을 줄이려면 기각역을 조금 더 크게 잡을 필요가 있다.

2.20 표본의 크기가 64인 자료에 대하여 모평균이 65보다 작다는 주장을 검정하고자 한다. $\sigma=5$일 때 다음 물음에 답하라.

(1) 이 검정에 대한 기각역이 $R:\overline{X}\le 64$일 때, 제1종 오류를 범할 확률을 구하라.

(2) 이 검정에 대한 기각역이 $\mathrm{R}:\overline{X}\le 64$이며 실제 모평균은 63.5일 때, 제2종 오류를 범할 확률을 구하라.

(3) 기각역이 $\mathrm{R}:\overline{X}\le c$인 검정의 유의수준이 $\alpha=0.01$이 되도록 c를 구하라.

2.21 $H_0:\mu=20$ 대 $H_1:\mu>20$를 검정하기 위해서 크기가 36인 표본을 추출하여 검정을 실시하였더니 $P-$값이 0.0262였다. 같은 표본을 이용해서 $H_0:\mu=30$ 대 $H_1:\mu>30$에 대한 검정을 실시한다면 $P-$값이 증가하겠는가? 혹은 감소하겠는가? 그 이유를 간략히 설명하라.

8.3 신뢰구간과 양측검정의 관계

1절에서 다룬 모평균에 대한 신뢰구간과 2절에 다룬 모평균에 대한 검정, 특히 양측검정의 과정을 보면 상당한 연관성이 있음을 알 수 있다. 이와 같은 연관성들 좀 더 명확히 설명하기 위해서 모평균 μ에 대한 추론 과정을 다시 한번 살펴보기로 하자.

우선 μ에 대한 $100(1-\alpha)\%$ 신뢰구간은

$$\left(\overline{X}-z_{0.025}\frac{s}{\sqrt{n}},\ \overline{X}+z_{0.025}\frac{s}{\sqrt{n}}\right)$$

이다. 한편 $H_0:\mu=\mu_0$에 대한 양측검정에서의 기각역은 유의수준이 α일 때

$$R:|Z|=\left|\frac{\overline{X}-\mu_0}{s/\sqrt{n}}\right|\ge z_{\alpha/2}$$

이다. 만약 μ_0이 $100(1-\alpha)\%$ 신뢰구간에 포함되면 즉,

$$\overline{X}-z_{\alpha/2}\frac{s}{\sqrt{n}}<\mu_0<\overline{X}+z_{\alpha/2}\frac{s}{\sqrt{n}}$$

이면 검정통계량 Z는 $|Z|<z_{\alpha/2}$가 되어 기각역 $R:|Z|\ge z_{\alpha/2}$에 포함되지 않아서 기각할 수 없다. 따라서 귀무가설 값 μ_0이 $100(1-\alpha)\%$ 신뢰구간에 포함되면 가설 $H_0:\mu=\mu_0$을 유의수준 α에서 양측검정 시 기각할 수 없다. 그러므로 μ에 대한 신뢰구간을 구하고 나면 μ_0이 그 구간에 포

함되는지에 따라 가설 $H_0: \mu=\mu_0$ 대 $H_1: \mu \neq \mu_0$에 대한 검정의 결론을 얻을 수 있다. 즉, μ_0이 신뢰구간에 포함되면 귀무가설을 기각할 수 없고, 포함되지 않으면 가설을 기각할 수 없다. 이와 같은 신뢰구간과 양측검정에 대한 관계는 다른 경우에도 성립하며, 이를 일반적인 형태로 정리하면 다음과 같다.

신뢰구간과 양측검정의 관계

모수 θ에 대한 $100(1-\alpha)\%$ 신뢰구간이 (L, U)로 구해졌을 때, 가설 $H_0: \theta=\theta_0$ 대 $H_1: \theta \neq \theta_0$에 대하여 유의수준 α로 검정을 시행할 때의 결론은 다음과 같다.

$\theta_0 \in (L, U) \Longleftrightarrow H_0$을 기각할 수 없다.

$\theta_0 \notin (L, U) \Longleftrightarrow H_0$을 기각한다.

예제 9

크기가 100인 표본을 추출하여 평균과 표준편차를 계산하였더니 각각 $\bar{x}=8.3$과 $s=1.2$였다고 한다. 모평균 μ에 대한 95% 신뢰구간을 구하고, 유의수준 5%에서 가설 $H_0: \mu=8.5$ 대 $H_1: \mu \neq 8.5$를 검정하라.

풀이

앞 절의 내용으로부터 μ에 대한 95% 신뢰구간은

$$\left(\bar{X}-z_{0.025}\frac{s}{\sqrt{n}},\ \bar{X}+z_{0.025}\frac{s}{\sqrt{n}}\right)$$

이다. $z_{0.025}=1.96$이므로, 모평균에 대한 95% 신뢰구간은

$$\left(8.3-1.96\times\frac{1.2}{\sqrt{100}},\ 8.3+1.96\times\frac{1.2}{\sqrt{100}}\right)=(8.06,\ 8.54)$$

이다. 한편 이 결과를 주어진 가설을 검정하는 데 이용하면 $\mu_0=8.5$가 95% 신뢰구간에 포함되므로 유의수준 5%에서 귀무가설을 기각할 수 없다.

위의 결론을 원래의 검정 절차를 밟아 검증하며 보자. 우선 검정통계량은

$$t=\frac{\bar{X}-8.5}{1.2/\sqrt{100}}$$

이고, 이 통계량의 분포는 귀무가설이 참일 때 표준정규분포이다. 따라서 유의수준 5%에서 양측검정의 기각역은 $R: |Z| \geq z_{0.025}=1.96$이고 Z의 관측값은 $Z=\dfrac{\bar{X}-8.5}{1.2/\sqrt{100}}=-1.67$로 기각역에 포함되지 않으므로 앞의 결론과 마찬가지로 귀무가설을 기각할 수 없다.

앞의 예제에서도 보았듯이 신뢰구간과 양측검정은 같은 이론적인 배경 위에서 만들어진 동전의 양면과 같은 특성을 갖고 있다. 그러나 신뢰구간은 한번 구하는 것으로 동시에 여러 귀무가설에 대한 양측검정의 결론을 얻을 수 있는데 반해 한 번의 양측검정 시행으로부터는 신뢰구간을 얻을 수 없기 때문에 신뢰구간을 구하는 것이 좀 더 포괄적인 추론의 과정이라고 여겨진다.

연습문제

3.1 어느 모집단으로부터 크기가 64인 표본을 임의추출하여 모평균 μ에 대한 95% 신뢰구간을 구하였더니 (17.1, 29.3)과 같았다.

(1) 유의수준 $\alpha=0.05$에서 $H_0:\mu=19$ 대 $H_1:\mu\neq19$의 가설에 대한 검정을 하라.

(2) 귀무가설 $H_0:\mu=29.8$에 대해 (1)에서와 같은 검정을 하라.

3.2 합금의 평균장력 l의 90% 신뢰구간이 (28.12, 40.48)로 얻어졌다.

(1) 유의수준 $\alpha=0.10$일 때, $H_0:\mu=39$ 대 $H_1:\mu\neq39$에 대한 가설을 검정하라.

(2) 귀무가설 $H_0:\mu=42$에 대하여 (1)에서와 같은 검정을 하라.

3.3 임의추출한 표본으로부터 모평균에 대한 90% 신뢰구간을 구한 결과 (26.8, 29.6)으로 얻어졌다고 한다. 다음의 각 질문에 대하여 "예", "아니오", "판단할수 없다"로 답하고 이유를 설명하라.

(1) 가설 $H_0:\mu=27$ 대 $H_1:\mu\neq27$에 대하여 유의수준 $\alpha=0.1$로 기각되는가?

(2) 가설 $H_0:\mu=30$ 대 $H_1:\mu\neq30$에 대하여 유의수준 $\alpha=0.1$로 기각되는가?

(3) 가설 $H_0:\mu=28$ 대 $H_1:\mu\neq28$에 대하여 유의수준 $\alpha=0.05$로 기각되는가?

(4) 가설 $H_0:\mu=32$ 대 $H_1:\mu\neq32$에 대하여 유의수준 $\alpha=0.01$로 기각되는가?

3.4 100명의 환자에 대하여 3주 동안 체지방이 감소하는 양을 조사하여 다음과 같은 결과를 얻었다.

$$\bar{x}=6.78,\ z=6.58$$

(1) 3주 동안의 체지방 감소량의 모평균 μ에 대한 95% 신뢰구간을 구하라.

(2) 가설 $H_0:\mu=15$ 대 $H_1:\mu\neq15$에 대하여 유의수준 $\alpha=0.05$에서 검정하고 (1)의 결과와 비교하라.

3.5 연습문제 **3.4**에서 주어진 자료에 대하여 답하라.

(1) 모평균 μ에 대한 90% 신뢰구간을 구하라.

(2) 가설 $H_0:\mu=10$ 대 $H_1:\mu\neq10$에 대하여 유의수준 $\alpha=0.05$에서 검정하려고 한다면 (1)의 결과로부터 어떤 결론을 얻을 수 있겠는가?

(3) (2)에 주어진 가설을 검정하고 결과를 비교하라.

3.6 주어진 표본으로부터 모평균에 대한 95% 신뢰구간을 구하였더니 (21.8, 32.1)이었다. 다음에 "예", "아니오", "판단할 수 없다", "옳다", "그르다"로 답하라.

(1) $\alpha=0.1$에서 $H_0:\mu=21$ 대 $H_1:\mu\neq21$을 검정하면 기각하는가?

(2) $\alpha=0.05$에서 $H_0:\mu=25$ 대 $H_1:\mu\neq25$를 검정하면 기각하는가?

(3) (1)에 대한 가설검정에서 $P-$값이 0.05보다 작은가?

(4) 같은 표본으로부터 99% 신뢰구간을 구하면 위의 신뢰구간보다 길이가 짧아진다.

8.4 모비율에 대한 추론(표본의 크기가 클 때)

이 절에서는 이제까지 공부한 모평균에 대한 추정 및 검정방법을 이용하여 표본의 크기가 클 때 적용할 수 있는 모비율에 대한 추정, 검정방법을 다루기로 한다. 표본의 크기가 작은 경우에는 이항분포를 이용하여 모비율에 대한 추론을 하는데 기본 논리는 같으나 계산이 복잡하고 실제로도 대단히 많이 이용되는 것은 아니므로 이 책에서는 제외시키기로 한다.

점추정

앞에서 우리는 모평균에 대한 추정량으로 표본평균을 이용하였다. 마찬가지로 모비율에 대한 추정량으로 표본비율을 사용할 수 있다. 예를 들어 어느 도시에서 실업률 p를 추정하고자 한다고 하자. 이를 위하여 임의로 n명을 추출하고 그 중 실직자의 수를 X라고 하면, p에 대한 추정량인 표본비율은

$$\hat{p}=\frac{X}{n}$$

가 된다. 일단 점추정량이 결정되면 그 추정량의 정확도를 알기 위해서 표준오차를 계산할 필요가 있다. 모집단의 크기가 매우 커서 그에 비해 표본의 크기가 작은 경우, 표본의 추출과정은 거의 서로 독립이므로 X의 분포는 반복 횟수 n, 성공의 확률 p인 이항분포가 된다. 따라서 X의 기댓값과 표준편차는 각각 np와 $\sqrt{np(1-p)}$가 되고, 이로부터 표본비율인 $\hat{p}$의 기댓값과 표준편차를 구하면

$$\mathbf{E}(\hat{p})=p,\ \ S.E.(\hat{p})=\sqrt{\frac{p(1-p)}{n}}$$

가 된다. 이때 표준오차에 있는 p는 추정하고자 하는 미지수이기 때문에 이를 추정량인 $\hat{p}$으로 대체하면 표준오차를 추정할 수 있다.

모비율에 대한 점추정

모수: 모집단에서 A라는 특성을 갖는 집단의 비율; 모비율 p

자료: 크기가 n인 표본에서 A라는 특성을 갖는 개체의 수; X

추정량: 표본비율 ; $\hat{p}=\dfrac{X}{n}$

표준오차: $S.E.(\hat{p})=\sqrt{\dfrac{p(1-p)}{n}}$ 추정된 표준오차 : $\sqrt{\dfrac{\hat{p}(1-\hat{p})}{n}}$

예제 10

어느 통신판매회사에서는 하나의 새로운 상품을 그 달의 특별상품으로 판매하고자 한다. 그 회사에서 관리하는 만 명의 고객명단에서 임의로 250명을 추출하여 안내책자를 발송한 결과 그 중 70명이 구입을 희망하였다고 한다. 이 표본자료에 근거해서 전체 고객 중 그 상품에 대한 구입을 원하는 모비율(p)을 추정하고, 그 추정량의 표준오차를 구하라.

풀이

모비율 p에 대한 추정량은 표본비율이므로

$$p\text{의 추정치}: \hat{p}=\frac{70}{250}=0.28$$

이고, $\hat{p}$의 표준오차를 추정하면

$$\hat{p}\text{의 추정된 표준오차} : \sqrt{\frac{\hat{p}(1-\hat{p})}{n}}=\sqrt{\frac{0.28\times 0.72}{250}}=0.028$$

이다.

구간추정

모비율 p에 대한 구간추정을 하기 위해서는 p의 추정량인 $\hat{p}$의 분포를 알아야 한다. 앞에서 X의 분포가 $\mathrm{Bin}(n, p)$를 따른다고 하였는데, 7장의 내용을 보면 표본의 크기가 큰 경우에 X는 근사적으로 평균이 np이고, 분산이 $np(1-p)$인 정규분포를 따른다. 이를 표준화된 X의 분포로 나타내면

$$Z=\frac{X-np}{\sqrt{np(1-p)}}\sim N(0, 1)$$

이 된다. 따라서 위의 식에서 분모와 분자를 각각 n으로 나누어 주면 다음과 같이 $\hat{p}$의 표준화된

분포를 얻을 수 있다.

$$Z=\frac{\hat{p}-p}{\sqrt{\dfrac{p(1-p)}{n}}}\sim N(0,\ 1)$$

즉 $\hat{p}$은 평균이 p이고 표준편차가 $\sqrt{p(1-p)/n}$인 정규분포를 따른다. 그림 8-7에서 보듯이

$$\mathbf{P}\left(\left|\frac{\hat{p}-p}{\sqrt{p(1-p)/n}}\right|<z_{\alpha/2}\right)=\mathbf{P}\left(|\hat{p}-p|<z_{\alpha/2}\sqrt{\frac{p(1-p)}{n}}\right)=1-\alpha$$

가 성립한다. 이로부터 구간 $\left(\hat{p}-z_{\alpha/2}\sqrt{\dfrac{p(1-p)}{n}},\ \hat{p}+z_{\alpha/2}\sqrt{\dfrac{p(1-p)}{n}}\right)$이 p를 포함할 확률이 $(1-\alpha)$가 됨을 알 수 있다. 그러나 이 구간은 미지수인 p를 포함하고 있으므로 표본으로부터 계산이 불가능하다. 이때 p를 추정량인 $\hat{p}$로 대체하면 원하는 신뢰구간을 구할 수 있다.

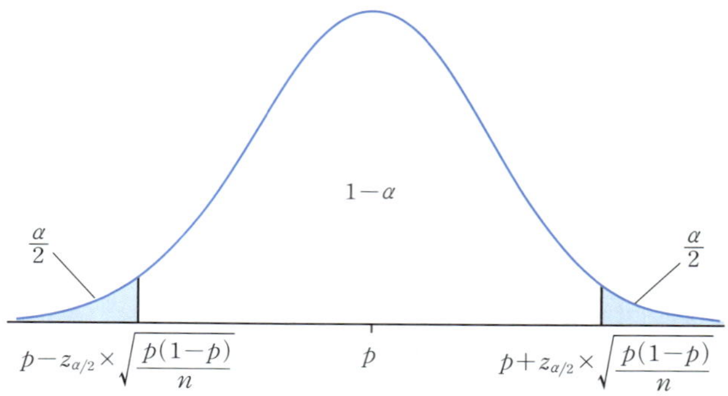

그림 8-7 $\hat{p}$의 분포

모비율에 대한 신뢰구간

표본의 크기가 클 때, 모비율 p에 대한 $100(1-\alpha)\%$ 신뢰구간은 다음과 같다.

$$\left(\hat{p}-z_{\alpha/2}\sqrt{\frac{\hat{p}(1-\hat{p})}{n}},\ \hat{p}+z_{\alpha/2}\sqrt{\frac{\hat{p}(1-\hat{p})}{n}}\right)$$

혹은

$$\hat{p}\pm z_{\alpha/2}\sqrt{\frac{\hat{p}(1-\hat{p})}{n}}$$

예제 11

예제 2에서 한 도시의 노동인구 500명 중 41명이 실업자로 나타났다고 하였다. 이 자료로부터 그 도시의 실업률 p에 대한 95% 신뢰구간을 구하라.

풀이

표본의 크기가 500으로 충분히 크므로 표본비율에 대한 정규분포근사는 적합하다고 할 수 있다. $\alpha=0.05$이므로 $z_{\alpha/2}=1.96$이고, 관측된 표본비율 $\hat{p}=41/500=0.082$로부터

$$z_{\alpha/2}\sqrt{\frac{\hat{p}(1-\hat{p})}{n}}=1.96\times\sqrt{\frac{0.082\times0.918}{n}}=0.0240$$

이다. 따라서 그 도시의 실업률 p에 대한 95% 신뢰구간은 0.082 ± 0.0240 혹은 $(0.058,\ 0.106)$이다.

표본크기의 결정

오차가 d 이하가 될 확률이 최소한 $100(1-\alpha)\%$가 되기 위해서 필요한 표본의 크기를 구하여 보자. 우선 위의 조건을 수식으로 표현해 보면

$$\mathbf{P}[|\hat{p}-p|\le d]\ge1-\alpha \tag{3}$$

와 같다. 표본의 크기가 클 때 정규분포를 이용하면 다음과 같은 식을 얻을 수 있는데

$$\mathbf{P}\left(\frac{|\hat{p}-p|}{\sqrt{p(1-p)/n}}\le z_{\alpha/2}\right)=1-\alpha$$

이로부터 (3)을 만족하기 위해서는 $z_{\alpha/2}\sqrt{p(1-p)/n}\le d$를 만족하여야 하고, 따라서 표본의 크기는

$$n\ge\left(\frac{z_{\alpha/2}}{d}\right)^2p(1-p)$$

를 만족하여야 한다. 그러나 이 식에 의해서 필요한 표본의 크기를 구하려면 모수 p를 알아야 하는데, 표본을 추출하기 전에는 p의 값에 대한 정보를 얻을 수 없으므로 이를 적절한 수치로 대체하여야 한다. 이때 $f(p)=p(1-p)$로 나타내면 $f(p)$는 $p=0$ 또는 1일 때 0이고, $p=0.5$일 때 최댓값 0.25를 갖는 위로 볼록한 함수이다. 따라서 $p(1-p)$ 자리에 그 값이 취하는 최댓값 0.25를 넣어 주고 n을 구하면, 이 n은 어떤 p의 값에 대해서도 위 식을 만족시킬 것이다. 따라서 오차가 d 이하일 확률이 최소한 $100(1-\alpha)\%$가 되기 위해 필요한 최소의 표본의 크기는 다음 식을 만족시키는 최소의 정수가 된다.

$$n\ge\frac{1}{4}\left(\frac{z_{\alpha/2}}{d}\right)^2$$

여기서 사용한 신뢰구간은 표본의 크기가 클 때 얻어지는 것이므로 위의 식으로부터 구해지는 n도 30 이상이어야만 그 의미가 있다.

예제 12

공중보건에 관한 조사에서 시각장애인의 비율(p)을 추정하고자 한다. 만약 이 조사에서 얻어지는 p에 대한 추정량의 오차가 0.05 이하가 될 확률이 최소한 98%가 되기를 원한다면 몇 명을 대상으로 시력 장애 여부를 조사하여야 하겠는가?

풀이

허용된 오차범위가 0.05이므로 $d=0.05$이고, $\alpha=0.02$로부터 $z_{0.01}=2.33$이다. 따라서 표본의 크기 n은

$$n \geq \frac{1}{4}\left(\frac{2.33}{0.05}\right)^2 = 542.9$$

를 만족시키는 정수이므로 원하는 표본의 크기는 최소한 543이어야 한다.

그러나 만약 p에 대한 사전 정보가 주어졌다면 그 정보를 이용해서 좀 더 나은(작은) 표본의 크기를 구할 수 있다. 예를 들어 위의 예제 12에서 시각장애인의 비율은 10%를 넘지 않는다면, 즉 $p \leq 0.1$로 알려져 있다면 그 p값들에 대해서 $p(1-p)$는 0.09 이하가 된다. 따라서 $p(1-p)$ 자리에 그것이 취하는 가장 큰 값인 1/4를 대입하는 대신 주어진 정보하에서 가장 큰 값인 0.09를 대입하게 되면 필요한 표본의 크기도 작아진다. 즉 필요한 표본의 크기는 543이 아니라 $0.09 \times 2.33^2/0.05^2 = 195.4$로부터 196이 된다. 따라서 주어진 사전 정보 $p \leq 0.1$를 이용함으로써 표본의 크기를 543에서 196으로 거의 1/3에 가깝게 줄일 수 있었다. 일반적으로 p에 대한 사전 정보가 주어지면 그 정보하에서 $p(1-p)$가 취하는 최댓값을 그 자리에 대입하여 필요한 표본의 크기를 구한다.

모비율에 대한 검정

모비율에 대한 귀무가설 $H_0 : p = p_0$을 검정하기 위한 검정방법을 생각해 보자. 앞에서도 언급하였듯이 표본의 크기가 클 때 모비율의 추정량인 표본비율 $\hat{p} = X/n$는 정규분포를 따른다. 만약 H_0이 맞다면, 즉 $p = p_0$이라면 $\hat{p}$의 분포는 근사적으로 $N(p_0,\ p_0(1-p_0)/n)$이다. 따라서 이를 표준화시킨 검정통계량은

$$Z = \frac{\hat{p} - p_0}{\sqrt{\dfrac{p_0(1-p_0)}{n}}} \sim N(0,\ 1)$$

이 된다. 이와 같이 모비율 p에 대한 검정통계량도 앞의 모평균에 대한 검정통계량과 같이 표준정규분포를 따르고, 따라서 모평균의 경우에서와 같이 각각의 대립가설에 대한 기각역을 구할 수 있는데 이를 정리하면 다음과 같다.

모비율 p에 대한 검정

표본의 크기가 클 때 모비율 p에 대한 가설 $H_0: p=p_0$을 검정하기 위한 검정통계량은 다음과 같다.

$$Z=\frac{\hat{p}-p_0}{\sqrt{\frac{p_0(1-p_0)}{n}}}$$

검정통계량은 H_0이 맞을 때 $N(0,\ 1)$을 따른다. 각 대립가설에 대하여 유의수준 α를 갖는 기각역은 다음과 같다.

$H_1: p<p_0$일 때	$R: Z\leq -z_\alpha$	(단측검정)
$H_1: p>p_0$일 때	$R: Z\geq z_\alpha$	(단측검정)
$H_1: p\neq p_0$일 때	$R: \lvert Z\rvert \geq z_{\alpha/2}$	(양측검정)

예제 13

어떤 특정한 암의 경우에 수술을 시행한 후 완치되는 비율(5년 이상 생존비율)이 30%라고 한다. 이 암에 걸린 60명의 환자를 대상으로 수술뿐 아니라 수술 전후에 일정기간 방사선치료를 병행하였더니 60명 중 27명이 완치되었다고 한다. 이 자료로부터 수술만 하는 것보다 방사선치료를 병행하는 것이 암의 완치율(p)을 높이는 데 효과가 있다고 할 수 있는지 검정하라.

풀이

방사선치료를 병행할 때 완치율 p가 0.3보다 증가하는지를 판단하고자 하는 것이므로 검정하고자 하는 가설은

$$H_0: p=0.3 \quad \text{대} \quad H_1: p>0.3$$

이다. 표본의 크기가 $n=60$이므로 표본비율 $\hat{p}$은 근사적으로 정규분포를 따른다. 따라서 검정통계량은

$$Z=\frac{\hat{p}-0.3}{\sqrt{\frac{0.3\times 0.7}{60}}}$$

이다. 유의수준이 주어져 있지 않으므로, 어느 정도의 유의수준에서 H_0을 기각할 수 있는지 판단하기 위해서 우선 $P-$값을 구해 보자. 표본비율이 $\hat{p}=0.45$이므로 Z의 관측치는

$$Z=\frac{0.45-0.3}{\sqrt{\dfrac{0.3\times0.7}{60}}}=2.536$$

이다. 따라서 $z \doteq 2.54$를 이용해서

$$P-\text{값}=\mathbf{P}(Z\geq 2.54)=0.0055$$

이다. 이 값은 상당히 작은 값으로, 0.0055 이상인 어떤 유의수준에서도 H_0을 기각할 수 있음을 알 수 있다. 따라서 이 자료로부터 방사선치료의 병행이 암치료에 있어서 완치율을 높이는 데 확실한 효과가 있다고 할 수 있다.

연습문제

4.1 모비율 p를 추정하기 위해 크기가 n인 표본이 임의추출되었고, 그 중 X개가 관심있는 성질을 가지고 있는 것으로 판명되었다고 하자. 다음의 각 경우에 p를 추정하고, 표준오차를 구하라.

(1) $n=50,\ \ X=31$

(2) $n=460,\ \ X=52$

(3) $n=2500,\ \ X=1977$

4.2 위의 연습문제 **4.1**의 각 경우에 대해서 모비율의 90% 신뢰구간을 구하라.

4.3 어느 대학교의 총학생회장 선거에서의 투표율을 알아보기 위해서 78명의 학생을 대상으로 조사한 결과 49명이 투표에 참가하였다고 하자.

(1) 그 대학교의 총학생회장 선거의 투표율을 추정하라.

(2) 표준오차를 추정하라.

(3) 모비율에 대한 95% 신뢰구간을 구하라.

4.4 어떤 사람이 A 상표 세제의 시장점유율을 조사한다고 하자. 즉 모든 상표들의 총 판매량에 대한 A 상표의 판매량의 비율을 조사하려고 한다. 그 사람은 몇 개의 상점으로부터 425상자의 세제가 판매된 가운데 120상자가 A 상표의 세제였다는 것을 알아냈다고 하자.

(1) A 상표 세제의 시장점유율을 추정하라.

(2) 표준오차를 추정하라.

(3) A 상표의 시장점유율에 대한 95% 신뢰구간을 구하라.

4.5 한 종의 설치동물(쥐, 다람쥐 등)에 대하여 어떤 균에 감염된 비율을 추정하기 위해, 128개체를 조사한 결과 그 중 72개체가 감염된 것으로 밝혀졌다. 모비율의 95% 신뢰구간을 구하라.

4.6 3년 동안 한 산업단지 내의 잣나무 중 90%가 죽은 것으로 밝혀졌다. 공해에 저항력이 강한 새로운 종이 현재 연구 중에 있는데, 첫 실험의 반응을 관찰한 결과, 같은 지역에서 3년 동안 새로운 종 45개체의 묘목 중에 28개체가 죽었다고 한다. 새로운 종의 3년간의 고사율을 추정하고 90% 신뢰구간을 구하라.

4.7 긴급차량서비스에 대한 요금을 지불하는 한 자동차클럽에서 회원들이 긴급차량서비스를 요구하는 여러 가지 유형에 대한 비율을 추정하려고 한다. 2006년 한 해 동안 2,927건의 긴급차량서비스를 요구하는 전화가 걸려 왔으며, 그 중 1,499건이 시동에 관련된 문제였고, 849건은 견인을 요구하는 심각한 기계적 고장, 498건은 타이어가 펑크났거나 열쇠를 차 안에 두고 문을 잠그는 문제, 그리고 그 밖의 다른 문제로 걸려온 전화가 81건이었다.

(1) 2006년 한 해 동안 긴급차량서비스 요구전화 중 견인이 필요한 심각한 기계적 고장과 관련된 통화건수의 비율을 추정하고 95% 신뢰구간을 구하라.

(2) 2006년 한 해 동안 시동의 문제로 인해 걸려온 긴급차량서비스 요구전화의 비율에 대한 98% 신뢰구간을 구하라.

4.8 1988년에 졸업한 고등학생 중 전국에서 임의로 750명을 대상으로 실시한 설문조사에서 59.8%가 대학에 진학하였고, 4.2%가 직업훈련소에 입소한 반면, 36%는 더 이상의 교육을 받지 못하였다는 결과가 나왔다.

(1) 1988년에 졸업한 고등학생 중 졸업한 고등학생 중 대학에 진학한 학생의 모비율에 대한 95% 신뢰구간을 구하라.

(2) 1988년에 졸업한 고등학생 중 직업훈련소에 입소한 고등학생의 모비율에 대한 90% 신뢰구간을 구하라.

4.9 모비율을 추정할 때 오차가 0.2를 넘지 않을 확률이 최소한 95%가 되도록 하려면 표본의 크기가 최소한 얼마가 되어야 하겠는가?

4.10 한 심리학 실험에서 각 개인은 어떤 자극에 대하여 A와 B의 두 가지 중 한 가지의 반응만 할 수 있도록 허용되었다. 실험자는 A 반응을 보이는 사람의 비율 p를 구하려고 한다. 만약 실험자가 추정치의 오차가 0.04보다 작을 확률이 최소한 90%가 되게 하려면 최소한 몇 명의 사람들이 그 실험에 필요하겠는가?

4.11 한 교통안전협회에서 보행자와 관련된 교통사고의 비율을 추정하려고 한다. 98% 확신을 가지고 모비율이 추정된 비율과 0.04 이상 차이가 나지 않도록 하려면, 최소한 얼마나 많은 사고 기록자료가 필요한가? (단 그 협회에서는 모비율이 0.25보다 작다고 확신한다.)

4.12 연습문제 **4.6**에서 95% 신뢰를 가지고 추정의 오차가 0.08 안에 들게 하려면, 3년 동안 재배되고 관찰될 새로운 나무의 수는 최소한 얼마가 되어야 하는가? (p는 처음 연구에서 얻은 결과를 이용하라.)

4.13 충분히 큰 표본을 가지고 모비율 p를 추정하였다고 하자. 모비율 p의 추정치는 $\hat{p}=0.32$이고 표준오차가 0.049이었다.

(1) p에 대한 95% 신뢰구간을 구하라.

(2) 이 연구에서 쓰여진 표본의 크기 n을 구하라.

4.14 다음의 각 항에는 모비율 p에 대한 주장, 표본의 크기 n, 유의수준 α가 주어져 있다. (i) 가설을 세우고, (ii) 검정통계량과 (iii) 기각역을 구하라. ((1)의 답은 예로서 주어져 있다)

(1) 주장: $p<0.32,\ \ n=120,\ \ \alpha=0.05$

(i) $H_0: p=0.32$ 대 $H_1: p<0.32$

(ii) $Z=\dfrac{\hat{p}-0.32}{\sqrt{0.32\times 0.68/120}}=\dfrac{\hat{p}-0.32}{0.0426}$

(iii) $R: Z\le -1.645$

(2) 주장: $p>0.75,\ \ n=248,\ \ \alpha=0.02$

(3) 주장: $p\ne 0.60,\ \ n=88,\ \ \alpha=0.02$

(4) 주장: $p<0.56,\ \ n=96,\ \ \alpha=0.10$

4.15 아래 주어진 것은 위의 연습문제 **4.14**의 (1)−(4)까지의 각각에 대하여 관측된 표본비율($\hat{p}$)이다. 각 경우에 검정통계량의 관측값을 구하고 주어진 유의수준에서 검정의 결론을 도출하라.

(1) $\hat{p}=0.233$

(2) $\hat{p}=0.815$

(3) $\hat{p}=0.705$

(4) $\hat{p}=0.490$

4.16 표본의 크기 n이 충분히 크다고 가정하고, 다음의 각 예에 대하여 검정통계량과 기각역을 구하라.

(1) $H_0: p=0.4$ 대 $H_1: p>0.4,\ \ \alpha=0.10$

(2) $H_0: p=0.7$ 대 $H_1: p\ne 0.7,\ \ \alpha=0.10$

4.17 미국에서는 미식축구 선수가 대학을 4년만에 졸업하는 비율이 그리 높지 않다고 한다. 어느 연구자가 가설 $H_0: p=0.3$ 대 $H_1: p>0.3$을 검정하려고 한다. 이때 p는 4년 안에 졸업한 대학 미식축구 선수의 비율이다.

(1) 표본의 크기가 충분히 크고 $\alpha=0.05$일 때의 검정통계량을 구하고, 기각역을 구하라.

(2) 만약 49명의 임의표본 중에서 19명이 4년만에 졸업을 하였다면, 검정의 결과는 어떻게 되겠는가? $P-$값을 계산하고, 결과를 설명하라.

4.18 정치문제에 관심을 가진 한 시민들의 모임에서, 유권자의 절반 미만이 대통령의 최근 중대국면에 대한 대처방안을 지지하고 있음을 보이려고 한다. 대처방안을 지지하는 유권자의 모비율을 p라고 할 때, 다음의 물음에 답하라.

(1) H_0과 H_1을 결정하라.

(2) 500명의 유권자로 이루어진 표본 중에 228명이 지지표를 던졌다면, 어떠한 검정결과가 나오겠는가? $\alpha=0.05$를 사용하고, $P-$값도 구하라.

4.19 위의 연습문제 **4.7**에서 2006년에 긴급차량서비스 요구전화 중 타이어 펑크와 차 안에 열쇠를 두고 내린 이유로 전화를 한 비율이 2005년의 모비율인 0.19보다 작다고 할 수 있는지 검정하라. (5%의 유의수준을 사용하라.)

4.20 위의 연습문제 **4.8**에서 1988년에 졸업한 고등학생들의 대학진학률이 57%보다 높다고 할 수 있는지 검정하라. ($P-$값을 계산하고 결과를 설명하라.)

4.21 어떤 생산공정에서 생산품의 불량률이 2%를 초과하면 관리이탈로 간주된다. 어떤 한 주 동안 생산된 제품 중 500개의 제품을 검사하였더니 13개가 불량이었다고 하자. 이 결과가 그 주 동안 관리이탈상태였다고 주장할 수 있는 강한 이유가 될 수 있겠는가?

4.22 전화 인터뷰를 통한 설문조사에서 980명의 성인 중 78%가 공해방지를 우한 새로운 법률 제정을 지지하는 것으로 나타났다. 이 결과가 75%보다 많은 성인 인구가 새로운 공해방지 법안을 지지한다고 하는 추측을 잘 실증하고 있는가? ($P-$값을 계산하여 설명하라.)

4.23 새로운 상품을 개발한 회사에서는 이 상품에 대한 선호도를 조사하려고 한다.

(1) 이 상품의 선호도에 대한 추정량의 오차가 0.02 이하가 될 확률이 최소한 95%가 되기를 원할 때 필요한 표본의 크기를 구하라. 또 이 상품의 선호도는 60%에서 80% 사이라는 것을 알 때 필요한 표본의 크기를 구하라.

*실제 조사에서는 100명을 조사하였으며 조사 대상자 중에서 이 상품을 선호한 사람은 75명이었다.

(2) 이 상품을 선호하는 비율에 대한 95% 신뢰구간을 구하라.

(3) 다음 가설 $H_0: p=0.6$ 대 $H_1: p\neq 0.6$에 대한 $P-$값을 구하라.

R과 Python을 이용한 분석

함수 qnorm과 pnorm을 이용하여 표본의 크기가 클 때, 모평균 μ에 대한 가설 $H_0: \mu=\mu_0$에 대한 신뢰구간 계산 및 검정이 가능하다. qnorm은 정규분포에서 주어진 누적확률에 대한 변량 값을 계산하는 함수로서 신뢰구간에서 $z_{\alpha/2}$의 계산에 사용된다. 즉, $z_{\alpha/2}$ (상위 $\alpha/2$에 해당하는 값)은 아래에서부터 $(1-\alpha/2)$에 해당하는 값이므로 qnorm$(1-\alpha/2)$ (여기서 α는 신뢰구간의 신뢰수준에 의해 결정)와 같이 지정하여 계산한다. pnorm은 정규분포에서 주어진 변량 값(z_0)에 대한 누적확률을 계산하는 함수로서 가설검정에서 $P-$값 계산에 사용된다. 즉, 가설 $H_0: \mu=\mu_0$을 검정하기 위한 검정통계량 $Z=\dfrac{\overline{X}-\mu_0}{s/\sqrt{n}}$의 관측값을 z_0이라고 할 때, 대립가설의 형태에 따라 $P-$값을 다음과 같이 계산한다.

$H_1: \mu<\mu_0$일 때, 단측검정 $P-$값$=\mathrm{P}(Z\le z_0)$: pnorm(z_0)
$H_1: \mu>\mu_0$일 때, 단측검정 $P-$값$=1-\mathrm{P}(Z\le z_0)$: 1−pnorm(z_0)
$H_1: \mu\ne\mu_0$일 때, 양측검정 $P-$값$=\mathrm{P}(|Z|\ge|z_0|)=2\times\mathrm{P}(Z\ge|z_0|)$
: 2 * (1-pnorm(z_0)) ($z_0>0$) 혹은 2 * pnorm(z_0) ($z_0<0$)

분석 1

R을 이용하여 예제 1에 주어진 자료에 근거해서 중학교 1학년 남학생의 평균키에 대한 95% 신뢰구간을 구하라.

풀이

1학년 남학생의 키를 'height' 변수로 만들어 자료를 입력한다.

```
> height <- c(163, 161, 168, 161, 157, 162, 153, 159, 164, 170,
+ 152, 160, 157, 168, 150, 165, 156, 151, 162, 150,
+ 156, 152, 161, 165, 168, 167, 165, 168, 159, 156)
```

그림 8-8 자료 입력

숫자벡터 height에 대한 요약통계량을 계산하기 위해 R 함수들을 이용하여(mean: 평균, var: 분산, sd: 표준편차, median: 중앙값, range: 범위, min: 최솟값, max: 최댓값, sum: 합, length: 길이) 다음과 같이 각 요약통계량의 값들을 저장한다. R에서는 ( ) 안에서 명령어 전체를 실행함으로써, 저장과 동시에 저장된 값을 출력할 수 있다.

```
> (xbar.h <- mean(height))
[1] 160.2
> (var.h <- var(height))
[1] 35.88966
> (sd.h <- sd(height))
[1] 5.990798
> (median.h <- median(height))
[1] 161
> (range.h <- range(height))
[1] 150 170
> (min.h <- min(height))
[1] 150
> (maX.h <- max(height))
[1] 170
> (sum.h <- sum(height))
[1] 4806
> (n <- length(height))
[1] 30
```

그림 8-9 요약통계량

위에서 저장된 요약통계량의 값을 이용하여 표준오차 $\frac{s}{\sqrt{n}}$와 오차범위 $z_{\alpha/2}\frac{s}{\sqrt{n}}$를 계산하고, 이로부터 모집단의 평균 μ에 대한 신뢰구간 $\overline{X}\pm z_{\alpha/2}\frac{s}{\sqrt{n}}$를 계산한다.

여기서 $z_{\alpha/2}$는 아래에서부터 $(1-\alpha/2)$에 해당하는 값이므로 qnorm$(1-\alpha/2)$ (여기서 신뢰구간의 신뢰수준이 95%이므로 $\alpha=0.05$)와 같이 지정하여 계산한다. 아래에서 se.h는 표준오차, z.alpha는 $z_{\alpha/2}$이고, z.alpha*se.h는 오차범위를 의미한다. 그리고 c(−1, 1)은 z.alpha*se.h를 ±로 계산하는 역할을 한다.

```
> (se.h <- sd.h/sqrt(n))
[1] 1.093765
> (z.alpha <- qnorm(1-0.05/2))
[1] 1.959964
> z.alpha*se.h
[1] 2.14374
> xbar.h+c(-1, 1)*z.alpha*se.h
[1] 158.0563 162.3437
```

그림 8-10 표준오차, 오차범위, 신뢰구간

분석 2

예제 8의 검정을 R을 이용하여 시행하고 예제 8의 결과와 비교하라.

풀이

검정하고자 하는 가설은

$$H_0: \mu=159 \text{ 대 } H_1: \mu \neq 159$$

이고 이 가설을 검정하기 위한 검정통계량 $Z=\dfrac{\overline{X}-\mu_0}{\sigma/\sqrt{n}} \approx \dfrac{\overline{X}-\mu_0}{s/\sqrt{n}}$의 관측값 z_0을 아래와 같이 계산하여 zval로 저장한다.

```
> (zval <- (xbar.h-159)/(sd.h/sqrt(n)))
[1] 1.097128
```

그림 8-11 검정통계량 값 계산

계산된 검정통계량의 관측값 z_0은 1.097128이다. $z_0(>0)$에 대한 양측검정 $P-$값은 $P(|Z| \geq z_0)=2 \times P(Z \geq z_0)$이므로 R에서 `2*(1-pnorm(`$z_0$`))`와 같이 지정하여 $P-$값을 계산하여 pval로 저장한다.

```
> (pval <- 2*(1-pnorm(zval)))
[1] 0.2725855
```

그림 8-12 $P-$값 계산

계산된 $P-$값이 0.273으로 상당히 커서 귀무가설을 기각할 수 없으므로, 중학교 1학년 남학생의 평균키가 159와 차이가 난다고 판단할 수 없다. 예제 8과 비교해 보면 계산상의 오차에 의해 $P-$값 등에서 약간의 차이는 있으나 같은 결과를 얻게 됨을 알 수 있다.

분석 3

2장의 예제 20에 주어진 자료로부터 평균교통소음정도(l)에 대한 98% 신뢰구간을 구하고, 평균교통소음정도가 60을 초과한다고 주장할 수 있는지 유의수준 5%에서 가설검정을 실시하라.

풀이

교통소음정도를 'noise' 변수로 만들어 자료를 입력한다.

```
> noise <- c(55.9, 63.8, 57.2, 59.8 65.7, 62.7, 60.8, 51.3, 61.8, 56.0
+ 66.9, 56.8, 66.2, 64.6, 59.5, 63.1, 60.6, 62.0, 59.4, 67.2
+ 63.6, 60.5, 66.8, 61.8, 64.8, 55.8, 55.7, 77.1, 62.1, 61.0
+ 58.9, 60.0, 66.9, 61.7, 60.3, 51.5, 67.0, 60.2, 56.2, 59.4
+ 67.9, 64.9, 55.7, 61.4, 62.6, 56.4, 56.4, 69.4, 57.6, 63.8)
```

그림 8-13 자료 입력

분석 1에서와 같이 숫자벡터 noise에 대한 요약통계량을 계산하기 위해 R 함수들을 이용하여 (`mean`: 평균, `sd`: 표준편차, `length`: 길이), 아래와 같이 요약통계량의 값을 저장한다.

```
> (xbar.n <- mean(noise))
[1] 61.374
> (sd.n <- sd(noise))
[1] 4.780138
> (n <- length(noise))
[1] 50
```

그림 8-14 요약통계량

위에서 저장된 요약통계량의 값을 이용하여 표준오차와 오차범위를 계산하고, 이로부터 모집단의 평균 μ에 대한 98% 신뢰구간 $\overline{X} \pm z_{\alpha/2}\frac{s}{\sqrt{n}}$를 계산한다. 여기서 $z_{\alpha/2}$는 아래에서부터 $(1-\alpha/2)$에 해당하는 값이므로 qnorm$(1-\alpha/2)$ (여기서 신뢰구간의 신뢰수준이 98%이므로 $\alpha=0.02$)와 같이 지정하여 계산한다. 아래에서 se.n는 표준오차, z.alpha는 $z_{\alpha/2}$이고, z.alpha*se.n는 오차범위를 의미한다. 그리고 c(−1, 1)은 z.alpha*se.n를 ±로 계산하는 역할을 한다.

```
> (se.n <- sd.n/sqrt(n))
[1] 0.6760136
> (z.alpha <- qnorm(1-0.02/2))
[1] 2.326348
> z.alpha*se.n
[1] 1.572643
> xbar.n+c(-1, 1)*z.alpha*se.n
[1] 59.80136 62.94664
```

그림 8-15 표준오차, 오차범위, 신뢰구간

문제에서의 귀무가설과 대립가설은 다음과 같고, 이는 단측검정에 관한 문제이다.

$$H_0 : \mu=60 \quad \text{대} \quad H_1 : \mu>60$$

이 가설을 검정하기 위한 검정통계량 $Z=\frac{\overline{X}-\mu_0}{\sigma/\sqrt{n}} \approx \frac{\overline{X}-\mu_0}{s/\sqrt{n}}$의 관측값 z_0을 아래와 같이 계산하여 zval로 저장한다.

```
> (zval <- (xbar.n-60)/(sd.n/sqrt(n)))
[1] 2.032504
```

그림 8-16 검정통계량 값 계산

계산된 검정통계량의 관측값 z_0은 2.032504이다. $z_0(>0)$에 대한 단측검정 $P-$값은 $\mathrm{P}(Z \geq z_0) = 1-\mathrm{P}(Z \leq z_0)$이므로 R에서 (1-pnorm($z_0$))와 같이 지정하여 $P-$값을 계산하여 pval로 저장한다.

```
> (pval <- 1 - pnorm(zval))
[1] 0.02105135
```

그림 8-17 $P-$값 계산

계산된 $P-$값이 0.021로 0.05보다 작게 나왔으므로 유의수준 5%에서 귀무가설을 기각할 수 있다. 그러므로 평균교통소음정도가 60보다 크다고 할 수 있다.

Python 코드

분석 1

```
# 남학생 평균키 신뢰구간
import numpy as np
height=np.array([163,161,168,161,157,162,153,159,164,170,
                 152,160,157,168,150,165,156,151,162,150,
                 156,152,161,165,168,167,165,168,159,156])
xbar_h=np.mean(height); print(xbar_h)
var_h=np.var(height,ddof=1); print(var_h)
sd_h=np.std(height,ddof=1); print(sd_h)
median_h=np.median(height); print(median_h)
min_h=np.min(height); print(min_h)
max_h=np.max(height); print(max_h)
sum_h=np.sum(height); print(sum_h)
n=height.size; print(n)

from scipy import stats
se_h=stats.sem(height)
print(se_h)
z_alpha=stats.norm.ppf(1-0.05/2)
```

```
print(z_alpha)
interval=z_alpha*se_h;print(interval)
CI=[xbar_h-interval,xbar_h+interval]
print(CI)
```

분석 2

```
# 예제 8의 검정
zval=(xbar_h-159)/se_h
print(zval)
pval=2*(1-stats.norm.cdf(zval))
print(pval)
```

분석 3

```
# 평균교통 소음 자료
noise=np.array([55.9,63.8,57.2,59.8,65.7,62.7,50.8,51.3,61.8,56.0,
                66.9,56.8,66.2,64.6,59.5,63.1,60.6,62.0,59.4,67.2,
                63.6,60.5,66.8,61.8,64.8,55.8,55.7,77.1,62.1,61.0,
                58.9,60.0,66.9,61.7,60.3,51.5,67.0,60.2,56.2,59.4,
                67.9,64.9,55.7,61.4,62.6,56.4,56.4,69.4,57.6,63.8])

xbar_n=np.mean(noise); print(xbar_n)
sd_n=np.std(noise,ddof=1); print(sd_n)
n=noise.size; print(n)

se_n=stats.sem(noise); print(se_n)
z_alpha=stats.norm.ppf(1-0.02/2); print(z_alpha)
interval=z_alpha*se_n; print(interval)
CI=[xbar_n-interval,xbar_n+interval]; print(CI)

zval=(xbar_n-60)/se_n;print(zval)

pval=stats.norm.sf(np.abs(zval));print(pval)
```

8장 종합문제

5.1 표본평균 $\overline{X}$로 모평균 μ를 추정하는 데 있어서 아래의 각 경우에 대해서 다음 물음에 답하라.

(1) $\overline{X}$의 표준오차를 계산하라.

(2) $100(1-\alpha)\%$의 신뢰구간을 계산하라.

(i) $n=43,\ \sigma=0.825,\ 1-\alpha=0.98$

(ii) $n=122,\ \sigma=98,\ 1-\alpha=0.80$

(iii) $n=980,\ \sigma=55,\ 1-\alpha=0.9$

5.2 크기가 n인 표본으로부터 모평균 μ를 추정하는 문제를 생각해 보자. 아래의 (1)과 (2) 각각의 경우에 대해 모평균 μ를 추정하고 표준오차를 추정하라.

(1) $n=80,\ \sum x_i=752,\ \sum(x_i-\overline{x})^2=345$

(2) $n=169,\ \sum x_i=1290,\ \sum(x_i-\overline{x})^2=842$

5.3 사무실에서 공항까지 택시로 가는 40명을 임의추출하여 운행시간을 측정하였다. 그 결과 $\overline{x}=47$분이고 $s=5$분이었다.

(1) 평균운행시간 μ를 추정하라.

(2) 추정량의 표준오차를 추정하라.

5.4 $\overline{X}$의 표준편차가 다음과 같이 되도록 하기 위해서는 표본의 크기가 어느 정도 커야 하겠는가?

(1) 모표준편차의 $\frac{1}{6}$

(2) 모표준편차의 $\frac{1}{8}$

5.5 모표준편차 σ와 오차($|\overline{X}-\mu|$)범위가 아래와 같이 주어졌을 때, 다음 각각의 경우에 대하여 모평균을 추정하기 위해 요구되는 표본의 크기를 구하라.

(1) $\sigma=0.25$, 오차가 0.005 이상일 확률이 10% 이하가 되도록

(2) $\sigma=108$, 오차가 22 이하가 될 확률이 최소한 99%가 되도록

(3) $\sigma=6.8$이고 95%의 신뢰를 갖고 오차가 0.5 이하가 되도록

5.6 어떤 연구자가 모평균을 추정하고자 하는데, 오차가 2.5 이하일 확률이 최소한 95%가 되도록 표본의 크기를 정하려고 한다. 만약 $\sigma=18$로 주어져 있다면 표본의 크기는 얼마로 해야 하겠는가?

5.7 어떤 식품 서비스 지배인이 점심시간에 배달하는 샌드위치의 평균 개수를 추정하는데 95%의 신뢰도를 가지고 오차가 10개 이하이기를 원한다고 한다. 초기 표본에서 $\sigma=40$이라면 표본의 크기를 얼마로 해야 하겠는가?

5.8 위의 종합문제 **5.7**에서 $\sigma=80$이라면 필요한 표본의 크기는 얼마로 해야 하겠는가?

5.9 어느 동물학자가 적당량의 아드레날린을 주사하였을 때, 특정 동물의 평균 혈당량을 추정하고자 한다. 아드레날린을 투약한 55마리의 표본을 추출하여 그들의 혈당량 측정을 피 100밀리리터당 밀리그램의 단위로 기록하였다. 이들 측정값의 평균과 표준편차가 126.9와 10.5라고 알려졌을 때 모평균을 추정하고 90% 신뢰구간을 구하라.

5.10 다음의 각 경우에 대하여 모평균에 대한 $100(1-\alpha)\%$ 신뢰구간을 구하라.

(1) $n=60,\ \sum x_i=752,\quad \sum(x_i-\overline{x})^2=426,\ 1-\alpha=0.95$

(2) $n=150,\ \sum x_i=2652,\quad \sum(x_i-\overline{x})^2=3722,\ 1-\alpha=0.90$

5.11 64개의 표본을 측정한 결과 표본평균 $\overline{x}=8.76$과 표본표준편차 $s=1.84$를 얻었다. 모평균에 대해 (1) 90% 신뢰구간 (2) 99% 신뢰구간을 구하라.

5.12 80마리의 쥐에게 특정한 음식을 준 후에 체중 증가량을 측정하여 $\overline{x}=35$ g이고 $s=4$ g인 결과를 얻었다. 평균 증가량에 대한 90% 신뢰구간을 구해 보니 다음과 같았다.

$$\left(35-1.645\frac{4}{\sqrt{80}},\ 35+1.645\frac{4}{\sqrt{80}}\right)=(34.26,\ 35.74)$$

(1) 신뢰구간은 정확히 계산되었는가? 만약 틀렸다면 맞는 결과를 구하라.

(2) 구간 $(34.26,\ 35.74)$은 실제 평균을 포함하는지 설명하라.

5.13 크기가 큰 어떤 표본으로부터 μ에 대한 95% 신뢰구간이 $(6.8,\ 14.2)$임을 알아내었다고 하자. 이 사실을 이용하여 μ에 대한 90% 신뢰구간을 구하라.

5.14 다음의 각각의 경우에 대하여 관심의 대상이 되는 모수를 적당한 기호로 표현하여 귀무가설 H_0과 대립가설 H_1을 기술하라.

(1) 평균 고속도로 주행거리가 휘발유 1리터당 20 km 미만이라는 것을 보이기 위해 어떤 소비자 그룹이 새로운 모델의 몇 대의 차를 대상으로 실험을 계획하였다.

(2) 척추교정요법의 성공률이 50%보다 높다는 주장을 하기 위해 요통으로부터 고통받는 사람수를 조사하려고 한다.

(3) 커피를 봉지에 담아 포장하는 기계는 평균이 450 g으로 갖춰져 있다고 알려져 있다. 만약 평균값이 450 g으로부터 벗어났다면 조정이 필요하다고 하는데, 조정이 필요한지 결정하기 위해서 몇 개의 커피 봉지를 측정하고자 한다.

(4) 어떤 농작물의 특성을 연구하는 연구원이 특정한 악조건하에서 옥수수의 새로운 변종의 경우에 30% 미만이 죽는다는 것을 증명하고자 한다.

5.15 표본의 크기가 40이고, $\mu<-6.5$를 보이려고 하는데, 이때 $\sigma=2.2$인 것을 간다고 가정하자.

(1) 만약 기각역을 $R:\overline{X}\le-7.1$이라고 정하였다면 이 검정의 유의수준은 얼마인가?

(2) 기각역이 $R:\overline{X}\le c$인 검정의 유의수준이 $\alpha=0.1$이 되도록 c를 결정하라.

5.16 표본의 크기가 100일 때, $\mu \neq 52$임을 보이고자 하는데, 이때 $\sigma=10.6$을 안다고 하자.

(1) $R: |\overline{X}-52| \geq 2.47$이도록 기각역을 정하였을 때 α를 구하라.

(2) 기각역이 $R: |\overline{X}-52| \geq c$인 검정의 유의수준이 $\alpha=0.05$이 되도록 c를 구하라.

5.17 주어진 상황에서, 다음의 경우에 H_0이 $\alpha=0.05$에서 기각되었다고 가정하자. 다음 질문에 "예", "아니오", "판단할 수 없다"로 답하라.

(1) H_0이 $\alpha=0.02$에서 기각이 되는가?

(2) H_0이 $\alpha=0.10$에서 기각이 되는가?

(3) $P-$값이 0.057보다 큰가?

5.18 n이 크다고 할 때, 각각의 경우에 검정통계량을 구하고 주어진 유의수준에서 기각역을 구하라.

(1) $H_0: \mu=20$ 대 $H_1: \mu \neq 20$, $\alpha=0.05$

(2) $H_0: \mu=30$ 대 $H_1: \mu \neq 30$, $\alpha=0.02$

5.19 $H_0: \mu=75$ 대 $H_1: \mu>75$를 검정하는 문제에서 표본으로부터 계산된 통계량의 값이 다음과 같이 주어졌다.

$$n=56 \qquad \overline{x}=77.04 \qquad s=6.80$$

(1) 검정통계량을 밝히고 $\alpha=0.05$일 때 기각역을 찾아라.

(2) 검정통계량의 관측값을 계산하고 $\alpha=0.05$에서 결론을 내려라.

(3) $P-$값을 구하고 결과를 설명하라.

5.20 모평균이 8.5라는 귀무가설에 대해 8.5가 아니라는 대립가설을 검정하기 위하여 42개의 표본을 조사하였다. 표본의 평균과 표준편차는 8.79와 1.27임을 알아내었다.

(1) 유의수준을 0.1로 해서 가설을 검정하라.

(2) $P-$값을 계산하고 그 결과를 해석하라.

5.21 지난해 실시한 큰 규모의 생활비 조사에서는 4인 가족의 1개월 식료품 지출비용이 평균이 37만 원이고 표준편차가 4만 원이라는 것을 알아내었다. 현재의 상황을 연구하기 위해서 임의추출된 4인 가족의 표본으로부터 지난달의 식료품 지출비용을 기록하였다.

(1) 4인 가족의 지난달 식료품 지출비용의 모평균을 추정하는 데 오차가 1만 원 이하일 확률이 최소한 95%가 되기를 원한다면 표본의 크기를 얼마로 해야겠는가?

(2) 임의추출된 100가구의 지난달 식료품 청구서 자료로부터 평균과 표준편차를 구하였더니 각각 37만 3천 원과 3만 9천 원이었다. 지난달 4인 가족의 식료품 지출비용의 모평균에 대한 98% 신뢰구간을 구하라.

5.22 어느 모집단으로부터 추출한 크기가 49인 표본으로부터 모평균에 대한 95% 신뢰구간을 구하였더

니 (22.028, 24.772)이었다. 모집단의 표준편차는 알려져 있지 않다고 한다.

(1) 표본평균과 표본표준편차를 계산하라.

(2) 모평균을 추정하고, 그 표준오차를 추정하라.

(3) 모평균에 대한 90% 신뢰구간을 구하라.

(4) 유의수준 5%에서 가설 $H_0: \mu=23.8$ 대 $H_1: \mu \neq 23.8$을 검정하라.

5.23 다음의 경우에 대해 모비율의 $100(1-\alpha)\%$ 신뢰구간을 구하라.

(1) $n=1600,\ \hat{p}=0.36,\ 1-\alpha=0.98$

(2) $n=920,\ X=567,\ 1-\alpha=0.95$

5.24 큰 도시의 노동인구로부터 2000명을 임의추출하여 인터뷰를 하였더니 165명이 직업을 갖지 않은 것으로 밝혀졌다.

(1) 자료에 근거하여 실업률을 추정하라.

(2) 실업률에 대한 95% 신뢰구간을 구하라.

5.25 위의 종합문제 **5.24**에 의거하여 실업률에 대한 98% 신뢰구간을 계산하라.

5.26 어느 도시의 교육청에서는 올해부터 실시한 수돗물의 불소화 시행이 그 지역 초등학생 중 충치가 있는 비율에 어떤 변화를 주었는지 관심이 있다고 한다. 올해 초등학생의 충치비율을 p라고 하자. 초등학생의 충치비율이 60%는 넘지 않는다고 알려져 있을 때, p에 대한 추정량의 95% 오차범위가 0.03을 넘지 않으려면 몇 명의 학생을 검사해야 하겠는가?

5.27 p를 지난해에 미국의 어느 도시에서 법률상담한 성인의 비율이라고 하자.

(1) $\alpha=0.05$일 때 $H_0: p=0.25$ 대 $H_1: p>0.25$의 가설에 대한 기각역을 정하라.

(2) 200명의 임의추출된 표본에서 65명이 법률상담을 의뢰하였다고 하면 검정결과는 어떻게 되겠는가?

5.28 위의 종합문제 **5.27**에 의거하여 p에 대한 90% 신뢰구간을 계산하라.

5.29 새로운 절연체에 대한 고온의 압력하에서의 고장률을 추정하기 위하여 몇 개의 표본을 추출하여 실험하였다.

(1) 추정량의 오차가 0.08 이하일 확률이 최소한 95%가 되기를 원한다면 몇 개의 견본을 실험해야 하겠는가? (비슷한 물질에 의한 경험으로 인해 그 연구자는 실패율이 거의 0.6 정도라고 예상한다.)

(2) 100개의 견본을 실험하였더니 65개가 고장이 났다. 실제 고장률에 대한 95% 신뢰구간을 구하라.

5.30 표본의 크기를 170으로 하여, 모비율이 0.4보다 크다는 주장을 증명하고자 한다.

(1) 만약 기각역이 $R: \hat{p} \geq 0.453$이면 이 검정의 유의수준은 얼마인가?

(2) 기각역이 $R: \hat{p} \geq c$인 검정의 유의수준이 $\alpha = 0.025$이기 위한 c를 결정하라.

5.31 표본의 크기를 170으로 하여, 모비율이 0.3이 아니라는 주장을 하고자 한다.

(1) $R: |\hat{p} - 0.3| \geq 0.06$인 기각역을 갖는 이 검정의 유의수준은 얼마이겠는가?

(2) 기각역이 $R: |\hat{p} - 0.3| \geq c$인 검정의 유의수준이 $\alpha = 0.1$이기 위한 c를 결정하라.

5.32 고등학교 학생들의 학습시간에 대한 연구에서 130명 중에서 38명이 학기 중에 매주 20시간 이상 공부한다는 결과를 얻었다. 이 결과로부터 고등학생 중 주당 20시간 이상 공부하는 학생이 25%보다 많다는 추측을 할 수 있는가? ($P-$값을 계산한 것에 의해 답을 하라.)

5.33 어떤 영업 담당자는 레몬향과 아몬드향 냄새가 나는 주방용 세제가 소비자들에게 똑같이 인기가 있는지를 판단하고자 한다. 250명의 소비자를 인터뷰한 결과 145명이 레몬향 주방용 세제를 더 좋아하고, 105명은 아몬드향 주방용 세제를 선택하였다.

(1) 이 두 가지 향의 세제 중에서 선호도에 차이가 있다는 강력한 증거를 자료로부터 얻을 수 있는가? ($\alpha = 0.05$로 검정하라.)

(2) 아몬드향 세제를 좋아하는 소비자 비율의 95% 신뢰구간을 구하라.

5.34 한 유전학적 모델에 의하면 두 개의 변종 씨앗의 교배로부터 80%가 작아지는 변종이 나타날 것이라고 한다. 교배 후 자라난 200개 중 136개가 작은 변종으로 나타났다.

(1) 이 관측값으로부터 유전학적 모델이 모순이라고 할 수 있겠는가?

(2) 교배로부터 나타나는 작은 변종의 실제 비율의 95% 신뢰구간을 구하라.

5.35 심장과 폐를 연구하는 어떤 학자는 지난 5년 동안 하루 2갑보다 많이 흡연해 온 중년남자 중에서 호흡곤란을 일으키는 비율을 추정하고자 한다. 이때 95%의 신뢰를 갖고 오차가 0.03을 초과하지 않도록 하기 위해서는 표본의 크기를 최소한 얼마로 해야 하겠는가?

5.36 자동차 보험증권에서 책임금액이 3억 원보다 많은 자가운전자의 비율을 추정하고자 한다.

(1) 모비율을 추정하는 데 95% 확신을 갖고 오차가 0.008 이하가 되기 위해서는 표본의 크기가 최소한 얼마가 되어야 하는가?

(2) 자가운전자 400명을 임의추출하여 조사하였더니 그들 중 56명이 여기에 속한다고 한다. 모비율에 대한 95% 신뢰구간을 구하라.

5.37 예제 1에 주어진 중학교 1학년 남학생의 키 자료로부터 R을 사용하여 평균키에 대하여 추론하라.

(1) 평균키에 대한 97% 신뢰구간을 찾아라.

(2) $H_0: \mu = 159$ 대 $H_1: \mu \neq 159$에 대해 $\alpha = 0.03$으로 검정하라.

9장

정규모집단에서의 추론

8장에서는 표본의 크기가 큰 경우에 적용할 수 있는 모평균 μ에 대한 추론방법을 공부하였다. 표본의 크기가 큰 경우에는 중심극한정리에 의해 표본평균 $\overline{X}$의 분포가 정규분포가 된다는 사실을 이용하였다. 그러나 한 개의 관측치를 얻는 데 시간과 비용이 많이 소요되어 많은 관측치를 얻을 수 없는 경우에는 표본의 크기가 작아서 중심극한정리를 이용할 수 없다. 실제로 표본의 크기가 작은 경우에 표본평균 $\overline{X}$의 분포는 모집단의 분포에 많은 영향을 받는다. 즉 모집단의 분포에 따라 $\overline{X}$의 분포는 다양하게 나타난다. 따라서 표본의 크기가 작은 경우에는 모든 모집단에 대해 적용할 수 있는 일반적인 추론방법을 제시할 수 없다.

이 장에서는 t 분포(t distribution)를 이용하여 모집단의 분포가 정규분포를 따르고 모집단의 표준편차 σ가 알려져 있지 않을 때 적용할 수 있는 모평균 μ에 대한 추정, 검정방법을 공부하고자 한다. 또한 4절에서는 모집단이 정규분포인 경우에 모표준편차 σ에 대한 추론방법을 다룬다.

9.1 정규분포가정의 조사

이 장에서는 모집단이 정규분포를 따르는 경우에 사용할 수 있는 추론방법을 다루고 있다. 분석하는 자료가 정규분포를 따르지 않는다면 이 장에서 소개하는 추론방법은 적절하지 않을 수 있다. 그렇다면 관측한 자료에 대하여 정규분포를 따르는 모집단에서 얻은 자료인지 확인할 수 있는 방법에 대해 알아보도록 하자.

정규분포가정을 조사하는 가장 손쉬운 방법은 그래프를 이용하는 것이다. 예를 들어 히스토그램을 그려보아서 정규분포의 특징인 대칭성을 확인하여 볼 수 있고, 또는 실제의 자료가 $(\overline{x}-s, \overline{x}+s)$, $(\overline{x}-2s, \overline{x}+2s)$, $(\overline{x}-3s, \overline{x}+3s)$의 구간에 포함되는 비율과 정규분포의 경우 통상적으로 위의 범위에 포함되는 자료의 비율(68.27%, 95.45%, 99.73%)과 비교하여 볼 수도 있다.

이 절에서는 표본자료로부터 정규분포의 가정을 조사하는 효과적인 그림으로서 **정규점수그림**(normal scores plot) 또는 **정규확률그림**(normal probability plot)에 대하여 공부해 보고자 한다. **정규점수**(normal scores)는 표준정규분포(평균 0, 표준편차 1)에서의 이상적인 표본을 말한다. 즉 표준정규분포의 확률밀도함수를 등확률 구간으로 나누어 주는 경곗값(z값)을 의미한다. 예를 들어 설명하여 보자. 실제의 경우 그림으로부터 분포의 형태를 알아내려면 자료의 크기가 적어도 15~20 정도는 되어야 하나 여기에서는 간단하게 방법만을 설명하기 위하여 자료의 크기가 4인 경우를 생각해 보자. 다음의 그림 9-1은 표준정규분포에서 등확률 간격으로 4개의 점을 표시한 것이다. 즉 4개의 점이 확률밀도함수를 5개의 등확률 영역으로 나눈 것이 된다. 이 4개의 점을 각각 m_1, m_2, m_3, m_4라고 할 때 이 점들이 정규점수가 된다. 이 값들을 표준정규분포표에서 구하면 다음과 같다.

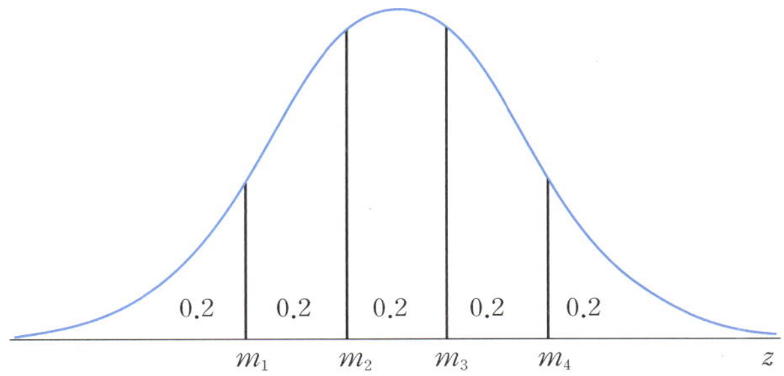

$m_1 = -0.84$
$m_2 = -0.25$
$m_3 = 0.25$
$m_4 = 0.84$

그림 9-1 $n=4$일 때 $N(0,\ 1)$ 분포와 정규점수

보통의 경우 정규확률그림이라는 용어가 정규점수그림보다 많이 쓰이기 때문에 앞으로는 정규확률그림이라고 표현하겠다. 정규확률그림은 표본이 이상적인 정규분포와 얼마나 흡사한지를 그림으로 보여 준다. 정규확률그림은 보통 다음의 절차에 따라서 그리게 된다.

정규확률그림을 그리는 순서

(1) 자료를 작은 것부터 크기순으로 나열한다.
(2) 각 자료에 해당하는 점수를 계산한다.
(3) i 번째 순서의 자료와 i 번째 순서의 정규점수를 하나의 쌍으로 2차원 공간상에 나타낸다.

예제 1

관측자료 4개가 68, 82, 44, 75로 주어졌을 때 정규확률그림을 그려라.

풀이

크기순으로 나열한 관측자료와 정규점수가 표 9-1에 주어져 있고 이를 2차원 공간에 점으로 나타낸 것이 그림 9-2이다.

표 9-1 예제 1의 정규점수

정규점수	크기순으로 나열된 자료
−0.84	44
−0.25	68
0.25	75
0.84	82

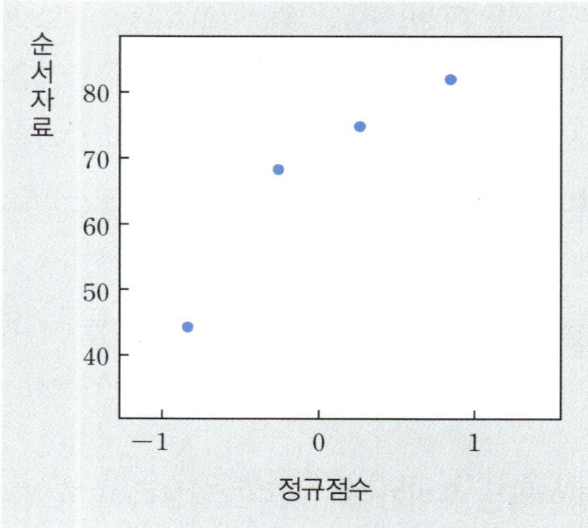

그림 9-2 표 9-1의 정규확률그림

정규확률그림의 해석

위의 방법대로 정규확률그림을 그린 다음, 정규성의 가정은 어떻게 조사해야 할까? 기본개념을 설명하기 위하여 앞의 예제 1을 가지고 설명해보도록 하겠다.

표 9-2 예제 1의 표

실제로 관측한 x값	이상적인 x값
44	$\mu+\sigma m_1$
68	$\mu+\sigma m_2$
75	$\mu+\sigma m_3$
82	$\mu+\sigma m_4$

위에서 이상적인 x값은 평균이 μ이고 분산이 σ^2인 정규모집단에서 등확률 간격으로 나누는 값이라고 할 수 있는데, 이는 $x=\mu+\sigma z$의 관계식을 이용하여 표준정규분포의 정규점수(m_i)로부터 구할 수 있다. 실제로 관측한 x값과 그에 해당하는 이상적인 x값이 위의 표 9-2에 주어져 있다. 만일 모집단이 실제로 정규분포를 따른다면 위의 표 9-2에서 양쪽의 값은 서로 가까울 것이라고 예상할 수 있다. 다시 말해서 관측된 x값과 정규점수(m_i) 간에는 직선 관계식이 성립할 것이다.

정규확률그림을 이용한 정규성 판정

정규확률그림이 직선식으로 나타나면 정규분포의 가정이 타당하고 곡선형태 등 직선식을 벗어나면 정규분포의 가정이 의문시된다고 할 수 있다.

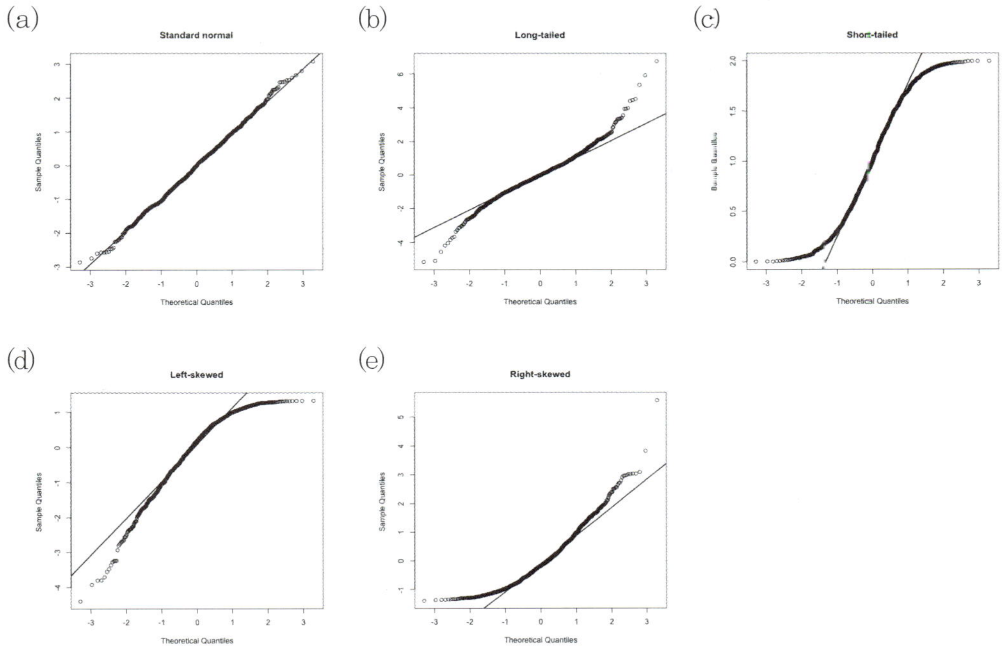

그림 9-3 모집단분포에 따른 정규확률그림

그림 9-3의 정규확률그림은 다양한 형태의 모집단분포에 대한 예를 보여 주고 있다. 그림 9-3의 (a)는 모집단의 분포가 정규분포를 따를 때의 정규확률그림을 나타내고 있으며, 실제로 관측한 값(y축)이 정규점수(x축)와 직선의 관계식이 성립하는 것을 볼 수 있다. (b)부터 (e)까지는 모집단의 분포가 정규분포가 아닐 때의 정규확률그림을 보여주고 있으며 실제로 관측한 값과 정규점수와의 관계가 직선에서 벗어나는 것을 알 수 있다. 특히, (b)는 정규분포보다 꼬리가 긴(두꺼운) 형태의 모집단에 대한 정규확률그림이고, (c)는 꼬리가 짧은(얇은) 형태의 분포에 대한 정규확률그림, (d)와 (e)는 각각 왼쪽 꼬리와 오른쪽 꼬리가 긴 모집단분포에 대한 정규확률그림을 나타낸다. R을 이용하여 정규확률그림을 그리는 방법은 이 장의 뒷부분에서 설명하기로 한다.

자료의 변환

표본의 크기가 작은 경우에 여러 가지 유용한 통계분석을 하려면 모집단이 정규분포를 따른다는 가정이 필요하다. 만약에 추출된 표본이 정규확률그림 등에서 정규분포와 상당히 벗어난 것으로 판명되면 자료 변환을 통하여 정규분포의 형태를 갖도록 시도하는 것도 하나의 방법이 된다. 이러한 자료의 변환에는 정해진 규칙이 없고 경험적으로 그림 등을 보고 대칭에서 벗어났다면 여러 가지 변환을 시도하여 적절한 것을 찾아야 한다. 다음은 실제로 많이 사용되는 변환들을 정리한 것이다.

몇 가지 유용한 변환들

큰 자룟값을 더 크게: x^2, x^3

큰 자룟값을 작게: $x^{1/4}$, $\sqrt{x}$, $\log x$, $\frac{1}{x}$

실제로 자료의 변환을 손으로 여러 번하여 적절한 것을 찾는다는 것은 거의 불가능하다. 따라서 대부분 통계패키지를 이용하게 되는데 R과 Python을 이용한 분석에서 적절한 자료의 변환을 하는 예를 보여 주기로 한다.

9.2 t 분포

모집단의 분포가 $N(\mu,\ \sigma^2)$일 때 크기가 n인 표본의 평균 $\overline{X}$의 분포는 정확하게 $N(\mu,\ \sigma^2/n)$이다. 따라서 이를 표준화시키면

$$\frac{\overline{X}-\mu}{\sigma/\sqrt{n}} \sim N(0,\ 1)$$

이 된다. 그러나 일반적으로 σ는 미지수이기 때문에 이를 표본의 표준편차 s로 추정하여 사용하게 되는데, 표본의 크기가 큰 경우에는 σ 대신 s로 대체하여도 그 분포가 큰 영향을 받지 않는다. 그러나 표본의 크기가 작은 경우에는 σ를 s로 대체하게 되면 표준화된 확률변수의 분포는 표준정규분포와는 달라지는데, 이런 경우에 그 변화된 분포를 t 분포라고 한다.

t 분포(Student's t distribution)

정규모집단 $N(\mu,\ \sigma^2)$으로부터 임의추출된 표본을 $X_1,\ \cdots,\ X_n$이라고 할 때, 표본평균과 표본분산을

$$\overline{X}=\frac{\Sigma X_i}{n},\quad s^2=\frac{\Sigma(X_i-\overline{X})^2}{n-1}$$

이라고 정의하면, 표준화된 확률변수

$$t=\frac{\overline{X}-\mu}{s/\sqrt{n}}$$

는 자유도가 $(n-1)$인 t 분포를 따르고, 이를 기호로써 $t(n-1)$로 표현한다.

t 분포는 1908년에 영국의 화학자인 고셋(W. S. Gosset)이라는 사람의 논문에서 소개되었다. 이 논문은 필명인 스튜던트(Student)라는 이름으로 출간되었는데, 그 필명을 따서 t 분포 앞에

스튜던트를 붙여 스튜던트 t 분포라고도 한다. t 분포는 표준정규분포와 같이 0을 중심으로 대칭이고, 종 모양의 분포이다. 그림 9-4에서 보듯이 표준정규분포와 다른 점은 양 꼬리부분에 상대적으로 많은 확률이 존재해서 표준정규분포보다 두꺼운 꼬리를 갖는다는 것이다. 그러나 자유도가 증가하면서 꼬리부분의 확률이 중심으로 모이고 표준정규분포에 가까워진다. 이 사실은 표본의 크기(n)가 큰 경우에

$$\frac{\overline{X}-\mu}{s/\sqrt{n}}$$

이 근사적으로 정규분포를 따른다는 앞의 8장의 내용과 일치하는 것이다.

부록 표 4의 t 분포표에는 추론에서 자주 쓰이는 몇 개의 α 값과 자유도 $d.f.=r$에 대해서 t 분포의 상위 α의 확률을 주는 값이 주어져 있다. 이 값을 $t_\alpha(r)$로 표현하면, 자유도가 r인 t 분포를 따르는 t에 대하여 $\mathbf{P}[t \geq t_\alpha(r)]=\alpha$를 만족시킨다. t 분포는 0을 기준으로 대칭이므로 자유도가 r일 때 하위 α의 확률을 주는 값은 $-t_\alpha(r)$이 된다. 또한 t 분포는 꼬리가 표준정규분포에 비해 두껍기 때문에 상위 α의 확률을 주는 값이 표준정규분포에서의 값보다 크다. 그러나 자유도가 증가하면서 t 분포는 표준정규분포에 가까워지므로 상위 α의 확률을 주는 값도 표준정규분포에서의 값에 가까워지면서 작아진다.

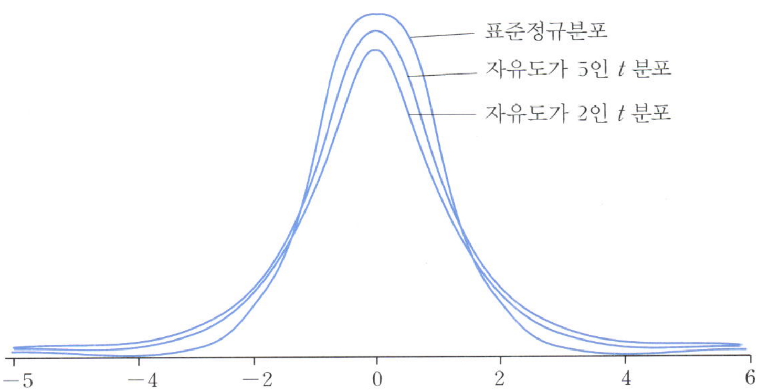

그림 9-4 자유도가 2, 5인 t 분포와 표준정규분포

예제 2

부록의 t 분포표를 이용하여 자유도가 2와 10일 때, 각각 상위 10%의 확률을 주는 값을 찾아라.

풀이

자유도가 2, 10이고, $\alpha=0.1$일 때 아래와 같이 발췌된 t 분포표로부터 $t_{0.1}(2)=1.886$이고 $t_{0.1}(10)=1.372$가 됨을 알 수 있다.

자유도 \ α	$\cdots$ 0.10 $\cdots$
.	.
2	1.886
.	.
.	.
.	.
10	1.372
.	.
.	.
∞	1.282

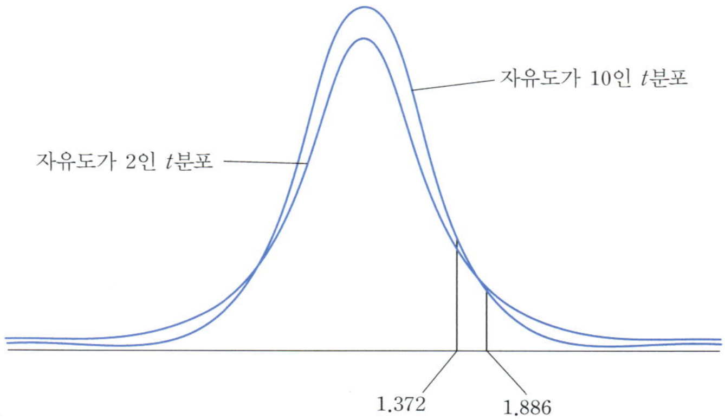

그림 9-5 자유도 2, 10일 때의 상위 10% 확률을 주는 값

이 예제로부터 t 분포의 자유도가 커질수록 상위 10%의 확률을 주는 값이 작아지는 것을 확인할 수 있다. 실제로 자유도가 점점 더 커지면서 그 값은 $z_{0.1}$에 가까워진다.

예제 3

자유도가 9인 t 분포를 갖는 통계량 t에 대하여 $\mathbf{P}(-b \le t \le b) = 0.9$를 만족시키는 b를 찾아라.

풀이

아래 그림 9-6에서와 같이 t 분포는 0을 중심으로 대칭이므로 $(-\infty, -b)$와 (b, ∞)에 각각 5%의 확률이 존재한다. 따라서 t 분포표로부터 자유도가 9일 때 상위 5%의 확률을 주는 값을 구하면 그 값이 b가 된다. 즉 $t_{0.05}(9) = 1.833 = b$이다.

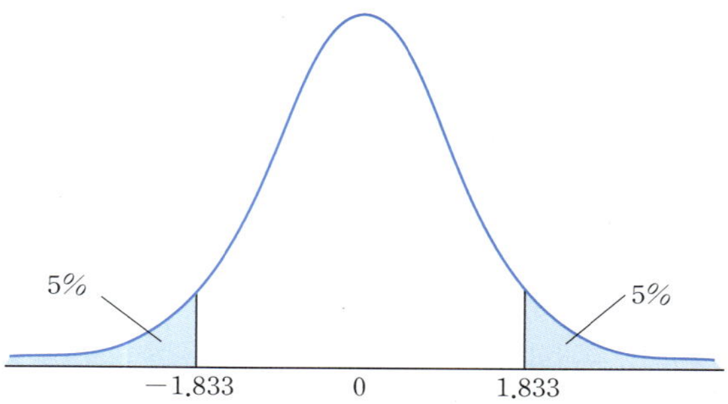

그림 9-6 자유도 9인 t 분포

예제 3에서 보듯이 하위 α의 확률을 주는 값은 단지 상위 α의 확률을 주는 값의 부호를 바꿔서 얻을 수 있다.

연습문제

2.1 부록의 t 분포표를 이용하여 다음을 구하라.

(1) 자유도가 5일 때, 상위 5%의 확률을 주는 값

(2) 자유도가 18일 때, 하위 2.5%의 확률을 주는 값

(3) 자유도가 11일 때, 하위 1%의 확률을 주는 값

(4) 자유도가 16일 때, 상위 10%의 확률을 주는 값

2.2 부록의 t 분포표를 이용하여 다음 그림에 맞는 t 값을 구하라.

(1)

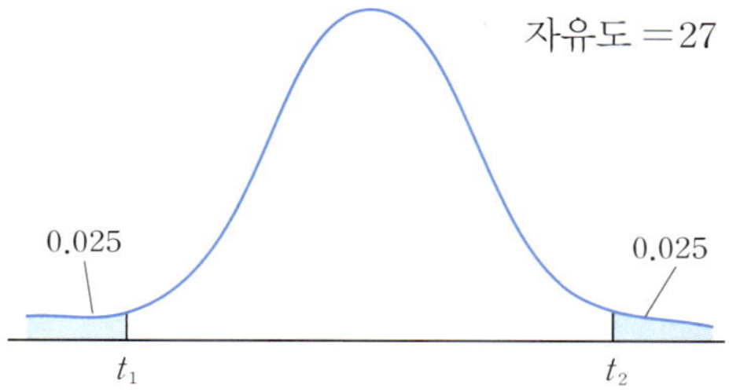

(2)

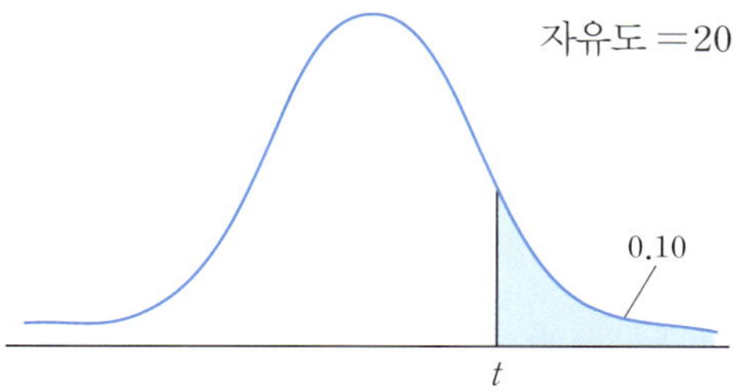

(3)

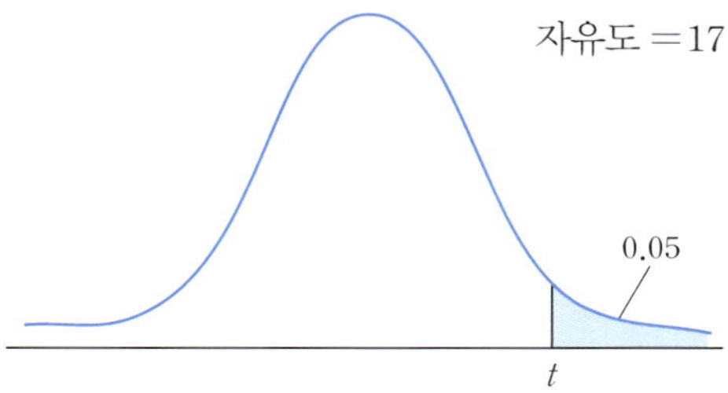

(4)

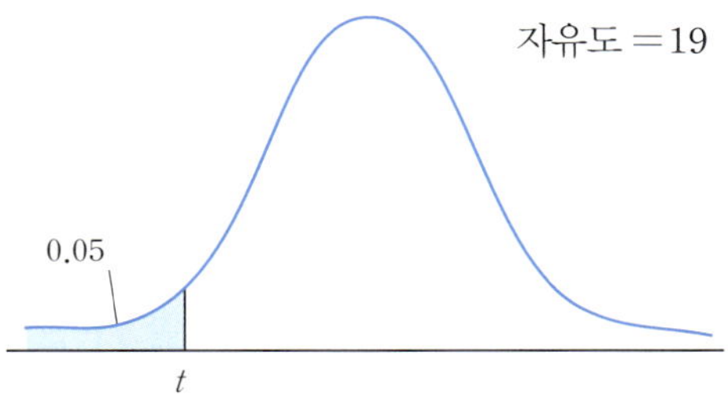

2.3 부록의 t 분포표를 이용하여 다음을 구하라.

(1) 자유도가 11일 때, 제 90 백분위수

(2) 자유도가 3일 때, 제 99 백분위수

(3) 자유도가 26일 때, 제 5 백분위수

(4) 자유도가 19일 때, 제 1, 3 사분위수

2.4 부록의 t 분포표를 이용하여 각 경우의 확률을 구하라.

(1) 자유도가 17일 때, $t < -1.740$일 확률

(2) 자유도가 6일 때, $|t| < 3.143$일 확률

(3) 자유도가 18일 때, $-1.330 < t < 1.330$일 확률

(4) 자유도가 10일 때, $-1.372 < t < 2.764$일 확률

2.5 다음의 각 조건을 만족시키는 b를 찾아라.

(1) 자유도가 6일 때, $\mathbf{P}[t < b] = 0.95$

(2) 자유도가 15일 때, $\mathbf{P}[-b < t < b] = 0.95$

(3) 자유도가 8일 때, $\mathbf{P}[t > b] = 0.01$

(4) 자유도가 11일 때, $\mathbf{P}[t > b] = 0.99$

2.6 자유도가 5, 10, 15, 20, 29일 때, $t_{0.05}$값을 찾아라. 이 값이 자유도에 따라 증가하는가? 아니면 감소하는가?

2.7 t 분포표를 이용하여 아래에 언급된 사건의 확률이 어느 정도의 값을 갖게 될지를 추측하라. ((1)의 답은 예로서 주어진다.)

(1) 자유도가 7일 때, $t > 2.6$일 확률

(답: 분포표로부터 $\mathbf{P}[t \geq 2.365] = 0.025$, $\mathbf{P}[t \geq 2.998] = 0.01$이고, 2.6은 2.365와 2.998 사이의 값이므로, $\mathbf{P}[t > 2.6]$ 은 0.01과 0.025사이의 값을 갖게 된다.)

(2) 자유도가 15일 때, $t > 1.9$일 확률

(3) 자유도가 17일 때, $t > 1.5$일 확률

(4) 자유도가 15일 때, $|t| > 1.9$일 확률

(5) 자유도가 20일 때, $|t| > 2.8$일 확률

2.8 다음의 각 경우를 만족하는 c값을 추측하라. ((1)의 답은 예로서 주어진다.)

(1) 자유도가 5일 때, $\mathbf{P}[t > c] = 0.03$

(답: 분포표로부터 오른쪽에 0.03의 값을 주는 c는 직접 찾을 수 없다. 그러나 0.03과 가까운 0.05와 0.025의 확률을 주는 값을 찾으면 $\mathbf{P}[t \geq 2.015] = 0.05$, $\mathbf{P}[t \geq 2.571] = 0.025$가 된다. 따라서 c는 2.015와 2.571 사이의 값이 된다.)

(2) 자유도가 9일 때, $\mathbf{P}[t > c] = 0.016$

(3) 자유도가 12일 때, $\mathbf{P}[t < c] = 0.004$

(4) 자유도가 5일 때, $\mathbf{P}[|t| > c] = 0.03$

(5) 자유도가 21일 때, $\mathbf{P}[|t|<c]=0.96$

9.3 모평균에 대한 추론

8장에서 모평균을 추정할 때 표본평균을 사용하였는데, 표본의 크기가 작은 경우에도 모평균의 점추정량으로 표본평균을 많이 사용한다. 그러나 구간추정이나 검정의 경우에는 표본의 크기가 작을 때 정규분포를 이용하는 방법을 그대로 사용할 수 없는 경우가 많다. 즉 표본의 크기가 작을 때는 모집단이 정규분포를 따르고 모분산이 알려져 있을 때에만 정규분포를 이용하는 방법을 이용할 수 있다. 그러나 모집단에 대한 정규분포 가정은 적절하더라도 모분산이 알려져 있지 않은 경우가 많은데, 이 절에서는 모집단이 정규분포를 따르고 모분산이 알려져 있지 않은 경우에 t 분포를 이용한 모평균에 대한 구간추정과 검정방법을 공부하고자 한다.

구간추정

앞 절에서 공부한 바와 같이 정규모집단에서 추출한 표본으로부터 계산된 통계량

$$\frac{\overline{X}-\mu}{s/\sqrt{n}}$$

는 자유도가 $(n-1)$인 t 분포를 따른다. 따라서 상위 $\alpha/2$의 확률을 주는 값 $t_{\alpha/2}(n-1)$에 대하여

$$\mathbf{P}\left(-t_{\alpha/2}(n-1)<\frac{\overline{X}-\mu}{s/\sqrt{n}}<t_{\alpha/2}(n-1)\right)=1-\alpha$$

가 성립하고, 이를 μ에 대한 식으로 정리하면

$$\mathbf{P}\left(\overline{X}-t_{\alpha/2}(n-1)\frac{s}{\sqrt{n}}<\mu<\overline{X}+t_{\alpha/2}(n-1)\frac{s}{\sqrt{n}}\right)=1-\alpha$$

이다. 따라서 μ에 대한 $100(1-\alpha)\%$ 신뢰구간은 다음과 같이 정리될 수 있다.

모평균 μ에 대한 신뢰구간

정규모집단으로부터 표본을 추출할 때, μ에 대한 $100(1-\alpha)\%$ 신뢰구간은 표본평균 $\overline{X}$와 표본표준편차 s로부터 다음과 같이 구한다.

$$\left(\overline{X}-t_{\alpha/2}(n-1)\frac{s}{\sqrt{n}},\ \overline{X}+t_{\alpha/2}(n-1)\frac{s}{\sqrt{n}}\right)$$

혹은

$$\overline{X}\pm t_{\alpha/2}(n-1)\frac{s}{\sqrt{n}}$$

여기에서 $100(1-\alpha)\%$ 신뢰구간의 길이는 $2\times t_{\alpha/2}(n-1)\frac{s}{\sqrt{n}}$이다. 그런데 만약 σ가 알려져 있어서 s를 σ로 대체한다면, t 분포 대신 정규분포를 이용해야 하고, 신뢰구간의 길이는 $2\times z_{\alpha/2}\frac{\sigma}{\sqrt{n}}$가 된다. 이와 같이 σ가 알려져 있지 않은 경우, σ를 s로 추정함으로써 신뢰구간의 길이가 달라질 뿐 아니라, $z_{\alpha/2}$ 대신 그보다 큰 $t_{\alpha/2}(n-1)$를 사용함으로써 신뢰구간의 길이가 길어지는 경향이 있다. 예를 들어 $n=5$인 경우에 95% 신뢰구간을 구한다고 가정해 보자. 이때 $z_{0.025}=1.96$인 데 반해 $t_{0.025}(4)=2.776$으로 만약 σ와 s가 비슷한 값을 갖는다면, σ가 알려져 있는 경우에 비해 σ가 알려져 있지 않은 경우에 신뢰구간의 길이가 1.4배 정도 길어지게 된다. 그러나 n이 커갈수록 σ도 s에 의해 더 정확하게 추정되고, $t_{\alpha/2}(n-1)$도 $z_{\alpha/2}$에 가까워져서 두 경우의 신뢰구간의 길이는 비슷하게 된다.

예제 4

우주선 제작에 쓰기 위해서 새롭게 개발된 합금의 평균 장력 μ를 추정하고자 한다. 15개의 새 합금조각으로부터 장력을 측정한 결과 평균이 39.3, 표준편차가 2.6으로 나타났다.

(1) 새롭게 개발된 합금의 평균 장력 μ에 대한 90% 신뢰구간을 구하라.

(2) 모평균 μ가 (1)에서 구한 신뢰구간에 포함되겠는가?

풀이

(1) 합금의 장력 측정량이 정규분포를 따른다고 가정하면 μ에 대한 90% 신뢰구간은

$$X\pm t_{0.05}(n-1)\frac{s}{\sqrt{n}}$$

이다. t 분포표로부터 $t_{0.05}(14)=1.761$이고, $\bar{x}=39.3$, $s=2.6$이므로 μ에 대한 90% 신뢰구간은

$$39.3\pm 1.761\times\frac{2.6}{\sqrt{15}}=39.3\pm 1.18 \text{ 혹은 } (38.12,\ 40.48)$$

이다.

(2) 모평균 μ가 (38.12, 40.48)에 포함되는가의 여부는 μ가 미지수이기 때문에 전혀 알 수 없다. 다만 크기가 15인 표본을 여러 번 추출하여 이와 같은 신뢰구간을 계속 계산하면 그 중 90% 정도의 신뢰구간이 μ를 포함할 것이라는 예상을 할 수 있다.

정규분포 가정의 적합성: 표본의 크기가 작은 경우의 모평균에 대한 추론은 앞의 구간추정에서도 볼 수 있듯이 모집단이 정규분포를 따른다는 가정을 하게 된다. 따라서 정규분포를 가정할 수 있는지의 여부가 매우 중요하다고 할 수 있다. 일반적으로 실험오차나 측정오차에 의해 생기는 측정

량의 변동을 설명할 때 정규분포는 대체로 적합한 모델로 받아들여진다. 그 외에도 정규분포의 가정이 비교적 적절하다고 생각되는 경우가 많이 있다. 그러나 그런 경우에도 실제로 정규분포의 가정이 맞는지를 점검할 필요가 있다. 정규분포 가정의 적합성을 판단할 때 많이 쓰이는 것으로 8장에서 공부한 정규확률그림이 있다. 따라서 자료가 주어지면 우선 정규확률그림을 그리고, 자료가 정규모집단으로부터 얻어졌는지를 판단해야 한다.

가설검정

8장에서는 표본의 크기가 큰 경우에 정규분포를 이용하여 모평균 μ에 대한 가설 $H_0: \mu=\mu_0$을 검정하는 방법을 상세하게 설명하고 있다. 표본의 크기가 작은 경우에도 모집단이 정규분포를 따른다면 9.1절에서 설명한 과정을 거쳐서 검정통계량을 얻게 된다. 그러나 모분산이 알려져 있지 않은 경우에 검정통계량

$$\frac{\overline{X}-\mu_0}{s/\sqrt{n}}$$

은 더 이상 정규분포를 따르지 않고, 자유도가 $n-1$인 t 분포를 따르게 된다. 따라서 표준정규분포표 대신에 t 분포표로부터 각 가설에 적합한 기각역을 다음과 같이 얻을 수 있다.

모평균 μ에 대한 검정

정규모집단의 모평균 μ에 대한 가설 H_0: $\mu=\mu_0$을 검정하기 위한 검정통계량은 다음과 같다.

$$t=\frac{\overline{X}-\mu_0}{s/\sqrt{n}}$$

검정통계량은 H_0이 맞을 때 자유도가 $(n-1)$인 t 분포를 따른다. 각 대립가설에 대하여 유의수준 α를 갖는 기각역은 다음과 같다.

H_1: $\mu<\mu_0$일 때	$R: t\le -t_\alpha(n-1)$	(단측검정)
H_1: $\mu>\mu_0$일 때	$R: t\ge t_\alpha(n-1)$	(단측검정)
H_1: $\mu\ne\mu_0$일 때	$R: \|t\|\ge t_{\alpha/2}(n-1)$	(양측검정)

이와 같이 검정통계량이 t 분포를 따르는 경우의 검정을 $t-$검정이라고 한다.

예제 5

어느 도시의 보건복지과에서는 그 도시의 상수원인 어느 호수의 수질에 관심이 있다고 한다. 수질을 나타내는 하나의 수치로 단위부피당 평균 세균수가 있는데, 그 수가 200 이상이면 상수원으로 적합하지 않다고 한다. 호수의 열 군데에서 물을 떠서 조사한 결과 단위부피당 세균수가 다음과 같이 나타났다.

175 190 215 198 184

207 210 193 196 180

이 자료로부터 호수의 단위부피당 평균 세균수(μ)가 200보다 적다고 주장할 수 있겠는가?

풀이

시행하고자 하는 검정에 대한 적절한 가설은

$$H_0: \mu=200 \text{ 대 } H_1: \mu<200$$

이다. 호수의 단위부피당 세균수의 분포가 정규분포라고 가정하면, 표본의 크기도 작고 모표준편차도 알려져 있지 않으므로 $t-$검정을 해야 한다. 따라서 검정통계량

$$t=\frac{\overline{X}-200}{s/\sqrt{10}}$$

은 자유도가 9인 t 분포를 따른다. 대립가설이 $\mu<200$이므로 유의수준 0.05에서 기각역은 $R: t\leq -t_{0.05}(9)=-1.833$이 된다. 자료로부터 검정통계량 t의 관측값을 구하면 $\overline{x}=194.8$, $s=13.14$로부터

$$t_0=\frac{194.8-200}{13.14/\sqrt{10}}=-1.2514$$

가 된다. 따라서 -1.2514가 -1.833보다 크므로 유의수준 0.05에서 귀무가설을 기각할 수 없다. 즉 주어진 10개의 자료로부터 호수의 단위부피당 평균 세균수가 200보다 적다고 안심할 수 없다.

$t-$검정의 경우에도 단지 기각여부뿐 아니라 관측값으로부터 $P-$값을 계산하여 검정의 결론을 뒷받침하는 것이 바람직하다. 그러나 표준정규분포표와는 달리 t 분포표에는 몇 개의 α 값에 대해서만 상위 α의 확률을 주는 값이 주어져 있기 때문에 정확한 $P-$값을 구하기가 어렵다. 예를 들어 위의 예제 5에서 얻어진 $t_0=-1.25$에 대한 $P-$값을 구해 보자. 자유도가 9인 t에 대해서 $P-\text{값}=\mathbf{P}(t\leq -1.25)=\mathbf{P}(t\geq 1.25)$을 구해야 한다. 그러나 t 분포표로부터 $t_{0.25}(9)=0.703$, $t_{0.10}(9)=1.383$만을 얻을 수 있기 때문에 t가 1.25보다 클 확률, 즉 $P-$값을 정확히 구할 수는 없다. 다만 그림 9-7에서와 같이 1.25가 0.703과 1.383의 사이에 있으므로 $P-$값이 0.25보다는 작고 0.1보다 크다는 사실만을 알 수 있다. 이렇게 t 분포표로부터는 정확한 $P-$값을 구할 수 없

지만, 요즘 많이 사용되는 통계 패키지를 이용하면 쉽게 그 값을 구할 수 있다. 이 장의 뒷부분에서 R과 Python을 이용하여 $P-$값을 얻는 것뿐 아니라 추정, 검정을 시행하는 방법을 소개한다.

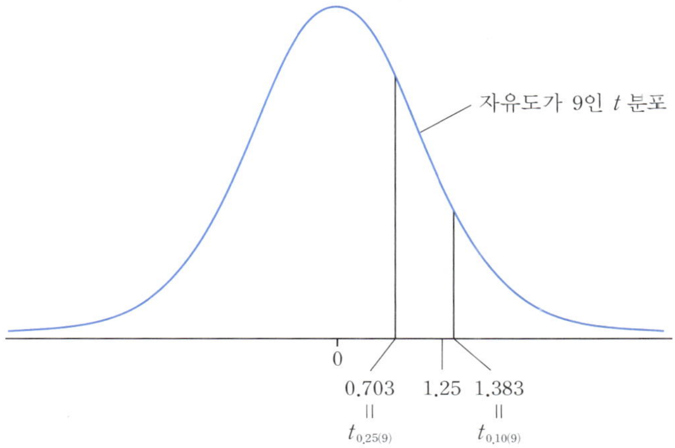

그림 9-7 t 분포표를 이용한 $P-$값 계산

연습문제

3.1 정규모집단으로부터 추출한 크기가 20인 표본의 표본평균과 표본표준편차는 각각 140과 8이다.

(1) 모평균에 대한 98% 신뢰구간을 구하라.

(2) 신뢰구간의 길이와 중심은 얼마인가?

(3) 만약 크기가 20인 다른 표본으로부터 98% 신뢰구간이 다시 계산된다면 그 신뢰구간의 길이는 (2)에서 얻은 것과 같겠는가?

3.2 새로운 종자에서 얻은 7개의 강낭콩에 대한 발아할 때까지 걸린 날 수를 기록하였다.

12 16 15 20 17 11 13

위 자료의 분석에 필요한 가정에 대해 설명하고, 이 새로운 종자에 대한 실제 평균 발아일의 95% 신뢰구간을 구하라.

3.3 알래스카에 있는 다비산의 13개 지역에서 우라늄의 농도를 측정하였더니 그 측정치들이 다음과 같았다.

7.92	10.29	19.89	17.73	10.36	13.50	8.81
6.18	7.02	11.71	8.33	9.32	14.61	

이 지역에서 우라늄의 평균 농도에 대한 95% 신뢰구간을 구하라.

3.4 푸른곰팡이에 의해 생성되어 옥수수 등의 농산물을 전염시키는 독소에 대한 검사에서 한 생화학자는 유기용매를 이용하여 곰팡이 배양균의 추출물을 얻은 후 용액의 g당 독소성분의 양을 측정하였다. 9개의 곰팡이 배양균으로부터 얻은 독소성분의 측정치들은 다음과 같다.

1.2 0.8 0.6 1.1 1.2 0.9 1.5 0.9 1.0

(1) 자료로부터 평균과 표준편차를 계산하라.

(2) 곰팡이 배양균의 g당 독소성분의 평균 무게에 대한 98% 신뢰구간을 계산하라.

3.5 해초로부터 단백질을 추출하여 이를 동물사료에 사용할 수 있는지를 알아보기 위해 해초 50 kg당 단백질 추출물의 무게를 측정하였다. 18번의 측정에서 얻어진 평균과 표준편차는 각각 3.6 kg과 0.8 kg이었다. 해초 50 kg당 단백질 추출물의 평균 생산량에 대한 95% 신뢰구간을 구하라.

3.6 호수오염을 조사하기 위해서 호수 바닥의 침전물층의 상단 25곳에서 각각 1000 cm^3의 표본을 채취하여 납의 농도를 측정하였다. 이들 측정치들의 표본평균과 표준편차는 각각 0.38과 0.06으로 나타났다. 호수바닥에서 침전물 1000 cm^3 당 납의 평균 농도에 대한 99% 신뢰구간을 구하라.

3.7 크기가 12인 표본으로부터 모평균 μ에 대한 95% 신뢰구간을 계산하여 (18.6, 26.2)의 결과를 얻었다.

(1) 표본의 평균 $\overline{X}$와 표준편차 s의 값은 얼마인가?

(2) 모평균 μ에 대한 98% 신뢰구간을 구하라.

3.8 정규모집단으로부터 크기가 18인 표본을 이용하여 모평균 μ에 대한 90% 신뢰구간을 계산하여 (122, 146)의 결과를 얻었다. 이 결과를 사용하여 아래의 문제에 대하여 답하라.

(1) 모평균 μ의 추정값과 추정량의 90% 오차범위를 구하라.

(2) 모평균 μ에 대한 95% 신뢰구간을 구하라.

3.9 헨리 캐번디시라는 사람은 뉴턴의 만유인력 법칙에 대한 직접적인 증거로 두 물체 간의 인력을 측정하였다. 무게가 알려져 있는 두 물체를 이용한 실험에서 측정된 인력은 지구의 밀도를 계산하는 데에 이용된다. 이 실험으로부터 계산된 지구의 밀도는 다음과 같다.

5.36	5.62	5.27	5.46	5.29	5.29	5.39	5.30
5.58	5.44	5.42	5.75	5.65	5.34	5.47	5.68
5.57	5.79	5.63	5.85	5.53	5.10	5.34	

지구의 밀도에 대한 99% 신뢰구간을 구하라.

3.10 정규모집단으로부터 추출한 크기가 20인 표본의 평균과 표준편차가 각각 $\bar{x}=182$와 $s=2.3$이다. 가설 $H_0: \mu=181$ 대 $H_1: \mu>181$에 대하여 유의수준 0.05로 검정하라.

3.11 위의 연습문제 **3.6**의 자료를 이용하여, 가설 $H_0: \mu=0.34$ 대 $H_1: \mu\neq0.34$를 유의수준 $\alpha=0.01$로 검정하라. 여기서 μ는 침전물 1000 cm^3당 납 농도의 도평균을 나타낸다.

3.12 위의 연습문제 **3.6**의 자료는 납 농도의 실제 평균이 0.35보다 높다는 강한 증거를 제시하는가? ($P-$값을 이용하여 답하라.)

3.13 특별한 영양분 처리를 받고 성장한 12개의 식물의 크기를 측정하였다. 그 측정치들의 표본평균과 표본표준편차는 각각 462.28 cm와 25.4 cm이었다.

(1) 이 결과들은 모평균 크기가 447 cm보다 크다는 주장을 입증하는가? ($\alpha=0.05$)

(2) 모평균에 대한 95% 신뢰구간을 구하라.

3.14 산업지역 내 13 구역에서 비의 산성도를 측정하여 아래와 같은 자료를 얻었다.

3.5 5.1 5.0 3.6 4.8 3.6 4.7 4.3 4.2 4.5 4.9 4.7 4.8

이 지역에서 비의 산성도에 대한 평균의 95% 신뢰구간을 구하라.

3.15 연습문제 **3.3**의 자료는 우라늄 농도의 실제 평균이 10보다 크다는 주장을 입증하는가? (유의수준 $\alpha=0.05$에서 검정하라.)

3.16 어느 지방법원의 기록에 과실치사 사고를 낸 19명의 피고인들에 대한 선고형량이 적혀 있다고 한다. 이 선고형량의 평균과 표준편차는 각각 72.7개월과 10.2개월로 나타났다. 이 범죄에 대한 선고형량의 평균에 대한 95% 신뢰구간을 구하라.

3.17 어떤 압축기의 냉각제로 사용된 물의 평균 온도증가는 5℃를 넘어서는 안 된다고 한다. 냉각제의 온도증가량을 8개의 독립적인 압축기의 수관에서 측정하였더니 그 측정치들이 다음과 같았다.

6.4 4.3 5.7 4.9 6.5 5.9 6.4 5.1

(1) 이들 자료로부터 평균 온도증가가 5℃를 넘는다고 할 수 있겠는가? (유의수준 $\alpha=0.05$에서 검정하라.) 모집단에 대한 가정을 설명하라.

(2) 냉각제 내에서 온도증가량의 평균에 대한 95% 신뢰구간을 구하라.

3.18 5년 전 어느 도에 있는 농장의 평균 넓이는 5000 m^2이었다고 한다. 최근 27군데의 농장에 대한 조사에서 농장넓이의 표본평균과 표본표준편차는 각각 5500 m^2, 1200 m^2이었다.

(1) 농장 넓이의 평균이 5년 전보다 커졌다는 강한 증거가 있는가?

(2) 현재 평균 넓이에 대한 98% 신뢰구간을 구하라.

3.19 뿌리는 페인트의 평균 건조시간은 90초로 알려졌다. 이 페인트를 생산하는 회사의 연구실에서는 새로운 화공약품을 이 페인트에 첨가시키면 페인트의 건조시간을 줄일 수 있다고 예상하였다. 이러한 예상을 검증하기 위해 새로운 화공약품이 추가된 페인트를 15군데의 표면에 뿌리고 건조시간을 기록하였다. 이들 측정치들로부터 계산된 평균과 표준편차는 각각 86초와 4.5초였다.

(1) 이들 자료는 새로운 화공약품의 추가가 페인트의 평균 건조시간을 줄인다는 강한 증거를 제시하는가?

(2) 새로운 화공약품이 추가된 페인트의 평균 건조시간에 대한 98% 신뢰구간을 구하라.

3.20 오수침전물이 비료로 쓰였던 6개의 대표적인 정원에서 양상추잎을 대상으로 중금속인 카드뮴(Cd)과 아연(Zn)의 농도를 측정하여 아래와 같은 값을 얻었다.

카드뮴	21	38	12	15	14	8
아연	140	190	130	150	160	140

(1) 카드뮴와 아연의 평균 농도에 대한 95% 신뢰구간을 구하라.

(2) 카드뮴의 평균 농도가 12보다 크다는 증거가 있는가?

3.21 몇 년 전에는 12시부터 1시 사이에 어느 톨게이트를 통과하는 자동차의 평균 통행량이 300회였다. 통행량에 변화가 있는지를 알아보기 위해 동일한 지역에서 평일 19일 동안 12시부터 1시까지 자동차의 통행횟수를 살펴보니 $\bar{x}=340$, $s=30$이었다.

(1) 통행량에 변화가 있다는 가설을 뒷받침할 수 있는지 유의수준 $\alpha=0.05$에서 검정하라.

(2) 현재의 평균 통행량에 대해 95% 신뢰구간을 구하라.

3.22 접착제를 만드는 어느 공장에서 제품의 접착력이 다른 회사 제품보다 좋다고 주장하고자 한다. 다른 회사 접착제의 평균 접착력이 500 kg이라고 할 때 다음 물음에 답하라.

(1) 검정하고자 하는 가설을 세워라.

(2) 실제로 이 공장의 제품의 접착력이 500 kg보다 크다면 검정에서 어떤 오류를 범할 수 있는가?

(3) 15번에 걸쳐서 이 회사 제품의 접착력을 조사한 결과 평균 접착력이 510 kg이고 표준편차가 23 kg이었다. 필요한 가정이 있으면 기술하고, 접착력이 다른 회사보다 좋다고 할 수 있는지 유의수준 5%로 검정하라.

(4) 만약 위의 (3)에서 모집단의 표준편차가 23으로 미리 알려져 있었다면 검정의 결과는 어떻게 되겠는지 검정을 실시하라.

3.23 모집단이 $N(20, 16)$를 따를 때 크기가 16인 표본을 추출한다고 한다. 물음에 답하라.

(1) 표본평균 $\bar{X}$는 어떤 분포를 따르는가?

(2) 만약 모집단의 분산이 16이라는 사실은 알려져 있는데, 모평균이 알려져 있지 않다고 하자. 모평균이 22보다 작다고 할 수 있는지 유의수준 5%로 검정하고자 할 때 검정통계량과 기각역은

무엇인가?

(3) 위 (2)의 검정에서는 어떤 오류를 범할 수 있는가?

(4) 제1종 오류의 확률을 α, 제2종 오류의 확률을 β라고 하자. (1)에서 구한 $\bar{X}$의 분포를 이용하여 이 기각역의 확률을 구할 때 이를 α 또는 β의 함수로 표현하라

9.4 모표준편차에 대한 추론

지금까지는 모평균에 대한 추론방법을 공부하였는데, 모평균과 같은 모집단의 중심위치뿐 아니라 모집단의 퍼져 있는 정도가 관심의 대상이 될 수도 있다. 예를 들어 프로야구 선수의 경우 평균 타율도 중요하지만 얼마나 안정적으로 자신의 타율을 유지하는가도 중요하다. 또한 제품의 생산 공정에서는 제품의 무게나 크기 등을 어느 정도 일정하게 유지하는 것도 중요한 요인이 된다. 이와 같은 경우에 모집단의 퍼진 정도를 표현하는 표준편차에 대한 추론을 할 필요가 있는데, 이 절에서는 모집단이 정규분포를 따른다는 가정하에서 모집단의 표준편차에 대한 추론의 방법을 공부하고자 한다. 여기서 한 가지 언급할 것은 이 절에서 소개하는 추론의 경우 모집단이 정규분포를 따르지 않을 때 앞에서 공부한 t 분포를 이용한 모평균에 대한 추론보다 심각한 오류를 범할 가능성이 더 높다는 것이다. 따라서 추론에 앞서 모집단의 정규성 여부를 판단하는 과정이 꼭 필요하다.

모집단의 표준편차 σ에 대한 추론의 과정은 모분산 σ^2에 대한 추론으로부터 시작한다. 모분산에 대한 추론을 하기 위해서 이용하게 되는 통계량으로 표본분산

$$s^2 = \frac{\sum (X_i - \bar{X})^2}{n-1}$$

이 있다. 점추정의 경우 σ^2의 추정량으로 s^2을 사용하고 모표준편차의 추정량으로 표본표준편차 s를 사용한다. 구간추정이나 검정의 경우에는 s^2의 분포가 필요한데, 그 분포는 χ^2 분포(카이제곱 분포)라고 하는 분포와 연관이 있다.

χ^2 분포 (χ^2 distribution)

정규모집단 $N(\mu, \sigma^2)$으로부터 임의추출된 표본을 $X_1, \cdots, X_n$이라고 할 때,

$$\chi^2 = \frac{\sum_{i=1}^{n} (X_i - \bar{X})^2}{\sigma^2}$$

은 자유도가 $(n-1)$인 χ^2 분포를 따르고, 이를 기호로써 $\chi^2(n-1)$로 표현한다.

χ^2 분포는 정규분포나 t 분포와는 달리 확률밀도함수가 양수 쪽에만 퍼져 있고 오른쪽에 긴 꼬리를 갖는 비대칭형이다. 그림 9-8에서 볼 수 있듯이 χ^2 분포는 자유도에 따라 분포가 달라지는데 자유도가 클수록 0으로부터 멀리 떨어져서 넓게 분포한다. 부록의 표 5 χ^2 분포표에는 추론에서 자주 쓰이는 몇 개의 α 값과 자유도 $d.f.=r$에 대해 χ^2 분포의 상위 α의 확률을 주는 값이 주어져 있다. 이 값을 $\chi^2_\alpha(r)$로 표현하면, 자유도 r인 확률변수 χ^2에 대하여 $\mathbf{P}[\chi^2 \ge \chi^2_\alpha(r)]=\alpha$를 만족시킨다. 한편 하위 α의 확률을 주는 값은 $\chi^2_{1-\alpha}(r)$로 구할 수 있다. 그림 9-9은 하나의 전형적인 χ^2 분포와 그에 대응되는 $\chi^2_\alpha(r)$와 $\chi^2_{1-\alpha}(r)$를 나타내고 있다.

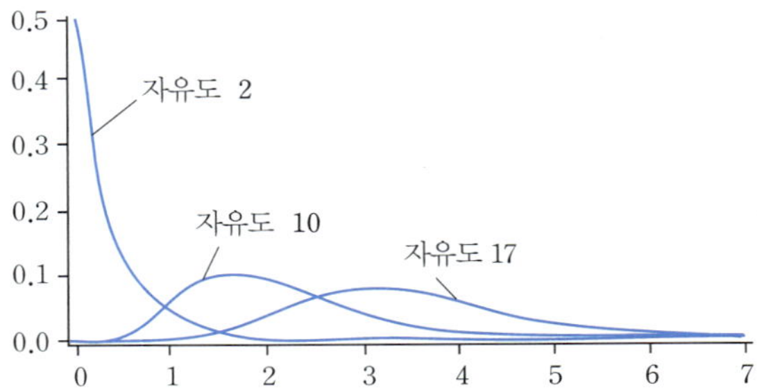

그림 9-8 자유도 2, 10, 17인 χ^2 분포

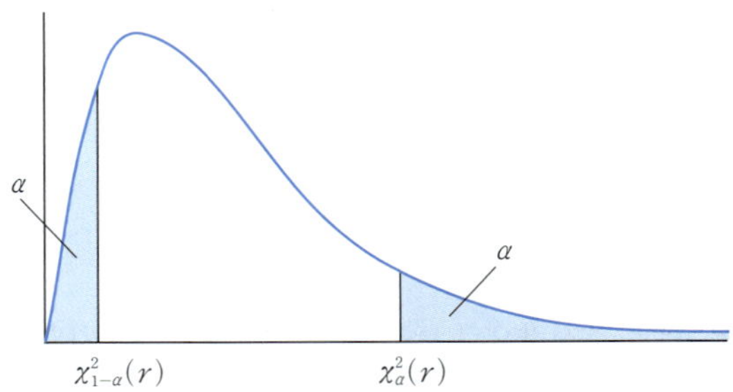

그림 9-9 상, 하위 α의 확률을 주는 값

예제 6

χ^2 분포표에서 자유도가 17인 χ^2 분포의 상, 하위 5%의 확률을 주는 값을 찾아라.

풀이

아래와 같이 발췌된 χ^2 분포표로부터 상위 5%의 확률을 주는 값은 $\chi^2_{0.05}(17)=27.59$이고, 하위 5%의 확률을 주는 값은 $\chi^2_{0.95}(17)=8.67$이다.

자유도 \ α	$\cdot\cdot$	**0.95**	$\cdot\cdot\cdot$	**0.05**
⋮		⋮		⋮
17	$\cdot\cdot$	8.67	$\cdot\cdot\cdot$	27.59
⋮	$\cdot\cdot$	⋮	$\cdot\cdot\cdot$	⋮

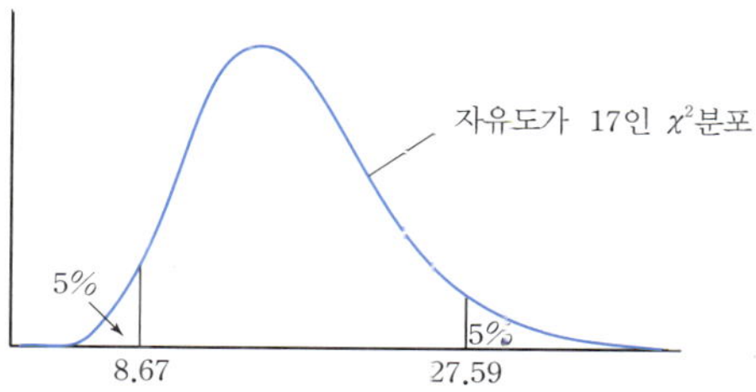

그림 9-10 상, 하위 5%의 확률을 주는 값

표본분산 s^2을 이용하여 σ^2의 신뢰구간을 구하는 방법을 생각해 보자. σ^2의 신뢰구간은 s^2의 분포가

$$\frac{(n-1)s^2}{\sigma^2} \sim \chi^2(n-1)$$

라는 사실로부터 얻어지는데, 이 분포로부터 구한 신뢰구간은 이제까지 구한 신뢰구간들과는 그 형태가 다르다. 그러나 그림 9-11에서 보듯이 이제까지 신뢰구간을 구할 때와 마찬가지로 α라는 확률을 χ^2 분포의 양 끝으로 똑같이 $\alpha/2$씩 나누어 준 값들을 이용하게 된다. 즉 다음 식

$$\mathbf{P}\left(\chi^2_{1-\alpha/2}(n-1) < \frac{(n-1)s^2}{\sigma^2} < \chi^2_{\alpha/2}(n-1)\right) = 1-\alpha$$

로부터 σ^2의 $100(1-\alpha)\%$ 신뢰구간을 구한다. 이 식에서 괄호 안에 있는 부등식을 σ^2을 중심으로 풀어 쓰면 다음과 같다.

$$\mathbf{P}\left(\frac{(n-1)s^2}{\chi^2_{\alpha/2}(n-1)} < \sigma^2 < \frac{(n-1)s^2}{\chi^2_{1-\alpha/2}(n-1)}\right) = 1-\alpha$$

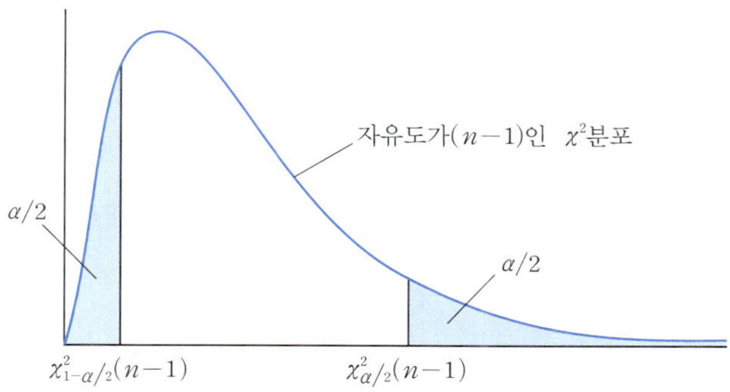

그림 9-11 $\chi^2(n-1)$ 분포에서 상, 하위 $\alpha/2$의 확률을 주는 값

따라서 이 식으로부터 σ^2의 $100(1-\alpha)\%$ 신뢰구간을 구하면 다음과 같다.

$$\left(\frac{(n-1)s^2}{\chi^2_{\alpha/2}(n-1)},\ \frac{(n-1)s^2}{\chi^2_{1-\alpha/2}(n-1)}\right)$$

표준편차 σ는 σ^2의 양의 제곱근이므로, 그의 신뢰구간은 σ^2의 신뢰구간의 경곗값의 제곱근을 취하여 얻을 수 있다. 따라서 σ의 $100(1-\alpha)\%$ 신뢰구간은

$$\left(s\sqrt{\frac{n-1}{\chi^2_{\alpha/2}(n-1)}},\ s\sqrt{\frac{n-1}{\chi^2_{1-\alpha/2}(n-1)}}\right)$$

이다.

예제 7

볼트와 너트를 생산하는 한 공장에서는 제품의 품질이 얼마나 균일하게 유지되는지를 검사하려고 10개의 볼트를 추출하여 지름을 측정하고 그 표준편차를 구하였더니 0.4였다. 그 공장에서 생산되는 볼트의 지름이 정규분포를 따른다는 가정하에 σ의 90% 신뢰구간을 구하라.

풀이

표본의 크기가 $n=10$이고, $\alpha/2=0.05$이므로, χ^2 분포표로부터 $\chi^2_{0.05}(9)=16.92$와 $\chi^2_{0.95}(9)=3.33$을 얻을 수 있다. 앞에서 구한 신뢰구간의 식에 의해서 σ^2의 90% 신뢰구간은

$$\left(\frac{9\times(0.4)^2}{16.92},\ \frac{9\times(0.4)^2}{3.33}\right)=(0.085,\ 0.432)$$

이고, 따라서 σ의 90% 신뢰구간은 $(\sqrt{0.085},\ \sqrt{0.432})=(0.29,\ 0.66)$이다.

여기서 한 가지 주의할 점은 예제 7에서 보듯이 σ의 경우 신뢰구간의 중심이 그 추정치인 s가 아니라는 것인데, 이것이 μ나 p의 신뢰구간과의 가장 큰 차이점이라고 할 수 있다.

이제까지는 분산에 대한 추정방법을 공부하고, 이를 이용하여 표준편차에 대하여 추정하는 방법을 공부하였다. 검정의 경우는 표준편차에 대한 검정이나 분산에 대한 검정의 과정이 완전히 일치한다. 왜냐하면 가설 $H_0: \sigma=\sigma_0$과 $H_0: \sigma^2={\sigma_0}^2$은 같은 의미이고, 따라서 이 가설을 검정하는 방법도 완전히 같기 때문이다. 여기서는 가설을 표준편차를 써서 표현하기로 한다.

가설 $H_0: \sigma=\sigma_0$을 검정하기 위한 검정통계량은 σ의 추정량 s를 포함하는 통계량

$$\chi^2=\frac{(n-1)s^2}{{\sigma_0}^2}$$

이 되는데, 이 통계량은 H_0이 맞을 때 자유도가 $(n-1)$인 χ^2 분포를 따른다. 만약 대립가설이 $H_1: \sigma<\sigma_0$이라면 s가 작을 때 기각하게 된다. 이때 s는 양수이므로 s가 작으면 s^2도 작아지고 결국 χ^2도 작아지므로 유의수준 α에서의 기각역은 자유도가 $(n-1)$인 χ^2 분포에서 하위 α의 확률을 주는 값을 이용하여

$$R: \chi^2\le\chi^2_{1-\alpha}(n-1)$$

가 된다. 이와 반대되는 대립가설에 대해서는 상위 α의 확률을 주는 값을 이용하여 χ^2가 클 때 기각하게 하는 기각역을 구할 수 있다. 또한 만약 대립가설이 $H_1: \sigma\neq\sigma_0$이라면 s가 아주 크거나 아

주 작을 때, 즉 χ^2의 값이 아주 크거나 아주 작을 때 기각하게 되므로 유의수준 α에서의 기각역은 자유도가 $(n-1)$인 χ^2 분포에서 상, 하위 $\alpha/2$의 확률을 주는 값을 이용하여

$$R: \chi^2 \leq \chi^2_{1-\alpha/2}(n-1) \text{ 혹은 } \chi^2 \geq \chi^2_{\alpha/2}(n-1)$$

이 된다.

예제 8

앞의 예제 7에서 σ가 0.2보다 크다고 할 수 있는지 유의수준 0.05로 검정하라.

풀이

이 검정에 대한 적절한 가설은

$$H_0: \sigma = 0.2 \quad \text{대} \quad H_1: \sigma > 0.2$$

이다. 표본의 크기가 $n=10$이고, $\sigma_0 = 0.2$이므로 검정통계량은 $\chi^2 = 9s^2/0.2^2$이고, 기각역은 $R: \chi^2 \geq \chi^2_{0.05}(9) = 16.92$이다. 표본표준편차가 $s=0.4$이므로 검정통계량의 관측값은 $\chi_0^2 = 36$으로 기각역에 포함된다. 따라서 주어진 자료로부터 σ가 0.2보다 크다고 할 수 있다.

이 절의 내용을 정리하면 다음과 같다.

모표준편차 σ에 대한 추론 (정규모집단일 때)

자료: 표준편차가 σ인 정규모집단으로부터 임의추출한 $X_1, \cdots, X_n$

σ의 추정량: $s = \sqrt{\dfrac{\sum(X_i - \overline{X})^2}{n-1}}$

σ에 대한 $100(1-\alpha)\%$ 신뢰구간: $\left(s\sqrt{\dfrac{n-1}{\chi^2_{\alpha/2}(n-1)}},\ s\sqrt{\dfrac{n-1}{\chi^2_{1-\alpha/2}(n-1)}}\right)$

가설 $H_0: \sigma = \sigma_0$에 대한 검정:

검정통계량 : $\chi^2 = \dfrac{(n-1)s^2}{{\sigma_0}^2}$

각 대립가설에 대한 기각역 :

$H_1: \sigma > \sigma_0$일 때	$R: \chi^2 \geq \chi^2_{\alpha}(n-1)$
$H_1: \sigma < \sigma_0$일 때	$\mathrm{R}: \chi^2 \leq \chi^2_{1-\alpha}(n-1)$
$H_1: \sigma \neq \sigma_0$일 때	$\mathrm{R}: \chi^2 \geq \chi^2_{\alpha/2}(n-1)$ 혹은 $\chi^2 \leq \chi^2_{1-c/2}(n-1)$

연습문제

4.1 χ^2 분포표를 이용하여 다음 각 경우의 값을 찾아라.

(1) 자유도가 8일 때 상위 5%의 확률을 주는 값

(2) 자유도가 17일 때 상위 1%의 확률을 주는 값

(3) 자유도가 11일 때 상위 2.5%의 확률을 주는 값

(4) 자유도가 23일 때 상위 1%의 확률을 주는 값

4.2 χ^2 분포표를 사용하여 다음 각 경우에 해당하는 값을 찾아라.

(1)

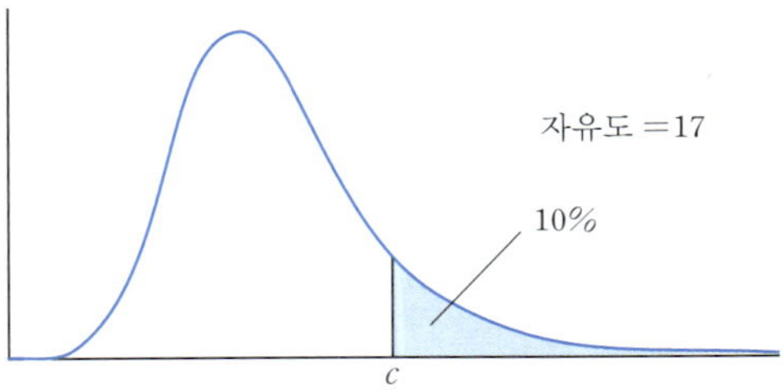

(2)

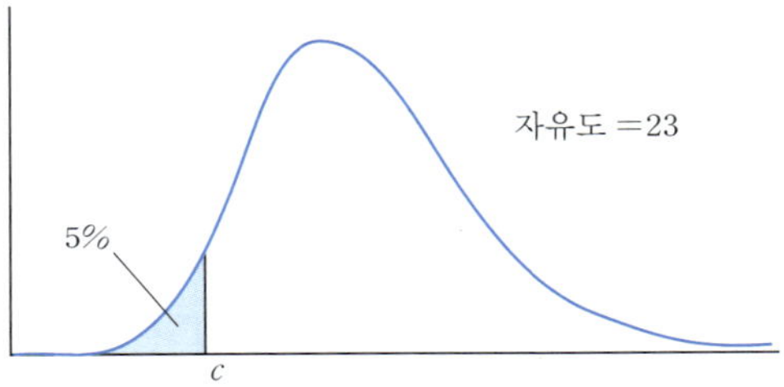

(3) 자유도가 40일 때 (1)에 해당되는 확률값을 찾아라.

(4) 자유도가 7일 때 (2)에 해당되는 확률값을 찾아라.

4.3 다음 각 경우에 해당하는 확률값을 찾아라.

(1) 자유도가 19일 때 $\chi^2 > 30.14$일 확률

(2) 자유도가 5일 때 $\chi^2 > 4.35$일 확률

(3) 자유도가 10일 때 $3.24 < \chi^2 < 15.99$일 확률

(4) 자유도가 8일 때 $3.49 < \chi^2 < 17.53$일 확률

4.4 자료가 12, 18, 9, 15, 4로 주어져 있을 때 다음 물음에 답하라.

(1) 표준편차 σ를 추정하라.

(2) σ의 95% 신뢰구간을 구하라.

(3) (1)에서 구한 추정치가 신뢰구간의 가운데 위치하고 있는지, 아닌지 판단하라.

4.5 8장의 표 8–1에 주어진 30개의 자료로부터 모표준편차 σ에 대한 90% 신뢰구간을 구하라.

4.6 연습문제 **4.5**의 자료로부터 모표준편차가 6.7보다 작다는 결론을 내릴 수 있는가? $\alpha=0.05$로 검정하라.

4.7 새로 만들어지는 플라스틱의 두께를 주기적으로 측정하는데, 액체 주형의 점성에 의한 이물질이 플라스틱의 두께를 재는 데 영향을 주어 어느 정도 변동이 생기게 된다고 한다. 그러나 두께의 실제 표준편차가 1.5 mm를 초과한다면 생산되는 상품의 품질에 영향을 준다고 한다. 10개의 견본을 뽑아 두께를 재었더니 다음과 같은 결과가 얻어졌다. (단위: mm)

226 228 226 225 232 228 227 229 225 230

주어진 자료로부터 품질에 영향을 줄 만큼의 변동이 일어난다고 할 수 있는가? ($\alpha=0.05$로 검정하라.) 모집단에 대한 가정을 세워라.

4.8 연습문제 **4.7**에서 생산된 제품 두께의 표준편차에 대한 95% 신뢰구간을 구하라.

4.9 표본의 크기가 $n=10$인 자료로부터 표준편차 σ에 대한 95% 신뢰구간을 구하였더니 결과가 (0.81, 2.15)로 얻어졌다.
(1) 표본의 표준편차 s를 구하라. (힌트: 신뢰구간을 구하는 공식을 이용하라.)
(2) 모표준편차 σ에 대한 90% 신뢰구간을 구하라.

4.10 연습문제 **3.3**의 우라늄 농도 자료에 대하여 다음 물음에 답하라.
(1) 모표준편차 σ에 대한 90% 신뢰구간을 구하라.
(2) 귀무가설 $H_0 : \sigma=7$이 유의수준 $\alpha=0.10$의 양측검정에서 기각되겠는가? ((1)에서의 결과를 가지고 설명하라.)

4.11 정규모집단으로부터 19개의 관측치를 임의추출하여 σ에 대한 95% 신뢰구간을 구하였더니 (3.28, 6.32)의 결과를 얻었다. 이 결과를 이용하여 다음 물음에 답하라.
(1) 모표준편차 σ에 대한 90% 신뢰구간을 구하라.
(2) 귀무가설 $H_0 : \sigma=9$에 대하여 유의수준 $\alpha=0.05$에서 양측검정을 시행하라

4.12 연습문제 **3.9**의 자료에 대하여 모표준편차 σ에 대한 98% 신뢰구간을 구하라.

4.13 연습문제 **3.14**의 자료에 대하여 모표준편차 σ에 대한 95% 신뢰구간을 구하라

4.14 연습문제 **3.20**의 자료에 대하여 다음 물음에 답하라.
(1) 카드뮴 농도의 모표준편차에 대하여 90% 신뢰구간을 구하라.
(2) 아연 농도의 모표준편차가 30 미만이라는 강력한 증거가 있는가? (유의수준 $\alpha=0.10$로 검정하라.)

4.15 정규모집단으로부터 추출한 크기가 20인 표본으로부터 모표준편차에 대한 95% 신뢰구간을 구하였더니 (2.0648, b)로 얻어졌다. b를 구하라.

R과 Python을 이용한 분석

분석 1

아래의 자료를 가지고 R을 이용하여 정규확률그림을 그려라.

4001	3927	3048	4298	4000	3445
4949	3530	3075	4012	3797	3550
4027	3571	3738	5157	3598	4749
4263	3894	4262	4232	3852	4256
3271	4315	3078	3607	3889	3147
3421	3531	3987	4120	4349	4071
3683	3332	3285	3739	3544	
4103	3401	3601	3717	4846	
5005	3991	2866	3561	4003	
4387	3510	2884	3819	3173	
3470	3340	3214	3670	3694	

풀이

데이터가 정규분포를 따르는지 확인하고 싶은 경우, R의 함수 qqnorm을 사용하여 정규확률그림을 그릴 수 있다.

① 객체에 문제의 자료를 입력한다.

② 아래에 설명되어 있는 함수 qqnorm을 사용하여 "qqnorm(y=객체명)"을 입력하면 정규확률그림을 그릴 수 있다.

qqnorm(y): 정규확률그림을 그림

y: 정규확률그림을 그릴 자료를 입력한 객체명

```
> data <- c(4001, 3927, 3048, 4298, 4000, 3445, 4949, 3530, 3075, 4012, 3797
```

```
+ , 3550, 4027, 3571, 3738, 5157, 3598, 4749, 4263, 3894, 4262, 4232, 3852
+ , 4256, 3271, 4315, 3078, 3607, 3889, 3147, 3421, 3531, 3987, 4120, 4349
+ , 4071, 3683, 3332, 3285, 3739, 3544, 4103, 3401, 3601, 3717, 4846, 5005
+ , 3991, 2866, 3561, 4003, 4387, 3510, 2884, 3819, 3173, 3470, 3340, 3214
+ , 3670, 3694)
>
> qqnorm(y = data)
> qqline(y = data)
```

그림 9-12 R 입력 코드

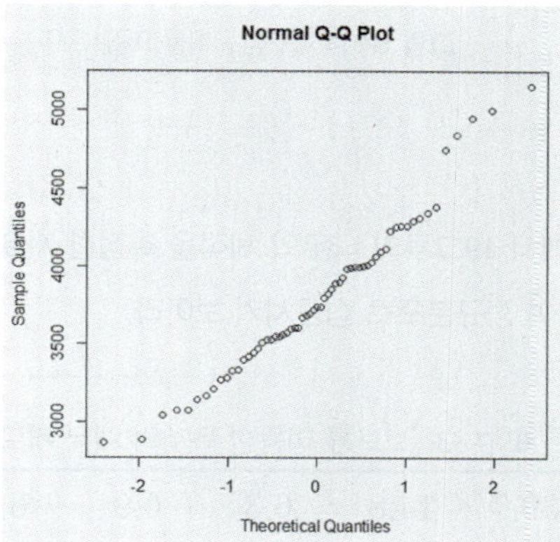

그림 9-13 정규확률그림

③ 자료의 정규성을 판단하기 위해서는 자료와 똑같은 평균(3800.90)과 표준편차(513.55)를 갖는 정규분포로부터 '이상적인' 표본을 추출한다고 할 때, 그 표본의 정규확률그림과 위의 그림을 비교해 보는 것이 필요하다. 여기에서 말하는 이상적인 표본이란 앞의 본문에서 설명한 바와 같이 n개의 관측치가 분포를 등확률로 나누는 경계점들로 이루어진 표본을 말한다. 표본이 이루는 직선은 qqline을 이용하여 "qqline(y=객체명)"을 입력하면 그릴 수 있으며, 이 직선과 위 그림을 비교하면 자료의 정규성을 어느 정도 판단할 수 있다. 그림 9-14는 위 그림에 이 직선을 추가한 것이다.

---

qqline(y): 자료와 동일한 평균과 표준편차를 갖는 정규분포로부터 이상적인 표본을 추출했을 때, 표본이 이루는 직선을 그림

y: 정규확률그림을 그릴 자료가 입력되어 있는 객체

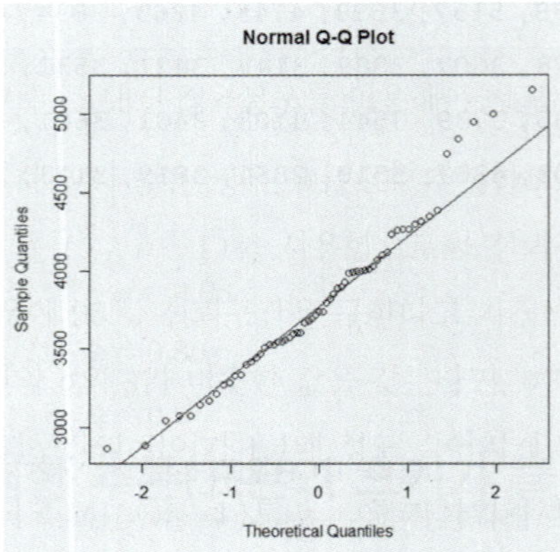

그림 9-14 R 정규확률그림

분석 2

표 9-3의 자료는 어떤 숲 속에서 49그루의 나무의 체적을 측정한 자료이다. R을 이용하여 히스토그램을 그리고 적절한 변환을 하여 정규분포로 접근시켜 보아라.

표 9-3 코드를 이용한 목재의 체적 자료

39.3	14.8	6.3	0.9	6.5
3.5	8.3	10.0	1.3	7.1
6.0	17.1	16.8	0.7	7.9
2.7	26.2	24.3	17.7	3.2
7.4	6.6	5.2	8.3	5.9
3.5	8.3	44.8	8.3	13.4
19.4	19.0	14.1	1.9	12.0
19.7	10.3	3.4	16.7	4.3
1.0	7.6	28.3	26.2	31.7
8.7	18.9	3.4	10.0	

풀이

히스토그램은 아래와 같이 입력하여 그릴 수 있다. 정규확률그림은 분석 1에서 설명을 따라 "qqnorm(y=객체명)"을 입력하여 그릴 수 있다. 위의 두 가지 작업을 실행한 결과는 다음의 그림과 같다.

```
> data <- c(39.3, 14.8, 6.3, 0.9, 6.5, 3.5, 8.3, 10.0, 1.3, 7.1, 6.0, 17.1
+ , 16.8, 0.7, 7.9, 2.7, 26.2, 24.3, 17.7, 3.2, 7.4, 6.6, 5.2, 8.3, 5.9, 3.5
+ , 8.3, 44.8, 8.3, 13.4, 19.4, 19.0, 14.1, 1.9, 12.0, 19.7, 10.3, 3.4, 16.7
```

```
+ , 4.3, 1.0, 7.6, 28.3, 26.2, 31.7, 8.7, 18.9, 3.4, 10.0)
>
> hist(data, breaks = c(0, 10, 20, 30, 40, 50), probability = T)
>
> qqnorm(y = data)
> qqline(y = data)
```

그림 9-15 R 입력 코드

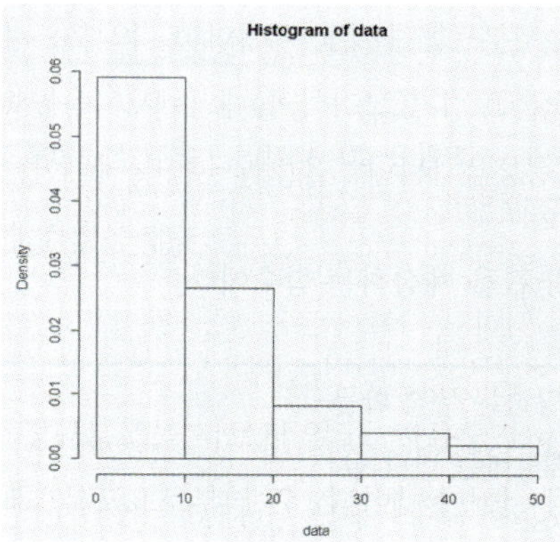

그림 9-16 히스토그램

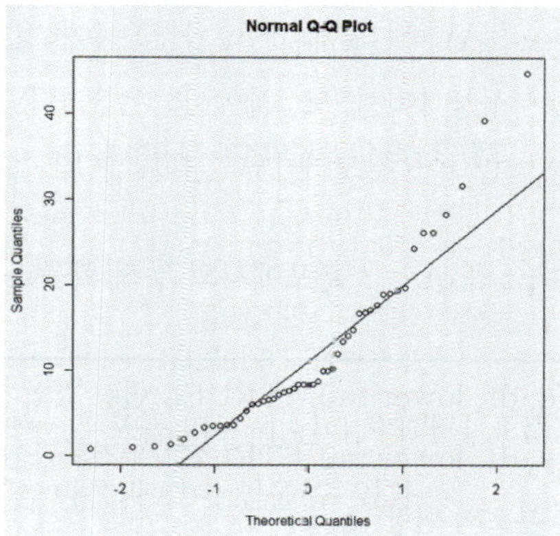

그림 9-17 정규확률그림

위의 히스토그램을 보면 자료의 분포가 왼쪽으로 편중되어 있으므로 정규분포가 아니라는 의심을 할 수 있다. 따라서 큰 자룟값을 작게 해주어야 대칭인 모양에 가까워질 것이다. 아래의 두 그림은 원 자료를 제곱근(체적^(0.5)), 네제곱근(체적^(0.25))으로 변환하여 그린 정규확률그림이다.

```
> data2 <- sqrt(data)
> qqnorm(data2, main = "체적^0.5 변환")
> qqline(data2)
> data3 <- sqrt(data2)
> qqnorm(data3, main = "체적^0.25 변환")
> qqline(data3)
```

그림 9-18 R 코드

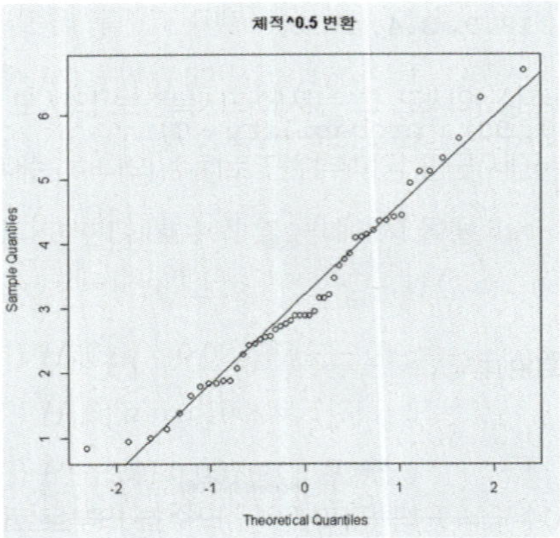

그림 9-19 제곱근 변환 정규확률그림

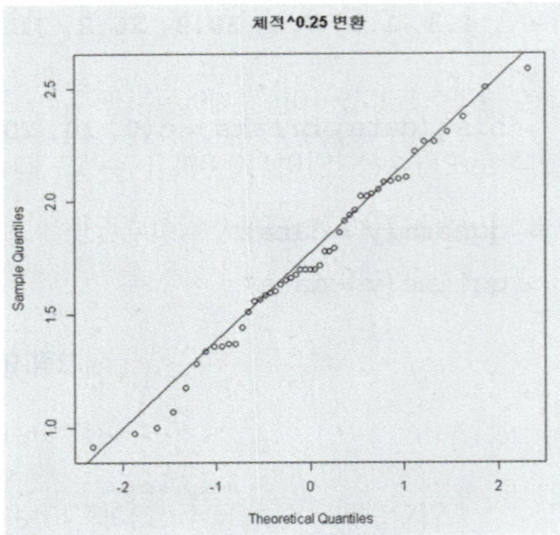

그림 9-20 네제곱근 변환 정규확률그림

함수 pt와 qt는 t 분포에서의 누적 확률과 변량 값을 계산하는 함수이다.

---

pt(q, df, lower.tail=TRUE): 변량 값 q에 해당하는 누적 확률

qt(p, df, lower.tail=TRUE): 누적확률 p에 해당하는 변량 값

q: t 분포의 변량 값

p: t 분포의 누적확률

df: t 분포의 자유도

lower.tail: $P\{X \le q\}$ 또는 $P\{X > q\}$를 결정하는 논리값으로 TRUE이면 $P\{X \le q\}$

함수 qt와 pt를 이용하여 표본의 크기가 작을 때, 모평균 μ에 대한 가설 $H_0: \mu=\mu_0$에 대한 신뢰구간 계산 및 검정이 가능하다. qt는 t 분포에서 주어진 누적확률에 대한 변량 값을 계산하는 함수로써 신뢰구간을 구할 때 필요한 $t_{\alpha/2}(n-1)$ (자유도가 $n-1$인 t 분포에서 상위 $\alpha/2$에 해당하는 값)의 계산에 사용된다. 즉, $t_{\alpha/2}(n-1)$은 아래에서부터 $(1-\alpha/2)$에 해당하는 값이므로 qt$(1-\alpha/2,\ n-1)$ (여기서 α는 신뢰구간의 신뢰수준에 의해 결정)와 같이 지정하여 계산한다. pt는 t 분포에서 주어진 변량 값에 대한 누적확률을 계산하는 함수로서 가설검정에서 $P-$값 계산에 사용된다. 즉, 가설 $H_0: \mu=\mu_0$을 검정하기 위한 검정통계량 $t=\dfrac{\overline{X}-\mu_0}{s/\sqrt{n}}$의 관측값을 t_0이라고 할 때, 대립가설의 형태에 따라 $P-$값을 다음과 같이 계산한다.

$H_1: \mu<\mu_0$일 때, 단측검정 $P-$값$=\mathrm{P}(t\le t_0)$: pt$(t_0,\ n-1)$

$H_1: \mu>\mu_0$일 때, 단측검정 $P-$값$=1-\mathrm{P}(t\le t_0)$: 1−pt$(t_0,\ n-1)$

$H_1: \mu\ne\mu_0$일 때, 양측검정 $P-$값$=\mathrm{P}(|t|\ge|t_0|)=2\times\mathrm{P}(t\ge|t_0|)$

: 2∗(1−pt$(t_0,\ n-1)$) $(t_0>0)$ 혹은 2∗pt$(t_0,\ n-1)$ $(t_0<0)$

다음은 자유도가 20인 경우 t 분포의 확률값을 구하는 예이다.

$P(t \geq 1.5) = 1 - pt(1.5,\ 20) = 0.07461789$

$P(t \leq -1.5) = pt(-1.5,\ 20) = 0.07461789$

$P(t \leq 1.5) = pt(1.5,\ 20) = 0.9253821$

$P(-1 \leq t \leq 2) = pt(2,\ 20) - pt(-1,\ 20) = 0.8057389$

$P(-1 \leq t \leq 1) = pt(1,\ 20) - pt(-1,\ 20) = 0.6707434$

분석 3

예제 5에 주어져 있는 자료를 가지고 R을 이용하여 μ에 대한 90% 신뢰구간을 구하고 예제 5에서 실시한 검정도 R을 이용하여 다시 시행한 후 그 결과를 비교하라.

풀이

단위부피당 세균수를 'bacteria' 변수로 만들어 자료를 입력한다.

```
> bacteria <- c(175, 190, 215, 198, 184, 207, 210, 193, 196, 180)
```

그림 9-21 자료 입력

먼저 8장의 R과 Python을 이용한 분석의 분석 1과 같이 R의 함수를 이용하여 다음과 같이 각 요약통계량의 값들을 저장한다.

```
> (xbar.b <- mean(bacteria))
[1] 194.8
> (var.b <- var(bacteria))
[1] 172.6222
> (sd.b <- sd(bacteria))
[1] 13.13858
> (median.b <- median(bacteria))
[1] 194.5
> (range.b <- range(bacteria))
[1] 175 215
> (min.b <- min(bacteria))
[1] 175
> (max.b <- max(bacteria))
[1] 215
> (sum.b <- sum(bacteria))
[1] 1948
> (n <- length(bacteria))
[1] 10
```

그림 9-22 요약통계량

위에서 저장된 요약통계량의 값을 이용하여 표준오차 $\frac{s}{\sqrt{n}}$와 오차범위 $t_{\alpha/2}(n-1)\frac{s}{\sqrt{n}}$를 계산하고, 이로부터 모집단의 평균 μ에 대한 신뢰구간을 계산한다. $t_{\alpha/2}(n-1)$는 아래에서부터 $(1-\alpha/2)$에 해당하는 값이므로 qt$(1-\alpha/2, n-1)$ (여기서 신뢰구간의 신뢰수준이 90%이므로 $\alpha=0.1$, $n=10$)와 같이 지정하여 계산한다. 아래에서 `se.b`는 표준오차, `t.alpha`는 $t_{\alpha/2}(n-1)$이고, `t.alpha*se.b`는 오차범위를 의미한다. 그리고 c(−1, 1)은 `t.alpha*se.b`를 ±로 계산하는 역할을 한다. 계산된 90% 신뢰구간은 194.8±7.616이다.

```
> (se.b <- sd.b/sqrt(n))
[1] 4.154783
> (t.alpha <- qt(1-0.1/2, n-1))
[1] 1.833113
> t.alpha*se.b
[1] 7.616187
> xbar.b + c(-1, 1)*t.alpha*se.b
[1] 187.1838 202.4162
```

그림 9-23 표준오차, 오차범위, 신뢰구간

가설 $H_0: \mu=200$ 대 $H_1: \mu<200$을 검정하기 위한 검정통계량 $t=\frac{\overline{X}-200}{s/\sqrt{n}}$의 관측값 t_0을 그림 9-24과 같이 계산하여 `tval`로 저장한다. 계산된 검정통계량의 관측값 t_0는 -1.25157이다. $t_0(<0)$에 대한 단측검정 $P-$값은 $P(t \le t_0)$이므로 R에서는 pt$(t_0, n-1)$와 같이 지정하여 $P-$값을 계산하여 `pval`로 저장한다.

```
> (tval <- ( xbar.b - 200 ) / ( sd.b/sqrt(n) ))
[1] -1.25157
> (pval <- pt(tval, n-1))
[1] 0.1211388
```

그림 9-24 검정통계량 및 P-값 계산

계산된 $P-$값이 0.121139로 유의수준 5%에서 귀무가설을 기각할 수 없으므로 주어진 10개의 수치로부터 호수의 단위 부피당 평균세균수가 200보다 적다고 안심할 수 없다.

분석 4

다음에 주어진 자료를 R을 이용하여 분석하고자 한다.

31 35 37 38 38 38 39 40 40 41 42 43 44 44 46 48

모평균이나 모표준편차에 대한 추론을 위해서는 모집단의 정규분포 가정이 필요하다. 우선 정규확률그림을 그리고 정규성 가정에 대한 적합성을 밝히고, 모평균에 대한 95% 신뢰구간을 구하라. 모평균이 38보다 크다고 할 수 있는지 유의수준 5%로 검정하라.

풀이

먼저 주어진 자료를 'x'라는 변수에 입력한다.

```
> x <- c(31, 35, 37, 38, 38, 38, 39, 40, 40, 41, 42, 43, 44, 44, 46, 48)
```

그림 9-25 자료 입력

분석 1의 풀이에서 자세히 설명한 바와 같이 자료를 입력하고 함수 qqnorm()을 사용하여 그린다. 여기에 직선 qqline()을 추가하면 다음과 같은 정규확률그림을 그릴 수 있다.

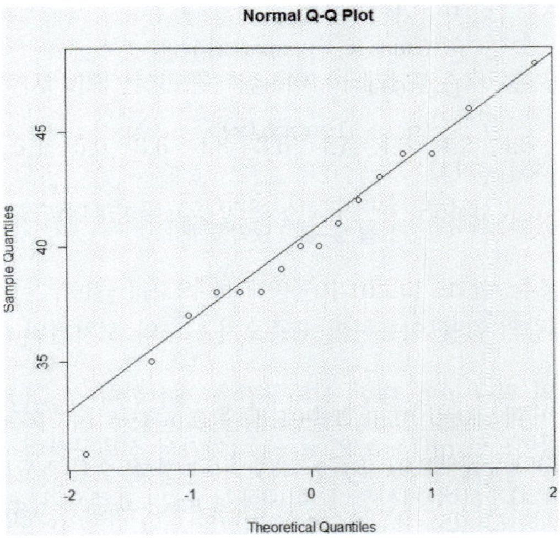

그림 9-26 정규확률그림

위의 그림 9-26을 보면 점들이 대체로 직선 위에 위치하고 있다. 따라서 정규분포를 따른다고 가정할 수 있다.

신뢰구간과 가설검정을 하기 위해 먼저, 숫자 벡터 x에 대한 R의 함수를 이용하여 다음과 같이 요약통계량 값을 구하고 저장한다.

```
> (xbar.x <- mean(n))
[1] 40.25
> (var.x <- var(x))
[1] 18.2
> (sd.x <- sd(x))
[1] 4.266146
> (median.x <- median(x))
[1] 40
> (range.x <- range(x))
[1] 31.48
> (min.x <- min(x))
[1] 31
> (max.x <- max(x))
[1] 48
> (sum.x <- sum(x))
[1] 644
> (n <- length(x))
[1] 16
```

그림 9-27 요약통계량

위에서 저장된 요약통계량의 값을 이용하여 표준오차 $\frac{s}{\sqrt{n}}$와 오차범위 $t_{\alpha/2}(n-1)\frac{s}{\sqrt{n}}$를 계산하고, 이로부터 모집단의 평균 μ에 대한 신뢰구간을 계산한다. $t_{\alpha/2}(n-1)$는 아래에서부터 $(1-\alpha/2)$에 해당하는 값이므로 qt$(1-\alpha/2,\ n-1)$ (여기서 신뢰구간의 신뢰수준이 95%이므로 $\alpha=0.05$, $n=16$)와 같이 지정하여 계산한다. 아래에서 se는 표준오차, t.alpha는 $t_{\alpha/2}(n-1)$이고, t.alpha*se는 오차범위를 의미한다. 그리고 c$(-1, 1)$은 t.alpha*se를 ±로 계산하는 역할을 한다. 계산된 95% 신뢰구간은 40.25±2.273이다.

```
> (se <- sd.x/sqrt(n))
[1] 1.066536
> (t.alpha <- qt(1-0.05/2, n-1)
[1] 2.13145
> t.alpha*se
[1] 2.273269
> xbar.x + c(-1, 1)*t.alpha*se
[1] 37.97673 42.52327
```

그림 9-28 표준오차, 오차범위, 신뢰구간

$H_0 : \mu = 38$ 대 $H_1 : \mu > 38$을 검정하기 위한 검정통계량 $t = \dfrac{\overline{X} - 38}{s/\sqrt{n}}$의 관측값 t_0을 그림 9-29와 같이 계산하여 tval로 저장한다. 계산된 검정통계량의 관측값 t_0는 2.109633이다. $t_0(>0)$에 대한 단측검정 $P-$값은 $P(t \geq t_0)$이므로 R에서는 1− pt(t_0, $n-1$)와 같이 지정하여 $P-$값을 계산해 pval로 저장한다.

```
> (tval <- ( xbar.x - 38 ) / ( sd.x/sqrt(n) ))
[1] 2.109633
> (pval <- 1-pt(tval, n-1))
[1] 0.02605084
```

그림 9-29 검정통계량 및 $P-$값 계산

계산된 $P-$값이 0.026이므로 유의수준 5%에서 귀무가설을 기각하게 된다. 따라서 평균이 38보다 크다고 할 수 있다.

Python 코드

분석 1

```
# 정규확률그림
import numpy as np
import statsmodels.api as sm
import matplotlib.pyplot as plt

data = np.array([4001,3927,3048,4298,4000,3445,
                 4949,3530,3075,4012,3797,3550,
                 4027,3571,3738,5157,3598,4749,
                 4263,3894,4262,4232,3852,4256,
                 3271,4315,3078,3607,3889,3147,
                 3421,3531,3987,4120,4349,4071,
                 3683,3332,3285,3739,3544,
                 4103,3401,3601,3717,4846,
                 5005,3991,2866,3561,4003,
```

```
                    4387,3510,2884,3819,3173,
                    3470,3340,3214,3370,3694])

sm.qqplot(data)
sm.qqplot(data,line='s')
plt.title("Normal Q-Q plot")
```

분석 2

```
# 숲속의 나무 체적 자료의 분석
import numpy as np

import matplotlib.pyplot as plt

data = np.array([39.3,14.8,6.3,0.9,6.5,
                    3.5,8.3,10.0,1.3,7.1,
                    6.0,17.1,16.8,0.7,7.9,
                    2.7,26.2,24.3,17.7,3.2,
                    7.4,6.6,5.2,8.3,5.9,
                    3.5,8.3,44.8,8.3,13.4,
                    19.4,19.0,14.1,1.9,12.0,
                    19.7,10.3,3.4,16.7,4.3,
                    1.0,7.6,28.3,26.2,31.7,
                    8.7,18.9,3.4,10.0])

plt.hist(data, bins=5, range=(0,50))
plt.xlabel('data')
plt.ylabel('Density')
plt.title('Historam of data')
plt.show()

sm.qqplot(data,line='s')
plt.title("Normal Q-Q plot")
```

```
## 제곱근 변환
data2 = np.sqrt(data)
sm.qqplot(data2, line = 's')
plt.title("Normal Q-Q plot")

## 네제곱근 변환
data4 = np.sqrt(data2)
sm.qqplot(data4, line = 's')
plt.title("Normal Q-Q plot")
```

분석 3

```
# 자료 분석
bacteria=np.array([175,190,215,198,184,207,210,193,196,180])

xbar_b=np.mean(bacteria); print(xbar_b)
var_b=np.var(bacteria,ddof=1); print(var_b)
sd_b=np.std(bacteria,ddof=1); print(sd_b)
median_b=np.median(bacteria); print(median_b)
min_b=np.min(bacteria); print(min_b)
max_b=np.max(bacteria); print(max_b)
sum_b=np.sum(bacteria); print(sum_b)
n=bacteria.size; print(n)

se_b=stats.sem(bacteria); print(se_b)
t_alpha=stats.t.ppf(1-0.1/2,n-1); print(t_alpha)
interval=t_alpha*se_b; print(interval)
CI=[xbar_b-interval,xbar_b+interval]; print(CI)

tval=(xbar_b-200)/se_b; print(tval)
pval=stats.t.cdf(tval,n-1); print(pval)
```

분석 4

```
# 자료 분석
x=np.array([31,35,37,38,38,38,39,40,40,41,42,43,44,44,46,48])

import statsmodels.api as sm
sm.qqplot(x,line="r")

xbar_x=np.mean(x);print(xbar_x)
var_x=np.var(x,ddof=1);print(var_x)
sd_x=np.std(x,ddof=1);print(sd_x)
median_x=np.median(x);print(median_x)
min_x=np.min(x);print(min_x)
max_x=np.max(x);print(max_x)
sum_x=np.sum(x);print(sum_x)
n=x.size;print(n)

se=stats.sem(x);print(se)
t_alpha=stats.t.ppf(1-0.05/2,n-1);print(t_alpha)
interval=t_alpha*se;print(interval)
CI=[xbar_x-interval,xbar_x+interval];print(CI)

tval=(xbar_x-38)/se;print(tval)
pval=1-stats.t.cdf(tval,n-1);print(pval)
```

9장 종합문제

5.1 다음의 자료가 정규분포를 따르는가를 정규확률그림을 그려 확인해 보고, 따르지 않는다면 정규분포를 따르는 적절한 변환을 구하라.

(1) 9.51 0.28 1.63 1.39 1.58 3.04 1.49 1.79 3.89 0.98

(2) 314.46 361.81 36.23 2253.48 21.57 7.94 46.38 2.60 3.71 37.26

5.2 다음의 자료가 정규분포를 따르는가를 정규확률그림을 그려 확인해 보고, 따르지 않는다면 정규분

포를 따르는 적절한 변환을 구하라.

(1) 2.97 4.35 2.67 3.27 1.75 4.27 4.19 2.67 1.04 1.93

(2) −0.19 −1.15 −1.63 −0.35 0.96 0.43 −1.05 −0.77 −0.24 1.72

5.3 부록의 t 분포표를 이용하여 다음을 구하라.

(1) 자유도가 4일 때 $t_{0.05}$

(2) 자유도가 4일 때 하위 5%의 확률을 주는 값

(3) 자유도가 13일 때 $t_{0.025}$

(4) 자유도가 13일 때 하위 5%의 확률을 주는 값

5.4 부록의 t 분포표를 이용하여 다음 확률값을 구하라.

(1) 자유도가 23일 때 $t > 2.710$

(2) 자유도가 8일 때 $t > 3.355$

(3) 자유도가 17일 때 $|t| > 2.110$

(4) 자유도가 9일 때 $-0.703 < t < 2.262$

5.5 (1) 자유도가 15일 때 $t_{0.05}$에 대하여 $\mathbf{P}[Z > t_{0.05}(15)]$를 계산하고,

$$\mathbf{P}[t > t_{0.05}(15)] > \mathbf{P}[Z > t_{0.05}(15)]$$

임을 보여라.

(2) 자유도가 5와 20일 때 (1)에서와 같은 관계를 살펴보고 설명하라.

5.6 15차례에 걸쳐 월요일 아침에 강물에 떠 있는 부유물의 양을 측정하였더니 $\bar{x} = 47$, $s = 9.4$이었다. 부유물의 평균 양에 대한 95% 신뢰구간을 구하라. 모집단에 대한 가정이 있으면 기술하라.

5.7 종합문제 **5.6**의 자료를 이용하여 모평균 μ에 대한 99% 신뢰구간을 구하라

5.8 21그루의 식물이 꽃을 피우는 데 걸리는 기간의 평균이 39일이고 표준편차가 5.1일이었다. 꽃이 피는 데 걸리는 평균 기간에 대한 95% 신뢰구간을 구하라.

5.9 정규모집단에서 크기가 11인 표본을 추출하여 모평균 μ에 대한 99% 신뢰구간를 계산하였더니 $(62.5, 86.9)$이었다. 이 결과를 이용하여 다음을 구하라.

(1) μ의 추정치와 추정량의 표준오차

(2) μ의 90% 신뢰구간

5.10 종합문제 **5.6**에서 평균 부유물의 양이 49보다 작아서 수질이 좋다고 할 수 있는지 유의수준 $\alpha = 0.05$에서 검정을 실시하라.

(1) 가설 H_0과 H_1을 세워라.

(2) 검정통계량을 구하라.

(3) 검정의 결과를 말하라.

5.11 위의 종합문제 **5.8**에 주어진 자료로부터 꽃이 피는 데 걸리는 기간이 42일보다 적게 걸린다고 할 수 있겠는가? 유의수준 $\alpha=0.01$에서 가설검정을 실시하라.

5.12 회계법인에서는 회계사가 한 회계감사를 완수하는 데에 필요한 표준시간으로 평균 μ를 사용한다고 한다. 18명의 회계사들로부터 얻은 시간은 표본평균 4.1시간, 표본표준편차 1.6시간이었다. 가설 $H_0: \mu=3.5$ 대 $H_1: \mu>3.5$에 대한 검정을 실시하라. (유의수준 $\alpha=0.05$)

5.13 위의 종합문제 **5.12**에 주어진 자료에 대하여, 가설 $H_0: \mu=3.5$ 대 $H_1: \mu\neq3.5$에 대한 검정을 실시하라. (유의수준 $\alpha=0.05$)

5.14 16개의 관측치로 이루어진 표본에서 계산한 평균과 표준편차가 각각 $\bar{x}=182$, $s=12$이었다.

(1) 가설 $H_0: \mu=190$ 대 $H_1: \mu<190$을 유의수준 $\alpha=0.05$에서 검정하라. 모집단 분포에 대한 필요한 가정이 있으면 기술하라.

(2) (1)에서 계산된 관측치의 $P-$값에 대해 설명하라.

5.15 어느 제약회사는 열과 습기에 노출될 경우에도 특정 약품의 효능은 65시간 넘게 지속된다고 주장한다. 이 약품을 구입하기 전에 판매자는 공급자의 주장이 유효한 것인지를 검사하기 위해 9개의 알약을 임의로 추출하여 열과 습기에 노출시킨 후 효능의 지속시간을 측정하였다.

(1) 평균 효능 μ에 대한 가설을 세워라.

(2) 유의수준 $\alpha=0.05$에서 가설에 대한 기각역을 결정하고 모집단에 대한 가정이 있으면 기술하라.

(3) 자료가 63, 72, 64, 69, 59, 65, 66, 64, 65일 때 가설검정의 결론을 말하라.

5.16 한 체중감량프로그램은 '4개월에 12 kg 감량'이라는 광고를 하였다. 25명의 고객을 대상으로 체중감량을 조사한 결과 $\bar{x}=15$ kg, $s=5$ kg을 얻었다. 가설 $H_0: \mu=12$ 대 $H_1: \mu>12$에 대하여 유의수준 $\alpha=0.05$에서 검정하라.

5.17 한 자동차 광고에서 접을 수 있는 새로운 범퍼시스템을 가진 자동차는 시속 20 km일 때 충돌에 의한 평균 차체 수선비용은 120만 원 미만이라고 한다. 이 주장에 대한 유효성을 검증하기 위해 5대의 자동차가 시속 20 km의 속력으로 벽면에 부딪쳐서 입은 차체 수선비용을 기록하였더니 $\bar{x}=115$만 원, $s=7$만 원이었다. 이들 자료로부터 광고자의 주장이 타당하다고 할 수 있는가? (유의수준 $\alpha=0.05$)

5.18 새 모델의 가정용 난방기 10개에 대한 연소효율을 측정하였더니 표본평균과 표본표준편차가 각각 73.2와 2.74이었다. 이 결과는 새로운 모델의 평균 효율성이 70보다 높다는 증거를 제시하는가?

(유의수준 $\alpha=0.05$에서 검정하고 $P-$값에 대해 논하라.)

5.19 특정 지질형성에서 생긴 바위의 견본을 발굴해서 카드뮴 함유량을 알아보기 위해 화학분석을 하고자 한다. 만약 평균 함유량이 8보다 많으면 이 광물질의 상업적 추출이 경제적으로 가능하다고 하자. 25개의 견본을 대상으로 조사한 결과 카드뮴 함유량의 평균과 표준편차가 각각 10.2와 3.1로 나타났다고 한다.

(1) 이들 자료는 상업적 추출의 가능성을 지지하는가? ($\alpha=0.01$에서 검정하라.)

(2) 지질형성에서 카드뮴의 평균 함유량에 대한 95% 신뢰구간를 구하라.

5.20 외줄기 식물의 종자로부터 성장한 25그루의 식물에 대하여 성장하는 데 걸리는 기간을 기록하였더니 $\bar{x}=64.8$일, $s=6.5$일이었다.

(1) 이들 결과들은 이 외줄기 식물의 평균 성장기간이 65일이라는 주장을 반박할 수 있는가?

(2) 평균 성장기간에 대한 95% 신뢰구간을 구하라.

(3) 모표준편차 σ에 대한 90% 신뢰구간을 구하라.

5.21 부록의 χ^2 분포표를 이용하여 다음을 구하라.

(1) 자유도가 4일 때 $\chi^2_{0.05}$

(2) 자유도가 25일 때 $\chi^2_{0.025}$

(3) 자유도가 4일 때 하위 5%의 확률을 주는 값

(4) 자유도가 25일 때 하위 25%의 확률을 주는 값

5.22 부록의 χ^2 분포표를 이용하여 다음을 구하라.

(1) 자유도가 12일 때 χ^2의 제 90 백분위수

(2) 자유도가 9일 때 χ^2의 제 10 백분위수

(3) 자유도가 22일 때 χ^2의 중앙값

(4) 자유도가 50일 때 χ^2의 제 5 백분위수

5.23 다음 각 경우에서 가설 $H_0: \sigma=10$ 대 $H_1: \sigma>10$에 대한 검정을 하라. ($\alpha=0.05$)

(1) $n=25,\ \sum(x_i-\bar{x})^2=4016$

(2) $n=15,\ s=12$

(3) $n=6$, 표본관측값들은 110, 126, 131, 149, 156, 165

5.24 위의 종합문제 **5.18**에 주어진 자료가 새 모델의 효율성에 대한 모표준편차가 3.0보다 작다는 증거를 제시하는가?

5.25 정규모집단으로부터 추출한 크기가 10인 표본으로부터 모평균에 대한 95% 신뢰구간을 구하였더니 (36.2, 45.8)이었다. 이 결과를 이용하여 다음을 구하라.

(1) 표본표준편차를 구하라.

(2) 모평균에 대한 98% 신뢰구간을 구하라.

(3) 모표준편차에 대한 95% 신뢰구간을 구하라.

5.26 정규모집단으로부터 크기가 25인 표본을 얻어서 모평균에 대한 95% 신뢰구간을 구하였더니 (106.8, 115.2)이었다. 이 결과를 이용하여 다음 물음에 답하라.

(1) 표본표준편차의 값을 구하라.

(2) 가설 $H_0 : \sigma = 8.0$ 대 $H_1 : \sigma > 8.0$에 대하여 유의수준 $\alpha = 0.05$로 검정하라.

5.27 위의 종합문제 **5.19**에서 광석의 질에 대한 지표로 광물질의 함유량의 균일함에 있다고 하자. 만약에 카드뮴 함유량의 표준편차 σ가 4 미만이면 광석의 질은 만족스러운 것으로 볼 수 있다고 한다. 주어진 자료를 이용하여 다음 물음에 답하라.

(1) 모표준편차 σ가 4보다 작다는 증거가 있는지를 결정하기 위한 가설을 검정하라.

(2) σ에 대한 98% 신뢰구간을 구하라.

5.28 표본으로부터 모표준편차 σ에 대한 90% 신뢰구간이 (8.6, 15.3)이었다. 같은 자료를 가지고, 유의수준 $\alpha = 0.10$에서 가설 $H_0 : \sigma = 7$ 대 $H_1 : \sigma \neq 7$에 대한 가설검정의 결론은 무엇이겠는가?

5.29 정규모집단으로부터 추출한 크기가 25인 표본으로부터 구한 모평균에 대한 90% 신뢰구간을 구하였더니 (21.867, 32.133)이었다. 모집단의 표준편차는 알려져 있지 않다고 한다.

(1) 표본평균과 표본표준편차를 계산하라.

(2) 모평균을 추정하고, 그 표준오차를 추정하라.

(3) 위의 신뢰구간으로부터 유의수준 5%에서의 가설 $H_0 : \mu = 23$ 대 $H_1 : \mu \neq 23$에 대한 검정의 결과를 말하라.

(4) 모평균에 대한 95% 신뢰구간을 구하고, 위의 (3)의 결과를 확인하라.

(5) 유의수준 5%로 가설 $H_0 : \sigma = 20$ 대 $H_1 : \sigma < 20$에 대한 검정을 실시하라.

5.30 2장 예제 10의 자료에 대해 R을 이용하여 다음 물음에 답하라.

(1) 유의수준 10%일 때 가설 $H_0 : \mu = 75$ 대 $H_1 : \mu \neq 75$에 대한 가설검정의 결론은 무엇인가?

(2) 유의수준 0.05일 때 가설 $H_0 : \mu = 90$ 대 $H_1 : \mu < 90$에 대한 가설검정의 결론은 무엇인가?

(3) 평균점수에 대한 95% 신뢰구간을 구하라.

10장

두 모집단의 비교

이제까지는 하나의 모집단에 대한 추론의 방법을 공부하였는데, 하나의 모집단에 관한 것뿐 아니라 두 모집단 간의 차이가 관심의 대상이 되는 경우도 많이 있다. 예를 들면 기존의 치료약과 새롭게 개발된 치료약의 효능을 비교한다든지, 두 종류의 강의방법에 의한 학습효과를 비교한다든지, 시판되는 다이어트 상품의 효과를 알아보기 위해 사용 전후의 체중을 비교한다든지 하는 일들이 이와 같은 경우에 해당된다. 두 모집단의 비교를 위한 추론과정은 자료를 어떻게 수집하느냐에 따라 추론방법이 달라지게 되는데, 여기서는 대표적인 두 종류의 자료수집과정에 따른 추론방법을 다루고자 한다.

예제 1

어떤 질병을 치료하기 위해 새롭게 개발된 약은 기존의 약보다 이론적으로는 더 효과적이라고 생각된다고 한다. 그러나 이러한 가설을 증명하기 위해서는 동물이나 인체를 대상으로 한 실험이 필수적이다. 따라서 이 두 약의 효과를 비교하기 위해 건강상태가 비슷한 19마리의 쥐를 대상으로 병균을 투입한 후, 그 중에서 임의로 10마리의 쥐를 추출하여 그들에게는 기존의 약을 투약하고 나머지 쥐들에게는 새로운 약을 투약하였다. 그 후에 쥐들이 완치될 때까지 걸린 시간을 기록하였다.

이와 같은 비교연구를 할 때 많이 사용하는 통계용어가 있는데, 비교하고자 하는 특성을 **처리**(treatment)라고 하고, 실험의 대상을 **실험단위**(experimental unit), 실험 후에 얻어지는 수치를 **반응값**(response)이라고 한다. 위의 예에서 보면 기존의 약을 처리 1로, 새로운 약을 처리 2라고 할 수 있고, 각각의 쥐가 실험단위이며 완치될 때까지 걸린 시간이 반응값이 된다.

위의 예제에서 쥐 대신에 사람을 대상으로 한다고 가정해 보자. 이 경우에는 위와 같이 건강상태가 비슷한 사람들을 대상으로 병균을 투입한다든가 하는 것은 불가능한 일이다. 따라서 사람을 대상으로 실험을 할 때에는 이미 병에 걸린 환자들을 대상으로 실험을 행하여야 한다. 그러나 환자들은 나이, 성별, 건강상태, 병의 경중 등이 다르기 때문에 약에 대하여 반응하는 것도 많은 차이가 있을 수 있다. 그럴 경우 두 약이 효과에서 차이가 있더라도 그 차를 쉽게 알아낼 수 없는 경우가 많다. 다음의 예제는 이러한 경우에 사용할 수 있는 효과적인 방법을 예시하고 있다.

예제 2

어떤 질병에 걸린 환자들을 대상으로 기존의 약과 새로운 약의 효과를 비교하고자 하는데, 환자들의 외적인 조건, 즉 나이, 성별, 건강상태 등이 아주 다양하다고 하자. 이럴 때는 우선 외적인 조건과 병의 경중 등을 고려하여 비교적 비슷한 조건을 갖는 환자끼리 짝을 짓는다. 즉 각 쌍 내의 환자들은 서로 비슷한 조건을 갖는 반면, 각 쌍들 간에는 서로 다른 조건들을 갖도록 한다. 이렇게 짝이 지어지면 각 쌍의 환자 중에서 임의로 한 환자를 추출하여 그 환자에게는 기존의 약을, 다른 한 명의 환자에게는 새로운 약을 투약한 후, 완치 때까지 걸린 시간을 기록한다.

예제 1의 경우와 같이 실험단위를 임의로 두 그룹으로 나누어 한 그룹에는 처리 1을, 다른 그룹에는 처리 2를 배정하는 경우 각 그룹에서 얻어지는 반응값들은 서로 영향을 주지 않고 독립이다. 따라서 두 그룹에서 얻어진 반응값들은 두 개의 모집단으로부터 얻어진 두 개의 독립인 표본자료라고 생각할 수 있다. 이와 같은 경우를 독립인 두 표본으로부터 두 모집단을 비교하는 경우라고 한다. 이에 반해 예제 2의 경우는 짝짓는 과정에서 각 쌍에 있는 실험단위들은 비슷한 특성을 갖게 되므로, 서로 독립이라고 할 수 없다. 이 경우 각 쌍마다 한 쌍의 반응값을 관측하여 서로 비교하게 되므로 이와 같은 경우를 짝비교라고 한다. 이 두 경우를 각각 1절과 2절에서 다루고, 3절에서는 두 모비율의 차에 대한 추론과 4절에서는 두 모분산의 비에 대한 추론하는 방법을 공부한다.

10.1 두 개의 독립표본

이 절에서는 위의 예제 1의 경우와 같이 독립인 두 개의 표본으로부터 두 모집단, 혹은 두 가지의 처리효과를 비교하는 통계추론의 방법을 소개하고자 한다.

앞의 예제 1에서는 두 개의 독립인 표본을 얻기 위해 19마리의 쥐를 임의로 두 그룹으로 나누어 각 그룹의 반응값을 관측하였다. 이때 각 표본에 대응되는 모집단은 실제로 존재하는 것이 아니라 가상으로 존재하는 경우라고 할 수 있다. 모집단 1을 무한히 많은 쥐들에게 처리 1을 적용했을 때 얻어지리라고 예상되는 반응값들의 모임이라고 하고, 마찬가지로 모집단 2를 처리 2에 의한 반응값들의 모임이라고 하면, 임의로 나누어진 $n_1(=10)$, $n_2(=9)$마리의 쥐로부터 얻어진 반응값들은 가상의 모집단 1, 2로부터 추출된 독립인 표본들이라고 볼 수 있다. 물론 이 경우와는 달리 모집단이 실제로 존재하는 경우도 많다. 예를 들면 두 지역(A, B)의 가구당 소득을 비교한다면, 모집단 1은 A 지역에 있는 가구들의 소득이고, 모집단 2는 B 지역에 있는 가구들의 소득이 될 것이다. 이와 같은 경우에는 두 모집단으로부터 적당한 수의 표본을 추출하여 두 개의 독립인 표본을 얻을 수 있게 된다.

다음은 두 모집단으로부터 추출된 표본과 그로부터 계산되는 통계량을 정리한 것이다.

$X_1, \cdots, X_{n_1}$: 평균이 μ_1이고 표준편차가 σ_1인 모집단으로부터 추출된 표본

$$\overline{X}=\frac{1}{n_1}\sum_{i=1}^{n_1}X_i, \quad s_1^2=\frac{1}{n_1-1}\sum_{i=1}^{n_1}(X_i-\overline{X})^2$$

$Y_1, \cdots, Y_{n_2}$: 평균이 μ_2이고 표준편차가 σ_2인 모집단으로부터 추출된 표본

$\overline{Y}=\frac{1}{n_2}\sum_{i=1}^{n_2} Y_i, \quad s_2^2=\frac{1}{n_2-1}\sum_{i=1}^{n_2}(Y_i-\overline{Y})^2$

여기서 우리의 관심사는 두 모집단의 평균 반응값의 차이다. 즉 모수 $\mu_1-\mu_2$에 대한 추론이 이 절의 과제이다.

모평균의 차 ($\mu_1-\mu_2$)에 대한 추론(표본의 크기가 클 때)

두 모평균의 차 ($\mu_1-\mu_2$)에 대한 추론을 위해서는 두 표본평균의 차 ($\overline{X}-\overline{Y}$)를 이용하는 것이 보통이다. 두 표본의 크기 n_1, n_2가 모두 큰 경우(30 이상)에는 중심극한정리에 의해 $\overline{X}$와 $\overline{Y}$는 다음과 같이 근사적으로 정규분포를 따른다.

$$\overline{X}\sim N\left(\mu_1, \frac{\sigma_1^2}{n_1}\right), \ \overline{Y}\sim N\left(\mu_2, \frac{\sigma_2^2}{n_2}\right)$$

여기서 우리가 이용하게 되는 정규분포의 성질이 있는데 이를 정리하면 다음과 같다.

두 개의 확률변수 X, Y가 서로 독립이고 다음과 같이 정규분포를 따를 때

$$X\sim N(\mu_1, \sigma_1^2), \ Y\sim N(\mu_2, \sigma_2^2)$$

두 변수의 합과 차는 각각 정규분포를 따르고 평균은 $\mu_1 \pm \mu_2$, 분산은 $\sigma_1^2+\sigma_2^2$이 된다. 이를 기호로 나타내면 다음과 같다.

$$(X\pm Y)\sim N(\mu_1\pm\mu_2, \sigma_1^2+\sigma_2^2) \text{ (복호동순)}$$

두 표본은 서로 독립이므로 두 표본평균의 차인 $\overline{X}-\overline{Y}$도 다음과 같은 정규분포를 따른다.

$$(\overline{X}-\overline{Y})\sim N\left(\mu_1-\mu_2, \frac{\sigma_1^2}{n_1}+\frac{\sigma_2^2}{n_2}\right)$$

따라서 표준화된 확률변수 $\{(\overline{X}-\overline{Y})-(\mu_1-\mu_2)\}/\sqrt{\sigma_1^2/n_1+\sigma_2^2/n_2}$는 표준정규분포를 따르고, 모분산을 모를 때에는 이를 표본분산으로 대체하여도 다음과 같이 근사적으로 표준정규분포를 따른다.

$$Z=\frac{(\overline{X}-\overline{Y})-(\mu_1-\mu_2)}{\sqrt{s_1^2/n_1+s_2^2/n_2}} \sim N(0, 1)$$

이 분포를 바탕으로 ($\mu_1-\mu_2$)에 대한 신뢰구간은 다음의 형식

$$\text{추정량} \pm (z\text{값}) \times (\text{추정된 표준오차})$$

에 의해서 다음과 같이 정리될 수 있다.

모평균의 차 $(\mu_1-\mu_2)$에 대한 신뢰구간 (표본의 크기가 클 때)

표본의 크기 n_1과 n_2가 모두 30 이상일 때 $(\mu_1-\mu_2)$에 대한 $100(1-\alpha)\%$ 신뢰구간은

$$\left((\overline{X}-\overline{Y})-z_{\alpha/2}\times\sqrt{\frac{s_1^2}{n_1}+\frac{s_2^2}{n_2}},\ (\overline{X}-\overline{Y})+z_{\alpha/2}\times\sqrt{\frac{s_1^2}{n_1}+\frac{s_2^2}{n_2}}\right)$$

혹은

$$(\overline{X}-\overline{Y})\pm z_{\alpha/2}\times\sqrt{\frac{s_1^2}{n_1}+\frac{s_2^2}{n_2}}$$

이다.

예제 3

봉지에 과자를 담는 두 대의 기계 A와 B가 있다. 이 두 기계가 담는 과자의 평균무게의 차에 대한 추론을 하기 위해서 A기계로부터 나온 과자 50봉지, B기계로부터 100봉지의 무게를 조사한 결과 평균이 각각 453 g과 401 g이고 표준편차가 각각 80 g과 60 g으로 나왔다. 이 두 기계의 모평균을 각각 μ_A와 μ_B라고 할 때, $\mu_A-\mu_B$의 95% 신뢰구간을 구하라.

풀이

자료를 정리하면

$$\text{A}: n_1=50,\ \overline{x}=453\text{ g},\ s_1=80\text{ g}$$
$$\text{B}: n_2=100,\ \overline{y}=401\text{ g},\ s_2=60\text{ g}$$

와 같다. 따라서 95% 신뢰구간은 $z_{0.025}=1.96$을 이용하여 다음과 같이 구할 수 있다.

$$\begin{aligned}&(\overline{x}-\overline{y})\pm z_{0.025}\times\sqrt{\frac{s_1^2}{n_1}+\frac{s_2^2}{n_2}}\\&=(453-401)\pm1.96\times\sqrt{\frac{80^2}{50}+\frac{60^2}{100}}\\&=52\pm5.1\quad\text{혹은}\quad(26.9,\ 77.1)\end{aligned}$$

다음은 표본의 크기가 클 때 두 모평균의 차에 대한 검정의 검정통계량과 각각의 대립가설에 대한 기각역을 정리한 것이다.

$H_0: \mu_1 - \mu_2 = \delta_0$에 대한 검정 (표본의 크기가 클 때)

표본의 크기 n_1과 n_2가 모두 30 이상일 때 가설 $H_0: \mu_1 - \mu_2 = \delta_0$에 대한 검정통계량은 다음과 같다.

$$Z = \frac{(\overline{X} - \overline{Y}) - \delta_0}{\sqrt{s_1^2/n_1 + s_2^2/n_2}}$$

검정통계량은 H_0이 맞을 때 $N(0,\ 1)$을 따른다. 각 대립가설에 대하여 유의수준 α를 갖는 기각역은 다음과 같다.

$H_1: \mu_1 - \mu_2 < \delta_0$일 때　　$R: Z \le -z_\alpha$
$H_1: \mu_1 - \mu_2 > \delta_0$일 때　　$R: Z \ge z_\alpha$
$H_1: \mu_1 - \mu_2 \ne \delta_0$일 때　　$R: |Z| \ge z_{\alpha/2}$

예제 4

위의 예제 3에서 두 기계가 채워 넣는 과자의 평균무게에 차이가 있다고 할 수 있는지 유의수준 1%로 검정하라.

풀이

하고자 하는 검정의 가설은 $H_0: \mu_A - \mu_B = 0$ 대 $H_1: \mu_A - \mu_B \ne 0$이고, 검정통계량은

$$Z = \frac{\overline{X} - \overline{Y}}{\sqrt{s_1^2/n_1 + s_2^2/n_2}}$$

이다. H_0이 맞다면 $N(0,\ 1)$을 따르므로 유의수준 1%에 대한 기각역은 $R: |Z| \ge 2.575$이다. 위의 예제에 주어진 자료를 이용하여 Z의 관측치를 계산하면

$$Z = \frac{\overline{x} - \overline{y}}{\sqrt{s_1^2/n_1 + s_2^2/n_2}} = \frac{43.5 - 401}{\sqrt{80^2/50 + 60^2/100}} = 4.06$$

이다. 이 값이 기각역에 들어가므로 유의수준 1%로 두 대의 기계에 차이가 없다는 귀무가설을 기각할 수 있다.

모평균의 차 $(\mu_1 - \mu_2)$에 대한 추론 (표본의 크기가 작을 때)

표본의 크기가 작을 때는 일반적으로 두 모집단에 대하여 정규분포 가정이 필요하다. 또한 두 모집단의 표준편차에 대한 가정이 필요한데, 그 하나는 두 모집단의 표준편차가 같다고 가정하는

경우이고 다른 하나는 다르다고 가정하는 경우이다. 두 경우에 따라 사용하게 되는 통계량과 그 분포는 달라지게 되므로 적절한 가정을 적용하여야 한다. 그렇다면 두 표준편차가 같다고 혹은 같지 않다고 판단하는 기준은 무엇일까? 우선 두 모집단의 표준편차가 같은지($\sigma_1=\sigma_2$) 판단하기 위해서는 표본의 표준편차를 이용하는 것이 자연스러운 일일 것이다. 일반적으로 두 표본표준편차의 비율 s_1/s_2이 1에 가까우면 $\sigma_1=\sigma_2$의 가정이 적합하다고 생각한다. 실제로 사용하는 규칙의 하나로 $1/2 \le s_1 / s_2 \le 2$이면 $\sigma_1=\sigma_2$의 가정이 적절하다고 판단하고, s_1/s_2이 1/2보다 작거나 2보다 크면 $\sigma_1=\sigma_2$의 가정을 적절하지 못하다고 판단한다.

다음은 두 모집단의 평균의 차에 대한 추론을 할 때 필요한 모집단에 대한 가정 중 두 모집단의 표준편차가 같다고 가정하는 경우를 정리한 것이다.

표본의 크기가 작을 때 필요한 가정

(1) 두 모집단이 모두 정규분포를 따른다.

(2) 두 모집단의 표준편차가 일치한다. ($\sigma_1=\sigma_2=\sigma$)

위의 가정하에서 두 모집단은 정규분포를 따르므로 두 표본평균은 각각 정구분포를 따른다. 따라서 두 표본평균의 차 $(\overline{X}-\overline{Y})$도 다음과 같이 정규분포를 따른다.

$$(\overline{X}-\overline{Y}) \sim N\left(\mu_1-\mu_2,\ \sigma^2\left(\frac{1}{n_1}+\frac{1}{n_2}\right)\right)$$

두 모집단의 공통 표준편차인 σ를 아는 경우에는 정규분포를 이용하여 추론을 할 수 있으나 대부분의 경우 σ를 모르므로 이를 추정하여야 한다. σ에 대한 정보는 각 표본의 편차제곱합인 $\sum(X_i-\overline{X})^2$, $\sum(Y_i-\overline{Y})^2$ 모두에 들어 있다. 따라서 이 두 제곱합을 더하여 각각의 자유도인 (n_1-1)과 (n_2-1)의 합인 n_1+n_2-2로 나누어서 σ^2의 추정량으로 사용하게 된다. 이를 공통분산 σ^2의 **합동추정량**(pooled estimator)이라고 하고, 정리하면 다음과 같다.

공통분산 σ^2의 합동추정량

$$s_p^2=\frac{\sum_{i=1}^{n_1}(X_i-\overline{X})^2+\sum_{i=1}^{n_2}(Y_i-\overline{Y})^2}{n_1+n_2-2}=\frac{(n_1-1)s_1^2+(n_2-1)s_2^2}{n_1+n_2-2}$$

예제 5

다음의 두 표본으로부터 s_p^2을 구하라.

표본 1 : 8, 5, 7, 6, 9, 7

표본 2 : 2, 6, 4, 7, 6

풀이

자료로부터

$$\sum x_i = 42,\ \sum y_i = 25,\ \sum x_i^2 = 304,\ \sum y_i^2 = 141$$

를 얻을 수 있고, 따라서

$$\bar{x} = \frac{42}{6} = 7, \quad \bar{y} = \frac{25}{5} = 5$$

이고,

$\sum(x_i - \bar{x})^2 = \sum x_i^2 - n\bar{x}^2 = 304 - 6 \times 7^2 = 10,$

$\sum(y_i - \bar{y})^2 = \sum \bar{y}_i^2 - n\bar{y}^2 = 141 - 5 \times 5^2 = 16$

이다. 따라서

$$s_p^2 = \frac{\sum(x_i - \bar{x})^2 + \sum(y_i - \bar{y})^2}{n_1 + n_2 - 2} = \frac{10 + 16}{6 + 5 - 2} = 2.89$$

이다.

위의 합동추정량을 이용하여 다음과 같이 $(\mu_1 - \mu_2)$에 대한 추론에 이용되는 표준화된 확률변수를 얻을 수 있다.

> 두 정규모집단에서 독립적으로 추출된 두 표본으로부터 얻게 되는 표준화된 확률변수는 자유도가 $(n_1 + n_2 - 2)$인 t 분포를 따른다.
>
> $$t = \frac{(\bar{X} - \bar{Y}) - (\mu_1 - \mu_2)}{s_p\sqrt{\dfrac{1}{n_1} + \dfrac{1}{n_2}}} \sim t(n_1 + n_2 - 2)$$

이 분포를 바탕으로 $(\mu_1 - \mu_2)$에 대한 신뢰구간은

추정량 ± (t값) × (추정된 표준오차)

의 형식에 의해서 아래와 같이 정리될 수 있다.

모평균의 차 ($\mu_1-\mu_2$)에 대한 신뢰구간 (모표준편차가 같을 때)

두 모집단이 모두 정규분포를 따르고 두 모표준편차가 같을 때 ($\mu_1-\mu_2$)에 대한 $100(1-\alpha)$ % 신뢰구간은

$$(\overline{X}-\overline{Y})\pm t_{\alpha/2}(n_1+n_2-2)\times s_p\sqrt{\frac{1}{n_1}+\frac{1}{n_2}}$$

이다.

예제 6

목초의 종류에 따른 우유생산량의 차이를 알아보기 위해서 25마리의 젖소를 대상으로 3주 동안 임의로 추출된 12마리의 젖소에게는 인공적으로 건조시킨 목초를 주고, 13마리의 젖소에게는 들판에서 말린 목초를 주었다. 각 젖소의 일일 평균 우유생산량이 다음과 같이 주어졌다고 할 때 일일 평균 우유생산량의 차에 대한 95% 신뢰구간을 구하라.

	우유생산량												
들판에서 말린 목초	44	44	56	46	47	38	58	53	49	35	46	30	41
인공적으로 말린 목초	35	47	55	29	40	39	32	41	42	57	51	39	

풀이

주어진 자료를 보면 두 표본에서 관측된 값들의 구간이 비슷한 것을 알 수 있다. 따라서 두 모집단의 표준편차가 같다고 가정하기로 한다. 또한 두 종류의 목초에 의한 우유생산량의 자료는 정규모집단으로부터 얻어졌다고 가정한다. 주어진 자료로부터 각 표본의 평균과 표준편차를 구하면

들판에서 말린 목초: $n_1=13,\ \overline{x}=45.15,\ s=7.998$

인공적으로 말린 목초: $n_2=12,\ \overline{y}=42.25,\ s=8.740$

이고, 따라서 s_p는

$$s_p=\sqrt{\frac{12\times 7.998^2+11\times 8.740^2}{13+12-2}}=8.361$$

이다. 이때 들판에서 말린 목초에 의한 우유의 평균생산량을 μ_1, 인공적으로 말린 목초에 의한 평균생산량을 μ_2라고 하면, $(\mu_1-\mu_2)$의 95% 신뢰구간은 $t_{0.025}(23)=2.069$이므로 다음과 같이 구할 수 있다.

$$(\overline{x}-\overline{y}) \pm t_{0.025}(23) \times s_p\sqrt{\frac{1}{n_1}+\frac{1}{n_2}}$$

$$= (45.15-42.25) \pm 2.069 \times 8.361 \times \sqrt{\frac{1}{13}+\frac{1}{12}}$$

$$= 2.90 \pm 6.925 \quad \text{혹은} \quad (-4.025,\ 9.825)$$

다음은 표본의 크기가 작을 때 두 모평균의 차에 대한 검정의 검정통계량과 각각의 대립가설에 대한 기각역을 정리한 것이다.

$H_0: \mu_1-\mu_2=\delta_0$에 대한 검정 (모표준편차가 같을 때)

두 모집단이 모두 정규분포를 따르고 두 모표준편차가 같을 때 가설 $H_0: \mu_1-\mu_2=\delta_0$에 대한 검정통계량은 다음과 같다.

$$t=\frac{(\overline{X}-\overline{Y})-\delta_0}{s_p\sqrt{\frac{1}{n_1}+\frac{1}{n_2}}}$$

검정통계량은 H_0이 맞을 때 자유도가 (n_1+n_2-2)인 t 분포를 따른다. 각 대립가설에 대하여 유의수준 α를 갖는 기각역은 다음과 같다.

$H_1: \mu_1-\mu_2<\delta_0$일 때	$R: t \le -t_\alpha(n_1+n_2-2)$
$H_1: \mu_1-\mu_2>\delta_0$일 때	$R: t \ge t_\alpha(n_1+n_2-2)$
$H_1: \mu_1-\mu_2\ne\delta_0$일 때	$R: \lvert t \rvert \ge t_{\alpha/2}(n_1+n_2-2)$

예제 7

위의 예제 6에서 주어진 자료로부터 들판에서 자연적으로 말린 목초로 사육하는 젖소가 인공적으로 말린 목초로 사육하는 젖소보다 우유생산량이 많다고 할 수 있겠는가? 유의수준 0.05로 검정하라.

풀이

자료로부터 μ_1이 μ_2보다 큰가를 판단하고자 하는 것이므로 적합한 가설은

$$H_0: \mu_1-\mu_2=0 \quad \text{대} \quad H_1: \mu_1-\mu_2>0$$

이다. 이때 사용하는 검정통계량은

$$t=\frac{\overline{X}-\overline{Y}}{s_p\sqrt{\frac{1}{n_1}+\frac{1}{n_2}}}$$

이고, H_0이 맞을 때 자유도가 23인 t 분포를 따른다. 따라서 기각역은 $R: t > t_{0.05}(23) = 1.714$가 된다. 주어진 자료로부터 검정통계량 t의 관측치를 구하면

$$t_0 = \frac{(45.15 - 42.25)}{8.361\sqrt{\frac{1}{13} + \frac{1}{12}}} = 0.866$$

이다. 이 값이 기각역에 포함되지 않으므로 유의수준 0.05로 H_0을 기각할 수 없다. 즉 들판에서 말린 목초가 인공적으로 말린 목초보다 우유를 더 많이 생산하게 하는 사료라고 말할 수 없다.

위에서 두 모집단의 표준편차가 같다는 가정하에 추론의 방법을 소개하였는데, 두 모집단의 표준편차가 같지 않다고 판단하였다면 어떤 추론의 방법을 사용하여야 할까? $\sigma_1 \neq \sigma_2$인 경우에는 여러 가지 복잡한 방법이 알려져 있으나 여기서는 간단한 하나의 방법을 소개하고자 한다. 표본의 크기가 클 때 사용하였던 표준화된 확률변수

$$t^* = \frac{(\bar{X} - \bar{Y}) - (\mu_1 - \mu_2)}{\sqrt{\frac{S_1^2}{n_1} + \frac{S_2^2}{n_2}}}$$

는 표본의 크기가 작고 두 모표준편차가 같지 않을 경우에는 근사적으로 t 분포를 따른다. 이때 자유도는 $(n_1 - 1)$과 $(n_2 - 1)$ 중 작은 값이다. 이 분포를 이용한 $(\mu_1 - \mu_2)$에 대한 추론방법을 정리하면 다음과 같다.

모평균의 차 $(\mu_1 - \mu_2)$에 대한 추론 (표본의 크기가 작고 두 모표준편차가 다를 때)

모평균의 차 $(\mu_1 - \mu_2)$에 대한 $100(1-\alpha)\%$ 신뢰구간은 근사적으로

$$(\bar{X} - \bar{Y}) \pm t^*_{\alpha/2} \times \sqrt{\frac{S_1^2}{n_1} + \frac{S_2^2}{n_2}}$$

이다. 이때 t^*의 자유도는 $(n_1 - 1)$과 $(n_2 - 1)$ 중 작은 값이다.

가설 $H_0: \mu_1 - \mu_2 = \delta_0$에 대한 검정통계량은 다음과 같다.

$$t^* = \frac{(\bar{X} - \bar{Y}) - \delta_0}{\sqrt{\frac{S_1^2}{n_1} + \frac{S_2^2}{n_2}}}$$

이 검정통계량은 H_0이 맞을 때 근사적으로 자유도가 $(n_1 - 1)$과 $(n_2 - 1)$ 중 작은 값인 t 분포를 따른다.

여기서 제시하는 방법은 조금 보수적인 성질을 갖게 된다. 즉 신뢰구간의 경우 그 구간이 넓어지는 경향이 있다. 따라서 실제 신뢰도가 $100(1-\alpha)\%$ 이상이 된다. 검정의 경우 기각역이 좁아지는 경향이 있어서 실제 유의수준이 α 이하가 되므로 귀무가설을 기각하지 못할 가능성이 높게 된다.

예제 8

지방의 한 도시에서 작은 개천을 사이에 두고 남북으로 나뉘어 있는 두 지역의 집값을 비교하고자 최근에 매매가 이루어진 집을 대상으로 남쪽에서 13가구, 북쪽에서 11가구의 집값을 조사하였더니 다음과 같았다.

남쪽: $n_1=13$, $\bar{x}=2.4$억 원, $s_1=0.72$억 원

북쪽: $n_2=11$, $\bar{y}=2.15$억 원, $s_2=0.35$억 원

유의수준 5%로 두 지역의 집값에 차가 있다고 할 수 있는지 검정하라.

풀이

남쪽의 평균 집값을 μ_1이라고 하고 북쪽의 평균 집값을 μ_2라고 하면 적절한 가설은

$$H_0: \mu_1-\mu_2=0 \quad \text{대} \quad H_1: \mu_1-\mu_2\neq 0$$

이다. 이 가설을 검정하기 위해서는 표본의 크기가 작으므로 두 모집단의 정규분포 가정과 두 모표준편차가 같다는 가정이 필요하다. 그러나 주어진 자료에서 두 표본표준편차의 비가 $s_1/s_2=2.06$으로 두 모표준편차가 같다는 가설이 적절하지 못하다고 판단되므로 합동분산을 이용한 검정방법이 아니라 앞의 근사적인 t 분포를 이용한 검정방법을 이용하여야 한다. 따라서 적합한 검정통계량은

$$t^*=\frac{\overline{X}-\overline{Y}}{\sqrt{\dfrac{S_1^2}{n_1}+\dfrac{S_2^2}{n_2}}}$$

이고, H_0이 맞을 때 근사적으로 자유도가 10인 t 분포를 따른다. 따라서 기각역은 $R: |t| \geq t_{0.025}(10)=2.228$이 되고, 주어진 자료로부터 검정통계량 t^*의 관측값을 구하면

$$t^*=\frac{2.4-2.15}{\sqrt{\dfrac{0.72^2}{13}+\dfrac{0.35^2}{11}}}=1.107$$

이다. 이 값이 기각역에 포함되지 않으므로 두 지역 간에 집값에 차이가 있다고 할 수 없다.

연습문제

1.1 두 개의 모집단으로부터 추출한 두 개의 독립인 표본으로부터 아래와 같은 통계량을 계산하였다.

표본 1	표본 2
$n_1=52$	$n_2=42$
$\bar{x}=75$	$\bar{y}=66$
$s_1^2=155$	$s_2^2=142$

(1) $(\mu_1-\mu_2)$에 관한 추정량을 구하고, 추정표준오차를 계산하라.

(2) $(\mu_1-\mu_2)$의 95% 신뢰구간을 구하라.

1.2 한자능력검정시험에서의 점수를 근거로 하여 도시 A, B의 학생들을 비교하였다. 중학교 1학년의 A 도시 학생 90명과 B 도시 학생 100명의 표본으로부터 구한 대회 점수에 대한 통계량 값이 다음과 같다.

	A 도시	B 도시
표본크기	90	100
평균	76.4	81.2
표준편차	8.2	7.6

두 도시 간의 모평균 점수의 차에 대한 98% 신뢰구간을 구하라.

1.3 연습문제 **1.2**에서 모평균 점수가 차이가 있는지를 결정하기 위한 가설을 세우고 검정하라. (유의수준 $\alpha=0.05$)

1.4 두 개의 처리를 비교하기 위한 실험에 141개의 실험재료를 사용하였다. 79개의 실험재료를 임의로 추출하여 처리 1을 행하고 나머지 62개의 실험재료에 대하여 처리 2를 행하였다. 두 처리에 대한 반응의 평균과 표준편차는 다음과 같다.

	처리 1	처리 2
평균	109	128
표준편차	46.2	53.4

처리효과의 평균의 차에 대한 98% 신뢰구간을 구하라.

1.5 연습문제 **1.4**에서 한 검사자는 처리 2가 처리 1보다 더 높은 효과가 있기를 기대한다고 하자.

(1) 귀무가설 H_0과 대립가설 H_1을 세워라.

(2) 검정통계량을 구하고 유의수준에서 기각역을 구하라.

(3) 유의수준 5%에서 가설을 검정하고 $P-$값을 계산하고 결론을 말하여라.

1.6 어린이 성장과 사회환경에 관한 연구의 한 분야로서 부모가 고등교육을 받지 못한 1학년생(집단 1)과 부모가 대학교육을 받은 1학년생(집단 2)의 언어능력의 비교에 대한 연구가 이루어졌다. 집단 1과 집단 2로부터 각각 66명, 38명의 어린이를 임의로 뽑아서 그들의 언어능력를 점수로 계산한 통계량이 다음과 같다.

	집단 1	집단 2
평균	305	311
표준편차	29	40

(1) 두 집단 간 언어능력의 차이가 있는가? (유의수준 $\alpha=0.01$로 검정하라.)

(2) 두 어린이 집단의 모평균 점수차에 대한 98% 신뢰구간을 계산하라.

1.7 국내 고용평등추진위원회는 여성 고용인에 대한 임금이 같은 처지의 남성 고용인의 임금만큼 지급되는지에 대한 조사를 실시하였다. 하급사원에서 남성 75명, 여성 64명을 임의로 뽑아서 그들의 임금 자료로부터 다음과 같은 값을 얻었다.

	남성	여성
평균	1,300,000	1,200,000
표준편차	170,000	160,000

남녀 하급사원의 평균임금의 차에 대한 95% 신뢰구간을 구하라.

1.8 연습문제 **1.7**에서 구한 신뢰구간을 참조하여 평균임금이 같다는 귀무가설에 대하여 남성의 임금이 더 높다고 할 수 있는지 검정하고자 한다. 유의수준 $\alpha=0.05$로 가설검정에 대한 결론을 내려라.

1.9 두 개의 모집단으로부터 서로 독립이고 크기가 52와 67인 표본을 얻어서 $(\mu_1-\mu_2)$에 대한 95% 신뢰구간을 계산하니 $(6.88, 9.26)$이었다. 이 결과를 이용하여 다음을 결정하라.

(1) $(\mu_1-\mu_2)$에 대한 추정량과 표준오차

(2) $(\mu_1-\mu_2)$에 대한 90% 신뢰구간

1.10 섬세함을 요구하는 어느 작업에서 성별에 따라 작업하는 데 걸리는 시간이 차이가 있는지 판단하고자 48명의 남성을 대상으로 작업시간을 조사한 결과 평균 7.92분, 표준편차 3.45분이고, 38명 여성의 작업시간은 평균 5.80분, 표준편차 2.87분이었다. 여성보다 남성이 작업하는 데 시간이 오래 걸린다고 할 수 있는지 검정하라. ($P-$값을 이용하여 답하라.)

1.11 다음과 같은 자료가 주어졌을 때 다음 물음에 답하라.

$$n_1=15 \quad \bar{x}=20 \quad \sum(x_i-\bar{x})^2=28$$

$n_2=12 \quad \bar{y}=17 \quad \sum(y_i-\bar{y})^2=22$

(1) 합동분산의 추정량 s_p^2을 구하라.

(2) 가설 $H_0: \mu_1=\mu_2$ 대 $H_1: \mu_1>\mu_2$ 검정하라. $(\alpha=0.05)$

(3) $(\mu_1-\mu_2)$에 대한 95% 신뢰구간을 구하라.

1.12 두 개의 모집단에서 얻은 서로 독립인 표본에 대한 통계량이 주어졌다.

표본 1	표본 2
$n_1=9$	$n_2=6$
$\bar{x}=16.18$	$\bar{y}=4.22$
$s_1=1.54$	$s_2=1.37$

필요한 가정이 있으면 기술하고 다음에 답하라.

(1) $(\mu_1-\mu_2)$에 대한 95% 신뢰구간을 구하라.

(2) 가설 $H_0: \mu_1-\mu_2=10$ 대 $H_1: \mu_1-\mu_2>10$에 대한 검정을 하라. $(\alpha=0.01)$

1.13 모집단 1로부터 얻은 크기가 5인 표본의 평균과 표준편차가 각각 $\bar{x}=10.6$과 $s_1=3.62$이고, 모집단 2로부터 얻은 크기가 8인 표본의 평균과 표준편차가 각각 $\bar{y}=14.9$와 $s_2=4.17$이라고 하자.

(1) 두 모집단의 평균의 차에 대한 90% 신뢰구간을 구하라.

(2) 가설 $H_0: \mu_1=\mu_2$ 대 $H_1: \mu_1<\mu_2$ 검정하라. $(\alpha=0.025)$

1.14 두 모집단으로부터 서로 독립인 표본들에 대하여 다음과 같은 통계량이 주어졌다.

표본 1	표본 2
$n_1=7$	$n_2=8$
$\bar{x}=86.2$	$\bar{y}=74.7$
$s_1=14.2$	$s_2=5.5$

필요한 가정이 있으면 기술하고 다음에 답하라.

(1) $(\mu_1-\mu_2)$에 대한 98% 신뢰구간을 구하라.

(2) 가설 $H_0: \mu_1-\mu_2=20$ 대 $H_1: \mu_1-\mu_2<20$에 대한 검정을 하라. $(\alpha=0.025)$

1.15 두 모집단으로부터 얻은 서로 독립인 표본들에 대한 통계량이 주어졌다. 각 경우에 $(\mu_1-\mu_2)$에 대한 가설검정에 이용되는 적절한 방법을 기술하라. 즉 (i) $Z-$검정, (ii) 합동분산을 이용한 $t-$검정, (iii) 합동분산을 이용하지 않은 $t-$검정 중 하나를 선택하고, 모집단에 대한 가정이 필요하면 기술하라.

(1) $n_1=45,\ s_1=12.2$
$n_2=53,\ s_2=8.6$

(2) $n_1=9,\ s_1=0.86$
$n_2=7,\ s_2=1.12$

(3) $n_1=8,\ s_1=1.65$
$n_2=12,\ s_2=5.22$

(4) $n_1=70,\ s_1=6.2$
$n_2=62,\ s_2=2.3$

1.16 정신분석가들은 아동학대와 범죄행위 간의 관련성에 대하여 오랫동안 연구를 해왔다. 유년시절에 학대를 받은 52명의 소년들과 학대 받지 않은 67명의 소년들에 대한 연구에서 그들이 십대에 일으킨 범죄행위의 건수에 관한 자료는 다음과 같다.

	학대 받은 집단	학대 받지 않은 집단
평균	2.52	1.63
표준편차	1.84	1.22

학대 받은 집단의 범죄행위의 평균 건수가 더 높다고 할 수 있는가? ($P-$값을 계산하여 답하라.)

1.17 연습문제 **1.16**에서 두 집단의 모평균 차에 대한 99% 신뢰구간을 구하라.

1.18 사람이 격렬한 운동을 할 때에 필요한 단위 체중당 산소흡입량(산소흡입력)은 노동능력의 측도가 된다. 페루의 고지대에 살고 있는 20명의 원주민으로 구성된 집단 1과 성인이 되어서 고지대 환경에 적응된 저지대인 10명으로 구성된 집단 2의 산소흡입력 비교를 위해서 두 집단을 측정하였으며 기록된 자료들로부터 다음과 같은 통계량의 값이 계산되었다.

	집단 1	집단 2
평균	46.3	38.5
표준편차	5.0	5.8

두 집단 간 평균 산소흡입력의 차에 대한 98% 신뢰구간을 구하라.

1.19 연습문제 **1.18**의 자료들은 고지대의 원주민과 고지대에 적응된 저지대인의 평균 산소흡입력 차이에 대한 증거를 제시하는가?

1.20 공장 노동자들이 숙련작업을 수행하기 위해 교육받는 2개의 프로그램을 비교하기 위해 20명의 노동자들이 실험에 임하였다. 그들 중 10명을 임의로 뽑아서 방법 1에 의해 교육을 받게 하고 나머지 10명은 방법 2에 의해 교육을 받게 하였다. 교육을 끝내고 난 후 모든 노동자들을 대상으로 숙련작업 수행에 필요한 시간을 측정하여 다음과 같은 자료를 얻었다. (단위: 분)

방법 1	15	20	11	23	16	21	18	16	27	24
방법 2	23	31	13	19	23	17	28	16	25	28

(1) 이들 자료로부터 방법 1의 교육을 받은 후의 평균 작업 시간이 방법 2보다 적다고 할 수 있는가?
(2) 모집단에 대한 필요한 가정이 있으면 기술하라.
(3) 두 방법 사이에 작업 시간의 모평균 차에 대한 95% 신뢰구간을 구하라.

1.21 두 모집단으로부터 크기가 6, 5인 서로 독립인 표본의 자료에 근거하여, 다음과 같은 보고가 있다.

"두 모집단의 분산은 알려져 있지 않으나 같고, 분포는 정규분포를 따른다는 가정하에서, $(\mu_1-\mu_2)$의 90% 신뢰구간은 (76, 102)이다."

(1) $(\mu_1-\mu_2)$에 대한 98% 신뢰구간을 구하라.

(2) 가설 $H_0: \mu_1-\mu_2=100$ 대 $H_1: \mu_1-\mu_2\neq 100$에 대한 검정을 시행하라 $(\alpha=0.10)$

1.22 성장 호르몬 투약이 새끼를 밴 쥐의 체중 증가에 미치는 영향에 대하여 조사를 하였다. 6마리의 정상인 쥐(집단 1)와 성장 호르몬을 주입한 6마리 쥐(집단 2)에 대하여 체중 증가에 대한 자료로부터 다음과 같은 통계량의 값이 주어졌다.

	집단 1	집단 2
평균	41.8	60.8
표준편차	7.6	16.4

모집단에 대한 가정을 기술하고, 호르몬 투약을 한 쥐가 정상인 쥐보다 평균 체중 증가가 크다고 할 수 있는지에 대한 가설을 검정하라.

1.23 연습문제 **1.22**를 참조하여 물음에 답하라. 호르몬의 투여가 새끼를 밴 쥐의 체중 증가에 미치는 효과를 연구하기 위한 실험 계획에 대한 의뢰를 받았다고 하자. 실험에 활용할 수 있는 12마리의 쥐 중 6마리에게 호르몬을 투여하고 나머지 6마리는 정상집단으로 한다고 하자.

(1) 12마리의 쥐를 임의로 두 집단으로 나누는 것의 중요성에 더해 간단히 설명하라. 만약에 임의로 6마리의 쥐에게 호르몬을 투여하지 않고 꺼내기 쉬운 6마리의 쥐에 호르몬을 투여할 경우 실험 결과에 나타날 오류를 지적하라.

(2) 12마리의 쥐에게 1부터 12의 일련번호를 달게 하고 외형상 동일한 12개의 구슬에도 1부터 12의 일련번호를 달도록 하자. 어떻게 이 구슬들을 이용하여 12마리의 쥐를 비교집단과 정상집단으로 임의로 분류시킬 수 있는가?

1.24 두 모집단으로부터 서로 독립인 두 개의 표본에 대한 통계량들이 다음과 같이 4번 주어졌다. 각 경우에 모평균의 차에 대한 98% 신뢰구간을 구하고 실험에 필요한 가정을 말하라.

	표본 1			표본 2		
	n_1	$\bar{x}$	s_1	n_2	$\bar{y}$	s_2
(1)	15	28.1	3.6	11	30	5.2
(2)	130	410	26	96	390	42
(3)	12	1.25	0.082	14	1.32	0.326
(4)	60	75.6	17.6	50	62.5	6.8

1.25 정신분열증환자 9명과 통제집단으로 유사한 연령대의 환자 9명에 대한 해부를 수행하면서 두뇌 조직의 표본을 얻었다. 각 경우의 실험 대상에 대해 시간당 1 g의 조직에서 형성되는 어떤 효소의 양을 측정하였다. 아래의 표본평균과 표준편차는 그 자료로부터 얻어진 것이다.

	통제집단	정신분열환자집단
평균	39.8	35.5
표준편차	8.16	6.93

(1) 정신분열증환자의 특정 효소량의 평균이 통제집단보다 낮은가에 대한 가설검정을 시행하라. (유의수준 5%)

(2) 두 집단 사이의 효소량의 평균 차에 대한 95% 신뢰구간을 구하라.

10.2 짝비교

두 종류의 처리효과를 비교할 때, 반응값들의 차이가 처리효과의 차이에 의해서만 발생하도록 하기 위해서는 실험 대상이 되는 실험단위들이 비슷한 조건을 갖는 것이 이상적이다. 만약 실험단위들이 여러 조건에 있어서 차이가 많다면 반응값에서도 많은 차이를 나타낼 것이고, 따라서 처리효과의 차이를 구별해 내기 어려울 것이다. 그러나 실험단위들이 비슷해야 한다는 조건은 실제로 만족시키기 어려운 경우가 많다. 예를 들어 두 진통제의 효과를 비교하기 위해서 성별, 나이, 건강 상태 등이 같은 환자들을 동시에 여러 명 찾기란 거의 불가능한 일이다. 또한 실제적으로 가능, 불가능의 문제를 떠나서 비교 대상이 되는 범위를 한정하는 것은 적절하지 않을 수 있다. 예를 들어 나이 20세의 건강한 여자를 대상으로만 두 진통제를 비교하는 것보다는 다양한 조건의 사람들을 대상으로 그 효과를 비교하는 것이 바람직하다는 것이다.

이와 같이 실험단위들이 비슷해야 한다는 것과 다양한 실험단위들을 대상으로 비교해야 한다는 서로 상충하는 상황에서 절충안으로 제시되는 것이 자료를 짝지어서 비교하는 방법이다. 우선 실험단위들을 짝지어서 각각의 쌍으로 만드는 방법은 같은 쌍의 실험단위들은 서로 비슷하고, 다른 쌍의 실험단위들과는 서로 다른 조건을 갖도록 하는 것이다. 각 쌍에서 하나의 실험단위를 임의로 선택해서 처리 1을 시행하고, 나머지에는 처리 2를 시행하여 각 쌍에서 이들을 비교하는 것이다. 이 방법은 각 쌍에서 처리효과를 비교함으로써 실험단위들이 비슷해야 한다는 조건을 만족시킬 뿐 아니라 각 쌍들 간의 조건을 다르게 함으로써 다양한 조건의 실험단위를 대상으로 비교해야 한다는 조건을 만족시킨다. 이와 같은 방법을 **짝비교**(matched pair comparisons)라고 한다. 예를 들어 서로 다른 환경에 의한 학습능력의 차이를 비교하고자 할 때 학생들의 유전적인 차이를 배제하고 비교하기 위해서는 일란성 쌍둥이를 대상으로 짝비교하는 것이 이상적일 것이다.

다음은 짝비교를 시행할 때의 자료의 형태이다.

짝비교를 시행할 때의 자료의 형태

쌍	처리 1	처리 2	차
1	X_1	Y_1	$D_1=X_1-Y_1$
2	X_2	Y_2	$D_2=X_2-Y_2$
⋮	⋮	⋮	⋮
n	X_n	Y_n	$D_n= X_n-Y_n$

차 D_1, D_2, $\cdots$, D_n의 표본평균과 분산은 다음과 같다.

$$\overline{D}=\frac{1}{n}\sum_{i=1}^{n} D_i, \quad s_D^2=\frac{\sum_{i=1}^{n}(D_i-\overline{D})^2}{n-1}$$

위에서 각 쌍 (X_i, Y_i)는 서로 독립이나 각 쌍 내에서 X_i와 Y_i는 서로 독립이 아니다. 실제로 X_i와 Y_i가 서로 높은 상관관계를 가질 경우에 짝비교의 효과가 크다. 예를 들어 두 치료제의 효과를 비교하고자 하는데 두 치료제 모두 나이에 따라 치료효과의 차이가 많다고 하자. 즉 나이가 많을수록 효과가 크다고 하자. 이때 비슷한 나이끼리 서로 짝을 지어 비교를 한다면, 각 쌍의 나이에 따라 나이가 어린 환자쌍에서는 X_i와 Y_i의 값이 모두 작은 경향이 있고, 나이 많은 환자쌍에서는 두 값이 모두 큰 경향이 나타나서 X_i와 Y_i가 높은 상관관계를 갖게 된다. 이때 각 쌍의 나이가 서로 비슷하기 때문에 나이에 의한 차이를 어느 정도 제거할 수 있고, 따라서 두 치료제의 치료효과의 차이를 쉽게 얻어낼 수 있다. 그러나 다양한 나이의 사람들을 임의로 나누어 비교를 하였다면 나누어진 그룹의 나이 분포에 따라 반응값의 차이가 많이 나기 때문에 치료제의 종류에 따른 치료효과의 차이를 알아내기 어려웠을 것이다. 따라서 이와 같은 경우에는 비슷한 나이끼리 짝지어서 짝비교를 하는 것이 바람직하다. 즉 상관관계가 높은 것끼리 짝을 지음으로써 전체적인 변화의 폭을 줄여서 처리효과를 알아내기가 수월한 짝비교를 할 수 있다.

이와 같이 순수한 처리효과의 차이를 설명하는 $\{D_i\}$를 평균이 δ이고 분산이 $\sigma_D{}^2$인 모집단으로부터 추출한 표본이라고 가정하자. 그러면 δ는 두 처리효과의 차, 혹은 두 모평균의 차라고 할 수 있다. 따라서 $\delta=0$이라면 두 처리효과는 차이가 없는 것이고, $\delta>0$이라면 처리 1의 평균이 처리 2의 평균보다 더 크다고 할 수 있다. 이와 같이 δ라는 한 모집단의 평균에 대하여 추론함으로써 두 처리효과를 비교할 수 있다. 모평균 δ에 대한 추론은 앞의 8장과 9장의 방법을 이용하면 된다. 표본의 크기가 큰 경우에는 중심극한정리에 의해서 정규분포를 이용하여 추론을 할 수 있다. 표본의 크기가 작은 경우에는 모집단이 정규분포라는 가정하에 t 분포를 이용하여야 한다. 자유도가 무한대인 경우에 t 분포는 정규분포와 같으므로 정규분포를 이용하는 경우를 따로 설명하지 않고 t 분포를 이용하여 추론하는 방법만을 다음과 같이 정리하기로 한다.

평균차(처리효과의 차) δ에 대한 추론(표본의 크기가 작을 때)

두 반응값의 차 $D_1, D_2, \cdots, D_n$을 $N(\delta, {\sigma_D}^2)$로부터 추출한 표본이라고 하자. 이때 표본의 평균과 표준편차를 구하면 다음과 같다.

$$\overline{D}=\frac{1}{n}\sum_{i=1}^{n} D_i, \quad s_D^2=\frac{\sum_{i=1}^{n}(D_i-\overline{D})^2}{n-1}$$

(1) 모평균 δ에 대한 $100(1-\alpha)\%$ 신뢰구간은 다음과 같이 구할 수 있다.

$$\overline{D}\pm t_{\alpha/2}(n-1)\times s_D/\sqrt{n}$$

(2) 귀무가설 $H_0 : \delta=\delta_0$에 대한 검정통계량은

$$t=\frac{\overline{D}-\delta_0}{s_D/\sqrt{n}}$$

이고, H_0이 맞을 때 자유도가 $(n-1)$인 t 분포를 따른다.

다음의 예제는 자료가 처음부터 짝지어져서 얻어지는 전형적인 상황으로 전후를 비교하는 문제이다.

예제 9

어떤 약의 부작용으로 혈압강하의 효과가 있는지 알아보기 위해서 15명의 환자를 대상으로 약의 복용 전후의 이완기 혈압을 측정하였더니 그 결과가 다음과 같았다.

환자	1	2	3	4	5	6	7	8	9	10	11	12	13	14	15
전(x)	70	80	72	76	76	76	72	78	82	64	74	92	74	68	84
후(y)	68	72	62	70	58	66	68	52	64	72	74	60	74	72	74
$d=(x-y)$	2	8	10	6	18	10	4	26	18	−8	0	32	0	−4	10

(1) 평균 혈압강하량에 대한 95% 신뢰구간을 구하라.

(2) 이 자료로부터 약이 혈압을 내린다는 주장을 할 수 있겠는가? 유의수준 1%로 검정하라.

풀이

(1) 알약 복용 전후의 혈압차 D_i를 모집단이 $N(\delta, \sigma_D{}^2)$인 분포로부터 추출한 표본이라고 하면 δ는 평균 혈압강하량이라고 할 수 있다. 따라서 δ에 대한 신뢰구간을 구하려면

$$\overline{D} \pm t_{0.025}(14) \times s_D/\sqrt{15}$$

로부터 구할 수 있다. 자료로부터 표본의 평균과 표준편차는

$$\overline{d} = \frac{1}{15}\sum d_i = 8.80, \quad s_D = \sqrt{\frac{\sum(d_i - \overline{d})^2}{n-1}} = 10.98$$

이고, $t_{0.025}(14) = 2.145$이므로 95% 신뢰구간은

$$8.80 \pm 2.145 \times \frac{10.98}{\sqrt{15}} = 8.80 \pm 6.08 \text{ 혹은 } (2.72,\ 14.88)$$

이다.

(2) 하고자 하는 주장이 $\delta > 0$이므로 적절한 가설은

$$H_0 : \delta = 0 \text{ 대 } H_1 : \delta > 0$$

이다. 검정통계량은

$$t = \frac{\overline{D}}{s_D/\sqrt{n}}$$

이고, 기각역은 $R : t \geq t_{0.01}(14) = 2.624$이다. 자료로부터 검정통계량의 값을 구하면

$$t_0 = \frac{\overline{d}}{s_D/\sqrt{n}} = \frac{8.80}{10.98/\sqrt{15}} = 3.10$$

이다. 이 값이 기각역에 포함되므로 귀무가설을 기각할 수 있고, 따라서 약이 혈압을 내린다는 주장을 뒷받침한다고 할 수 있다.

이 예제와 같이 자료가 처음부터 짝지어져 있는 경우는 어떤 처리의 효과를 전과 후로 나누어 비교하는 경우에 흔히 나타난다. 예를 들면 엑스레이실의 근무 전과 후의 백혈구 수의 변화를 알아본다든지, 체중조절 프로그램의 실시 전과 후의 체중의 변화를 알아보는 것 등이 있다. 또한 전과 후로 짝지어져 있는 경우가 아니더라도 각 가정의 남편과 부인, 사람의 왼손과 오른손의 비교 등 처음부터 짝지어져서 나타나는 자료는 많이 있다. 이와 같이 자료가 처음부터 짝지어져서 나타나는 경우는 전과 후, 남편과 부인, 왼손과 오른손 등과 같이 각 쌍마다 두 가지의 처리가 미리 정해져 있어서 두 개의 처리를 어떻게 배정할 것인가가 전혀 문제되지 않는다. 그러나 두 가지의 처리가 확실히 정해져 있지 않은 경우에는 각각의 쌍에서 처리 1과 처리 2를 어떻게 배정할 것인가가

중요한 과제가 된다. 예를 들어 예제 2에서와 같이 비슷한 조건을 갖춘 환자들로 짝을 지은 후에 두 종류(A, B)의 약을 처방하여 비교하는 경우, 만약 각 쌍에서 젊은 환자에게 약 A를, 나이든 환자에게 약 B를 처방한다면 나이에 의한 효과의 차이와 약 종류에 의한 효과의 차이가 혼합되어서 약 종류에 의한 효과의 차이를 알아낼 수 없게 된다.

따라서 이와 같은 경우에는 환자에게 있는 여러 조건들이 어느 한 쪽의 처리에만 영향을 주지 않고 확률적으로 같은 정도로 영향이 미치도록 해야 한다. 예를 들면 각 쌍에서 한 환자에게 동전 던지기로 A, B 중 하나의 약을 처방하고 남은 환자에게는 다른 약을 처방함으로써 환자 간에 어떤 차이가 있다고 하더라도 그 차이가 한 종류의 약에만 영향을 주지는 않도록 하는 것이다. 이와 같이 무작위로 배정하는 것을 **랜덤화**(randomization)라고 표현한다.

연습문제

2.1 다음과 같이 짝으로 이루어진 자료가 주어져 있다.

x	6	10	8	13
y	7	9	11	11

(1) 통계량 $t=\dfrac{\bar{D}}{s_D/\sqrt{n}}$의 값을 계산하라.

(2) 위의 t 분포의 자유도는 얼마인가?

2.2 다음과 같이 짝을 이룬 자료가 주어져 있다고 하자.

x	5	3	7	5	8	7
y	4	2	4	6	8	9

(1) 통계량 $t=\dfrac{\bar{D}}{s_D/\sqrt{n}}$의 값을 계산하라.

(2) 위의 t 분포의 자유도는 얼마인가?

2.3 두 집단을 비교하기 위해 A 집단과 B 집단의 각각의 차를 구해서 기록하였다.

$$2 \quad 5 \quad 6 \quad 8 \quad -6 \quad 4 \quad 18 \quad -12 \quad 17 \quad -7 \quad 16 \quad 12$$

(1) A 집단이 B 집단보다 평균이 더 크다는 증거가 있는가? ($\alpha=0.05$로 검정하라.)

(2) 두 집단의 모평균의 차에 대한 95% 신뢰구간을 구하라.

2.4 한 제조자가 자신의 회사에서 만들어 낸 장화방수제가 유명 브랜드의 것보다 더 좋다고 한다. 이것을 알아보기 위하여 5쌍의 장화를 대상으로 검사하고자 한다.

(1) 짝비교 검정방법에 대해 설명하라.

(2) 각 장화방수제의 효능을 비교하고자 한다면 어떻게 랜덤화하겠는가?

2.5 어떤 산업안전 프로그램이 공장에서 일어나는 사건으로 인한 작업시간의 손실을 줄이는 데 효과적이라고 주장하고 있다. 다음의 자료는 6곳의 공장에서 산업 안전 프로그램 실시 전과 후의 사고로 인한 주당 작업시간의 손실을 기록한 것이다.

	공장					
	1	2	3	4	5	6
실시 전	12	29	16	37	28	15
실시 후	10	28	17	35	25	16

자료로부터 그 주장이 맞다고 결론을 내릴 수 있겠는가? ($\alpha=0.05$로 검정하라.)

2.6 어떤 영양학자는 사이크로트롭스(PC)라고 불리는 일종의 박테리아를 넣은 탈지유와 PC를 넣지 않은 탈지유로 만들어진 요구르트 질에 차가 있는지를 연구하고자 한다. 탈지유의 표본을 7곳의 우유 농장에서 채취한 후, 각각 절반의 우유에는 PC를 주입하고 나머지 절반의 우유에는 PC를 주입하지 않았다. 이렇게 얻어진 우유로 요구르트를 만들어 각각 응고된 정도를 측정하여 기록하였더니 결과가 다음 표와 같았다. (수치가 큰 것이 응고 정도가 강함을 나타낸다고 하자.)

	농장						
	A	B	C	D	E	F	G
PC 첨가	68	75	62	86	52	46	72
PC 첨가 안 함	61	69	64	76	52	38	68

이 자료로부터 PC가 주입된 우유로 만든 요구르트의 응고 정도가 더 강하다고 결론을 내릴 수 있겠는가? ($\alpha=0.05$로 검정하라.)

2.7 연습문제 **2.6**의 자료로부터 PC에 의한 응고력의 증가량의 평균에 대한 90% 신뢰구간을 구하라.

2.8 통조림 공장에서 통조림을 제조하기 전에 많은 양의 끓는 물로 채소를 세척하고 있다. 그런데 새로 개발된 방법인 증기를 이용한 세척방법(SBP)을 사용하면 채소에 들어 있는 비타민과 미네랄이 기존의 방법보다 적게 손실된다고 한다. 10곳의 농장에서 얻은 10다발의 콩을 가지고 SBP 방법과 기존의 방법을 비교하고자 한다. 각 다발의 콩 중에서 반은 기존의 방법으로, 나머지 반은 SBP 방법으로 처리한 후 통조림 된 콩에서 450 g당 비타민의 양을 측정하였다.

	농장									
	1	2	3	4	5	6	7	8	9	10
SBP 방법	35	48	65	33	61	54	49	37	58	65
기존의 방법	33	40	55	41	62	54	40	35	59	56

두 가지 방법을 사용하였을 때 450 g당 비타민 양의 평균차에 대한 98% 신뢰구간을 구하라.

2.9 연습문제 **2.8**의 자료로부터 기존의 방법보다 SBP 방법이 비타민 손실을 더 적게 한다고 할 수 있는가? ($\alpha=0.05$로 검정하라.)

2.10 어려운 것을 기억하는 두 가지 방법 중 어떤 것이 더 효과적인지 결정하고자 한다. 다음은 IQ와 성적을 기준으로 짝지은 9쌍의 학생들을 대상으로 두 방법을 각 쌍에서 임의로 배정하여 기억력 실험을 시행한 결과이다.

	쌍								
	1	2	3	4	5	6	7	8	9
방법 A	90	86	72	65	44	52	46	38	43
방법 B	85	87	70	62	44	53	42	35	46

$\alpha=0.05$에서 두 가지 방법의 효과의 차이가 유의한지를 검정하라.

2.11 각각 다른 도에 위치한 8곳의 농장에서 A와 B 두 종류의 우리밀을 같은 면적에서 재배하여 생산량 비교 실험을 하였다. 단위면적당 수확량의 결과는 다음과 같다.

	농장							
	1	2	3	4	5	6	7	8
우리밀 A	23	39	19	43	33	29	28	42
우리밀 B	18	33	21	34	33	20	21	40

(1) 우리밀 A가 우리밀 B보다 더 높은 평균생산량을 갖는다는 강력한 증거가 있는가? 유의수준 $\alpha=0.05$로 검정하라.

(2) 이 실험에서 랜덤화를 하기 위해서는 어떻게 하겠는가?

2.12 연습문제 **2.11**에서 이번에는 16곳의 농장을 선택해서 8곳에는 우리밀 A를, 나머지에는 우리밀 B를 심었다고 한다. 단위면적당 수확량은 아래와 같다.

우리밀 A	23	39	19	28	42	43	33	29
우리밀 B	20	21	40	34	33	18	33	21

(1) 우리밀 A가 우리밀 B보다 더 높은 평균생산량을 갖는다는 강력한 증거가 있는가? (유의수준 $\alpha=0.05$로 검정하라.)

(2) 이 실험에서는 랜덤화란 무엇이며 랜덤화를 하고자 하면 어떻게 하여야 하겠는가?

(3) 이 자료는 연습문제 **2.11**의 자료를 뒤섞어 놓은 형태이다. 두 가지 상황에서 결과가 다른 이유를 설명하라.

2.13 왼손과 오른손의 쥐는 힘(악력)을 측정하고자 10명의 왼손잡이들을 뽑아 측정하였다.

	사람									
	1	2	3	4	5	6	7	8	9	10
왼손	140	90	125	130	95	121	85	97	131	110
오른손	138	87	110	132	96	120	86	90	129	100

(1) 자료로부터 왼손잡이들은 오른손의 쥐는 힘보다 왼손으로 쥐는 힘이 더 세다는 결론을 내릴 수 있겠는가?

(2) 평균 차에 대한 90% 신뢰구간을 구하라.

10.3 두 모비율의 차에 대한 추론

이 절에서는 두 모집단의 비율을 비교하는 추론의 방법을 공부하고자 한다. 두 모비율의 비교가 관심이 되는 경우는 흔히 있는 일인데 두 도시의 실업률의 비교, 두 치료 방법의 완치율의 비교 등 어떤 특성에 대한 두 모집단의 비율을 비교하고자 하는 경우가 그것이다. 이때 관심의 대상이 되는 어떤 특성의 모집단 1의 비율을 p_1이라고 하고 모집단 2의 비율을 p_2라고 하자. 이 절에서 다루고자 하는 것은 (p_1-p_2)의 신뢰구간을 구하는 것과 $H_0: p_1-p_2=0$에 대한 가설검정이다.

이와 같은 문제를 다룰 때 얻는 자료의 전형적인 형태는 아래 표 10-1과 같다. 두 모집단으로부터 크기가 각각 n_1, n_2인 표본을 추출하여 각각 특성이 A인 것과 A가 아닌 것으로 분류하였다고 하자.

표 10-1 두 모집단으로부터 추출된 독립된 두 표본

	특성 A인 것	특성 A가 아닌 것	표본의 크기
모집단 1	X	n_1-X	n_1
모집단 2	Y	n_2-Y	n_2

이때 A를 '성공', A가 아닌 것을 '실패'라고 하고 두 표본에서 성공의 개수를 각각 X, Y로 표현하자. 두 모집단의 특성 A의 비율을 각각 p_1과 p_2라고 하면 그 추정량은 각 표본으로부터 표본의 비율을 사용하게 될 것이다. 즉

$$\hat{p}_1=\frac{X}{n_1}, \qquad \hat{p}_2=\frac{Y}{n_2}$$

따라서 두 모비율의 차 (p_1-p_2)의 추정량은 $(\hat{p}_1-\hat{p}_2)$이 된다. 이 추정량을 이용해서 (p_1-p_2)에 대한 추론을 하기 위해서는 $(\hat{p}_1-\hat{p}_2)$의 분포를 알아야 한다. 앞 장의 내용을 보면 표본의 크기 n_1, n_2가 큰 경우에

$$X\sim N(n_1p_1,\ n_1p_1(1-p_1)),\qquad Y\sim N(n_2p_2,\ n_2p_2(1-p_2))$$

가 근사적으로 성립한다. 따라서

$$\hat{p}_1=\frac{X}{n_1}\sim N\left(p_1,\ \frac{p_1(1-p_1)}{n_1}\right),\qquad \hat{p}_2=\frac{Y}{n_2}\sim N\left(p_2,\ \frac{p_2(1-p_2)}{n_2}\right)$$

여기서도 두 표본이 서로 독립이므로 앞의 10.1절의 정규분포의 성질을 이용하면 $(\hat{p}_1-\hat{p}_2)$의 분포는 평균이 (p_1-p_2)이고 분산이 $p_1(1-p_1)/n_1+p_2(1-p_2)/n_2$인 정규분포를 따른다. 따라서 이를 표준화시키면

$$Z=\frac{(\hat{p}_1-\hat{p}_2)-(p_1-p_2)}{\sqrt{\dfrac{p_1(1-p_1)}{n_1}+\dfrac{p_2(1-p_2)}{n_2}}}\sim N(0,\ 1)$$

이 된다. 이를 이용하여 (p_1-p_2)에 대한 신뢰구간을 구하려면 (추정량)±(z값)×(표준오차)의 식에 따라

$$(\hat{p}_1-\hat{p}_2)\pm z_{\alpha/2}\times\sqrt{\frac{p_1(1-p_1)}{n_1}+\frac{p_2(1-p_2)}{n_2}}$$

가 되는데, 이때 제곱근 속의 p_1, p_2가 미지수이므로 이를 추정치인 $\hat{p}_1$, $\hat{p}_2$로 대입하면 $100(1-\alpha)\%$ 신뢰구간은 다음과 같이 구할 수 있다.

모비율의 차 (p_1-p_2)에 대한 신뢰구간 (표본의 크기가 클 때)

표본의 크기 n_1과 n_2가 클 때 (p_1-p_2)에 대한 $100(1-\alpha)\%$ 신뢰구간은 다음과 같이 구할 수 있다.

$$(\hat{p}_1-\hat{p}_2)\pm z_{\alpha/2}\times\sqrt{\frac{\hat{p}_1(1-\hat{p}_1)}{n_1}+\frac{\hat{p}_2(1-\hat{p}_2)}{n_2}}$$

예제 10

어떤 화학적인 처리가 씨의 발아비율을 높이는 데 효과가 있는가를 알아보기 위해서 100개의 화학적으로 처리된 씨와 150개의 처리되지 않은 보통의 씨를 파종하여 발아되는 것을 관찰하였다. 그 결과

화학적으로 처리된 씨 중에서는 88개, 보통의 씨 중에서는 126개가 발아되었다. 화학적으로 처리된 씨와 처리되지 않은 보통의 씨의 발아비율의 차에 대한 95% 신뢰구간을 구하라.

풀이

화학적으로 처리된 씨의 발아비율을 p_1, 보통씨의 발아비율을 p_2라고 하자. 자료를 정리하면 다음과 같다.

	발아	발아되지 않음	합계
화학처리된 씨	88	12	100
처리되지 않은 씨	126	24	150

이로부터 필요한 통계량의 값을 구하면 다음과 같다.

$$\hat{p}_1=\frac{88}{100}=0.88, \qquad \hat{p}_2=\frac{126}{150}=0.84, \qquad \hat{p}_1-\hat{p}_2=0.04$$

$$\sqrt{\frac{\hat{p}_1(1-\hat{p}_1)}{n_1}+\frac{\hat{p}_2(1-\hat{p}_2)}{n_2}}=\sqrt{\frac{0.88\times0.12}{100}+\frac{0.84\times0.16}{150}}=0.0442$$

따라서 (p_1-p_2)에 대한 95% 신뢰구간은 다음과 같다.

$$0.04\pm1.96\times0.0442=0.04\pm0.0866 \quad \text{혹은} \quad (-0.0466,\ 0.1266)$$

이제 표본의 크기가 클 때 두 모비율이 같은가를 검정하는 방법을 공부해 보자. 우선 검정하고자 하는 귀무가설은 $H_0: p_1=p_2$이고, 이를 검정하기 위해 다시 $(\hat{p}_1-\hat{p}_2)$을 이용하게 된다. 귀무가설 H_0이 맞을 때 이 통계량의 분포는

$$(\hat{p}_1-\hat{p}_2)\sim N\left(0,\ p(1-p)\left(\frac{1}{n_1}+\frac{1}{n_2}\right)\right)$$

이 되는데, 이때 p는 모비율이 같은 두 모집단의 공통비율이다. 통합된 두 표본으로부터 이를 추정하면

$$\hat{p}=\frac{X+Y}{n_1+n_2}$$

이 된다. 이를 이용하여 검정통계량과 검정방법을 정리하면 다음과 같다.

$H_0: p_1 = p_2$에 대한 검정 (표본의 크기가 클 때)

표본의 크기 n_1, n_2가 클 때 가설 $H_0 : p_1 = p_2$에 대한 검정통계량은 다음과 같다.

$$Z = \frac{(\hat{p}_1 - \hat{p}_2)}{\sqrt{\hat{p}(1-\hat{p})}\sqrt{\dfrac{1}{n_1} + \dfrac{1}{n_2}}}$$

이때 $\hat{p} = \dfrac{X+Y}{n_1+n_2}$는 귀무가설하에서의 공통비율 p의 추정량이고, 검정통계량은 H_0이 맞을 때 근사적으로 $N(0, 1)$을 따른다. 각 대립가설에 대하여 유의수준 α를 갖는 기각역은 다음과 같다.

$H_1: p_1 > p_2$일 때 $\quad R : Z \geq z_\alpha$

$H_1: p_1 < p_2$일 때 $\quad R : Z \leq -z_\alpha$

$H_1: p_1 \neq p_2$일 때 $\quad R : |Z| \geq z_{\alpha/2}$

예제 11

앞의 예제 10에서 화학적인 처리가 씨의 발아비율을 높인다고 할 수 있는지 유의수준 5%로 검정하라. 또한 P–값도 구하라.

풀이

여기서 검정하고자 하는 가설은

$$H_0: p_1 = p_2 \quad \text{대} \quad H_1: p_1 > p_2$$

이다. 표본의 크기가 100과 150으로 모두 크므로 적절한 검정통계량은

$$Z = \frac{(\hat{p}_1 - \hat{p}_2)}{\sqrt{\hat{p}(1-\hat{p})}\sqrt{\dfrac{1}{n_1} + \dfrac{1}{n_2}}}$$

이고, 기각역은 $R : Z \geq z_{0.05} = 1.645$이다. 앞의 예제에서 계산한 바와 같이 $\hat{p}_1 - \hat{p}_2 = 0.04$이고, 두 표본으로부터 $\hat{p}$을 구하면

$$\hat{p} = \frac{88+126}{100+150} = 0.856$$

이다. 따라서 검정통계량의 관측치는

$$z_0 = \frac{\hat{p}_1 - \hat{p}_2}{\sqrt{0.856 \times 0.144}\sqrt{\dfrac{1}{100} + \dfrac{1}{150}}} = 0.883$$

이고, 이 값이 기각역에 포함되지 않으므로 기각할 수 없다. 즉 화학적인 처리가 씨의 발아비율을 높인다는 충분한 근거가 없다. 관측치로부터 $P-$값을 구해 보면 $z=0.88$이므로

$$P-\text{값}=\mathbf{P}(Z\geq 0.88)=0.1894$$

이다. 따라서 이 관측치를 가지고 귀무가설을 기각하기 위해서는 유의수준이 최소한 0.1894보다 커야 한다.

연습문제

3.1 다음과 같은 자료에 대하여 각 물음에 답하라.

$$n_1=100 \qquad \hat{p}_1=0.5$$
$$n_2=200 \qquad \hat{p}_2=0.7$$

(1) (p_1-p_2)에 대한 95% 신뢰구간을 구하라.

(2) 가설 $H_0: p_1=p_2$ 대 $H_1: p_1<p_2$에 대하여 $Z-$검정을 하라. ($\alpha=0.05$로 검정하라.)

3.2 두 집단 A와 B에서 각각 100명의 여성을 뽑아 "24세가 되기 전에 결혼하셨습니까?"라는 질문을 하였다. 그 결과는 다음과 같이 얻어졌다.

	집단 A	집단 B
예	62	29
아니오	38	71

(1) 양측검정의 방법으로 두 집단의 24세 이전에 결혼한 비율이 같은지를 검정하라. (유의수준 $\alpha=0.05$)

(2) (p_A-p_B)에 대한 95% 신뢰구간을 구하라.

3.3 두 가지 새로운 약 A와 약 B를 비교 연구하기 위해, 120명의 환자에게는 약 A를 150명의 환자에게는 약 B를 복용시킨 후 다음과 같은 결과를 얻었다.

	약 A	약 B
치유됨	52	88
치유안됨	68	62

(1) 이 결과로부터 약 A보다 약 B가 더 높은 치유율을 갖는다고 설명할 수 있겠는가?

(2) 두 약의 치유율의 차에 대한 95% 신뢰구간을 구하라.

3.4 연습문제 **3.3**에서 각 약의 치유율에 대한 95% 신뢰구간을 각각 구하라.

3.5 높은 반응능력(HRL)을 가진 49명 여자 고등학생과 낮은 반응능력(LRL)을 가진 54명 여자 고등학생을 대상으로 또래 집단으로부터 받게 되는 정신적인 압력에 대한 반응을 조사하였더니 결과가 다음과 같았다.

	압력에 대한 반응	
	순종	저항
HRL	33	16
LRL	12	42

LRL 집단보다 HRL 집단이 정신적인 압력에 대한 저항이 낮다고 할 수 있는가? (P−값을 계산하여 결론을 내려라.)

3.6 연습문제 **3.5**에서의 자료로부터 HRL과 LRL집단의 정신적인 압력에 대한 저항률의 차의 99% 신뢰구간을 구하라.

3.7 아동학대와 범죄행위 간의 관련성에 대한 연구에서 85명의 소년이 어른들로부터 학대를 받았고 120명의 소년이 받지 않았다고 하자. 학대를 받은 집단의 21명, 받지 않은 집단의 11명이 십대에 고질적인 범죄자가 되었다는것을 알아내었다. 이 자료로부터 학대 받은 소년들이 학대 받지 않은 집단보다 고질적 범죄자가 되기 쉽다는 추측을 증명할 수 있겠는가? 유의수준 $\alpha=0.01$로 검정하라.

3.8 연습문제 **3.7**의 자료로부터 학대 받은 모집단, 받지 않은 모집단에서 고질적 범죄자가 되는 실제 비율의 차에 대한 95% 신뢰구간을 구하라.

3.9 대중적으로 인기 있는 살균제 리스터린(Listerine)은 영국의 내과의사로서 방부제 사용의 개척자인 조세프 리스터(Joseph Lister)의 이름을 따서 명명한 것이다. 그는 다년간 75명의 절단수술을 하였는데 40명에 대하여 살균제로 리스터린을 사용하고 35명에 대하여 어떤 살균제도 사용하지 않았다. 그 결과는 아래와 같이 얻어졌다.

	생존자수	사망자수	합계
리스터린 사용	34	6	40
살균제 사용하지 않음	19	16	35

두 집단 사이에 생존율의 차이가 존재한다고 할 수 있는가? (유의수준 $\alpha=0.05$에서 검정하고 P−값을 계산하라.)

3.10 연습문제 **3.9**의 자료로부터 두 집단의 생존율의 차에 대한 95% 신뢰구간을 구하라.

3.11 30, 40대의 250명과 60, 70대의 250명을 임의추출하여 그들의 하루 수면시간을 조사 정리한 결과의 일부가 다음 표와 같이 주어졌다.

나이	수면시간≤8
30, 40대	172
60, 70대	120

하루 수면시간이 8시간 이하인 사람들의 비율이 30, 40대가 60, 70대보다 많다는 것이 통계적으로 유의한가? ($P-$값을 계산하라.)

3.12 연습문제 **3.11**의 자료로부터 30, 40대와 60, 70대의 두 모집단에서 하루 수면시간이 8시간 이하인 사람의 모비율을 각각 p_1, p_2라고 할 때 (p_1-p_2)의 95% 신뢰구간을 구하라.

3.13 어떤 의학자가 흡연이 눈 주위의 잔주름에 영향을 주는지를 연구하고자 한다. 150명의 흡연자와 250명의 비흡연자들 중에서 95명의 흡연자와 103명의 비흡연자들이 눈 주의에 심한 잔주름이 있는 것으로 나타났다.

(1) 이 자료로부터 눈 주위의 잔주름이 비흡연자보다 흡연자에게 더 많이 있다고 결론을 내릴 수 있겠는가? $P-$값을 계산하여 답하라.

(2) 만약 이 결과가 통계적으로 유의하다고 한다면 연구자는 흡연이 눈가의 잔주름에 영향을 준다는 결론을 내릴 수 있겠는가? 그 이유를 설명하라.

3.14 두 모집단으로부터 크기가 n_1, n_2인 서로 독립인 표본을 추출하였다고 하자. 또한 그 표본의 성공률을 $\hat{p}_1=0.62$, $\hat{p}_2=0.51$이라고 하자. 다음의 각 경우에 대해 두 모비율이 통계적으로 차이가 있다고 할 수 있는지를 각각에 주어진 유의수준에 대하여 검정하라.

(1) $n_1=42,\ n_2=50,\ \alpha=0.05$

(2) $n_1=200,\ n_2=210,\ \alpha=0.05$

(3) $n_1=200,\ n_2=210,\ \alpha=0.01$

3.15 1,083명의 위험 집단을 대상으로 새로운 B형 간염백신에 대한 임상실험을 실시하였다. 이 집단에서 549명에게는 백신을 투여하고 다른 534명에게는 가짜약을 투여하였다. 그 결과를 아래와 같은 표로 작성하였다.

	간염에 걸림	간염에 걸리지 않음	합계
백신	11	538	549
가짜약	70	464	534

(1) 이 자료로부터 백신이 효과적이라고 할 수 있는가? $\alpha=0.01$로 검정하라.

(2) 백신을 투여한 집단과 그렇지 않은 집단 간의 간염 발생률의 차에 대한 95% 신뢰구간을 구하라.

3.16 당뇨병, 심장질환, 간질 등의 병을 가지고 있는 운전자들 집단과 질환을 갖지 않은 운전자들 집단에 대한 운전기록이 다음과 같이 주어져 있다.

상태	교통 위반		합계
	없음	1회 이상	
당뇨	119	41	160
심장병	121	39	160
간질	72	78	150
질환 없음	157	43	200

p_1, p_2, p_3, p_4를 위의 네 집단(당뇨병, 심장질환, 간질, 질환 없음)에 대한 1회 이상 교통위반을 한 모비율이라고 하자.

(1) 가설 $H_0: p_1 = p_4$ 대 $H_1: p_1 > p_4$에 대하여 유의수준 $\alpha = 0.10$로 검정하라.

(2) p_3가 p_4보다 높다는 강력한 증거가 되겠는가? $P-$값을 계산하여 답하라.

3.17 위의 연습문제 **3.16**의 자료로부터

(1) $(p_3 - p_2)$에 대한 95% 신뢰구간을 구하라.

(2) $(p_2 - p_4)$에 대한 95% 신뢰구간을 구하라.

3.18 위의 연습문제 **3.16**의 자료로부터 각 모비율 p_1, p_2, p_3, p_4에 대한 95% 신뢰구간을 구하라.

10.4 두 모분산의 비에 대한 추론

앞에서 우리는 한 모집단의 분산에 대한 추론을 위하여 표본분산과 연관된 카이제곱분포를 사용하였다. 그렇다면 두 모집단의 분산의 비에 대한 추론은 표본분산의 비를 이용하여 추론을 하는 것이 타당할 것이다. 이 절에서는 두 모집단 분산의 비를 추론하기 위하여 표본분산의 비에 관련된 F 분포를 공부하고자 한다.

F 분포

정규모집단 $N(\mu_1, \sigma_1^2)$으로부터 임의추출한 표본 $X_1, X_2, \cdots, X_{n_1}$의 표본분산을 S_1^2이라 하고 이와 독립인 정규모집단 $N(\mu_2, \sigma_2^2)$으로부터 임의추출한 표본 $Y_1, Y_2, \cdots, Y_{n_2}$의 표본분산을 S_2^2라고 할 때,

$$F = \frac{S_1^2/\sigma_1^2}{S_2^2/\sigma_2^2}$$

은 분자의 자유도가 $n_1 - 1$, 분모의 자유도가 $n_2 - 1$인 F 분포를 따르고, 이를 기호로 $F \sim F(n_1 - 1, n_2 - 1)$로 표현한다.

F 분포는 이를 제안한 통계학자 피셔(R. A. Fisher)의 첫 글자를 따서 이름 지어졌다. 확률변수의 분포가 $F \sim F(v_1,\ v_2)$일 때, 분포의 모양은 분자와 분모의 자유도 $(v_1,\ v_2)$에 의해 결정된다. 이러한 F 분포의 상위 α의 확률을 주는 경계점을 $F_\alpha(v_1,\ v_2)$로 표현한다. 상위 $\alpha=0.05$와 $\alpha=0.10$의 확률을 주는 경곗값이 부록(표 6)에 있다. 다음의 표 10-2에서는 분자의 자유도가 $7(v_1=7)$이고 분모의 자유도가 $15(v_2=15)$일 때 상위 $0.05(\alpha=0.05)$의 확률을 주는 경곗값을 F 분포표를 통해 찾는 예를 보여주고 있다. F 분포표에서 보면 $v_1=7$인 열과 $v_2=15$인 행을 찾아서 만나는 점의 값을 읽으면 $F_{0.05}(7,\ 15)=2.71$을 얻을 수 있다.

표 10-2 $F(7,\ 15)$분포의 상위 5%($\alpha=0.05$)의 경곗값

v_2 \ v_1	…	7	…
⋮		⋮	
15	…	2.71	…
⋮		⋮	

F 분포는 카이제곱분포와 마찬가지로 0보다 큰 양수 값만을 가지며 대칭적인 분포가 아니므로 하위 α의 확률을 주는 경곗값은 상위 α의 확률을 주는 경곗값으로부터 구할 수는 없다. 하위 α의 확률을 주는 경곗값은 F 분포에 대한 다음의 관계식을 이용하여 구할 수 있다.

$$F_{1-\alpha}(v_1,\ v_2)=\frac{1}{F_\alpha(v_2,\ v_1)}$$

예를 들어, 분자의 자유도가 $15(v_1=15)$이고 분모의 자유도가 $7(v_2=7)$일 때 하위 0.05(상위 0.95)의 확률을 주는 경곗값은 위 식을 이용하면 $F_{0.95}(15,\ 7)=1/F_{0.05}(7,\ 15)=1/2.71$을 얻을 수 있다.

두 집단의 모분산 비에 대한 신뢰구간과 가설검정은 서로 독립인 정규모집단에서의 임의표본에서 각각 구한 표본분산 S_1^2과 S_2^2으로부터 $\dfrac{S_1^2/\sigma_1^2}{S_2^2/\sigma_2^2} \sim F(n_1-1,\ n_2-1)$분포를 따른다는 사실을 이용하게 된다.

$\dfrac{\sigma_1^2}{\sigma_2^2}$에 대한 신뢰구간

정규모집단에서 독립인 표본들로부터 $\dfrac{S_1^2/\sigma_1^2}{S_2^2/\sigma_2^2} \sim F(n_1-1,\ n_2-1)$이므로 $F(n_1-1,\ n_2-1)$ 분포에서 상위 $\alpha/2$의 경곗값과 하위 $\alpha/2$의 경곗값으로부터 다음 결과를 얻을 수 있다.

$$\mathbf{P}\left(F_{1-\alpha/2}(n_1-1,\ n_2-1) \le \frac{S_1^2/\sigma_1^2}{S_2^2/\sigma_2^2} \le F_{\alpha/2}(n_1-1,\ n_2-1)\right)=1-\alpha$$

위 식에서 괄호 안의 부등식을 $\dfrac{\sigma_1^2}{\sigma_2^2}$을 중심으로 정리하면 다음과 같다.

$$\mathbf{P}\left(\frac{1}{F_{\alpha/2}(n_1-1,\ n_2-1)}\frac{S_1^2}{S_2^2} \le \frac{\sigma_1^2}{\sigma_2^2} \le \frac{1}{F_{1-\alpha/2}(n_1-1,\ n_2-1)}\frac{S_1^2}{S_2^2}\right)=1-\alpha$$

따라서 이 식으로부터 $\dfrac{\sigma_1^2}{\sigma_2^2}$의 $100(1-\alpha)\%$ 신뢰구간을 구하면 다음과 같다.

$$\left(\frac{1}{F_{\alpha/2}(n_1-1,\ n_2-1)}\frac{S_1^2}{S_2^2},\ \frac{1}{F_{1-\alpha/2}(n_1-1,\ n_2-1)}\frac{S_1^2}{S_2^2}\right)$$

위 식에서 하위 $\alpha/2$의 확률을 주는 경곗값은 $F_{1-\alpha/2}(n_1-1,\ n_2-1)=\dfrac{1}{F_{\alpha/2}(n_2-1,\ n_1-1)}$을 이용하면 된다. 또한 $\dfrac{\sigma_1}{\sigma_2}$은 $\dfrac{\sigma_1^2}{\sigma_2^2}$의 양의 제곱근이므로 $\dfrac{\sigma_1}{\sigma_2}$의 신뢰구간은 $\dfrac{\sigma_1^2}{\sigma_2^2}$의 신뢰구간의 양 끝값의 양의 제곱근을 구하여 얻을 수 있다. 따라서 $\dfrac{\sigma_1}{\sigma_2}$의 $100(\alpha-1)\%$ 신뢰구간은

$$\left(\frac{1}{\sqrt{F_{\alpha/2}(n_1-1,\ n_2-1)}}\frac{S_1}{S_2},\ \frac{1}{\sqrt{F_{1-\alpha/2}(n_1-1,\ n_2-1)}}\frac{S_1}{S_2}\right)$$

이다.

예제 12

두 도시 A와 B에 거주하는 직장인의 월 소득은 각각 정규분포를 따른다고 한다. 두 도시에 거주하는 직장인 중에서 10명과 16명을 임의추출하여 조사한 결과가 다음과 같다.

	도수 A	도수 B
표본의 크기	$n_1=10$	$n_2=16$
표본분산	$s_1^2=540$	$s_2^2=329$

두 도시 A와 B에 거주하는 직장인의 월 소득의 분산을 각각 σ_1^2와 σ_2^2이라고 할 때, $\dfrac{\sigma_1^2}{\sigma_2^2}$의 90% 신뢰구간을 구하라.

풀이

$\dfrac{\sigma_1^2}{\sigma_2^2}$의 95% 신뢰구간은

$$\left(\frac{1}{F_{0.05}(n_1-1,\ n_2-1)}\frac{S_1^2}{S_2^2},\ \frac{1}{F_{0.95}(n_1-1,\ n_2-1)}\frac{S_1^2}{S_2^2}\right)$$

이다. 두 표본의 크기는 각각 $n_1=10$과 $n_2=16$이므로 F 분포표로부터 $F_{0.05}(9,\ 15)=2.59$이며, $F_{0.95}(9,\ 15)=1/F_{0.05}(15,\ 9)=1/3.01=0.33$임을 얻을 수 있다. 위에서 구한 신뢰구간의 식에 의해서 $\dfrac{\sigma_1^2}{\sigma_2^2}$의 90% 신뢰구간은

$$\left(\frac{1}{2.59}\times\frac{540}{329},\ \frac{1}{0.33}\times\frac{540}{329}\right)=(0.63,\ 4.97)$$

이다.

모분산 비에 대한 가설검정

모분산의 비인 $\dfrac{\sigma_1^2}{\sigma_2^2}$에 대한 검정도 $\dfrac{S_1^2}{S_2^2}$을 이용하여 할 수 있다. 가설 H_0: $\dfrac{\sigma_1^2}{\sigma_2^2}=r_0$을 검정하기 위한 검정통계량은

$$F=\frac{S_1^2/S_2^2}{r_0}$$

이다. 이 검정통계량은 귀무가설 H_0이 맞을 때 $F=\dfrac{S_1^2/S_2^2}{\sigma_1^2/\sigma_2^2}=\dfrac{S_1^2/\sigma_1^2}{S_2^2/\sigma_2^2}$이므로 자유도가 $F(n_1-1,\ n_2-1)$ 분포를 따른다. 대립가설이 H_1: $\dfrac{\sigma_1^2}{\sigma_2^2}>r_0$인 경우를 고려해보자. 대립가설이 참인 경우에 표본분산의 비가 r_0보다 큰 값을 가지는 경향이 있을 것이므로 검정통계량 $F=\dfrac{S_1^2/S_2^2}{r_0}$의 값이 1보다 많이 클 때 H_0을 기각하게 된다. 따라서 유의수준 α에서의 기각역은 자유도가 $(n_1-1,\ n_2-1)$인 F 분포에서 상위 α의 확률을 주는 경곗값보다 큰 영역이 된다. 즉, 기각역은

$$R:\ \frac{S_1^2/S_2^2}{r_0}\geq F_{\alpha}(n_1-1,\ n_2-1)$$

이다. 반대로 대립가설이 H_1: $\dfrac{\sigma_1^2}{\sigma_2^2}<r_0$인 경우에 유의수준 α에서의 기각역은 다음과 같다.

$$R:\ \frac{S_1^2/S_2^2}{r_0}\leq F_{1-\alpha}(n_1-1,\ n_2-1)$$

한편, 대립가설이 H_1: $\dfrac{\sigma_1^2}{\sigma_2^2}\neq r_0$인 경우를 고려해보자. 대립가설이 참인 경우에 검정통계량 $F=\dfrac{S_1^2/S_2^2}{r_0}$가 1과 차이가 많이 날 때, 즉 $F=\dfrac{S_1^2/S_2^2}{r_0}$의 값이 1보다 아주 크거나 아주 작을 때 H_0을 기각하게 된다. 유의수준 α에서의 기각역은 자유도가 $(n_1-1,\ n_2-1)$인 F 분포에서 상, 하위 $\alpha/2$의 확률을 주는 경곗값보다 크거나 작은 영역이 된다. 즉, 기각역은

$$R:\ \frac{S_1^2/S_2^2}{r_0}\geq F_{\alpha/2}(n_1-1,\ n_2-1)\ \text{혹은}\ \frac{S_1^2/S_2^2}{r_0}\leq F_{1-\alpha/2}(n_1-1,\ n_2-1)$$

이다.

모분산 비에 대한 검정은 대부분 위 검정에서 $r_0=1$인 경우에 해당한다. 앞 장에서 서로 독립인 정규모집단에서 표본의 크기가 크지 않은 경우 모평균의 차에 대한 추론에서 등분산의 가정을 이용한 추론을 배웠다. 그 당시에는 등분산에 대한 통계적인 검정이 아니라 표본분산 또는 표본표준편차의 비값을 이용하여 등분산 가정을 통하여 추론을 진행하였지만, 이 장에서는 F분포를 이용하여 가정을 통계적으로 검정을 할 수 있다. 즉 $r_0=1$인 경우 귀무가설

$$H_0\colon \frac{\sigma_1^2}{\sigma_2^2}=1$$

에 대한 검정을 할 수 있다.

예제 13

예제 12에서 주어진 자료에 대해 도시 A에 거주하는 직장인의 월 소득의 분산이 도시 B에 거주하는 직장인의 월 소득의 분산보다 큰지 유의수준 0.05로 검정하라.

풀이

두 도시 A와 B에 거주하는 직장인의 월 소득의 분산을 각각 σ_1^2와 σ_2^2이라고 할 때, 검정에 대한 가설은

$$H_0\colon \frac{\sigma_1^2}{\sigma_2^2}=1 \quad \text{대} \quad H_1\colon \frac{\sigma_1^2}{\sigma_2^2}>1$$

이다. 위 가설은 $r_0=1$인 경우이므로 검정통계량의 값은 $F_0=S_1^2/S_2^2=540/329=1.64$이다. 두 표본의 크기는 각각 $n_1=10$과 $n_2=16$이므로 기각역은 $R\colon F\geq F_{0.05}(9,\ 15)=2.59$이다. 주어진 자료로부터 구한 검정통계량의 값이 기각역에 포함되지 않으므로 H_0을 기각할 수 없다. 따라서 도시 A에 거주하는 직장인의 월 소득의 분산이 도시 B에 거주하는 직장인의 월 소득의 분산보다 크다고 할 수 없다.

이 절의 내용을 정리하면 다음과 같다.

서로 독립인 두 정규모집단에서

$X_1, \cdots, X_{n_1}$은 $N(\mu_1, \sigma_1^2)$에서 임의표본, $Y_1, \cdots, Y_{n_2}$은 $N(\mu_2, \sigma_2^2)$에서 임의표본이며

S_1^2과 S_2^2은 각 모집단의 표본분산이라 하면

모분산의 비 $\dfrac{\sigma_1^2}{\sigma_2^2}$의 신뢰구간과 가설검정은 다음과 같다.

1) $100(1-\alpha)\%$ 신뢰구간

$$\left(\frac{1}{F_{\alpha/2}(n_1-1,\ n_2-1)}\ \frac{S_1^2}{S_2^2},\ \frac{1}{F_{1-\alpha/2}(n_1-1,\ n_2-1)}\ \frac{S_1^2}{S_2^2}\right)$$

2) 가설검정 H_0: $\frac{\sigma_1^2}{\sigma_2^2}=1$

검정통계량: $F=\frac{S_1^2}{S_2^2} \sim F(n_1-1,\ n_2-1)$ 귀무가설이 맞을 때

앞의 신뢰구간과 가설검정의 관계를 이용하면, 만약 모분산 비의 신뢰구간이 1을 포함하면 양측 대립가설에서 등분산 검정을 기각할 수 없게 된다.

연습문제

4.1 F 분포표를 이용하여 다음을 구하라.

(1) $v_1=5,\ v_2=10$일 때 상위 5%의 확률을 주는 값

(2) $v_1=10,\ v_2=5$일 때 상위 5%의 확률을 주는 값

(3) $v_1=5,\ v_2=10$일 때 하위 5%의 확률을 주는 값

4.2 부록의 표를 이용하여 아래 예에 대한 F 분포의 상위 10%의 확률을 주는 경곗값을 구하라.

(1) 자유도=(3, 5) (2) 자유도=(3, 10)

(3) 자유도=(3, 15) (4) 자유도=(3, 20)

(5) 분모의 자유도가 높아짐에 따라 어떤 효과가 나타나는가?

4.3 두 회사 A와 B의 고객센터를 방문하는 손님의 대기 시간을 조사한 결과가 다음과 같다.

	도수 A	도수 B
표본의 크기	$n_1=8$	$n_2=6$
표본분산	$s_1^2=280$	$s_2^2=95$

각 회사의 고객센터를 방문하는 손님의 대기 시간은 각각 분산이 σ_A^2과 σ_B^2인 정규분포를 따른다고 한다.

(1) $\frac{\sigma_A^2}{\sigma_B^2}$의 90% 신뢰구간을 구하라.

(2) 가설 H_0: $\frac{\sigma_A^2}{\sigma_B^2}=2$ 대 H_1: $\frac{\sigma_A^2}{\sigma_B^2}>2$을 유의수준 0.05로 검정하라.

R과 Python을 이용한 분석

함수 qnorm과 pnorm을 이용하여 표본의 크기가 클 때 (n_1과 n_2가 모두 30 이상일 때), 모평균 μ_1과 μ_2에 대한 가설 $H_0: \mu_1-\mu_2=0$에 대한 신뢰구간 계산 및 검정이 가능하다. qnorm과 pnorm의 기본적인 사용법에 대해서는 9장을 참고하면 된다. 가설 $H_0: \mu_1-\mu_2=0$을 검정하기 위한 검정통계량 $Z=\dfrac{(\overline{X}-\overline{Y})}{\sqrt{S_1^2/n_1+S_2^2/n_2}}$의 관측값을 z_0이라고 할 때(여기서 $\overline{X}$는 첫 번째 집단의 표본평균, $\overline{Y}$는 두 번째 집단의 표본평균), 대립가설의 형태에 따라 $P-$값을 다음과 같이 계산한다.

$H_1: \mu_1-\mu_2<0$일 때, 단측검정 $P-$값$=P(Z\le z_0)$: pnorm(z_0)
$H_1: \mu_1-\mu_2>0$일 때, 단측검정 $P-$값$=1-P(Z\le z_0)$: 1−pnorm(z_0)
$H_1: \mu_1-\mu_2\neq 0$일 때, 양측검정 $P-$값$=\mathrm{P}(|Z|\ge|z_0|)=2\times \mathrm{P}(Z\ge|z_0|)$
: 2*(1−pnorm(z_0)) ($z_0>0$) 혹은 2*pnorm(z_0) ($z_0<0$)

위와 비슷하게 함수 qt와 pt를 이용하여 모집단이 정규분포를 따르고 두 모표준편차가 같을 때, 모평균 μ_1와 μ_2에 대한 가설 $H_0: \mu_1-\mu_2=0$에 대한 검정이 가능하다. qt와 pt의 기본적인 사용법에 대해서는 9장을 참고하면 된다. 두 모집단의 비교 문제에서 qt는 $t_{\alpha/2}(n_1+n_2-2)$ (자유도가 n_1+n_1-2인 t 분포에서 상위 $\alpha/2$에 해당하는 값)의 계산에 사용되며, qt($1-\alpha/2$, n_1+n_2-2) (여기서 α는 신뢰구간의 신뢰수준에 의해 결정)와 같이 지정하여 계산한다. pt는 가설검정에서 $P-$값 계산에 사용되는데, 가설 $H_0: \mu_1-\mu_2=0$을 검정하기 위한 검정통계량 $t=\dfrac{(\overline{X}-\overline{Y})}{s_p\sqrt{1/n_1+1/n_2}}$의 관측값을 t_0라고 할 때 (여기서 $\overline{X}$는 첫 번째 집단의 표본평균, $\overline{Y}$는 두번째 집단의 표본평균, s_p^2는 공통분산 σ^2의 합동추정량), 대립가설의 형태에 따라 $P-$값을 다음과 같이 계산한다.

$H_1: \mu<\mu_0$일 때, 단측검정 $P-$값$=\mathrm{P}(t\le t_0)$: pt(t_0, n_1+n_2-2)
$H_1: \mu>\mu_0$일 때, 단측검정 $P-$값$=1-\mathrm{P}(t\le t_0)$: 1−pt(t_0, n_1+n_2-2)
$H_1: \mu<\mu_0$일 때, 양측검정 $P-$값$=P(|t|\ge|t_0|)=2\times \mathrm{P}(t\ge|t_0|)$
: 2*(1−pt(t_0, n_1+n_2-2)) ($t_0>0$) 혹은 2*pt(t_0, n_1+n_2-2) ($t_0<0$)

분석 1

산림자원의 현황을 파악하기 위해 인공위성에 설치된 특수한 스캐너를 이용하려고 하는데 이 스캐너가 충분히 실제 지상의 상황을 반영하는가를 알아보기 위해서 인공위성이 숲이 있는 지역을 지날 때의 스캐너의 수치와 도시지역을 지날 때의 스캐너의 수치를 비교하고자 한다. 두 지역에서 얻어진 스캐너 수치의 평균이 다르면 도시와 숲을 구별하는 데 스캐너가 사용될 수가 있다고 한다. 자료로부터 평균 차의 95% 신뢰구간을 구하고, 스캐너의 사용이 가능한지를 판단하라.

다음은 숲이 있는 지역을 지날 때의 스캐너 수치이다.

77	77	78	78	81	81	82	82	82	82	82	83	83	84	84	84	84	85	86
86	86	86	86	87	87	87	87	87	87	87	89	89	89	89	89	89	89	90
90	90	91	91	91	91	91	91	91	91	91	91	93	93	93	93	93	93	94
94	94	94	94	94	94	94	94	94	94	94	95	95	95	95	95	96	96	96
96	96	96	97	97	97	97	97	97	97	97	97	98	99	100	100	100	100	100
100	100	100	100	101	101	101	101	101	101	102	102	102	102	102	102	103	103	104
104	104	105	107															

다음은 도시지역을 지날 때의 스캐너 수치이다.

71	72	73	74	75	77	78	79	79	79	79	80	80	80	81	81	81	82	82	82
82	84	84	84	84	84	84	85	85	85	85	85	85	86	86	87	88	90	91	94

풀이

자료의 크기가 30 이상이므로 ①의 z − 검정을 이용하여 검정을 시행할 수 있다. 첫 번째 집단인 숲을 X, 두 번째 집단인 도시를 Y라 하고, 다음과 같이 자료를 입력한다.

```
> x <- c(77, 77, 78, 78, 81, 81, 82, 82, 82, 82, 82, 83, 83, 84, 84, 84, 84, 85, 86,
+        86, 86, 86, 86, 87, 87, 87, 87, 87, 87, 87, 89, 89, 89, 89, 89, 89, 89, 90,
+        90, 90, 91, 91, 91, 91, 91, 91, 91, 91, 91, 91, 93, 93, 93, 93, 93, 93, 94,
+        94, 94, 94, 94, 94, 94, 94, 94, 94, 94, 95, 95, 95, 95, 95, 96, 96, 96,
+        96, 96, 96, 97, 97, 97, 97, 97, 97, 97, 97, 97, 98, 99, 100, 100, 100, 100, 100,


+        100, 100, 100, 100, 101, 101, 101, 101, 101, 101, 102, 102, 102, 102, 102, 102,
+        103, 103, 104, 104, 104, 105, 107)
>
> y <- c(71, 72, 73, 74, 75, 77, 78, 79, 79, 79, 79, 80, 80, 80, 81, 81, 81, 82, 82, 82,
         82, 84, 84, 84, 84, 84, 84, 85, 85, 85, 85, 85, 85, 86, 86, 87, 88, 90, 91, 94)
```

그림 10-1 자료 입력

본 자료에 대해 표본의 크기가 클 때 (n_1과 n_2가 모두 30 이상일 때), 모평균 μ_1와 μ_2에 대한 가설 $H_0 : \mu_1 - \mu_2 = 0$에 대한 신뢰구간을 계산해 보자. 이를 위해 먼저 표준오차를 계산한다. 두 자료의 분산을 다음과 같이 계산하여 각각 var1, var2로 저장하였고, 두 자료의 관측 수를 각각 $n1$, $n2$로 저장하였다. 저장된 값들로부터 표준오차 $\sqrt{\dfrac{S_1^2}{n_1}+\dfrac{S_2^2}{n_2}}$를 계산하여 se라는 이름으로 저장한다.

```
> var1 <- var(x)
[1] 48.06374
> var2 <- var(y)
[1] 24.7891
> n1 <- length(x)
[1] 118
> n2 <- length(y)
[1] 40
> se <- sqrt(var1/n1 + var2/n2)
[1] 1.013433
```

그림 10-2 표준오차 계산

$z_{\alpha/2}$는 아래에서부터 $(1-\alpha/2)$에 해당하는 값이므로 R에서 qnorm$(1-\alpha/2)$ (여기서 신뢰구간의 신뢰수준이 95%이므로 $\alpha=0.05$)와 같이 지정하여 계산하고, 이 값과 계산된 표준오차를 이용하여 신뢰구간 $(\overline{X}-\overline{Y})\pm z_{\alpha/2}\sqrt{\dfrac{S_1^2}{n_1}+\dfrac{S_2^2}{n_2}}$을 계산한다.

```
> (z.alpha <- qnorm(1-0.05/2))
[1] 1.959964
> z.alpha*se
[1] 1.986293
>
> (xbar1 <- mean(x))
[1] 92.9322
> (xbar2 <- mean(y))
[1] 82.075
> (xbar1 - xbar2)
[1] 10.8572
>
> (xbar1-xbar2)+c(-1, 1)*z.alpha*se
[1] 8.87091 12.84350
```

그림 10-3 신뢰구간 계산

계산된 95% 신뢰구간이 0을 포함하지 않고 있으므로 유의수준 5%에서 두 수치가 같다는 귀무가설을 기각할 수 있다. 따라서 숲과 도시지역을 구별하는 데 스캐너를 사용할 수 있다.

다음으로 표본의 크기가 작고 두 모표준편차가 같을 때, 모평균 μ_1와 μ_2에 대한 가설 $H_0: \mu_1-\mu_2=0$에 대한 신뢰구간을 계산해 보자. 마찬가지로 먼저 표준오차를 계산한다. 표준오차를 계산하기 위해 합동추정량을 계산하여 spooled라는 이름으로 저장하고, 이로부터 표준오차를 계산하여 se.spooled라는 이름으로 저장한다.

```
> (spooled <-((n1 - 1)*var1 + (n2 - 1)*var2)/(n1 + n2 - 2))
[1] 42.24508
> (se.spooled <- sqrt(spooled)*sqrt(1/n1 + 1/n2))
[1] 1.189175
```

그림 10-4 합동추정량 및 표준오차 계산

$t_{\alpha/2}(n_1+n_1-2)$(상위 $\alpha/2$에 해당하는 값)은 아래에서부터 $(1-\alpha/2)$에 해당하는 값이므로 qt$(1-\alpha/2,\ n_1+n_1-2)$ (여기서 신뢰구간의 신뢰수준이 95% 이므로 $\alpha=0.05$)와 같이 지정하여 계산하고, 이 값과 계산된 표준오차를 이용하여 신뢰구간 $(\bar{X}-\bar{Y})\pm t_{\alpha/2}(n_1+n_1-2)s_p\sqrt{\frac{1}{n_1}+\frac{1}{n_2}}$을 계산한다.

```
> (t.alpha <- qt(1 - 0.05/2, n1 + n2 - 2))
[1] 1.975288
> t.alpha*se.spooled
[1] 2.348962
>
> (xbar1 - xbar2) + c(-1, 1)*t.alpha*se.spooled
[1] 8.508245 13.206165
```

그림 10-5 신뢰구간 계산

먼저 계산했던 신뢰구간과 비교해 보면 약간의 차가 있음을 알 수 있다. 그러나 두 경우 모두에 있어서 95% 신뢰구간이 0을 포함하지 않고 있으므로 유의수준 5%에서 두 수치가 같다는 귀무가설을 기각할 수 있다. 따라서 숲과 도시지역을 구별하는 데 스캐너를 사용할 수 있다.

함수 pf와 qf와 F 분포에서의 누적확률과 백분위 값을 계산하는 함수이다.

pf(q, df1, df2, lower.tail=TRUE): 변량 값 q에 해당하는 누적 확률

qf(p, df1, df2, lower.tail=TRUE): 누적확률 p에 해당하는 변량 값

q: F 분포의 변량 값

p: F 분포의 누적 확률

df1: F 분포의 분자의 자유도

df2: F 분포의 분모의 자유도

lower.tail: $\mathbf{P}(X\le q)$ 또는 $\mathbf{P}(X>q)$를 결정하는 논리값으로 TRUE이면 $\mathbf{P}(X\le q)$

함수 pf와 qf를 이용하여 모분산의 비 $\frac{\sigma_1^2}{\sigma_2^2}$에 대한 신뢰구간과 가설검정을 할 수 있다. pf는 F 분포에서 주어진 변량 값에 대한 누적확률을 계산하는 함수이다. qf는 F 분포에서 주어진 누적확률에 대한 변량 값을 계산하는 함수로써 신뢰구간을 구할 때 필요한 $F_{\alpha/2}(n_1-1,\ n_2-1)$와 $F_{1-\alpha/2}(n_1-1,\ n_2-1)$의 계산에 사용된다. 즉 $F_{\alpha/2}(n_1-1,\ n_2-1)$는 $F(n_1-1,\ n_2-1)$ 분포에서 아래에서의 확률이 $(1-\alpha/2)$에 해당하는 값이므로 qt $(1-\alpha/2,\ n_1-1,\ n_2-1)$ (여기서 α는 신뢰구간의 신뢰수준에 의해 결정)와 같이 구할 수 있다.

다음은 분자의 자유도는 9, 분모의 자유도는 15인 F 분포에서 3.2까지 누적확률, 3.2 이상일 확률, 누적확률이 0.05와 0.95에 해당하는 변량 값을 구하는 예이다.

$\mathrm{P}(F \le 3.2) = \mathrm{pf}(3.2,\ 9,\ 15) = 0.9772904$

$\mathrm{P}(F \ge 3.2) = 1 - \mathrm{pf}(3.2,\ 9,\ 15) = 0.02270963$

$\mathrm{qf}(0.05,\ 9,\ 15) = 0.3326567$

$\mathrm{qf}(0.95,\ 9,\ 15) = 2.587626$

분석 2

예제 5에서 주어진 두 표본

표본 1: 8, 5, 7, 6, 9, 7

표본 2: 2, 6, 4, 7, 6

이 각각 정규분포 $N(\mu_1,\ \sigma_1^2)$와 $N(\mu_2,\ \sigma_2^2)$에서 임의추출한 자료라고 할 때, $\frac{\sigma_1^2}{\sigma_2^2}$의 95% 신뢰구간을 구하고, 가설 H_0: $\frac{\sigma_1^2}{\sigma_2^2}=1$ 대 H_1: $\frac{\sigma_1^2}{\sigma_2^2}<1$을 유의수준 0.05로 검정하라.

풀이

먼저 두 표본의 자료를 'x'와 'y' 변수로 만들어 자료를 입력한다.

```
> x <- c(8, 5, 7, 6, 9, 7)
> y <- c(2, 6, 4, 7, 6)
```

R의 함수를 이용하여 두 표본에 대해 아래와 같이 표본크기와 표본분산을 구한다.

```
> (n1 <- length(x))
[1] 6
> (n2 <- length(y))
[1] 5
```

```
> (var1 <- var(x))
[1] 2
> (var2 <- var(y))
[1] 4
```

$\frac{\sigma_1^2}{\sigma_2^2}$의 95% 신뢰구간은 $\left(\frac{1}{F_{0.025}(n_1-1,\ n_2-1)}\frac{S_1^2}{S_2^2},\ \frac{1}{F_{0.975}(n_1-1,\ n_2-1)}\frac{S_1^2}{S_2^2}\right)$으로 주어지므로 R를 이용하여 신뢰구간은 다음과 같이 구할 수 있다.

```
> (lower <- (1/qf(0.975, n1-1, n2-1))*var1/var2)
[1] 0.0533933
> (upper <- (1/qf(0.025, n1-1, n2-1))*var1/var2)
[1] 3.693943
```

즉 $\frac{\sigma_1^2}{\sigma_2^2}$의 95% 신뢰구간은 (0.053, 3.694)이다. 가설 H_0: $\frac{\sigma_1^2}{\sigma_2^2}=1$ 대 H_1: $\frac{\sigma_1^2}{\sigma_2^2}<1$에 대한 검정통계량은 $F=S_1^2/S_2^2$ ($r_0=1$)이므로 유의수준 0.05에서 기각역의 경곗값은 $F_{0.95}(n_1-1,\ n_2-1)$으로 구할 수 있다.

```
> (F <- var1/var2)
[1] 0.5
> qf(0.05, n1-1, n2-1)
[1] 0.1925978
```

주어진 자료에 대해서는 검정통계량의 값이 기각역의 경곗값보다 크므로 귀무가설 H_0: $\frac{\sigma_1^2}{\sigma_2^2}=1$을 기각할 수 없다.

Python 코드

분석 1

```
import scipy.stats as stats
stats.norm.ppf(0.6) # qnorm in R
stats.norm.cdf(0.6) # pnorm in R
stats.t.ppf(1-0.05/2, n1+n2-2) # qt in R
```

```
stats.t.cdf(0.5, 0.7) # pt in R


# 자료입력
import numpy as np
x = np.array([77, 77, 78, 78, 81, 81, 82, 82, 82, 82,
              82, 83, 83, 84, 84, 84, 84, 85, 86, 86,
              86, 86, 86, 87, 87, 87, 87, 87, 87, 87,
              89, 89, 89, 89, 89, 89, 89, 90, 90, 90,
              91, 91, 91, 91, 91, 91, 91, 91, 91, 91,
              93, 93, 93, 93, 93, 93, 94, 94, 94, 94,
              94, 94, 94, 94, 94, 94, 94, 94, 95, 95,
              95, 95, 95, 96, 96, 96, 96, 96, 96, 97,
              97, 97, 97, 97, 97, 97, 97, 97, 98, 99,
              100, 100, 100, 100, 100, 100, 100, 100,
              100, 101, 101, 101, 101, 101, 101, 102,
              102, 102, 102, 102, 102, 103, 103, 104,
              104, 104, 105, 107])
y = np.array([71, 72, 73, 74, 75, 77, 78, 79, 79, 79,
              79, 80, 80, 80, 81, 81, 81, 82, 82, 82,
              82, 84, 84, 84, 84, 84, 84, 85, 85, 85,
              85, 85, 85, 86, 86, 87, 88, 90, 91, 94])


# 표준오차 계산
import numpy as np
import math
var1 = np.var(x, ddof=1); print(var1)
var2 = np.var(y, ddof=1); print(var2)
n1 = len(x); print(n1)
n2 = len(y); print(n2)
se = math.sqrt(var1/n1 + var2/n2); print(se)


# 신뢰구간 계산
```

```
from scipy import stats
import numpy as np
z_alpha = stats.norm.ppf(1 - 0.05/2); print(z_alpha)
interval_z = z_alpha * se; print(interval_z)
xbar1 = np.mean(x); print(xbar1)
xbar2 = np.mean(y); print(xbar2)
diff = xbar1 - xbar2; print(diff)
CI_1 = [diff - interval_z, diff + interval_z]; print(CI_1)

# 합동추정량 및 표준오차 계산
import math
spooled = ((n1 - 1) * var1 + (n2 - 1) * var2) / (n1 + n2 - 2);
print(spooled)
se_spooled = math.sqrt(spooled) * math.sqrt(1/n1 + 1/n2); print(se_
spooled)

# 신뢰구간 계산
from scipy import stats
t_alpha = stats.t.ppf(1 - 0.05/2, n1 + n2 - 2); print(t_alpha)
interval_t = t_alpha * se_spooled; print(interval_t)
CI_2 = [diff - interval_t, diff + interval_t]; print(CI_2)
```

분석 2

```
# F 분포 및 두 모분산의 비의 검정

# F 분포
from scipy import stats
stats.f.cdf(3.2, 9, 15)
1 - stats.f.cdf(3.2, 9, 15)
stats.f.ppf(0.05,9,15)
stats.f.ppf(0.95,9,15)
```

```
# 분석 2
import numpy as np
from scipy import stats
x = np.array([8,5,7,6,9,7])
y = np.array([2,6,4,7,6])
n1 = len(x); n1
n2 = len(y); n2
var1 = np.var(x, ddof=1); var1
var2 = np.var(y, ddof=1); var2
lower = 1/stats.f.ppf(0.975,n1-1,n2-1) * var1/var2; lower
upper = 1/stats.f.ppf(0.025,n1-1,n2-1) * var1/var2; upper
F = var1/var2; F
stats.f.ppf(0.05,n1-1,n2-1)
```

10장 종합문제

5.1 두 모집단으로부터 서로 독립인 표본에 대한 통계량은 다음과 같다.

표본 1	표본 2
$n_1=65$	$n_2=60$
$\bar{x}=194$	$\bar{y}=165$
$s_1^2=86$	$s_2^2=137$

(1) $(\mu_1-\mu_2)$에 대한 98% 신뢰구간을 구하라.

(2) 가설 $H_0: \mu_1-\mu_2=35$ 대 $H_1: \mu_1-\mu_2\neq 35$를 유의수준 0.02에서 검정하라.

(3) 가설 $H_0: \mu_1-\mu_2=35$ 대 $H_1: \mu_1-\mu_2<35$를 유의수준 0.05에서 검정하라.

5.2 두 모집단으로부터 서로 독립이며 $n_1=28$, $n_2=24$인 표본에 대한 표준편차의 값이 아래와 같다. 두 표본평균의 차가 10이라는 사실로부터 두 모평균이 차이가 있다고 할 수 있는지 유의수준 0.05에서 검정하라.

(1) $s_1=21$, $s_2=29$

(2) $s_1=11$, $s_2=14$

5.3 두 처리방법을 비교하기 위하여 88개의 재료를 사용하였다. 40개의 재료를 임의로 뽑아서 처리 1에, 나머지 48개의 재료는 처리 2에 할당하였다. 그 반응에 대한 평균과 표준편차는 아래와 같다.

	처리 1	처리 2
평균	15.62	27.75
표준편차	2.88	4.32

두 처리 효과의 차에 대한 95% 신뢰구간을 구하라.

5.4 위의 종합문제 **5.3**에서 한 검사자는 처리 2의 반응평균이 처리 1의 반응평균보다 10보다 클 것을 기대한다.

(1) 귀무가설과 대립가설을 세워라.

(2) 검정통계량과 유의수준 0.10에서 기각역을 구하라.

(3) 유의수준 0.10에서 검정을 실시하고, $P-$값을 구하라.

5.5 약품 A가 약품 B보다 수술 후 통증 경감의 시간이 더 오래 지속되는지를 알아보기 위한 연구가 있었다. 약품 A를 투여한 55명 환자와 약품 B를 투여한 58명 환자의 통증 경감의 시간을 기록하였고 아래와 같은 통계량이 주어졌다.

	A	B
평균	5.64	5.03
표준편차	1.25	1.82

(1) 가설 H_0과 H_1을 세워라.

(2) 통계량을 구하고 유의수준 0.10에서 기각역을 구하라.

(3) 유의수준 0.10에서 가설검정한 결과를 말하라. 그리고 $P-$값을 구하라.

5.6 위의 종합문제 **5.5**의 자료에 관하여 다음 물음에 답하라.

(1) $(\mu_A - \mu_B)$에 대한 90% 신뢰구간을 구하라.

(2) 약품 A의 자료만를 이용하여 평균 μ_A에 대한 95% 신뢰구간을 구하라.

5.7 두 모집단에서 얻은 표본

$$8, 10, 7, 9, 8 \quad \text{과} \quad 6, 2, 4, 8$$

에 대하여 s_p^2과 가설 $H_0: \mu_1 = \mu_2$에 대한 t 통계량의 값을 구하고, t의 자유도를 구하라.

5.8 한 조립공장에 적용 가능한 두 개의 실험계획을 실시하였다. 실험계획 1에 10명의 근로자, 실험계획 2에 12명의 근로자가 작업한 후 조립시간을 기록하였다. 조립시간에 대한 평균과 표준편차는 아래와 같다.

	실험계획 1	실험계획 2
평균	78.3	85.6
표준편차	4.8	6.5

실험계획 2에서의 조립시간이 실험계획 1에서보다 많이 소요된다고 할 수 있는지 유의수준 5%로 검정하라.

5.9 위의 종합문제 **5.8**에서 실험계획 1과 실험계획 2 각각에 대한 평균 조립시간의 95% 신뢰구간을 구하라.

5.10 두 모집단으로부터 서로 독립인 표본에 대한 통계량은 다음과 같다.

표본 1	표본 2
$n_1 = 11$	$n_2 = 13$
$\bar{x} = 10.7$	$\bar{y} = 9.6$
$s_1^2 = 1.36$	$s_2^2 = 2.17$

(1) $(\mu_1 - \mu_2)$에 대한 95% 신뢰구간을 구하라.

(2) 모집단의 분포에 대한 가정을 기술하라.

5.11 위의 종합문제 **5.10**에서 모집단 1의 평균이 모집단 2의 평균보다 더 크다고 할 수 있는가?

5.12 한 과일 재배자는 새로운 살충제가 곤충으로 인한 손해를 줄일 수 있다는 주장을 확인하고자 한다. 따라서 과일 재배자는 그의 과수원에서 나무 27그루를 이용하여 실험을 하였는데, 나무 12그루에는 새로운 살충제로 처리하고 15그루에는 기존의 살충제로 처리하였다. 그 결과 과일 생산량의 자료가 아래와 같이 얻어졌다고 하자.

	새로운 살충제	기존의 살충제
평균 산출량	73.9	62.4
표준편차	3.7	5.5

이들 자료는 새로운 살충제로 사용하는 것이 더 많은 산출량을 보이고 있음을 증명하는가? 필요한 가정에 대해 언급하고 유의수준 0.05에서 검정을 실시하라.

5.13 위의 종합문제 **5.12**에서 새로운 살충제와 기존의 살충제 간의 평균 산출량의 차에 대한 95% 신뢰구간을 구하라.

5.14 위의 종합문제 **5.12**에서 새로운 살충제와 기존의 살충제 각각에 대하여 평균 산출량에 대한 90%

신뢰구간을 구하라.

5.15 두 도시 A와 B 간의 복지 혜택 대상자의 평균연령에 차이가 있는지를 알아보기 위한 검사를 하고자 한다. 도시 A에서 75명의 복지 혜택 대상자를, 도시 B에서 100명의 복지 혜택 대상자를 임의로 뽑아서 얻은 통계량은 다음과 같다.

	도시 A	도시 B
평균	38	43
표준편차	6.8	7.5

(1) 이 자료는 평균연령이 두 도시 A와 B 사이에 차이가 있음을 나타내는가? ($\alpha=0.02$)

(2) 두 도시 A, B 간의 평균연령의 차에 대한 98% 신뢰구간을 구하라.

(3) 두 도시 A, B 각각에 대한 평균연령의 98% 신뢰구간을 구하라.

5.16 1970년대 초에 학생들은 스트리킹(streaking)을 하였다. 교정에서 첫 번째 스트리킹이 있은 후 2주일 동안 스트리킹의 허용을 요구하는 16명의 남학생(집단 1)과 반대하는 16명의 남학생(집단 2)을 대상으로 심리 테스트를 실시하였다. 심리 테스트에 대한 점수는 외향성을 나타낸다.

	집단 1	집단 2
평균	15.26	13.90
표준편차	2.62	4.11

(1) 모평균 차에 대한 95% 신뢰구간을 구하라. 두 집단이 평균에 차이가 있는가?

(2) 스트리킹의 허용을 요구하는 학생이 반대하는 학생과 성격이 다를 수 있다. 이러한 가능성에 대한 분석의 결론은 어떻다고 할 수 있는가?

5.17 아래의 경우에서, 어떻게 실험단위를 선정하고 실험을 해야 하는가?

(1) 16대의 차를 이용하여 두 종류의 가솔린에 대한 연비를 비교하라.

(2) 12개의 자작나무판을 이용하여 두 종류의 페인트의 건조시간을 비교하라.

(3) 40명의 6학년 남학생을 대상으로 두 가지 기초 스케이팅 교습법의 효과를 비교하라.

5.18 두 개의 처리방법을 비교하기 위해 9쌍의 실험재료에 짝비교 실험을 하였다. 처리 1과 처리 2의 반응 차에 대한 기록을 하였는데 다음과 같았다.

$$-1.26 \quad -0.82 \quad 1.32 \quad 3.16 \quad 4.62 \quad 0.60 \quad -0.55 \quad 1.54 \quad 2.18$$

(1) 두 개의 처리방법에 대한 평균 반응값에 차이가 있는가? 유의수준 0.02에서 검정하라.

(2) 두 개의 처리방법에 대한 평균 반응 차의 90% 신뢰구간을 구하라.

5.19 표준 비료에 특별한 화학 첨가물을 사용하는 것이 식물의 성장을 촉진시키는가를 알아보기 위해

서 실험을 하고자 한다. 실험을 할 10곳의 위치가 선정되었다. 각 위치에서 근접한 두 그루의 식물을 대상으로 실험을 수행하는데, 한 그루에는 표준 비료만을 사용하고 다른 한 그루에는 표준 비료에 특별한 화학 첨가물을 사용해서 실험을 하고자 한다. 4주 후에 그동안 식물이 자란 길이(cm)를 재어보았다. 아래의 자료는 표준 비료에 특별한 화학 첨가물을 사용하는 것이 식물의 성장을 촉진시킨다는 주장을 뒷받침하는가? 필요한 가정을 언급하고 유의수준 0.05에서 검정하라.

	위치									
	1	2	3	4	5	6	7	8	9	10
첨가하지 않은 경우	20	31	16	22	19	32	25	18	20	19
첨가하는 경우	23	34	15	21	22	31	29	20	24	23

5.20 위의 종합문제 **5.19**의 자료를 사용하여 두 모평균의 차 δ에 대한 95% 신뢰구간을 구하라.

5.21 어느 택배회사는 한 물류센터에서 다른 물류센터까지 상품을 운송하는데 두 개의 노선 중 하나를 선택하려고 한다. 주요 관심사는 운송시간이다. 이때 12명의 기사 중에서 임의로 6명을 뽑아서 노선 A를, 나머지 6명은 노선 B를 운행하도록 하여 아래의 자료를 얻었다.

	운송시간(시간)					
노선 **A**	1.8	2.4	3.0	2.1	3.2	1.5
노선 **B**	2.2	2.9	3.4	2.5	3.5	1.6

(1) 두 노선 간의 운송시간에 차가 있는가? 검정을 실시하면서 필요한 가정을 언급하라.($\alpha=0.05$)

(2) 이 연구에 대한 비교를 더 효율적으로 할 수 있는 실험계획을 제시하라.

5.22 새로운 교육방법이 현재 사용하고 있는 방법보다 초등학생의 읽기 능력을 더 향상시킬 수 있다고 기대한다. 이 추측을 증명하기 위해 16명의 학생을 임의로 8명으로 나누어서 두 개의 그룹으로 만들었다. 한 그룹에는 현재 사용하고 있는 방법으로, 또 다른 그룹에는 새로운 교육방법을 사용하여 교육을 실시하였다. 읽기 시험에 대한 학생들의 점수는 아래와 같다.

	읽기 시험 점수							
현행 방법	65	70	76	63	72	71	68	68
새로운 방법	75	80	72	77	69	81	71	78

(1) 모평균점수의 차에 대한 95% 신뢰구간을 구하라.

(2) 등분산 가정이 맞는지 검정하고 그 결과에 따라서 모평균에 차이가 있는지 검정하라.($\alpha=0.05$)

5.23 밧줄을 만드는 두 가지 방법을 비교하기 위해 5번의 실험을 하였다. 각 1회분의 원료에는 2개의 밧줄을 만들 수 있는 삼(대마)이 있다. 장력 강도의 측정값들은 다음과 같다.

	실험				
	1	2	3	4	5
방법 1	14	12	18	16	15
방법 2	16	15	17	16	14

(1) 5쌍의 관측값으로부터 두 가지 방법에 의해 만들어진 밧줄 간의 평균 장력강도의 차에 대한 95% 신뢰구간을 구하라.

(2) 자료를 독립인 임의의 표본으로 생각하고 95% 신뢰구간을 구하라.

(3) 두 가지 형태의 분석에 필요한 가정을 기술하라.

5.24 복부비만을 줄여 주는 두 종류의 운동방법의 효율성을 비교하기 위해 20명을 대상으로 실험하였다. 임의로 10명을 선택하여 한 운동방법을 택하게 하고 나머지 10명은 다른 운동방법을 택하게 하였다. 5주 후에 복부 측정에서의 감량이 다음과 같았다.

	운동방법 1	운동방법 2
평균	2.5	3.1
표준편차	0.8	1.0

(1) 이들 자료는 운동방법 2가 더 효율적이라는 주장을 지지하는가?

(2) 두 운동방법에 따른 복부감량의 평균차에 대한 95% 신뢰구간을 구하라.

5.25 두 가지의 식이요법(A, B)에 의한 8주 동안의 체중감량에 차이가 있는지 조사하려고 각각 10명을 대상으로 8주간 식이요법을 실시한 결과 다음과 같은 체중감량의 자료를 얻었다.

A(모집단 1)	4	8	2	5	7	3	1	3	5	2
B(모집단 2)	3	6	3	3	5	2	2	2	1	−1

(1) 두 식이요법에 의한 체중감량의 차이, 즉 $\mu_1-\mu_2$의 95% 신뢰구간을 구하라.

(2) 두 식이요법 중 A가 체중조절에 더욱 효과적이라고 할 수 있겠는지 검정하라.

(3) 만약 위의 자료가 체질이나 여러 조건이 비슷한 사람들끼리 짝을 지어 얻어진 자료라고 한다면 위의 (1), (2)의 답이 어떻게 변화해야 하겠는가?

5.26 인공강우를 위해 구름에 뿌리는 약품이 우박의 발생빈도를 줄일 수 있는지에 대한 실험을 하였다. 우박이 잦은 지형의 지역에서 구름이 많은 날 중에서 50일은 구름에 약품을 뿌리고, 165일은 구름에 아무 것도 뿌리지 않고 관측하였다.

	약품을 뿌린 날 수	약품을 뿌리지 않은 날 수
우박이 내린 날	7	43

우박이 내리지 않은 날	43	122
합계	50	165

이들 자료는 구름에 약품을 뿌리는 것이 우박의 발생빈도를 줄일 수 있다는 추측을 뒷받침하는가? (P-값을 이용하여 답하라.)

5.27 위의 종합문제 **5.26**의 자료에서 구름에 약품을 뿌리는 경우와 뿌리지 않은 경우에 우박의 발생비율의 차에 대한 90% 신뢰구간을 구하라.

5.28 금연패치를 이용하는 것이 금연에 효과가 있는가를 알아보려고 실험을 하였다. 금연을 원하는 80명의 흡연자들 중에서 임의로 42명을 뽑아서 금연패치를 사용하게 하고 다른 38명의 흡연자들에겐 가짜패치를 사용하게 하였다. 4주 후에 금연패치 사용자 중 27명이, 가짜패치 사용자 중 14명이 담배를 끊었다. 이들 결과로부터 금연패치 사용이 담배를 끊게 하는 비율을 높인다고 할 수 있는가? P-값을 이용하여 답하라.

5.29 위의 종합문제 **5.28**에서 금연패치를 사용한 경우와 사용하지 않은 경우에 담배를 끊게 하는 비율의 차에 대한 95% 신뢰구간을 구하라.

5.30 100명의 신장병 병력이 있는 환자와 100명의 보통 환자에게 페렴 항생제를 투여하였다. 그리고 38명의 신장병 병력이 있는 환자와 21명의 보통환자에게서 알레르기 반응이 나타났다.

(1) 이들 자료는 항생제에 대한 알레르기 반응의 비율이 보통 환자보다 신장병 병력이 있는 환자에게서 더 높다고 할 수 있는가?

(2) 모비율의 차에 대한 95% 신뢰구간을 구하라.

5.31 두 개의 모집단이 $N(30, 9)$, $N(32, 16)$을 따를 때 각 모집단으로부터 크기가 16인 표본을 독립적으로 추출하고, 이를 각각 $X_1, \cdots, X_{16}$와 $Y_1, \cdots, Y_{16}$으로 표현한다고 한다. 물음에 답하라.

(1) 표본평균의 차 $\bar{X}-\bar{Y}$는 어떤 분포를 따르는가?

(2) 만약 두 모집단의 분산은 알려져 있는데, 각 모평균은 알려져 있지 않다고 하자. 대립가설 $H_1: \mu_X \neq \mu_Y$에 대하여 검정하고자 할 때 검정통계량과 기각역은 무엇인가?

(3) (2)의 검정에서는 어떤 오류를 범할 수 있는지 밝히고 그 이유를 설명하라.

(4) (1)에서 구한 $\bar{X}-\bar{Y}$의 분포를 이용하여 (2)에서 구한 기각역의 확률을 구하라.

(5) 자료로부터 $\bar{X}-\bar{Y}=-0.8$이라고 할 때 (2)의 경우에 P-값을 구하고, 검정의 결과를 밝혀라.

(6) 위의 두 모집단의 모평균뿐 아니라 모표준편차도 알려져 있지 않다고 할 때, 자료로부터 $\bar{X}=30.8$, $\bar{Y}=31.6$, $s_1=2.7$, $s_2=4.1$로 관측되었다고 하자. 위 (2)의 가설에 대하여 검정하라.

5.32 36명의 환자를 대상으로 신약과 기존약의 효능(약효의 지속시간)을 비교하려고 한다. 다음의 각 경

우에 적절한 추론방법을 밝히고, 필요한 가정, 이용하는 통계량 등 그 방법을 간단히 기술하라.

(1) 환자의 나이나, 체중 등 다른 조건들에 의해서 약의 효능이 차이가 많이 난다고 한다.

(2) 약의 효능이 환자들의 다른 여러 조건들에 별 영향을 받지 않는다고 한다.

(3) 기존약의 경우 그 약효의 평균지속시간이 10시간이라고 이미 알려져 있다고 할 때, 새로운 약의 효능이 10시간을 초과하는지 알고자 한다.

5.33 종합문제 5.21의 자료를 이용하여 두 노선 간의 운송시간의 분산의 비율에 대한 95% 신뢰구간을 구하라.

5.34 종합문제 5.22의 자료를 이용하여 현행 방법과 새로운 방법의 시험점수의 분산이 같은지 유의수준 0.05로 검정하라.

5.35 R을 이용하여 연습문제 **1.20**의 평균 차에 대한 97%의 신뢰구간을 구하라.

5.36 다음 물음에 답하라.

(1) R을 사용하여 연습문제 **2.8**을 풀어라.

(2) R을 사용하여 연습문제 **2.13**을 풀어라.

11장

회귀분석

이제까지는 하나의 변수에 관하여 모집단에 대한 추론을 하거나 두 모집단을 비교하는 추론의 방법을 공부하였다. 그러나 실제 자료에서 많은 경우에 두 개 이상의 변수에 대하여 관측값을 얻게 되는데 그 변수들에 관하여 다음과 같은 질문을 할 수 있다.

(1) 변수들이 서로 관련이 있는가?
(2) 관련이 있다면 얼마나 밀접하게 관련이 있는가?
(3) 관심이 있는 변수의 값을 그 외 다른 변수의 값으로부터 예측할 수 있을까?

위와 같은 질문에 대해서는 각각의 변수를 따로 분석하여서는 답을 얻을 수 없고 모든 변수를 가지고 함께 분석하여야 한다. 이 장에서는 두 변수의 관계를 분석하는 기법인 상관분석과 회귀분석에 대하여 공부하여 보자. 상관분석은 두 변수 간의 연관성에 대하여 공부하는 것으로써 위의 질문 (1)과 (2)에 대한 답을 찾는 과정이라고 할 수 있다. 즉, 두 변수 간의 단순한 관련성을 그림으로 표현하는 산점도와 수치로 요약하는 대표적인 측도인 표본상관계수를 11.1절에 소개하고 그 성질에 대하여 공부한다. 그에 비하여 단순한 연관성을 파악하기보다는 한 변수를 이용하여 다른 변수의 값을 예측하려는 질문 (3)에 대한 답을 찾는 과정이 회귀분석 방법으로서 11.2절부터 구체적으로 공부를 하게 된다.

11.1 산점도와 표본상관계수

회귀분석을 학습하기에 앞서 주어진 표본으로부터 두 변수 사이의 관계를 확인할 수 있는 산점도와 표본상관계수에 대하여 살펴보자.

산점도(Scatter Plot)

산점도는 두 연속형 변수의 관계를 시각적으로 파악하는 데 도움이 되는 그래프이다. 여기에서는 두 연속형 변수 x와 y에 대한 관측값 (x, y)가 짝을 이루어 주어졌다고 하자. 산점도는 변수 x를 수평축에 놓고 변수 y를 수직축에 놓은 후에 각 관측값의 짝을 좌표 위에 점으로 표시하여 나타낸 그래프이다. 이렇게 그린 그림을 통하여 이 장에서 고려한 질문 중 (1) 두 변수들의 관련성과 (2) 얼마나 밀접하게 관련이 있는가에 대하여 시각적으로 대략 살펴볼 수 있게 된다. 예를 들어 관측값들이 직선이나 곡선의 띠를 형성하고 있는지, 또는 특별한 경향이 없이 관측값들이 흩어져 있는지 등을 알 수 있다. 다음 두 예제를 통하여 실제 사례를 살펴보자.

예제 1

2019년 발행된 OECD 보건통계 자료에 의하면 2017년도에 국가별 국내총생산(GDP) 대비 보건의료부문 서비스 및 재화에 소비된 국민 전체의 1년간 지출 총액을 의미하는 경상의료비와 1인당 경상의료비 자료는 아래의 표와 같다. GDP 대비 경상의료비 비중과 1인당 경상의료비 지출의 산점도를 그려라. 참고로 자료에 의하면 2017년 OECD의 GDP 대비 경상의료비 비중의 평균은 8.8%이며 1인당 평균 경상의료비는 3,854 US$PPP이다. 여기서 PPP는 각국의 물가수준을 반영한 구매력평가환율(PPP, Purchasing Power Parity)이다.

표 11-1 국가별 경상의료비 지출

국가	GDP 대비 경상의료비 비중(%)	1인당 경상의료비(US$PPP)
한국	7.6	2870
일본	10.9	4630
미국	17.1	10207
프랑스	11.3	4931
독일	11.2	5848
영국	9.6	3943
스웨덴	11.0	5264
호주	9.2	4791
이탈리아	8.8	3376
캐나다	10.7	4812

풀이

경상의료비 지출비중을 수직축으로 하고 1인당 경상의료비를 수평축으로 하여 각 나라에서 관측값을 좌표 위에 표시하면 그림 11-1과 같다. 전체적으로 직선에 가까운 경향이 있음을 알 수 있고 한국은 1인당 경상의료비와 GDP 대비 경상의료비에서 가장 작은 값을 가지고 있다. 미국은 모든 비교국가대비 GDP 대비 경상의료비 비중도 가장 커서 국가재정의 부담이 될 수 있으며 1인당 경상의료비도 가장 많아서 가계에 부담이 될 수 있음을 알 수 있다. 또한 호주의 경우는 유사한 1인당 경상의료비 국가들 중 GDP 대비 지출비중이 상대적으로 적어 양호함을 알 수 있다.

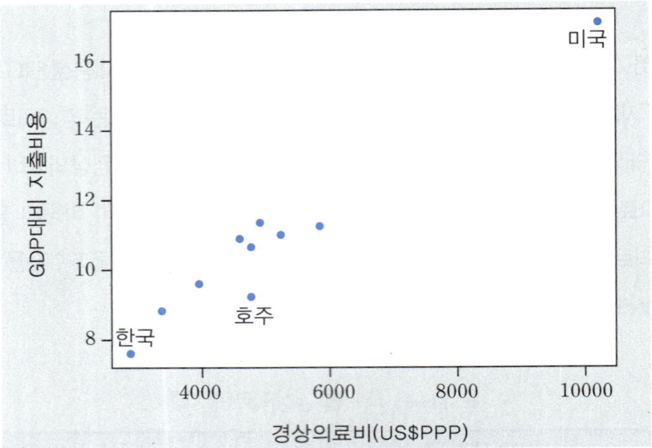

그림 11-1 GDP 대비 경상의료비중과 1인당 경상의료비에 대한 산점도

산점도에서 점들에 나타나는 경향은 직선뿐만 아니라 곡선 등 여러 가지 형태가 나타날 수 있다.

예제 2

다음은 유사한 제품을 판매하는 10개 회사의 광고비용(x)과 판매량(y)을 조사하여 기록한 자료이다 (단위 생략). 광고비용과 판매량의 산점도를 그려라.

표 11-2 광고비용과 판매량

회사	광고비용(x)	판매량(y)	회사	광고비용(x)	판매량(y)
1	1.0	2.5	6	4.6	9.1
2	1.6	2.6	7	5.0	14.8
3	2.5	2.7	8	5.7	17.5
4	3.0	5.0	9	6.0	23.0
5	4.0	5.3	10	7.0	28.0

풀이

이 자료에서 광고비용을 수평축으로 하고 판매량을 수직축으로 하여 그린 산점도는 그림 11-2와 같으며, 이를 통해 광고비용을 많이 쓴 회사가 더 많은 제품을 판매하였음을 알 수 있다. 즉 이 그림으로부터 광고비용이 1에서 3 사이에서는 광고비용이 증가할 때 판매량이 별로 증가하지 않지만, 광고비용이 5에서 8 사이에서는 판매량이 크게 증가함을 알 수 있다. 따라서 그림 11-2의 산점도로부터 광고비용과 판매량은 단순한 직선관계를 가지고 있지 않음을 알 수 있다.

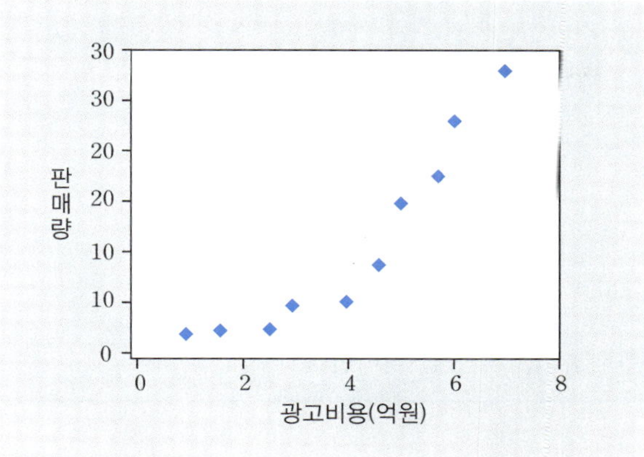

그림 11-2 광고비용과 판매량의 산점도

표본상관계수

앞에서 소개한 산점도를 통하여 두 연속형 변수 사이의 관계를 대략적으로 파악할 수 있다. 그러나 그림으로 요약하는 대부분의 방법들이 그러하듯이, 산점도로부터 파악할 수 있는 관계는 객관성이 부족한 면이 있다. 예를 들어 동일한 크기의 좌표평면에서 좌표의 눈금을 변화시키면(변수의 측정 단위를 변화시키면) 두 변수의 관계가 다른 것처럼 보여질 수 있다. 또한 시각적으로 확인되는 두 변수의 관계가 얼마나 밀접한지 보다 정확히 파악하기 위해서는 두 변수의 관계를 수치적으로 측정할 필요가 있다.

산점도를 통하여 두 변수 사이의 관계를 시각적으로 파악할 때 값은 경우에 점들이 띠를 형성하듯이 몰려 있게 된다. 이때 띠의 형태는 직선, 곡선 등 여러 형태를 가질 수 있는데 여기서 가장 관심이 있는 경우는 직선의 형태이다. 산점도에서 점들이 얼마나 직선에 가까운가의 정도를 나타내는 데 쓰이는 측도가 **표본상관계수**이다. 표본상관계수는 피어슨(Karl Pearson)에 의하여 제안되었기 때문에 피어슨의 표본상관계수라고도 한다. 표본상관계수는 보통 r르 표시하는데 구하는 식은 다음과 같다.

표본상관계수(sample correlation coefficient)

두 변수 (x, y)에 대하여 관측값 n개의 짝 $(x_1, y_1), (x_2, y_2), \cdots, (x_n, y_n)$이 주어질 때 상관계수는 다음과 같이 계산된다.

$$r = \frac{S_{xy}}{\sqrt{S_{xx}} \cdot \sqrt{S_{yy}}}$$

단,

$$\bar{x}=\frac{1}{n}\sum x_i,\ \bar{y}=\frac{1}{n}\sum y_i$$
$$S_{xx}=\sum(x_i-\bar{x})^2$$
$$S_{yy}=\sum(y_i-\bar{y})^2$$
$$S_{xy}=\sum(x_i-\bar{x})(y_i-\bar{y})$$

여기서 $\sum$는 $i=1$부터 n까지의 합을 의미한다.

표본상관계수를 구할 때 S_{xx}, S_{yy}, S_{xy}를 다음과 같이 정리하여 구할 수도 있다.

$$S_{xx} = \sum x_i^2-(\sum x_i)^2/n = \sum x_i^2-n\bar{x}^2$$
$$S_{yy} = \sum y_i^2-(\sum y_i)^2/n = \sum y_i^2-n\bar{y}^2$$
$$S_{xy} = \sum x_i y_i-(\sum x_i)(\sum y_i)/n = \sum x_i y_i-n\bar{x}\bar{y}$$

표본상관계수는 두 변수의 직선관계의 정도를 나타내는데 다음과 같은 특징이 있다.

(1) 표본상관계수 r은 항상 -1과 1 사이에 있다.

(2) 표본상관계수의 절댓값의 크기는 직선관계에 가까운 정도를 나타내고 표본상관계수의 부호는 직선관계의 방향을 나타낸다. 구체적으로,

$r>0$ 산점도에서의 점들이 좌하에서 우상 방향으로 띠를 형성한다. 즉 한 변수의 값이 작으면 다른 변수의 값도 작고, 한 변수의 값이 크면 다른 변수의 값도 큰 경향을 갖고 있다. 이러한 경향을 하나의 직선으로 나타냈을 때 그 직선의 기울기는 양수가 된다.

$r<0$ 산점도에서의 점들이 좌상에서 우하 방향으로 띠를 형성한다. 즉 한 변수의 값이 작으면 다른 변수의 값은 크고, 한 변수의 값이 크면 다른 변수의 값은 작은 경향을 갖고 있다. 이러한 경향을 하나의 직선으로 나타냈을 때 그 직선의 기울기는 음수가 된다.

$r=+1$ 모든 점이 정확히 기울기가 양수인 직선 위에 위치한다.

$r=-1$ 모든 점이 정확히 기울기가 음수인 직선 위에 위치한다.

표본상관계수의 절댓값이 클수록, 즉 표본상관계수의 값이 1(또는 -1)에 가까울수록 점들은 기울기가 양수(또는 음수)인 직선에 가깝게 몰려 있다는 것을 나타낸다. 또한 표본상관계수가 0에 가까울수록 두 변수 간에 직선의 관계가 매우 약함을 의미한다.

(3) 표본상관계수의 단위는 없다. 표본상관계수의 식에서 변수 x의 단위와 변수 y의 단위는 분모와 분자에서 상쇄되어 없어진다. 따라서 표본상관계수를 이용하여 단위가 다른 여러 쌍의

변수에서 직선관계의 정도를 비교할 수 있다.

예제 3

예제 1에서 GDP 대비 경상의료비(%)와 1인당 경상의료비의 표본상관계수를 구하라.

풀이

GDP 대비 경상의료비 변수를 x라고 하고 1인당 경상의료비를 변수 y라고 하자. 이 때 각 변수의 평균은 각각 $\bar{x}=10.74$(%)와 $\bar{y}=5067.2$(단위: US$PPP)이다. 이 평균들을 관측값에서 뺀 후에 제곱합과 교차합을 구하면 다음과 같다.

$$S_{xx}=\sum_{i=1}^{10}(x_i-10.74^2)=58.364$$

$$S_{yy}=\sum_{i=1}^{10}(y_i-5067.2)^2=36368702$$

$$S_{xy}=\sum_{i=1}^{10}(x_i-10.74)(y_i-5067.2)=44850.52$$

위의 값들은 $\sum_{i=1}^{10}x_iy_i=589067.8$, $\sum_{i=1}^{10}x_i^2=1211.84$, $\sum_{i=1}^{10}y_i^2=2931133860$의 결과와 평균을 이용하여 구할 수도 있다. 표본상관계수는 다음과 같다.

$$r=\frac{S_{xy}}{\sqrt{S_{xx}}\cdot\sqrt{S_{yy}}}=\frac{44850.52}{\sqrt{58.364}\cdot\sqrt{36368702}}=0.9735$$

표본상관계수가 0보다 크며 1에 상당히 가까워서 GDP 대비 경상의료비(x)와 1인당 경상의료비(y) 사이에는 아주 강한 양의 상관관계가 있다고 할 수 있다. 즉 GDP 대비 경상의료비 지출비중이 많은 국가에서는 1인당 경상의료비 지출액수도 많고, GDP 대비 지출비중이 적은 국가는 1인당 지출액수도 적다. 참고로 미국을 제외하고 9개 국가 간의 상관계수를 구하면 0.879로 약간 낮아지지만 두 변수 간에는 여전히 높은 선형관계가 있음을 알 수 있다.

그림 11-3의 산점도는 두 변수의 분포와 표본상관계수의 값에 대한 예를 보여 주고 있다. 그림 11-3의 (a)에서 (d)까지의 그림을 보면 표본상관계수의 절댓값이 클수록 점의 띠의 폭은 좁아지고 있다는 것을 알 수 있다. 즉 표본상관계수의 절댓값이 클수록 점들은 직선의 형태에 가깝다. (e)부터 (h)까지는 표본상관계수가 0인 여러 경우를 보여 주고 있다. (e)의 경우에는 두 변수 사이에 어떤 특별한 관계가 나타나지 않는다. 또한 (f)과 (g)에서 점들은 직선에 가까운 형태를 가지고 있으나 그 직선은 수직선 또는 수평선이다. 이러한 경우에는 한 변수의 변화가 다른 변수의 변화를 나타내지 않으므로 표본상관계수는 0이 된다. (h)의 경우 두 변수는 곡선의 관계가 뚜렷이 나타나지만 표본상관계수는 0이다. 이것은 표본상관계수가 직선관계를 측정하는 측도로 (h)에서처

럼 곡선의 관계를 가지고 있는 경우는 직선관계를 측정하지 못하기 때문이다. 이와 같이 표본상관계수는 곡선관계의 측도로는 적합하지 않다.

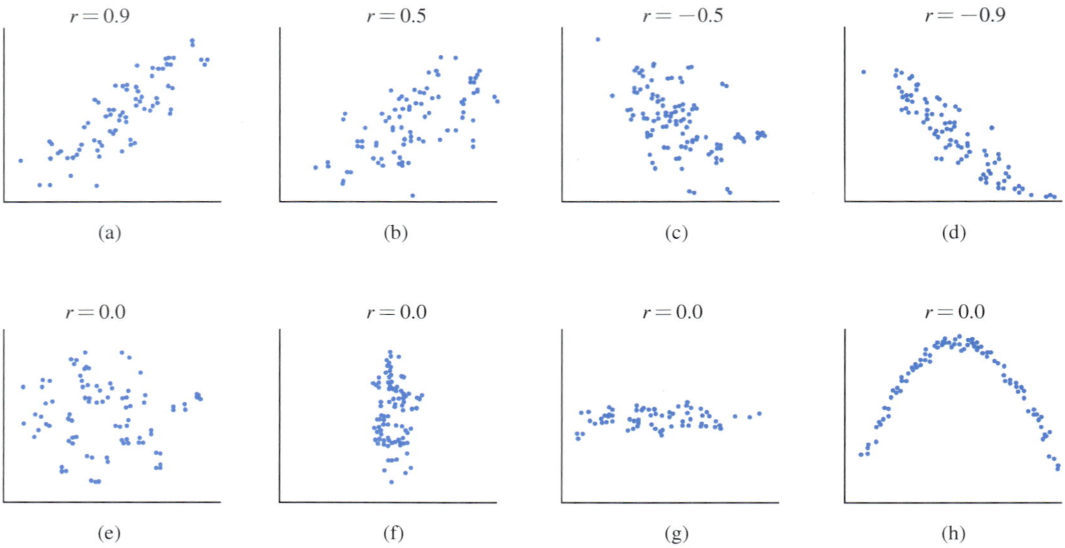

그림 11-3 표본상관계수와 산점도의 대응비교

표본상관계수가 잘못 해석될 수 있는 하나의 예로서, 그림 11-4와 같이 산점도의 점들이 두 개의 군집으로 나누어져 떨어져 있는 경우를 들 수 있다. 이런 자료에서 계산된 표본상관계수는 대체로 큰 값을 갖게 되어 직선관계가 있다고 결론 내리기 쉽다. 이런 경우는 흔히 두 군집에 속하는 자료들이 각각 다른 모집단으로부터 추출되었을 때 발생한다. 그림 11-4에서 두 군집을 따로 생각할 경우에 각 군집에서 표본상관계수는 0에 가깝게 되므로 각 모집단에서 두 변수 간에 상관관계가 거의 없다고 할 수 있다.

표본상관계수는 직선의 관계를 나타내는 측도이다. 따라서 두 변수 사이에 곡선의 관계와 같이 직선의 관계가 아닌 다른 관계가 있을 때에는 적합하지 않다. 또한 다른 이유로 그림 11-4와 같이 직선의 관계가 아닌 경우에도 표본상관계수는 +1이나 −1에 가까운 값을 가질 수 있다. 이러한 경우를 피하기 위하여 표본상관계수를 구하기 전에 산점도를 보고 전체의 경향을 파악한 후에 두 변수 사이에 직선의 관계가 있는 것처럼 보이면, 그 관계가 얼마나 강한가를 표본상관계수를 통하여 알아보는 것이 바람직하다.

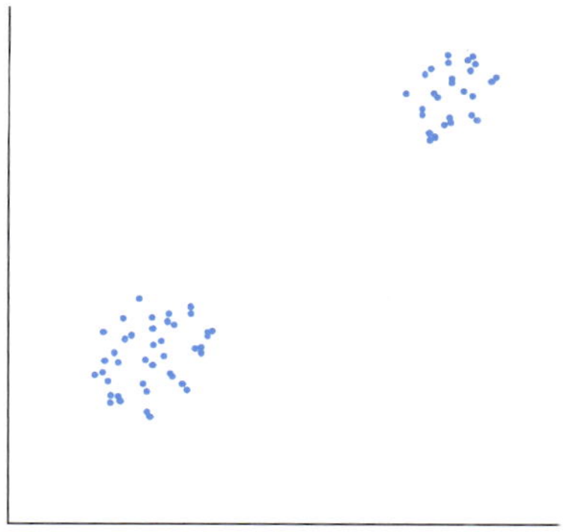

그림 11-4 표본상관계수가 부적절한 경우-두 모집단으로부터의 표본

두 변수 사이의 수치적인 상관관계를 나타내는 측도로 피어슨의 표본상관계수뿐만 아니라 **스피어만의 순위**(Spearman's rank) **상관계수**와 **켄달의 타우**(Kendall's tau) **상관계수**가 있다. 두 상관계수 모두 변수들의 관측값이 아닌 그들의 순위를 이용하여 상관계수를 계산한다. 따라서 수치로 된 연속형 자료뿐만 아니라 순위형 자료에 대해서도 적용할 수 있다. 또한 오직 순위만을 이용하여 상관계수를 계산하기 때문에 피어슨의 표본상관계수에 비해 이상치에 민감하지 않고, 선형관계를 파악하는 대신 두 변수 사이의 순서 관계만을 평가한다. 그리고 피어슨의 상관계수처럼 -1과 1 사이의 값을 가지며, 양의 상관관계가 강할수록 1에, 음의 상관관계가 강할수록 -1에, 또한 상관관계가 약할수록 0에 가까운 값을 가진다. 직관적으로 두 변수에 대한 관측값들이 서로 비슷한 순위를 가지고 있을수록 1에, 서로 다른(차이가 큰) 순위를 가질수록 -1에 가까운 값을 가진다.

먼저 스피어만의 순위 상관계수는 보통 r_s로 표시하고, 순위가 매겨진 변수 사이의 피어슨 상관계수로 정의된다. 다시 얘기해서 두 변수에 대한 각각의 관측값을 그들의 순위로 바꾼 후, 표본상관계수를 계산한 값과 같다. 두 변수 (x, y)에 대하여 관측값 n개의 짝 $(x_1, y_1), \cdots, (x_n, y_n)$이 주어지고 중복 데이터 값이 없을 때, 이 스피어만의 순위 상관계수는 또한 다음과 같이 간단하게 계산된다.

$$r_s = 1 - \frac{6\sum_{i=1}^{n} d_i^2}{n(n^2-1)}$$

여기서 d_i는 x_i의 순위에서 y_i의 순위를 뺀 값이다.

다음으로 켄달의 타우 상관계수는 보통 τ로 표시하고, 마찬가지로 두 변수에 대하여 관측값 n개의 짝이 주어지고 중복 데이터 값이 없을 때, 다음과 같이 계산된다.

$$\tau = \frac{n_c - n_d}{n(n-1)/2}$$

여기서 분모는 관측값의 두 짝들((x_i, y_i), (x_j, y_j), $i<j$)을 선택할 수 있는 모든 조합의 수이고, n_c는 그중에서 두 변수별로 그 대소관계가 일치하는(concordant) 짝들의 개수이다. 다시 말해서 $x_i > x_j$일 때 $y_i > y_j$인 짝들과 $x_i < x_j$일 때 $y_i < y_j$인 짝들의 총 개수이다. 반대로 n_d는 모든 조합의 짝들 중 두 변수별로 그 대소관계가 일치하지 않는(discordant) 짝들의 개수이다.

상관(相關)관계와 인과(因果)관계

자료분석 시 주의해야 할 것은 큰 상관계수값이 항상 두 변수 사이의 어떤 인과관계를 의미하지는 않는다는 사실이다. 예를 들어 크기가 아주 다른 몇 개의 도시에서 매월 발생한 살인사건의 발생건수 (x)와 종교집회의 횟수 (y)를 조사하여 산점도를 작성하였다고 하자. 이 자료는 아마도 +1에 가까운 표본상관계수를 가질 것이다. 두 변수 사이에 인과관계가 성립된다면 살인사건의 발생을 줄이기 위하여 종교집회를 억제하면 된다는 결론을 얻게 된다. 그러나 여기에서 간과된 사실은 도시주민의 수와 같은 제 3의 변수가 두 변수의 값이 같은 방향으로 변하도록 작용하였다는 것이다. 즉 주민의 수가 많은 큰 도시에서는 살인사건도 많고 종교집회도 많지만, 주민의 수가 적은 작은 도시에서는 살인사건과 종교집회가 모두 적은 편이라는 사실이다. 따라서 두 변수의 높은 상관계수값은 주민의 수에 따른 결과이지 결코 두 변수 사이의 높은 인과관계를 나타내는 것은 아니라는 것을 알 수 있는데, 이때 주민의 수와 같은 변수를 **잠재변수**(lurking variable)라고 한다. 여기서 상관관계가 높다는 것은 두 변수 사이에 연관성이 높다는 것이지 결코 뚜렷한 인과관계를 의미하지는 않는다. 인과관계의 입증을 위해서는 이를 위해 개발된 통계적 방법론의 사용이나 해당 분야에 대한 전문적인 해석을 필요로 한다.

연습문제

1.1 다음은 11개의 로켓 엔진으로부터 발생하는 수소와 탄소량을 나타낸다. 산점도를 그려라.

수소(ppm)	120	82	90	8	38	20
탄소(ppm)	105	110	99	22	50	50

수소(ppm)	2.8	66	2.0	20	85
탄소(ppm)	7.3	74	7.7	45	51

1.2 다음은 16명의 학생의 중간고사 성적과 기말고사 성적 자료이다. 산점도를 그리고, 이상값을 찾아라.

중간고사	81	75	71	61	96	56	85	18
기말고사	80	82	83	57	100	50	68	56

중간고사	88	79	77	68	70	77	71	91
기말고사	82	57	75	47	40	87	65	86

1.3 $n=48$인 자료 (x, y)로부터 다음이 주어져 있다.

$\sum(x_i-\overline{x})^2=260.2$, $\sum(y_i-\overline{y})^2=403.7$

$\sum(x_i-\overline{x})(y_i-\overline{y})=298.8$

표본상관계수를 구하라.

1.4 자료 (x, y)로부터 다음이 주어져 있다.

$n=26$ $\sum x_i=1287$ $\sum y_i=1207$

$\sum x_i^2=66831$ $\sum y_i^2=59059$ $\sum x_i y_i=62262$

표본상관계수를 구하라.

1.5 다음 자료를 이용하여 표본상관계수를 구하라.

x	9	3	5	0	8
y	4	2	3	1	3

1.6 표본상관계수의 성질

(1) 상수 a, b, c, d가 주어졌다고 하자. 모든 x, y값이 $x'=ax+b$, $y'=cy+d(a\neq 0,\ c\neq 0)$로 변환되었을 때, r을 원자료 (x, y)의 표본상관계수, r'을 변환된 두 변수 자료 (x', y')의 표본상관계수라고 할 때

$$r'=\frac{a\cdot c}{|a|\cdot|c|}\cdot r$$

임을 증명하라. 즉 a와 c의 부호가 같으면 $r'=r$이고, 부호가 다르면 $r'=-r$이 된다.

(2) 연습문제 **1.5**의 자료에서 두 변수의 자료값들 모두 각각 3을 곱하고 2를 더하였다. 변환된 두 변수 자료를 이용하여 표본상관계수값을 계산하고, 연습문제 1.5에서 구한 값과 비교하라.

(3) 문제 (2)에서 변환된 자료가 x는 길이(cm), y는 무게(kg)였고, 이들을 각각 인치와 파운드 단위로 측정하여 표본상관계수를 구한다면 그 값은 무엇인가? (참고, 1인치=2.54 cm, 1파운드=0.456 kg)

1.7 다음은 어느 학과 지원자 6명의 면접 순위(R_i)와 해당 학생의 인성검사 점수(S_i) 자료이다. 물음에 답하라.

R_i	5	2	3	1	6	4
S_i	47	32	29	28	56	38

(1) 두 자료의 표본상관계수를 구하라.

(2) 두 자료의 순위상관계수를 구하라.

11.2 단순선형회귀모형

회귀분석에서는 여러 변수가 주어질 때 한 변수를 나머지 변수들로부터 설명하기 위하여 모형을 설정하고 분석 대상 자료에 대하여 선택한 모형이 적합한지를 검정하고 통계적 추론과 예측을 진행하게 된다. 여기서 회귀라는 단어를 쓰게 된 것은 아버지의 키와 아들의 키를 분석한 19세기 영국의 과학자인 갈톤 경(Sir Francis Galton)으로부터 연유한다. 그가 1886년에 발표한 "Regression toward mediocrity in hereditary stature"라는 논문에서 아버지의 키를 가지고 아들의 키를 추정하여 아버지가 아주 크면 아들도 크지만, 아버지만큼 크지 않고 아버지가 아주 작으면 아들도 작지만 아버지만큼 작지 않은 경향이 있으므로 결국 세대가 지날수록 자손의 키는 평균치에 "회귀"하게 된다는 결론을 유도한 데서 연유된 것이다.

회귀분석에서는 여러 복잡한 모형이 있을 수 있으나 이 장에서는 두 변수 간의 직선 관계를 설명하는 단순선형회귀모형에서의 추정, 검정, 예측 등에 대하여 공부하기로 한다.

앞에서도 언급한 바와 같이 두 개의 변수가 주어진 경우에 한 변수로부터 다른 변수를 예측하거나, 두 변수 사이의 관계를 규명하는 데 회귀분석의 방법이 이용된다. 회귀분석에서는 두 개의 변수를 보통 x, y로 나타내는데, x와 y의 관계를 규명하거나 x로부터 y를 예측하게 된다. 예를 들면 어떤 제품에 대하여 지출되는 광고비(x)에 따라 그 제품의 판매량(y)이 어떻게 변하는가를 예측하거나, 어떤 철강 제품의 강도(y)가 공정에서의 온도(x)에 따라 어떻게 변하는가를 설명하는 것 등이 회귀분석의 주요 내용이다. 이때 변수 x는 보통 실험하는 사람에 의하여 통제되어 독립적으로 주어지므로 **독립변수**(independent variable) 또는 **설명변수**(explanatory variable)라고 하고, 변수 y는 독립변수와 오차에 의하여 결정되므로 **종속변수**(dependent variable) 또는 **반응변수**(response variable)라고 한다. 이 장에서는 회귀분석의 개념을 이해하는 목적으로 독립변수가 하나이고, 두 변수의 관계가 직선인 **단순선형회귀모형**(simple linear regression model)만을 다루기로 한다.

다음의 예제는 전형적인 단순선형회귀 문제이다.

예제 4

다음의 표 11-3은 어떤 알레르기 증세에 효과가 있다고 하는 새로 개발된 약품의 복용량(mg)과 효과가 지속되는 기간(일)을 조사하여 기록한 자료이다.

표 11-3 복용량(x)과 효과지속기간(y)

복용량(x)	3	3	4	5	6	6	7	8	8	9
지속기간(y)	9	5	12	9	14	16	22	18	24	22

이 자료를 이용하여 그린 산점도는 그림 11-5와 같다. 그림에서 점들이 어떤 직선 주위로 흩어져 나타나므로 두 변수 사이에 근사적인 직선관계가 있음을 알 수 있다. 여기에서 주목해야 할 것은 두 변수 간의 관계가 완벽한 직선관계는 아니라는 사실이다.

예제 4에서 두 변수의 관계를 규명하기 위하여 처음으로 시도해야 하는 방법은 고급의 통계기법에 앞서 산점도를 그려보는 것이다. 산점도로부터 두 변수의 대략적인 관계를 예상할 수 있다. 그림 11-5의 산점도로부터 우리는 두 변수 간에 대략적으로 직선의 관계가 있음을 알 수 있는데 이 직선의 관계는 회귀분석에서 이론의 전개가 용이할 뿐만 아니라 가장 자주 나타나는 관계이다. 또한 직선 관계가 아닌 경우에도 변수의 적절한 변환을 통하여 직선의 관계가 되도록 만들 수 있다.

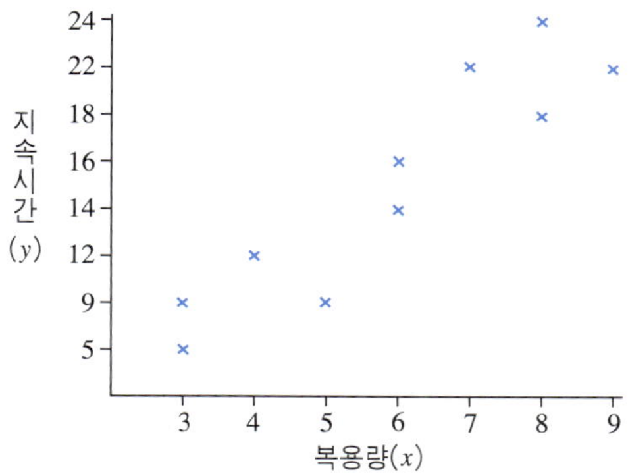

그림 11-5 복용량과 지속시간의 산점도

우선 x와 y의 관계가 오차가 전혀 없는 직선 관계를 이루는 경우를 고려해 보자. 만약 완벽한 직선의 관계를 이룬다면 두 변수는 그림 11-6과 같이 절편 β_0와 기울기 β_1을 갖는 직선 관계식

$$y=\beta_0+\beta_1 x$$

으로 완벽하게 표현될 것이다. 이때 두 변수의 관계는 변수 x가 1 단위 증가하면 변수 y의 값은 변수 x값의 위치에 상관없이 β_1만큼 증가하는 것을 의미한다. 그러나 예제 4의 그림 11-5에서도 볼

수 있듯이 산점도의 점들이 모두 하나의 직선 위에 놓여지는 경우는 거의 일어나지 않는다. 이와 같이 직선 위에만이 아니라 직선 주변에 관측값들이 놓이는 경우에 두 변수 사이의 관계를 밝히기 위해서는 통계적 개념이 적용되어야 한다. 좀 더 구체적으로 표현하면, 실제 관측된 두 변수의 자룟값은 직선 위에 놓인 점들이 오차와 같은 설명될 수 없는 요인에 의하여 변동된 것으로 보며, 이 오차부분은 관측될 수는 없지만 어떤 확률적 성질을 갖는다고 보고 문제에 접근하려는 것이다. 따라서 종속변수 y는 독립변수 x와의 직선 관계에 의하여 설명되는 상수 부분과 독립변수 x로는 설명되지 않는 오차의 합으로 나타낼 수 있다. 이러한 관점을 구체화한 단순선형회귀모형은 다음과 같이 요약된다.

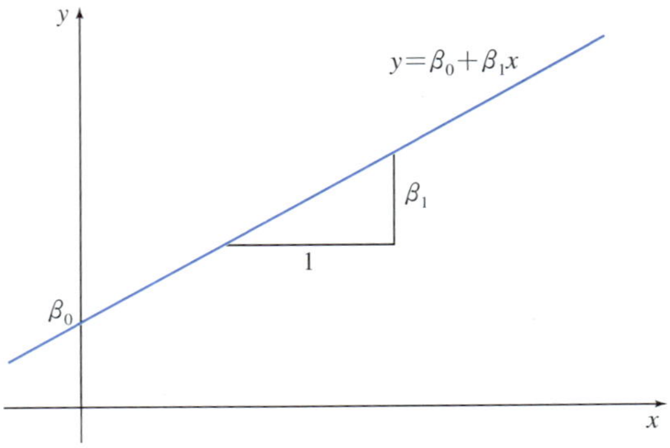

그림 11-6 직선 $y=\beta_0+\beta_1x$의 그래프

단순선형회귀모형

반응값을 나타내는 확률변수 (Y)는 설명변수 (x)와

$$Y_i=\beta_0+\beta_1x_i+\varepsilon_i, \quad i=1, \cdots, n$$

처럼 연관되어 있으며 여기서

(1) Y_i는 i번째 실험에서 설명변수 값이 $x=x_i$로 주어졌을 때의 반응값이다.

(2) $\varepsilon_1, \cdots, \varepsilon_n$들은 실제 선형관계식에 덧붙여진 미지의 오차를 나타내는 부분으로 서로 독립이며 평균은, 0 분산은 σ^2인 정규분포를 따르는 확률변수로 가정한다.

(3) β_0와 β_1은 선형 회귀모형의 직선식을 결정하는 미지의 모수이다.

그림 11-7에서 표현된 바와 같이, 위의 회귀모형으로부터 독립변수가 x_i일 때 종속변수 Y_i는 평균이 $\beta_0+\beta_1x_i$이고 분산이 σ^2인 정규분포를 따른다는 것을 알 수 있다. 즉

$$Y_i \sim N(\beta_0+\beta_1x_i, \sigma^2)$$

이 모형으로부터 실제 관측값은 직선상의 점 $\beta_0+\beta_1x_i$가 정규분포를 따르는 오차 ε_i에 의하여 변동된 것으로 해석할 수 있다.

이제 산점도로부터 직선 관계가 확인된 자료를 이용하여 단순선형회귀직선을 추정하는 문제를 살펴보자. 두 변수 사이에 모회귀직선(population regression line)이라고 하는 미지의 직선 관계 $y=\beta_0+\beta_1x$를 가정하고, 두 변수의 자료 $(x_1, y_1), \cdots, (x_n, y_n)$을 이용하여 미지의 회귀모수 β_0와 β_1을 추정한 후에 이들을 이용하여 회귀직선을 추정하게 된다.

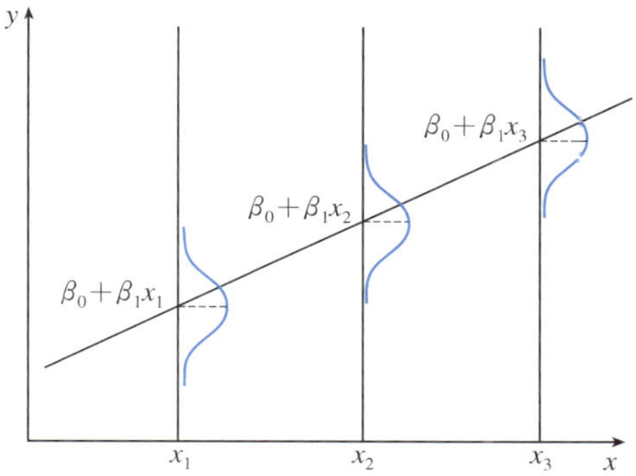

그림 11-7 직선상의 점이 평균인 확률변수 Y의 정규분포

연습문제

2.1 $x=1$일 때와 $x=4$일 때의 $y=3+2x$의 그래프 위의 점들을 구하고 그래프를 그리시오.

2.2 두 개의 (x, y)의 점 $(0, 10)$, $(3, 1)$이 주어졌을 때 $y=a+bx$의 직선의 그래프를 그리고 절편 a와 기울기 b를 구하라.

2.3 어느 자동차 정비업소의 주인은 월별 이익(y)이 자동차 배터리 판매와 다음과 같은 관계를 가지고 있음을 알아냈다.

$$y=10x-145$$

여기서 x는 한 달에 팔리는 배터리의 수를 나타낸다.

(1) 한 달에 41개의 배터리가 팔렸다면 이익은 얼마인가?

(2) 적어도 몇 개의 배터리가 팔려야 이익인가?

2.4 다음의 각 경우에 대하여 설명변수 x와 반응변수 y를 찾아라.

(1) 한 신입사원 연수 담당관이 신입사원의 연수 기간과 일의 숙련도 관계를 연구하려고 한다.

(2) 흡연자로부터 추출한 혈액의 평균 일산화 탄소량과 그 흡연자의 하루 평균 흡연 횟수의 관계를

연구하고자 한다.

(3) 한 농업 경제학자가 버섯의 성장률과 대기 중의 습도 관계를 연구하려고 한다.

(4) 어느 판매 분석가는 어떤 생산품을 시험시장에 내 놓을 때 지출하는 홍보비용과 그에 따른 판매량의 관계를 알고 싶다.

2.5 다음의 각 경우에 대하여 설명변수 x와 반응변수 y를 찾아라.

(1) 한국도로공사에서는 고속도로 노면의 거친 정도와 휘발유 소비량의 관계를 조사하려고 한다.

(2) 축구장의 매점 직원은 관중수에 따라 총판매량을 예측하고 싶다.

(3) 사회학자는 하숙하고 있는 대학생들이 주말에 집에 자주 가는 것이 집까지의 거리와 관계가 있는지 여론조사를 통해 알려고 한다.

2.6 연습문제 **2.3**에서 절편 -145의 의미와 기울기 10의 의미는 무엇인가?

2.7 다음과 같은 통계적 모형이 주어질 때 β_0, β_1, σ의 값을 찾아라.

$$Y=3+5x+\varepsilon$$

여기서 ε은 평균이 0, 표준편차가 4인 정규분포를 따르는 확률변수이다.

2.8 다음과 같은 통계적 모형이 주어질 때 β_0, β_1, σ의 값을 찾아라.

$$Y=8-6x+\varepsilon$$

여기서 ε은 평균이 0, 표준편차가 4인 정규분포를 따르는 확률변수이다.

2.9 선형회귀모형의 모수의 값들이 아래와 같이 주어질 때 다음 물음에 답하라.

$$\beta_0=1, \quad \beta_1=3, \quad \sigma=2$$

(1) $x=3$일 경우 Y의 평균과 분산을 구하라.

(2) $x=1$일 경우 Y의 평균과 분산을 구하라.

2.10 선형회귀모형의 모수의 값들이 아래와 같이 주어질 때 다음 물음에 답하라.

$$\beta_0=2, \quad \beta_1=4, \quad \sigma=3$$

(1) $x=1$일 경우 Y의 평균과 분산을 구하라.

(2) $x=2$일 경우 Y의 평균과 분산을 구하라.

2.11 다음 선형회귀모형의 평균에 대한 직선을 그래프로 나타내어라.

$$Y=\beta_0+\beta_1 x+\varepsilon$$

여기서 $\beta_0=-3$, $\beta_1=4$이고 ε은 평균이 0이고 표준편차가 3인 정규분포를 따르는 확률변수이다.

2.12 $\beta_0=7$, $\beta_1=2$인 선형회귀모형 $Y=\beta_0+\beta_1 x+\varepsilon$의 평균에 대한 직선을 그래프로 나타내어라.

2.13 다음과 같은 선형회귀모형이 주어졌을 때 물음에 답하라.

$$Y=\beta_0+\beta_1 x+\varepsilon$$

여기서 $\beta_0=-1$, $\beta_1=-2$이고 ε은 평균이 0이고 표준편차가 2인 정규분포를 따르는 확률변수이다.

(1) $x=3$일 때 Y의 평균을 구하라. 또한 $x=6$일 때 Y의 평균을 구하라.

(2) $x=6$일 때의 값보다 $x=3$일 때의 값이 항상 크게 나타나는가? 이유를 설명하라.

2.14 선형회귀모형 $Y=\beta_0+\beta_1 x+\varepsilon$에 대해 $\beta_0=3$, $\beta_1=5$이고, ε은 평균이 0이고 표준편차가 3인 정규분포를 따르는 확률변수이다.

(1) $x=4$일 때 Y의 평균을 구하라. 또한 $x=5$일 때 Y의 평균을 구하라.

(2) $x=4$일 때의 값보다 $x=5$일 때의 값이 항상 크게 나타나는가? 이유를 설명하라.

11.3 최소제곱추정법을 이용한 모수의 추정

앞 절에서 세운 모형이 맞다고 가정하자. 이때 이 직선에 대하여 직선의 식을 추정하고 그 추정된 직선에 대하여 몇 가지 추론을 생각할 수 있다. 직선을 추정하는 것은 산점도를 보고 가장 적절하다고 생각되는 직선을 그으면 얻을 수 있다. 그러나 이러한 방법은 매우 주관적이고 그 직선의 식에 대하여 재론의 여지가 많다. 따라서 좀 더 객관적이고 효율적인 방법이 필요한데 통계학에서 추정의 방법으로 가장 많이 쓰이는 방법이 최소제곱추정법이다.

그림 11-5의 산점도에 임의의 직선 $y=b_0+b_1x$를 그리면 그림 11-8과 같다.

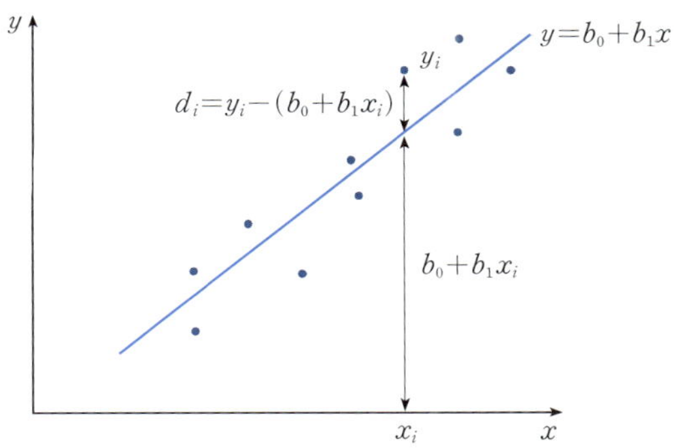

그림 11-8 직선 $y=b_0+b_1x$로부터 관측값의 편차

독립변수가 x_i일 때 x_i에 대응하는 종속변수의 관측값은 y_i이고 그려진 직선에 의하여 예측된 값은 $b_0+b_1x_i$가 된다. 이때 실제 관측값과 예측된 값의 차이 $d_i=y_i-(b_0+b_1x_i)$를 편차라고 하고, n개의 관측값이 있다고 할 때 n개의 편차를 전체적으로 최소화시키는 직선을 찾는 것이 추정의 과제이다. 편차의 전체적인 크기를 최소화시키는 방법으로 가장 많이 사용되는 것이 **최소제곱법**(least squares method)이다. 최소제곱법은 편차의 제곱합을 최소화하는 모수의 값을 찾아 모수의 추정값으로 사용하는 방법이다. 즉 편차제곱합

$$D=\sum_{i=1}^{n} d_i^2=\sum_{i=1}^{n}(y_i-(b_0+b_1x_i))^2$$

을 추정직선 $y=b_0+b_1x$가 자료의 직선관계를 얼마나 잘 추정하는가를 나타내는 측도로 사용하게 된다. D의 식에서 (x_i, y_i)는 자료에서 주어진 관측값이므로 자료가 주어진다고 하였을 때 D는 직선의 절편 b_0와 기울기 b_1의 함수가 된다. 이때 D를 최소화하는 b_0와 b_1을 찾게 되는데 이 값을 **최소제곱추정량**(least squares estimator)이라고 하고 $\hat{\beta}_0$과 $\hat{\beta}_1$으로 표기하기로 한다. 따라서 최소제곱법에 의한 추정직선은

$$\hat{y}=\hat{\beta}_0+\hat{\beta}_1x$$

이 되는데 이것을 **추정회귀직선**(estimated regression line)이라고 한다.

단순회귀모형에서의 추정량을 구하기 전에 계산의 편의를 위하여 이 장에서는 다음과 같이 기호를 정의하여 쓰기로 한다.

$$\bar{x}=\frac{1}{n}\sum x_i,\ \bar{y}=\frac{1}{n}\sum y_i$$

$$S_{xx}=\sum(x_i-\bar{x})^2=\sum x_i^2-n\bar{x}^2=\sum x_i^2-\frac{(\sum x_i)^2}{n}$$

$$S_{yy}=\sum(y_i-\bar{y})^2=\sum y_i^2-n\bar{y}^2=\sum y_i^2-\frac{(\sum y_i)^2}{n}$$

$$S_{xy}=\sum(x_i-\bar{x})(y_i-\bar{y})=\sum x_iy_i-n\bar{x}\,\bar{y}=\sum x_iy_i-\frac{(\sum x_i)(\sum y_i)}{n}$$

(이때 $\sum$는 $i=1$부터 $i=n$까지의 합을 의미한다. 이후에도 다르게 명시하지 않으면 같은 의미이다.) 단순선형회귀모형에서 β_0와 β_1의 최소제곱추정량은 D를 편미분하여 얻을 수 있는데(연습문제 3.14 참조) 그 결과는 다음과 같다.

최소제곱추정량 :

$$\hat{\beta}_1 = \frac{S_{xy}}{S_{xx}}$$

$$\hat{\beta}_0 = \overline{y} - \hat{\beta}_1 \overline{x}$$

추정회귀직선 :

$$\hat{y} = \hat{\beta}_0 + \hat{\beta}_1 x$$

단순회귀모형에서 오차는 $\varepsilon_i = y_i - (\beta_0 + \beta_1 x_i)$이다. 한편 관측값 y_i와 그의 추정량 $\hat{y}_i$ 사이의 차이가 $e_i = y_i - \hat{y}_i = y_i - (\hat{\beta}_0 + \hat{\beta}_1 x_i)$로 주어지는데 이것을 **잔차**(residual)라고 한다. 오차와 잔차를 비교해 보면 오차에서 미지의 모수 β_0와 β_1 대신에 최소제곱추정량 $\hat{\beta}_0$과 $\hat{\beta}_1$을 대입하면 잔차를 얻을 수 있다. 따라서 잔차는 오차의 추정량으로 해석할 수 있을 것이다.

예측값: $\hat{y}_i = \hat{\beta}_0 + \hat{\beta}_1 x_i$

잔차: $e_i = y_i - \hat{y}_i = y_i - (\hat{\beta}_0 + \hat{\beta}_1 x_i)$

단순선형회귀모형에서 최소제곱추정량에 의한 잔차는 양수 또는 음수를 갖게 되고 잔차의 합은 0이 된다. (연습문제 3.17 참조)

잔차의 합은 0이다. 즉 $\sum e_i = 0$

단순회귀모형을 보면 오차에 대한 가정이 있다. 이 가정이 적합한지를 검토하기 위하여 오차 대신에 잔차를 사용하게 되는데 이것은 6절에서 다루게 된다. 한편 잔차가 오차의 추정량이므로 오차의 분산을 추정하기 위하여 관측되지 않는 확률변수인 오차 대신에 잔차를 사용한다. 오차의 분산을 추정하기 위하여 먼저 잔차의 제곱합을 구하게 되는데 이를 **잔차제곱합**(residual sum of squares) 또는 오차에 기인한 제곱합(sum of squares due to error)이라고 하고 보통 SSE로 표기한다. 잔차제곱합은 다음과 같이 제곱합이나 교차합을 사용하여 구할 수 있다. (연습문제 3.17 참조)

잔차제곱합: $SSE = \sum e_i^2 = S_{yy} - \frac{S_{xy}^{\ 2}}{S_{xx}}$

오차의 분산 σ^2의 추정량으로 잔차제곱합을 $n-2$로 나눈 값을 사용한다. 이렇게 정의된 σ^2의 추정량을 s^2으로 표시하는데, 이를 평균제곱오차(mean squared error) 또는 MSE로 표현하기도 한다.

오차의 분산 σ^2의 추정량: $s^2 = MSE = \dfrac{SSE}{n-2}$

위의 식을 좀 더 자세히 살펴보면 잔차 e_i의 합이 0이므로 잔차의 표본평균도 0이고, 따라서 오차분산의 추정량의 식은 잔차의 표본분산의 식과 비슷한 모양을 하고 있다는 것을 알 수 있다. 그러나 표본분산에서는 제곱합을 $n-1$로 나누지만 오차분산의 추정량에서는 $n-2$로 나눈다. 그 이유는 n개의 자료로부터 두 개의 모수(β_0, β_1)를 추정하고 남은 $n-2$가 잔차제곱합(SSE)의 자유도이기 때문인데 그 자세한 설명은 생략하기로 한다. (12장 참조)

예제 5

예제 4의 자료로부터 복용량과 효과지속기간의 관계를 설명하는 단순선형회귀모형에서의 모수를 추정하여 추정회귀직선을 구하고, 자료에서 주어진 각 복용량에 대한 지속기간의 추정량, 잔차 그리고 오차분산의 추정량을 구하라.

풀이

주어진 자료에서 최소제곱법을 적용하여 모수의 추정값을 구하기 위하여 먼저 $\bar{x}$, $\bar{y}$, S_{xx}, S_{yy}, S_{xy}를 구하면 다음과 같다.

$$\bar{x} = \frac{59}{10} = 5.9, \quad \bar{y} = \frac{151}{10} = 15.1$$

$$S_{xx} = \sum x_i^2 - \frac{(\sum x_i)^2}{n} = 389 - \frac{59^2}{10} = 40.9$$

$$S_{yy} = \sum y_i^2 - \frac{(\sum y_i)^2}{n} = 2651 - \frac{151^2}{10} = 370.9$$

$$S_{xy} = \sum x_i y_i - \frac{(\sum x_i)(\sum y_i)}{n} = 1003 - \frac{59 \times 151}{10} = 112.1$$

따라서 모수 β_0와 β_1의 추정값은

$$\hat{\beta}_1 = \frac{S_{xy}}{S_{xx}} = \frac{112.1}{40.9} = 2.74$$

$$\hat{\beta}_0 = \bar{y} - \hat{\beta}_1 \bar{x} = 15.1 - 2.74 \times 5.9 = -1.07$$

이므로 추정회귀직선은

$$\hat{y} = -1.07 + 2.74x$$

가 되고 이 직선을 산점도 위에 그리면 그림 11−9와 같이 된다. 이 추정회귀직선으로부터 추정할 수 있는 것은 복용량을 1 mg 늘리면 지속기간은 2.74일 정도 길어진다는 것이다. 그리고 추정회귀직선식으로부터 예측값과 잔차를 구하여 정리하면 표 11−4와 같이 된다.

표 11−4에서 보면 잔차의 합이 0.04가 되는데 이것은 반올림에 의하여 생긴 오차이고 실제로 소수점 밑 자릿수를 늘리면 잔차의 합은 0에 가까운 값이 된다. 표에서 주어진 잔차의 제곱합을 구하면 $SSE = 63.653$이 되고, 따라서 오차분산의 추정값은

$$s^2 = \frac{SSE}{n-2} = \frac{63.653}{8} = 7.96$$

이 된다.

표 11−4 독립변수, 종속변수, 예측값과 잔차

i	x_i	y_i	예측값($\hat{y}_i$)	잔차(e_i)
1	3	9	7.15	1.85
2	3	5	7.15	−2.15
3	4	12	9.89	2.11
4	5	9	12.63	−3.63
5	6	14	15.37	−1.37
6	6	16	15.37	0.63
7	7	22	18.11	3.89
8	8	18	20.85	−2.85
9	8	24	20.85	3.15
10	9	22	23.59	−1.59

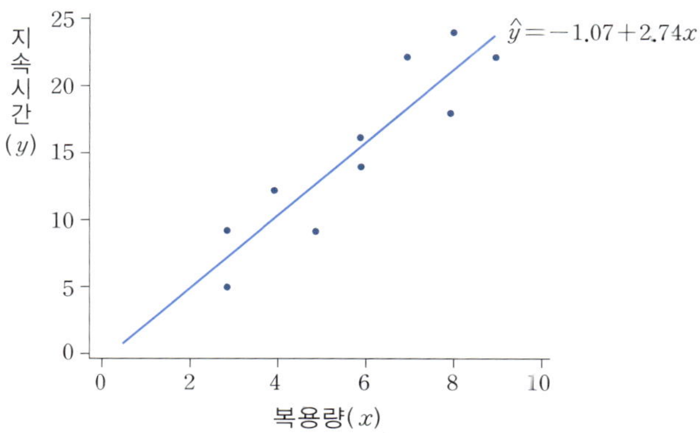

그림 11−9 표 11−4의 자료의 산점도와 추정회귀직선

연습문제

3.1 다음은 다섯 쌍의 (x, y)값들이다.

x	1	2	3	4	5
y	0.9	2.1	2.5	3.3	3.8

(1) 위 점들을 그래프 용지에 표시하라.

(2) 육안으로 관찰하여 각 점들에 가장 잘 맞는 직선을 그려라.

(3) 최소제곱추정량인 $\hat{\beta}_0$과 $\hat{\beta}_1$을 구하고, 적합된 직선을 그려라.

3.2 아래 자료를 보고 물음에 답하라.

x	0	1	6	3	5
y	4	3	0	2	1

(1) 산점도를 그려라.

(2) 육안으로 관찰하여 위 자료에 잘 적합되도록 직선을 그려라.

(3) 최소제곱추정량을 구하고, 적합된 직선을 그려라.

3.3 다음과 같이 자료가 짝 지어져 있다.

x	0	3	5	8	9
y	1	2	4	3	5

(1) 산점도를 그려라.

(2) 육안으로 관찰하여 각 점들에 가장 잘 맞는 직선을 그려라.

(3) 최소제곱법으로 $\hat{\beta}_0$과 $\hat{\beta}_1$를 구하고, 직선을 그려라.

3.4 다음과 같이 자료가 주어져 있다.

x	1	2	3	5	6	7
y	4	6	3	1	3	1

(1) 최소제곱법으로 $\hat{\beta}_0$과 $\hat{\beta}_1$를 구하고, 직선을 그려라.

(2) $x=6$일 때, (1)에서 구한 직선식을 이용하여 y값을 추정하라.

3.5 다음은 자료의 크기가 5인 자료이다.

x	0	1	6	3	5
y	4	3	0	2	1

(1) 산점도를 그려라.

(2) $\overline{x}$, $\overline{y}$, S_{xx}, S_{yy}, S_{xy}를 각각 계산하라.

(3) 최소제곱추정치 $\hat{\beta}_0$과 $\hat{\beta}_1$을 구하라.

(4) 추정회귀직선을 구하고, 그 직선을 (1)에서 그린 산점도 위에 그려라.

3.6 다음은 관측값의 개수가 6인 자료이다.

x	1	2	3	3	4	5
y	9	5	6	3	3	1

(1) 산점도를 그려라.

(2) $\overline{x}$, $\overline{y}$, S_{xx}, S_{yy}, S_{xy}를 각각 계산하라.

(3) 최소제곱추정치 $\hat{\beta}_0$과 $\hat{\beta}_1$을 구하라.

(4) 추정회귀직선을 구하고, 그 직선을 (1)에서 그린 산점도 위에 그려라.

3.7 연습문제 **3.1**을 참고하여 다음 물음에 답하라.

(1) 잔차를 구하고, 잔차의 합이 0인지 확인하라.

(2) 잔차제곱합 SSE를 아래의 두 방법으로 각각 계산하라.

(i) 잔차의 제곱들을 더해서 계산하라.

(ii) 공식 $SSE = S_{yy} - \dfrac{{S_{xy}}^2}{S_{xx}}$을 이용하여 계산하라.

(3) σ^2의 추정값을 구하라.

3.8 두 변수의 자료로부터 계산된 통계량들의 값이 다음과 같다고 한다.

$$n = 14, \qquad \overline{x} = 3.5, \qquad \overline{y} = 2.32$$
$$S_{xx} = 10.82, \qquad S_{xy} = 2.677, \qquad S_{yy} = 1.035$$

(1) 위 자료를 최적으로 적합하는 직선식을 구하라.

(2) 잔차제곱합 SSE를 계산하라.

(3) 오차분산 σ^2의 추정값을 구하라.

3.9 두 변수의 자료로부터 계산된 통계량들의 값이 다음과 같다고 한다.

$$n = 18, \qquad \overline{x} = 1.2, \qquad \overline{y} = 5.1$$
$$S_{xx} = 14.10, \qquad S_{xy} = 2.31, \qquad S_{yy} = 2.01$$

(1) 위 자료를 최적으로 적합하는 직선식을 구하라.

(2) 잔차제곱합 SSE를 계산하라.

(3) 오차분산 σ^2의 추정값을 구하라.

3.10 20개의 자료 (x, y)로부터 다음과 같은 수치가 계산되었다.

$$\sum x = 156, \qquad \sum y = 1178$$
$$\sum x^2 = 1262, \qquad \sum y^2 = 69390, \qquad \sum xy = 9203$$

위의 자료를 최적으로 적합하는 직선식을 구하라.

3.11 한 공정의 중요한 반응현상에 대해 화학반응물의 생성량 y(g)와 설정온도 x(℃)의 관계를 연구하기 위한 실험을 하여 다음과 같은 통계량들을 얻었다.

$$n = 8, \qquad \sum x = 1278, \qquad \sum y = 396$$
$$S_{xx} = 840, \qquad S_{yy} = 1628, \qquad S_{xy} = 935$$

(1) 최소제곱 회귀직선식을 구하라.

(2) 적합된 직선을 이용하여 온도를 170℃로 맞추었을 때의 생성량을 예측하라.

3.12 연습문제 **1.1**에서 수소량이 이미 결정되었을 때 선형관계를 통해 탄소량을 예측하려고 한다.

(1) 육안으로 관찰하여 자료에 잘 적합되도록 직선을 그려라. 이 직선을 이용하여 $x=56$일 때의 y값을 예측하여라.

(2) 최소제곱회귀직선을 구하고, 이 직선으로 $x=56$일 때의 y값을 예측하여라.

3.13 운동선수의 승리에 관한 심리 연구를 위하여 올림픽 레슬링 선수로부터 다음과 같은 자료가 얻어졌다. 감성지수로부터 활력지수를 예측하고자 한다.

감성지수(x)	6	7	5	21	13	5	13	14
활력지수(y)	28	23	29	22	20	19	28	19

(1) 최소제곱직선을 구하라.

(2) 감성지수 $x=8$일 때, 활력지수 y를 추정하라.

3.14 표본의 크기가 n인 이변량 자료 (x_i, y_i), $i=1, 2, \cdots, n$에서 D를 다음과 같이 정의하자.

$$D = \sum (y_i - b_0 - b_1 x_i)^2$$

$\dfrac{\partial D}{\partial b_1} = 0$과 $\dfrac{\partial D}{\partial b_0} = 0$을 만족하는 b_1과 b_0의 값을 각각 $\hat{\beta}_1$과 $\hat{\beta}_0$라고 할 때,

$$\hat{\beta}_1 = \frac{\sum (x_i - \bar{x})(y_i - \bar{y})}{\sum (x_i - \bar{x})^2} = \frac{n\sum x_i y_i - (\sum x_i)(\sum y_i)}{n\sum x_i^2 - (\sum x_i)^2}$$

$$\hat{\beta}_0 = \bar{y} - \hat{\beta}_1 \bar{x} = (\sum y_i)/n - \hat{\beta}_1 (\sum x_i)/n$$

임을 보여라.

3.15 $\hat{\beta}_1$과 SSE를 구하는 공식을 이용하여 SSE가 다음의 식으로도 표현될 수 있음을 보여라.

(1) $SSE = S_{yy} - \hat{\beta}_1 S_{xy}$

(2) $SSE = S_{yy} - \hat{\beta}_1^2 S_{xx}$

3.16 β_1의 수식과 $w_i = (x_i - \bar{x})/S_{xx}$로부터 $\hat{\beta}_1 = \sum_{i=1}^{n} w_i y_i$가 성립함을 보여라.

3.17 잔차들의 합이 왜 항상 0인지 보이기 위해 $\hat{\beta}_0$과 $\hat{\beta}_1$을 구하는 공식을 이용하여 다음을 확인하라.

(1) 예측되는 값이 $\hat{y}_i = \bar{y} + \hat{\beta}_1(x_i - \bar{x})$로 표현됨을 보여라.

(2) 잔차는 $e_i = y_i - \hat{y}_i = (y_i - \bar{y}) - \hat{\beta}_1(x_i - \bar{x})$로 표현됨을 보여라. 그리고 $\sum e_i = 0$이 됨을 보여라.

(3) $\sum e_i^2 = S_{yy} + \hat{\beta}_1^2 S_{xx} - 2\hat{\beta}_1 S_{xy} = S_{yy} - \dfrac{S_{xy}^2}{S_{xx}}$이 성립함을 증명하여라.

11.4 단순선형회귀모형에서의 추론

앞 절에서 최소제곱법으로 회귀모수들의 추정량을 구하여 미지인 참 회귀식 $y = \beta_0 + \beta_1 x$을 $\hat{y} = \hat{\beta}_0 + \hat{\beta}_1 x$로 추정하였다. 예제 5에서 구한 추정 회귀식은

$$\hat{y} = -1.07 + 2.74\ x$$

이다. 여기에서 기울기 $\hat{\beta}_1 = 2.74$의 의미는 복용량을 1단위 늘릴 때 그 효과의 평균지속기간이 2.74일 증가한다는 뜻이다. 또한 주어진 x값에 대하여 효과의 지속기간을 추정할 수 있는데, 예를 들면 복용량 $x^* = 4.5$ mg에서의 효과지속기간을 $-1.07 + 2.74 \times 4.5 = 11.26$일로 추정할 수 있다.

위의 추정회귀직선으로부터 얻어진 값들은 미지의 값들을 추정한 것인데 이 추정량에 대하여 다음과 같은 질문을 할 수 있다.

(1) 기울기에 관하여 추정치가 2.74인데 실제로는 4가 아닐까? 기울기가 0이면 x는 y에 전혀 영향을 주지 못하는데 위의 예에서 기울기를 0으로 볼 수는 없을까?

(2) $x^* = 4.5$일 때 $y = 11.26$인데 이 값의 오차는 어느 정도일까?

위의 질문에 해답을 얻기 위해서는 최소제곱추정량의 표본분포를 알아야 한다. 이 표본분포를 이용하여 단순선형회귀에 나오는 각각의 모수에 대한 신뢰구간, 가설검정, 예측 등에 관한 추론을 공부해 보자.

기울기 β_1에 관한 추론

기울기 β_1에 대한 추론은 그 추정량인 $\hat{\beta}_1$을 바탕으로 이루어진다. 추정량 $\hat{\beta}_1$은 정규분포를 따르는 관측값 y들의 선형결합$(\hat{\beta}_1=\sum_{i=1}^{n} w_i y_i)$으로 이루어져 있으므로 정규분포를 따르게 되고 평균은 β_1, 분산은 $\dfrac{\sigma^2}{S_{xx}}$이 된다고 알려져 있다. 따라서 β_1에 관한 추론은 8장의 모평균에 관한 추론과 흡사한 과정을 따르게 된다.

$\hat{\beta}_1$ 의 표준오차:

$$S.E.(\hat{\beta}_1)=\frac{\sigma}{\sqrt{S_{xx}}}$$

단, 오차의 표준편차 σ가 알려져 있지 않을 때에는 그 자리에 $s=\sqrt{\dfrac{SSE}{n-2}}$를 대입하여 표준오차를 추정한다.

평균의 경우와 마찬가지로 최소제곱추정량을 (추정량－모수)/(추정된 추정량의 표준오차)의 형태로 표준화하면 이것은 t 분포를 따르고 분포의 자유도는 SSE의 자유도가 된다.

$\hat{\beta}_1$의 표본분포:

$$t=\frac{(\hat{\beta}_1-\beta_1)}{\dfrac{s}{\sqrt{S_{xx}}}}\sim t(n-2)$$

위에서 만약 오차의 분산 σ^2의 값이 알려져 있다면 표준정규분포를 사용해야 한다. 그러나 실제로 오차의 분산이 알려져 있는 경우는 거의 없다. 따라서 여기서는 오차의 분산 σ^2이 알려져 있지 않은 경우만 다루기로 한다.

앞에서 구한 기울기의 최소제곱추정량 $\hat{\beta}_1$의 분포를 이용하여 기울기 β_1에 대한 검정과 신뢰구간을 구할 수 있다. 위에 요약된 표본분포를 이용하면 β_1에 대한 추론은 다음과 같이 할 수 있다.

기울기 β_1에 관한 추론

신뢰구간: β_1의 $100(1-\alpha)\%$ 신뢰구간

$$\hat{\beta}_1 \pm t_{\alpha/2}(n-2)\frac{s}{\sqrt{S_{xx}}}$$

가설검정: $H_0: \beta_1 = \beta_{10}$(유의수준 α)

$$\text{검정통계량: } t = \frac{\hat{\beta}_1 - \beta_{10}}{s/\sqrt{S_{xx}}} \sim t(n-2) \ \text{(귀무가설이 참이면)}$$

회귀분석 문제에서 $\beta_1 = 0$인지 아닌지는 특별한 관심의 대상이 된다. 왜냐하면 기울기 β_1이 0이면 반응변수의 기댓값은 $E(Y) = \beta_0 + \beta_1 x = \beta_0$이 되고, 따라서 독립변수 x가 종속변수 y를 예측하는 데에 전혀 정보를 제공하지 못하기 때문이다.

예제 6

예제 4의 자료에 대하여 기울기 β_1의 95% 신뢰구간을 구하라.

풀이

t 분포표로부터 $t_{0.025}(8) = 2.306$이고, 예제 5로부터 $\hat{\beta}_1 = 2.74$, $S_{xx} = 40.9$, $s = \sqrt{7.96} = 2.8207$이므로 95% 신뢰구간은

$$2.74 \pm 2.306 \times \frac{2.8207}{\sqrt{40.9}} = 2.74 \pm 1.02 \ \text{ 혹은 } (1.72,\ 3.76)$$

이 된다. 따라서 복용량을 1단위 증가시키는 데 따라 평균적으로 증가되는 효과지속기간은 1.72일과 3.76일 사이의 한 값이라고 신뢰수준 95%에서 말할 수 있다.

예제 7

예제 4에서 약의 복용량이 증가함에 따라 효과의 지속기간도 증가하는지 유의수준 5%로 검정하라.

풀이

만약 증가하는 관계가 있다면 $\beta_1 > 0$이 된다. 따라서 검정하고자 하는 가설은

$$H_0: \beta_1 = 0 \quad \text{대} \quad H_1: \beta_1 > 0$$

가 된다. 이때 검정통계량은

$$t = \frac{\hat{\beta}_1 - 0}{\dfrac{s}{\sqrt{S_{xx}}}}$$

이고, t는 귀무가설이 맞을 때 자유도가 8인 t 분포를 따른다. 따라서 유의수준 0.05에서의 기각역은 $R: t \ge t_{0.05}(8) = 1.860$이다. 예제 5로부터

$$\hat{\beta}_1=2.74,\quad s=\sqrt{7.96}=2.8207,\quad S_{xx}=40.9$$

이므로 검정통계량의 관측값은

$$t_0=\frac{\hat{\beta}_1-0}{\dfrac{s}{\sqrt{S_{xx}}}}=\frac{2.74}{\dfrac{2.8207}{\sqrt{40.9}}}=6.213$$

이 되는데 이 값이 기각역에 포함되므로 유의수준 5%로 H_0을 기각할 수 있다. 즉 자료에서 나타난 복용량의 범위 내에서 약의 복용량이 증가하면 약의 효과의 지속기간도 증가한다는 뚜렷한 증거가 있다고 할 수 있다.

귀무가설 $H_0: \beta_1=0$의 검정 결과를 해석할 때 유의하여야 할 점이 있다. 그것은 귀무가설이 기각되지 않는 경우 종속변수 y가 독립변수 x에 의해 설명될 수 없다고 잘못된 결론을 내리기 쉽다는 것이다. 다음의 경우들을 살펴보자. 첫째, 두 변수 사이에 직선관계가 존재하지만 자료에서 얻어진 x값의 범위 내에서는 직선관계가 나타나지 않을 수 있다. 이 경우 독립변수에 대한 자료의 범위가 충분하지 못한 결과라고 할 수 있다. 둘째, 만약 두 변수 사이에 곡선관계가 존재한다면, 위의 검정은 부적절한 모형을 바탕으로 검정한 것이 된다. 따라서 귀무가설 $H_0: \beta_1=0$이 기각되지 않는 경우 산점도를 통하여 곡선관계가 있는지를 확인해야 할 것이다. 따라서 H_0이 기각되지 않는 경우에 두 변수 사이에 관계가 없다기보다는 직선관계가 없다고 해석해야 할 것이다.

절편 β_0에 관한 추론

앞의 β_1의 경우와 마찬가지로 β_0의 추정량 $\hat{\beta}_0$을 바탕으로 β_0에 대한 추론이 이루어진다. 따라서 $\hat{\beta}_0$의 분포를 구할 필요가 있는데, 그 결과를 정리하면 다음과 같다.

$\hat{\beta}_0$ 의 추정된 표준오차와 표본분포

추정된 표준오차: $s\sqrt{\dfrac{1}{n}+\dfrac{\bar{x}^2}{S_{xx}}}$

표본분포: $t=\dfrac{(\hat{\beta}_0-\beta_0)}{s\sqrt{\dfrac{1}{n}+\dfrac{\bar{x}^2}{S_{xx}}}}\sim t(n-2)$

절편 β_0에 대한 추론은 위의 t 통계량을 이용하여 기울기 β_1에서와 마찬가지 방법으로 이루어진다. 특히 β_1에 대한 검정의 경우와 검정통계량의 분포가 같으므로 기각역은 똑같이 구할 수 있다. 따라서 여기서는 다음과 같이 간략하게 요약하기로 한다.

절편 β_0에 관한 추론

신뢰구간: β_0의 $100(1-\alpha)\%$ 신뢰구간

$$\hat{\beta}_0 \pm t_{\alpha/2}(n-2)s\sqrt{\frac{1}{n}+\frac{\bar{x}^2}{S_{xx}}}$$

가설검정: $H_0 : \beta_0 = \beta_{00}$(유의수준 α)

$$\text{검정통계량: } t = \frac{\hat{\beta}_0 - \beta_{10}}{s\sqrt{\frac{1}{n}+\frac{\bar{x}^2}{S_{xx}}}} \sim t(n-2) \text{ (귀무가설이 참이면)}$$

예제 8

예제 4의 자료를 가지고 β_0에 대한 95% 신뢰구간을 구하고, β_0가 0인지, 아닌지를 유의수준 $\alpha=0.05$에서 검정하라.

풀이

β_0에 대한 95% 신뢰구간은

$$\hat{\beta}_0 \pm t_{\alpha/2}(n-2) \times s\sqrt{\frac{1}{n}+\frac{\bar{x}^2}{S_{xx}}}$$

이다. 예제 5로부터 $\hat{\beta}_0=-1.07$, $\bar{x}=5.9$, $S_{xx}=40.9$, $s=2.82$이므로 이를 대입하면 95% 신뢰구간은

$$-1.07 \pm 2.306 \times 2.82 \times \sqrt{\frac{1}{10}+\frac{(5.9)^2}{40.9}} = -1.07 \pm 6.34 \text{ 혹은 } (-7.41,\ 5.27)$$

이다. 또한 검정하고자 하는 것은 β_0가 0인지 아닌지를 판단하고자 하는 것이므로 적절한 가설은

$$H_0 : \beta_0 = 0 \quad \text{대} \quad H_1 : \beta_0 \neq 0$$

이다. 이때 검정통계량은 $t=\dfrac{\hat{\beta}_0-\beta_{00}}{s\sqrt{1/n+\bar{x}^2/S_{xx}}}$이고, 이 통계량의 자유도는 8이므로 유의수준 5%의 기각역은 $R : |t| \geq t_{0.025}(8)=2.306$이다. 앞에 주어진 결과로부터 검정통계량의 관측값을 계산하면

$$t_0 = \frac{-1.07}{2.82\sqrt{1/10+(5.9)^2/40.9}} = -0.39$$

이고 이 값이 기각역에 포함되지 않으므로 H_0을 기각할 수 없다.

여기서 한 가지 언급할 것은 신뢰구간으로부터 양측검정의 결과를 알 수 있다는 것이다. 즉 95% 신뢰구간에 0이 포함되므로 $H_0: \beta_0=0$에 대한 유의수준 5%의 양측검정의 결과는 위와 같은 검정의 과정을 거치지 않더라도 기각할 수 없다는 것을 알 수 있다. 또한 β_0은 $x=0$에서의 종속변수의 기댓값에 대응된다. 약의 효과를 평가하는 문제에서, 우선 자료에 나타난 x값의 범위가 3과 7 사이이므로 직선식을 $x=0$으로 확장하는 것은 적절하지 못하다. 또한 추정값 $\hat{\beta}_0=-1.07$이 효과지속기간의 의미로 해석될 수 없음은 당연하다.

평균반응 $\beta_0+\beta_1 x^*$에 관한 추론

회귀분석에서 특별한 관심의 대상이 되는 문제로서, 독립변수의 특정한 값 x^*에 대응되는 종속변수의 기댓값 $\beta_0+\beta_1 x^*$에 대한 추정 및 그에 관련된 추론을 알아보자. 이 평균반응 $\beta_0+\beta_1 x^*$에 대한 추론은 추정량 $\hat{\beta}_0+\hat{\beta}_1 x^*$을 바탕으로 이루어진다. 우선 $\hat{\beta}_0+\hat{\beta}_1 x^*$의 표본분포를 알 필요가 있는데, 다음은 그 결과를 요약한 것이다.

$\hat{\beta}_0+\hat{\beta}_1 x^*$의 추정된 표준오차와 표본분포

추정된 표준오차: $s\sqrt{\dfrac{1}{n}+\dfrac{(x^*-\bar{x})^2}{S_{xx}}}$

표본분포: $$t=\frac{(\hat{\beta}_0+\hat{\beta}_1 x^*)-(\beta_0+\beta_1 x^*)}{s\sqrt{\dfrac{1}{n}+\dfrac{(x^*-\bar{x})^2}{S_{xx}}}} \sim t(n-2)$$

위의 식에서 만약 $x^*=0$이면 $\hat{y}^*=\hat{\beta}_0+\hat{\beta}_1 x^*$은 $\hat{\beta}_0$와 같게 되는데 이때 $\hat{y}^*$와 $\hat{\beta}_0$의 표준오차와 분포는 서로 일치하는 것을 알 수 있다.

다음은 위의 표본분포를 이용하는 $\beta_0+\beta_1 x^*$에 대한 추론의 방법을 요약한 것이다. 다만 중복을 피하기 위해서 β_0의 경우와 같이 간략하게 요약하기로 한다.

평균반응 $\beta_0+\beta_1x^*$에 관한 추론

신뢰구간: $\beta_0+\beta_1x^*$의 $100(1-\alpha)\%$ 신뢰구간

$$\hat{\beta}_0+\hat{\beta}_1x^*\pm t_{\alpha/2}(n-2)\,s\sqrt{\frac{1}{n}+\frac{(x^*-\bar{x})^2}{S_{xx}}}$$

가설검정: $H_0:\beta_0+\beta_1x^*=\mu_0$(유의수준 α)

$$\text{검정통계량: } t=\frac{(\hat{\beta}_0+\hat{\beta}_1x^*)-\mu_0}{s\sqrt{\frac{1}{n}+\frac{(x^*-\bar{x})^2}{S_{xx}}}}\sim t(n-2)\ \text{(귀무가설이 참이면)}$$

예제 9

예제 4의 자료에 대하여 독립변수의 값이 $x^*=6$ mg일 때와 $x^*=9.5$ mg일 떠의 효과지속기간의 평균에 대한 95% 신뢰구간을 구하라.

풀이

예제 5의 결과로부터 추정회귀직선은

$$\hat{y}=-1.07+2.74x$$

이다. 따라서 $x^*=6$일 때의 평균효과지속기간의 추정치는

$$\hat{\beta}_0+\hat{\beta}_1x^*=-1.07+2.74\times 6=15.37\text{(일)}$$

이다. 또한 예제 5의 결과로부터 $\bar{x}=5.9$, $S_{xx}=40.9$, $s=2.8207$이므로 표준오차의 추정값을 구하면

$$s\sqrt{\frac{1}{n}+\frac{(x^*-\bar{x})^2}{S_{xx}}}=2.8207\sqrt{\frac{1}{10}+\frac{(6-5.9)^2}{40.9}}=0.893\text{(일)}$$

이 된다. 따라서 $x^*=6$ mg에서의 평균 효과지속기간의 95% 신뢰구간은

$$\begin{aligned}(\hat{\beta}_0+\hat{\beta}_1x^*)\pm t_{\alpha/2}(n-2)\times s\sqrt{\frac{1}{n}+\frac{(x^*-\bar{x})^2}{S_{xx}}}&=15.37\pm 2.306\times 0.893\\&=15.37\pm 2.06\end{aligned}$$

이 된다. 같은 방법으로 $x^*=9.5$ mg인 경우의 평균 효과지속기간에 대한 95% 신뢰구간을 구해보자. 우선 $x^*=9.5$ mg일 때의 평균 효과지속기간의 추정치는

$$\hat{\beta}_0+\hat{\beta}_1x^*=-1.07+2.74\times 9.5=24.96\text{(일)}$$

이고 표준오차의 추정값은

$$표준오차의\ 추정값 = 2.8207\sqrt{\frac{1}{10} + \frac{(9.5-5.9)^2}{40.9}} = 1.821(일)$$

이다. 따라서 $x^* = 9.5$ mg에서의 평균 효과지속기간의 95% 신뢰구간은 다음과 같이 계산된다.

$$24.96 \pm 2.306 \times 1.821 = 24.96 \pm 4.20(일) \quad 또는 \quad (20.76일,\ 29.16일)$$

그림 11−10은 예제 9에서 x값의 변화에 따라 평균반응값에 대한 95% 신뢰구간의 폭이 변하는 것을 보여 준다. 평균반응의 추정값 $\hat{\beta}_0 + \hat{\beta}_1 x$에 대한 신뢰구간의 식과 그림 11−10에서 알 수 있듯이 x가 $\bar{x}$에 가까울수록 신뢰구간의 폭은 좁아지고, x가 $\bar{x}$에서 멀어질수록 신뢰구간의 폭은 넓어지게 된다. 이것은 평균반응 추정량에 대한 표준오차가 x가 $\bar{x}$에 가까울수록 작아지고, x가 $\bar{x}$에서 멀어질수록 커지기 때문인데 여기서 우리는 x값이 $\bar{x}$에 가까울수록 예측이 더 정확해짐을 알

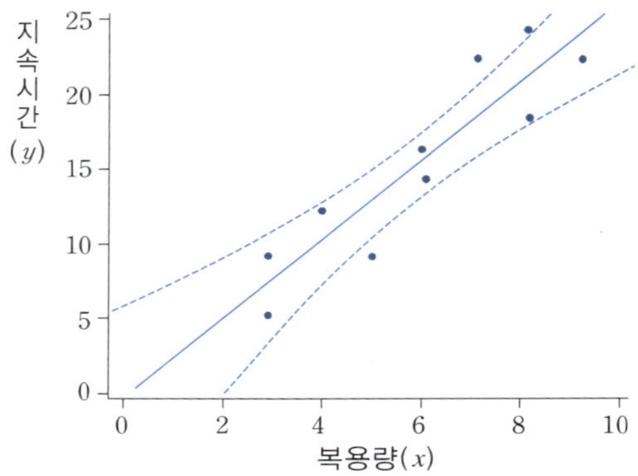

그림 11−10 표 11−3 자료의 산점도, 추정회귀직선과 평균반응 추정값의 95% 신뢰구간

수 있다. 예제 9에서 보면, $x^* = 9.5$ mg에서의 표준오차는 $x^* = 6$ mg의 경우와 비교할 때 2배 이상임을 알 수 있다.

독립변수의 자료 범위를 크게 벗어나는 x값에 대하여 평균반응이나 다음 절에 나오는 반응변수 값에 대한 추정은 매우 조심하여야 한다. 이것은 자료의 범위를 크게 벗어난 독립변수의 값의 평균반응에 대한 추정이 표준편차가 커짐으로써 정확도가 떨어진다는 것 이외에도 추정하는 모형 자체에도 문제가 있을 수 있다. 그림 11−11에서 볼 수 있듯이 자료를 가지고 단순선형회귀모형을 적합시킬 때 주어진 자료의 범위에서는 직선 관계라고 볼 수 있지만 그 범위를 벗어나면 직선이 아닌 관계일 수 있다. 따라서 직선에 의한 추정과 추론은 실제와 크게 벗어날 수 있다. 또한 예제 5의 결과를 보면 $x^* = 0$일 때 평균반응의 추정값이 -1.07이 되는데 이것은 비현실적이다. 이와 같이 범위를 크게 벗어날 경우 전체적인 경향이 직선이 아닐 것이라고 생각되는 경우도 있다. 만약 자료의 범위를 크게 벗어나는 독립변수의 값의 평균반응에 대하여 추정을 원하면 더 많은 자료

를 얻어 추정하는 독립변수의 값을 포함하거나 그 값에 가깝도록 자료의 범위를 넓혀 주는 등의 작업이 필요하다.

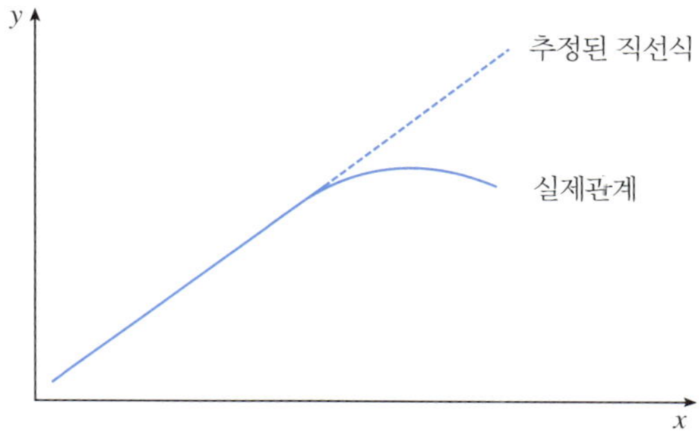

그림 11-11 자료의 범위를 크게 벗어난 예측의 위험성

반응변수값 Y의 예측

앞 절에서는 평균반응값에 대한 추론을 공부하였다. 만약 반응값의 평균이 아니라 하나의 반응값에 대한 추론을 하기 원한다면 이 경우는 평균반응값의 경우와 약간 다르다. 예를 들어 표 11-3의 자료를 이용하여 미리 정한 복용량 x^*를 어떤 환자에게 처방하고, 이 환자에 대한 약의 효과지속기간을 예측하는 문제를 생각해 보자. 이 문제는 앞에서 살펴본 평균반응 $\beta_0+\beta_1 x^*$를 예측하는 문제와 다르다. 왜냐하면 평균반응은 복용량이 x^*로 처방된 모든 환자에 대하여 약의 효과지속기간의 평균을 다루는 것이고, 이 문제는 한 환자에 대한 효과지속기간을 다루는 것이기 때문이다. 즉 특정 환자의 경우 반응값은 평균반응값에 오차를 더한 $Y=\beta_0+\beta_1 x^*+\varepsilon$을 예측하는 문제로 해석될 수 있다. 이때에 오차 ε의 평균이 0이기 때문에 반응변수값의 추정량은 평균반응의 추정량과 같이 $\hat{\beta}_0+\hat{\beta}_1 x^*$가 되지만, 오차 ε의 분산에 의하여 예측값의 표준오차는 평균반응을 예측하는 경우보다 조금 큰 값을 갖게 된다. 다음은 반응변수값의 표준오차를 정리한 것이다.

$\boldsymbol{x}=\boldsymbol{x}^*$에서의 반응변수값 $\boldsymbol{Y}$ 예측값의 추정된 표준오차 : $s\sqrt{1+\dfrac{1}{n}+\dfrac{(x^*-\bar{x})^2}{S_{xx}}}$

독립변수의 값 x^*에서의 반응값 Y에 관한 추론은 앞에서 요약된 평균반응 $\beta_0+\beta_1 x^*$에 관한 추론의 공식에서 표준오차 부분만 바꾸면 된다. 다음의 예를 통하여 알아보기로 하자.

예제 10

표 11−3에 대한 예제 4와 예제 5의 결과를 이용하여 어떤 환자에게 복용량 $x^*=6.0$ mg를 처방하였을 때 이 환자에 대한 효과지속기간을 예측하고, 이 예측의 95% 신뢰구간을 구하라.

풀이

예측값은 추정회귀직선식에 의하여

$$\hat{\beta}_0+\hat{\beta}_1 x^*=-1.07+2.74\times 6=15.37(\text{일})$$

로 예제 6과 같다. 그러나 이 예측값의 표준오차에 대한 추정값은

$$s\sqrt{1+\frac{1}{n}+\frac{(x^*-\bar{x})^2}{S_{xx}}}=2.8207\sqrt{1+\frac{1}{10}+\frac{(6-5.9)^2}{40.9}}=2.96(\text{일})$$

이므로 이 값을 이용하여 95% 예측구간을 계산하면

$$15.37\pm 2.306\times 2.96=15.37\pm 6.83(\text{일})$$

또는 (9.91일, 23.57일)이 된다. 따라서 이 환자에 대한 약의 효과지속기간은 9.91일과 23.57일 사이의 한 값이라고 신뢰수준 95%에서 말할 수 있다. 예제 9와 비교하여 보아라.

연습문제

4.1 다음은 자료의 크기가 5인 자료이다.

x	0	1	6	3	5
y	4	3	0	2	1

(1) 최소제곱추정값 $\hat{\beta}_0$과 $\hat{\beta}_1$을 구하라. 또한 오차분산 σ^2을 추정하라.

(2) 유의수준 $\alpha=0.05$에서 가설 $H_0: \beta_1=0$ 대 $H_1: \beta_1\neq 0$을 검정하라.

(3) $x=2.5$일 때 평균반응값 y를 예측하고, 평균반응값의 90% 신뢰구간을 구하라.

(4) 절편 β_0에 대한 90% 신뢰구간을 구하라.

4.2 연습문제 **4.1**을 참조하여 β_1에 대한 95% 신뢰구간을 구하라.

4.3 표본의 크기가 5인 두 변수의 자료가 다음과 같다.

x	1	2	3	4	5
y	0.9	2.1	2.4	3.3	3.8

(1) 최소제곱추정값 $\hat{\beta}_0$과 $\hat{\beta}_1$을 구하고 오차분산 σ^2을 추정하라.

(2) 유의수준 $\alpha=0.05$에서 가설 $H_0 : \beta_1=1$ 대 $H_1 : \beta_1 \neq 1$을 검정하라.

(3) 독립변수의 값이 $x=3.5$일 때, 평균반응값을 추정하고, 또한 95% 신뢰구간을 구하라.

(4) 절편 β_0에 대한 90% 신뢰구간을 구하라.

4.4 어떤 도시에서 성립된 주택거래 중에서 임의로 추출된 7주택의 평가금액(x)과 매매금액(y)이 다음과 같다고 한다. (단위: 백만 원)

x	200.8	194.6	183.5	190.5	210.2	170.5	220.0
y	207.0	199.0	188.0	191.2	211.0	176.2	218.0

(1) 위의 자료를 가지고 산점도를 그려라.

(2) 추정회귀직선식을 구하고, 문제 (1)의 산점도에 그 직선을 그려 넣어라.

(3) 회귀직선의 기울기 β_1에 대한 95% 신뢰구간을 구하라.

4.5 연습문제 **4.4**의 자료에 대하여 다음 물음에 답하라.

(1) 평가금액이 1억 9천만 원인 주택의 평균 매매금액을 추정하고, 95% 신뢰구간을 구하라.

(2) 평가금액이 1억 9천만 원인 어떤 주택의 매매금액에 대한 95% 신뢰구간을 구하라.

4.6 어떤 혼합비료의 시비량(x)과 어떤 농작물의 생산량(y)의 관계를 파악하기 의한 실험으로부터 다음의 값들이 구해졌다고 한다.

$$n=15, \quad \bar{x}=10.8, \quad \bar{y}=122.7$$
$$S_{xx}=70.6, \quad S_{yy}=98.5, \quad S_{xy}=68.3$$

두 변수 사이에 직선관계를 가정하고 다음의 각 항에 답하라.

(1) 추정회귀직선의 식을 구하라.

(2) 오차제곱합 SSE를 계산하고, σ^2을 추정하라.

(3) 자료의 x 범위 내에서 혼합비료 1단위를 증가할 때 평균생산량이 적어도 0.6 이상 증가한다고 할 수 있는가?

4.7 연습문제 **4.6**에서

(1) $x=12$일 때 평균생산량의 95% 신뢰구간을 구하라.

(2) $x=15$일 때 평균생산량의 95% 신뢰구간을 구하라.

(3) 문제 (1)과 (2)에서 구한 신뢰구간의 폭을 서로 비교하고, 그 이유를 간단히 기술하라.

4.8 다음은 어떤 해양 박테리아를 $X-$선에 일정한 시간 동안 노출시킨 후 생존한 박테리아 수 자료이다.

노출시간	생존수(100마리)
1	355
2	211
3	197
4	166
5	142
6	106
7	104
8	60
9	56
10	38
11	36
12	32
13	21
14	19
15	15

(1) 노출시간을 가로축, 생존수를 세로축으로 하여 산점도를 그려라.

(2) 최소제곱추정값과 회귀직선식을 구하라.

(3) 노출시간이 19시간 된 생존박테리아의 수를 예측하라. 예측값이 어떠한 위험성을 내포하고 있는가?

4.9 다음의 자료를 이용하여 아래의 각 항에 답하라.

x	0	1	2	3	4
y	195	216	244	260	284

(1) 추정회귀직선을 구하고, 그것을 산점도에 그려 넣어라.

(2) 다음의 가설을 유의수준 $\alpha=0.05$에서 검정하라.

$$H_0 : \beta_1=0 \quad \text{대} \quad H_1 : \beta_1>0$$

(3) $x=9$일 때 y를 예측하고, 이 값이 적절한지를 평가하라.

11.5 선형관계의 강도

지금까지 두 변수의 자료가 단순선형회귀모형을 따른다고 가정하고, 자료를 이용한 추론의 문제들을 다루었다. 자료분석에서 적용되는 모형은 변수 간의 관계를 간단한 함수 관계로 표현하여 근사적으로 파악하려는 접근방법이다. 따라서 주어진 자료를 어떤 모형으로 표현할 때, 그 모형이 얼마나 적합한가를 측정하는 측도가 필요하다. 이 절에서는 선형모형의 적합 정도에 관한 측도를 다루기로 한다.

독립변수 x_i에서의 관측값 y_i에 대응되는 예측값을 $\hat{y}_i$라고 하면 종속변수값 y_i는 다음과 같이 표현될 수 있다.

y_i	$=$	$\hat{y}_i$	$+$	e_i
	$=$	$(\hat{\beta}_0+\hat{\beta}_1x_i)$	$+$	$(y_i-\hat{\beta}_0-\hat{\beta}_1x_i)$
관측된 종속변수값		선형관계로 설명되는 y부분		선형관계로 설명되지 않는 y부분

이 식에서 마지막 항은 잔차 e_i로, 모든 관측점들이 직선 위에 놓이는 경우 그 값들은 모두 0이 되고, 따라서 y값은 x로 표현되는 선형관계로 완전히 설명될 수 있다. 따라서 잔차들의 값이 0으로부터 멀어질수록 선형관계가 약하다고 할 수 있는데, 전체적으로 잔차들의 크기를 고려하는 것으로 앞에서 소개된 잔차제곱합이 있다. 잔차제곱합

$$SSE=\sum e_i^2=\sum(y_i-\hat{\beta}_0-\hat{\beta}_1x_i)^2=S_{yy}-\frac{{S_{xy}}^2}{S_{xx}}$$

는 자료의 전체적인 경향이 선형관계에서 얼마만큼 벗어났는가를 측정하는 값으로 해석될 수 있다. 한편 자료의 y값들이 나타내는 변동의 크기는 SST라고 표기되는 y의 **총제곱합**(total sum of squares)

$$SST=S_{yy}=\sum(y_i-\bar{y})^2$$

으로 측정될 수 있고, 다음의 관계식에 의하여 SSE가 y의 총변동 SST의 한 부분을 형성하게 됨을 알 수 있다.

$$S_{yy}=\left(S_{yy}-\frac{{S_{xy}}^2}{S_{xx}}\right)+\frac{{S_{xy}}^2}{S_{xx}}=SSE+\frac{{S_{xy}}^2}{S_{xx}}=\sum(y_i-\hat{y}_i)^2+\sum(\hat{y}_i-\bar{y})^2$$

이때 $S_{xy}{}^2/S_{xx}$을 자료의 y값들의 총변동 중에서 회귀모형에 의해서 설명될 수 있는 부분이라고 해석할 수 있는데 이것을 **회귀제곱합**(regression sum of squares)이라고 하고, SSR로 표기한다. 위의 y_i를 분해한 것과 같이 y값들의 변동을 분해(decomposition)하면 다음과 같이 요약된다.

총제곱합의 분해

S_{yy}	$=$	$\dfrac{S_{xy}{}^2}{S_{xx}}$	$+$	$\left(S_{yy}-\dfrac{S_{xy}{}^2}{S_{xx}}\right)$
y의 총변동		선형관계로 설명 되는 변동		선형관계로 설명 되지 않는 변동
(SST)		(SSR)		(SSE)

위의 식으로부터 선형모형이 주어진 자료에 적합하다는 것은 선형회귀모형으로 설명되는 SSR 부분이 y의 총변동 SST의 대부분에 해당되는 경우라고 해석할 수 있다. 한 예로 모든 관측점들이 직선상에 놓이는 경우 SSE는 0이 되고, 따라서 SST는 SSR의 값과 일치하게 된다. 반면에 회귀모형을 고려하지 않는다면, 종속변수의 예측값으로 $y_1, y_2, \cdots, y_n$의 평균 $\overline{y}$를 사용할 것이다. 따라서 이러한 예측값을 사용하는 데 따른 오차의 제곱합 SSE는 y의 총변동 SST(또는 S_{yy}) 자체가 될 것이다.

따라서 선형모형이 어느 정도 적합한가의 측도로서 y의 총변동 중 선형회귀모형에 의하여 설명되는 변동부분의 비율 SSR/SST을 이용할 수 있다. 이때 SSR/SST을 **결정계수**(coefficient of determination)라고 하고, 이를 R^2이라고 표기한다.

결정계수

$$R^2=\frac{SSR}{SST}=\frac{S_{xy}{}^2}{S_{xx}S_{yy}}=1-\frac{SSE}{SST}$$

위의 식으로부터 결정계수의 값은 항상 0과 1 사이의 수가 됨을 알 수 있다. 그 값이 1에 가까우면 SST에서 회귀제곱합 SSR이 차지하는 부분이 큰 경우로서, 선형회귀모형이 관측결과를 잘 설명하여 주는 경우라고 할 수 있다. 반면에 R^2의 값이 0에 가까운 경우 선형회귀모형이 관측결과를 설명하는 데 별로 도움이 되지 않는 경우임을 알 수 있다.

한편 4.4절에서 정의된 표본상관계수는

$$r = \frac{S_{xy}}{\sqrt{S_{xx}S_{yy}}}$$

로서, 결정계수 R^2은 표본상관계수 r의 제곱이 된다. 이러한 관계로부터 결정계수 R^2의 값이 1에 가까운 경우 산점도에서 관측점들이 직선 주위에 가깝게 몰려 있음을 뜻하게 되고, 따라서 선형회귀모형이 관측결과를 잘 설명해 준다고 할 수 있다.

예제 11

표 11－3의 자료에서 결정계수 R^2의 값을 구하라.

풀이

예제 5로부터

$$S_{xx} = 40.9,\quad S_{yy} = 370.9,\quad S_{xy} = 112.1$$

이므로 결정계수의 값은

$$R^2 = \frac{{S_{xy}}^2}{S_{xx}S_{yy}} = \frac{112.1^2}{40.9 \times 370.9} = 0.83$$

이 된다. 따라서 종속변수 y변동의 83%가 단순선형회귀모형으로 설명이 되고, 따라서 이 모형이 관측결과를 비교적 잘 설명해 준다고 할 수 있다.

결정계수 R^2의 값이 0에 가깝다면 두 변수 사이의 관계를 직선관계로 나타내는 것이 적절하지 않다는 뜻으로서, 다음과 같은 경우를 생각할 수 있다.

(1) 그림 11－12의 (a)에서와 같이 산점도에서 특별한 경향을 보이지 않는 경우 두 변수 사이에 관계가 거의 없다고 할 수 있다. 이런 경우 더 좋은 모형도 기대할 수 없을 것이다.

(2) 그림 11－12의 (b)에서와 같이 산점도에서 관측점들이 직선이 아닌 곡선 주위에 띠를 형성하여 두 변수 사이에 뚜렷한 관계가 있지만 그 관계가 비선형인 경우를 생각할 수 있다. 이 경우에 직선관계를 가정한 선형모형은 부적절하며 결정계수 R^2의 값은 0에 가깝게 된다. 이런 자료에서는 다른 함수관계, 즉 비선형모형을 고려하면 관측결과를 잘 설명할 수 있게 된다.

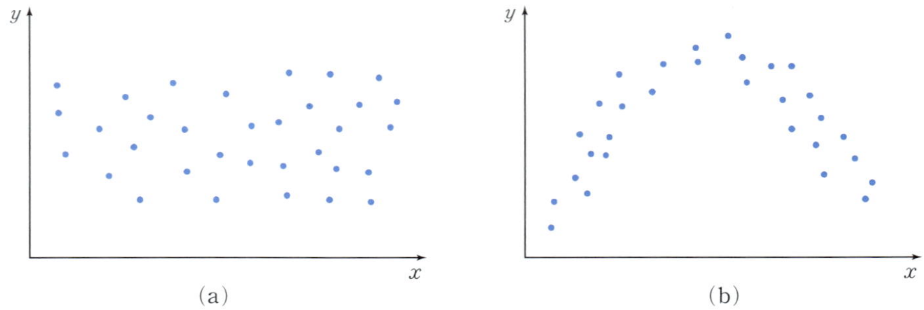

그림 11-12 산점도: (a) 무경향 (b) 비선형관계

이제 각 제곱합에 연관된 자유도를 알아보자. 제곱합의 자유도는 일반적으로 제곱합에서 더해지는 항의 개수에서 각 항들에 의해 만족되는 제약조건의 수를 뺀 값으로 주어진다. 총제곱합의 경우 n개의 편차 제곱 $(y_1-\bar{y})^2$, ⋯, $(y_n-\bar{y})^2$을 더하는데, 편차의 합이 0이 되어야 한다는 제약조건으로 인해 자유도가 1이 줄어 자유도가 $n-1$이 된다. 잔차제곱합은 n개의 자료로부터 계산한 잔차의 제곱 e_1^2, ⋯, e_n^2을 더하는데, 잔차의 계산 시에 두 개의 모수 β_0, β_1를 추정하기 위한 두 개의 제약조건을 사용하므로 자유도가 2만큼 줄어들게 되어 $n-2$의 자유도를 가진다. 한편, 회귀제곱합의 자유도는 총제곱합과 잔차제곱합의 자유도의 차이인 1과 동일하다. 일반적으로 회귀분석에서 회귀제곱합의 자유도는 추정하고 싶은 회귀계수의 수에서 1을 뺀 것과 동일한데, 단순선형회귀분석 모형에서는 두 개의 회귀계수 β_0, β_1를 추정하므로 자유도가 1로 주어지게 된다.

요인에 따라 분해한 제곱합과 자유도를 일목요연하게 파악하기 위하여 표의 형태로 정리하기도 하는데 이 표를 분산분석표(ANOVA table)라고 한다. 이 분산분석표에는 보통 평균제곱(mean square)이라는 항목이 추가되어 있는데 제곱합을 자유도로 나눈 값으로 정의된다. 다음의 표는 단순선형회귀분석에서의 분산분석표이다.

요인	제곱합	자유도	평균제곱
회귀	$SSR=\sum_{i=1}^{n}(\hat{y}_i-\bar{y})^2$	1	$MSR=\frac{SSR}{1}$
잔차	$SSE=\sum_{i=1}^{n}(y_i-\hat{y}_i)^2$	$n-2$	$MSE=\frac{SSE}{n-2}$
합계	$SST=\sum_{i=1}^{n}(y_i-\bar{y})^2$	$n-1$	

연습문제

5.1 자료로부터 계산된 결과가 다음과 같다.

$$n=14, \quad \overline{x}=1.2, \quad \overline{y}=5.1$$
$$S_{xx}=14.10, \quad S_{xy}=2.31, \quad S_{yy}=2.01$$

y의 총변동부분 중 회귀모형에 의해 설명되는 변동부분의 비율을 구하라.

5.2 $S_{xx}=10.1$, $S_{yy}=16.5$, $S_{xy}=9.3$을 이용하여 선형회귀모형에 의하여 설경되는 y변수의 총변동 부분의 비율을 구하라.

5.3 두 변수의 자료로부터 계산된 결과가 다음과 같다.

$$S_{xx}=92, \quad S_{yy}=457, \quad S_{xy}=160$$

선형회귀모형에 의해 설명되는 y의 총변동 부분의 비율을 구하라.

5.4 연습문제 **4.1**에서

(1) y의 총변동부분 중 회귀모형에 의해 설명되는 변동부분의 비율은 얼마인가?

(2) 표본상관계수를 구하라.

(3) 잔차제곱합을 계산하라.

(4) σ^2의 추정값을 구하라.

5.5 연습문제 **4.4**의 자료에서

(1) y값들의 변동 중에서 단순선형회귀모형에 의하여 설명되는 부분의 비율을 구하라.

(2) 두 변수 사이의 상관계수를 추정하라.

(3) 위의 문제 (1)과 (2)의 결과를 비교하여, 그 관계를 밝혀라.

5.6 연습문제 **4.9**의 자료에서

(1) 선형회귀모형에 의하여 설명되는 y변수의 총변동 부분의 비율을 구하라.

(2) 표본상관계수를 구하고, 문제 (1)의 결과와 비교하여 그 관계를 기술하라.

5.7 (1) 표본상관계수 r과 단순선형회귀모형의 기울기 $\hat{\beta}_1$ 사이에 다음의 관계가 성립함을 보여라.

$$r=\frac{\hat{\beta}_1\sqrt{S_{xx}}}{\sqrt{S_{yy}}}$$

(2) $SSE=(1-r^2)S_{yy}$가 성립함을 보여라.

5.8 회귀제곱합 SSR은 ${S_{xy}}^2/S_{xx}=\Sigma(\hat{y}_i-\overline{y})^2$로 정의되었다. $\Sigma(\hat{y}_i-\overline{y})^2={\hat{\beta}_1}^2S_{xx}$가 성립함을 보이고 이를 이용하여 ${S_{xy}}^2/S_{xx}=\Sigma(\hat{y}_i-\overline{y})^2$가 성립함을 보여라.

11.6 잔차의 검토

회귀분석의 단계로서 지금까지 다룬 내용을 살펴보면 먼저 하나의 모형을 가정하여 최소제곱법으로 그 모형에서 모수를 추정하고, 신뢰구간이나 가설검정 등의 추론에 관한 문제를 다루었다. 회귀모형에서의 추론은 가정된 모형이 타당할 때 그 추론에 대한 이론적 근거가 성립한다. 그러므로 회귀모형에서의 통계적 추론은 가정된 모형이 타당한 경우에만 행해져야 할 것이다. 따라서 모형의 가정에 대한 타당성의 검토가 필요하다.

단순선형회귀모형

$$Y_i = \beta_0 + \beta_1 x_i + \varepsilon_i, \quad i = 1, 2, \cdots, n$$

에서 오차 ε_i에 대한 가정은 다음과 같다.

(a) ε_i의 평균이 0이다.
(b) ε_i들은 서로 독립이다. (독립성)
(c) ε_i의 분산은 σ^2이다. (등분산성)
(d) ε_i는 정규분포 $N(0, \sigma^2)$을 따른다. (정규성)

여기서 (c)의 조건을 살펴보면, 모든 오차 $\varepsilon_1, \cdots, \varepsilon_n$의 분산이 σ^2으로 같게 되므로 이 조건을 등분산성이라고 한다. 한편 이들 조건 중에서 (a)는 모형에 절편이 있으므로 우리는 항상 오차의 평균이 0이 되게 만들 수 있다. 그러나 모형에서 (b), (c), (d)는 우리가 만들 수 있는 것은 아니다. 만약 이들 조건들이 만족하지 않는다면 앞 절에서 행하는 추론은 틀린 결론을 내릴 수도 있다. 따라서 이들 조건이 틀린 것은 아닌지 점검할 필요가 있다. 오차는 관측되는 것이 아니기 때문에 오차에 대한 가정을 점검하기 위해서는 오차의 추정량인 잔차 e_i를 살펴볼 필요가 있다. 잔차 e_i를 이용하여 오차항들이 위의 (b), (c), (d)에서 언급된 독립성, 등분산성, 정규성을 만족하는지를 조사하여 그 모형의 타당성을 확인하게 된다.

이 절에서는 잔차들에 대한 그림으로 그 모형의 타당성을 대략적으로 파악하는 방법을 소개하고자 한다. 잔차를 그림으로 표현하는 방법은 모형에 대한 가정 중에서 어떤 것을 조사하는가에 따라 여러 가지 방법이 있다. 여기에서는 몇 가지 방법만 알아보기로 하자.

잔차와 예측값의 산점도

잔차와 예측값의 산점도는 수평축에 예측값, 수직축에 잔차로 하여 좌표평면을 형성하고 각 관측자료에 대응되는 잔차와 예측값을 이 좌표평면에 그려 넣어 작성한다. 이렇게 작성된 잔차 e_i와 예측값 $\hat{y}_i$의 산점도는 흔히 가정된 함수관계의 부적당함이나 가정된 등분산성이 위배됨을 지적하는 데 도움이 된다. 예를 들어 그림 11-13의 (a)에서 산점도는 $e=0$을 중심으로 수평축에 평행한 띠를 형성하는 전형적인 형태를 보여 주는 경우로서, 이 그림에서 특별한 비정상을 발견할 수 없으므로 모형이 잘못되었다는 것을 발견할 수 없다. 그림 11-13의 (b)에서 산점도에서는 $\hat{y}$의 값이 증가함에 따라 잔차의 띠의 폭도 증가함을 알 수 있다. 이것은 종속변수의 값이 커짐에 따라 오차의 퍼진 정도가 증가하는 경향이 있음을 뜻하므로, 등분산의 가정이 위배되는 경우라고 짐작된다. 그림 11-13의 (c)에서 산점도는 잔차들이 처음에는 양의 값으로 증가하지만 다음에는 다시 음의 값으로 감소하는 체계적인 경향을 나타내고 있다. 이런 경우 선형모형이 부적합한 것으로 짐작되며, 독립변수의 제곱항이나 비선형의 항이 고려되어야 할 것이다.

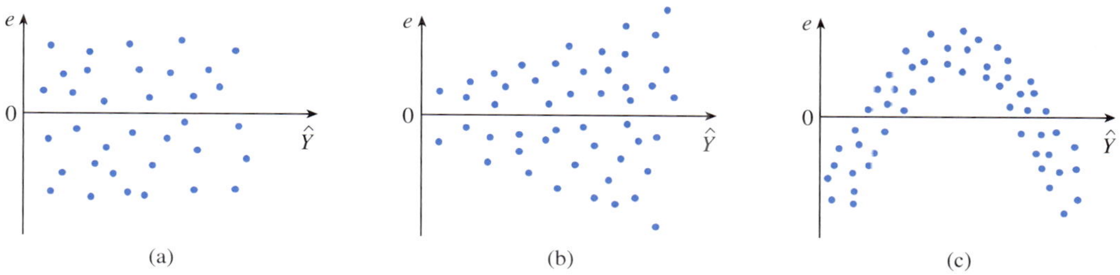

그림 11-13 잔차와 예측값의 산점도

잔차와 독립변수값의 산점도

잔차와 독립변수값의 산점도는 수평축에 독립변수의 값, 수직축에 잔차의 값으로 정하여 작성된다. 이 산점도로부터 가정된 모형에서도 함수관계의 부적당함이나 가정된 등분산성의 위배됨을 파악할 수 있다. 단순선형회귀모형에서는 예측값과 독립변수의 값이 선형관계, 즉 $\hat{y}_i=\hat{\beta}_0+\hat{\beta}_1x_i$를 만족하기 때문에 앞에서 소개된 잔차와 예측값의 산점도, 그리고 잔차와 독립변수값의 산점도는 함수관계와 등분산성에 대하여 같은 정보를 제공하게 된다. 따라서 두 산점도를 통한 해석방법과 내용은 같게 되고, 그 중에 한 가지만 그려보면 된다. 그러나 이 책에서는 다루지 않지만 독립변수가 2개 이상인 경우의 모형에서는 각 산점도로부터 나타나는 정보가 같지 않기 때문에, 두 종류의 산점도를 모두 조사하여 모형의 타당성을 검토해야 한다.

오차의 정규성 검정

오차의 분포를 파악하는 방법으로, 잔차의 히스토그램을 그려브아 정규분포를 따른다고 할 수 있는지를 대략적으로 검토할 수 있다. 정규분포는 대칭이라는 성질을 가지고 있으므로 만약 잔차의 히스토그램에서 분포의 모양이 대칭이 아니라면 오차가 정규분포를 따른다고 보기 힘들다. 그러나 분포가 대칭이라고 하여 반드시 정규분포를 따른다고 할 수는 없다. 이때 9장에서의 정규확률그림을 이용하여 잔차의 정규성을 검정할 수 있다. 히스토그램보다는 정규확률그림이 정규성을 파악하는 데 더 적합하므로 보통 정규성을 검정하기 위하여 정규확률그림을 이용한다. 잔차에 대한 정규확률그림에서 점들이 직선에 가깝게 위치하여 있으면 잔차는 정규분포를 따른다고 할 수 있으나, 곡선의 형태를 가지고 있거나 직선으로부터 많이 벗어나 있으면 잔차가 정규분포를 따른다는 가정은 옳다고 할 수 없다.

오차의 독립성 검정

회귀모형의 가장 중요한 가정은 오차 ε_i가 서로 독립이라는 것이다. 실제에서 오차의 독립성을 보장하기 위하여 관측값을 얻는 순서를 임의로 정하는 등의 방법을 사용함으로써 실험을 할 때 각 추출 단위(sampling unit)가 독립이 되도록 실험을 설계하기도 한다. 그러나 물가, 주식가격과 같이 시간에 따라 관측값을 얻는 경우 관측값의 순서를 임의로 정할 수 없으므로 오차 ε_i가 독립이라는 가정이 위배되는 경우가 흔하다. 또한 실험자료의 경우와 같이 연속적인 시점에서 자료가 수집될 때 독립의 가정이 위배되기 쉽다. 예를 들어 그림 11-14의 산점도는 시간의 흐름 또는 관측의 순서에 따라 잔차의 값들이 처음에는 양수의 값들로 나타나다가 다음에는 음수의 값들로 나타나고 다시 양수가 되는 체계적인 경향을 보이고 있다. 이러한 잔차는 시간의 흐름 또는 관측의 순서에 영향을 받는다고 볼 수 있으므로 독립의 가정이 위배되는 경우로 짐작된다.

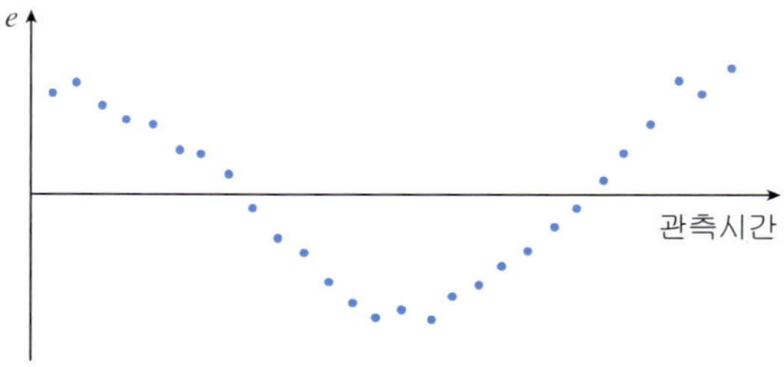

그림 11-14 관측시간에 따른 잔차의 변화 예

독립의 가정을 확인하는 또 다른 방법으로 연속적인 잔차의 쌍(e_{i-1}, e_i)들의 산점도를 그려보는 방법을 생각할 수 있다. 그림 11-15의 (b)에서와 같이 산점도에서 특별한 경향이 나타나지 않는 군집을 형성하면 독립이라고 할 수 있고, 그림 11-15의 (a)에서와 같이 점들이 직선을 따라 모여 있으면 잔차 e_i는 직전의 잔차 e_{i-1}과 상관관계가 있다고 생각되므로 오차의 독립성이 위배된다고 할 수 있다. 이렇게 시간의 흐름에 따라 관측된 자료에 대한 모형에서 잔차의 독립성이 위배된다면 시계열모형을 쓰는 것이 바람직하다.

지금까지 잔차를 이용하여 모형의 타당성을 검토하는 방법을 알아보았다. 만약 잔차의 검토 단계에서 모형의 가정이 심각하게 위배되지 않는다면, 우리는 그 모형이 타당하다고 평가하고 관련된 추론을 행하게 된다. 그렇지 않은 경우에는 더 적당한 모형을 찾아야 할 것이다. 이러한 과정에서 꼭 기억해야 할 것은 모형의 가정이 심각하게 위배될 때 그것을 고려하지 않고 기계적으로 행한 추론은 잘못된 결론으로 유도하기 쉽다는 것이다.

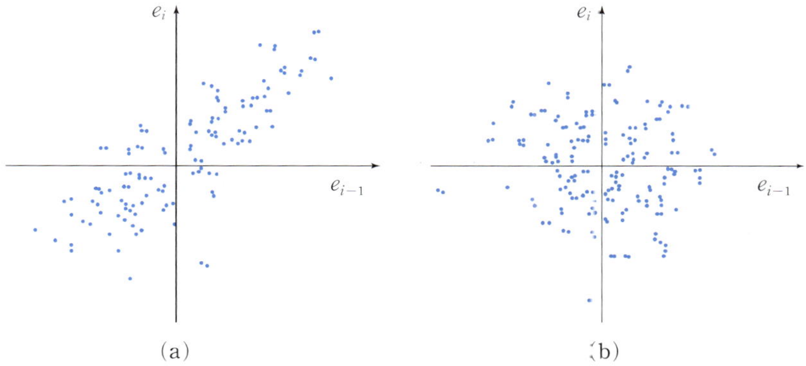

그림 11-15 e_i와 e_{i-1}의 산점도; (a) 상관관계가 있는 경우와 (b) 상관관계가 없는 경우

연습문제

6.1 주어진 자료를 단순선형회귀모형에 적합시켜 구한 잔차와 예측값이 다음과 같다.

$\hat{y}$	11.3	14.8	18.4	22.0	25.5	27.0	31.2	32.7	34.1
e	−0.3	0.2	−5.4	2.0	0.5	5.0	−9.2	6.3	12.9

$\hat{y}$	36.2	39.8	43.4	45.5	46.2	46.9	46.9
e	−4.2	−14.8	7.6	−1.5	15.8	1.1	−16.9

잔차와 예측값의 산점도를 그리고, 어떤 가정이 위배된 것으로 나타나는지를 밝혀라.

6.2 단순선형회귀모형을 최소제곱법으로 추정하여 구한 잔차와 예측값이 다음과 같다.

$\hat{y}$	4.01	5.53	6.21	6.58	8.17	8.34	8.81	9.52
e	0.28	−0.33	−0.21	0.24	−0.97	0.46	0.79	−1.02

$\hat{y}$	10.05	10.55	10.77	10.77	10.94	10.98	10.98
e	1.35	−1.55	0.63	1.73	−2.14	1.92	−1.18

모형의 가정 중에서 위배되는 것이 있으면 지적하라.

6.3 페니실린을 생산하는 데 있어 포도당에 의해 발생되는 중요한 화학약품의 양을 14번 실험을 통해 얻었다. 다음은 앞에서 구한 단순선형회귀모형으로부터 계산된 예측값과 잔차이다. (괄호 안의 값은 실험 순서)

예측값	2.2(9)	3.1(6)	2.5(13)	3.3(1)	2.3(7)	3.6(14)	2.6(8)
잔차	−1	−2	3	−3	−1	5	0

예측값	2.5(3)	3.0(12)	3.2(4)	2.9(11)	3.3(2)	2.7(10)	3.2(5)
잔차	0	3	−2	2	−5	0	1

(1) 잔차와 예측값의 산점도와 잔차와 관측순서의 산점도를 그려라.

(2) 위의 두 산점도 중에서 가정에 위배된 것이 있으면 지적하라.

6.4 어떤 학생이 최근 26년간(1995−2020)의 국내총생산(GDP, 단위: 조)에 대한 자료를 반응변수(y)로 1부터 26까지 연번을 나타낸 변수 x를 독립변수로 이용하여 단순선형회귀모형에 적합시켜 추정회귀직선 $\hat{y}=a+bx$를 얻었다고 한다. 아래의 결과로부터 선형회귀모형의 가정 중에서 심각하게 위배된 것이 있으면 지적하라.

x	1	2	3	4	5	6	7	8	9	10
y	436.99	490.85	542.00	537.22	591.45	651.63	707.02	784.74	837.37	908.44
$\hat{y}$	352.59	417.02	481.45	545.88	610.31	674.74	739.17	803.60	868.03	932.46
잔차	84.40	73.83	60.55	−8.66	−18.86	−23.11	−32.15	−18.86	−30.66	−24.02

x	11	12	13	14	15	16	17	18	19	20
y	957.45	1005.60	1089.66	1154.22	1205.35	1322.61	1388.94	1440.11	1500.82	1562.93
$\hat{y}$	996.89	1061.32	1125.75	1190.18	1254.61	1319.04	1383.47	1447.90	1512.33	1576.76
잔차	−39.44	−55.72	−36.09	−35.96	−49.26	3.57	5.47	−7.79	−11.51	−13.83

x	21	22	23	24	25	26
y	1658.02	1740.78	1835.70	1898.19	1924.50	1933.15
$\hat{y}$	1641.19	1705.62	1770.05	1834.48	1898.91	1963.34
잔차	16.83	35.16	65.65	63.71	25.59	−30.19

R과 Python을 이용한 분석

분석 1

다음은 어느 대학 통계학과 신입생 51명의 키와 몸무게를 기록한 것이다. R을 이용하여 키와 몸무게의 표본상관계수를 구하고, 산점도를 그려라.

신입생	키(cm)	몸무게(kg)	신입생	키(cm)	몸무게(kg)	신입생	키(cm)	몸무게(kg)
1	181	78	18	173	64	35	159	50
2	161	49	19	160	48	36	180	63
3	170	52	20	163	53	37	169	71
4	160	53	21	167	78	38	152	52
5	158	50	22	165	45	39	178	74
6	168	57	23	163	56	40	173	52
7	162	53	24	173	70	41	173	61
8	179	54	25	178	68	42	171	65
9	183	71	26	170	59	43	171	68
10	178	73	27	167	55	44	170	57
11	171	55	28	177	64	45	160	47
12	177	73	29	175	59	46	167	48
13	163	51	30	169	55	47	168	58
14	158	53	31	152	38	48	166	59
15	160	65	32	158	45	49	164	55
16	160	48	33	160	50	50	173	74
17	158	59	34	160	46	51	180	74

풀이

먼저 키와 몸무게의 정보를 각각 height와 weight라는 이름의 변수에 저장한다. 표본상관계수를 구하기 위해 자료를 저장할 때 주의해야 할 점은 한 개인으로부터 얻은 자료는 같은 순서에 저장되어야 한다는 점이다. 예를 들어 12번째 사람으로부터 얻은 키 177cm, 몸무게 73kg은 height와 weight에서 각각 12번째에 나타난다.

```
> height <- c(181, 161, 170, 160, 158, 168, 162, 179, 183, 178, 171, 177,
+              163, 158, 160, 160, 158, 173, 160, 163, 167, 165, 163, 173,
+              178, 170, 167, 177, 175, 169, 152, 158, 160, 160, 159, 180,
+              169, 162, 178, 173, 173, 171, 171, 170, 160, 167, 168, 166,
```

```
+             164, 173, 180)
> weight <- c(78, 49, 52, 53, 50, 57, 53, 54, 71, 73, 55, 73, 51, 53, 65, 48,
+             59, 64, 48, 53, 78, 45, 56, 70, 68, 59, 55, 64, 59, 55, 38, 45,
+             50, 46, 50, 63, 71, 52, 74, 52, 61, 65, 68, 57, 47, 48, 58, 59,
+             55, 74, 74)
```

그림 11-16 자료 입력

cor(x=**첫 번째 변수의 이름**, y=**두 번째 변수의 이름**)를 사용하여 몸무게의 표본상관계수를 구한다.

```
> cor (x = height, y = weight)
[1] 0.7362765
```

그림 11-17 표본상관계수 계산

plot(x=x **좌표에 사용할 변수의 이름**, y=y **좌표에 사용할 변수의 이름**, xlab="x**축 이름**", ylab="y**축 이름**", main="**그래프 제목**")을 사용하여 키와 몸무게의 산점도를 그린다.

```
> plot(x = height, y = weight,
+      xlab "height(cm)", ylab = "weight(kg)",
+      main = "height(cm) and weight(kg)")
```

그림 11-18 산점도 생성 과정

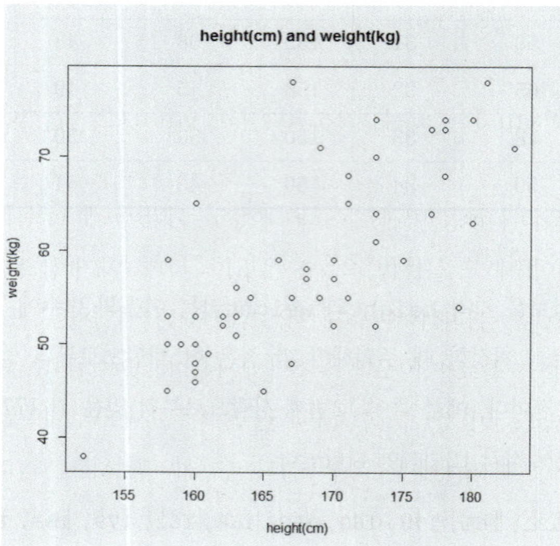

그림 11-19 키와 몸무게의 산점도

분석 2

앞의 예제에서 주어져 있는 자료에 대하여 키가 주어질 때 몸무게를 예측하기 위한 회귀분석을 하라.

lm 함수를 사용하여 다음과 같이 회귀분석을 시행한다.

lm(formula, data = NULL): formula에 대한 회귀분석 수행

formula: 회귀분석을 수행하려 하는 식으로서 '반응변수~설명변수(처리)' 형식으로 입력

data: 반응변수와 설명변수가 들어있는 데이터 프레임을 이용하여 회귀분석 수행. 데이터 프레임이 없을 경우, formula에 명시된 변수 벡터를 이용하여 회귀분석 수행

```
> fit <- lm(weight ~ height)
> summary(fit)

Call:
lm(formula = weight ~ height)

Residuals:
     Min       1Q   Median       3Q      Max
-14.8902  -3.6198  -0.7761   3.8542  20.4845

Coefficients:
            Estimate Std. Error t value Pr(>|t|)
(Intercept) -100.7820   20.9119  -4.819 1.43e-05 ***
height         0.9479    0.1245   7.616 7.40e-10 ***
---
Signif. codes: 0 '***' 0.001 '**' 0.01 '*' 0.05 '.' 0.1 ' ' 1

Residual stabdard error: 6.693 on 49 degrees of freedom
Multiple R-squared: 0.5421, Adjusted R-squared: 0.5328
F-statistic: 58.01 on 1 and 49 DF, p-value: 7.404e-10
```

그림 11-20 회귀분석 및 결과

회귀분석의 결과를 fit이라는 이름의 객체에 저장한 후, 그리고 summary 함수를 이용하면 저장된 객체 fit으로부터 회귀분석의 결과를 출력할 수 있다.

즉, 적합된 모형 객체에 대해 다음과 같은 함수들을 사용할 수 있다.

summary(object): 회귀분석 결과를 요약하여 출력

confint(object, level = 0.95): 회귀계수의 신뢰구간을 계산, level(신뢰수준)은 변경가능

residuals(object) : 적합된 모형의 잔차를 반환

anova (object): 분산분석표를 출력

abline(object): 추정된 회귀직선을 그림에 출력 (단순회귀모형 한정)

object: lm함수가 반환한 R객체

그림 11-20에서 Coefficients는 회귀계수 추정값이 출력되는 부분으로, 추정된 Y 절편($\hat{\beta}_0$)이

-100.7820이고, 추정된 키의 회귀계수 값($\hat{\beta}_1$)이 0.9479이므로 회귀직선의 추정식은

$$몸무게(weight) = -100.782 + 0.9479 \times 키(height)$$

이다. 또한 결과 창에서 Multiple R−squared는 결정계수를 의미하며, 그 값이 0.5421이므로 몸무게의 변동 중에서 약 54.2%는 단순선형회귀모형으로 설명될 수 있다는 것을 알 수 있다.
가설 $H_0: \beta_1=0$ 대 $H_1: \beta_1 \neq 0$에 대한 검정통계량의 관측값은 그림 11−20의 결과를 참조하여 다음과 계산된다.

$$t = \frac{\hat{\beta}_1}{\frac{s}{\sqrt{S_{xx}}}} = \frac{0.9479}{0.1245} = 7.616$$

즉, $\hat{\beta}_1$값은 그림 11−20에서 height 행의 Estimate 열을 참조하면 0.9479라는 것을 확인할 수 있고, $\hat{\beta}_1$의 표준오차인 $\frac{S}{\sqrt{S_{xx}}}$값은 height 행의 Std. Error 열을 참조하면 0.1245라는 것을 알 수 있다. 그리고 height 행의 t value 열에 검정통계량의 관측값(7.616)이 기재되어 있고, Pr(> |t|) 열에 $P-$값이 기재되어 있다. 여기서 $P-$값은 7.4×e−10인데, 이는 7.4×10^{-10}를 의미한다. 이는 매우 작은 값이므로 유의수준 0.05 하에서 회귀모형의 기울기가 유의하다고 말할 수 있다. confint 함수를 이용하여 회귀계수 β_0와 β_1에 대한 95% 신뢰구간을 계산할 수 있다.

```
> confint(fit, level = 0.95)
                    2.5%      97.5%
(Intercept)  -142.8060138  -58.757955
height          0.6977934    1.197985
```

그림 11−21 회귀계수의 신뢰구간

anova 함수를 이용하면 그림 13−22와 같이 회귀모형의 분산분석표를 출력할 수 있다.

```
Analysis of Variance Table
Response: weight
Df Sum Sq Mean Sq F value Pr(>F)
height 1 2598.5 2598.48 58.011 7.404e-10 ***
Residuals 49 2194.8 44.79
---
Signif. codes: 0 '***' 0.001 '**' 0.01 '*' 0.05 '.' 0.1 ' ' 1
```

그림 11−22 회귀모형의 분산분석표

위의 결과에서 height로 시작하는 행은 순서대로 회귀모형에 대한 자유도(DF), 제곱합(Sum Sq), 평균제곱(Mean Sq)을 나타내며, Residuals로 시작하는 행은 잔차에 대한 자유도(DF), 제

곱합(Sum Sq), 평균제곱(Mean Sq)을 의미한다.

그림 11-23은 회귀분석의 결과를 저장한 객체 fit과 자료를 저장한 숫자 벡터 height, weight를 이용하여 잔차도, 적합도, 잔차 정규확률도를 출력하는 R 코드이다. 그림 11-23에서 par 함수는 여러 개의 그림을 한 화면에 출력하기 위한 함수로 par(mfrow=c(a,b))는 R의 Graphics 창을 a행 b열로 나눈다는 의미이다.

```
> par(mfrow=c(2, 2))
>
> plot(height, weight, xlab= "height", ylab= "weight",
+       main="키(height) 선 적합도")
> abline(fit)
>
> r <- residuals(fit)
> plot(height, r, xlab= "height", ylab= "residual",
+       main="키(height) 잔차도")
>
> qqnorm(r, main="잔차 정규확률도")
```

그림 11-23 잔차도, 적합도, 잔차 정규확률도 출력 코드

그림 11-24에서 키(height) 선 적합도는 독립변수(X)와 종속변수(Y)의 산점도에 abline 함수를 이용하여 추정된 회귀직선을 그려 넣은 것이다. 키(height) 잔차도는 잔차와 독립변수 값의 산점도인데 어떤 특별한 경향을 발견할 수 없다. 또한 잔차의 정규성을 확인하기 위하여 잔차 정규확률도를 그렸는데, 거의 직선의 형태를 이루므로 잔차가 정규분포에 가깝다고 할 수 있다.

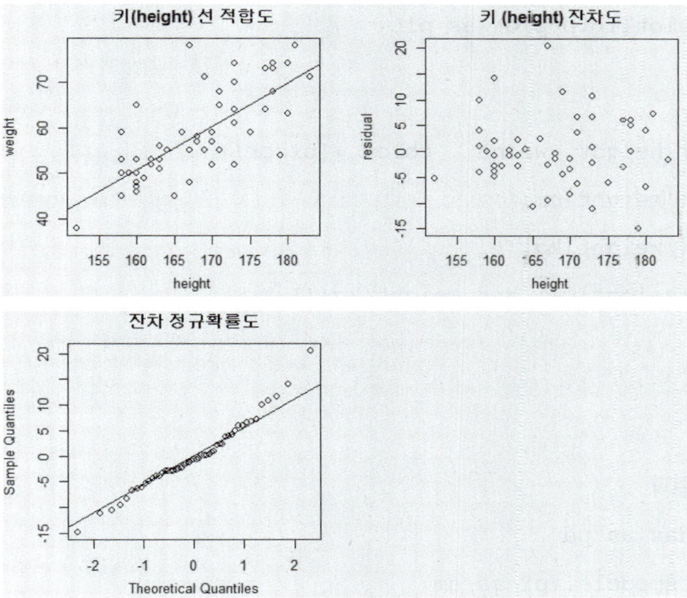

그림 11-24 잔차도, 적합도, 잔차 정규확률도

Python 코드

분석 1

```
# 키와 몸무게의 상관계수 및 산점도 그림
##input data
import numpy as np

height = np.array
([181,161,170,160,158,168,162,179,183,178,171,177,163,158,160,160,158
,173,160,163,167,165,163,173,178,170,167,177,175,169,152,158,160,160,
159,180,169,162,178,173,173,171,171,170,160,167,168,166,164,173,180])
weight = np.array([78,49,52,53,50,57,53,54,71,73,55,73,51,53,65,48,59,
                  64,48,53,78,45,56,70,68,59,55,64,59,55,38,45,50,46,
                  50,63,71,52,74,52,61,65,68,57,47,48,58,59,55,74,74])

#calculate the correlation
np.corrcoef(height,weight)[1][0]

#draw the scatter plot
import matplotlib.pyplot as plt

plt.figure()
plt.scatter(height, weight, color ='black')
plt.xlabel('height(cm)')
plt.ylabel('weight(kg)')
plt.title('height(cm) and weight(kg)')
plt.show()
```

분석 2

```
# 회귀분석 및 결과
import pandas as pd
import statsmodels.api as sm
```

```
import statsmodels.formula.api as smf
d = {'height' : height, 'weight' : weight}
dat = pd.DataFrame(data = d)
fit = smf.ols('weight ~ height', data=dat).fit()
print(fit.summary())

# 회귀계수의 신뢰구간
fit.conf_int(0.05)

# 분산분석표
anova_table = sm.stats.anova_lm(fit, typ=1)
anova_table

# 잔차도, 적합도, 잔차 정규확률도(그림 11-24)
import numpy as np
import matplotlib.pyplot as plt
from statsmodels import regression
from scipy import stats
import pylab
from matplotlib import font_manager, rc, rcParams

# Windows (나눔폰트 설치 후)
font_name = 'NanumGothicCoding'

# Linux (Ubuntu)
import matplotlib

matplotlib.__file__ #(위치 확인)
# terminal command line
$ sudo apt-get install fonts-nanum*
$ fc-cache -fv
$ cp /usr/share/fonts/truetype/nanum/Nanum*
/home/dyu/anaconda3/lib/python3.9/site-packages/matplotlib/mpl-data/
fonts/ttf/
$ rm -rf ~/.cache/matplotlib/*
```

```
# python
font_name = 'NanumGothicCoding'

rcParams['axes.unicode_minus'] = False
plt.subplot(2,2,1)
slope, intercept = np.polyfit(height, weight, 1)
abline_values = [slope * i + intercept for i in height]
plt.plot(height, weight, 'o')
plt.plot(height, abline_values, 'b')
plt.title('키(height) 선 적합도')
plt.xlabel('height')
plt.ylabel('weight')
plt.tight_layout()dd
plt.subplot(2,2,2)
r = fit.resid
plt.plot(height, r, 'o')
plt.title('키(height) 잔차도')
plt.xlabel('height')
plt.ylabel('weight')
plt.tight_layout()
plt.subplot(2,2,3)
stats.probplot(r, dist = 'norm', plot = pylab)
plt.title('잔차 정규 확률도')
plt.xlabel('Theoretical Quantiles')
plt.ylabel('Sample Quantiles')
plt.tight_layout()
```

11장 종합문제

7.1 다음은 흥분제의 양과 청각 장애 지속시간을 제시하고 있다.

x	1	3	4	7	9	12	13	14
y	3.5	2.4	2.1	1.3	1.2	2.2	2.6	4.2

(1) 표본상관계수를 구하라.

(2) 산점도를 그리고, 두 변수 간의 관계로부터 의미 없는 표본상관계수에 대해 논하라.

7.2 20개의 자료 (x, y)로부터 다음과 같은 수치가 계산되어 있다.

$\sum x=156,\ \sum y=1178$

$\sum x^2=1262,\ \sum y^2=69390,\ \sum xy=9203$

표본상관계수를 구하라.

7.3 다른 통화를 쓰는 국가 간의 구매력 평가 측도로 여러 가지 측도가 사용되는데, 그중의 하나가 각국에서 판매되고 있는 맥도날드의 빅맥 가격을 비교하는 빅맥 지수이다. 다음은 2007년 7월과 2021년 1월 기준 국가별 빅맥의 가격이다. R을 이용하여 산점도와 표본상관계수를 구하고 자료를 분석하라.

국가	연도		국가	연도	
	2007	**2021**		**2007**	**2021**
미국	3.41	5.66	뉴질랜드	3.48	4.87
아르헨티나	2.63	3.75	노르웨이	7.17	6.09
호주	2.97	4.98	파키스탄	2.30	3.43
브라질	3.82	3.98	페루	3.13	3.29
영국	4.00	4.44	필리핀	2.03	2.95
캐나다	3.86	5.29	폴란드	2.74	3.51
칠레	3.14	4.09	러시아	2.10	1.81
중국	1.49	3.46	사우디아라비아	2.39	3.73
콜롬비아	3.37	3.74	싱가폴	2.70	4.43
코스타리카	2.22	3.83	남아프리카공화국	2.24	2.16
체코	2.89	4.12	대한민국	3.09	4.10
덴마크	5.34	4.90	스리랑카	1.93	3.70
이집트	1.71	2.72	스웨덴	5.01	6.37
홍콩	1.54	2.64	스위스	5.46	7.29
헝가리	3.39	3.03	타이완	2.30	2.57
인도네시아	1.69	2.41	터키	3.98	2.01
일본	2.47	3.74	아랍에미레이트	2.72	4.02
말레이시아	1.64	2.47	우루과이	2.81	4.80
멕시코	2.67	2.68	태국	2.01	4.25

7.4 다음의 자료를 이용하여 아래의 각 문항에 답하라.

x	1	1	1	2	3	3	4	5	5
y	9	7	8	10	15	12	19	24	21

(1) 산점도를 작성하라.

(2) $\bar{x}$, $\bar{y}$, S_{xx}, S_{yy}, S_{xy}를 각각 계산하라.

(3) 추정회귀직선을 구하고, 산점도에 그 직선을 그려라.

(4) $x=3$에 대응되는 y의 예측값을 구하라.

7.5 위의 종합문제 **7.4**에서

(1) 잔차들을 구하라.

(2) 잔차의 제곱을 합하여 SSE를 계산하고, 또한 식 $SSE=S_{yy}-S_{xy}{}^2/S_{xx}$를 이용하여 SSE를 구하여 두 값을 비교하라.

(3) 오차분산 σ^2을 추정하라.

7.6 위의 종합문제 **7.4**에서

(1) 단순선형회귀모형의 β_1에 대한 95% 신뢰구간을 구하라.

(2) $x=4$일 때 y의 기댓값에 대한 95% 신뢰구간을 구하라.

(3) $x=4$일 때 y에 대한 90% 신뢰구간을 구하라.

7.7 표본의 크기가 15인 두 변수의 자료로부터 계산된 통계량의 값이 다음과 같다고 한다.

$$\bar{x}=8.3, \qquad \bar{y}=54.8$$
$$S_{xx}=5.6, \qquad S_{xy}=-12.4, \qquad S_{yy}=38.7$$

(1) 추정회귀직선을 구하라.

(2) 다음의 가설을 유의수준 $\alpha=0.05$에서 검정하라.

$$H_0: \beta_1=-2 \quad \text{대} \quad H_1: \beta_1<-2$$

(3) $x=10$일 때 y의 기댓값을 추정하고 95% 신뢰구간을 구하라.

7.8 위의 종합문제 **7.7**을 참조하여,

(1) y의 총변동을 선형관계로 설명되는 부분과 설명되지 않는 부분으로 분해하라.

(2) 단순선형회귀모형에 의해 설명되는 y변동의 비율을 구하라.

(3) 두 변수 x와 y 사이의 표본상관계수를 구하라.

7.9 식물학자들은 단풍나무에서 열매의 크기와 무게의 함수인 디스크 로딩(disk loading)이라는 값과 열매의 떨어지는 속도와의 관계를 연구하고 있다. (단풍나무 열매는 날개를 가지고 있어 헬리콥터처럼 돌면서 땅으로 떨어진다. 디스크 로딩은 헬리콥터의 기체역학과 관련된 수치이며 열매의 크

기와 무게에 비례한다.) 단풍나무에서 13개의 열매를 임의로 수집하여, 실험실에서 각 열매의 디스크 로딩(x)과 떨어지는 속도(y)를 측정하였다.

디스크 로딩(x)	0.257	0.295	0.284	0.272	0.277	0.245	0.255	0.284
떨어지는 속도(y)	1.35	1.50	1.33	1.39	1.28	1.06	1.32	1.23

디스크 로딩(x)	0.265	0.302	0.241	0.310	0.239
떨어지는 속도(y)	1.15	1.35	1.08	1.20	1.15

(1) 산점도를 그리고, 추정회귀직선식을 구하라.

(2) 위의 자료는 떨어지는 속도가 디스크 로딩에 의해 영향을 받는다는 주장을 뒷받침할 만한가? (유의수준 $\alpha=0.05$로 검정하라.)

(3) 잔차와 예측값의 산점도를 그리고, 선형회귀모형의 가정 중에서 위배되는 것이 있으면 지적하라.

7.10 위의 종합문제 **7.9**에서,

(1) 표본상관계수를 구하라.

(2) y의 총변동부분 중 회귀모형에 의해 설명되는 변동부분의 비율을 구하라.

7.11 다음의 자료는 특정 차종에 대하여 10대를 임의로 추출하여 중고차의 사용시간(x)과 가격(y)을 기록한 것이다.

x(년)	1	2	2	3	3	4	6	7	8	10
y(백만 원)	5.45	4.80	5.00	4.00	3.70	3.20	3.15	2.69	1.90	1.47

(1) 산점도를 작성하라.

(2) 추정회귀직선을 구하고, 그 직선을 산점도에 그려보아라.

(3) 회귀모형의 기울기 β_1에 대한 95% 신뢰구간을 구하라.

7.12 위의 종합문제 **7.11**에 대하여 다음 물음에 답하라.

(1) 이 차종의 5년 된 중고차의 평균가격에 대한 예측가격을 구하고, 95% 신뢰구간을 구하라.

(2) 이 차종의 5년 된 중고차가 있을 때 그 가격을 추정하고, 90% 신뢰구간을 구하라.

(3) 이 차종으로 20년 된 중고차의 가격을 추정회귀직선을 이용하여 구하려고 한다. 이렇게 구하는 방법이 타당하다고 할 수 있는가? 그 이유를 간단히 기술하라.

7.13 위의 종합문제 **7.11**에서 이 차종의 나이와 가격 사이의 표본상관계수를 계산하라. y변동 중에서 추정회귀직선에 의하여 설명되는 변동부분의 비율을 구하라.

7.14 다음의 자료를 이용하여 아래의 각 문항에 답하라.

$$n=20, \quad \sum x_i=160, \quad \sum y_i=240$$
$$\sum x_i^2=1536, \quad \sum x_i y_i=1832, \quad \sum y_i^2=2965$$

(1) 추정회귀직선을 구하라.

(2) 변수 x와 y 사이의 표본상관계수를 계산하라.

(3) 직선관계의 타당성에 대하여 평가하여 보라.

7.15 어느 화학자가 플루토늄이 온도에 따라 용해되는 성질을 실험하여 적당한 단위로 기록하였다고 한다. 아래의 자료는 그 실험 결과를 다음의 식으로 변환한 값들이다.

$$y=-\log_{10}(\text{용해도}) \qquad x=1000/(\text{온도}(℃))$$

x	1.68	1.74	1.85	1.92	1.99	1.82	1.69	1.60	1.52
y	0.33	0.41	0.57	0.65	0.77	0.57	0.35	0.18	0.14

(1) 직선관계를 최소제곱법으로 추정하라.

(2) 직선관계의 기울기 β_1에 대한 95% 신뢰구간을 구하라. 이 실험의 범위에서 용해도가 온도에 따라 변한다고 할 수 있는가?

(3) 온도 714℃ 또는 $x=1.40$일 때, $-\log_{10}$(용해도)의 평균값을 추정하고, 95% 신뢰구간을 구하라.

(4) $x=1.8$에서 또 한 번 실험을 한다고 할 때 관측될 측정값에 대한 95% 신뢰구간을 구하라.

7.16 다음은 고교시절 영어점수(x)가 토익점수(y)를 예측할 수 있는지 조사한 자료이다. (단위: 점)

x	170	147	166	125	182	133	146	125	136	179
y	698	518	725	485	745	538	485	625	471	798

x	174	128	152	157	174	185	171	102	150	192
y	645	578	625	558	698	745	611	458	538	778

(1) 선형회귀직선식을 구하라.

(2) 기울기 $\hat{\beta}_1$의 95% 신뢰구간을 구하라.

(3) 고교 영어점수가 150점을 받은 학생의 토익 성적에 대한 95% 신뢰구간을 구하라.

(4) $x=175$와 $x=195$에 대해 (3)과 같이 구하라.

7.17 쇳물을 식혀 주물을 만들 때 주물 각 부분의 탄소 알갱이의 양에 따라 그 부분의 시간당 열전도율(y)이 각기 다르다. 다음은 어느 금속공학자가 실험에서 얻은 자료이다.

x=단위면적당 탄소 알갱이의 개수

x	346	272	276	350	345	304	311	338	344	346	272
y	45	20	20	65	65	20	30	30	55	55	30

x	276	239	254	238	304	311	338	344	346	272	276
y	30	20	20	20	30	45	45	65	65	45	40

다음과 같은 모형을 가지고 먼저 모형의 적합성을 분석한다.

$$\text{모형} : Y = \beta_0 + \beta_1 x + \varepsilon$$

모형에 대하여

(1) 산점도를 그려라.

(2) 추정회귀직선식을 구하라.

(3) 위의 자료가 단위면적당 탄소 알갱이 수가 많을수록 열전도율이 커진다는 주장을 뒷받침해 줄 수 있을지 검정하라. (유의수준 $\alpha = 0.05$)

(4) $x = 300$일 때 평균 열전도율에 대한 95% 신뢰구간을 구하라.

(5) 총제곱합의 분해를 제시하고, 선형회귀모형의 적합성에 대하여 평가하라.

(6) 잔차와 예측값의 산점도를 그리고 선형회귀모형의 가정 중에서 위배되는지를 검토하라.

7.18 귀뚜라미는 자신의 날개를 비벼 소리를 낸다. 과학자들은 귀뚜라미가 날개를 비비는 속도는 기온과 관계 있다고 생각하고 있다. 다음 자료를 사용하여

(1) 추정회귀직선식을 구하라.

(2) 기울기 β_1의 95% 신뢰구간을 구하라.

(3) $x = 15$일 때, 기온을 추정하라.

횟수/초(x)	기온(°F)(y)
20.0	88.6
16.0	71.6
19.8	93.3
18.4	84.3
17.1	80.6
15.5	75.2
14.7	69.7
17.1	82.0
15.4	69.4
16.3	83.3

15.0	79.6
17.2	82.6
16.0	80.6
17.0	83.5
14.4	76.3

7.19 어떤 화학실험에서 반응 시의 압력(x)과 생성량(y)이 어떤 관계가 있는지 알아보고자 15번의 실험을 시행하여 다음과 같은 결과를 얻었다.

$$\hat{\beta}_0=1.3,\ \hat{\beta}_1=-0.22,\ S.E(\hat{\beta}_1)=0.045,\ \bar{x}=2.5$$

(1) 압력의 상승에 따라 생성량이 감소한다고 할 수 있는지 검정하라.

(2) 압력이 1 상승할 때마다 생성량이 0.3보다는 적게 감소한다고 할 수 있는지 검정하라.

(3) 값이 2.4일 때와 2.9일 때의 평균생성량에 대한 추론을 하고자 한다. 두 경우에 평균생성량을 추정하고, 두 추정량의 표준오차 중 어느 것이 더 큰 값을 갖는지 설명하라.

(4) 압력과 생성량의 선형관계의 강도를 나타내는 통계량은 무엇이 있는가?

7.20 어떤 특정 차종의 중고차의 사용연수(x)와 중고차 매매가격(y, 단위: 백만 원)의 관계를 알아보고자 한다. 20대의 중고차를 대상으로 조사하여 다음과 같은 결과를 얻었다고 할 때 다음에 물음에 답하라.

$$\hat{\beta}_0=16.3,\ \hat{\beta}_1=-1.6,\ S_{xx}=196,\ s=3,\ \bar{x}=5,\ \mathrm{S.E}(\hat{\beta}_1)=0.214$$

(1) y와 x의 관계를 설명하는 회귀직선을 기술하라.

(2) $x=7$일 때의 $E(y)$를 추정하라. $x=15$일 때의 $E(y)$를 예측하고 무슨 문제점이 있는지 말하라.

(3) 사용연수가 1년 증가할수록 평균 중고차 가격이 백만 원보다 많이 떨어진다고 할 수 있는지 유의수준 5%로 검정하라.

(4) 다음의 식을 이용하여 $x=7$일 때의 y의 기댓값에 대한 95% 신뢰구간을 구하라.

7.21 두 개의 변수 x와 Y의 관계를 선형회귀모형 $Y=\beta_0+\beta_1 x+\varepsilon$을 이용하여 설명하고자 21개의 관측값을 조사한 결과 다음과 같은 결과를 얻었다.

$$\hat{\beta}_0=12.5,\ \hat{\beta}_1=-1.2,\ s/\sqrt{S_{xx}}=0.45,\ s=3,\ \bar{x}=3.2$$

(1) (T or F) "$x=3$일 때보다 $x=4$일 때 Y의 기댓값이 1.2만큼 작다"는 기술이 옳은가?

(2) (T or F) "$x=3$일 때보다 $x=4$일 때 Y의 기댓값에 대한 95% 신뢰구간의 길이가 길다"는 기술이 옳은가?

(3) $x=3$일 때보다 $x=4$일 때 Y의 기댓값이 2보다는 덜 작아진다고 할 수 있는 검정을 하라.

7.22 다음의 자료를 이용하여 아래의 각 항에 답하라.

x	100	260	360	360	400	650	1000	1600
y	22	21	26	17	18	10	12	8

(1) 단순선형회귀모형을 가정하고, 최소제곱법으로 추정회귀직선을 구하라.

(2) 문제 (1)의 결과를 이용하여 잔차를 구하고, 이 모형의 타당성을 검토하라.

(3) 위 자료의 산점도를 그리고, 문제 (1)에서 구한 직선을 그려 넣어 보아라. 이 도형이 타당하다고 할 수 있는가?

7.23 위의 종합문제 **7.22**에서

(1) x값들을 $x' = \log_{10}x$로 변환하고, y와 x'의 산점도를 작성하라.

(2) 변환된 자료 x'과 y를 이용하여 추정회귀직선을 구하라.

(3) 문제 (2)의 결과를 이용하여 잔차를 구하고, 이 모형의 타당성을 검토하라.

7.24 과학자들은 국제적으로 물의 질에 관한 연구를 하고 있다. 각국의 연구소로부터 물을 측정하여 다음과 같이 제시하였다. 마그네슘의 양(x)으로부터 맛 지수(y)를 예측하고자 할 때 회귀분석을 실시한 결과이다.

```
> x <- c(8.7, 9, 11, 8.5, 9.2, 12, 12, 18)
> y <- c(25, 25, 26, 48, 65, 87, 90, 100)
> fit <- lm(y ~ x)
> summary(fit)

Call:
lm(formula = y ~ x)

Residuals:
    Min       1Q  Median      3Q     Max
-31.885  -16.644  -0.308  20.644  24.816

Coefficients:
            Estimate Std. Error t value Pr(>|t|)
(Intercept)  -22.407     31.934  -0.702   0.5092
x              7.299      2.792   2.614   0.0399 *
---
Signif. codes: 0 '***' 0.001 '**' 0.01 '*' 0.05 '.' 0.1 ' ' 1

Residual standard error: 23.32 on 6 degrees of freedom
Multiple R-squared: 0.5325, Adjusted R-squared: 0.4546
F-statistic: 6.835 on 1 and 6 DF, p-value: 0.03988
```

(1) 최소제곱추정값 $\hat{\beta}_0$과 $\hat{\beta}_1$

(2) SSE

(3) $\hat{\beta}_0$과 $\hat{\beta}_1$의 추정된 표준오차

(4) 가설 $H_0 : \beta_1 = 0$ 대 $H_1 : \beta_1 \neq 0$에 대한 t통계량

(5) R^2을 구하라.

7.25 위의 종합문제 **7.24**의 결과와 $\bar{x} = 11.05$라는 사실을 이용하여 다음 물음에 답하라.

(1) 회귀직선의 기울기 β_1에 대한 90% 신뢰구간을 구하라.

(2) 마그네슘 함량이 $x = 10$일 때, 평균 맛 지수를 추정하라. 또한 95% 신뢰구간을 구하라.

(3) 마그네슘 함량이 $x = 10$인 어떤 약수에 대하여 맛 지수에 대한 95% 신뢰구간을 구하라.

7.26 다음의 컴퓨터 결과를 보고 아래의 물음에 답하여 보아라.

Regression Analysis

The Regression Equation Is

Y = 994 + 0.104X

Predictor	Coef	Stdev	t-ratio	p
Constant	994.0	254.7	3.90	0.001
X	0.10373	0.02978	3.48	0.002

s = 299.4 R-sq = 30.2%

Analysis of Variance

SOURCE	DF	SS	MS	F	p
Regression	1	1087765	1087765	12.14	0.002
Error	28	2509820	89636		
Total	29	3597585			

(1) 적합된 모형은 무엇인가?

(2) 적합된 모형에서 상수항이 필요한지 유의수준 0.05로 검정하라.

(3) y의 총변동부분 중 회귀모형에 의해 설명되는 변동부분의 비율을 구하라.

(4) $x = 5000$일 때 평균반응 추정값을 구하라.

(5) $x = 5000$일 때 평균반응값에 대한 90% 신뢰구간을 구하라.

단 $n = 30$, $\bar{x} = 8354$, $\sum(x_i - \bar{x})^2 = 97599296$.

7.27 아래의 컴퓨터 결과를 보고 물음에 답하라.

Regression Analysis

The Regression Equation Is

Y = 0.245 + 0.831X

Predictor	Coef	Stdev	t- ratio	p
Constant	0.2451	0.1579	1.55	0.134
X	0.83099	0.08702	9.55	0.000

s = 0.1208 R-sq = 79.9%

Analysis of Variance

SOURCE	DF	SS	MS	F	p
Regression	1	1.3318	1.3318	91.20	0.000
Error	23	0.3359	0.0146		
Total	24	1.6676			

(1) 적합된 모형은 무엇인가?

(2) 적합된 모형에서 독립변수항이 필요한지 유의수준 0.05로 검정하라.

(3) y의 총변동부분 중 회귀모형에 의해 설명되는 변동부분의 비율을 구하라.

(4) $x=3$일 때 평균반응 추정값을 구하라.

(5) $x=3$일 때 평균반응값에 대한 90% 신뢰구간을 구하라. 단 $n=25$, $\bar{x}=1.793$, $\sum(x_i-\bar{x})^2=1.848$.

(6) $x=2$일 때 평균반응값에 대한 90% 신뢰구간을 구하라.

7.28 R과 Python을 이용하여 위의 종합문제 **7.11**의 자료에 대한 회귀직선식을 구하라.

12장

분산분석

10장에서는 두 모집단의 평균을 비교하는 방법을 배웠다. 이 장에서 공부하게 될 내용은 두 모집단뿐 아니라 셋 이상의 모집단 간의 평균을 비교하는 방법으로서 널리 사용되는 **분산분석**(analysis of variance, ANOVA)이라는 통계분석 기법이다. 분산분석은 여러 모집단에서의 관측자료를 효과적으로 분석하고 해석하게 해 주는 아주 유용한 분석방법이다. 실제 부딪히게 되는 통계자료의 많은 부분이 분산분석 기법을 필요로 하고 있다. 예를 들어 소비자 단체에서는 여러 종류의 건전지 중에서 어느 건전지의 수명이 오래가는지 또는 어느 농업 연구가는 여러 품종의 볍씨 중 어느 종의 수확량이 가장 높은지 등에 관심이 있을 수 있다. 이와 같은 문제를 해결하기 위한 첫 단계에서 바로 분산분석의 기법이 쓰이게 된다.

분산분석은 관측한 자룟값들이 다양하게 나타나는 것을 체계적으로 설명하려는 하나의 통계기법이라고 할 수 있다. 즉 관측값들이 달라지는 것을 여러 요인으로 나누어 각 요인들이 얼마나 변화의 정도에 기여하였는가를 분석하는 것이다. 분산분석의 기법은 실제로 상당히 복잡한 문제에도 적용할 수 있으나 이 장에서는 여러 집단(예를 들어 서로 다른 종류의 건전지)의 모평균(평균수명)을 비교하기 위하여 전체의 변동을 두 가지 변동 요인, 즉 모집단 간의 변동과 모집단 내의 변동으로만 나누어 분석하는 방법만을 공부해 보기로 한다. 이러한 분석법을 **일원배치 분산분석법**(one-way ANOVA)이라고 한다.

12.1 일원배치 분산분석법

비교하고자 하는 여러 가지의 처리가 있을 때 이를 두 처리씩 여러 번 비교하는 것보다 동시에 비교하는 것이 시간이나 비용을 고려할 때 더 편리한 것이 보통이다. 전체 $n=n_1+n_2+\cdots+n_k$개의 실험단위 중 n_1개의 실험단위는 처리 1에 배치하고, n_2개의 실험단위는 처리 2에 배치하며, 이와 같이 계속하여 마지막 남은 n_k개의 실험단위는 처리 k에 배치한다. 원칙적으로 전체 n개의 실험단위에서 자료를 얻는 순서는 완전 랜덤하게 한다. 이것의 특별한 경우, 즉 $k=2$인 경우가 바로 10장에서 다룬 두 모집단의 비교이다. 다음의 표 12-1은 각각의 처리에서 측정한 반응치들로 이루어진 자료의 구조를 보여 준다. 여기에서 y_{ij}는 i번째 처리의 j번째 관측값을 나타낸다.

표 12-1 k개의 처리가 있는 일원배치의 자료구조

	관측자료	평균	제곱합
처리 1	$y_{11}, y_{12}, \cdots, y_{1n_1}$	$\bar{y}_1$	$\sum_{j=1}^{n_1}(y_{1j}-\bar{y}_1)^2$
처리 2	$y_{21}, y_{22}, \cdots, y_{2n_2}$	$\bar{y}_2$	$\sum_{j=1}^{n_2}(y_{2j}-\bar{y}_2)^2$
⋮	⋮	⋮	⋮
처리 k	$y_{k1}, y_{k2}, \cdots, y_{kn_k}$	$\bar{y}_k$	$\sum_{j=1}^{n_k}(y_{kj}-\bar{y}_k)^2$

$$총평균\ \bar{y} = \frac{관측값들의\ 총합계}{총\ 자료의\ 수} = \frac{n_1\bar{y}_1 + \cdots + n_k\bar{y}_k}{n_1 + \cdots + n_k}$$

일반적으로 k개의 처리가 주어진 경우를 다루기 이전에 몇 개의 처리에 관한 수치자료를 가지고 실제로 계산을 하면서 분산분석의 개념을 파악해 보자.

예제 1

안경의 표면 손상을 방지하려고 A, B, C, D의 네 종류의 코팅처리에 대하여 표면보호에 얼마나 효과가 있는지를 비교하여 보았다. 다음의 표 12-2는 네 종류로 코팅처리된 안경에서 표면의 마모도를 측정한 자료이다.

표 12-2 네 종류의 코팅에 의한 표면의 마모도

코팅	관측자료	평균	제곱합
A	10, 15, 8, 12, 15	$\bar{y}_1=12$	$\sum_{j=1}^{5}(y_{1j}-\bar{y}_1)^2=12$
B	14, 18, 21, 15	$\bar{y}_2=17$	$\sum_{j=1}^{4}(y_{2j}-\bar{y}_2)^2=30$
C	17, 16, 14, 15, 17, 15, 18	$\bar{y}_3=16$	$\sum_{j=1}^{7}(y_{3j}-\bar{y}_3)^2=12$
D	12, 15, 17, 15, 16, 15	$\bar{y}_4=15$	$\sum_{j=1}^{6}(y_{4j}-\bar{y}_4)^2=14$
총평균 $\bar{y}=15$			

이 자료로부터 과연 네 종류 코팅처리의 평균 마모도에 차이가 있다고 할 수 있는가?

분석을 하려면 먼저 관측값들을 각 구성요소들로 분해하여야 한다. 개개의 관측값의 총평균에 대한 편차, $(y_{ij}-\bar{y})$를 각 코팅처리 간의 평균값의 차이에서 기인하는 부분, $(\bar{y}_i-\bar{y})$와 동일한 코팅처리 내에서 발생하는 측정값의 오차에 의한 부분, $(y_{ij}-\bar{y}_i)$로 나눈다고 하면 관측값 y_{ij}는 다음과 같이 분해된다.

$$\begin{array}{ccccccc} 관측값 & = & (총평균) & + & (처리에\ 의한\ 편차) & + & (잔차) \\ y_{ij} & = & \bar{y} & + & (\bar{y}_i-\bar{y}) & + & (y_{ij}-\bar{y}_i) \end{array}$$

표 12-2에 있는 자료를 이용하여 위와 같이 분해를 하면 다음의 행렬 모양이 된다.

$$\underset{\text{관측값들}}{y_{ij}} \quad \begin{bmatrix} 10 & 15 & 8 & 12 & 15 & & \\ 14 & 18 & 21 & 15 & & & \\ 17 & 16 & 14 & 15 & 17 & 15 & 18 \\ 12 & 15 & 17 & 15 & 16 & 15 & \end{bmatrix}$$

$$= \underset{\substack{\text{총평균}\\ \bar{y}}}{\begin{bmatrix} 15 & 15 & 15 & 15 & 15 & & \\ 15 & 15 & 15 & 15 & & & \\ 15 & 15 & 15 & 15 & 15 & 15 & 15 \\ 15 & 15 & 15 & 15 & 15 & 15 & \end{bmatrix}} + \underset{\substack{\text{처리효과}\\ (\bar{y}_i - \bar{y})}}{\begin{bmatrix} -3 & -3 & -3 & -3 & -3 & & \\ 2 & 2 & 2 & 2 & & & \\ 1 & 1 & 1 & 1 & 1 & 1 & 1 \\ 0 & 0 & 0 & 0 & 0 & 0 & \end{bmatrix}} + \underset{\substack{\text{잔차}\\ (y_{ij} - \bar{y}_i)}}{\begin{bmatrix} -2 & 3 & -4 & 0 & 3 & & \\ -3 & 1 & 4 & -2 & & & \\ 1 & 0 & -2 & -1 & 1 & -1 & 2 \\ -3 & 0 & 2 & 0 & 1 & 0 & \end{bmatrix}}$$

예를 들어 관측값 행렬의 왼쪽 상단 (1,1)에 있는 원소 10을 분해하여보면 다음과 같다.

$$10 = 15 + (-3) + (-2)$$
$$y_{11} = \bar{y} + (\bar{y}_1 - \bar{y}) + (y_{11} - \bar{y}_1)$$

만일 네 가지의 코팅에서 얻어진 평균 마모도에 차이가 없다면, 위의 행렬 중에서 $(\bar{y}_i - \bar{y})$로 표현된 처리효과의 행렬의 값들이 거의 0에 가까워야만 할 것이다. 전체 처리효과들의 변동을 측정하는 양으로 이 행렬에 속하는 모든 원소들의 제곱합을 계산하면

$$\begin{aligned} &(-3)^2 + \cdots + (-3)^2 + 2^2 + \cdots + 2^2 + 1^2 + \cdots + 1^2 + 0^2 + \cdots + 0^2 \\ &= 5(-3)^2 + 4(2)^2 + 7(1)^2 + 6(0)^2 \\ &= 68 \end{aligned}$$

이 되고 이러한 제곱합을 **처리제곱합**(treatment sum of squares, $SStr$)이라고 한다.

$$\text{처리제곱합} = \sum_{i=1}^{4} n_i (\bar{y}_i - \bar{y})^2 = 68$$

위의 행렬의 끝 부분은 $(y_{ij} - \bar{y}_i)$로서 각 관측값과 그 관측값이 속한 처리평균과의 편차를 나타낸다. 이러한 편차들은 실험에 사용되는 물질 자체의 변동값이나 측정기기의 변동값을 반영하여 주므로 이를 잔차 또는 랜덤오차라고도 한다. 이러한 랜덤오차에 의한 변동들은 모든 랜덤오차들의 제곱합

$$(-2)^2 + 3^2 + (-4)^2 + \cdots + 1^2 + 0^2 = 94$$

으로 측정한다. 이러한 값을 **오차제곱합**(error sum of squares, SSE) 또는 잔차제곱합이라고 한다.

$$\text{오차제곱합} = \sum_{i=1}^{4} \sum_{j=1}^{n_i} (y_{ij} - \bar{y}_i)^2 = 94$$

즉 오차제곱합은 각 처리마다 잔차의 제곱합을 구한 후 모든 처리에서 그 값을 합한 것이다.

끝으로 개개의 관측치의 총평균에 대한 편차 $(y_{ij}-\overline{y})$는 다음의 행렬로 주어진다.

$$\begin{bmatrix} -5 & 0 & -7 & -3 & 0 & & \\ -1 & 3 & 6 & 0 & & & \\ 2 & 1 & -1 & 0 & 2 & 0 & 3 \\ -3 & 0 & 2 & 0 & 1 & 0 & \end{bmatrix}$$

이 자료에서 나타난 총변동은 이 모든 편차들의 제곱합으로 측정되며 이러한 값을 총제곱합(total sum of squares, SST)이라고 한다.

$$\begin{aligned} \text{총제곱합} &= \sum_{i=1}^{4}\sum_{j=1}^{n_i}(y_{ij}-\overline{y})^2 \\ &= (-5)^2+0^2+(-7)^2+\cdots+0^2 \\ &= 162 \end{aligned}$$

총제곱합의 값은 처리제곱합 68에 오차제곱합 94를 더한 값이 됨에 주목하라. 즉

$$SST = SStr + SSE$$

가 된다.

이제 각 제곱합에 연관된 자유도를 분해하여 보자. 일반적으로 제곱합의 자유도에 관하여 다음이 성립한다.

> (제곱합의 자유도)=(제곱을 하여 더하는 항의 수)
> −(각 항들에 의하여 만족되는 선형 제약조건의 수)

위의 예제의 경우 처리제곱합은 4개 항의 합, $\sum_{i=1}^{4} n_i(\overline{y}_i-\overline{y})^2$으로 되어 있고 각 항들은 다음의 한 가지 제약조건을 만족한다.

$$n_1(\overline{y}_1-\overline{y})+n_2(\overline{y}_2-\overline{y})+n_3(\overline{y}_3-\overline{y})+n_4(\overline{y}_4-\overline{y})=0$$

위 식에서 총평균 $\overline{y}$는 처리평균들의 가중평균, 즉

$$\overline{y} = \frac{n_1\overline{y}_1+n_2\overline{y}_2+n_3\overline{y}_3+n_4\overline{y}_4}{n_1+n_2+n_3+n_4}$$

이므로 제약조건의 등호가 성립하게 된다. 결과적으로 처리제곱합의 자유도는 $4-1=3$이 된다. 오차제곱합의 자유도는 잔차의 행렬에서 보면 각 행(i)마다 $(y_{ij}-\overline{y}_i)$들의 합, $\sum_j (y_{ij}-\overline{y}_i)=0$이므로 행의 수($i=1, 2, 3, 4$)인 4개의 선형 제약조건이 있게 된다. 따라서 오차제곱합의 자유도는

$(n_1+n_2+n_3+n_4)-4=22-4=18$이 된다. 끝으로 총제곱합의 자유도는 $\sum\sum(y_{ij}-\bar{y}_i)=0$이라는 선형 제약조건이 있으므로 $(n_1+n_2+n_3+n_4)-1=22-1=21$이 된다. 자유도에서도 총제곱합의 자유도가 처리제곱합의 자유도와 오차제곱합의 자유도를 더한 값이 됨을 알 수 있다. 지금까지의 계산을 정리하여 표 12-3에 나타내면 다음과 같다.

표 12-3 표면 마모도 자료에 대한 제곱합과 자유도

요인	제곱합	자유도
처리	68	3
오차	94	18
합계	162	21

이제 k개의 처리를 비교하기 위한 일반적인 분산분석 모형을 앞의 표 12-1의 자료의 구조를 이용하여 나타내어 보자. 다음의 기본적인 분해로부터

$$(y_{ij}-\bar{y})=(\bar{y}_i-\bar{y})+(y_{ij}-\bar{y}_i)$$

양변을 제곱하면 다음을 얻는다.

$$(y_{ij}-\bar{y})^2=(\bar{y}_i-\bar{y})^2+(y_{ij}-\bar{y}_i)^2+2(\bar{y}_i-\bar{y})(y_{ij}-\bar{y}_i)$$

위 식을 $j=1, \cdots, n_i$에 대하여 더해 주면 오른편 세 번째 항이 $\sum_{j=1}^{n_i}(y_{ij}-\bar{y}_i)=0$이라는 조건 때문에 0이 된다. 따라서 양변을 모두 $j=1, \cdots, n_i$와 $i=1, \cdots, k$에 대하여 더해 주면 제곱합의 분해가 다음과 같이 완성된다.

$$\underbrace{\sum_{i=1}^{k}\sum_{j=1}^{n_i}(y_{ij}-\bar{y})^2}_{\text{총제곱합}}=\underbrace{\sum_{i=1}^{k}n_i(\bar{y}_i-\bar{y})^2}_{\text{처리제곱합}}+\underbrace{\sum_{i=1}^{k}\sum_{j=1}^{n_i}(y_{ij}-\bar{y}_i)^2}_{\text{오차제곱합(잔차제곱합)}}$$

$$\text{자유도}=\sum_{i=1}^{k}n_i-1 \qquad \text{자유도}=k-1 \qquad \text{자유도}=\sum_{i=1}^{k}n_i-k$$

이와 같이 제곱합과 자유도를 분해한 것을 통상적으로 표의 형태로 정리하는데 이러한 표를 **분산분석표**(ANOVA table)라고 한다. 이 분산분석표는 보통 평균제곱(mean square)이라는 항목이 추가되어 있는데 이는 다음과 같이 정의된다.

$$\text{평균제곱}=\frac{\text{제곱합}}{\text{자유도}}$$

처리제곱합을 자유도로 나눈 것을 평균처리제곱($MStr$)이라고 하고 오차제곱합을 그 자유도로 나눈 것을 평균오차제곱(MSE)이라고 한다. 다음의 표 12-4는 k개의 처리를 비교하기 위한 분산분석표이다.

표 12-4 k개의 처리를 비교하기 위한 분산분석표

요인	제곱합	자유도	평균제곱
처리	$SStr=\sum_{i=1}^{k} n_i(\bar{y}_i-\bar{y})^2$	$k-1$	$MStr=\frac{SStr}{k-1}$
오차	$SSE=\sum_{i=1}^{k}\sum_{j=1}^{n_i}(y_{ij}-\bar{y}_i)^2$	$\sum_{i=1}^{k} n_i-k$	$MSE=\frac{SSE}{\sum_{i=1}^{k} n_i-k}$
합계	$\sum_{i=1}^{k}\sum_{j=1}^{n_i}(y_{ij}-\bar{y})^2$	$\sum_{i=1}^{k} n_i-1$	

제곱합의 간편 계산식

분산분석의 계산을 손으로 하려면 제곱합을 다음과 같이 다른 형식으로 나타내는 것이 편리하다.

$$T_i=\sum_{j=1}^{n_i} y_{ij}=\text{처리 } i\text{에서의 모든 관측값의 합계}$$

$$T=\sum_{i=1}^{k} T_i=\sum_{i=1}^{k}\sum_{j=1}^{n_i} y_{ij}=\text{모든 관측값의 총계}$$

라고 하면

$$SST=\sum_{i=1}^{k}\sum_{j=1}^{n_i} y_{ij}^2-\frac{T^2}{n}, \quad n=\sum_{i=1}^{k} n_i$$

$$SStr=\sum_{i=1}^{k}\frac{T_i^2}{n_i}-\frac{T^2}{n}$$

$$SSE=\sum_{i=1}^{k}\sum_{j=1}^{n_i} y_{ij}^2-\sum_{i=1}^{k}\frac{T_i^2}{n_i}=SST-SStr$$

오차제곱합 (SSE)은 계산하지 않고 총제곱합에서 처리제곱합을 빼서 구할 수도 있다.

예제 2

예제 1의 자료에서 간편 계산식을 이용하여 총제곱합(SST), 처리제곱합($SStr$)과 오차제곱합(SSE)을 구하라.

풀이

간편식을 이용하기 위해 먼저 T_1, T_2, T_3, T_4를 구하면

$T_1=10+15+8+12+15=60$ $\qquad n_1=5$

$T_2=14+18+21+15=68$ $\qquad n_2=4$

$$T_3 = 17+16+14+15+17+15+18=112 \qquad n_3=7$$
$$T_4 = 12+15+17+15+16+15=90 \qquad n_4=6$$

이 되고, 따라서

$$\begin{aligned} T &= T_1+T_2+T_3+T_4 & n &= n_1+n_2+n_3+n_4 \\ &= 60+68+112+90 & &= 5+4+7+6 \\ &= 330 & &= 22 \end{aligned}$$

이 된다. 따라서

$$\sum_{i=1}^{4}\sum_{j=1}^{n_i} y_{ij}^2 = (10)^2+(15)^2+\cdots+(16)^2+(15)^2=5112$$
$$SST = 5112 - \frac{(330)^2}{22} = 162$$
$$SStr = \frac{(60)^2}{5}+\frac{(68)^2}{4}+\frac{(112)^2}{7}+\frac{(90)^2}{6}-\frac{(330)^2}{22}=68$$
$$SSE = SST - SStr = 162 - 68 = 94$$

이 되고, 앞의 결과와 일치함을 알 수 있다.

연습문제

1.1 다음 표에 나타난 자료에 대하여 다음 물음에 답하라.

(1) 관측치들을 분해하는 행렬을 구하라.

(2) 각 행렬의 제곱합을 구하라.

(3) 각 제곱합의 자유도를 구하라.

(4) 분산분석표를 작성하라.

처리	관측치
1	6, 10
2	9, 5
3	9, 7
4	4, 6

1.2 다음 표에 나타난 자료에 대하여 다음 물음에 답하라.

(1) 관측치들을 분해하는 행렬을 구하라.

(2) 각 행렬의 원소의 제곱합을 구하라.

(3) 각 제곱합의 자유도를 구하라.

(4) 분산분석표를 작성하라.

처리	관측치
1	35, 24, 28, 21
2	19, 14, 14, 13
3	21, 16, 21, 14

1.3 다음의 자료를 가지고 위의 연습문제 **1.1**의 물음에 답하라.

처리	관측치
1	5, 3, 2, 2
2	5, 0, 1
3	2, 1, 0, 1

1.4 제곱합과 자유도의 관계를 이용하여 다음 표를 완성하라.

요인	제곱합	자유도	평균제곱
처리	36		
오차		25	
합계	92	30	

1.5 다음 관측치들을 분해하고, 분산분석표를 작성하라.

처리	관측치
1	2, 1, 3
2	1, 5
3	9, 5, 6, 4
4	3, 4, 5

1.6 다음은 세 가지 처리에 대한 표본을 요약한 통계량이다.

$$n_1=10,\quad \bar{y}_1=5,\quad (n_1-1)s_1^2=\sum_{j=1}^{10}(y_{1j}-\bar{y}_1)^2=30$$

$$n_2=6,\quad \bar{y}_2=2,\quad (n_2-1)s_2^2=\sum_{j=1}^{6}(y_{2j}-\bar{y}_2)^2=16$$

$$n_3=9,\quad \bar{y}_3=7,\quad (n_3-1)s_3^2=\sum_{j=1}^{9}(y_{3j}-\bar{y}_3)^2=25$$

분산분석표를 작성하라.

1.7 다음은 아동학대가 IQ에 미치는 영향을 조사한 결과이다.

학대	무관심	대조집단
$\overline{y}_1=81.06$	$\overline{y}_2=78.56$	$\overline{y}_3=87.81$
$s_1=17.05$	$s_2=15.43$	$s_3=14.36$
$n_1=32$	$n_2=16$	$n_3=16$
$S_i^2=\sum_{j=1}^{n}(y_{ij}-\overline{y}_i)^2/(n_i-1)$		

분산분석표를 작성하라.

12.2 일원배치 분산분석법모형에서의 추론

처리 효과들 사이에 차이가 있는지를 통계적으로 검정하려면 실험 모집단에 대한 모형이 있어야 한다. 이를 위하여 i번째 처리에서의 반응치를 모평균이 μ_i이고 공통분산이 σ^2인 정규모집단에서의 임의표본으로 가정하고 추출된 표본들은 서로 독립이라고 가정한다.

처리 k개를 비교하기 위한 모형

비교하려는 처리가 k개이고 각 처리에서 반복측정을 n_i $(i=1, \cdots, k)$번 할 때, i 번째 처리에서 j 번째 관측한 반응값을 Y_{ij}라고 하면 Y_{ij}는 다음과 같이 표현할 수 있다.

$$Y_{ij}=\mu_i+\varepsilon_{ij}, \quad j=1, \cdots, n_i, \quad i=1, \cdots, k$$

여기에서 μ_i는 i 번째 처리의 모평균을 나타낸다. 오차항 ε_{ij}는 모두 서로 독립이고 평균이 0, 분산이 σ^2인 정규분포를 따른다.

k개의 모집단의 모평균이 차이가 없다는 귀무가설을 식으로 나타내면 다음과 같다.

$$H_0 : \mu_1=\mu_2=\cdots=\mu_k$$

이때 대립가설은 "모든 μ_i가 다 같은 것은 아니다"가 될 것이다. 만약 귀무가설이 맞다면, 즉 모집단의 평균들이 모두 동일하다면 $(\overline{y}_i-\overline{y})$의 값들이 작아질 것이고, 따라서 이것의 함수인 평균처리제곱($MStr=\sum_{i=1}^{k}n_i(\overline{y}_i-\overline{y})^2/(k-1)$)도 작아지리라 예상할 수 있을 것이다. 반대로 모집단의 모평균들이 서로 상당히 다르다면 평균처리제곱도 커질 것이다. 따라서 평균처리제곱의 크고 작음에 따라 귀무가설의 기각여부를 결정하여야 하는데, 그 기준으로 공통분산 σ^2의 추정치인 평균오차제곱($MSE=s^2$)이 쓰인다. 즉 평균오차제곱에 대한 평균처리제곱의 비율의 크고 작음에 따라 H_0의 기각 여부가 결정된다. 따라서 이 비율 $\dfrac{MStr}{MSE}$ 이 검정통계량이 된다. 이 검정통계량의 분포는 통계이론에 따르면 모든 모평균이 동일하다는 귀무가설 하에서 자유도가 $(k-1, n-k)$인 F 분포 $F(k-1, n-k)$를 따른다. 즉 귀무가설 하에서 다음이 성립한다.

$$F=\frac{\text{평균처리제곱}(MStr)}{\text{평균오차제곱}(MSE)}=\frac{SStr/(k-1)}{SSE/(n-k)}\sim F(k-1, n-k)$$

여기서 $n=\sum_{i=1}^{k}n_i$이다. 이를 이용하면 다음과 같은 모평균의 동일성 검정을 수행할 수 있다.

F 분포를 이용한 모평균의 동일성 검정

k개 모집단의 모평균에 대한 가설 $H_0: \mu_1=\mu_2=\cdots=\mu_k$를 검정하기 위한 검정통계량은 다음과 같다.

$$F=\frac{SStr/(k-1)}{SSE/(n-k)}=\frac{MStr}{MSE}$$

검정통계량의 분포는 귀무가설(H_0)이 맞을 때 자유도가 $(k-1, n-k)$인 F 분포를 따르고 유의수준 α의 기각역은 다음과 같다.

$$R: F=\frac{MStr}{MSE}\geq F_\alpha(k-1, n-k)$$

이때 $n=\sum_{i=1}^{k}n_i$이고, $F_\alpha(k-1, n-k)$는 자유도 $(k-1, n-k)$인 F 분포에서 상위 α의 확률을 주는 경곗값이다.

보통 앞의 F 통계량의 값을 분산분석표의 마지막 열에 표시하여 놓는다. 위와 같은 검정을 보통 F-검정이라고 한다.

예제 3

4개의 코팅을 비교하기 위한 예제 1의 자료를 가지고 분산분석표를 작성하라. 또한 유의수준 $\alpha=0.05$를 이용하여 평균 마모도가 모두 동일하다는 가설을 검정하라.

풀이

앞서 계산한 제곱합의 값을 이용하여 분산분석표를 작성하면 다음의 표가 된다.

표 12-5 예제 1의 자료의 분산분석표

요인	제곱합	자유도	평균제곱	$F_0 = MStr/MSE$
처리	68	3	22.67	$22.67/5.22 = 4.34$
오차	94	18	5.22	
합계	162	21		

(위 표에서 F_0는 F 검정통계량의 관측값을 나타낸다.) 귀무가설 $H_0 : \mu_1 = \mu_2 = \mu_3 = \mu_4$의 검정은 관측된 검정통계량의 값 $F_0 = 4.34$와 자유도 (3, 18)인 F 분포의 상위 5%의 값 $F_{0.05}(3, 18) = 3.16$을 비교하면 F_0 값이 기각역에 속하므로 귀무가설을 유의수준 5%에서 기각하게 된다. 즉 각 코팅 방법에 따른 안경 마모의 정도는 다르다고 결론을 내릴 수 있다.

연습문제

2.1 F 분포표를 이용하여 다음을 구하라.

(1) $v_1 = 5$, $v_2 = 10$일 때 상위 5%의 확률을 주는 값

(2) $v_1 = 10$, $v_2 = 5$일 때 상위 5%의 확률을 주는 값

(3) $v_1 = 5$, $v_2 = 10$일 때 하위 5%의 확률을 주는 값

2.2 부록의 표를 이용하여 아래 예에 대한 F 분포의 상위 10%의 확률을 주는 경곗값을 구하라.

(1) 자유도=(3, 5)
(2) 자유도=(3, 10)

(3) 자유도=(3, 15)
(4) 자유도=(3, 20)

(5) 분모의 자유도가 높아짐에 따라 어떤 효과가 나타나는가?

2.3 다음 분산분석표에서 $\alpha = 0.10$일 때 평균의 동일성에 대한 F−검정을 시행하라.

요인	제곱합	자유도
처리	104	5
오차	109	20
합계	213	25

2.4 다음 분산분석표에서 $\alpha = 0.05$일 때 평균의 동일성에 대한 F−검정을 시행하라.

요인	제곱합	자유도
처리	24	5
오차	57	35
합계	81	40

2.5 연습문제 **1.1**의 자료를 이용하여 $\alpha=0.05$에서 평균의 동일성 검정을 시행하라.

2.6 연습문제 **1.2**의 자료를 이용하여 $\alpha=0.05$에서 평균의 동일성 검정을 시행하라.

2.7 다음 자료는 3가지 처리방법에 따른 제품의 탄성을 비교한 자료이다.

방법	관측치	요약 통계량
A	45.5, 45.3, 45.4, 44.4, 44.6, 43.9, 44.6	$s_A=.598$
B	44.2, 43.9, 44.7, 44.2, 44.0, 43.6, 43.1	$s_B=.506$
C	46.0, 45.9, 44.8, 46.2, 45.1, 45.5	$s_C=.549$

(1) 분산분석표를 만들어라.

(2) 3가지 방법 간의 차이가 있는지 유의수준 1%에서 검정하여라.

2.8 빵의 밀도의 관점에서 3가지의 빵 만드는 방법을 비교하려고 한다. 다섯 개의 빵이 각각의 방법으로 만들어졌다.

(1) 만약 빵을 한번에 하나씩 만들 수 있다면, 그 차례를 어떻게 정하는 것이 좋겠는가?

(2) 다음에 주어진 자료를 가지고 $\alpha=0.05$에서 평균의 동일성 검정을 시행하라.

방법	관측치
1	0.95, 0.86, 0.71, 0.72, 0.74
2	0.71, 0.85, 0.62, 0.72, 0.64
3	0.69, 0.68, 0.51, 0.73, 0.44

2.9 연습문제 **1.7**의 자료를 이용하여 $\alpha=0.05$에서 평균의 동일성 검정을 시행하라.

2.10 다음 자료는 각 5개의 치즈 종류별 불포화지방산 함유량을 측정한 자료이다.

방법	관측치
A	14.1, 13.6, 14.4, 14.3
B	12.8, 12.5, 13.4, 13.0, 12.3
C	13.5, 13.4, 14.1, 14.3
D	16.8, 17.2, 16.4, 17.3, 18.0
E	18.1, 17.2, 18.7, 18.4

(1) 5개 치즈의 모평균이 동일하다고 할 수 있는지 검정하여라. (유의수준 $\alpha=0.05$)

(2) 모든 쌍에 대한 신뢰구간을 구하라.

2.11 $F_\alpha(v_2, v_1)$는 자유도 (v_2, v_1)인 F 분포에서 상위 α의 확률을 주는 경곗값이다. F 분포의 정의를 이용하여 $F_{1-\alpha}(v_1, v_2) = 1/F_\alpha(v_2, v_1)$임을 보여라.

R과 Python을 이용한 분석

분석 1

예제 1의 자료를 가지고 R을 이용하여 분산분석을 수행하라.

풀이

그림 12-1과 같이 자료를 입력하고, 그림 12-2와 같이 입력한다.

아래에서 `rep("A",5)`는 A를 5번 반복하는 것을 의미한다.

```
> y <- c(10, 15,  8, 12, 15,
+        14, 18, 21, 15,
+        17, 16, 14, 15, 17, 15, 18,
+        12, 15, 17, 15, 16, 15)
>
> treat <- c(rep("A", 5), rep("B", 4), rep("C", 7), rep("D", 6))
```

그림 12-1 자료 입력

함수 aov를 사용하여 다음과 같이 일원배치 분산분석을 시행한다.

aov(formula, data=NULL): formula에 대한 분산분석 수행
formula: 분산분석을 수행하려 하는 식으로서 '반응변수~설명변수(처리)' 형식으로 입력
data: 반응변수와 설명변수가 들어있는 데이터 프레임을 이용하여 분산분석 수행.
데이터 프레임이 없을 경우, formula에 명시된 변수 벡터를 이용하여 분산분석 수행

```
> fit <- aov(y ~ treat)
> summary(fit)
            Df  Sum Sq  Mean Sq  F value  Pr(>F)
treat        3      68   22.667     4.34  0.0181 *
treat       18      94    5.222
---
Signif. codes: 0 '***' 0.001 '**' 0.01 '*' 0.05 '.' 0.1 ' ' 1
```

그림 12-2 분산분석

위의 결과에서 treat로 시작하는 행은 순서대로 처리에 대한 자유도(DF), 제곱합(Sum Sq), 평균제곱(Mean Sq)을 나타내며, Residuals로 시작하는 행은 오차에 대한 자유도(DF), 제곱합(Sum Sq), 평균제곱(Mean Sq)을 의미한다. F value는 F 검정통계량의 값이고, P－값은 이에 대응되는 유의확률이다. 여기서 P－값이 0.018로 나와, 처리들의 효과는 유의수준 5%나 2.5%에서도 서로 같지 않다고 결론을 내릴 수 있다.

Python 코드

분석 1

```
# 자료입력
import numpy as np
import pandas as pd
y = np.array([10, 15, 8, 12, 15,
14, 18, 21, 15,
17, 16, 14, 15, 17, 15, 18,
12, 15, 17, 15, 16, 15])
treat = np.repeat(['A', 'B', 'C', 'D'], [5,4,7,6])
data = pd.DataFrame({'y':y, 'treat':treat})

# 분산분석
import statsmodels.api as sm
from statsmodels.formula.api import ols
lmFit = ols('y ~ treat', data=data).fit()
sm.stats.anova_lm(lmFit)
```

12장 종합문제

3.1 아래의 표는 3개의 처리군이 있는 자료이다. 이 관측치들을 분해하는 행렬을 구하라.

처리 1	처리 2	처리 3
19	6	13
18	11	16
21	13	18
18	14	11
	11	15
		11

3.2 위의 종합문제 **3.1**에 주어진 자료에 대하여 제곱합을 구하고 분산분석표를 작성하라.

3.3 F 분포표를 이용하여 다음을 구하라.

(1) 자유도가 $(8, 12)$일 때 상위 5%의 확률을 주는 값

(2) 자유도가 $(8, 20)$일 때 상위 5%의 확률을 주는 값

(3) 자유도가 $(8, 12)$일 때 상위 10%의 확률을 주는 값

3.4 국제표준협회에서는 네 가지 직물에 대한 인화성을 검사하였다. 다음 표는 각 직물로 만든 옷에서 잘라낸 조각에 불을 붙여 인화되는 시간을 초 단위로 기록한 것이다.

직물 1	직물 2	직물 3	직물 4
17.8	11.2	11.8	14.9
16.2	11.4	11.0	10.8
17.5	15.8	10.0	12.8
17.4	10.0	9.2	10.7
15.0	10.4	9.2	10.7

(1) 통계적 모형을 말하고, 분산분석표를 작성하라. 직물 네 종류의 인화성이 모두 똑같다고 귀무가설을 세우고 $\alpha=0.05$로 검정하라.

(2) 만약 한 번에 하나의 직물조각에 대한 실험이 이루어진다면, 어떻게 이 실험을 랜덤화하겠는가?

3.5 세 가지 처리 방법에 따라 평균에 차이가 있는지 알아보기 위해 통계소프트웨어를 이용하여 분석한 결과의 일부가 다음과 같다. 아래에서 a−d에 들어갈 값을 구하고, 평균에 차이가 있는지 유의수준 5%에서 검정하여라.

Analysis of Variance Table

Response: y

	Df	Sum Sq	Mean Sq	F value
treatment	a	84.00	b	d
Residuals	8	22.00	c	

3.6 다음은 세 종류의 붓꽃과 관련한 자료에 대하여 일원배치 분산분석을 실시하여 얻은 결과이다.

```
> fit <- aov(Sepal.Width ~ Species, data = iris)
> summary(fit)
              Df sum sq Mean Sq F value Pr(>F)
Species        2   11.35   5.672    49.16 <2e-16 ***
Residuals    147   16.96   0.115
---
signif. codes: 0 '***' 0.001 '**' 0.01 '*' 0.05 '.' 0.1 ' ' 1
```

(1) 위 결과로부터 오차제곱합(SSE)과 그 자유도를 말하라. 또 $s=\sqrt{MSE}$도 구하라.

(2) 주어진 결과로부터 세 종류의 붓꽃이 차이가 있는지 유의수준 5%로 검정하라.

13장

범주형 자료분석

범주형 자료란 관측치들이 몇 개의 범주로 분류되고 각 범주의 도수로 자료가 주어지는 것을 말한다. 그와 같은 자료는 사회과학 분야를 비롯해서 여러 분야에 걸쳐 나타나는데, 예를 들면 사람들의 종교별 분류라든가 직업의 만족도에 의한 분류 또는 나무들의 유전자 형태에 의한 분류 등이 있다. 이와 같은 예들은 모두 각 범주들이 수치가 아닌 어떤 특성으로 표현되는 것인데, 연속적인 구간의 값을 취하는 자료를 몇 개의 작은 구간, 범주로 나누어서 범주형 자료로 표현하는 경우도 있다. 즉 사람들의 연간 소득을 나누어 상류, 중류, 하류 계층으로 분류한다든가 또는 강수량에 따라 우기, 건기로 분류하는 것 등이 그 예라고 할 수 있다.

다음 세 예제를 통하여 범주형 자료분석에서 다루게 되는 전형적인 문제들을 소개해 보고자 한다.

예제 1

(몇 개의 범주로 분류된 한 표본의 문제) 어떤 나무의 자가수정의 결과로 나올 수 있는 유전자의 형태는 세 종류로 분류된다고 한다. 이 세 종류를 각각 A, B, C라고 할 때 생물학에서의 한 이론에 의하면 비율이 1 : 2 : 1로 나타난다고 하자. 이를 입증하기 위하여 자가수정의 결과로 생겨난 나무 100그루를 유전자의 형태별로 분류하여 다음과 같은 표를 얻었다.

표 13-1 유전자에 따른 나무의 분류

유전자 형태	A	B	C	합계
관측도수	18	55	27	100

각 유전자 형태에 대응되는 모집단의 비율을 p_A, p_B, p_C라고 할 때 위에서 얻어진 자료로부터 생물학 이론이 제시하는 가설이 틀리는지 판단하기 위해서 다음과 같은 귀무가설

$$H_0 : p_A = \frac{1}{4},\ p_B = \frac{1}{2},\ p_C = \frac{1}{4}$$

을 검정하고자 한다. 이와 같은 검정을 **적합도 검정**(goodness-of-fit test)이라고 하고 다음 절에서 공부하기로 한다.

예제 2

(몇 개의 범주로 분류된 두 개의 독립인 표본의 문제) 두 가지 식이요법 A와 B의 효과를 비교하기 위해서 150명의 환자를 대상으로 조사를 실시하였다. 임의로 추출된 80명에게는 식이요법 A를 적용하고, 나머지 70명에게는 식이요법 B를 적용한 후 얼마간의 시간이 흐른 후에 각 환자의 건강상태에 따라 다음의 표 13-2에서와 같이 세 가지 범주로 분류하였다.

표 13-2 두 식이요법에 따른 건강상태(관측도수)

	양호	보통	불량	표본의 크기
식이요법 **A**	37	24	19	80
식이요법 **B**	17	33	20	70
합계	54	57	39	150

이때 식이요법 A와 식이요법 B를 12장의 두 모집단의 비교처럼 처리 1과 처리 2로 간주하면 위의 표는 실험단위를 임의로 두 그룹으로 나누어 한 그룹에는 처리 1을, 다른 그룹에는 처리 2를 배정하는 경우로서 각 그룹에서 얻어지는 반응값들은 서로 영향을 주지 않고 독립적이다. 따라서 두 그룹에서 얻어진 반응값들은 두 개의 모집단으로부터 얻어진 두 개의 독립인 표본자료라고 생각할 수 있다. 각 경우에 대응되는 모집단의 비율을 다음과 같이 표현해 보자.

표 13-3 두 모집단의 건강상태에 따른 비율

	양호	보통	불량	합계
식이요법 **A**	p_{A1}	p_{A2}	p_{A3}	1
식이요법 **B**	p_{B1}	p_{B2}	p_{E3}	1

이처럼 비율로 나타내면 두 식이요법 간에 차이가 없다는 가설을 손쉽게 표현할 수 있다. 즉 위의 자료로부터 두 식이요법 간에 차이가 있는지를 알아보기 위해 다음의 귀무가설

$$H_0 : p_{A1} = p_{B1},\ p_{A2} = p_{B2},\ p_{A3} = p_{B3}$$

을 검정하게 된다. 이와 같이 독립인 두 그룹이 각 범주별로 동일한 반응 형태를 보이는가를 검정하는 것을 **동질성 검정**(homogeneity test)이라고 하고 이를 13.2절에서 다루어 보고자 한다.

예제 3

(한 표본을 두 가지 특성에 따라 분류하는 문제) 텔레비전에서 방영되는 오락물에 대한 사람들의 의견이 성별과 어떤 관계가 있는지 조사하기 위해서 1,250명의 사람을 임의추출하여 성별과 오락물 방영에 대한 의견으로 다음 표 13-4와 같이 분류하였다.

표 13-4 성별과 오락물 방영에 대한 의견의 분류

성별	오락물 방영			합계
	너무 많다	적당하다	너무 적다	
남자	378	237	26	641
여자	388	196	25	609
합계	766	433	51	1,250

예제 2와는 달리 여기에서는 하나의 임의표본에 대하여 두 가지(성별과 오락물방영에 대한 의견)에 대한 반응을 조사하였다. 이 자료로부터 오락물 방영에 대한 의견은 개인의 성별과 무관하다는 귀무가설을 검정하게 된다. 이와 같이 두 가지의 특성이 서로 독립이라는 귀무가설을 검정하는 것을 **독립성 검정**(independence test)이라고 하고 이를 13.3절에서 다루어 보고자 한다.

표본의 관측치를 둘이나 그 이상의 특성에 따라 분류하여 도수로 나타내는 자료를 **분할표**(contingency table)라고 한다. 만일 두 가지 특성만이 주어지고 분할표가 r개의 행(row)과 c개의 열(column)로 이루어져 있다면 우리는 이를 $r \times c$ 분할표라고 한다. 따라서 표 13-2와 표 13-4는 모두 2×3 분할표이다.

비록 표 13-2와 표 13-4가 같은 모양을 하고 있지만 표본추출에 있어서 근본적으로 다른 점을 가지고 있다. 표 13-2에서의 행의 합 80이나 70 등은 미리 정해진 값이나, 열의 합은 임의표본추출의 결과로서 미리 정해진 값이 아니다. 반면에 표 13-4의 경우에는 열의 합이나 행의 합 중 어느 것도 표본추출 이전에 미리 정해지지 않는다. 이를 구별하기 위하여 때로는 표 13-2를 열과 행 중 한쪽이 고정된 분할표라고도 한다. 13.2절과 13.3절에서 보면 두 경우의 귀무가설이 다르게 나타나는 것을 알 수 있다.

13.1 피어슨의 χ^2(카이제곱) 적합도 검정

이 절에서는 예제 1에서와 같이 자료가 몇 개의 범주에 대한 관측도수 형태로 주어지는 문제를 다뤄 보고자 한다. 우리의 주된 관심사는 귀무가설에서 제시한 각 범주의 비율이 실제 자료에 적합한지 알아보는 것이다. 따라서 이러한 형태의 가설검정을 적합도 검정(goodness-of-fit test)이라고 한다.

크기가 n인 표본을 k개의 범주로 분류할 때 각 범주의 관측도수를 $n_1, \cdots, n_k$라고 하자. 그리고 각 범주에 대응되는 모집단의 비율을 $p_1, \cdots, p_k$라고 하면 귀무가설은 각 p_i들에 어떤 이론에서 제시하는 값 p_{i0}들을 대응시키는 형태를 지닌다. 즉

$$H_0 : p_1 = p_{10}, \ \cdots, \ p_k = p_{k0}$$

로 표현된다. 귀무가설 H_0하에서 범주 i의 기대도수는 표본의 크기 n에 귀무가설에서 제시한 범주 i의 비율인 p_{i0}을 곱하여 np_{i0}이 된다. 이와 마찬가지로 모든 범주에서의 기대도수를 계산하여 정리하면 다음 표 13-5와 같다.

표 13-5 범주별 관측도수와 H_0 하에서 기대도수

범주	1	2	$\cdots$	k	합계
관측도수(O)	n_1	n_2	$\cdots$	n_k	n
H_0하에서 기대도수(E)	np_{10}	np_{20}	$\cdots$	np_{k0}	n

이때 관측도수는 O(영어의 Observed의 첫 글자)로, 기대도수는 E(영어의 Expected의 첫 글자)로 표시한다. 귀무가설이 맞다면 표 13-5에서 각 범주별로 관측도수와 기대도수의 차이가 적을 것이므로 두 도수의 차이가 클 때 귀무가설을 기각하게 된다. 이처럼 관측도수와 기대도수의 차이를 측정하는 도구로서 칼 피어슨(Karl Pearson, 1857~1936)이 제안한 다음의 검정통계량

$$\chi^2=\sum\frac{(O-E)^2}{E}=\sum_{i=1}^{k}\frac{(n_i-np_{i0})^2}{np_{i0}}$$

이 사용되는데 이 검정통계량은 제안자의 이름을 따서 보통 피어슨의 χ^2 검정통계량이라고 하며 이 검정통계량은 표본의 크기가 클 때 자유도가 (범주의 개수)$-1=k-1$인 카이제곱(χ^2)분포를 따른다고 알려져 있다. 이를 정리하면 다음과 같다.

피어슨의 χ^2 적합도 검정(Pearson's χ^2 goodness-of-fit test)

각 범주의 확률에 대한 가설 $H_0: p_1=p_{10},\ p_2=p_{20},\ \cdots,\ p_k=p_{k0}$을 검정하기 위한 검정통계량은 다음과 같다.

$$\chi^2=\sum\frac{(O-E)^2}{E}=\sum_{i=1}^{k}\frac{(n_i-np_{i0})^2}{np_{i0}}$$

귀무가설이 맞을 때 검정통계량의 분포는 표본의 크기가 클 때 자유도가 $k-1$인 χ^2 분포를 따른다. 따라서 유의수준 α에 대한 기각역은 $R:\ \chi^2\geq\chi^2_\alpha(k-1)$이다.

이때 $\chi^2_\alpha(k-1)$는 자유도가 $(k-1)$인 χ^2 분포에서 상위 α의 확률을 주는 값이다. 즉 $\mathbf{P}[\chi^2\geq\chi^2_\alpha(k-1)]=\alpha$를 만족시키는 값이다.

예제 4

예제 1에서 주어진 자료에 대한 귀무가설을 유의수준 $\alpha=0.05$로 검정하라.

풀이

피어슨의 χ^2 검정통계량의 관측값을 구하기 위해 정리해 보면 다음의 표 13-6과 같다.

표 13-6 예제 4의 χ^2 관측값 계산

범주	A	B	C	합계
관측도수(O)	18	55	27	100
H_0하에서 기대도수(E)	25	50	25	100
$\frac{(O-E)^2}{E}$	1.96	0.50	0.16	$\chi^2=2.62$

이때 범주의 개수는 $k=3$으로 검정통계량 χ^2는 자유도가 2인 카이제곱분포를 따른다. 그러므로 기각역은 $R: \chi^2 \geq \chi^2_{0.05}(2)=5.99$이다. χ^2의 관측치가 2.62이므로 유의수준 $\alpha=0.05$에서 귀무가설을 기각할 수 없다. 즉 표 13-1에 주어진 자료로부터 생물학의 이론이 제안한 모집단의 비율이 틀리다는 결론을 내릴 수 없다.

이 절에서 소개된 χ^2 검정통계량은 이런 적합도 검정에서뿐만 아니라 좀 더 복잡한 범주형 자료, 예를 들어 표 13-2와 표 13-4에 주어져 있는 자료들에 대한 검정에도 이용된다. 그와 같이 좀 더 복잡한 상황에서 이용하기 위해서는 몇 가지 필요한 성질이 있는데 이를 요약해 보면 다음과 같다.

χ^2 분포의 특성

(i) 독립인 표본으로부터 계산된 χ^2 통계량들을 더하면 그 합도 χ^2 분포를 따르며 자유도는 각 자유도의 합과 같다. 즉 $\chi^2(k_1)$, $\cdots$, $\chi^2(k_r)$이 서로 독립인 r개의 χ^2 통계량이라면

$$\chi^2(k_1)+\cdots+\chi^2(k_r) \sim \chi^2(k_1+\cdots+k_r)$$

이다.

(ii) χ^2 통계량을 계산하는데 만약 모수의 추정치를 사용하였다면 통계량 분포의 자유도는 추정한 모수의 개수만큼 감소하게 된다. 즉

$$\chi^2\text{의 자유도}=(\text{모수를 알고 있을 경우의 자유도})-(\text{추정된 모수의 수})$$

피어슨의 χ^2-검정은 표본의 크기가 큰 경우에만 적합한 근사적인 검정방법이다. 일반적으로 통용되는 규칙으로는 각 칸의 기대도수가 5 이상이면 위 검정법을 사용해도 좋다고 알려져 있다. 만약 기대도수가 5보다 작은 칸이 많은 경우에는 가능하다면 여러 칸을 합하여 기대도수를 크게 하거나 2×2 분할표에서는 **피셔의 정확 검정법**(Fisher's exact test)을 사용하게 된다.

연습문제

1.1 아래의 표는 어떤 주사위를 310번 던져 관찰한 자료이다. 이 자료를 이용하여 이 주사위가 1부터 6의 눈이 나올 확률이 같은지를 유의수준 $\alpha=0.05$로 검정하라.

주사위 눈	1	2	3	4	5	6	합계
도수	38	61	54	65	55	37	310

1.2 다음의 표는 헌혈한 96명의 사람들의 혈액형을 정리한 것이다. 유의수준 $\alpha=0.05$로 "헌혈한 사람의 혈액형은 같은 비율이다"라는 가설을 검정하라.

혈액형	O	A	B	AB	합계
도수	38	43	10	5	96

1.3 연습문제 **1.2**에서 "헌혈한 사람의 혈액형 O, A, B, AB가 4 : 4 : 1 : 1의 비율로 분포한다"는 가설을 유의수준 $\alpha=0.05$로 검정하라.

1.4 다음의 표는 시장조사자가 세탁기의 색에 대한 소비자의 선호도를 알아보기 위해 최근에 팔린 세탁기의 색을 조사한 자료이다. 색에 대한 소비자의 선호도가 차이가 없다는 가설을 유의수준 $\alpha=0.05$로 검정하라.

색	회색	황갈색	흰색	검은색	합계
도수	61	55	41	41	198

1.5 통계학과의 매년 졸업생의 취업 현황을 조사해보면 대체적으로 45%는 IT기업에, 20%는 제조기업에, 20%는 금융기관에 취업하고, 나머지 15%는 대학원에 진학한다고 한다. 올 해의 통계학과 졸업생 중 235명을 임의로 선택하여 조사한 결과가 아래의 표와 같다. 예년과 다르게 취업이 이루어졌다고 할 수 있는가? 유의수준 $\alpha=0.025$로 검정하라.

직업	IT기업	제조기업	금융기관	대학원	합계
도수	92	69	32	42	235

1.6 멘델의 유전 법칙에 의하면 어떤 종의 꽃에서 순종의 빨간 꽃과 순종의 흰 꽃을 교배시키면 두 개의 유전자를 하나씩 가지는 잡종인 분홍 꽃이 핀다고 한다. 그리고 그 분홍 꽃을 교배시키면 세 가지 색의 꽃이 생기는데 각각 발생할 확률은 빨간 꽃과 흰 꽃이 1/4, 분홍 꽃이 1/2이라고 한다. 실제로 교배시켜서 나온 꽃의 수가 빨간색이 141, 분홍색이 291, 흰색이 132이다. 이 실험 결과가 멘델의 유전법칙에서 벗어난 것이라고 할 수 있는가? 유의수준 0.05로 검정하라

1.7 다음의 자료는 어느 해의 미국에 신고된 출생신고의 출생일을 요일별로 구분한 것이다. 이 자료를 이용하여 "각 요일에 태어날 확률은 같다"라는 가정을 유의수준 $\alpha=0.01$로 검정하라. (단위: 10,000명)

	월요일	화요일	수요일	목요일	금요일	토요일	일요일	합계
출생 수	52.09	54.46	52.68	51.68	53.83	47.21	44.36	356.31

1.8 어느 해에 미국에서 사고로 인한 사망이 아래와 같이 분류되었다.

교통사고	추락사	익사	화상	약물	기타
59%	15%	6%	6%	7%	7%

미국의 어떤 특정지역의 사고로 인한 사망을 집계한 것이 다음과 같다. 이 지역의 사고유형은 전체 미국의 사고유형과 차이가 있는가? 유의수준 $\alpha=0.01$로 검정하라.

교통사고	추락사	익사	화상	약물	기타	합계
462	171	76	57	92	74	932

1.9 어느 진통제의 약효 지속시간이 정규분포 $N(60,\ 15^2)$을 따르는지 판단하기 위해 100명을 대상으로 실험하였다. 100명 중에서 지속시간이 48시간 이하인 사람은 16명, 48시간 이상 60시간 미만인 사람은 28명, 60시간 이상 72시간 미만인 사람은 36명, 72시간 이상인 사람은 20명이었다. 이 자료를 이용하여 약효 지속시간이 정규분포 $N(60,\ 15^2)$을 따르는지 유의수준 5%에서 검정하여라.

1.10 생물학적으로 남아가 태어날 확률이 0.5라고 할 때 자녀가 3명인 가정의 아들의 수(X)는 이항분포 Bin(3, 0.5)를 따른다. 실제 상황이 생물학적 이론에서 벗어났다고 할 수 있는지 알아보기 위해서 자녀가 3명인 가정 100세대를 대상으로 아들의 수를 조사한 결과가 다음과 같았다.

아들의 수	0	1	2	3
세대 수	31	40	16	13

(1) $P[X=i]=p_i$를 $i=0,\ 1,\ 2,\ 3$에 대하여 이항분포표로부터 구하라.

(2) 실제 상황은 생물학적 이론에서 벗어났다고 할 수 있는지 χ^2-검정을 실시하라.

1.11 80마리의 어미 토끼를 조사해 보니, 각 토끼는 세 마리의 새끼를 낳고 그 중 수컷의 수를 조사하여 정리해 보았다.

낳은 수컷의 수	0	1	2	3	합계
어미 토끼의 수	19	32	22	7	80

(1) $n=3$회 시행이며 $p=0.4$인 이항분포를 이용하여 위 표에서 각 칸의 기대도수를 구하라.

(2) 세 마리 중 수컷의 수가 이항분포를 따르는지 유의수준 $\alpha=0.05$로 χ^2 적합도 검정을 실행하라. (자유도 계산 시 하나의 모수가 추정되었음에 주의하라.)

1.12 피어슨의 χ^2 적합도 검정통계량

$$\chi^2=\sum_{i=1}^{k}\frac{(n_i-np_{i0})^2}{np_{i0}}$$

에서 제곱합을 풀어서 다음과 같이 표현할 수 있음을 보여라.

$$\chi^2=\sum_{i=1}^{k}\frac{n_i^2}{np_{io}}-n=\sum\frac{O^2}{E}-n$$

13.2 동질성 검정

각 모집단으로부터 미리 정한 수만큼의 표본을 뽑아서 각 반응치를 범주별로 분류한다고 하자. 이때 이러한 자료는 모집단과 분류된 범주에 따라 2원 분할표로 표현된다. 우리의 목적은 모집단들이 각 범주에 대하여 같은 반응을 보이는지를 검정하는 것이다. 이를 위하여 우리는 각 반응범주에서 관측된 비율을 가지고 모집단별로 같은지를 조사할 수 있다. 앞의 표 13-2의 자료를 가지고 분석을 해 보자.

예제 5

예제 2의 자료에서 두 식이요법 간에 차이가 있다고 할 수 있는지를 유의수준 $\alpha=0.05$로 검정하라.

풀이

표 13-2에서 보면 모집단은 2가지의 식이요법을 나타내고 반응치는 3개의 범주로 나뉘어 있다. 행의 합 80과 70은 미리 정해진 두 표본의 크기이다. 두 식이요법 간에 차이가 없다는 귀무가설은 각 반응범주(1=양호, 2=보통, 3=불량)마다의 비율이 두 모집단(식이요법 A, 식이요법 B)에 대하여 동일하다는 것이다. 이를 식으로 표현하면 다음과 같다.

$$H_0: p_{A1}=p_{B1},\ p_{A2}=p_{B2},\ p_{A3}=p_{B3}$$

귀무가설 H_0하에서의 범주별 공통 확률들을 p_1, p_2, p_3로 나타내면, 즉 $p_{A1}=p_{B1}=p_1$, $p_{A2}=p_{B2}=p_2$, $p_{A3}=p_{B3}=p_3$라고 하면, 각 행마다 칸별 기대도수는 표본의 크기를 각 확률에

곱하면 될 것이다. 즉 첫 번째 행의 기대도수는 $80p_1$, $80p_2$, $80p_3$이고 두 번째 행의 기대도수는 $70p_1$, $70p_2$, $70p_3$이다. 그러나 각 p_1, p_2, p_3의 값은 H_0에서 주어지지 않았으므로 기대도수의 수치값을 구하려면 표본으로부터 p_1, p_2, p_3를 추정한 다음에 해당되는 표본의 크기(80이나 70)를 곱하여 구해야 한다. 예를 들어 식이요법 A의 표본의 크기는 미리 정하여진 80이며 귀무가설하에서의 첫 번째 범주(양호)에 속하는 예상 비율 p_1의 추정값은 크기 150의 통합된 표본 중 양호의 범주에 속하는 도수인 54의 비율(54/150)로 구할 수 있다. 따라서 식이요법 A 중 양호의 범주에 속하는 기대도수는 $80 \times \frac{54}{150}$이다. 이와 같이 각 칸별로 기대도수를 구하면 되는데 이를 정리한 것이 표 13-7(a)이다. 여기에서 기대도수를 구한 과정을 살펴보면 일관된 모양이 드러나는데, 예를 들어 첫 번째 행의 기대도수 계산식을 나열해 보면

$$\frac{80 \times 54}{150},\ \frac{80 \times 57}{150},\ \frac{80 \times 39}{150}$$

가 되고, 두 번째 행도 이와 유사하게 된다. 위 식을 살펴보면 추정된 기대도수를 계산하는 식이 다음과 같음을 알 수 있다.

$$\text{칸의 추정기대도수} = \frac{\text{칸이 속한 행의 합계} \times \text{칸이 속한 열의 합계}}{\text{전체 합계}}$$

다음의 표 13-7(a)는 관측도수(O)와 괄호 안에 기대도수(E)를 계산한 것이고 표 13-7(b)는 각 칸마다 '표준화된 차이'를 나타내는 $(O-E)^2/E$를 계산한 것이다. 그리고 모든 칸마다 이 값들을 더하여 χ^2의 관측값을 구하였다.

표 13-7(a) 표 13-2 자료의 관측도수와 기대도수

	양호	보통	불량
식이요법 **A**	37(28.8)	24(30.4)	19(20.8)
식이요법 **B**	17(25.2)	33(26.6)	20(18.2)

표 13-7(b) $(O-E)^2/E$의 값

	양호	보통	불량	
식이요법 **A**	2.335	1.347	0.156	
식이요법 **B**	2.668	1.540	0.178	$\chi^2 = 8.224$

자유도를 계산하려면 13.1절에서 언급한 χ^2의 성질을 이용하게 된다. 여기에서 χ^2는 2개의 독립인 표본에서 계산되었는데 각각의 자유도는 (칸수)-1로부터 $3-1=2$가 되고 χ^2의 성질 (i)을 이용하면 χ^2의 자유도는 $2+2=4$가 된다. 또한 귀무가설에서 제시한 미지의 공통비율 p_1, p_2, p_3를

추정하였는데 $p_1+p_2+p_3=1$의 관계가 있어 실제로 추정한 모수의 수는 2이다. 따라서 χ^2의 성질 (ii)로부터 χ^2 통계량의 자유도는 $4-2=2$이다.

자유도가 2인 χ^2 분포의 상위 5%의 값은 부록에 의하면 5.99이다. 그런데 실제로 계산된 χ^2의 값은 표 13-7(b)에서 보면 8.224로 5.99보다 크다는 것을 알 수 있다. 따라서 유의수준 $\alpha=0.05$에서 귀무가설은 기각할 수 있고, 또한 $\chi^2_{0.025}(2)=7.38$도 8.224보다 작으므로 유의수준 $\alpha=0.025$에서도 기각할 수 있다. 따라서 두 식이요법 간의 차이는 통계적으로 유의하다고 할 수 있다.

예제 5에 사용하였던 방법을 r개의 모집단에서 독립적으로 추출한 표본을 c개의 반응범주로 분류하는 일반적인 $r\times c$분할표로 확장하여 보자. 여기에서 달라지는 것은 행과 열의 수뿐이므로 각 칸에서의 추정기대도수는 전과 같이 (행의 합×열의 합)/(전체 합)의 형태로 주어진다. 또한 χ^2의 자유도는 각 r개의 행이 독립인 모집단을 나타내고 각 행마다 c개의 열(범주)이 있으므로 χ^2의 성질 (i)에 따라 모수가 알려져 있다면 자유도는 $r(c-1)$이 된다. 그러나 모수인 각 범주의 공통비율 $p_1, \cdots, p_c$가 미지수이므로 이를 추정하면 χ^2의 성질 (ii)에 의하여 자유도는 추정한 모수의 개수만큼 감소한다. 여기서 $p_1+\cdots+p_c=1$이라는 사실로부터 실제로 추정하는 모수의 개수는 $c-1$개이므로 검정통계량 χ^2의 자유도는 다음과 같이 주어진다.

$$\begin{aligned}\chi^2\text{의 자유도}&=r(c-1)-(c-1)\\&=(r-1)(c-1)\\&=(\text{행의 수}-1)\times(\text{열의 수}-1)\end{aligned}$$

이를 정리하면 다음과 같다.

분할표에서의 χ^2 동질성 검정

귀무가설: 각각의 범주에 대한 비율이 모든 모집단에 대하여 동일하다.

검정통계량: $\chi^2=\sum_{\text{칸}}\dfrac{(O-E)^2}{E}$

$O=$관측도수

$E=$기대도수$=\dfrac{\text{행의 합}\times\text{열의 합}}{\text{전체 합}}$

자유도$=$(행의 수-1)$\times$(열의 수-1)

기각역: $R:\chi^2\geq\chi^2_\alpha$

예제 6

직업별로 알코올 중독자의 비율에 관심이 있어 사무원, 교육자, 기업가, 상인들의 집단에서 임의로 표본을 추출하여 면담을 통하여 알코올 중독 여부를 조사한 자료가 다음과 같다.

표 13-8 알코올 중독과 직업과의 분할표

직업	알코올 중독	정상	표본크기
사무원	32(58.25)	268(241.75)	300
교육자	51(48.54)	199(201.46)	250
기업인	67(58.25)	233(241.75)	300
상인	83(67.96)	267(282.04)	350
합계	233	967	1,200

알코올 중독의 비율이 4개의 직업군별로 같은지를 검정하라.

풀이

각 직업별 모집단에서 알코올 중독자의 비율을 각각 p_1, p_2, p_3, p_4라고 하자. 각 직업군의 모집단에서 알코올 중독자를 추출하는 것을 '성공'이라고 하면 위 문제는 4개의 독립인 모집단에서 성공 확률이 동일한지를 검정하는 것이 된다. 귀무가설은 다음과 같다.

$$H_0 : p_1 = p_2 = p_3 = p_4$$

각 관측치의 기대도수는 각 칸마다 행의 합 곱하기 열의 합을 전체 도수(1200)로 나누어 구하고 그 값은 표 13-8의 괄호 안에 주어져 있다. 검정통계량을 구하기 위한 $(O-E)^2/E$값들이 표 13-9에 있으며 이 값들을 다 더하면 χ^2 검정통계량의 값 20.59를 구할 수 있다. 자유도가 $(4-1)\times(2-1)=3$인 χ^2 분포의 상위 5%값($\chi^2_{0.05}(3)$)은 7.81이므로 유의수준 5%의 기각역은 $R : \chi^2 \geq 7.81$이다. 계산된 검정통계량의 값 20.59는 기각역에 포함되므로 유의수준 5%에서 귀무가설은 기각된다. 또한 $\chi^2_{0.01}(3)=11.34$이므로 유의수준 1%에서도 귀무가설은 기각되며, 따라서 $P-$값도 0.01보다 작다.

표 13-9 $(O-E)^2/E$의 값

직업	알코올 중독	정상	
사무원	11.83	2.85	$\chi^2=20.59$ 자유도$=(4-1)(2-1)=3$
교육자	0.12	0.03	
기업인	1.31	0.32	
상인	3.33	0.80	

표를 보면 첫째 행이 χ^2 값에 가장 많이 기여를 하였는데, 이는 다른 집단에 비하여 사무직에 종사하는 사람의 알코올 중독자의 상대도수(32/300)가 상당히 작았기 때문이다.

예제 7

씨앗에 화학적인 처리를 하는 것이 싹이 트는 데에 효과가 있는지를 결정하기 위하여 100개의 화학적으로 처리된 씨앗과 150개의 처리되지 않은 씨앗을 파종하였다. 그 결과가 다음 표 13-10에 기록되었다. 이 자료에 의하면 처리를 한 것과 처리를 하지 않은 것이 차이가 있다는 충분한 증거가 되는가?

풀이

여기에서 p_1, p_2를 각각 화학적으로 처리된 것과 처리되지 않은 씨에서 싹이 틀 확률을 나타낸다고 하자. 우리가 검정하고자 하는 것은 $H_0: p_1=p_2$ 대 $H_1: p_1\neq p_2$이다. 기대도수는 전과 같이 계산되어 표 13-10의 괄호 안에 주어져 있다.

표 13-10 씨앗에 관한 관측도수와 기대도수

	싹이 틈	싹이 트지 않음	합계
처리함	88(85.6)	12(14.4)	100
처리 안함	126(128.4)	24(21.6)	150
합계	214	36	250

검정통계량 χ^2값을 계산해 보면 다음과 같다.

$$\chi^2=\frac{(88-85.6)^2}{85.6}+\cdots+\frac{(24-21.6)^2}{21.6}=0.779$$

자유도$=(2-1)(2-1)=1$

자유도가 1인 χ^2분포의 상위 5% 값은 3.84이다. 따라서 유의수준 5%에서 기각역은 $R: \chi^2\geq 3.84$이다. 계산된 χ^2의 값은 0.779로 기각역에 포함되지 않으므로 귀무가설은 유의수준 $\alpha=0.05$로 기각할 수 없다. 즉 싹이 트는 비율이 화학 처리를 한 것과 하지 않은 것에서 차이가 난다고 할 수 없다.

예제 8

위 예제 7에서 두 처리 방법 간의 모비율 차 p_1-p_2에 대한 검정을 유의수준 5%에서 하여 위 결과와 비교하여라.

풀이

독립인 두 모비율의 비교에서 화학 처리를 한 경우 싹이 튼 씨앗의 개수는 $X_1\sim \text{Bin}(100,\ p_1)$이며 화학 처리를 처리하지 않은 경우 싹이 튼 씨앗의 개수는 $X_2 \sim \text{Bin}(150, p_2)$이 된다. 모비율 추정을 위하여 다음의 표본비율과

$$\hat{p}_1 = \frac{X_1}{100} = \frac{80}{100} = 0.88, \quad \hat{p}_2 = \frac{X_2}{150} = \frac{126}{150} = 0.84$$

합동 비율 추정량 $\hat{p} = \dfrac{88+126}{100+150} = 0.856$을 이용하여 검정통계량을 구하면 다음과 같다.

$$Z = \frac{\hat{p}_1 - \hat{p}_2}{\sqrt{\hat{p}(1-\hat{p})}\sqrt{\dfrac{1}{n_1} + \dfrac{1}{n_2}}} = \frac{0.04}{\sqrt{0.856 \times 0.144}\sqrt{\dfrac{1}{100} + \dfrac{1}{150}}} = 0.8825$$

양측 대립가설의 기각역은 유의수준 5%에서 $R: |z| \geq z_{\alpha/2} = 1.96$이므로 모비율이 차이가 없다는 귀무가설 ($H_0: p_1 - p_2 = 0$)을 기각할 수 없다. 이때 검정통계량을 제곱하면 즉, $0.8825^2 = 0.779 = \chi^2$로서 예제 7의 검정통계량 값과 일치함을 알 수 있다. 즉 $Z^2 = \chi^2(1)$가 성립한다. 즉, 두 독립인 모비율에 대한 정규분포를 이용한 양측검정과 4가지 범주로 간주하여 카이제곱분포를 이용한 범주형 자료의 동질성 검정은 항상 같은 결과를 줌을 알 수 있다.

연습문제

2.1 대기오염은 식물에 악영향을 미친다. 특히 황화산화물은 식물의 잎을 손상시킨다. 다음의 3종류의 채소들이 각각 40개가 있는 온실에 황화산화물을 투입하여 식물의 잎의 손상 정도를 기록한 표가 아래와 같다.

식물	나뭇잎의 손상 정도		합계
	심각하다	없거나 심각하지 않다	
양상추	32	8	40
시금치	28	12	40
토마토	19	21	40
합계	79	41	120

심하게 손상된 잎의 비율이 식물의 종류에 따라 차이가 있는지 분석하라.

(1) 귀무가설을 기술하라.

(2) 귀무가설을 유의수준 $\alpha = 0.1$로 검정하라.

(3) 각 식물별로 심하게 손상된 정도에 대한 95% 신뢰구간을 작성하고, 그래프로 나타내라.

2.2 새로운 상품이 시장에 소개되고 일정기간이 지난 후, 제조업자는 그 상품이 시장에서 어떤 위치를 차지하고 있는지 알고 싶어 다음 세 개의 도시를 선택하여 각각 200명, 150명, 300명을 임의로 선택하여 새로운 상품에 대한 질문을 한 결과가 아래와 같았다.

	상품에 관해 들어본 적 없다.	상품에 관해 들어보았으나 구입하지는 않았다.	한 번 이상 구입하였다.	합계
도시 1	36	55	109	200
도시 2	45	56	49	150
도시 3	54	78	168	300
합계	135	189	326	650

새로운 상품의 시장에서의 위치는 도시에 따라 차이가 있는가?

2.3 비행기 멀미로 인하여 고통받는 여행객들이 있다고 한다. 멀미약 A 제품과 B 제품이 있는데 이 두 제품을 비교하기 위해 90명의 여행객을 임의로 선택하여 45명은 A 제품, 나머지 45명은 B 제품을 주어 나온 결과가 다음 표와 같다.

	멀미 정도				합계
	없다	약하다	중간이다	심각하다	
A 제품	18	17	6	4	45
B 제품	11	14	14	6	45

두 제품이 차이가 있는가? 유의수준 $\alpha=0.05$로 검정하라.

2.4 어린이들의 청각장애는 평소 어머니가 어린이를 돌볼 수 있는지 없는지에 연관성이 있다는 주장을 조사하기 위해 실제 임의로 청각장애가 있는 어린이 41명과 청각장애가 없는 어린이 41명을 선택하여 조사한 결과가 아래와 같다.

	어머니의 보호		합계
	가능	불가능	
청각장애가 있다	23	18	41
청각장애가 없다	25	16	41

어린이 두 집단은 어머니의 보호정도에 있어서 차이가 있는가? 아래의 문제에 답하라.

(1) χ^2-검정을 유의수준 $\alpha=0.05$로 수행하라.

(2) 위의 문제에 대해 12장에서 공부한 두 모비율의 검정방법인 $Z-$검정을 시행하라. (유의수준 $\alpha=0.05$)

2.5 A, B, C, D 네 가지 종류의 살충제가 있는데 이 살충제들의 성능을 비교하기 위해 모기를 임의로 네 집단으로 분류하여 각각의 살충제를 살포한 결과가 아래와 같다.

살충제	죽은 수	살아남은 수	집단의 크기
A	58	57	115

B	43	77	120
C	56	42	98
D	45	75	120

(1) 살충제 간에 차이가 있는지 유의수준 $\alpha=0.1$로 검정하라.

(2) p_A, p_B, p_C, p_D를 각각 죽은 모기의 비율이라고 할 때 각각의 95% 신뢰구간을 구하라.

2.6 연습문제 **2.5**에서 A와 C살충제만을 비교하기 위해 2×2표를 작성하고, $H_0: p_A=p_C$ 대 $H_1: p_A\neq p_C$에 대한 검정을 다음과 같은 방법을 이용해 수행하라. (유의수준 $\alpha=0.05$)

(1) χ^2-검정

(2) 10장의 $Z-$검정

2.7 골다공증이나 뼈에서의 칼슘의 손실이 노인에게 골절의 원인이 된다. 이 칼슘의 손실을 막기 위해서 물리치료나 운동이 효과가 있다고 한다. 이를 알아보기 위하여 임의로 노인들을 선택하여 3집단으로 나누어 한 집단은 물리치료를 시행하고, 또 다른 집단은 운동요법을 시행하고, 나머지 한 집단은 아무런 조치를 취하지 않은 상태로 일정기간을 보낸 후 칼슘의 양을 측정한 결과가 다음 표와 같다.

	뼈 속의 칼슘의 변화			합계
	상당한 손실	작은 변화	상당한 증가	
아무 조치 취하지 않음	38	15	7	60
물리 치료 시행	22	32	16	70
운동 요법 시행	15	30	25	70
합계	75	77	48	200

각 노인집단에서 칼슘의 변화에 차이가 있는가? (유의수준 $\alpha=0.05$)

13.3 독립성 검정

한 임의표본의 각 원소에 대하여 두 가지의 특성을 관찰한다면 자료들은 이 두 가지의 특성에 따라 동시에 분류될 수 있다. 이러한 경우에 행이나 열 어느 쪽의 합도 고정되지 않은 분할표를 얻을 수 있다. 예제 3에서 이러한 예를 보았고 몇 가지 더 들자면 취업자들 중에서 학력과 직종에 따라 분류를 하거나 유권자 집단을 소속 정당과 특정 법안에 대한 의견으로 분류를 하는 것 등을 들 수 있다.

이러한 분할표에서의 추론은 주로 두 가지의 특성이 서로 독립인지를 조사하거나 혹은 하나의 특성의 특정한 수준이 다른 특성의 어떤 수준하고 연관성이 있는지를 조사하는 형태로 나타난다.

예제 9

예제 3에 주어진 자료를 분석하라.

풀이

이 자료는 하나의 임의표본 1250명을 6개의 칸으로 분류한 것이다. 각 칸의 도수를 표본의 크기 1250으로 나누면 상대도수가 되고 이 값을 정리한 것이 표 13-11(a)이다.

표 13-11(a) 관측치의 비율

	너무 많다	적당하다	너무 적다	합계
남자	0.3024	0.1896	0.0208	0.5128
여자	0.3104	0.1568	0.0200	0.4872
합계	0.6128	0.3464	0.0408	1.000

행의 합계인 0.5128과 0.4872는 전체에서의 남자와 여자의 비율을 나타내며 마찬가지로 열의 합들은 각 범주가 전체에서 차지하는 비율을 나타낸다.

전체의 모집단을 분류하는 것을 생각해 보자. 미지의 모비율(각 칸의 확률)을 두 가지의 첨자로 표현한다고 할 때 첫째 첨자의 경우 M은 남자, F는 여자를 나타내고, 두 번째 첨자의 경우 1, 2, 3은 각각 오락물 방영이 많음, 적당함, 적음을 나타낸다고 하자. 예를 들면

칸의 확률 $p_{M1} = \mathbf{P}$(남자이면서 오락물의 방영이 많다는 의견을 가진 사람)

행의 합 확률 $p_M = \mathbf{P}$(남자)

열의 합 확률 $p_1 = \mathbf{P}$(오락물의 방영이 많다는 의견을 가진 사람)

을 의미한다.

표 13-11(b) 칸의 확률

	너무 많다	적당하다	너무 적다	합계
남자	p_{M1}	p_{M2}	p_{M3}	p_M
여자	p_{F1}	p_{F2}	p_{F3}	p_F
합계	p_1	p_2	p_3	1

그렇다면 표 13-11(b)는 표 13-11(a)의 모집단에서의 모양을 나타낸다고 할 수 있다. 다시 말하면 표 13-11(a)는 표 13-11(b)의 구조를 가진 모집단에서 추출한 하나의 임의표본의 결과라고 생각할 수 있다.

우리가 관심있는 것은 두 가지 특성이 서로 독립이라는 귀무가설을 검정하는 것이다. 5장의 확률 이론에서 보면 두 개의 사건이 서로 독립이려면 두 사건의 곱사건의 확률이 각 사건의 확률의 곱으로 나타나야 한다. 따라서 두 가지의 특성이 서로 독립이려면 $p_{M1}=p_M p_1$, $p_{M2}=p_M p_2$ 등이 성립해야 한다. 따라서 독립을 나타내는 귀무가설을 다음과 같이 표현할 수 있다.

H_0 : 각 칸의 확률은 그 칸이 속한 열의 합 확률과 행의 합 확률의 곱으로 표현된다.

χ^2-검정을 하려면 기대도수를 계산해야 한다. 각 칸의 기대도수는 표본의 수 1250에 각 칸의 확률을 곱하여 얻어지게 되는데, 예를 들어 남자이면서 오락물의 방영이 많다고 생각하는 범주의 기대도수는 $1250\times p_{M1}$이 된다. 이때 귀무가설이 맞다면 기대도수는 $1250\times p_M p_1$으로 주어진다.

마찬가지 방법으로 귀무가설하에서의 각 칸의 기대도수는 다음과 같이 주어진다.

$$1250p_M p_1,\ \ 1250p_M p_2,\ \ 1250p_M p_3$$
$$1250p_F p_1,\ \ 1250p_F p_2,\ \ 1250p_F p_3$$

여기에서 미지의 확률은 자료로부터 추정을 해야 한다. 남자의 비율인 p_M의 추정값은 전체 표본에서 남자의 비율이 될 것이다. 즉 $\frac{641}{1250}$이다. 마찬가지로 오락물의 방영이 많다고 생각하는 사람의 비율 p_1의 추정값은 표본에서의 비율, 즉 $\frac{766}{1250}$이다. 따라서 귀무가설하에서의 표 13-11(a)의 첫 번째 칸의 추정 기대도수는 $1250\times\frac{641}{1250}\times\frac{766}{1250}=\frac{641\times 766}{1250}$으로 주어진다. 마찬가지 방법으로 다른 칸의 기대도수를 구할 수 있는데 이를 정리하여 괄호 안에 적은 것이 다음 표 13-12(a)에 주어져 있다. 독립성의 검정에서도 추정기대도수를 구한 식을 보면 동질성 검정처럼

$$\text{칸의 추정기대도수} = \frac{\text{칸이 속한 열의 합}\times\text{칸이 속한 행의 합}}{\text{전체 합}}$$

의 형태가 된다. 검정통계량을 구하기 위하여 계산된 $(O-E)^2/E$의 값들과 χ^2 통계량의 관측값은 표 13-12(b)에 나와 있다.

표 13-12(a) 관측도수와 기대도수

$O(E)$	너무 많다	적당하다	너무 적다	합계
남자	378(392.8)	237(222)	26(26.2)	
여자	388(373.2)	196(211)	25(24.8)	
합계				1250

표 13-12(b) $(O-E)^2/E$의 값

$(O-E)^2/E$	너무 많다	적당하다	너무 적다	합계
남자	0.56	1.01	0.00	
여자	0.59	1.07	0.00	$\chi^2=3.23$

χ^2 통계량의 값을 구하였으므로 2절에서 언급한 χ^2의 성질을 이용하여 자유도를 구해 보자. 이 경우는 하나의 임의표본을 $2\times3=6$개의 칸에 나눈 것으로 생각할 수 있으므로 모수를 알았다면 자유도는 $6-1=5$가 될 것이다. 그러나 모수를 추정해야 하였으므로 추정한 모수의 개수만큼 빼주어야 하는데, 다음의 관계식 $p_M+p_F=1$과 $p_1+p_2+p_3=1$에서 실제로 추정한 모수의 개수는 p_M과 p_1, p_2의 3개이므로 구하는 자유도는 다음과 같다.

$$\begin{aligned}\chi^2\text{의 자유도} &= (\text{칸의 수})-1-(\text{추정한 모수의 개수})\\ &= 6-1-3\\ &= 2\end{aligned}$$

자유도가 2일 때 χ^2의 상위 5%의 확률을 주는 값은 5.99이므로, 유의수준을 $\alpha=0.05$로 하면 기각역은 $R:\chi^2\geq\chi^2_{0.05}(2)=5.99$이다. 계산된 χ^2의 값은 3.23으로 5.99보다 작으므로 귀무가설을 기각할 수 없다. 즉 오락물 방영에 대한 의견과 성별과는 어떤 관계가 있다고 말할 수 없다.

일반적인 $r\times c$ 분할표에서의 독립성 검정은 동질성 검정에서 언급하였듯이 행과 열의 수만 달라지고 검정 방법은 동일하게 된다. 추정된 기대도수의 형태도

$$\text{추정기대도수} = \frac{\text{칸이 속한 열의 합}\times\text{칸이 속한 행의 합}}{\text{전체 합}}$$

로 동일하고, 또한 검정통계량의 형태도

$$\chi^2=\sum_{\text{칸}}\frac{(O-E)^2}{E}$$

으로 동일하다. 일반적인 $r\times c$ 분할표에서의 자유도를 생각해 보면 하나의 모집단이 rc개의 칸으로 나뉘어 있으므로 원래 $(rc-1)$개의 자유도가 되는데, 실제로 추정하게 되는 모수의 개수가 열에서 $(c-1)$, 행에서 $(r-1)$개이므로 $(r-1)+(c-1)$이 된다. 따라서

$$\begin{aligned}\chi^2\text{의 자유도} &= rc-1-(r-1)-(c-1)\\ &= rc-r-c+1\\ &= (r-1)(c-1)\\ &= (\text{행의 수}-1)\times(\text{열의 수}-1)\end{aligned}$$

가 된다. 이것은 동질성 검정의 자유도와 일치한다. 결론적으로 말해서 독립성 검정은 동질성 검정과 검정통계량, 자유도, 기각역이 모두 동일하고 단지 검정하고자 하는 가설이 달라서 검정 결과에 대한 해석이 달라진다.

연습문제

3.1 사회복지기금 수령자 중에 이의 신청은 자신에 대한 대우가 부적당하다고 느낄 때 신청 가능하다. 이때 이의 신청을 자신이 직접하거나, 변호사에게 전 과정을 위임한다. 이의 신청 후 사회복지기금의 수령액은 증가하거나, 줄거나, 변화가 없게 된다고 하자. 법원은 320건의 이의 신청에 대한 결과를 다음과 같이 정리하였다.

	사회복지기금 수령액		
	증가	변화 없음	감소
자신이 직접 수행	59	108	17
변호사에게 위임	70	63	3

본인의 직접 신청 여부와 수령액 증감 여부가 관계가 있다고 할 수 있겠는가? 유의수준 $\alpha=0.05$로 검정하라.

3.2 스트레스를 받는 직종에 근무하는 185명에 대한 조사를 통하여 다음과 같은 표를 얻었다.

	알코올 중독	정상	합계
우울증 증세를 보임	54	27	81
우울증 증세를 보이지 않음	22	82	104
합계	76	109	185

우울증의 유무와 알콜 중독과 관계가 있는가? 유의수준 $\alpha=0.1$로 검정하라.

3.3 텔레비전에서 폭력물 프로그램의 방영에 대한 연구를 위해서 1,250명에게 "폭력물 프로그램의 방영이 실제 범죄와 연관이 있다고 생각하십니까?"라는 질문을 하여 그 결과를 성별과 대답에 따라 아래의 표와 같이 정리하였다.

	대답		
	그렇다	그렇지 않다	잘 모르겠다
남자	378	237	26
여자	438	146	25

폭력물 프로그램의 방영에 대한 태도가 성별에 따라 차이가 있는지 검정하라. (유의수준 $\alpha=0.05$)

3.4 정부의 사회복지에 대한 예산삭감에 대해 어떻게 생각하는지를 어떤 특정 단체에 가입한 사람과 그렇지 않은 사람들로 구분하여 아래의 표와 같이 정리하였다.

	지지한다	관심없다	반대한다	합계
특정 단체 가입	112	36	28	176
특정 단체 비가입	84	68	72	224
합계	196	104	100	400

예산 삭감에 대한 의견이 특정 단체 가입 여부와 어떤 관계가 있다고 할 수 있는가? (유의수준 $\alpha=0.05$)

3.5 미군에 음식을 공급하는 부서에서 군인들의 출신지역과 검정 올리브를 좋아하는 것과의 관계를 조사하기 위해 435명을 임의로 추출해 다음과 같은 대답을 얻었다.

출신 지역	검정 올리브를 좋아한다는 사람의 수	전체 질문을 받은 사람의 수
서부	65	118
동부	59	135
남부	48	90
중부	43	92

출신지역과 검정 올리브의 선호 여부와 어떤 관계가 있는가? (유의수준 $\alpha=0.05$)

3.6 자제능력으로 볼 때, 사람들은 보통 3가지 집단으로 분류할 수 있다. 즉 자제능력이 뛰어난 집단, 보통인 집단, 자제능력이 떨어지는 집단이다. 이 3가지 집단의 사람들에게 반복적인 단순한 일을 시키고 그 사람이 언제든지 그만둘 수 있게 하였다. 다만 그 사람이 그만두려고 할 때 "진짜로 그만두시겠습니까?"라는 질문을 한다. 그 질문에 대한 결과가 아래의 표와 같다.

집단	일을 계속한다	일을 그만둔다	합계
자제능력이 뛰어난 집단	9	9	18
자제능력이 보통인 집단	8	12	20
자제능력이 떨어진 집단	3	14	17
합계	20	35	55

집단 간에 질문에 대한 대답이 차이가 있는가? (유의수준 $\alpha=0.05$)

R과 Python을 이용한 분석

R의 함수 chisq.test를 이용하면 범주형 자료에 대한 분석을 할 수 있다.

chisq.test(x, p): 자료 x에 대한 카이제곱검정 수행

x: 카이제곱검정을 수행하고자 하는 숫자 벡터 혹은 행렬

p: 적합도 검정을 위한 모집단의 비율

13.1절의 적합도 검정을 하기 위해서는 x에 관측도수, p에 모집단의 비율을 입력하면 된다. 13.2절의 동질성 검정을 하기 위해서는 먼저 행(혹은 열) 단위로 집단을 구분하여 행렬로 만들어 x에 입력하면 된다. 이후 chisq.test 함수로부터 계산된 x 검정통계량의 $P-$값이 유의수준보다 작으면 귀무가설을 기각할 수 있다.

분석 1

R을 이용하여 예제 4의 자료를 분석하라.

풀이

그림 13-1과 같이 자료를 입력한다. obs는 관측도수, pr은 비율, n은 관측도수들의 합이다. ex는 기대도수로 n과 pr의 곱으로 계산된다. sum(x)은 숫자 벡터 x에 대한 전체 합을 구한다.

```
> obs <- c(18, 55, 27)
> pr <- c(0.25, 0.50, 0.25)
> n <- sum(obs)
> ex <- n * pr
```

그림 13-1 자료입력

그림 13-2와 같이 chisq.test 함수에 입력하면, $P-$값 0.2698을 얻는다. 이 값은 유의수준 5%, 10%보다도 큰 값이므로 생물학의 이론이 제안한 모집단의 비율에 적합하지 않다고 결론을 내릴 수 없다.

```
> chisq.test(obs, p = pr)
        Chi-squared test for given probabilities
data: obs
X-squared = 2.62, df = 2, p-value = 0.2698
```

그림 13-2 함수 chisq.test에서의 입력의 결과

참고로 x^2 검정통계량의 값은 그림 13-3와 같이 입력하면 값 2.62를 구할 수 있다.

```
> sum(((obs - ex)^2) / ex)
[1] 2.62
```

그림 13-3 x^2-검정통계량의 계산

분석 2

R을 이용하여 예제 5의 자료를 분석하라.

풀이

먼저 자료를 입력한다. nrow는 행의 개수를 지정하는 부분이고, byrow=TRUE이면 숫자를 행별로 채워준다. 즉, 아래의 예제에서는 숫자 6개를 입력 받았으므로, 행이 2가로 지정되면서 자동으로 열의 개수는 3이 되고 숫자는 순서대로 첫 번째 행부터 입력되는 것이다. dimnames는 객체 내의 변수명을 붙이고자 할 때 사용한다.

```
> diet <- matrix(c(37, 24, 19, 17, 33, 20), nrow = 2, byrow = TRUE)
> dimnanes(diet) <- list(c("diet_A", "diet_B"), c("Good", "Normal", "Bad"))
> diet
        Good  Normal  Bad
diet_A    37      24   19
diet_B    17      33   20
```

그림 13-4 자료입력

chisq.test 함수의 x 부분에 자료를 입력한 행렬을 입력하면 다음 그림 13-5와 같은 결과를 얻는다.

```
> chisq.test(diet)
         Pearson's Chi-squared test
data: diet
X-squared = 8.224, df = 2, p-value = 0.01638
```

그림 13-5 동질성 검정 결과

P-값이 0.0164로 매우 작다. 따라서 식이요법 A와 B는 차이가 없다는 귀무가설을 기각할 수 있다.

Python 코드

분석 1

```
# 예제 4의 자료 분석
import numpy as np
from scipy import stats
O = np.array([18,55,27])
Pr = np.array([0.25,0.50,0.25])
n = O.sum()
E = n * Pr
df = len(O)-1
chi2, p = stats.chisquare(O,E)
print (" Chi-squared test for given probabilities",
       "\n","\n",
       "Chi-Squared :", round(chi2,4),"\n",
       "df :",df,"\n",
       "P-Value :",round(p,4))

sum(((O-E)**2)/E)
```

분석 2

```
# 예제 5의 자료 분석
import pandas as pd
import numpy as np
from scipy import stats
diet = np.array([[37,24,19],[17,33,20]])
column_names = ['Good', 'Normal', 'Bad']
row_names    = ['diet_A', 'diet_B']
table = pd.DataFrame(diet, columns=column_names, index=row_names)
table
```

```
chi22, p2, dof, expected = stats.chi2_contingency(diet)
print (" Pearson's Chi-squared test","\n","\n",
       "Chi-Squared :",round(chi22,4),"\n",
       "df :",dof,"\n",
       "P-Value :", round(p2, 4))
```

13장 종합문제

4.1 난수 발생기의 성능을 점검하기 위해 0부터 9까지의 500개 난수를 생성하여 아래의 표와 같이 정리하였다. χ^2 −검정을 통하여 난수 발생기의 성능을 점검하라. (유의수준 $\alpha=0.05$)

난수	0	1	2	3	4	5	6	7	8	9	합계
빈도	43	58	51	59	39	56	45	37	60	52	500

4.2 사형제도 폐지에 대한 대규모 여론조사 결과가 다음과 같다.

절대적으로 지지한다	지지한다	관심 없다	반대한다	절대적으로 반대한다
20%	30%	20%	20%	10%

같은 조사를 임의로 선택한 100명의 법집행관들에게 질문한 결과가 다음과 같다.

절대적으로 지지한다	지지한다	관심 없다	반대한다	절대적으로 반대한다
14	18	18	26	24

이 두 자료로부터 법집행관의 사형제도 폐지에 대한 견해가 일반인과 차이가 있다고 할 수 있는가? (유의수준 $\alpha=0.05$)

4.3 다음 표는 한 병원에서 1년 동안 태어난 아이들을 분기별로 분류한 자료이다.

분기	1사분기	2사분기	3사분기	4사분기
아이들의 수	55	29	26	41

1사분기에 태어난 아이들이 나머지 기간에 태어난 아이들보다 2배 많다는 가설에 대해 유의수준 $\alpha=0.1$로 검정하라.

4.4 다음은 어떤 해에 태어난 신생아의 생일을 달별로 정리한 자료이다. 각 달에 태어나는 아이들의 비율이 같다는 가정을 유의수준 $\alpha=0.01$로 검정하라.

1월	3,478	7월	3,476
2월	3,333	8월	3,495
3월	3,771	9월	3,490
4월	3,542	10월	3,331
5월	3,479	11월	3,188
6월	3,304	12월	3,321
	합계		41,208

4.5 방사선 노출이 기형아 출산에 어떤 영향을 끼치는지 알아보려고 히로시마에서 방사선에 노출되었던 산모 500명과 방사선에 노출된 적이 없는 산모 400명을 대상으로 그들의 기형아 출산여부를 조사한 결과가 아래의 표로 정리되어 있다.

	기형아 출산	정상아 출산	합계
방사선에 노출	84	416	500
방사선에 비노출	43	357	400
합계	127	773	900

위 자료를 이용하여 기형아 출산 비율이 두 집단에서 차이가 나는가? χ^2의 동질성 검정을 시행하라. (유의수준 $\alpha=0.05$)

4.6 위의 종합문제 **4.5**의 자료에 대해 다음 물음에 답하라. (유의수준 $\alpha=0.05$)

(1) 기형아 출산 비율이 두 모집단에서 같은가를 10장의 $Z-$검정을 이용하여 수행하라. 또한 $Z^2=\chi^2$의 관계를 계산을 통하여 확인하라.

(2) 방사능에 노출된 여자의 기형아 출산 비율이 더 높은가를 검정하기 위한 검정방법을 제시하고 검정을 시행하라.

4.7 새로 개발된 품종의 식물이 토질에 영향을 받는가를 조사하기 위해 세 종류의 토지, 진흙, 모래, 양토에 각각 65, 60, 60그루를 심어 성장속도를 기록하여 다음과 같은 표를 작성하였다.

성장 속도 \ 흙의 종류	진흙	모래	양토
불량	16	8	14
보통	31	16	21
우량	18	36	25
합계	65	60	60

토질이 식물의 성장속도에 영향을 미친다고 할 수 있는가? χ^2 동질성 검정을 시행하라. (유의수준 $\alpha=0.05$)

4.8 수술 후 통증을 감소시키는 4종류의 진통제의 성능을 조사하기 위하여 195명의 수술환자를 임의로 선택하여 각 진통제에 대해 진통제를 투여한 환자수와 5시간 이상 통증을 느끼지 않은 환자수를 아래의 표와 같이 정리하였다.

진통제 종류	진통을 느끼지 않은 환자수	진통제를 투여한 환자수
진통제 1	23	52
진통제 2	30	48
진통제 3	19	50
진통제 4	29	45

(1) 위 자료로부터 4×2 분할표를 만들고 진통제 별로 진통 경감에 차이가 없다는 귀무가설을 검정하라. (유의수준 $\alpha = 0.05$)

(2) 4종류의 진통제가 5시간 이상 효과가 있는 비율을 각각 p_1, p_2, p_3, p_4라고 할 때 각각의 95% 신뢰구간을 구하라.

4.9 위의 종합문제 **4.8**에서 진통제 1과 진통제 3의 자료를 이용하여 $H_0 : p_1 = p_3$ 대 $H_1 : p_1 \neq p_3$을 다음의 방법으로 검정하라. (유의수준 $\alpha = 0.05$)

(1) χ^2−검정

(2) Z−검정

4.10 위의 종합문제 **4.8**에서 진통제 3과 진통제 4의 자료를 이용하여 다음의 문제에 답하라.

(1) 진통제 4가 진통제 3보다 좋은 성능을 가지고 있다는 증거를 찾아라. P−값을 이용하여 답하라.

(2) $p_4 - p_3$의 95% 신뢰구간을 구하라.

4.11 식이요법과 운동이 심장병에 어떤 영향을 미치는지 조사하기 위하여 심장병 환자 96명을 임의로 선택하여 49명을 실험집단으로 하여 정기적인 운동과 채소 저지방 식이요법을 시행하고 나머지 47명은 대조집단으로 하여 통상적인 운동과 보통의 저지방 식이요법을 시행하였다. 일정 기간이 지난 후 동맥경화의 정도의 변화를 측정하였다.

	악화	변화 없음	개선	합계
실험 집단	4	8	37	49
대조 집단	8	25	14	47

두 집단 간에 동맥경화의 정도에 차이가 있는지를 유의수준 0.05로 검정하라.

4.12 위의 종합문제 **4.11**에서 $p_{실험집단}$, $p_{대조집단}$을 각각 실험집단과 대조집단에서 동맥경화가 개선될 확률이라고 할 때 다음의 질문에 답하라.

(1) 각 $p_{실험집단}$, $p_{대조집단}$의 95% 신뢰구간을 구하라.

(2) $p_{실험집단}-p_{대조집단}$의 90% 신뢰구간을 구하라.

4.13 사회학자는 이혼한 부부를 대상으로 그들의 교제기간과 결혼기간을 기준으로 다음과 같이 정리하였다.

교제 기간 \ 결혼 기간	4년 이하	4년 초과	합계
6개월 미만	11	8	19
6개월 이상, 1년 반 이하	28	24	52
1년 반 초과	21	19	40
합계	60	51	111

교제기간과 결혼기간 사이에 어떤 관계가 있는가? (유의수준 $\alpha=0.05$)

4.14 학교 신문사는 350명을 임의로 선택하여 최근 제기된 '기숙사 규율 개선안'에 대한 여론조사를 실시하였다.

	지지	관심 없음	반대	합계
남자	93	72	21	186
여자	55	79	30	164
합계	148	151	51	350

성별과 규율 개선안에 대한 의견이 어떤 관계가 있다고 할 수 있는지 유의수준 $\alpha=0.05$로 검정하라.

4.15 직장 경력이 10년 이상인 직장인 중 130명을 임의로 선택하여 나이와 위험에 대한 두려움의 정도를 가지고 다음 표를 작성하였다.

나이 \ 두려움	낮다	중간이다	높다	합계
45세 미만	14	22	7	43
45~55	16	33	12	61
55 초과	4	15	7	26
합계	34	70	26	130

위험에 대한 두려움의 정도가 나이와 관련이 있다고 할 수 있는가? 유의수준 0.05로 검정하라.

4.16 염색체의 구조를 연구하기 위해 132명을 염색체 구조의 변형 유무와 그들의 부모의 염색체 구조의

이상 유무로 구분한 자료가 다음 표와 같다.

염색체 변형 유무 \ 부모의 이상 유무	한 부모에 있다	모두 없다	합계
가지고 있다	28	19	47
가지고 있지 않다	35	50	85
합계	63	69	132

자식의 염색체의 변형 유무와 부모의 염색체 구조 이상 유무가 관련이 있는지를 유의수준 0.05로 검정하라.

4.17 다음은 어느 회사에서 분석업무와 영업업무에 업무 관련 전공자와 비전공자 채용 전형을 진행한 결과를 보여주는 표이다. 표 13-13은 분석업무의 결과이고 표 13-14는 영업업무의 결과이고 표 13-15는 전체의 결과이다. (유의수준 $\alpha=0.05$)

표 13-13 분석업무의 결과

	합격	불합격	합계
비전공자	25	50	75
전공자	75	150	225
합계	100	200	300

표 13-14 영업업무의 결과

	합격	불합격	합계
비전공자	150	50	200
전공자	75	25	100
합계	225	75	300

표 13-15 분석업부과 영업업무

	합격	불합격	합계
비전공자	175	100	275
전공자	150	175	325
합계	325	275	600

(1) 표 13-13과 표 13-14에서 각각 성별과 합격여부가 독립인지 χ^2 독립성 검정을 시행하라.

(2) 표 13-15에서 성별과 합격여부에 대한 χ^2 독립성 검정을 시행하라.

(3) (1), (2)의 결과로부터 통계분석에 대한 주의점에 대해 설명하라.

4.18 다음을 R과 Python을 이용하여 답하라.

(1) 연습문제 **1.7**

(2) 연습문제 **1.9**

4.19 다음을 R과 Python을 이용하여 답하라.

(1) 연습문제 **2.7**

(2) 연습문제 **3.6**

14장

비모수 추론

일반적으로 통계적 추론에서는 모집단에 대한 어떤 특정한 가정 위에서 가장 적합한 추정량이나 검정통계량을 찾는 것이 보통이다. 예를 들어 모집단의 위치모수(평균, 중앙값 등)에 대한 검정과 두 모집단의 위치모수를 비교 검정할 때 표본의 크기가 작을 경우 우리는 모집단이 정규분포를 따른다고 가정한 후에 t 분포를 이용해서 검정하였다. 이때 t 검정통계량은 모집단의 정규분포가정이 거의 만족되는 경우에는 아주 좋은 검정통계량이 되지만 모집단의 분포가 정규분포와는 전혀 다른 분포, 특히 꼬리 부분이 두터운 분포를 갖는 경우에는 오류를 범할 확률이 커지는 검정통계량이 된다.

이와 같은 단점을 줄이기 위하여 모집단의 분포에 대한 아무런 정보가 없는 경우에 모집단에 대한 구체적인 분포를 가정하지 않고 이론을 전개해 나가는 것이 바람직한데, 이 방법을 비모수적 방법이라 한다. 비모수적 방법에서는 주로 모집단의 분포가 대칭이라든가 중앙값이 어디라든가 하는 정도의 가정을 하는 것이 보통이며 자료도 관측값 자체를 이용하기보다는 부호나 순위를 이용하는 경우가 많다. 이는 모집단의 여러 다양한 분포에 두루 적합한 통계량을 찾아내려는 의도에서라 할 수 있다. 비모수적 방법은 또한 자료가 관측치 자체보다는 부호나 순위만이 의미 있는 경우에 자주 이용된다. 예를 들어 무엇에 대한 만족도가 -2(매우 불만족)에서부터 0(보통), 2(매우 만족)까지로 표현되었다고 할 때 그 수치 -1.5, 0.8 등이 갖는 절대적인 의미는 없고 단지 음수(불만족)냐 양수(만족)냐의 부호가 의미가 있거나 혹은 0.5보다는 1.5가 더 만족스러운 것으로 비교하는 상대적인 순위만이 의미가 있게 되는데 이와 같은 경우에 부호나 순위만을 이용하는 비모수적 방법을 사용하는 것이 바람직하다.

이번 장에서는 이러한 비모수적 방법 중 한 모집단의 위치를 검정하는 데 이용되는 부호검정과 윌콕슨(F. Wilcoxon)의 부호순위검정, 두 모집단의 위치를 비교 검정하는데 이용되는 윌콕슨의 순위합검정을 다루고 셋 이상 집단의 위치를 검정하는 크루스칼-왈리스 검정방법을 공부한다.

14.1 부호검정

부호검정(sign test)은 비모수적 방법 중에서 가장 이해하기 쉽고 계산하기 간편하며 모집단에 대해서도 최소의 가정만으로 이루어지는 검정 방법이다. 모집단이 중앙값 θ를 갖는 연속분포를 취한다고 했을 때 이로부터 크기가 n인 표본 $Y_1, \ldots, Y_n$이 주어졌다고 하자. 이때 우리가 검정하고자 하는 가설은 H_0: $\theta=\theta_0$이다. 모집단에서 Y_i가 H_0에 주어져 있는 값 θ_0보다 클 확률을 p라 하면, 그림 14-1에서 보는 바와 같이 다음의 대응관계가 성립한다.

$$\begin{cases} \theta=\theta_0 \\ \theta>\theta_0 \\ \theta<\theta_0 \end{cases} \iff \begin{cases} p=\frac{1}{2} \\ p>\frac{1}{2} \\ p<\frac{1}{2} \end{cases}$$

따라서 귀무가설은 H_0: $p=\frac{1}{2}$로 쓸 수 있고 고려할 수 있는 대립가설들은 다음과 같다.

$$H_1: \theta > \theta_0 \quad \left(\text{혹은 } H_1: p > \frac{1}{2}\right)$$

$$H_1: \theta < \theta_0 \quad \left(\text{혹은 } H_1: p < \frac{1}{2}\right)$$

$$H_1: \theta \neq \theta_0 \quad \left(\text{혹은 } H_1: p \neq \frac{1}{2}\right)$$

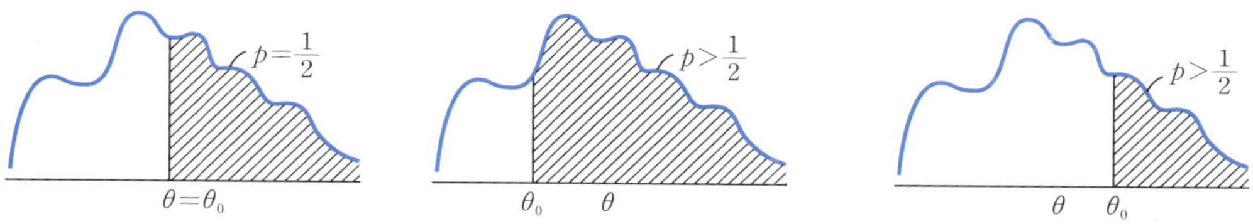

그림 14-1 (a) $\theta=\theta_0 \Longleftrightarrow p=\frac{1}{2}$, (b) $\theta>\theta_0 \Longleftrightarrow p>\frac{1}{2}$, (c) $\theta<\theta_0 \Longleftrightarrow p<\frac{1}{2}$

따라서 위의 가설들에 대한 검정은 모비율 p에 대한 검정으로 생각할 수 있다. 여기서 우리가 이용하게 되는 검정통계량은 표본에서 θ_0보다 큰 자료의 개수 B이다. 즉 $Y_i-\theta_0$이 0보다 큰가, 작은가 부호만을 판단하여 큰 것의 개수를 검정통계량으로 이용하는 것이다. 이 사실로부터 검정통계량 B를 이용한 검정을 부호검정이라 한다. (이때 $Y_i-\theta_0=0$인 경우는 자료에서 처음부터 제외시킨다. 따라서 이 이후의 n은 $Y_i \neq \theta_0$인 자료의 개수를 나타낸다) 검정통계량 B의 분포를 살펴보면 n개의 자료가 θ_0보다 크거나 작은 것도 서로 독립이며, 각각의 자료가 θ_0보다 클 확률이 p로 일정하므로, 그 분포가 (n, p)를 모수로 갖는 이항분포임을 알 수 있다. 따라서 H_0가 맞을 때 B는 모집단의 분포와 무관하게 항상 $B \sim \text{Bin}\left(n, \frac{1}{2}\right)$을 따른다. 이를 분포 무관 검정통계량이라고 하고, 이 통계량에 의한 검정을 분포 무관 검정이라 한다.

유의수준 α를 주는 기각역을 찾아보자. 표본의 크기가 큰 경우는 앞장에서 공부한 모비율의 검정에서와 같이 정규분포를 이용하여 Z-검정을 시행할 수 있다. 그러나 표본의 크기가 작은 경우 이항분포표를 이용하여 기각역을 구해야 한다. 우선 대립가설이 H_1: $\theta > \theta_0\left(\text{혹은 } H_1: p > \frac{1}{2}\right)$일 때 유의수준 α인 경우를 생각해 보자.

이때 기각역의 형태는 R: $B \geq b$가 되어야 한다. 유의수준은 제1종 오류를 범할 최대의 확률이므로 b는 귀무가설하에서 다음을 만족시키는 최소의 정수가 된다.

$$B \sim \text{Bin}\left(n, \frac{1}{2}\right) \text{일 때 } \mathbf{P}(B \geq b) \leq 0.05$$

따라서 $n=17$이고 $\alpha=0.05$인 경우를 살펴보면,

$$\mathbf{P}(B \geq 12) = 0.072$$
$$\mathbf{P}(B \geq 13) = 0.025$$

로부터 기각역은 $R: B \geq 13$이 되고, 이때 실제 유의수준은 0.025이다. 이와 같이 이항분포를 이용한 검정에서는 보통의 경우 원하는 유의수준을 갖지 못하고 그보다 작은 값을 실제 유의수준으로 갖는다. 여기서 c_α를 $\mathbf{P}(B \geq x) \leq \alpha$를 만족시키는 최소의 x값이라 하면, 유의수준 α를 갖는 기각역은 $R: B \geq c_\alpha$로 쓸 수 있다. 또한 B가 H_0하에서 대칭이라는 사실로부터 다른 대립가설에 대해서도 마찬가지 방법으로 기각역을 구할 수 있다. 이를 정리하면 다음과 같다.

부호검정(sign test)

중앙값이 θ인 연속분포를 갖는 모집단으로부터 임의추출된 표본을 $Y_1, \ldots, Y_n$이라 할 때, 가설 $H_0: \theta = \theta_0$를 검정하기 위한 부호 검정통계량은 다음과 같다.

$$B = \theta_0\text{보다 큰 } Y_i\text{들의 개수}$$

검정통계량의 분포는 H_0가 맞을 때 $\text{Bin}\left(n, \frac{1}{2}\right)$을 따른다. 각 대립가설에 대하여 유의수준 α를 갖는 기각역은 다음과 같다.

$$H_1: \theta > \theta_0 \qquad R: B \geq c_\alpha$$
$$H_1: \theta < \theta_0 \qquad R: B \leq n - c_\alpha$$
$$H_1: \theta \neq \theta_0 \qquad R: B \geq c_{\alpha/2} \text{ 또는 } R: B \leq n - c_{\alpha/2}$$

이때 c_α는 $\mathbf{P}(B \geq x) \leq \alpha$를 만족시키는 최소의 x값이다.

예제 1

다음 자료로부터 모집단이 2보다 큰 수를 중심으로 분포하고 있는지 부호검정을 이용하여 유의수준 0.05로 검정하라.

2.3 4.2 2.6 0.8 1.4 2.1 2.5 2.8 2.6 0.1 3.1 3.7 2.2 2.4

풀이

이때 가설은 θ를 분포의 중앙값이라 하였을 때

$$H_0: \theta = 2.0 \text{ vs } H_1: \theta > 2.0$$

으로 표현된다. 검정통계량과 귀무가설하에서의 분포는

$$B = 2.0\text{보다 큰 관측치의 개수} \sim \text{Bin}(14, 1/2)$$

이 되며 기각역은 $\mathbf{P}[B \geq 10]=0.09$와 $\mathbf{P}[B \geq 11]=0.029$로부터 R: $B \geq 11$이 된다. 이 자료로부터 검정통계량의 관측값은 $B=11$이므로 유의수준 0.05로 기각할 수 있으며 P−값은 0.029가 된다.

위의 예제에서 자료를 모수적인 방법으로 t 검정통계량을 이용하여 검정하여 보자. 검정통계량과 귀무가설하에서의 분포는 모집단이 정규분포라는 가정하에

$$t=\frac{\overline{Y}-2}{s/\sqrt{n}} \sim t(13)$$

이 되며 따라서 유의수준 $\alpha=0.05$일 때 기각역은 R: $t \geq t_{0.05}(13)=1.771$이 된다. 위의 자료에서 $\overline{y}=2.34$, $s=1.06$이므로 t의 관측치는 1.20이 되며 H_0를 기각할 수 없게 된다. 이와 같이 부호검정과 t−검정의 결과가 다른 이유는 다음과 같이 설명될 수 있다.

이 t−검정을 위해서는 모집단의 분포가 정규분포를 따른다는 가정이 필요한데, 다음 그림 14−2에서 보여지는 바와 같이 이 자료는 2와 2.8 주변에 관측치가 많이 몰려 있는 반면, 아주 크거나 아주 작은 관측치도 있어서 이로부터 모집단의 분포가 정규분포라기보다는 꼬리부분이 두꺼운 분포를 갖게 되리라 예상된다. 그러므로 두꺼운 꼬리부분이 표준편차를 크게 만들고 이것이 작은 t값을 주므로 기각역에 들어가기가 힘들어 지는 것이다. 이와 같이 분프의 모양이 정규분포에서 멀어질수록 정규분포의 가정하에서 출발한 t−검정보다는 부호검정과 같은 비모수적인 방법을 사용하는 것이 바람직하다.

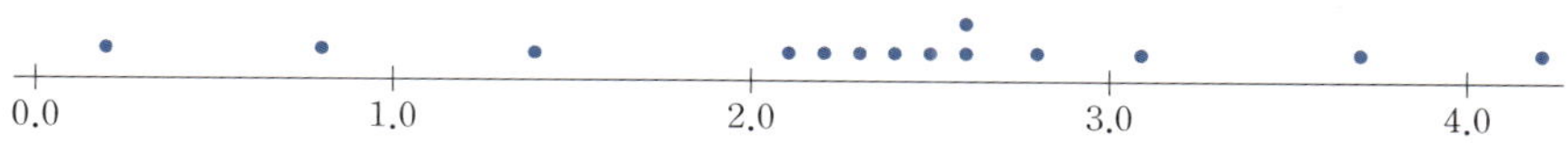

그림 14−2 예제 1에 주어진 자료의 점도표

연습문제

1.1 다음은 18명의 학생들이 지난 일주일 동안 기초통계학 과제를 하기 위해 노낸 시간이다.

3.2	1.8	4.5	3.9	4.1	2.7	2.9	3.1	1.5
0.3	0.7	5.9	4.2	3.6	3.2	3.8	3.5	4.2

학생들이 2시간을 초과하여 공부를 하였다고 할 수 있는지 유의수준 $\alpha-0.05$로 검정하라.

1.2 두 연구소에 설계한 지능검사방법이 같은 결과를 주는지 알아보기 위해서 10명을 대상으로 두 종류의 검사를 모두 실시하여 다음과 같은 결과를 얻었다($\alpha=0.05$).

사람	1	2	3	4	5	6	7	8	9	10
방법1	98	94	111	102	108	105	92	88	100	99
방법2	105	103	113	98	112	109	97	95	107	103

두 검사방법이 다른 결과를 준다고 할 수 있는지 부호검정을 실시하라.

1.3 건전지의 수명의 중앙값이 40시간보다 크다는 주장을 반박하고자 25개의 건전지의 수명을 관찰한 결과 11개만이 40시간을 초과하였다고 한다. 이를 유의수준 0.05로 부호검정을 실시하라.

1.4 유지방이 3.2% 이상이라고 광고하는 어느 우유회사의 제품을 15개 검사하여 유지방의 성분을 밝혀보니 다음과 같았다. 이 회사의 광고를 반박할 수 있는지 $\alpha=0.05$로 검정하라.

3.2	3.1	2.9	4.3	3.6	2.5	2.8	3.5
3.3	3.2	3.0	3.2	3.4	2.9	3.2	

1.5 다음에 주어진 자료에서 가설 $H_0:\theta=\theta_0$에 대하여 부호검정을 시행할 때 어떤 대립가설에 대해서도 귀무가설을 기각할 수 없는 θ_0의 구간을 구하라($\alpha=0.05$).

13	19	9	14	10	15	16	16	17	15
14	14	15	12	18	8	21	7	14	15

1.6 위의 연습문제 1.5에서 모수적 방법을 이용하여 θ에 대한 95% 신뢰구간을 구한 다음 위의 결과와 비교하라.

1.7 12개의 전구의 수명(시간)을 재어보니 다음과 같았다.

1030	1025	930	560	1100	430
1210	1002	981	1200	115	620

(1) 평균 수명 θ가 1000 이상이라는 제조회사의 주장을 반박할 수 있는지 비모수적으로 검정하라(유의수준 $\alpha=0.05$).

(2) 모수적 방법을 이용해서 $H_0:\theta=1000$을 검정하라.

1.8 새롭게 개발된 비료의 효능을 살펴보고자 50곳에 새로운 비료를 주어 작물을 생산한 결과 32곳에서 생산량이 증가하였다. 이로부터 새로운 비료가 기존의 것보다 생산량을 증가시키는 데 더 효과적이라고 할 수 있는지 유의수준 10%로 부호검정을 실시하라.

14.2 윌콕슨의 부호순위검정

윌콕슨의 부호순위검정은 부호검정에서 관측치의 부호만을 이용함으로써 생기는 정보의 손실을 줄이기 위하여 사용하게 되는 것으로 윌콕슨에 의하여 제안된 검정방법이다. 예를 들어, 표본의 크기가 5이고 부호검정통계량 B의 관측치가 3인 경우의 다음 그림 14-3의 두 자료를 생각해 보자. 이 두 점도표로부터 (i)의 경우가 (ii)의 경우보다는 오른쪽에 분포되어 있음을 알 수 있다. 그러나 이때 부호검정통계량 B는 θ_0를 중심으로 크고 작은 것만을 고려하므로 두 자료를 구별할 수 없다. 그러므로 단지 크고 작은 것뿐만 아니라 얼마나 크고 얼마나 작은지도 고려할 필요가 있는데, 그런 방법을 제시하는 것이 윌콕슨의 부호순위검정이다.

모집단이 중앙값 θ를 중심으로 대칭인 연속분포를 갖는다고 하였을 때 이로부터 크기가 n인 표본 $Y_1, \ldots, Y_n$이 주어졌다고 하자. 이때 우리가 검정하고자 하는 가설은 H_0: $\theta=\theta_0$이다.

이 가설에 대한 부호순위검정은 $(Y_i-\theta_0)$의 부호와 $|Y_i-\theta_0|$의 순위를 이용하게 되는데, S_i와 R_i를 다음과 같이 정의하면,

$$S_i=\begin{cases}1 & (Y_i-\theta_0)>0\\ 0 & (Y_i-\theta_0)<0\end{cases}\quad \text{(주의: } (Y_i-\theta_0)=0\text{인 경우에는 자료로부터 제외시킨다.)}$$

$R_i=|Y_i-\theta_0|$의 $\{|Y_1-\theta_0|, \ldots, |Y_n-\theta_0|\}$에서의 순위

(단, 동점인 경우에는 해당 순위들의 평균을 사용한다.)

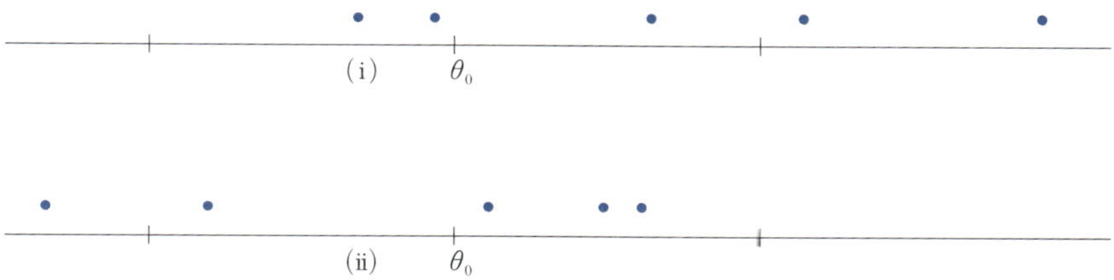

그림 14-3 $n=5$, $B=3$인 두 개의 표본

부호순위검정에서의 검정통계량은

$$W^+=\sum_{i=1}^{n} S_i R_i (=Y_i\text{가 } \theta_0\text{보다 큰 경우의 } |Y_i-\theta_0|\text{의 순위합})$$

이 된다.

귀무가설하에서 W^+의 분포는 n에 따라 다르며 일반적인 형태는 존재하지 않는다. 그러나 그 특징을 살펴보면 다음과 같다. 첫째, W^+의 최솟값은 S_i들이 모두 0인 경우에 0이 되며, 최댓값은 S_i들이 모두 1인 경우에 1부터 n까지의 순위합 $n(n+1)/2$가 된다. 둘째, H_0하에서 $(Y_i-\theta_0)$은 0을 중심으로 대칭이므로 W^+도 대칭인 분포를 가지며, 그 중심은 최댓값과 최솟값의 중간 지

점인 $n(n+1)/4$가 된다. 그러므로 $n(n+1)/4$로부터 거리가 같은 양쪽의 두 점 x, $x^*(x>x^*)$에 대해 W^+의 양 끝의 확률은 $\mathbf{P}[W^+ \geq x] = \mathbf{P}[W^+ \leq x^*]$와 같게 나타난다. 부록의 표 7에서는 $n \leq 15$인 경우 $p=0.1$에 근처에서부터 그보다 작은 값을 주는 x, x^*에 대해서 확률들이 주어져 있다. 이 표로부터 각 대립가설에 대한 기각역을 구할 수 있다.

다음은 부호순위검정에 관한 이제까지의 설명을 정리한 것이다.

윌콕슨의 부호순위검정(Wilcoxon's signed-rank test)

중앙값 θ를 중심으로 대칭인 연속분포를 갖는 모집단으로부터 추출된 표본 $Y_1, \ldots, Y_n$이라 할 때, 가설 $H_0: \theta=\theta_0$을 검정하기 위한 부호순위 검정통계량은 다음과 같다.

$$W^+ = \sum_{i=1}^{n} S_i R_i (= Y_i\text{가 } \theta_0\text{보다 큰 경우의 } |Y_i - \theta_0|\text{의 순위합})$$

각 대립가설에 대하여 유의수준 를 주는 기각역은 다음과 같다.

$$H_1: \theta > \theta_0 \qquad R: W^+ \geq w_\alpha^+$$
$$H_1: \theta < \theta_0 \qquad R: W^+ \leq (w_\alpha^+)^*$$
$$H_1: \theta \neq \theta_0 \qquad R: W^+ \geq w_{\alpha/2}^+ \text{ 또는 } R: W^+ \leq (w_{\alpha/2}^+)^*$$

이때 w_α^+는 $\mathbf{P}[W^+ \geq x] \leq \alpha$를 만족하는 최소의 x값이 되며, $(w_\alpha^+)^*$는 $\mathbf{P}[W^+ \leq x^*] \leq \alpha$를 만족하는 최대의 x^*값으로 $(w_\alpha^+)^* + w_\alpha^+ = n(n+1)/2$을 만족시킨다.

예제 2

다음 자료로부터 모집단이 2보다 큰 수를 중심으로 분포하고 있는지 윌콕슨의 부호순위검정을 이용하여 유의수준 0.05로 검정하라.

2.3 4.2 2.6 1.2 1.6 1.9 2.5 2.8 3.6 0.5 3.1 3.7 2.2 2.4

풀이

이때 가설은 θ를 분포의 중심이라 했을 때,

$$H_0: \theta=2.0 \text{ vs } H_1: \theta>2.0$$

이 된다. 표본의 크기가 14이므로 $n=14$인 경우 검정통계량 W^+의 분포표로부터 $\mathbf{P}[W^+ \geq 79] = 0.052$이고 $\mathbf{P}[W^+ \geq 80] = 0.045$가 되어 기각역은 $R: W^+ \geq 80$이 되고, 이때 유의수준은 0.045가 된다. W^+의 관측치를 계산하기 위해 다음의 표와 같이 정리해 보자.

y의 순서배열	0.5	1.2	1.6	1.9	2.2	2.3	2.4	2.5	2.6	2.8	3.1	3.6	3.7	4.2
$(y-2)$의 부호	0	0	0	0	1	1	1	1	1	1	1	1	1	1
$\|y-2\|$의 순위	11	8.5	4.5	1	2	3	4.5	6	7	8.5	10	12	13	14

위 표로부터 W^+의 관측치는

$$W^+=2+3+4.5+6+7+8.5+10+12+13+14=80$$

이 되며 따라서 유의수준 0.05로 기각할 수 있으며 P-값은 0.045가 된다.

예제 2의 자료를 점도표로 그려보면 다음 그림 14-4와 같이 나타나는데 이는 예제 1의 자료에서 왼쪽에 멀리 떨어져 있는 것을 중심쪽으로 당겨 좀 더 대칭에 가깝도록 만들어 본 것이다. 이때의 자료로 부호검정을 이용하면 부호검정통계량 B의 관측치가 10으로서 유의수준 0.05로 기각할 수 없게 된다. 이와 같이 모집단의 분포가 대칭에 가까우리라 예상되는 경우에는 좀 더 많은 정보를 이용하는 윌콕슨의 부호순위검정이 부호만을 이용하는 부호검정보다 더 나은 결과를 준다고 할 수 있다.

물론 이 자료의 경우에도 t-검정을 이용한 경우에는 중심으로부터 멀리 떨어져 있는 관측치가 표준편차를 크게 해주고 이것이 t 검정통계량 값을 작게 만들어 준다. 실제로 $\bar{y}=2.47$, $s=1.00$으로부터 t 검정통계량 값은 1.76으로 $t_{0.05}(13)=1.771$보다 작게 되어 H_0를 기각할 수 없다.

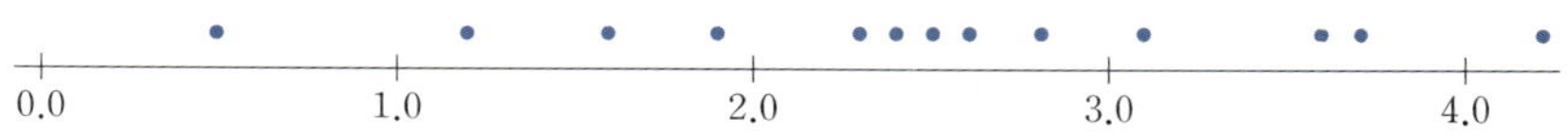

그림 14-4 예제 2에 주어진 자료의 점도표(dot plot)

연습문제

2.1 산성비가 농작물에 미치는 영향을 연구하는 과정에서 비의 산성도(pH)를 측정한 자료를 얻었다.

7.6 4.5 5.4 7.2 6.2 7.5 5.3 6.1 7.3

(1) 부호검정을 이용하여 산성도 θ가 7.5 미만인지 유의수준 $\alpha=0.05$로 검정하라.

(2) 부호순위검정을 이용하여 H_0: $\theta=7.5$ vs H_1: $\theta<7.5$를 검정하라.

2.2 초등학교 6학년생 15명의 몸무게를 재봤더니 다음과 같았다(단위: kg).

38	40	45	28	32	46	36	39
41	38	38	37	35	37	36	

십년 전 초등학교 6학년생의 평균 몸무게가 35 kg이었다고 한다. 요즘 아이들의 몸무게가 더 무겁다고 할 수 있는지 유의수준 $\alpha=0.05$로 부호순위검정을 시행하라.

2.3 윌콕슨의 부호순위검정통계량의 분포표를 이용하여 다음의 물음에 답하라.

(1) $n=12$일 때 $\mathbf{P}[W^+ \geq 65]$를 구하라.

(2) $n=10$일 때 $\mathbf{P}[W^+ \leq 10]$을 구하라.

(3) $n=8$일 때 다음을 만족하는 c를 찾아라. $\mathbf{P}[W^+ \geq c]=0.039$

(4) $n=11$일 때 다음을 만족하는 c_1, c_2를 찾아라. $\mathbf{P}[W^+ \geq c_2]=\mathbf{P}[W^+ \leq c_1]=0.027$

2.4 위의 문제 **2.1**에 주어진 자료에서 부호순위검정을 이용하여 H_0: $\theta=\theta_0$을 기각할 수 없게 하는 θ_0의 값의 구간을 구하라.

2.5 혈압 강하제를 투여하기 전과 투여한 후의 혈압을 잰 후에 그 차이(후의 혈압−전의 혈압)를 기록하여 다음과 같은 자료를 얻었다.

−2	−8	−10	−6	−18	−10	−4	−29	−18
8	0	−32	0	4	−10	−10	2	

혈압강하제가 효과가 있는지 유의수준 0.05로 부호순위검정을 시행하라.

2.6 흡연이 맥박수를 변화시키는지 알아보기 위해 8명을 대상으로 흡연 전, 후의 맥박수를 재어봤더니 다음과 같은 결과를 얻었다. 유의수준 0.1로 검정하라.

흡연 전	68	72	69	70	70	74	66	71
흡연 후	69	76	68	73	72	76	69	71

14.3 순위합검정

위의 두 절에서는 한 모집단에서 위치를 검정하는 비모수적 방법을 공부하였다. 이 절에서는 두 모집단의 위치를 비교 검정하는 비모수적인 윌콕슨 순위합검정(Wilcoxon rank-sum test) 또는 맨-위트니 U검정(Mann-Whitney Utest) 방법을 소개하기로 한다.

중심이 서로 Δ만큼 떨어져 있는 두 모집단으로부터 크기가 각각 m, $n(m \geq n)$인 두 개의 표본을 추출하였다고 하자. 표본의 크기가 큰 쪽을 X, 표본의 크기가 작은 쪽을 Y라 표현하면 이들 자료는 다음과 같이 정리될 수 있다.

중앙값이 θ인 모집단(I)으로부터 임의추출된 표본: $X_1, \ldots, X_m$
중앙값이 $(\theta+\Delta)$인 모집단(II)으로부터 임의추출된 표본: $Y_1, \ldots, Y_n$

이때 Δ는 두 모집단의 위치의 차이로 Δ가 0인 경우에 X와 Y의 분포는 같다고 하자. 우리는 이 두 모집단의 위치에 차이가 있다고 할 수 있는가에 관심이 있는데, 이것을 검정하기 위한 귀무가설은 H_0: $\Delta=0$이 되며 각 경우에 따라 대립가설은 다음의 세가지로 표현될 수 있다.

$$\text{(i) } H_0\text{: } \Delta>0 \qquad \text{(ii) } H_0\text{: } \Delta<0 \qquad \text{(iii) } H_0\text{: } \Delta\neq 0$$

이 가설들에 대한 순위합검정은 두 표본의 혼합표본에서 Y_j의 순위를 이용하게 되는데 R_j를 다음과 같이 정의하면

$$R_j = Y_j\text{의 } \{X_1, \ldots, X_m, Y_1, \ldots, Y_n\}\text{에서의 순위}$$
(단, 동점인 경우에는 해당 순위의 평균을 사용한다.)

윌콕슨의 순위합검정통계량은

$$W=\sum_{i=1}^{n} R_j \,(=X\text{와 } Y\text{들의 혼합표본에서의 } Y_j\text{들의 순위합})$$

가 된다. 이렇게 하여 얻어진 검정통계량 W는 Δ가 0보다 커짐에 따라 Y들이 X들의 오른쪽에 나타나는 경우가 많아지게 된다. 즉, Y의 순위들이 상대적으로 커져서 W값은 크게 되는 경향이 있다. 마찬가지로 Δ가 0보다 작아짐에 따라 W값도 작아지는 경향이 있으므로 위의 세 대립가설에 대한 기각역의 형태는 (i) R: $W\geq c_1$, (ii) R: $W\leq c_2$, (iii) R: $W\geq c_3$ 또는 R: $W\leq c_4$로 될 것이다. 이때 c값들이 어떻게 주어지는가를 이해하기 위해 H_0하에서의 분포에 관하여 살펴볼 필요가 있다.

예를 들어 $m=3$이고 $n=2$인 경우에 H_0하에서의 W의 분포를 구해보자. 관측값 X와 Y들을 크기순으로 배열하는 경우의 수는 ${}_5C_2=10$이 되는데, 이는 Y의 순위가 가질 수 있는 5가지 중에서 두 가지를 고르는 방법의 수라 할 수 있다. H_0하에서 X와 Y의 분포는 동일하므로 각 경우의 확률은 모두 같아서 1/10이 될 것이다. 그럼 각 경우에 W의 값과 확률을 적어보면 표 14-1과 같다. 표로부터 W의 분포는 다음과 같이 주어진다.

표 14-1 $m=3$이고 $n=2$인 경우 W의 값 계산

x와 y의 배열 방법	W의 값	확률
yyxxx	3	1/10
yxyxx	4	1/10
yxxyx	5	1/10
yxxxy	6	1/10

$xyyxx$	5	1/10
$xyxyx$	6	1/10
$xyxxy$	7	1/10
$xxyyx$	7	1/10
$xxyxy$	8	1/10
$xxxyy$	9	1/10

W의 값	3	4	5	6	7	8	9	**합계**
확률	1/10	1/10	2/10	2/10	2/10	1/10	1/10	**1**

그러므로 이때 (i) H_1: $\Delta>0$에 대한 검정에서 유의수준 $\alpha=0.1$을 갖는 기각역은 R:$W\geq 9$가 된다.

위에서 우리는 W가 최솟값 3, 최댓값 9를 가지며 그 중간인 6을 기준으로 대칭인 분포를 갖는 것을 볼 수 있다. 일반적으로 W의 최솟값으로는 n개의 Y가 1부터 n까지의 순위들을 차지하는 경우에 $n(n+1)/2$, 최댓값은 n개의 Y가 $(m+1)$부터 $(m+n)$까지의 순위들을 차지하는 경우에 $n(2m+n+1)/2$을 가지며, 그 두 최솟값과 최댓값의 중간인 $n(m+n+1)/2$을 기준으로 대칭이 되는 분포를 갖는다. 그러므로 중심 $n(m+n+1)/2$로부터 같은 거리에 있는 두 점 x와 $x^*(x^*<x)$에 대해 $\mathbf{P}[W\geq x]=\mathbf{P}[W\leq x^*]=p$가 된다. 부록의 표 8에서는 $n\leq m\leq 10$인 경우에 $p=0.01$로부터 0.1 근처에 있는 확률을 주는 x와 x^*에 대한 확률들을 계산해 놓았다. 이 표로부터 각 대립가설에 대한 기각역을 구할 수 있다. 다음은 순위합검정에 관한 이제까지의 설명을 정리한 것이다.

순위합검정(rank-sum test)

중앙값이 θ인 모집단으로부터 추출된 표본을 $X_1, \cdots, Y_m$이라고 하고, 중앙값이 $\theta+\Delta$인 모집단으로부터 추출된 표본을 $Y_1, \cdots, Y_n(m\geq n)$이라 할 때, 가설 H_0: $\Delta=0$을 검정하기 위한 순위합검정통계량은 다음과 같다.

$$W=\sum_{i=1}^{n} R_j\,(=\text{혼합표본에서의 } Y_j\text{들의 순위합})$$

각 대립가설에 대하여 유의수준 α를 주는 기각역은 다음과 같다.

H_1: $\Delta>0$ $\quad R$: $W\geq w_\alpha$

H_1: $\Delta<0$ $\quad R$: $W\leq w_\alpha^*$

H_1: $\Delta\neq 0$ $\quad R$: $W\geq w_{\alpha/2}$ 또는 $W\leq w_{\alpha/2}^*$

이때 w_α는 $\mathbf{P}[W \geq x] \leq \alpha$를 만족하는 최소의 x값이 되며, w_α^*는 $\mathbf{P}[W \leq x^*] \leq \alpha$를 만족하는 최대의 x^*값으로 $w_\alpha + w_\alpha^* = n(m+n+1)$을 만족시킨다.

예제 3

보통 음료보다 칼로리가 적다고 표방하는 저칼로리 음료의 칼로리가 정말 적은지를 알아보기 위하여 두 종류의 음료를 각각 200 cc짜리 5개, 4개씩 조사하여 다음과 같은 자료를 얻었다(단위: cal).

보통 음료(x_i)	560	400	370	600	550
저칼로리 음료(y_j)	440	380	230	300	

이 자료를 이용하여 저칼로리 음료의 칼로리가 보통 음료보다 적은지 유의수준 0.05로 검정하라.

풀이

보통 음료의 칼로리 X가 중앙값 θ인 분포를 갖고 저칼로리 음료의 칼로리 Y가 X의 분포로부터 Δ만큼 떨어져 분포한다고 할 때 우리가 검정하고자 하는 가설은 다음과 같다.

$$H_0: \Delta = 0 \text{ vs } H_1: \Delta < 0$$

보통음료의 표본크기가 $m=5$이고 저칼로리 음료의 표본크기가 $n=4$이므로 윌콕슨 순위합검정통계량 W의 분포표로부터 $\mathbf{P}[W \leq 13] = 0.056$이고 $\mathbf{P}[W \leq 12] = 0.032$를 얻을 수 있다. 따라서 기각역은 $R: W \leq 12$가 되며 이때 유의수준은 0.032가 된다. 검정통계량은 W의 관측치를 계산하기 위해 다음과 같이 정리해 보자.

x와 y의 순서배열	230	300	270	380	400	440	550	560	600
순위	1	2	3	4	5	6	7	8	9
모집단	II	II	I	II	I	II	I	I	I

순위합검정통계량 W는 Y의 순위합이므로 W의 관측치는

$$W = 1+2+4+6 = 13$$

이 되어 H_0을 기각할 수 없으며 $P-$값은 0.056이 된다.

연습문제

3.1 윌콕슨의 순위합검정통계량의 분포표를 이용하여 다음의 물음에 답하라.

(1) $m=8$, $n=6$일 때 $\mathbf{P}[W \le 57]$을 구하라.

(2) $m=8$, $n=6$일 때 $\mathbf{P}[W \le 31]$을 구하라.

(3) $m=7$, $n=6$일 때 $\mathbf{P}[W \le c] \le 0.05$를 만족시키는 가장 큰 수 c를 찾아라.

(4) $m=9$, $n=7$일 때 $\mathbf{P}[W \le c_1] = \mathbf{P}[W \ge c_2] \le 0.025$를 만족시키는 가장 큰 수 c_1과 가장 작은 수 c_2를 찾아라.

3.2 다음과 같이 자료가 주어져 있다.

모집단 A	2.4	1.5	3.8	1.9
모집단 B	1.3	2.0	0.9	

(1) 순위합검정통계량 W의 관측치를 계산하라.

(2) 모집단 B의 위치가 모집단 A의 위치로부터 Δ만큼 이동시킨 것이라 할 때 H_0: $\Delta=0$ vs H_1: $\Delta<0$을 유의수준 $\alpha=0.05$로 검정하라.

3.3 다음은 두 개의 장소 A, B에서 출토된 화석의 어떤 형태학적 수치를 기록한 것이다. 자료로부터 두 장소에 따라 어떤 형태학적 수치에 차이가 있는지 유의수준 $\alpha=0.05$로 검정하라.

장소 A	1.49	1.32	2.01	1.59	1.76
장소 B	1.31	1.46	1.86	1.58	1.64

3.4 두 모집단으로부터의 표본크기가 $m=9$, $n=8$일 때 다음의 물음에 답하라.

(1) 순위합검정통계량 W의 최솟값과 최댓값을 계산하라.

(2) $\mathbf{P}[W=86]$을 구하고 다음과 같은 확률을 주는 수 c를 찾아라.

$$\mathbf{P}[W \ge 86] = \mathbf{P}[W \le c]$$

3.5 다음은 두 연령대의 사람들을 대상으로 돌발상황에 대한 반응시간(초)을 측정한 것이다. 두 연령대의 사람들이 돌발상황에 대한 반응시간이 다르다고 할 수 있는지 유의수준 0.05로 검정하라.

20세	2.01	0.93	1.04	1.51	1.42	2.14	0.93	0.81	1.29	1.15
50세	1.03	1.43	1.75	2.02	0.96	2.09	1.73	1.49	1.82	

3.6 음주운전으로 적발된 사람들의 적발 당시 혈중알코올농도를 맥주를 마신 사람과 맥주 외에 다른 술을 마신 사람으로 분류하여 정리하였더니 다음과 같았다. 술 종류에 따라 혈중알코올농도가 다르다고 할 수 있는지 유의수준 0.05로 검정하라.

맥주	0.13	0.15	0.15	0.15	0.16	0.18	0.21	0.20	0.19	0.17
맥주 외	0.22	0.23	0.19	0.18	0.24	0.21	0.25	0.22		

14.4 크루스칼-왈리스 검정

이번 절에서는 셋 이상의 여러 모집단 간의 위치를 비교하거나 여러 처리법의 효과를 비교할 때 사용할 수 있는 비모수적인 크루스칼-왈리스 검정(Kruskal-Wallis test)방법을 소개하기로 한다.

비교하려는 처리가 k개이고 각 처리에서 반복측정을 $n_i(i=1, \ldots, k)$번 할 대, i번째 처리에서 j번째 관측한 반응값을 Y_{ij}라고 하면 Y_{ij}는 다음과 같이 모형화할 수 있다.

$$Y_{ij}=\mu_i+\varepsilon_{ij},\ j=1, \ldots, n_i,\ i=1, \ldots, k$$

여기서 μ_i는 i번째 처리의 위치를 나타내고, 오차항 ε_{ij}는 모두 서로 독립이고 평균이 0(또는 중앙값이 0)인 분포를 따른다.

일반적으로 우리는 위에서 제시한 모형의 가정하에 k개의 모집단의 위치 μ_i들이 차이가 없는지 또는 차이가 없는지에 관심이 있는데 이것을 검정하기 위한 귀무가설은

$$H_0\text{: } \mu_1=\mu_2=\cdots=\mu_k$$

로 나타낼 수 있으며, 이때 대립가설은 아래와 같이 나타낼 수 있다.

$$H_1\text{: 모든 } \mu_i\text{가 다 같은 것은 아니다.}$$

이 가설에 대한 크루스칼-왈리스 검정은 $n=n_1+\cdots+n_k$개의 모든 반응값 $Y_{11}, \ldots, Y_{kn_k}$를 순서대로 나열한 뒤, 작은 값부터 매긴 Y_{ij}의 순위를 이용하게 되는데 R_{ij}를 다음과 같이 정의하면,

$$R_{ij}=n\text{개의 혼합표본 } \{Y_{11}, \ldots, Y_{kn_k}\}\text{에서 } Y_{ij} \text{ 순위}$$

(단, 동점인 경우에는 해당 순위의 평균을 사용한다.)

크루스칼-왈리스 검정통계량은

$$H=\frac{12}{n(n+1)}\sum_{i=1}^{k}n_i\left(\bar{R}_i-\frac{n+1}{2}\right)^2,\ \bar{R}_i=\sum_{j=1}^{n_i}\frac{R_{ij}}{n_j}$$

이 되고, 동점이 있는 경우에는 검정통계량을 다음과 같이 수정한다.

$$H=\frac{\sum_{i=1}^{k} n_i\left(\overline{R}_i-\frac{n+1}{2}\right)^2}{S_R^2}$$

여기서 S_R^2은 동점처리된 순위들 $\{R_{11}, \dots, R_{kn_k}\}$의 표본분산이다.

동점이 없는 경우에 대해 H통계량의 특징을 살펴보면, H_0이 사실일 때 모집단에 따른 위치의 차이가 없으므로 순위 R_{ij}들이 $\{1, \dots, n\}$ 중 하나의 값을 랜덤하게 가진다. 따라서 각 처리에 따른 모집단의 평균순위 $\overline{R}_i$가 순위들의 전체 평균 $\overline{R}_i=\frac{n+1}{2}$과 비슷한 값을 가지게 되므로 통계량의 값이 크지 않을 것이다. 이에 반해 H_1이 사실일 때는, 예를 들어 k번째 처리에 해당하는 모집단의 위치가 다른 모집단들의 위치에 비해 상대적으로 클 때는, 평균순위 $\overline{R}_k$도 큰 값을 가지기 때문에 H통계량의 값이 크게 될 것이다. 부록의 표 9에서는 $k=3$인 경우에 대립가설에 대한 기각역이 주어져 있다.

다음은 크루스칼−왈리스 검정에 대한 이제까지의 설명을 정리한 것이다.

크루스칼−왈리스 검정(Kruskal-Wallis test)

k개 모집단의 위치에 대한 가설 H_0: $\mu_1=\cdots=\mu_k$을 검정하기 위한 크루스칼−왈리스 검정 통계량은 다음과 같다.

− 동점이 없는 경우:

$$H=\frac{12}{n(n+1)}\sum_{i=1}^{k} n_i\left(\overline{R}_i-\frac{n+1}{2}\right)^2,\ \overline{R}_i=\sum_{j=1}^{n_i}\frac{R_{ij}}{n_j}$$

− 동점이 있는 경우:

$$H=\frac{\sum_{i=1}^{k} n_i\left(\overline{R}_i-\frac{n+1}{2}\right)^2}{S_R^2}$$

여기서 S_R^2는 동점처리된 순위들 $\{R_{11}, \dots, R_{kn_k}\}$의 표본분산이다.

대립가설에 대하여 유의수준 α는 기각역은 다음과 같다.

$$R: H \geq h_\alpha$$

이때 h_α는 $P(H \geq h_\alpha)=\alpha$를 만족하는 값이다.

예제 4

안경의 표면 손상을 방지하려고 A, B, C의 세 종류의 코팅처리에 대하여 표면보호에 얼마나 효과가 있는지를 비교하여 보았다. 다음의 표는 세 종류로 코팅처리된 안경에서 표면의 마모도(순위)를 측정한 자료이다.

코팅	관측자료
A	12, 17, 10, 14
B	13, 15, 18, 16, 21
C	11, 30, 28, 26, 29

이 자료로부터 과연 세 종류 코팅처리의 마모도에 차이가 있다고 할 수 있는지 크루스칼-왈리스 검정하라. (유의수준 0.05)

풀이

혼합표본의 순위를 구하면 아래의 표와 같고

코팅	관측자료
A	12 (3), 17 (8), 10 (1), 14 (5)
B	13 (4), 15 (6), 18 (9), 16 (7), 21 (10)
C	11 (2), 30 (14), 28 (12), 26 (11), 29 (13)

순위를 이용하여 H통계량 값을 구하면,

$$H=\frac{12}{14(14+1)}\{4(4.25-7.5)^2+5(7.2-7.5)^2+5(10.4-7.5)^2\}=4.843$$

부록의 표에서 $P(H\geq 5.643)=0.05$이므로, 유의수준 $\alpha=0.05$에서 H_0을 기각하지 못한다.

연습문제

4.1 크루스칼-왈리스 검정통계량의 분포표를 이용하여 다음의 물음에 답하라.

(1) $n_1=4,\ n_2=4,\ n_3=4$일 때 $\mathbf{P}(H\geq 1.530)$을 구하라.

(2) $n_1=3,\ n_2=3,\ n_3=3$일 때 $\mathbf{P}(H\geq h_{0.05})=0.05$를 만족시키는 $h_{0.05}$를 구하라.

4.2 다음 자료는 각 3개의 치즈 종류별 불포화지방산 함유량을 측정한 자료이다.

치즈	관측자료
A	14.1, 13.6, 14.4, 14.3
B	12.8, 12.5, 13.4, 13.0, 12.3
C	16.8, 17.2, 16.4, 17.3, 18.0

(1) 크루스칼－왈리스 검정통계량을 계산하라.

(2) 치즈 종류별 불포화지방산 함유량이 동일하다고 할 수 있는지 검정하라. (유의수준 $\alpha=0.05$)

4.3 빵의 밀도의 관점에서 3가지의 빵 만드는 방법을 비교하려고 한다. 다섯 개의 빵이 각각의 방법으로 만들어졌다.

방법	관측자료
1	0.95, 0.86, 0.71, 0.72, 0.74
2	0.71, 0.85, 0.62, 0.72, 0.64
3	0.69, 0.68, 0.51, 0.73, 0.44

위의 자료로부터 빵 만드는 방법에 따라 빵의 밀도의 차이가 있는지 유의수준 0.051로 검정하라.

4.4 다음은 세 그룹의 인하대 학생들에 대한 기초통계 시험 성적 결과이다. 그룹에 따라 성적에 심각한 차이가 있다고 할 수 있는지 유의수준 0.05로 검정하라.

그룹	성적
1	79, 61, 59
2	77, 76, 60, 56
3	75, 68, 62, 58, 57

4.5 눈동자의 색깔이 갈색, 초록색, 파란색인 7명의 사람들을 대상으로 눈동자 깜빡거림 횟수를 조사하였다. 눈동자의 색깔에 따라 깜빡거림의 횟수에 차이가 있는지를 유의수준 $\alpha=0.029$에서 검정하라.

눈동자 색깔	깜빡거림 횟수
갈색	26.8, 23.7
초록색	26.9, 24.2
파란색	25.7, 27.2, 29.4

R과 Python을 이용한 분석

분석 1

예제 3의 자료를 가지고 R을 이용하여 윌콕슨의 순위합검정을 실시하라.

풀이

R에서 그림 14-5와 같이 자료를 입력하고, 그림 14-6과 같이 입력한다.

```
> cal <- c(560, 400, 370, 600, 550, 440, 380, 230, 300)
> level <- c(rep("N", 5), rep("L", 4))
> cal_data <- data.frame(calorie = cal, level = level)
```

그림 14-5 자료입력

함수 wilcox.test를 사용하여 다음과 같이 윌콕슨의 순위합검정(또는 윌콕슨의 부호순위 검정)을 시행한다.

- **wilcox.test**(formula, data = NULL, alternative = 'two.sided')
- **formula**: 윌콕슨의 순위합검정을 수행하려 하는 식으로 '반응변수~설명변수(처리)' 형식으로 입력 (부호순위 검정의 경우 formula 대신 데이터를 입력)
- **data**: 반응변수와 설명변수가 들어있는 데이터 프레임을 이용하여 윌콕슨의 순위합검정을 수행 데이터 프레임이 없을 경우, formula에 명시된 변수 벡터를 이용하여 윌콕슨 순위합검정을 수행
- **alternative**: 대립가설을 나타내는 것으로 'two.sided'는 $\Delta \neq 0$인 경우를 나타내고, 'less'와 'greater'는 각각 $\Delta < 0$와 $\Delta > 0$를 나타냄.

```
> wilcox.test(calorie ~ level, alternative = 'less', data = cal_
data)
  Wilcoxon rank sum exact test
data: calorie by level
W = 3, p-value = 0.05556
alternative hypothesis: true location shift is less than 0
```

그림 14-6 윌콕슨 순위합검정

위의 결과에서 검정통계량은 맨-위트니 U-통계량(Mann-Whitney U-statistics)으로 윌콕슨의 순위합검정통계량과는 $n(n+1)/2$ 만큼의 차이가 난다. 즉, y의 관측치 개수는 4개이므로 (즉, $n=4$) 예제 3에서와 같이 윌콕슨의 순위합검정통계량은 13이 된다. 또한 P-값이 0.05556으로 나와 본문의 결과와 같이 유의수준 5%에서 귀무가설 H_0을 기각할 수 없다고 결론을 내릴 수 있다.

분석 2

예제 4의 자료를 가지고 R을 이용하여 크루스칼-왈리스 검정을 실시하라.

풀이

R에서 그림 14-7과 같이 자료를 입력하고, 그림 14-8과 같이 입력한다.

```
> x <- c(12, 17, 10, 14,
         13, 15, 18, 16, 21,
         11, 30, 28, 26, 29)
> type <- c(rep("A", 4), rep("B", 5), rep("C", 5))
```

그림 14-7 자료입력

함수 kruskal.test를 사용하여 다음과 같이 크루스칼-왈리스 검정을 시행한다.

- **kruskal.test**(formula, data = NULL)
- **formula**: 크루스칼-왈리스 검정을 수행하려 하는 식으로 '반응변수~설명변수(처리)' 형식으로 입력
- **data**: 반응변수와 설명변수가 들어있는 데이터 프레임을 이용하여 크루스칼-왈리스 검정을 수행 데이터 프레임이 없을 경우, formula에 명시된 변수 벡터를 이용하여 크루스칼-왈리스 검정을 수행

```
> kruskal.test(x ~ type)
  Kruskal-Wallis rank sum test

data: x by type
Kruskal-Wallis chi-squared = 4.8429, df = 2, p-value = 0.08879
```

그림 14-8 크루스칼-왈리스 검정

위의 결과에서 검정통계량은 카이제곱 분포로 근사한 값이다. 여기서 P-값이 0.05556으로 나와 본문의 결과와 같이 유의수준 5%에서 귀무가설 H_0을 기각할 수 없다고 결론을 내릴 수 있다.

Python 코드

분석 1

```
# 윌콕슨 순위합검정
# 함수 불러오기
from scipy.stats import wilcoxon

# 자료입력
x = [560, 400, 370, 600, 550]
y = [440, 380, 230, 300]

# 윌콕슨 순위합검정
wilcoxon(x, y, alternative = 'less')
```

분석 2

```
# 크루스칼-왈리스 검정
# 함수 불러오기
from scipy.stats import kruskal

# 자료입력
x = [12, 17, 10, 14]
y = [13, 15, 18, 16, 21]
z = [11, 30, 28, 26, 29]

# 크루스칼-왈리스 검정
kruskal(x, y, z)
```

14장 종합문제

5.1 이항분포표를 이용하여 부호검정에 관한 물음에 답하라.

(1) $n=10$일 때 $\mathbf{P}[B \leq 3]$을 계산하라.

(2) 부호검정의 통계량을 계산하였더니 $B=14$였다. 이로부터 유의수준 5%로 중앙값이 θ_0보다 크다고 주장하기 위해서 표본의 크기는 어떤 조건을 만족시켜야 하는가?

5.2 두 종류의 과자 A, B에 대해서 맛을 비교한 결과 18명 중 13명이 A를 선호하는 것으로 나타났다. 부호검정을 이용하여 사람들이 과자 A를 더 좋아하는지를 검정하라. 유의수준은 $\alpha=0.05$로 하라.

5.3 시내에서 유명한 식당 5곳에 대한 서비스의 평가(0부터 5까지 표현)를 두 명의 비평가로부터 얻어 다음과 같이 기록 정리하였다.

식당	1	2	3	4	5
비평가 1	4.1	3.8	4.2	3.9	3.6
비평가 2	4.9	2.7	2.8	4.5	3.3

두 비평가 사이에 식당들에 대한 의견에 차이가 있는지 $\alpha=0.05$로 부호검정을 실시하라.

5.4 위의 문제 **5.3**에서 부호순위검정을 실시하라.

5.5 어느 작은 지방도시의 가구당 연간소득을 알아보기 위해 10가구의 소득을 조사하였다(단위: 만 원).

2400 1050 950 450 880 980 1005 350 680 770

이 자료로부터 연간소득이 1200만 원 미만이라고 할 수 있는지 유의수준 $\alpha=0.05$로 검정하려고 한다.

(1) 부호검정을 이용하여 검정하라.

(2) 부호순위검정을 실시하라.

5.6 표본의 크기가 15일 때 확률 $\mathbf{P}[W^+ \geq 95]$를 구하고 같은 확률을 주는 반대편의 숫자 c를 찾아라: $\mathbf{P}[W^+ \leq c] = \mathbf{P}[W^+ \geq 95]$

5.7 다섯 군데의 사무실에서 요구되는 컴퓨터의 기억용량을 2명의 전문가에게 추정해줄 것을 의뢰하였다. 그 추정의 결과가 다음과 같이 주어졌다면, 그 두 전문가의 의견에 차이가 있다고 할 수 있는지 윌콕슨의 부호순위검정을 이용하여 유의수준 $\alpha=0.10$으로 검정하라(단위: 테라바이트).

전문가 1	1	5.2	6.4	3.2	2.0	8.1
전문가 2	2	7.1	6.8	3.1	2.9	12.3

5.8 카페인의 함량이 5.5 미만이라고 주장하는 어느 커피회사의 커피를 12개 골라 그 성분을 조사해 보니 카페인 함량이 다음과 같이 나왔다.

4.9 3.9 5.8 5.4 6.0 6.1 5.9 5.4 5.1 5.0 4.8 5.5

유의수준 $\alpha=0.05$로 커피회사의 주장이 맞다고 할 수 있는지 부호순위검정을 실시하라.

5.9 순위합검정통계량의 분포표를 이용하여 다음 물음에 답하라.

(1) $m=7,\ n=5$일 때 $\mathbf{P}[W\geq 42]$를 구하라.

(2) $m=8,\ n=6$일 때 $\mathbf{P}[W\leq c]\leq 0.05$를 만족시키는 가장 큰 수 c를 찾아라.

5.10 동물의 인식능력에 대한 연구를 하는 과정에서 원숭이의 기억능력을 훈련시키는 두 가지 방법 A, B에 대한 차이를 검정하려고 한다. 같은 나이 또래의 원숭이를 임의로 두 그룹으로 나누어 10마리에게는 방법 A로, 9마리에게는 방법 B로 그들의 기억능력을 훈련시켰다. 그 후 적절한 실험을 통해 그들의 기억력을 시험한 결과 다음과 같은 점수들을 얻었다.

방법 A	98	79	68	83	82	76	93	90	80	87
방법 B	90	61	69	71	73	77	68	65	81	

높은 점수가 좋은 기억력을 나타낸다고 하였을 때 방법 A가 방법 B보다 좋다고 할 수 있겠는지 유의수준 $\alpha=0.1$로 윌콕슨의 순위합검정을 실시하라.

5.11 체중감소에 노력하고 있는 성인 남녀 각각 8명을 대상으로 체중감소 보조제의 효과를 알아보려고 한다. 체중감소 보조제 사용 전의 체중과 적당한 기간동안 사용 후의 체중을 기록한 결과가 다음과 같았다.

남자:

사용 전	90	91	88	105	87	95	98	85
사용 후	85	91	71	98	79	90	85	85

여자:

사용 전	63	71	73	68	79	61	58	60
사용 후	60	68	70	63	70	61	55	58

(1) 남자들에게 있어 체중감소 보조제의 효과가 있는지 유의수준 $\alpha=0.05$로 부호순위검정을 R을 활용하여 실시하라.

(2) 여자들에게 있어서도 (1)에서와 같은 검정을 R을 활용하여 실시하라.

(3) 전체적으로 체중감소 보조제의 효과가 있다고 할 수 있는지 유의수준 $\alpha=0.03$으로 부호검정을 R을 활용하여 실시하라.

(4) 체중감소 보조제의 사용 후의 남자의 체중이 체중감소 보조제의 사용 전의 여자의 체중보다 크다고 할 수 있는지 유의수준 $\alpha=0.05$로 순위합검정을 R을 활용하여 실시하라.

5.12 다음 자료는 3가지 처리방법에 따른 제품의 탄성을 비교한 자료이다. 3가지 방법 간의 차이가 있는지 유의수준 $\alpha=0.01$로 크루스칼－왈리스 검정을 R을 활용하여 실시하라.

방법	관측치
A	45.5, 45.3, 45.4, 44.4, 44.6, 43.9, 44.6
B	44.2, 43.9, 44.7, 44.2, 44.0, 43.6, 43.1
C	46.0, 45.9, 44.8, 46.2, 45.1, 45.5

5.13 다음 자료는 각 5개의 치즈 종류별 불포화지방산 함유량을 측정한 자료이다. 5개 치즈의 불포화지방산 함유량에 차이가 있는지 유의수준 $\alpha=0.05$로 크루스칼−왈리스 검정을 R을 활용하여 실시하라.

방법	관측치
A	14.1, 13.6, 14.4, 14.3
B	12.8, 12.5, 13.4, 13.0, 12.3
C	13.5, 13.4, 14.1, 14.3
D	16.8, 17.2, 16.4, 17.3, 18.0
E	18.1, 17.2, 18.7, 18.4

5.14 국제표준협회에서 네 가지 직물에 대한 인화성을 검사하였다. 다음 표는 각 직물로 만든 옷에서 잘라낸 조각에 불을 붙여 인화되는 시간을 초 단위로 기록한 것이다. 직물 네 종류의 인화성이 모두 똑같다고 귀무가설을 세우고 유의수준 $\alpha=0.05$로 크루스칼−왈리스 검정을 R을 활용하여 실시하라.

직물 1	직물 2	직물 3	직물 4
17.8	11.2	11.8	14.9
16.2	11.4	11.0	10.8
17.5	15.8	10.0	12.8
17.4	10.0	9.2	10.7
15.0	10.4	9.2	10.7

부록

1 종합연습문제

A.1 다음 자료에 대하여 아래 물음에 답하라.

21	23	26	29	30	32	33	34	35	36
38	39	40	40	41	42	42	44	46	48
52	54	55	59	60	65	71	77	86	98

(1) 위의 자료를 줄기-잎 그림으로 요약하고, 자료의 특징을 설명하라.

(2) 평균과 표준편차, 중앙값과 사분위수범위를 구하고 자료의 특징을 설명하라.

(3) 위 자료에서 2개의 숫자를 비복원으로 추출한다고 할 때, X를 2개 중 34 이하의 수의 개수라고 하고, Y를 2개 중 짝수의 개수라고 하자. (X, Y)의 결합확률분포표를 작성하라.

(4) X, Y가 서로 독립인가? 답에 대한 이유를 설명하라.

(5) 다음을 계산하라.

$P(X=Y)$, $P(X|X=Y)$, $Corr(X, Y)$, $Cov(2X+3Y, 3-5Y)$

A.2 어느 수업의 수강인원은 50이고 이 중 여학생은 20명이라고 한다. 이 수업의 중간시험에서 평균점수(75점) 이상의 학생은 32명이고, 여학생 중 70%가 평균 이상이라고 한다.

(1) 여학생의 평균점수가 80점이라고 할 때 남학생의 평균점수는 몇 점이겠는가?

(2) 다음 표에 적합한 수치를 채워 넣어라.

확률	평균점수		합계
	미만	이상	
여학생			
남학생			
합계			

(3) 남학생의 몇 %가 평균이상의 점수를 받았는가?

(4) 이 수업을 듣는 학생이 여학생인 사건과 평균 이상의 점수를 받는 사건은 서로 독립인가?

50명 중 2명을 비복원추출한다고 할 때, A를 2명 모두 여학생, B를 1명은 평균 이상, 1명은 평균 미만의 점수를 받은 학생인 사건이라고 하자.

(5) 사건 A, B의 확률을 구하라.

(6) $\mathrm{P}(A \cap B)$, $\mathrm{P}(A|B)$를 구하라.

A.3 앞의 **A.1**의 자료에 대하여 다음 물음에 답하라.

(1) 자료를 상자그림으로 요약하고, 자료의 특징을 설명하라.

(2) 자료에서 2개의 숫자를 복원추출한다고 하자. 하나의 숫자는 40 이상이고, 다른 하나는 40 미만이라고 알려져 있는 상황에서 두 숫자 모두 짝수일 사건의 확률을 구하다.

A.4 다음은 25명의 신생아의 몸무게(x)와 키(y)의 자료로부터 계산된 통계량이다. 신생아 중 평균키 미만의 키로 태어난 신생아의 수는 11명이고, 평균 몸무게 미만의 몸무게로 태어난 신생아는 10명, 둘 다 평균에 못 미치는 신생아는 8명이었다. 25명의 신생아는 같은 몸무게를 갖거나 같은 키를 갖는 경우는 없었다고 가정할 때 다음 물음에 답하라.

$$\sum_{i=1}^{25} x_i = 77, \quad \bar{y} = 51.5, \quad S_{xy} = 21.87, \quad s_x = 0.42(x\text{의 표준편차}),\ CV(y) = 5.8(\%)$$

(1) 두 변수의 상관계수를 계산하라.

(2) 25명의 신생아 중 임의로 선택한 한 명의 신생아가 적어도 하나의 요인은 평균 미달이라는 사실이 알려져 있을 때 그 아이가 몸무게가 미달일 확률을 구하라

(3) 신생아 중 2명을 선택(비복원추출)한다고 할 때 하나의 요인만 평균미달인 신생아의 수(U)와 몸무게가 평균미달인 신생아의 수(V)라 할 때 다음 물음에 답하라.

(i) 확률변수 U는 어떤 분포를 따르는가?

(ii) 확률변수 U와 V의 결합확률분포표를 작성하라.

(iii) $E(U)$, $P(U>V)$, $P(U=1|V\geq 1)$를 구하라.

(4) 이 자료 중 몸무게가 3.0 kg이고, 키가 51 cm인 신생아에 대한 자료가 몸무게와 키가 바뀌어서 입력되는 경우를 가정하면 상관계수의 값은 어떻게 변화하겠는가?

(5) 위의 (4)에서와 같이 자료가 바뀌어 입력된다면 몸무게와 키의 각 경우의 중앙값은 변화하겠는가? 변화하지 않겠는가? 판단할 수 없는가? 답에 대한 이유를 설명하라

A.5 어느 공장에서는 세 가지 색(검은색, 흰색, 회색)으로 제품을 만든다고 한다. 다음 물음에 답하라.

(1) 이 공장에서는 1분당 평균 1.8개의 물건을 만들어낸다고 한다. 어느 날 5분 동안 만들어진 제품의 개수를 X_1이라고 할 때, X_1의 분포를 밝히고 X_1의 값이 13 이상일 확률을 구하라.

(2) 생산되는 제품의 색상의 비가 평균적으로 3:3:4라고 할 때 다음 물음에 답하라.

(i) 어느 기간 동안 만들어진 20개의 제품 중 검은색 제품의 개수를 X_2라고 할 때, X_2의 분포를 밝히고, 그 20개 중 검은색 제품이 평균적으로 몇 개가 포함되리라고 예상하는가? 20개 중 검은색 제품의 비율이 20%보다 작을 확률을 구하라.

(ii) 제품 25개가 들어가는 박스에 흰색 또는 회색 제품의 개수를 X_3라고 할 때, 그 분포를 밝히고, 그 값이 11 이하일 확률을 구하라. 25개가 들어 있는 박스를 1,000개 생산했다면 그 중 흰색 또는 회색 제품이 11개 이하 들어 있는 박스의 수를 X_4라고 할 때 그 분포를 밝히고 그 값이 5 이상일 확률을 근사적으로 구하라.

(iii) 제품이 하나씩 포장되어 있는데 포장을 하나씩 뜯어서 색상을 확인한다고 할 때, 3번째 검은색 제품을 발견할 때까지 최소한 15개의 제품의 포장을 뜯어야 할 확률을 구하라.

(3) 어느 한 시간 동안 만든 제품의 수가 검은색, 흰색, 회색 각각 30, 30, 40개였다고 하자. 100개

중 20개를 임의로 선택해서 한 박스에 넣는다고 할 때, 그 중 회색의 개수가 9일 확률을 구하라.

(4) 일주일 동안 만든 제품의 수가 색상별로 3,000, 3,000, 4,000개였다고 할 때 (3)에서의 같이 10,000개 중 20개를 임의로 선택한다고 할 때 그 중 회색의 개수가 9일 확률을 근사적으로 구하라.

A.6 확률변수 U_1와 U_2가 서로 독립이고 성공확률이 1/2, 1/3인 베르누이 확률변수($Bin(1, 1/2)$, $Bin(1, 1/3)$)라고 하자. 두 개의 확률변수 X와 Y를 다음과 같이 정의할 때 다음 물음에 답하라.

$$X=U_1+U_2, \quad Y=2U_1-U_2$$

(1) X와 Y의 결합확률분포표를 작성하고, X와 Y가 서로 독립인지 판단하라.

(2) $\mathrm{P}[X \ge Y]$, $\mathrm{P}[Y=-1 \mid X=1]$을 구하라.

(3) $Corr(X, Y)$, $Cov(2X-4Y-2, 3X+Y-3)$를 구하라.

A.7 어느 항공사에서는 지난 10년간의 자료로부터 예약자 중 10%가 미리 취소하지 않고 공항에 나타나지 않는다는, 즉 예약위반하는 것을 알았다.

(1) 어느 항공기에 대하여 300석 좌석에 대해 325석의 초과예약을 받았다면 자리가 모자라 예약승객에게 자리를 배정하지 못할 확률은 얼마인가?

(2) 300석 좌석 여객기 100대에 대하여 모두 325석을 초과예약을 받았다면 10번 자리가 모자라는 일이 일어날 확률을 구하라.

(3) 이 항공사에서는 자리가 모자라는 확률이 5% 이하가 되길 원한다면 300석 좌석에 대해서 최대한 몇 석까지 초과예약을 받아야 하겠는가?

(4) 이 항공사에서는 이렇게 예약위반 비율을 줄이기 위해서 지난 몇 개월간 예약 취소 시 이를 미리 통보하도록 캠페인을 벌였다고 한다. 캠페인이 끝난 후에 조사결과 500명의 예약승객 중 35명만이 예약위반을 한 것으로 알려졌다. 캠페인이 효과가 있다고 할 수 있는지 유의수준 1%로 검정하라. $P-$값을 구하라.

A.8 폐암과 흡연의 관계를 알아보기 위해 폐암환자 450명, 대조그룹 450명을 대상으로 다음과 같은 자료를 얻었다.

	흡연	비흡연	합계
폐함환자	414	36	450
대조그룹	370	80	450

(1) 폐암환자의 흡연비율이 대조그룹의 흡연비율과 다르다고 할 수 있는지 유의수준 5%로 χ^2 검정을 시행하라.

(2) 폐암환자의 흡연비율이 대조그룹의 흡연비율보다 높다고 할 수 있는지 유의수준 5%로 정규분포를 이용한 검정을 시행하라.

A.9 다음의 각 경우에 어떤 분석방법을 사용하여야 하는지 아래 주어져 있는 분석방법 중 하나를 택하라.

(1) 자동차의 무게가 연비에 어떤 영향을 미치는지 알아보고자 자동차 20대를 대상으로 무게와 연비를 조사하였다.

(2) 자동차의 제조국에 따라 자동차(중형세단)의 평균 연비에 차이가 있는지 살펴보고자 4개의 나라(한국, 일본, 독일, 미국)에서 생산된 차 각각 20대씩을 대상으로 조사하였다.

(3) 위의 (2)에서 한국, 일본 두 나라의 자동차의 평균 연비를 비교하고자 한다.

(4) 전국 20개 하천에서 상류가 하류보다 BOD가 낮은지 판단하고자 한다.

(5) 위의 (4)에서 상류의 BOD 농도와 하류의 BOD 농도가 관계가 있는지 판단하고자 한다.

(6) 두 진통제(A, B)의 효능(접종 30분 후의 약효)에 차이가 있는지 알아보고자 80명의 환자를 대상으로 40명에게는 A를, 나머지 환자에게는 B를 접종한 후 30분 후에 통증이 완화된 환자의 수를 조사하였다.

(7) 어떤 새로운 약의 효능을 기존약과 비교하는 실험을 하고자 한다. 환자의 혈압이나 나이, 몸무게, 병의 경, 중에 따라 약효의 차이가 다양하게 나타날 수 있는 상황에서 두 약의 효과의 차이를 알아내고자 한다.

(a) 짝비교 (b) 독립된 두 표본으로부터 두 모평균의 차에 대한 추론
(c) 두 모비율의 차에 대한 추론 (d) 회귀분석 (e) 분산분석

A.10 다음의 여러 경우에 아래의 항목 중 어떤 추론방법을 택해야 하는지 밝혀라.

(1) 벼의 파종기에 뿌려진 비료의 양과 수확 시의 쌀의 생산량이 어떤 관계가 있는지 알아보고자 25곳의 단위 논에서 뿌려진 비료의 양과 수확한 쌀의 양을 측정하였다.

(2) 위의 (1)에서 비료의 양에 따라 수확량에 차이가 있는지 알아보고자 논을 임의로 셋으로 나눈 뒤 각각의 논에 비료를 1, 1.5, 2의 양을 뿌리고, 수확기에 각각의 논에서 12, 15, 16개의 벼 포기를 추출하여 수확한 쌀의 양을 측정하였다.

(3) 양식 방법이 다른 두 곳의 양어장에서 45, 54마리의 8주된 치어를 추출하여, 길이를 재어 두 양식 방법에 의해 치어의 길이에 차이가 있는지 판단하고자 한다.

(4) 혈압약의 효과를 알아보고자 고혈압환자 20명에게 약을 복용시키기 전과 후에 혈압을 측정하였다.

(5) 두 도시에서 각각 15곳을 대상으로 오존 농도를 측정하였다. 두 도시의 평균 오존 농도에 차이가 있는지 판단하고자 한다. 필요한 가정이 있으면 기술하고 각 경우에 추론 방법을 택하라.

① 회귀분석 ② t-검정: 짝비교 ③ t-검정: 두 집단의 평균차이
④ 분산분석 ⑤ z-검정 : 두 집단의 평균차이

2 분포표

표 1 이항분포표

$$P[X \le c] = \sum_{x=0}^{c} {}_nC_x p^x (1-p)^{n-x}$$

		p										
	c	.05	.10	.20	.30	.40	.50	.60	.70	.80	.90	.95
$n=1$	0	.950	.900	.800	.700	.600	.500	.400	.300	.200	.100	.050
	1	1.000	1.000	1.000	1.000	1.000	1.000	1.000	1.000	1.000	1.000	1.000
$n=2$	0	.902	.810	.640	.490	.360	.250	.160	.090	.040	.010	.002
	1	.997	.990	.960	.910	.840	.750	.640	.510	.360	.190	.097
	2	1.000	1.000	1.000	1.000	1.000	1.000	1.000	1.000	1.000	1.000	1.000
$n=3$	0	.857	.729	.512	.343	.216	.125	.064	.027	.008	.001	.000
	1	.993	.972	.896	.784	.648	.500	.352	.216	.104	.028	.007
	2	1.000	.999	.992	.973	.936	.875	.784	.657	.488	.271	.143
	3	1.000	1.000	1.000	1.000	1.000	1.000	1.000	1.000	1.000	1.000	1.000
$n=4$	0	.815	.656	.410	.240	.130	.063	.026	.008	.002	.000	.000
	1	.986	.948	.819	.652	.475	.313	.179	.084	.027	.004	.000
	2	1.000	.996	.973	.916	.821	.688	.525	.348	.181	.052	.014
	3	1.000	1.000	.998	.992	.974	.938	.870	.760	.590	.344	.185
	4	1.000	1.000	1.000	1.000	1.000	1.000	1.000	1.000	1.000	1.000	1.000
$n=5$	0	.774	.590	.328	.168	.078	.031	.010	.002	.000	.000	.000
	1	.977	.919	.737	.528	.337	.188	.087	.031	.007	.000	.000
	2	.999	.991	.942	.837	.683	.500	.317	.163	.058	.009	.001
	3	1.000	1.000	.993	.969	.913	.813	.663	.472	.263	.081	.023
	4	1.000	1.000	1.000	.998	.990	.969	.922	.832	.672	.410	.226
	5	1.000	1.000	1.000	1.000	1.000	1.000	1.000	1.000	1.000	1.000	1.000
$n=6$	0	.735	.531	.262	.118	.047	.016	.004	.001	.000	.000	.000
	1	.967	.886	.655	.420	.233	.109	.041	.011	.002	.000	.000
	2	.998	.984	.901	.744	.544	.344	.179	.070	.017	.001	.000
	3	1.000	.999	.983	.930	.821	.656	.456	.256	.099	.016	.002
	4	1.000	1.000	.998	.989	.959	.891	.767	.580	.345	.114	.033
	5	1.000	1.000	1.000	.999	.996	.984	.953	.882	.738	.469	.265
	6	1.000	1.000	1.000	1.000	1.000	1.000	1.000	1.000	1.000	1.000	1.000
$n=7$	0	.698	.478	.210	.082	.028	.008	.002	.000	.000	.000	.000
	1	.956	.850	.577	.329	.159	.063	.019	.004	.000	.000	.000
	2	.996	.974	.852	.647	.420	.227	.096	.029	.005	.000	.000
	3	1.000	.997	.967	.874	.710	.500	.290	.126	.033	.003	.000
	4	1.000	1.000	.995	.971	.904	.773	.580	.353	.148	.026	.004
	5	1.000	1.000	1.000	.996	.981	.938	.841	.671	.423	.150	.044
	6	1.000	1.000	1.000	1.000	.998	.992	.972	.918	.790	.522	.302
	7	1.000	1.000	1.000	1.000	1.000	1.000	1.000	1.000	1.000	1.000	1.000

표 1: (계속)

	c	.05	.10	.20	.30	.40	.50	.60	.70	.80	.90	.95
$n = 8$	0	.663	.430	.168	.058	.017	.004	.001	.000	.000	.000	.000
	1	.943	.813	.503	.255	.106	.035	.009	.001	.000	.000	.000
	2	.994	.962	.797	.552	.315	.145	.050	.011	.001	.000	.000
	3	1.000	.995	.944	.806	.594	.363	.174	.058	.010	.000	.000
	4	1.000	1.000	.990	.942	.826	.637	.406	.194	.056	.005	.000
	5	1.000	1.000	.999	.989	.950	.855	.685	.448	.203	.038	.006
	6	1.000	1.000	1.000	.999	.991	.965	.894	.745	.497	.187	.057
	7	1.000	1.000	1.000	1.000	.999	.996	.983	.942	.832	.570	.337
	8	1.000	1.000	1.000	1.000	1.000	1.000	1.000	1.000	1.000	1.000	1.000
$n = 9$	0	.630	.387	.134	.040	.010	.002	.000	.000	.000	.000	.000
	1	.929	.775	.436	.196	.071	.020	.004	.000	.000	.000	.000
	2	.992	.947	.738	.463	.232	.090	.025	.004	.000	.000	.000
	3	.999	.992	.914	.730	.483	.254	.099	.025	.003	.000	.000
	4	1.000	.999	.980	.901	.733	.500	.267	.099	.020	.001	.000
	5	1.000	1.000	.997	.975	.901	.746	.517	.270	.086	.008	.001
	6	1.000	1.000	1.000	.996	.975	.910	.768	.537	.262	.053	.008
	7	1.000	1.000	1.000	1.000	.996	.980	.929	.804	.564	.225	.071
	8	1.000	1.000	1.000	1.000	1.000	.998	.990	.960	.866	.613	.370
	9	1.000	1.000	1.000	1.000	1.000	1.000	1.000	1.000	1.000	1.000	1.000
$n = 10$	0	.599	.349	.107	.028	.006	.001	.000	.000	.000	.000	.000
	1	.914	.736	.376	.149	.046	.011	.002	.000	.000	.000	.000
	2	.988	.930	.678	.383	.167	.055	.012	.002	.000	.000	.000
	3	.999	.987	.879	.650	.382	.172	.055	.011	.001	.000	.000
	4	1.000	.998	.967	.850	.633	.377	.166	.047	.006	.000	.000
	5	1.000	1.000	.994	.953	.834	.623	.367	.150	.033	.002	.000
	6	1.000	1.000	.999	.989	.945	.828	.618	.350	.121	.013	.001
	7	1.000	1.000	1.000	.998	.988	.945	.833	.617	.322	.070	.012
	8	1.000	1.000	1.000	1.000	.998	.989	.954	.851	.624	.264	.086
	9	1.000	1.000	1.000	1.000	1.000	.999	.994	.972	.893	.651	.401
	10	1.000	1.000	1.000	1.000	1.000	1.000	1.000	1.000	1.000	1.000	1.000
$n = 11$	0	.569	.314	.086	.020	.004	.000	.000	.000	.000	.000	.000
	1	.898	.697	.322	.113	.030	.006	.001	.000	.000	.000	.000
	2	.985	.910	.617	.313	.119	.033	.006	.001	.000	.000	.000
	3	.998	.981	.839	.570	.296	.113	.029	.004	.000	.000	.000
	4	1.000	.997	.950	.790	.533	.274	.099	.022	.002	.000	.000
	5	1.000	1.000	.988	.922	.753	.500	.247	.078	.012	.000	.000
	6	1.000	1.000	.998	.978	.901	.726	.467	.210	.050	.003	.000
	7	1.000	1.000	1.000	.996	.971	.887	.704	.430	.161	.019	.002
	8	1.000	1.000	1.000	.999	.994	.967	.881	.687	.383	.090	.015
	9	1.000	1.000	1.000	1.000	.999	.994	.970	.887	.678	.303	.102
	10	1.000	1.000	1.000	1.000	1.000	1.000	.996	.980	.914	.686	.431
	11	1.000	1.000	1.000	1.000	1.000	1.000	1.000	1.000	1.000	1.000	1.000

표 1: (계속)

n	c	.05	.10	.20	.30	.40	.50	.60	.70	.80	.90	.95
$n = 12$	0	.540	.282	.069	.014	.002	.000	.000	.000	.000	.000	.000
	1	.882	.659	.275	.085	.020	.003	.000	.000	.000	.000	.000
	2	.980	.889	.558	.253	.083	.019	.003	.000	.000	.000	.000
	3	.998	.974	.795	.493	.225	.073	.015	.002	.000	.000	.000
	4	1.000	.996	.927	.724	.438	.194	.057	.009	.001	.000	.000
	5	1.000	.999	.981	.882	.665	.387	.158	.039	.004	.000	.000
	6	1.000	1.000	.996	.961	.842	.613	.335	.118	.019	.001	.000
	7	1.000	1.000	.999	.991	.943	.806	.562	.276	.073	.004	.000
	8	1.000	1.000	1.000	.998	.985	.927	.775	.507	.205	.026	.002
	9	1.000	1.000	1.000	1.000	.997	.981	.917	.747	.442	.111	.020
	10	1.000	1.000	1.000	1.000	1.000	.977	.980	.915	.725	.341	.118
	11	1.000	1.000	1.000	1.000	1.000	1.000	.998	.986	.931	.718	.460
	12	1.000	1.000	1.000	1.000	1.000	1.000	1.000	1.000	1.000	1.000	1.000
$n = 13$	0	.513	.254	.055	.010	.001	.000	.000	.000	.000	.000	.000
	1	.865	.621	.234	.064	.013	.002	.000	.000	.000	.000	.000
	2	.975	.866	.502	.202	.058	.011	.001	.000	.000	.000	.000
	3	.997	.966	.747	.421	.169	.046	.008	.001	.000	.000	.000
	4	1.000	.994	.901	.654	.353	.133	.032	.004	.000	.000	.000
	5	1.000	.999	.970	.835	.574	.291	.098	.018	.001	.000	.000
	6	1.000	1.000	.993	.938	.771	.500	.229	.062	.007	.000	.000
	7	1.000	1.000	.999	.982	.902	.709	.426	.165	.030	.001	.000
	8	1.000	1.000	1.000	.996	.968	.867	.647	.346	.099	.006	.000
	9	1.000	1.000	1.000	.999	.992	.954	.831	.579	.253	.034	.003
	10	1.000	1.000	1.000	1.000	.999	.989	.942	.798	.498	.134	.025
	11	1.000	1.000	1.000	1.000	1.000	.998	.987	.936	.766	.379	.135
	12	1.000	1.000	1.000	1.000	1.000	1.000	.999	.990	.945	.746	.487
	13	1.000	1.000	1.000	1.000	1.000	1.000	1.000	1.000	1.000	1.000	1.000
$n = 14$	0	.488	.229	.044	.007	.001	.000	.000	.000	.000	.000	.000
	1	.847	.585	.198	.047	.008	.001	.000	.000	.000	.000	.000
	2	.970	.842	.448	.161	.040	.006	.001	.000	.000	.000	.000
	3	.996	.956	.698	.355	.124	.029	.004	.000	.000	.000	.000
	4	1.000	.991	.870	.584	.279	.090	.018	.002	.000	.000	.000
	5	1.000	.999	.956	.781	.486	.212	.058	.008	.000	.000	.000
	6	1.000	1.000	.988	.907	.692	.395	.150	.031	.002	.000	.000
	7	1.000	1.000	.998	.969	.850	.605	.308	.093	.012	.000	.000
	8	1.000	1.000	1.000	.992	.942	.788	.514	.219	.044	.001	.000
	9	1.000	1.000	1.000	.998	.982	.910	.721	.416	.130	.009	.000
	10	1.000	1.000	1.000	1.000	.996	.971	.876	.645	.302	.044	.004
	11	1.000	1.000	1.000	1.000	.999	.994	.960	.839	.552	.158	.030
	12	1.000	1.000	1.000	1.000	1.000	.999	.992	.953	.802	.415	.153
	13	1.000	1.000	1.000	1.000	1.000	1.000	.999	.993	.956	.771	.512
	14	1.000	1.000	1.000	1.000	1.000	1.000	1.000	1.000	1.000	1.000	1.000

표 1: (계속)

	c	p = .05	.10	.20	.30	.40	.50	.60	.70	.80	.90	.95
$n = 15$	0	.463	.206	.035	.005	.000	.000	.000	.000	.000	.000	.000
	1	.829	.549	.167	.035	.005	.000	.000	.000	.000	.000	.000
	2	.964	.816	.398	.127	.027	.004	.000	.000	.000	.000	.000
	3	.995	.944	.648	.297	.091	.018	.002	.000	.000	.000	.000
	4	.999	.987	.836	.515	.217	.059	.009	.001	.000	.000	.000
	5	1.000	.998	.939	.722	.403	.151	.034	.004	.000	.000	.000
	6	1.000	1.000	.982	.869	.610	.304	.095	.015	.001	.000	.000
	7	1.000	1.000	.996	.950	.787	.500	.213	.050	.004	.000	.000
	8	1.000	1.000	.999	.985	.905	.696	.390	.131	.018	.000	.000
	9	1.000	1.000	1.000	.996	.966	.849	.597	.278	.061	.002	.000
	10	1.000	1.000	1.000	.999	.991	.941	.783	.485	.164	.013	.001
	11	1.000	1.000	1.000	1.000	.998	.982	.909	.703	.352	.056	.005
	12	1.000	1.000	1.000	1.000	1.000	.996	.973	.873	.602	.184	.036
	13	1.000	1.000	1.000	1.000	1.000	1.000	.995	.965	.833	.451	.171
	14	1.000	1.000	1.000	1.000	1.000	1.000	1.000	.995	.965	.794	.537
	15	1.000	1.000	1.000	1.000	1.000	1.000	1.000	1.000	1.000	1.000	1.000
$n = 16$	0	.440	.185	.028	.003	.000	.000	.000	.000	.000	.000	.000
	1	.811	.515	.141	.026	.003	.000	.000	.000	.000	.000	.000
	2	.957	.789	.352	.099	.018	.002	.000	.000	.000	.000	.000
	3	.993	.932	.598	.246	.065	.011	.001	.000	.000	.000	.000
	4	.999	.983	.798	.450	.167	.038	.005	.000	.000	.000	.000
	5	1.000	.997	.918	.660	.329	.105	.019	.002	.000	.000	.000
	6	1.000	.999	.973	.825	.527	.227	.058	.007	.000	.000	.000
	7	1.000	1.000	.993	.926	.716	.402	.142	.026	.001	.000	.000
	8	1.000	1.000	.999	.974	.858	.598	.284	.074	.007	.000	.000
	9	1.000	1.000	1.000	.993	.942	.773	.473	.175	.027	.001	.000
	10	1.000	1.000	1.000	.998	.981	.895	.671	.340	.082	.003	.000
	11	1.000	1.000	1.000	1.000	.995	.962	.833	.550	.202	.017	.001
	12	1.000	1.000	1.000	1.000	.999	.989	.935	.754	.402	.068	.007
	13	1.000	1.000	1.000	1.000	1.000	.998	.982	.901	.648	.211	.043
	14	1.000	1.000	1.000	1.000	1.000	1.000	.997	.974	.859	.485	.189
	15	1.000	1.000	1.000	1.000	1.000	1.000	1.000	.997	.972	.815	.560
	16	1.000	1.000	1.000	1.000	1.000	1.000	1.000	1.000	1.000	1.000	1.000

표 1: (계속)

	c	.05	.10	.20	.30	.40	.50	.60	.70	.80	.90	.95
$n = 17$	0	.418	.167	.023	.002	.000	.000	.000	.000	.000	.000	.000
	1	.792	.482	.118	.019	.002	.000	.000	.000	.000	.000	.000
	2	.950	.762	.310	.077	.012	.001	.000	.000	.000	.000	.000
	3	.991	.917	.549	.202	.046	.006	.000	.000	.000	.000	.000
	4	.999	.978	.758	.389	.126	.025	.003	.000	.000	.000	.000
	5	1.000	.995	.894	.597	.264	.072	.011	.001	.000	.000	.000
	6	1.000	.999	.962	.775	.448	.166	.035	.003	.000	.000	.000
	7	1.000	1.000	.989	.895	.641	.315	.092	.013	.000	.000	.000
	8	1.000	1.000	.997	.960	.801	.500	.199	.040	.003	.000	.000
	9	1.000	1.000	1.000	.987	.908	.685	.359	.105	.011	.000	.000
	10	1.000	1.000	1.000	.997	.965	.834	.552	.225	.038	.001	.000
	11	1.000	1.000	1.000	.999	.989	.928	.736	.403	.106	.005	.000
	12	1.000	1.000	1.000	1.000	.997	.975	.874	.611	.242	.022	.001
	13	1.000	1.000	1.000	1.000	1.000	.994	.954	.798	.451	.083	.009
	14	1.000	1.000	1.000	1.000	1.000	.999	.988	.923	.690	.238	.050
	15	1.000	1.000	1.000	1.000	1.000	1.000	.998	.981	.882	.518	.208
	16	1.000	1.000	1.000	1.000	1.000	1.000	1.000	.998	.977	.833	.582
	17	1.000	1.000	1.000	1.000	1.000	1.000	1.000	1.000	1.000	1.000	1.000
$n = 18$	0	.397	.150	.018	.002	.000	.000	.000	.000	.000	.000	.000
	1	.774	.450	.099	.014	.001	.000	.000	.000	.000	.000	.000
	2	.942	.734	.271	.060	.008	.001	.000	.000	.000	.000	.000
	3	.989	.902	.501	.165	.033	.004	.000	.000	.000	.000	.000
	4	.998	.972	.716	.333	.094	.015	.001	.000	.000	.000	.000
	5	1.000	.994	.867	.534	.209	.048	.006	.000	.000	.000	.000
	6	1.000	.999	.949	.722	.374	.119	.020	.001	.000	.000	.000
	7	1.000	1.000	.984	.859	.563	.240	058	.006	.000	.000	.000
	8	1.000	1.000	.996	.940	.737	.407	.135	.021	.001	.000	.000
	9	1.000	1.000	.999	.979	.865	.593	.263	.060	.004	.000	.000
	10	1.000	1.000	1.000	.994	.942	.760	.437	.141	.016	.000	.000
	11	1.000	1.000	1.000	.999	.980	.881	.626	.278	.051	.001	.000
	12	1.000	1.000	1.000	1.000	.994	.952	.791	.466	.133	.006	.000
	13	1.000	1.000	1.000	1.000	.999	.985	.906	.667	.284	.028	.002
	14	1.000	1.000	1.000	1.000	1.000	.996	.967	.835	.499	.098	.011
	15	1.000	1.000	1.000	1.000	1.000	.999	.992	.940	.729	.266	.058
	16	1.000	1.000	1.000	1.000	1.000	1.000	.999	.986	.901	.550	.226
	17	1.000	1.000	1.000	1.000	1.000	1.000	1.000	.998	.982	.850	.603
	18	1.000	1.000	1.000	1.000	1.000	1.000	1.000	1.000	1.000	1.000	1.000

표 1: (계속)

	c	p=.05	.10	.20	.30	.40	.50	.60	.70	.80	.90	.95
$n = 19$	0	.377	.135	.014	.001	.000	.000	.000	.000	.000	.000	.000
	1	.755	.420	.083	.010	.001	.000	.000	.000	.000	.000	.000
	2	.933	.705	.237	.046	.005	.000	.000	.000	.000	.000	.000
	3	.987	.885	.455	.133	.023	.002	.000	.000	.000	.000	.000
	4	.998	.965	.673	.282	.070	.010	.001	.000	.000	.000	.000
	5	1.000	.991	.837	.474	.163	.032	.003	.000	.000	.000	.000
	6	1.000	.998	.932	.666	.308	.084	.012	.001	.000	.000	.000
	7	1.000	1.000	.977	.818	.488	.180	.035	.003	.000	.000	.000
	8	1.000	1.000	.993	.916	.667	.324	.088	.011	.000	.000	.000
	9	1.000	1.000	.998	.967	.814	.500	.186	.033	.002	.000	.000
	10	1.000	1.000	1.000	.989	.912	.676	.333	.084	.007	.000	.000
	11	1.000	1.000	1.000	.997	.965	.820	.512	.182	.023	.000	.000
	12	1.000	1.000	1.000	.999	.988	.916	.692	.334	.068	.002	.000
	13	1.000	1.000	1.000	1.000	.997	.968	.837	.526	.163	.009	.000
	14	1.000	1.000	1.000	1.000	.999	.990	.930	.718	.327	.035	.002
	15	1.000	1.000	1.000	1.000	1.000	.998	.977	.867	.545	.115	.013
	16	1.000	1.000	1.000	1.000	1.000	1.000	.995	.954	.763	.295	.067
	17	1.000	1.000	1.000	1.000	1.000	1.000	.999	.990	.917	.580	.245
	18	1.000	1.000	1.000	1.000	1.000	1.000	1.000	.999	.986	.865	.623
	19	1.000	1.000	1.000	1.000	1.000	1.000	1.000	1.000	1.000	1.000	1.000
$n = 20$	0	.358	.122	.012	.001	.000	.000	.000	.000	.000	.000	.000
	1	.736	.392	.069	.008	.001	.000	.000	.000	.000	.000	.000
	2	.925	.677	.206	.035	.004	.000	.000	.000	.000	.000	.000
	3	.984	.867	.411	.107	.016	.001	.000	.000	.000	.000	.000
	4	.997	.957	.630	.238	.051	.006	.000	.000	.000	.000	.000
	5	1.000	.989	.804	.416	.126	.021	.002	.000	.000	.000	.000
	6	1.000	.998	.913	.608	.250	.058	.006	.000	.000	.000	.000
	7	1.000	1.000	.968	.772	.416	.132	.021	.001	.000	.000	.000
	8	1.000	1.000	.990	.887	.596	.252	.057	.005	.000	.000	.000
	9	1.000	1.000	.997	.952	.755	.412	.128	.017	.001	.000	.000
	10	1.000	1.000	.999	.983	.872	.588	.245	.048	.003	.000	.000
	11	1.000	1.000	1.000	.995	.943	.748	.404	.113	.010	.000	.000
	12	1.000	1.000	1.000	.999	.979	.868	.584	.228	.032	.000	.000
	13	1.000	1.000	1.000	1.000	.994	.942	.750	.392	.087	.002	.000
	14	1.000	1.000	1.000	1.000	.998	.979	.874	.584	.196	.011	.000
	15	1.000	1.000	1.000	1.000	1.000	.994	.949	.762	.370	.043	.003
	16	1.000	1.000	1.000	1.000	1.000	.999	.984	.893	.589	.133	.016
	17	1.000	1.000	1.000	1.000	1.000	1.000	.996	.965	.794	.323	.075
	18	1.000	1.000	1.000	1.000	1.000	1.000	.999	.992	.931	.608	.264
	19	1.000	1.000	1.000	1.000	1.000	1.000	1.000	.999	.988	.878	.642
	20	1.000	1.000	1.000	1.000	1.000	1.000	1.000	1.000	1.000	1.000	1.000

표 1: (계속)

		p										
	c	.05	.10	.20	.30	.40	.50	.60	.70	.80	.90	.95
$n = 25$	0	.277	.072	.004	.000	.000	.000	.000	.000	.000	.000	.000
	1	.642	.271	.027	.002	.000	.000	.000	.000	.000	.000	.000
	2	.873	.537	.098	.009	.000	.000	.000	.000	.000	.000	.000
	3	.966	.764	.234	.033	.002	.000	.000	.000	.000	.000	.000
	4	.993	.902	.421	.090	.009	.000	.000	.000	.000	.000	.000
	5	.999	.967	.617	.193	.029	.002	.000	.000	.000	.000	.000
	6	1.000	.991	.780	.341	.074	.007	.000	.000	.000	.000	.000
	7	1.000	.998	.891	.512	.154	.022	.001	.000	.000	.000	.000
	8	1.000	1.000	.953	.677	.274	.054	.004	.000	.000	.000	.000
	9	1.000	1.000	.983	.811	.425	.115	.013	.000	.000	.000	.000
	10	1.000	1.000	.994	.902	.586	.212	.034	.002	.000	.000	.000
	11	1.000	1.000	.998	.956	.732	.345	.078	.006	.000	.000	.000
	12	1.000	1.000	1.000	.983	.846	.500	.154	.017	.000	.000	.000
	13	1.000	1.000	1.000	.994	.922	.655	.268	.044	.002	.000	.000
	14	1.000	1.000	1.000	.998	.966	.788	.414	.098	.006	.000	.000
	15	1.000	1.000	1.000	1.000	.987	.885	.575	.189	.017	.000	.000
	16	1.000	1.000	1.000	1.000	.996	.946	.726	.323	.047	.000	.000
	17	1.000	1.000	1.000	1.000	.999	.978	.846	.488	.109	.002	.000
	18	1.000	1.000	1.000	1.000	1.000	.993	.926	.659	.220	.009	.000
	19	1.000	1.000	1.000	1.000	1.000	.998	.971	.807	.383	.033	.001
	20	1.000	1.000	1.000	1.000	1.000	1.000	.991	.910	.579	.098	.007
	21	1.000	1.000	1.000	1.000	1.000	1.000	.998	.967	.766	.236	.034
	22	1.000	1.000	1.000	1.000	1.000	1.000	1.000	.991	.902	.463	.127
	23	1.000	1.000	1.000	1.000	1.000	1.000	1.000	.998	.973	.729	.358
	24	1.000	1.000	1.000	1.000	1.000	1.000	1.000	1.000	.996	.928	.723
	25	1.000	1.000	1.000	1.000	1.000	1.000	1.000	1.000	1.000	1.000	1.000

표 2 포아송분포표

$$P[X \le c] = \sum_{x=0}^{c} \frac{e^{-m} m^x}{x!}$$

c \ m	.02	.04	.06	.08	.10	.15	.20	.25
0	.980	.961	.942	.923	.905	.861	.819	.779
1	1.000	.999	.998	.997	.995	.990	.982	.974
2		1.000	1.000	1.000	1.000	.999	.999	.998
3						1.000	1.000	1.000

c \ m	.30	.35	.40	.45	.50	.55	.60	.65
0	.741	.705	.670	.638	.607	.577	.549	.522
1	.963	.951	.938	.925	.910	.894	.878	.861
2	.996	.994	.992	.989	.986	.982	.977	.972
3	1.000	1.000	.999	.999	.998	.998	.997	.996
4			1.000	1.000	1.000	1.000	1.000	.999
5								1.000

c \ m	.70	.75	.80	.85	.90	.95	1.0	1.1
0	.497	.472	.449	.427	.407	.387	.368	.333
1	.844	.827	.809	.791	.772	.754	.736	.699
2	.966	.959	.953	.945	.937	.929	.920	.900
3	.994	.993	.991	.989	.987	.984	.981	.974
4	.999	.999	.999	.998	.998	.997	.996	.995
5	1.000	1.000	1.000	1.000	1.000	1.000	.999	.999
6							1.000	1.000

표 2: (계속)

c \ m	1.2	1.3	1.4	1.5	1.6	1.7	1.8	1.9
0	.301	.273	.247	.223	.202	.183	.165	.150
1	.663	.627	.592	.558	.525	.493	.463	.434
2	.879	.857	.833	.809	.783	.757	.731	.704
3	.966	.957	.946	.934	.921	.907	.891	.875
4	.992	.989	.986	.981	.976	.970	.964	.956
5	.998	.998	.997	.996	.994	.992	.990	.987
6	1.000	1.000	.999	.999	.999	.998	.997	.997
7			1.000	1.000	1.000	1.000	.999	.999
8							1.000	1000

c \ m	2.0	2.2	2.4	2.6	2.8	3.0	3.2	3.4
0	.135	.111	.091	.074	.061	.050	.041	.033
1	.406	.355	.308	.267	.231	.199	.171	.147
2	.677	.623	.570	.518	.469	.423	.380	.340
3	.857	.819	.779	.736	.692	.647	.603	.558
4	.947	.928	.904	.877	.848	.815	.781	.744
5	.983	.975	.964	.951	.935	.916	.895	.871
6	.995	.993	.988	.983	.976	.966	.955	.942
7	.999	.998	.997	.995	.992	.988	.983	.977
8	1.000	1.000	.999	.999	.998	.997	.994	.992
9			1.000	1.000	.999	.999	.998	.997
10					1.000	1.000	1.000	.999
11								1.000

c \ m	3.6	3.8	4.0	4.2	4.4	4.6	4.8	5.0
0	.027	.022	.018	.015	.012	.010	.008	.007
1	.126	.107	.092	.078	.066	.056	.048	.040
2	.303	.269	.238	.210	.185	.163	.143	.125
3	.515	.473	.433	.395	.359	.326	.294	.265
4	.706	.668	.629	.590	.551	.513	.476	.440
5	.844	.816	.785	.753	.720	.686	.651	.616
6	.927	.909	.889	.867	.844	.818	.791	.762
7	.969	.960	.949	.936	.921	.905	.887	.867
8	.988	.984	.979	.972	.964	.955	.944	.932
9	.996	.994	.992	.989	.985	.980	.975	.968
10	.999	.998	.997	.996	.994	.992	.990	.986
11	1.000	.999	.999	.999	.998	.997	.996	.995
12		1.000	1.000	1.000	.999	.999	.999	.998
13					1.000	1.000	1.000	.999
14								1.000

표 2: (계속)

c \ m	5.2	5.4	5.6	5.8	6.0	6.2	6.4	6.5
0	.006	.005	.004	.003	.002	.002	.002	.001
1	.034	.029	.024	.021	.017	.015	.012	.010
2	.109	095	.082	.072	.062	.054	.046	.040
3	.238	.213	.191	.170	.151	.134	.119	.105
4	.406	.373	.342	.313	.285	.259	.235	.213
5	.581	.546	.512	.478	.446	.414	.384	.355
6	.732	.702	.670	.638	.606	.574	.542	.511
7	.845	.822	.797	.771	.744	.716	.687	.658
8	.918	.903	.886	.867	.847	.826	.803	.780
9	.960	.951	.941	.929	.916	.902	.886	.869
10	.982	.977	.972	.965	.957	.949	.939	.927
11	.993	.990	.988	.984	.980	.975	.969	.963
12	.997	.996	.995	.993	.991	.989	.986	.982
13	.999	.999	.998	.997	.996	.995	.994	.992
14	1.000	.999	.999	.999	.999	.998	.997	.997
15		1.000	1.000	1.000	.999	.999	.999	.999
16					1.000	1.000	1.000	.999
17								1.000

c \ m	6.8	7.0	7.2	7.4	7.6	7.8	8.0	8.5
0	.001	.001	.001	.001	.001	.000	.000	.000
1	.009	.007	.006	.005	.004	.004	.003	.002
2	.034	.030	.025	.022	.019	.016	.014	.009
3	.093	.082	.072	.063	.055	.048	.042	.030
4	.192	.173	.156	.140	.125	.112	.100	.074
5	.327	.301	.276	.253	.231	.210	.191	.150
6	.480	.450	.420	.392	.365	.338	.313	.256
7	.628	.599	.569	.539	.510	.481	.453	.386
8	.755	.729	.703	.676	.648	.620	.593	.523
9	.850	.830	.810	.788	.765	.741	.717	.653
10	.915	.901	.887	.871	.854	.835	.816	.763
11	.955	.947	.937	.926	.915	.902	.888	.849
12	.978	.973	.967	.961	.954	.945	.936	.909
13	.990	.987	.984	.980	.976	.971	.966	.949
14	.996	.994	.993	.991	.989	.986	.983	.973
15	.998	.998	.997	.996	.995	.993	.992	.986
16	.999	.999	.999	.998	.998	.997	.996	.993
17	1.000	1.000	.999	.999	.999	.999	.998	.997
18			1.000	1.000	1.000	1.000	.999	.999
19							1.000	.999
20								1.000

표 2: (계속)

c \ m	9.0	9.5	10.0	10.5	11.0	11.5	12.0	12.5
1	.001	.001	.000	.000	.000	.000	.000	.000
2	.006	.004	.003	.002	.001	.001	.001	.000
3	.021	.015	.010	.007	.005	.003	.002	.002
4	.055	.040	.029	.021	.015	.011	.008	.005
5	.116	.089	.067	.050	.038	.028	.020	.015
6	.207	.165	.130	.102	.079	.060	.046	.035
7	.324	.269	.220	.179	.143	.114	.090	.070
8	.456	.392	.333	.279	.232	.191	.155	.125
9	.587	.522	.458	.397	.341	.289	.242	.201
10	.706	.645	.583	.521	.460	.402	.347	.297
11	.803	.752	.697	.639	.579	.520	.462	.406
12	.876	.836	.792	.742	.689	.633	.576	.519
13	.926	.898	.864	.825	.781	.733	.682	.628
14	.959	.940	.917	.888	.854	.815	.772	.725
15	.978	.967	.951	.932	.907	.878	.844	.806
16	.989	.982	.973	.960	.944	.924	.899	.869
17	.995	.991	.986	.978	.968	.954	.937	.916
18	.998	.996	.993	.988	.982	.974	.963	.948
19	.999	.998	.997	.994	.991	.986	.979	.969
20	1.000	.999	.998	.997	.995	.992	.988	.983
21		1.000	.999	.999	.998	.996	.994	.991
22			1.000	.999	.999	.998	.997	.995
23				1.000	1.000	.999	.999	.998
24						1.000	.999	.999
25							1.000	.999
26								1.000

표 3 정규분포표

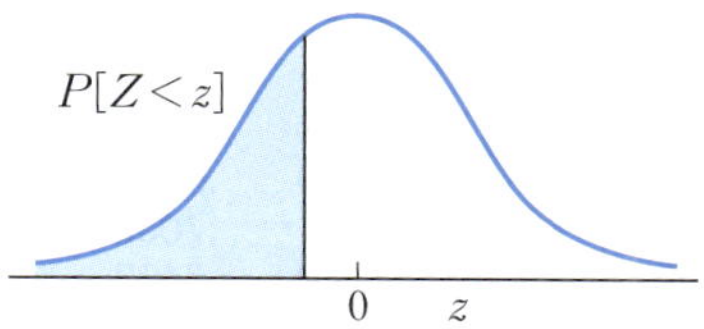

	.00	.01	.02	.03	.04	.05	.06	.07	.08	.09
−3.5	.0002	.0002	.0002	.0002	.0002	.0002	.0002	.0002	.0002	.0002
−3.4	.0003	.0003	.0003	.0003	.0003	.0003	.0003	.0003	.0003	.0002
−3.3	.0005	.0005	.0005	.0004	.0004	.0004	.0004	.0004	.0004	.0003
−3.2	.0007	.0007	.0006	.0006	.0006	.0006	.0006	.0005	.0005	.0005
−3.1	.0010	.0009	.0009	.0009	.0008	.0008	.0008	.0008	.0007	.0007
−3.0	.0013	.0013	.0013	.0012	.0012	.0011	.0011	.0011	.0010	.0010
−2.9	.0019	.0018	.0018	.0017	.0016	.0016	.0015	.0015	.0014	.0014
−2.8	.0026	.0025	.0024	.0023	.0023	.0022	.0021	.0021	.0020	.0019
−2.7	.0035	.0034	.0033	.0032	.0031	.0030	.0029	.0028	.0027	.0026
−2.6	.0047	.0045	.0044	.0043	.0041	.0040	.0039	.0038	.0037	.0036
−2.5	.0062	.0060	.0059	.0057	.0055	.0054	.0052	.0051	.0049	.0048
−2.4	.0082	.0080	.0078	.0075	.0073	.0071	.0069	.0068	.0066	.0064
−2.3	.0107	.0104	.0102	.0099	.0096	.0094	.0091	.0089	.0087	.0084
−2.2	.0139	.0136	.0132	.0129	.0125	.0122	.0119	.0116	.0113	.0110
−2.1	.0179	.0174	.0170	.0166	.0162	.0158	.0154	.0150	.0146	.0143
−2.0	.0228	.0222	.0217	.0212	.0207	.0202	.0197	.0192	.0188	.0183
−1.9	.0287	.0281	.0274	.0268	.0262	.0256	.0250	.0244	.0239	.0233
−1.8	.0359	.0351	.0344	.0336	.0329	.0322	.0314	.0307	.0301	.0294
−1.7	.0446	.0436	.0427	.0418	.0409	.0401	.0392	.0384	.0375	.0367
−1.6	.0548	.0537	.0526	.0516	.0505	.0495	.0485	.0475	.0465	.0455
−1.5	.0668	.0655	.0643	.0630	.0618	.0606	.0594	.0582	.0571	.0559
−1.4	.0808	.0793	.0778	.0764	.0749	.0735	.0721	.0708	.0694	.0681
−1.3	.0968	.0951	.0934	.0918	.0901	.0885	.0869	.0853	.0838	.0823
−1.2	.1151	.1131	.1112	.1093	.1075	.1056	.1038	.1020	.1003	.0985
−1.1	.1357	.1335	.1314	.1292	.1271	.1251	.1230	.1210	.1190	.1170
−1.0	.1587	.1562	.1539	.1515	.1492	.1469	.1446	.1423	.1401	.1379
−.9	.1841	.1814	.1788	.1762	.1736	.1711	.1685	.1660	.1635	.1611
−.8	.2119	.2090	.2061	.2033	.2005	.1977	.1949	.1922	.1894	.1867
−.7	.2420	.2389	.2358	.2327	.2297	.2266	.2236	.2206	.2177	.2148
−.6	.2743	.2709	.2676	.2643	.2611	.2578	.2546	.2514	.2483	.2451
−.5	.3085	.3050	.3015	.2981	.2946	.2912	.2877	.2843	.2810	.2776
−.4	.3446	.3409	.3372	.3336	.3300	.3264	.3228	.3192	.3156	.3121
−.3	.3821	.3783	.3745	.3707	.3669	.3632	.3594	.3557	.3520	.3483
−.2	.4207	.4168	.4129	.4090	.4052	.4013	.3974	.3936	.3897	.3859
−.1	.4602	.4562	.4522	.4483	.4443	.4404	.4364	.4325	.4286	.4247
−.0	.5000	.4960	.4920	.4880	.4840	.4801	.4761	.4721	.4681	.4641

표 3: (계속)

	.00	.01	.02	.03	.04	.05	.06	.07	.08	.09
.0	.5000	.5040	.5080	.5120	.5160	.5199	.5239	.5279	.5319	.5359
.1	.5398	.5438	.5478	.5517	.5557	.5596	.5636	.5675	.5714	.5753
.2	.5793	.5832	.5871	.5910	.5948	.5987	.6026	.6064	.6103	.6141
.3	.6179	.6217	.6255	.6293	.6331	.6368	.6406	.6443	.6480	.6517
.4	.6554	.6591	.6628	.6664	.6700	.6736	.6772	.6808	.6844	.6879
.5	.6915	.6950	.6985	.7019	.7054	.7088	.7123	.7157	.7190	.7224
.6	.7257	.7291	.7324	.7357	.7389	.7422	.7454	.7486	.7517	.7549
.7	.7580	.7611	.7642	.7673	.7703	.7734	.7764	.7794	.7823	.7852
.8	.7881	.7910	.7939	.7967	.7995	.8023	.8051	.8078	.8106	.8133
.9	.8159	.8186	.8212	.8238	.8264	.8289	.8315	.8340	.8365	.8389
1.0	.8413	.8438	.8461	.8485	.8508	.8531	.8554	.8577	.8599	.8621
1.1	.8643	.8665	.8686	.8708	.8729	.8749	.8770	.8790	.8810	.8830
1.2	.8849	.8869	.8888	.8907	.8925	.8944	.8962	.8980	.8997	.9015
1.3	.9032	.9049	.9066	.9082	.9099	.9115	.9131	.9147	.9162	.9177
1.4	.9192	.9207	.9222	.9236	.9251	.9265	.9279	.9292	.9306	.9319
1.5	.9332	.9345	.9357	.9370	.9382	.9394	.9406	.9418	.9429	.9441
1.6	.9452	.9463	.9474	.9484	.9495	.9505	.9515	.9525	.9535	.9545
1.7	.9554	.9564	.9573	.9582	.9591	.9599	.9608	.9616	.9625	.9633
1.8	.9641	.9649	.9656	.9664	.9671	.9678	.9686	.9693	.9699	.9706
1.9	.9713	.9719	.9726	.9732	.9738	.9744	.9750	.9756	.9761	.9767
2.0	.9772	.9778	.9783	.9788	.9793	.9798	.9803	.9808	.9812	.9817
2.1	.9821	.9826	.9830	.9834	.9838	.9842	.9846	.9850	.9854	.9857
2.2	.9861	.9864	.9868	.9871	.9875	.9878	.9881	.9884	.9887	.9890
2.3	.9893	.9896	.9898	.9901	.9904	.9906	.9909	.9911	.9913	.9916
2.4	.9918	.9920	.9922	.9925	.9927	.9929	.9931	.9932	.9934	.9936
2.5	.9938	.9940	.9941	.9943	.9945	.9946	.9948	.9949	.9951	.9952
2.6	.9953	.9955	.9956	.9957	.9959	.9960	.9961	.9962	.9963	.9964
2.7	.9965	.9966	.9967	.9968	.9969	.9970	.9971	.9972	.9973	.9974
2.8	.9974	.9975	.9976	.9977	.9977	.9978	.9979	.9979	.9980	.9981
2.9	.9981	.9982	.9982	.9983	.9984	.9984	.9985	.9985	.9986	.9986
3.0	.9987	.9987	.9987	.9988	.9988	.9989	.9989	.9989	.9990	.9990
3.1	.9990	.9991	.9991	.9991	.9992	.9992	.9992	.9992	.9993	.9993
3.2	.9993	.9993	.9994	.9994	.9994	.9994	.9994	.9995	.9995	.9995
3.3	.9995	.9995	.9995	.9996	.9996	.9996	.9996	.9996	.9996	.9997
3.4	.9997	.9997	.9997	.9997	.9997	.9997	.9997	.9997	.9997	.9998
3.5	.9998	.9998	.9998	.9998	.9998	.9998	.9998	.9998	.9998	.9998

표 4 t 분포의 상위 α의 확률을 주는 값

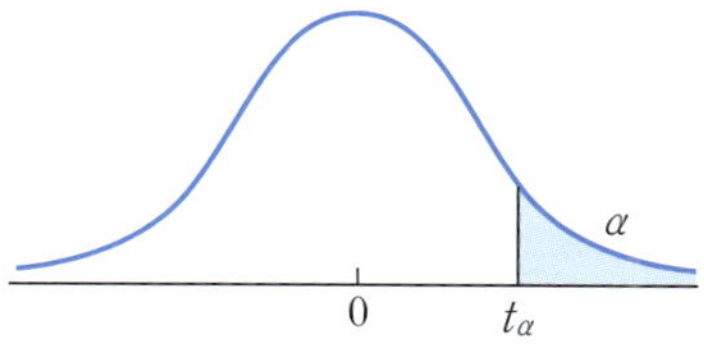

d.f. \ α	.25	.10	.05	.025	.01	.00833	.00625	.005
1	1.000	3.078	6.314	12.706	31.821	38.190	50.923	63.657
2	.816	1.886	2.920	4.303	6.965	7.649	8.860	9.925
3	.765	1.638	2.353	3.182	4.541	4.857	5.392	5.841
4	.741	1.533	2.132	2.776	3.747	3.961	4.315	4.604
5	.727	1.476	2.015	2.571	3.365	3.534	3.810	4.032
6	.718	1.440	1.943	2.447	3.143	3.287	3.521	3.707
7	.711	1.415	1.895	2.365	2.998	3.128	3.335	3.499
8	.706	1.397	1.860	2.306	2.896	3.016	3.206	3.355
9	.703	1.383	1.833	2.262	2.821	2.933	3.111	3.250
10	.700	1.372	1.812	2.228	2.764	2.870	3.038	3.169
11	.697	1.363	1.796	2.201	2.718	2.820	2.981	3.106
12	.695	1.356	1.782	2.179	2.681	2.779	2.934	3.055
13	.694	1.350	1.771	2.160	2.650	2.746	2.896	3.012
14	.692	1.345	1.761	2.145	2.624	2.718	2.864	2.977
15	.691	1.341	1.753	2.131	2.602	2.694	2.837	2.947
16	.690	1.337	1.746	2.120	2.583	2.673	2.813	2.921
17	.689	1.333	1.740	2.110	2.567	2.655	2.793	2.898
18	.688	1.330	1.734	2.101	2.552	2.639	2.775	2.878
19	.688	1.328	1.729	2.093	2.539	2.625	2.759	2.861
20	.687	1.325	1.725	2.086	2.528	2.613	2.744	2.845
21	.686	1.323	1.721	2.080	2.518	2.601	2.732	2.831
22	.686	1.321	1.717	2.074	2.508	2.591	2.720	2.819
23	.685	1.319	1.714	2.069	2.500	2.582	2.710	2.807
24	.685	1.318	1.711	2.064	2.492	2.574	2.700	2.797
25	.684	1.316	1.708	2.060	2.485	2.566	2.692	2.787
26	.684	1.315	1.706	2.056	2.479	2.559	2.684	2.779
27	.684	1.314	1.703	2.052	2.473	2.552	2.676	2.771
28	.683	1.313	1.701	2.048	2.467	2.546	2.669	2.763
29	.683	1.311	1.699	2.045	2.462	2.541	2.663	2.756
30	.683	1.310	1.697	2.042	2.457	2.536	2.657	2.750
40	.681	1.303	1.684	2.021	2.423	2.499	2.616	2.704
60	.679	1.296	1.671	2.000	2.390	2.463	2.575	2.660
120	.677	1.289	1.658	1.980	2.358	2.428	2.536	2.617
∞	.674	1.282	1.645	1.960	2.326	2.394	2.498	2.576

표 5 χ^2 분포의 상위 α의 확률을 주는 값

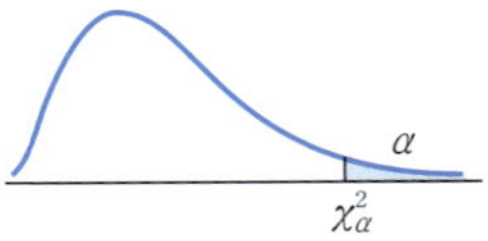

d.f. \ α	.99	.975	.95	.90	.50	.10	.05	.025	.01
1	.0002	.001	.004	.02	.45	2.71	3.84	5.02	6.63
2	.02	.05	.10	.21	1.39	4.61	5.99	7.38	9.21
3	.11	.22	.35	.58	2.37	6.25	7.81	9.35	11.34
4	.30	.48	.71	1.06	3.36	7.78	9.49	11.14	13.28
5	.55	.83	1.15	1.61	4.35	9.24	11.07	12.83	15.09
6	.87	1.24	1.64	2.20	5.35	10.64	12.59	14.45	16.81
7	1.24	1.69	2.17	2.83	6.35	12.02	14.07	16.01	18.48
8	1.65	2.18	2.73	3.49	7.34	13.36	15.51	17.53	20.09
9	2.09	2.70	3.33	4.17	8.34	14.68	16.92	19.02	21.67
10	2.56	3.24	3.94	4.87	9.34	15.99	18.31	20.48	23.21
11	3.05	3.81	4.57	5.58	10.34	17.28	19.68	21.92	24.72
12	3.57	4.40	5.23	6.30	11.34	18.55	21.03	23.34	26.22
13	4.11	5.01	5.89	7.04	12.34	19.81	22.36	24.74	27.69
14	4.66	5.62	6.57	7.79	13.34	21.06	23.68	26.12	29.14
15	5.23	6.26	7.26	8.55	14.34	22.31	25.00	27.49	30.58
16	5.81	6.90	7.96	9.31	15.34	23.54	26.30	28.85	32.00
17	6.41	7.56	8.67	10.09	16.34	24.77	27.59	30.19	33.41
18	7.01	8.23	9.39	10.86	17.34	25.99	28.87	31.53	34.81
19	7.63	8.90	10.12	11.65	18.34	27.20	30.14	32.85	36.19
20	8.26	9.59	10.85	12.44	19.34	28.41	31.41	34.17	37.57
21	8.90	10.28	11.59	13.24	20.34	29.62	32.67	35.48	38.93
22	9.54	10.98	12.34	14.04	21.34	30.81	33.92	36.78	40.29
23	10.20	11.69	13.09	14.85	22.34	32.01	35.17	38.08	41.64
24	10.86	12.40	13.85	15.66	23.34	33.20	36.42	39.36	42.98
25	11.52	13.11	14.61	16.47	24.34	34.38	37.65	40.65	44.31
26	12.20	13.84	15.38	17.29	25.34	35.56	38.89	41.92	45.64
27	12.88	14.57	16.15	18.11	26.34	36.74	40.11	43.19	46.96
28	13.56	15.30	16.93	18.94	27.34	37.92	41.34	44.46	48.28
29	14.26	16.04	17.71	19.77	28.34	39.09	42.56	45.72	49.59
30	14.95	16.78	18.49	20.60	29.34	40.26	43.77	46.98	50.89
40	22.16	24.42	26.51	29.05	39.34	51.81	55.76	59.34	63.69
50	29.71	32.35	34.76	37.69	49.33	63.17	67.50	71.42	76.15
60	37.48	40.47	43.19	46.46	59.33	74.40	79.08	83.30	88.38
70	45.44	48.75	51.74	55.33	69.33	85.53	90.53	95.02	100.43
80	53.54	57.15	60.39	64.28	79.33	96.58	101.88	106.63	112.33
90	61.75	65.64	69.13	73.29	89.33	107.57	113.15	118.14	124.12
100	70.06	74.22	77.93	82.36	99.33	118.50	124.34	129.56	135.81

표 6 F 분포의 상위 α의 확률을 주는 값

$\alpha=0.10$

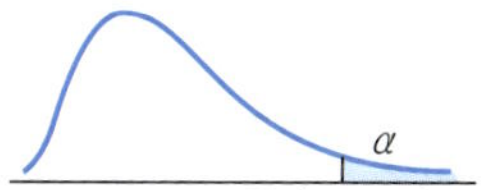

$F_\alpha(v_1, v_2)$

v_2 \ v_1	1	2	3	4	5	6	7	8	9	10	12	15	20	25	30	40	60
1	39.86	49.50	53.59	55.83	57.24	58.20	58.91	59.44	59.86	60.19	60.71	61.22	61.74	62.05	62.26	62.53	62.79
2	8.53	9.00	9.16	9.24	9.29	9.33	9.35	9.37	9.38	9.39	9.41	9.42	9.44	9.45	9.46	9.47	9.47
3	5.54	5.46	5.39	5.34	5.31	5.28	5.27	5.25	5.24	5.23	5.22	5.20	5.18	5.17	5.17	5.16	5.15
4	4.54	4.32	4.19	4.11	4.05	4.01	3.98	3.95	3.94	3.92	3.90	3.87	3.84	3.83	3.82	3.80	3.79
5	4.06	3.78	3.62	3.52	3.45	3.40	3.37	3.34	3.32	3.30	3.27	3.24	3.21	3.19	3.17	3.16	3.14
6	3.78	3.46	3.29	3.18	3.11	3.05	3.01	2.98	2.96	2.94	2.90	2.87	2.84	2.81	2.80	2.78	2.76
7	3.59	3.26	3.07	2.96	2.88	2.83	2.78	2.75	2.72	2.70	2.67	2.63	2.59	2.57	2.56	2.54	2.51
8	3.46	3.11	2.92	2.81	2.73	2.67	2.62	2.59	2.56	2.54	2.50	2.46	2.42	2.40	2.38	2.36	2.34
9	3.36	3.01	2.81	2.69	2.61	2.55	2.51	2.47	2.44	2.42	2.38	2.34	2.30	2.27	2.25	2.23	2.21
10	3.29	2.92	2.73	2.61	2.52	2.46	2.41	2.38	2.35	2.32	2.28	2.24	2.20	2.17	2.16	2.13	2.11
11	3.23	2.86	2.66	2.54	2.45	2.39	2.34	2.30	2.27	2.25	2.21	2.17	2.12	2.10	2.08	2.05	2.03
12	3.18	2.81	2.61	2.48	2.39	2.33	2.28	2.24	2.21	2.19	2.15	2.10	2.06	2.03	2.01	1.99	1.96
13	3.14	2.76	2.56	2.43	2.35	2.28	2.23	2.20	2.16	2.14	2.10	2.05	2.01	1.98	1.96	1.93	1.90
14	3.10	2.73	2.52	2.39	2.31	2.24	2.19	2.15	2.12	2.10	2.05	2.01	1.96	1.93	1.91	1.89	1.86
15	3.07	2.70	2.49	2.36	2.27	2.21	2.16	2.12	2.09	2.06	2.02	1.97	1.92	1.89	1.87	1.85	1.82
16	3.05	2.67	2.46	2.33	2.24	2.18	2.13	2.09	2.06	2.03	1.99	1.94	1.89	1.86	1.84	1.81	1.78
17	3.03	2.64	2.44	2.31	2.22	2.15	2.10	2.06	2.03	2.00	1.96	1.91	1.86	1.83	1.81	1.78	1.75
18	3.01	2.62	2.42	2.29	2.20	2.13	2.08	2.04	2.00	1.98	1.93	1.89	1.84	1.80	1.78	1.75	1.72
19	2.99	2.61	2.40	2.27	2.18	2.11	2.06	2.02	1.98	1.96	1.91	1.86	1.81	1.78	1.76	1.73	1.70
20	2.97	2.59	2.38	2.25	2.16	2.09	2.04	2.00	1.96	1.94	1.89	1.84	1.79	1.76	1.74	1.71	1.68
21	2.96	2.57	2.36	2.23	2.14	2.08	2.02	1.98	1.95	1.92	1.87	1.83	1.78	1.74	1.72	1.69	1.66
22	2.95	2.56	2.35	2.22	2.13	2.06	2.01	1.97	1.93	1.90	1.86	1.81	1.76	1.73	1.70	1.67	1.64
23	2.94	2.55	2.34	2.21	2.11	2.05	1.99	1.95	1.92	1.89	1.84	1.80	1.74	1.71	1.69	1.66	1.62
24	2.93	2.54	2.33	2.19	2.10	2.04	1.98	1.94	1.91	1.88	1.83	1.78	1.73	1.70	1.67	1.64	1.61
25	2.92	2.53	2.32	2.18	2.09	2.02	1.97	1.93	1.89	1.87	1.82	1.77	1.72	1.68	1.66	1.63	1.59
26	2.91	2.52	2.31	2.17	2.08	2.01	1.96	1.92	1.88	1.86	1.81	1.76	1.71	1.67	1.65	1.61	1.58
27	2.90	2.51	2.30	2.17	2.07	2.00	1.95	1.91	1.87	1.85	1.80	1.75	1.70	1.66	1.64	1.60	1.57
28	2.89	2.50	2.29	2.16	2.06	2.00	1.94	1.90	1.87	1.84	1.79	1.74	1.69	1.65	1.63	1.59	1.56
29	2.89	2.50	2.28	2.15	2.06	1.99	1.93	1.89	1.86	1.83	1.78	1.73	1.68	1.64	1.62	1.58	1.55
30	2.88	2.49	2.28	2.14	2.05	1.98	1.93	1.88	1.85	1.82	1.77	1.72	1.67	1.63	1.61	1.57	1.54
40	2.84	2.44	2.23	2.09	2.00	1.93	1.87	1.83	1.79	1.76	1.71	1.66	1.61	1.57	1.54	1.51	1.47
60	2.79	2.39	2.18	2.04	1.95	1.87	1.82	1.77	1.74	1.71	1.66	1.60	1.54	1.50	1.48	1.44	1.40
120	2.75	2.35	2.13	1.99	1.90	1.82	1.77	1.72	1.68	1.65	1.60	1.55	1.48	1.45	1.41	1.37	1.32
∞	2.71	2.30	2.08	1.94	1.85	1.77	1.72	1.67	1.63	1.60	1.55	1.49	1.42	1.38	1.34	1.30	1.24

표 6: (계속)

$\alpha=0.05$

v_2 \ v_1	1	2	3	4	5	6	7	8	9	10	12	15	20	25	30	40	60
1	161.5	199.5	215.7	224.6	230.2	234.0	236.8	238.9	240.5	241.9	243.9	246.0	248.0	249.3	250.1	251.1	252.2
2	18.51	19.00	19.16	19.25	19.30	19.33	19.35	19.37	19.38	19.40	19.41	19.43	19.45	19.46	19.46	19.47	19.48
3	10.13	9.55	9.28	9.12	9.01	8.94	8.89	8.85	8.81	8.79	8.74	8.70	8.66	8.63	8.62	8.59	8.57
4	7.71	6.94	6.59	6.39	6.26	6.16	6.09	6.04	6.00	5.96	5.91	5.86	5.80	5.77	5.75	5.72	5.69
5	6.61	5.79	5.41	5.19	5.05	4.95	4.88	4.82	4.77	4.74	4.68	4.62	4.56	4.52	4.50	4.46	4.43
6	5.99	5.14	4.76	4.53	4.39	4.28	4.21	4.15	4.10	4.06	4.00	3.94	3.87	3.83	3.81	3.77	3.74
7	5.59	4.74	4.35	4.12	3.97	3.87	3.79	3.73	3.68	3.64	3.57	3.51	3.44	3.40	3.38	3.34	3.30
8	5.32	4.46	4.07	3.84	3.69	3.58	3.50	3.44	3.39	3.35	3.28	3.22	3.15	3.11	3.08	3.04	3.01
9	5.12	4.26	3.86	3.63	3.48	3.37	3.29	3.23	3.18	3.14	3.07	3.01	2.94	2.89	2.86	2.83	2.79
10	4.96	4.10	3.71	3.48	3.33	3.22	3.14	3.07	3.02	2.98	2.91	2.85	2.77	2.73	2.70	2.66	2.62
11	4.84	3.98	3.59	3.36	3.20	3.09	3.01	2.95	2.90	2.85	2.79	2.72	2.65	2.60	2.57	2.53	2.49
12	4.75	3.89	3.49	3.26	3.11	3.00	2.91	2.85	2.80	2.75	2.69	2.62	2.54	2.50	2.47	2.43	2.38
13	4.67	3.81	3.41	3.18	3.03	2.92	2.83	2.77	2.71	2.67	2.60	2.53	2.46	2.41	2.38	2.34	2.30
14	4.60	3.74	3.34	3.11	2.96	2.85	2.76	2.70	2.65	2.60	2.53	2.46	2.39	2.34	2.31	2.27	2.22
15	4.54	3.68	3.29	3.06	2.90	2.79	2.71	2.64	2.59	2.54	2.48	2.40	2.33	2.28	2.25	2.20	2.16
16	4.49	3.63	3.24	3.01	2.85	2.74	2.66	2.59	2.54	2.49	2.42	2.35	2.28	2.23	2.19	2.15	2.11
17	4.45	3.59	3.20	2.96	2.81	2.70	2.61	2.55	2.49	2.45	2.38	2.31	2.23	2.18	2.15	2.10	2.06
18	4.41	3.55	3.16	2.93	2.77	2.66	2.58	2.51	2.46	2.41	2.34	2.27	2.19	2.14	2.11	2.06	2.02
19	4.38	3.52	3.13	2.90	2.74	2.63	2.54	2.48	2.42	2.38	2.31	2.23	2.16	2.11	2.07	2.03	1.98
20	4.35	3.49	3.10	2.87	2.71	2.60	2.51	2.45	2.39	2.35	2.28	2.20	2.12	2.07	2.04	1.99	1.95
21	4.32	3.47	3.07	2.84	2.68	2.57	2.49	2.42	2.37	2.32	2.25	2.18	2.10	2.05	2.01	1.96	1.92
22	4.30	3.44	3.05	2.82	2.66	2.55	2.46	2.40	2.34	2.30	2.23	2.15	2.07	2.02	1.98	1.94	1.89
23	4.28	3.42	3.03	2.80	2.64	2.53	2.44	2.37	2.32	2.27	2.20	2.13	2.05	2.00	1.96	1.91	1.86
24	4.26	3.40	3.01	2.78	2.62	2.51	2.42	2.36	2.30	2.25	2.18	2.11	2.03	1.97	1.94	1.89	1.84
25	4.24	3.39	2.99	2.76	2.60	2.49	2.40	2.34	2.28	2.24	2.16	2.09	2.01	1.96	1.92	1.87	1.82
26	4.23	3.37	2.98	2.74	2.59	2.47	2.39	2.32	2.27	2.22	2.15	2.07	1.99	1.94	1.90	1.85	1.80
27	4.21	3.35	2.96	2.73	2.57	2.46	2.37	2.31	2.25	2.20	2.13	2.06	1.97	1.92	1.88	1.84	1.79
28	4.20	3.34	2.95	2.71	2.56	2.45	2.36	2.29	2.24	2.19	2.12	2.04	1.96	1.91	1.87	1.82	1.77
29	4.18	3.33	2.93	2.70	2.55	2.43	2.35	2.28	2.22	2.18	2.10	2.03	1.94	1.89	1.85	1.81	1.75
30	4.17	3.32	2.92	2.69	2.53	2.42	2.33	2.27	2.21	2.16	2.09	2.01	1.93	1.88	1.84	1.79	1.74
40	4.08	3.23	2.84	2.61	2.45	2.34	2.25	2.18	2.12	2.08	2.00	1.92	1.84	1.78	1.74	1.69	1.64
60	4.00	3.15	2.76	2.53	2.37	2.25	2.17	2.10	2.04	1.99	1.92	1.84	1.75	1.69	1.65	1.59	1.53
120	3.92	3.07	2.68	2.45	2.29	2.18	2.09	2.02	1.96	1.91	1.83	1.75	1.66	1.60	1.55	1.50	1.43
∞	3.84	3.00	2.61	2.37	2.21	2.10	2.01	1.94	1.88	1.83	1.75	1.67	1.57	1.51	1.46	1.39	1.32

표 7 부호순위 검정통계량 W^+의 H_0하에서의 확률표

$$\mathbf{P}[W^+ \geq x] = \mathbf{P}[W^+ \leq x^*] = p$$

$n=3$		
x	P	
5	.250	1
6	.125	0
7	0	

$n=4$		
x	P	
8	.188	2
9	.125	1
10	.062	0
11	0	

$n=5$		
x	P	
12	.156	3
13	.094	2
14	.062	1
15	.031	0
16	0	

$n=6$		
x	P	
17	.109	4
18	.078	3
19	.047	2
20	.031	1
21	.016	0
22	0	

$n=7$		
x	P	
22	.109	6
23	.078	5
24	.055	4
25	.039	3
26	.023	2
27	.016	1
28	.008	0

$n=8$		
x	P	
27	.125	9
28	.098	8
29	.074	7
30	.055	6
31	.039	5
32	.027	4
33	.020	3
34	.012	2
35	.008	1

$n=9$		
x	P	
34	.102	11
35	.082	10
36	.064	9
37	.049	8
38	.037	7
39	.027	6
40	.020	5
41	.014	4
42	.010	3

$n=10$		
x	P	
40	.116	15
41	.097	14
42	.080	13
43	.065	12
44	.053	11
45	.042	10
46	.032	9
47	.024	8
48	.019	7
49	.014	6
50	.010	5

$n=11$		
x	P	
48	.103	18
49	.087	17
50	.074	16
51	.062	15
52	.051	14
53	.042	13
54	.034	12
55	.027	11
56	.021	10
57	.016	9
58	.012	8
59	.009	7

$n=12$		
x	P	
56	.102	22
57	.088	21
58	.076	20
59	.065	19
60	.055	18
61	.046	17
62	.039	16
63	.032	15
64	.026	14
65	.021	13
66	.017	12
67	.013	11
68	.010	10

$n=13$		
x	P	
64	.108	27
65	.095	26
66	.084	25
67	.073	24
68	.064	23
69	.055	22
70	.047	21
71	.040	20
72	.034	19
73	.029	18
74	.024	17
75	.020	16
76	.016	15
77	.013	14
78	.011	13
79	009	12

$n=14$		
x	P	
73	.108	32
74	.097	31
75	.086	30
76	.077	29
77	.068	28
78	.059	27
79	.052	26
80	.045	25
81	.039	24
82	.034	23
83	.029	22
84	.025	21
85	.021	20
86	.018	19
87	.015	18
88	.012	17
89	.010	16

n=15					
x	P		x	P	
83	.104	37	93	.032	27
84	.094	36	94	.028	26
85	.084	35	95	.024	25
86	.076	34	96	.021	24
87	.068	333	97	.018	23
88	.060	32	98	.015	22
89	.053	31	99	.013	21
90	.047	30	100	.011	20
91	.042	29	101	.009	19
92	.036	28			

표 8 순위합 검정통계량 W의 H_0하에서의 확률표

$$\mathbf{P}[W \geq x] = \mathbf{P}[W \leq x^*] = p$$

n=2

m=3 x	P		m=4 x	P		m=5 x	P		m=6 x	P	
8	.200	4	10	.133	4	11	.190	5	13	.043	5
9	.100	3	11	.067	3	12	.095	4	14	.071	4
10	0	2	12	0	2	13	.048	3	15	.036	3
						14	0	2	16	0	2

m=7 x	P		m=8 x	P		m=9 x	P		m=10 x	P	
15	.111	5	16	.133	6	18	.109	6	19	.136	7
16	.056	4	17	.089	5	19	.073	5	20	.091	6
17	.028	3	18	.044	4	20	.036	4	21	.061	5
18	0	2	19	.022	3	21	.018	3	22	.030	4
			20	0	2	22	0	2	23	.015	3

n=3

m=3 x	P		m=4 x	P		m=5 x	P		m=6 x	P	
13	.200	8	16	.114	8	18	.125	9	20	.131	10
14	.100	7	17	.057	7	19	.071	8	21	.083	9
15	.050	6	18	.029	6	20	.036	7	22	.048	8
16	0	5	19	0	5	21	.018	6	23	.024	7
						22	0	5	24	.012	6
									25	0	5

m=7 x	P		m=8 x	P		m=9 x	P		m=10 x	P	
22	.133	11	24	.139	12	27	.105	12	29	.108	13
23	.092	10	25	.097	11	28	.073	11	30	.080	12
24	.058	9	26	.067	10	29	.050	10	31	.056	11
25	.033	8	27	.042	9	30	.032	9	32	.038	10
26	.017	7	28	.024	8	31	.018	8	33	.024	9
27	.008	6	29	.012	7	32	.009	7	34	.014	8
28	0	5	30	.006	6				35	.007	7
			31	0	5						

$n=4$

$m=4$			$m=5$			$m=6$			$m=7$		
x	P		x	P		x	P		x	P	
22	.171	14	25	.143	15	28	.129	16	31	.115	17
23	.100	13	26	.095	14	29	.086	15	32	.082	16
24	.057	12	27	.056	13	30	.057	14	33	.055	15
25	.029	11	28	.032	12	31	.033	13	34	.036	14
26	.014	10	29	.016	11	32	.019	12	35	.021	13
27	0	9	30	.008	10	33	.010	11	36	.012	12
			31	0	9				37	.006	11

$m=8$			$m=9$			$m=10$		
x	P		x	P		x	P	
34	.107	18	36	.130	20	39	.120	21
35	.077	17	37	.099	19	40	.094	20
36	.055	16	38	.074	18	41	.071	19
37	.036	15	39	.053	17	42	.053	18
38	.024	14	40	.038	16	43	.038	17
39	.014	13	41	.025	15	44	.027	16
40	.008	12	42	.017	14	45	.018	15
			43	.010	13	46	.012	14
						47	.007	13

$n=5$

$m=5$			$m=6$			$m=7$			$m=8$		
x	P		x	P		x	P		x	P	
34	.111	21	37	.123	23	41	.101	24	44	.111	26
35	.075	20	38	.089	22	42	.074	23	45	.085	25
36	.048	19	39	.063	21	43	.053	22	46	.064	24
37	.028	18	40	.041	20	44	.037	21	47	.047	23
38	.016	17	41	.026	19	45	.024	20	48	.033	22
39	.008	16	42	.015	18	46	.015	19	49	.023	21
			43	.009	17	47	.009	18	50	.015	20
									51	.009	19

$m=9$			$m=10$		
x	P		x	P	
47	.120	28	51	.103	29
48	.095	27	52	.082	28
49	.073	26	53	.065	27
50	.056	25	54	.050	26
51	.041	24	55	.038	25
52	.030	23	56	.028	24
53	.021	22	57	.020	23
54	.014	21	58	.014	22
55	.009	20	59	.010	21

n=6											
m											
6			7			8			9		
x	P		x	P		x	P		x	P	
47	.120	31	51	.117	33	55	.114	35	59	.112	37
48	.090	30	52	.090	32	56	.091	34	60	.091	36
49	.066	29	53	.069	31	57	.071	33	61	.072	35
50	.047	28	54	.051	30	58	.054	32	62	.057	34
51	.032	27	55	.037	29	59	.041	31	63	.044	33
52	.021	26	56	.026	28	60	.030	30	64	.033	32
53	.013	25	57	.017	27	61	.021	29	65	.025	31
54	.008	24	58	.011	26	62	.015	28	66	.018	30
			59	.007	25	63	.010	27	67	.013	29
									68	.009	28

10					
x	P		x	P	
63	.110	39	69	.028	33
67	.090	38	70	.021	32
65	.074	37	71	.016	31
66	.059	36	72	.011	30
67	.047	35	73	.008	29
68	.036	34			

n=7											
m											
7			8			9			10		
x	P		x	P		x	P		x	P	
63	.104	42	67	.116	45	72	.105	47	76	.115	50
64	.082	41	68	.095	44	73	.087	46	77	.097	49
65	.064	40	69	.076	43	74	.071	45	78	.081	48
66	.049	39	70	.060	42	75	.057	44	79	.067	47
67	.036	38	71	.047	41	76	.045	43	80	.054	46
68	.027	37	72	.036	40	77	.036	42	81	.044	45
69	.019	36	73	.027	39	78	.027	41	82	.035	44
70	.013	35	74	.020	38	79	.021	40	83	.028	43
71	.009	34	75	.014	37	80	.016	39	84	.022	42
			76	.010	36	81	.011	38	85	.017	41
						82	.008	37	86	.012	40
									87	.009	39

$n=8$								
m								
8			9			10		
x	P		x	P		x	P	
80	.117	56	86	.100	58	91	.102	61
81	.097	55	87	.084	57	92	.086	60
82	.080	54	88	.069	56	93	.073	59
83	.065	53	89	.057	55	94	.061	58
84	.052	52	90	.046	54	95	.051	57
85	.041	51	91	.037	53	96	.042	56
86	.032	50	92	.030	52	97	.034	55
87	.025	49	93	.023	51	98	.027	54
88	.019	48	94	.018	50	99	.022	53
89	.014	47	95	.014	49	100	.017	52
90	.010	46	96	.010	48	101	.013	51
						102	.010	50

$n=9$						$n=10$		
m						m		
9						10		
x	P		x	P		x	P	
100	.111	71	106	.106	74	122	.109	88
101	.095	70	107	.091	73	123	.095	87
102	.081	69	108	.078	72	124	.083	86
103	.068	68	109	.067	71	125	.072	85
104	.057	67	110	.056	70	126	.062	84
105	.047	66	111	.047	69	127	.053	83
106	.039	65	112	.039	68	128	.045	82
107	.031	64	113	.033	67	129	.038	81
108	.025	63	114	.027	66	130	.032	80
109	.020	62	115	.022	65	131	.026	79
110	.016	61	116	.017	64	132	.022	78
111	.012	60	117	.014	63	133	.018	77
112	.009	59	118	.011	62	134	.014	76
			119	.009	61	135	.012	75
						136	.009	74

표 9 크루스칼-왈리스 통계량(H) 분포표

$P_0\{H \geq x\}$($k=3$일 때)

$P_0\{H \geq x\}=\alpha$이면 $h(\alpha, 3, (n_1, n_2, n_3))=x$

$n_1=1,\ n_2=2,\ n_3=2$

x	$P_0\{H \geq x\}$
.300	1.000
1.800	.833
2.700	.500

$n_1=1,\ n_2=1,\ n_3=3$

x	$P_0\{H \geq x\}$
.533	1.000
.800	.800
2.133	.700
3.200	.300

$n_1=1,\ n_2=1,\ n_3=4$

x	$P_0\{H \geq x\}$
.143	1.000
.786	.933
1.000	.800
1.286	.667
2.143	.600
2.500	.467
3.571	.200

$n_1=1,\ n_2=1,\ n_3=5$

x	$P_0\{H \geq x\}$
.257	1.000
.429	.905
1.029	.857
1.114	.762
1.457	.667
1.714	.571

$n_1=1,\ n_2=1,\ n_3=5$

x	$P_0\{H \geq x\}$
2.314	.524
2.829	.333
3.857	.143

$n_1=1,\ n_2=2,\ n_3=2$

x	$P_0\{H \geq x\}$
.000	1.000
.400	.933
.600	.867
1.400	.733
2.000	.600
2.400	.467
3.000	.333
3.600	.200

$n_1=1,\ n_2=1,\ n_3=3$

x	$P_0\{H \geq x\}$
.095	1.000
.238	.933
.429	.900
.810	.833
.857	.800
1.238	.700
1.381	.600
1.952	.567
2.143	.533
2.381	.433
3.095	.267
3.524	.200
3.857	.133
4.286	.100

$n_1=1,\ n_2=2,\ n_3=4$

x	$P_0\{H \geq x\}$
.000	1.000
.161	.971
.268	.933
.321	.895
.536	.857
.643	.819
.696	.800
1.018	.781
1.071	.743
1.125	.705
1.286	.667
1.393	.629
1.446	.590
1.875	.533
2.036	.495
2.143	.476
2.250	.457
2.411	.400
2.571	.305
2.786	.286
2.893	.267
3.161	.190
3.696	.171
3.750	.133
4.018	.114
4.500	.076
4.821	.057

$n_1=1,\ n_2=2,\ n_3=5$

x	$P_0\{H \geq x\}$
.050	1.000
.133	.964
.200	.940
.450	.905
.467	.845

$n_1=1,\ n_2=2,\ n_3=5$

x	$P_0\{H \geq x\}$
.583	.821
.667	.798
.717	.774
1.000	.750
1.117	.738
1.200	.714
1.250	.655
1.383	.619
1.533	.583
1.783	.560
1.800	.536
1.917	.488
2.050	.464
2.333	.429
2.450	.393
2.717	.298
2.800	.286
2.867	.214
3.133	.202
3.333	.190
3.383	.179
3.783	.131
4.050	.119
4.200	.095
4.450	.071
5.000	.048
5.250	.036

$n_1=1,\ n_2=3,\ n_3=3$

x	$P_0\{H \geq x\}$
.000	1.000
.143	.986
.286	.957
.571	.871
1.000	.771

$n_1=1,\ n_2=3,\ n_3=3$

x	$P_0\{H \geq x\}$
1.143	.743
1.286	.600
1.571	.571
2.000	.514
2.286	.486
2.571	.329
3.143	.243
3.286	.157
4.000	.129
4.571	.100
5.143	.043

$n_1=1,\ n_2=3,\ n_3=4$

x	$P_0\{H \geq x\}$
.056	1.000
.097	.971
.208	.950
.333	.921
.431	.900
.500	.871
.556	.843
.764	.786
.875	.743
1.097	.721
1.208	.707
1.222	.679
1.389	.629
1.431	.557
1.764	.536
1.833	.514
1.875	.471
2.097	.457
2.208	.443
2.333	.429
2.431	.371
2.722	.300
2.764	.229
3.000	.221
3.097	.214
3.208	.200
3.222	.157
3.764	.136
3.889	.129
4.056	.093
4.097	.086
4.208	.079
4.764	.071
5.000	.057
5.208	.050
5.389	.036
5.833	.021

$n_1=1,\ n_2=3,\ n_3=5$

x	$P_0\{H \geq x\}$
.000	1.000
.071	.992
.160	.972
.178	.952
.284	.929
.338	.889
.551	.869
.604	.853
.640	.833
.711	.770
.818	.750
.960	.730
1.084	.694
1.138	.683
1.351	.651
1.404	.611
1.440	.591
1.511	.571
1.600	.560
1.671	.520
1.778	.488
1.884	.480
1.938	.468
2.044	.452
2.204	.437
2.400	.413
2.418	.405
2.560	.341
2.844	.258
2.951	.218
3.040	.210
3.218	.190
3.271	.183
3.378	.143
3.484	.135
3.804	.131
3.840	.123
4.018	.095
4.284	.083
4.338	.079
4.551	.075
4.711	.056
4.871	.052
4.960	.048
5.404	.044
5.440	.036
5.760	.028
6.044	.020
6.400	.012

$n_1=1,\ n_2=4,\ n_3=4$

x	$P_0\{H \geq x\}$
.000	1.000
.067	.987
.167	.968
.267	.930
.300	.911
.567	.873
.600	.835
.667	.803
.867	.759
.967	.721
1.067	.689
1.200	.676
1.367	.644
1.500	.600
1.667	.537
1.767	.498
2.167	.460
2.267	.410
2.400	.384
2.467	.349
2.667	.305
2.700	.260
2.967	.235
3.000	.222
3.267	.178
3.367	.171
3.467	.152
3.867	.121
3.900	.108
4.067	.102
4.167	.083
4.267	.070
4.800	.067
4.867	.054
4.967	.048
5.100	.041
5.667	.035
6.000	.029
6.167	.022
6.667	.010

$n_1=1,\ n_2=4,\ n_3=5$

x	$P_0\{H \geq x\}$
.033	1.000
.060	.983
.104	.968
.186	.952
.273	.938
.278	.922
.295	.906
.360	.890
.409	.875
.540	.848
.622	.821
.731	.806
.758	.794
.796	.778
.818	.762

$n_1=1,\ n_2=4,\ n_3=5$

x	$P_0\{H \geq x\}$
.906	.730
.933	.719
.976	.690
1.151	.676
1.167	.665
1.195	.651
1.233	.640
1.342	.625
1.369	.614
1.495	.606
1.500	.589
1.587	.562
1.604	.535
1.669	.517
1.778	.498
1.806	.483
1.849	.468
1.931	.460
2.040	.441
2.067	.432
2.106	.419
2.242	.406
2.286	.400
2.455	.394
2.460	.354
2.504	.346
2.591	.300
2.651	.286
2.896	.251
2.913	.222
2.940	.216
3.000	.208
3.087	.194
3.158	.187
3.240	.183
3.349	.151
3.524	.146
3.595	.138
3.682	.132
3.813	.110
3.960	.102
3.987	.098
4.206	.095
4.222	.087

$n_1=1,\ n_2=4,\ n_3=5$

x	$P_0\{H \geq x\}$
4.287	.071
4.549	.067
4.636	.063
4.724	.060
4.833	.059
4.860	.056
4.986	.044
5.078	.041
5.160	.038
5.515	.037
5.558	.035
5.596	.033
5.733	.027
5.776	.025
5.858	.024
5.864	.022
5.967	.021
6.431	.019
6.578	.016
6.818	.013
6.840	.011
6.954	.008
7.364	.005

$n_1=1,\ n_2=5,\ n_3=5$

x	$P_0\{H \geq x\}$
.000	1.000
.036	.994
.109	.982
.146	.956
.182	.944
.327	.920
.400	.885
.436	.872
.546	.847
.582	.802
.727	.792
.836	.771
.909	.752
.982	.716
1.127	.669
1.200	.646

$n_1=1,\ n_2=5,\ n_3=5$

x	$P_0\{H \geq x\}$
1.309	.630
1.346	.605
1.600	.584
1.636	.571
1.709	.509
1.746	.493
1.782	.468
1.927	.462
2.000	.438
2.146	.422
2.182	.411
2.327	.379
2.436	.374
2.509	.361
2.582	.314
2.727	.286
2.909	.242
2.946	.227
3.236	.188
3.346	.168
3.382	.161
3.527	.141
3.600	.132
3.636	.116
3.927	.113
4.036	.105
4.109	.086
4.182	.082
4.400	.076
4.546	.074
4.800	.056
4.909	.053
5.127	.046
5.236	.039
5.636	.033
5.709	.030
5.782	.027
6.000	.022
6.146	.019
6.509	.018
6.546	.015
6.582	.014
6.727	.012
6.836	.011

$n_1=1,\ n_2=5,\ n_3=5$

x	$P_0\{H \geq x\}$
7.309	.009
7.527	.008
7.746	.005
8.182	.002

$n_1=2,\ n_2=2,\ n_3=2$

x	$P_0\{H \geq x\}$
.000	1.000
.286	.933
.857	.800
1.143	.667
2.000	.533
2.571	.400
3.429	.333
3.714	.200
4.571	.067

$n_1=2,\ n_2=2,\ n_3=3$

x	$P_0\{H \geq x\}$
.000	1.000
.179	.971
.214	.895
.500	.857
.607	.800
.714	.743
.857	.686
1.179	.657
1.357	.619
1.464	.562
1.607	.524
1.929	.467
2.000	.438
2.214	.419
2.429	.381
2.464	.362
2.750	.324
2.857	.286
3.179	.267
3.429	.248

$n_1=2,\ n_2=2,\ n_3=3$

x	$P_0\{H \geq x\}$
3.607	.238
3.750	.219
3.929	.181
4.464	.105
4.500	.067
4.714	.048
5.357	.029

$n_1=2,\ n_2=2,\ n_3=4$

x	$P_0\{H \geq x\}$
.000	1.000
.125	.971
.167	.914
.333	.890
.458	.862
.500	.814
.667	.757
.792	.733
1.000	.695
1.125	.657
1.333	.581
1.500	.552
1.792	.514
1.833	.486
2.000	.448
2.125	.410
2.458	.362
2.667	.333
2.792	.314
2.833	.295
3.000	.276
3.125	.248
3.167	.229
3.458	.210
3.667	.190
4.000	.181
4.125	.152
4.167	.105
4.458	.100
4.500	.090
5.125	.052

$n_1=2,\ n_2=2,\ n_3=4$

x	$P_0\{H \geq x\}$
5.333	.033
5.500	.024
6.000	.014

$n_1=2,\ n_2=2,\ n_3=5$

x	$P_0\{H \geq x\}$
.000	1.000
.093	.984
.133	.937
.240	.913
.360	.881
.373	.844
.533	.807
.573	.791
.773	.759
.840	.722
.893	.685
.960	.653
1.093	.638
1.200	.606
1.373	.590
1.440	.563
1.493	.542
1.533	.516
1.693	.495
1.800	.474
2.133	.452
2.160	.444
2.173	.402
2.293	.381
2.333	.365
2.373	.344
2.693	.317
2.760	.296
2.973	.275
3.093	.265
3.133	.254
3.240	.238
3.333	.206
3.360	.196
3.573	.185

$n_1=2,\ n_2=2,\ n_3=5$

x	$P_0\{H \geq x\}$
3.773	.175
3.840	.164
3.973	.159
4.093	.148
4.200	.138
4.293	.122
4.373	.090
4.573	.085
4.800	.063
4.893	.061
5.040	.056
5.160	.034
5.693	.029
6.000	.019
6.133	.013
6.533	.008

$n_1=2,\ n_2=3,\ n_3=3$

x	$P_0\{H \geq x\}$
.028	1.000
.111	.968
.222	.946
.250	.896
.472	.864
.556	.807
.694	.757
1.000	.686
1.111	.671
1.139	.600
1.361	.564
1.444	.539
1.806	.511
1.889	.446
2.000	.425
2.028	.396
2.250	.368
2.472	.357
2.694	.329
2.778	.307
2.889	.286
3.139	.243

$n_1=2,\ n_2=3,\ n_3=3$

x	$P_0\{H \geq x\}$
3.222	.221
3.361	.207
3.778	.200
3.806	.179
4.028	.164
4.111	.129
4.250	.121
4.556	.100
4.694	.093
5.000	.075
5.139	.061
5.361	.032
5.556	.025
6.250	.011

$n_1=2,\ n_2=3,\ n_3=4$

x	$P_0\{H \geq x\}$
.000	1.000
.078	.987
.100	.965
.111	.944
.244	.922
.278	.902
.311	.881
.344	.862
.400	.844
.444	.829
.544	.811
.600	.794
.611	.770
.700	.756
.778	.722
.811	.703
.900	.689
.978	.673
1.000	.660
1.078	.627
1.111	.614
1.178	.602
1.244	.586
1.344	.571

$n_1=2,\ n_2=3,\ n_3=4$

x	$P_0\{H \geq x\}$
1.378	.559
1.411	.548
1.500	.537
1.600	.511
1.611	.502
1.678	.478
1.711	.468
1.778	.457
1.844	.448
1.944	.437
2.144	.417
2.178	.406
2.200	.398
2.211	.376
2.244	.368
2.378	.357
2.400	.346
2.411	.338
2.444	.329
2.500	.321
2.778	.294
2.800	.284
2.911	.271
2.944	.262
3.011	.256
3.100	.251
3.111	.238
3.244	.232
3.278	.225
3.300	.216
3.311	.203
3.444	.197
3.478	.190
3.544	.184
3.600	.175
3.811	.168
3.844	.163
3.911	.159
3.978	.156
4.000	.149
4.078	.140
4.200	.137
4.278	.124
4.311	.108

$n_1=2,\ n_2=3,\ n_3=4$

x	$P_0\{H \geq x\}$
4.378	.105
4.444	.102
4.511	.098
4.544	.086
4.611	.083
4.711	.079
4.811	.076
4.878	.073
4.900	.071
4.978	.059
5.078	.057
5.144	.054
5.378	.052
5.400	.051
5.444	.046
5.500	.040
5.611	.032
5.800	.030
6.000	.024
6.111	.021
6.144	.014
6.300	.011
6.444	.008
7.000	.005

$n_1=2,\ n_2=3,\ n_3=5$

x	$P_0\{H \geq x\}$
.014	1.000
.069	.981
.113	.966
.131	.951
.142	.932
.273	.917
.276	.901
.306	.886
.331	.869
.364	.855
.451	.823
.549	.807
.567	.794
.622	.781
.636	.769

$n_1=2,\ n_2=3,\ n_3=5$

x	$P_0\{H \geq x\}$
.713	.743
.724	.714
.767	.703
.887	.692
.942	.680
1.014	.659
1.058	.648
1.091	.638
1.149	.616
1.178	.593
1.276	.579
1.324	.569
1.378	.537
1.451	.529
1.586	.519
1.596	.510
1.614	.502
1.713	.483
1.727	.474
1.760	.459
1.814	.451
1.858	.444
1.876	.429
2.022	.420
2.033	.403
2.076	.396
2.106	.389
2.196	.382
2.251	.375
2.294	.368
2.367	.362
2.454	.356
2.458	.350
2.469	.336
2.487	.330
2.546	.321
2.633	.294
2.749	.287
2.818	.279
2.894	.269
2.924	.263
2.949	.257
2.798	.252
3.022	.248

$n_1=2,\ n_2=3,\ n_3=5$

x	$P_0\{H \geq x\}$
3.069	.243
3.167	.237
3.186	.233
3.273	.222
3.331	.211
3.342	.206
3.386	.201
3.414	.193
3.506	.189
3.546	.183
3.604	.175
3.676	.171
3.767	.167
3.778	.159
3.822	.156
3.909	.152
3.942	.146
3.996	.139
4.058	.137
4.069	.132
4.204	.129
4.214	.125
4.233	.122
4.258	.120
4.331	.117
4.378	.113
4.494	.101
4.651	.091
4.694	.089
4.724	.087
4.727	.085
4.814	.071
4.869	.067
4.913	.063
4.942	.062
5.076	.060
5.087	.053
5.106	.052
5.251	.049
5.349	.046
5.513	.044
5.524	.043
5.542	.041
5.727	.037

$n_1=2,\ n_2=3,\ n_3=5$

x	$P_0\{H \ge x\}$
5.742	.034
5.786	.033
5.804	.033
5.949	.026
6.004	.025
6.033	.024
6.091	.021
6.124	.020
6.294	.017
6.386	.016
6.414	.015
6.818	.012
6.822	.010
6.909	.009
6.949	.006
7.182	.004
7.636	.002

$n_1=2,\ n_2=4,\ n_3=4$

x	$P_0\{H \ge x\}$
.000	1.000
.054	.988
.082	.970
.191	.940
.218	.910
.273	.893
.327	.879
.409	.848
.491	.820
.627	.779
.736	.757
.764	.712
.873	.685
.954	.671
1.091	.651
1.146	.638
1.173	.596
1.282	.577
1.309	.559
1.364	.537
1.582	.526

$n_1=2,\ n_2=4,\ n_3=4$

x	$P_0\{H \ge x\}$
1.636	.510
1.718	.488
1.827	.441
1.964	.426
2.046	.400
2.236	.386
2.264	.375
2.373	.363
2.454	.338
2.509	.317
2.673	.301
2.809	.281
2.918	.272
2.946	.263
3.054	.239
3.136	.228
3.327	.220
3.354	.210
3.464	.192
3.491	.185
3.682	.180
3.764	.166
3.818	.152
4.009	.142
4.364	.125
4.418	.120
4.446	.103
4.554	.098
4.582	.094
4.691	.080
4.773	.075
4.854	.071
4.991	.065
5.127	.057
5.236	.052
5.454	.046
5.509	.044
5.536	.042
5.646	.039
5.727	.034
5.946	.028
6.082	.025
6.327	.024
6.409	.022

$n_1=2,\ n_2=4,\ n_3=4$

x	$P_0\{H \ge x\}$
6.546	.020
6.600	.017
6.627	.016
6.873	.011
7.036	.006
7.282	.004
7.854	.002

$n_1=2,\ n_2=4,\ n_3=5$

x	$P_0\{H \ge x\}$
.000	1.000
.041	.992
.064	.979
.068	.965
.141	.952
.154	.939
.164	.926
.223	.913
.254	.902
.273	.891
.300	.880
.323	.866
.368	.855
.404	.832
.504	.823
.518	.812
.541	.801
.564	.791
.573	.781
.614	.759
.618	.749
.654	.740
.723	.730
.791	.720
.841	.710
.864	.701
.891	.691
.904	.683
.914	.674
.950	.657
.954	.649
1.018	.640
1.023	.632

$n_1=2,\ n_2=4,\ n_3=5$

x	$P_0\{H \ge x\}$
1.050	.623
1.091	.614
1.200	.607
1.204	.599
1.268	.592
1.291	.576
1.314	.569
1.318	.562
1.391	.554
1.414	.537
1.450	.529
1.473	.521
1.518	.507
1.591	.499
1.618	.491
1.641	.485
1.664	.479
1.704	.472
1.750	.465
1.754	.459
1.814	.452
1.823	.432
1.973	.427
2.004	.420
2.018	.403
2.073	.398
2.114	.392
2.118	.387
2.141	.381
2.164	.375
2.223	.371
2.254	.366
2.291	.361
2.318	.351
2.323	.346
2.391	.335
2.454	.329
2.473	.324
2.504	.320
2.550	.315
2.618	.311
2.700	.306
2.723	.301
2.754	.296

$n_1=2,\ n_2=4,\ n_3=5$

x	$P_0\{H \geq x\}$
2.768	.285
2.773	.273
2.868	.267
2.891	.262
2.904	.258
2.914	.249
2.973	.246
3.023	.237
3.050	.234
3.064	.231
3.118	.226
3.164	.221
3.268	.217
3.314	.214
3.341	.208
3.364	.200
3.414	.197
3.454	.193
3.523	.190
3.564	.187
3.568	.184
3.573	.181
3.618	.178
3.641	.175
3.654	.170
3.700	.164
3.704	.160
3.791	.157
3.800	.151
3.818	.148
3.823	.145
3.864	.143
4.041	.139
4.064	.135
4.073	.133
4.091	.130
4.141	.128
4.154	.126
4.200	.123
4.223	.121
4.250	.119
4.323	.116
4.364	.114
4.368	.112

$n_1=2,\ n_2=4,\ n_3=5$

x	$P_0\{H \geq x\}$
4.404	.110
4.500	.104
4.518	.101
4.541	.098
4.614	.090
4.664	.088
4.768	.079
4.791	.078
4.800	.076
4.818	.074
4.841	.072
4.868	.071
4.950	.063
5.073	.061
5.154	.059
5.164	.053
5.254	.052
5.268	.051
5.273	.049
5.300	.048
5.314	.046
5.414	.045
5.518	.043
5.523	.042
5.564	.038
5.641	.037
5.664	.036
5.754	.035
5.823	.034
5.891	.032
5.954	.030
5.973	.029
6.004	.026
6.041	.025
6.068	.025
6.118	.024
6.141	.023
6.223	.022
6.368	.021
6.391	.021
6.473	.020
6.504	.020
6.541	.017
6.550	.017

$n_1=2,\ n_2=4,\ n_3=5$

x	$P_0\{H \geq x\}$
6.564	.016
6.654	.016
6.723	.015
6.904	.014
6.914	.013
7.000	.013
7.018	.012
7.064	.012
7.118	.010
7.204	.009
7.254	.009
7.291	.008
7.450	.007
7.500	.007
7.568	.006
7.573	.005
7.773	.004
7.814	.003
8.018	.002
8.114	.001
8.591	.001

$n_1=2,\ n_2=5,\ n_3=5$

x	$P_0\{H \geq x\}$
.008	1.000
.046	.988
.069	.978
.077	.966
.169	.947
.192	.928
.254	.896
.323	877
.377	.859
.415	.830
.446	.822
.538	.807
.562	.775
.623	.759
.692	.749
.746	.735
.808	.719
.815	.688

$n_1=2,\ n_2=5,\ n_3=5$

x	$P_0\{H \geq x\}$
.908	.674
.931	.661
1.115	.638
1.154	.611
1.185	.593
1.277	.569
1.300	.558
1.362	.552
1.431	.539
1.485	.528
1.523	.516
1.554	.506
1.646	.496
1.669	.486
1.731	.463
1.854	.445
1.915	.434
1.923	.424
2.015	.407
2.038	.398
2.223	.379
2.262	.374
2.285	.363
2.292	.353
2.385	.345
2.408	.330
2.469	.323
2.538	.315
2.592	.300
2.662	.292
2.754	.286
2.777	.279
2.908	.276
2.962	.270
3.023	.243
3.031	.234
3.123	.228
3.146	.218
3.331	.210
3.369	.203
3.392	.198
3.492	.190
3.515	.186
3.577	.181

$n_1=2,\ n_2=5,\ n_3=5$

x	$P_0\{H \ge x\}$
3.646	.169
3.738	.165
3.769	.163
3.862	.150
3.885	.146
4.015	.136
4.069	.132
4.131	.130
4.138	.127
4.231	.124
4.254	.114
4.438	.106
4.477	.103
4.508	.100
4.623	.097
4.685	.092
4.754	.084
4.808	.081
4.846	.073
4.877	.068
4.992	.066
5.054	.060
5.177	.057
5.238	.054
5.246	.051
5.338	.047
5.546	.045
5.585	.041
5.608	.040
5.615	.039
5.708	.037
5.731	.036
5.792	.032
5.915	.030
5.985	.028
6.077	.027
6.231	.026
6.346	.025
6.354	.021
6.446	.020
6.469	.019
6.654	.017
6.692	.016
6.815	.015
6.838	.014

$n_1=2,\ n_2=5,\ n_3=5$

x	$P_0\{H \ge x\}$
6.969	.013
7.023	.013
7.185	.012
7.208	.011
7.269	.010
7.338	.010
7.392	.009
7.462	.008
7.577	.007
7.762	.007
7.923	.006
8.008	.006
8.077	.006
8.131	.005
8.169	.003
8.292	.003
8.377	.002
8.562	.002
8.685	.001
8.938	.001
9.423	.000

$n_1=2,\ n_2=3,\ n_3=3$

x	$P_0\{H \ge x\}$
.000	1.000
.089	.993
.267	.929
.356	.879
.622	.829
.800	.721
1.067	.664
1.156	.629
1.422	.543
1.689	.511
1.867	.439
2.222	.382
2.400	.361
2.489	.339
2.756	.296
3.200	.254
3.289	.232

$n_1=3,\ n_2=3,\ n_3=3$

x	$P_0\{H \ge x\}$
3.467	.196
3.822	.168
4.267	.139
4.356	.132
4.622	.100
5.067	.086
5.422	.071
5.600	.050
5.689	.029
5.956	.025
6.489	.011
7.200	.004

$n_1=3,\ n_2=3,\ n_3=4$

x	$P_0\{H \ge x\}$
.018	1.000
.046	.984
.118	.970
.164	.941
.200	.925
.336	.895
.346	.869
.409	.842
.454	.830
.482	.817
.636	.791
.700	.764
.746	.717
.891	.690
1.064	.656
1.073	.633
1.136	.611
1.182	.602
1.209	.582
1.427	.541
1.473	.523
1.573	.513
1.618	.497
1.654	.481
1.791	.447
1.800	.433

$n_1=3,\ n_2=3,\ n_3=4$

x	$P_0\{H \ge x\}$
1.864	.415
2.091	.402
2.200	.389
2.227	.368
2.300	.351
2.382	.326
2.518	.314
2.527	.303
2.664	.291
2.882	.281
2.927	.273
2.954	.253
3.027	.244
3.073	.234
3.109	.220
3.254	.212
3.364	.203
3.391	.196
3.609	.188
3.682	.180
3.754	.178
3.800	.165
3.836	.150
3.973	.143
4.046	.132
4.091	.126
4.273	.123
4.336	.117
4.382	.111
4.564	.106
4.700	.101
4.709	.092
4.818	.085
4.846	.081
5.000	.074
5.064	.070
5.109	.068
5.254	.064
5.436	.062
5.500	.056
5.573	.053
5.727	.050
5.791	.046
5.936	.036

$n_1=3,\ n_2=3,\ n_3=4$

x	$P_0\{H\geq x\}$
5.982	.034
6.018	.027
6.154	.025
6.300	.023
6.564	.017
6.664	.014
6.709	.013
6.746	.010
7.000	.006
7.318	.004
7.436	.002
8.018	.001

$n_1=3,\ n_2=3,\ n_3=5$

x	$P_0\{H\geq x\}$
.000	1.000
.048	.994
.061	.970
.133	.958
.170	.948
.194	.926
.242	.902
.315	.890
.376	.868
.412	.847
.436	.826
.533	.804
.546	.794
.594	.783
.679	.765
.776	.725
.848	.686
.970	.668
1.042	.641
1.079	.624
1.103	.609
1.200	.594
1.212	.587
1.261	.571
1.442	.539
1.503	.526

$n_1=3,\ n_2=3,\ n_3=5$

x	$P_0\{H\geq x\}$
1.515	.512
1.527	.505
1.576	.491
1.648	.478
1.746	.450
1.770	.437
1.867	.425
2.012	.414
2.048	.403
2.061	.393
2.133	.382
2.170	.367
2.182	.358
2.194	.352
2.315	.342
2.376	.334
2.594	.315
2.667	.306
2.679	.298
2.715	.291
2.836	.267
2.861	.258
2.970	.242
3.079	.239
3.103	.232
3.333	.218
3.382	.215
3.394	.209
3.442	.196
3.467	.184
3.503	.179
3.576	.173
3.648	.167
3.709	.162
3.879	.156
3.927	.149
4.012	.144
4.048	.139
4.170	.135
4.194	.126
4.242	.122
4.303	.117
4.315	.113
4.412	.109

$n_1=3,\ n_2=3,\ n_3=5$

x	$P_0\{H\geq x\}$
4.533	.097
4.679	.094
4.776	.090
4.800	.087
4.848	.085
4.861	.082
4.909	.079
5.042	.077
5.079	.069
5.103	.067
5.212	.065
5.261	.062
5.346	.058
5.442	.055
5.503	.053
5.515	.051
5.648	.049
5.770	.047
5.867	.042
6.012	.040
6.061	.033
6.109	.032
6.194	.027
6.303	.026
6.315	.021
6.376	.020
6.533	.019
6.594	.019
6.715	.014
6.776	.013
6.861	.012
6.982	.011
7.079	.009
7.333	.008
7.467	.008
7.503	.006
7.515	.005
7.636	.004
7.879	.003
8.048	.002
8.242	.001
8.727	.001

$n_1=3,\ n_2=4,\ n_3=4$

x	$P_0\{H\geq x\}$
.000	1.000
.046	.993
.053	.981
.144	.959
.167	.937
.182	.925
.212	.913
.326	.890
.348	.870
.386	.850
.409	.829
.477	.819
.576	.799
.598	.779
.659	.761
.667	.742
.712	.731
.727	.713
.848	.704
.894	.685
.932	.668
.962	.651
1.053	.635
1.076	.620
1.136	.604
1.144	.597
1.296	.582
1.303	.568
1.326	.553
1.394	.539
1.417	.524
1.500	.510
1.546	.503
1.598	.490
1.636	.477
1.682	.470
1.750	.457
1.803	.444
1.909	.421
1.962	.409
2.053	.388
2.144	.378
2.227	.368
2.296	.354

$n_1=3,\ n_2=4,\ n_3=4$

x	$P_0\{H\ge x\}$
2.303	.344
2.326	.334
3.394	.325
2.417	.315
2.598	.306
2.636	.290
2.667	.281
2.712	.276
2.848	.269
2.894	.261
2.909	.254
2.932	.250
2.962	.243
3.076	.230
3.136	.218
3.326	.212
3.386	.207
3.394	.201
3.417	.195
3.477	.190
3.576	.184
3.598	.178
3.659	.173
3.682	.162
3.727	.160
3.803	.154
3.848	.150
3.932	.145
3.962	.140
4.144	.135
4.167	.131
4.212	.129
4.296	.125
4.303	.121
4.326	.116
4.348	.113
4.409	.106
4.477	.102
4.546	.099
4.576	.097
4.598	.093
4.712	.090
4.750	.087
4.894	.084

$n_1=3,\ n_2=4,\ n_3=4$

x	$P_0\{H\ge x\}$
5.053	.078
5.144	.073
5.182	.068
5.212	.066
5.296	.063
5.303	.061
5.326	.058
5.386	.054
5.500	.052
5.576	.051
5.598	.049
5.667	.047
5.803	.045
5.932	.043
5.962	.041
6.000	.040
6.046	.039
6.053	.035
6.144	.032
6.167	.031
6.182	.030
6.348	.027
6.386	.026
6.394	.025
6.409	.023
6.417	.022
6.546	.021
6.659	.020
6.712	.019
6.727	.018
6.962	.017
7.000	.016
7.053	.014
7.076	.011
7.136	.011
7.144	.010
7.212	.009
7.477	.006
7.598	.004
7.636	.004
7.682	.003
7.848	.003
8.227	.002
8.326	.001

$n_1=3,\ n_2=4,\ n_3=4$

x	$P_0\{H\ge x\}$
8.909	.001

$n_1=3,\ n_2=4,\ n_3=5$

x	$P_0\{H\ge x\}$
.010	1.000
.030	.990
.060	.981
.081	.972
.092	.963
.118	.953
.138	.944
.173	.935
.180	.926
.214	.917
.241	.908
.256	.900
.265	.891
.276	.882
.323	.874
.337	.865
.368	.857
.426	.841
.430	.833
.462	.825
.491	.817
.503	.809
.542	.784
.549	.777
.626	.769
.645	.754
.692	.746
.727	.738
.737	.716
.799	.709
.830	.696
.831	.689
.856	.667
.953	.660
1.004	.654
1.041	.641
1.045	.628

$n_1=3,\ n_2=4,\ n_3=5$

x	$P_0\{H\ge x\}$
1.062	.621
1.103	.615
1.106	.609
1.118	.602
1.137	.590
1.164	.584
1.188	.578
1.241	.572
1.246	.566
1.260	.553
1.349	.548
1.414	.542
1.445	.537
1.465	.522
1.472	.516
1.487	.506
1.506	.495
1.558	.490
1.568	.479
1.599	.475
1.615	.465
1.718	.460
1.733	.455
1.753	.450
1.780	.446
1.814	.441
1.856	.437
1.906	.427
1.927	.423
1.938	.418
1.964	.400
1.968	.396
1.985	.391
2.019	.387
2.030	.383
2.060	.379
2.103	.375
2.112	.366
2.169	.358
2.272	.354
2.308	.350
2.337	.346
2.349	.343
2.368	.335

$n_1=3,\ n_2=4,\ n_3=5$

x	$P_0\{H\geq x\}$
2.388	.332
2.395	.321
2.472	.318
2.481	.311
2.491	.307
2.522	.301
2.573	.294
2.580	.291
2.641	.288
2.645	.284
2.676	.281
2.677	.278
2.737	.271
2.830	.266
2.887	.263
2.908	.260
2.949	.251
2.953	.248
2.964	.240
3.010	.238
3.035	.235
3.087	.232
3.092	.222
3.106	.219
3.137	.216
3.195	.214
3.256	.209
3.260	.206
3.312	.204
3.318	.199
3.353	.197
3.414	.194
3.445	.192
3.462	.190
3.496	.188
3.503	.183
3.506	.181
3.568	.179
3.580	.177
3.599	.173
3.626	.169
3.703	.165
3.722	.163

$n_1=3,\ n_2=4,\ n_3=5$

x	$P_0\{H\geq x\}$
3.753	.161
3.773	.159
3.785	.156
3.810	.152
3.831	.150
3.865	.148
3.876	.146
3.958	.144
4.015	.140
4.030	.137
4.060	.134
4.122	.132
4.154	.131
4.180	.125
4.195	.124
4.235	.121
4.241	.119
4.276	.117
4.318	.115
4.327	.112
4.368	.110
4.419	.109
4.426	.107
4.487	.106
4.522	.105
4.523	.103
4.549	.099
4.564	.097
4.645	.095
4.676	.093
4.754	.091
4.789	.089
4.810	.088
4.830	.083
4.856	.082
4.881	.081
4.891	.078
4.939	.075
4.953	.074
4.983	.073
5.041	.072
5.045	.071
5.106	.070

$n_1=3,\ n_2=4,\ n_3=5$

x	$P_0\{H\geq x\}$
5.137	.068
5.158	.067
5.180	.065
5.291	.063
5.308	.062
5.342	.061
5.349	.061
5.353	.059
5.414	.058
5.426	.057
5.549	.054
5.568	.052
5.619	.051
5.631	.050
5.656	.049
5.660	.048
5.677	.047
5.718	.046
5.722	.045
5.753	.044
5.780	.043
5.804	.041
5.814	.040
5.862	.040
5.876	.039
5.964	.038
6.026	.038
6.030	.037
6.060	.037
6.087	.035
6.164	.035
6.173	.034
6.231	.033
6.265	.032
6.272	.030
6.337	.030
6.368	.029
6.369	.029
6.395	.026
6.410	.025
6.491	.025
6.522	.024
6.542	.023

$n_1=3,\ n_2=4,\ n_3=5$

x	$P_0\{H\geq x\}$
6.580	.021
6.635	.020
6.676	.020
6.703	.019
6.780	.019
6.785	.018
6.799	.016
6.830	.016
6.891	.015
7.004	.015
7.010	.015
7.096	.014
7.106	.014
7.188	.013
7.195	.012
7.256	.012
7.260	.012
7.272	.012
7.291	.011
7.318	.011
7.395	.011
7.445	.010
7.465	.010
7.477	.009
7.523	.007
7.568	.007
7.641	.007
7.708	.006
7.753	.006
7.810	.006
7.876	.006
7.887	.006
7.906	.005
7.927	.005
8.030	.005
8.060	.004
8.077	.004
8.118	.004
8.122	.004
8.215	.003
8.256	.003
8.430	.002
8.446	.002

$n_1=3,\ n_2=4,\ n_3=5$

x	$P_0\{H \geq x\}$
8.481	.002
8.503	.001
8.573	.001
8.626	.001
8.795	.001
9.035	.001
9.118	.001
9.199	.000
9.692	.000

$n_1=3,\ n_2=5,\ n_3=5$

x	$P_0\{H \geq x\}$
.000	1.000
.026	.996
.035	.989
.088	.974
.106	.959
.114	.951
.141	.944
.193	.930
.220	.916
.237	.902
.264	.895
.316	.880
.352	.866
.422	.840
.457	.819
.484	.813
.536	.800
.563	.788
.580	.763
.659	.751
.695	.745
.721	.733
.774	.721
.791	.698
.826	.686
.879	.675
.950	.653
1.029	.648

$n_1=3,\ n_2=5,\ n_3=5$

x	$P_0\{H \geq x\}$
1.037	.643
1.055	.632
1.064	.611
1.116	.602
1.134	.592
1.143	.583
1.248	.573
1.266	.563
1.292	.554
1.371	.550
1.407	.541
1.450	.514
1.459	.506
1.512	.497
1.565	.480
1.688	.472
1.723	.460
1.741	.453
1.750	.445
1.802	.438
1.829	.431
1.855	.420
1.934	.413
1.978	.393
2.066	.386
2.136	.380
2.145	.377
2.163	.370
2.198	.364
2.250	.351
2.321	.339
2.374	.327
2.409	.321
2.479	.315
2.488	.310
2.514	.305
2.593	.299
2.620	.294
2.637	.289
2.716	.276
2.752	.271
2.778	.267
2.848	.262

$n_1=3,\ n_2=5,\ n_3=5$

x	$P_0\{H \geq x\}$
2.857	.257
2.884	.255
2.936	.246
2.963	.241
3.094	.237
3.112	.224
3.121	.220
3.165	.216
3.191	.208
3.279	.206
3.306	.202
3.429	.195
3.464	.191
3.516	.187
3.622	.173
3.648	.167
3.666	.164
3.745	.161
3.780	.158
3.798	.152
3.807	.147
3.912	.144
3.965	.142
3.991	.139
4.114	.136
4.141	.135
4.150	.132
4.202	.127
4.220	.125
4.255	.117
4.308	.112
4.352	.110
4.378	.107
4.457	.105
4.466	.104
4.536	.102
4.545	.100
4.571	.098
4.694	.094
4.774	.092
4.826	.089
4.835	.088
4.888	.082

$n_1=3,\ n_2=5,\ n_3=5$

x	$P_0\{H \geq x\}$
4.914	.079
4.941	.077
4.993	.075
5.020	.072
5.064	.070
5.152	.067
5.169	.065
5.222	.065
5.284	.063
5.363	.062
5.407	.059
5.486	.057
5.494	.056
5.521	.055
5.574	.053
5.600	.051
5.626	.051
5.706	.046
5.802	.045
5.837	.042
5.934	.040
5.943	.039
6.022	.038
6.048	.037
6.198	.035
6.207	.034
6.250	.034
6.259	.033
6.286	.031
6.312	.030
6.365	.030
6.391	.028
6.435	.027
6.488	.025
6.550	.024
6.593	.024
6.655	.022
6.734	.022
6.752	.021
6.866	.019
6.892	.018
6.945	.018
6.963	.017

$n_1=3,\ n_2=4,\ n_3=5$

x	$P_0\{H \geq x\}$
6.998	.015
7.050	.015
7.121	.014
7.209	.014
7.226	.012
7.288	.012
7.306	.012
7.314	.011
7.437	.011
7.543	.010
7.578	.010
7.622	.009
7.736	.009
7.763	.008
7.780	.008
7.859	.007
7.894	.007
7.912	.007
8.026	.006
8.079	.006
8.106	.006
8.237	.005
8.264	.005
8.316	.005
8.334	.005
8.545	.004
8.571	.004
8.580	.004
8.650	.003
8.659	.003
8.791	.002
8.809	.002
8.950	.002
9.002	.002
9.055	.001
9.284	.001
9.336	.001
9.398	.001
9.521	.000
9.635	.000
9.916	.000
10.057	.000
10.550	.000

$n_1=4,\ n_2=4,\ n_3=4$

x	$P_0\{H \geq x\}$
.000	1.000
.038	.994
.115	.968
.154	.941
.269	.913
.346	.864
.462	.840
.500	.815
.615	.770
.731	.746
.808	.706
.962	.667
1.038	.648
1.077	.630
1.192	.592
1.385	.557
1.423	.540
1.500	.510
1.654	.480
1.846	.452
1.885	.436
2.000	.397
2.192	.370
2.346	.348
2.423	.327
2.462	.307
2.577	.296
2.808	.277
2.885	.260
2.923	.252
3.038	.234
3.115	.219
3.231	.212
3.500	.197
3.577	.173
3.731	.162
3.846	.151
3.962	.145
4.154	.136
4.192	.131
4.269	.122
4.308	.114
4.500	.104

$n_1=4,\ n_2=4,\ n_3=4$

x	$P_0\{H \geq x\}$
4.654	.097
4.769	.094
4.885	.086
4.962	.080
5.115	.074
5.346	.063
5.538	.057
6.654	.055
5.692	.049
5.808	.044
6.000	.040
6.038	.037
6.269	.033
6.500	.030
6.577	.026
6.615	.024
6.731	.021
6.962	.019
7.038	.018
7.269	.016
7.385	.015
7.423	.013
7.538	.011
7.654	.008
7.731	.007
8.000	.005
8.115	.003
8.346	.002
8.654	.001
8.769	.001
9.269	.001
9.846	.000

$n_1=4,\ n_2=4,\ n_3=5$

x	$P_0\{H \geq x\}$
.000	1.000
.030	.996
.033	.981
.086	.974
.096	.967

$n_1=4,\ n_2=4,\ n_3=5$

x	$P_0\{H \geq x\}$
.119	.952
.132	.937
.201	.930
.218	.916
.228	.903
.267	.889
.297	.875
.343	.869
.376	.862
.382	.849
.399	.836
.425	.823
.475	.811
.528	.798
.544	.792
.597	.780
.610	.768
.613	.757
.640	.745
.689	.734
.742	.723
.771	.711
.804	.706
.824	.695
.860	.690
.870	.679
.903	.668
.910	.658
.940	.647
1.019	.637
1.058	.627
1.068	.617
1.124	.607
1.167	.598
1.187	.589
1.190	.584
1.203	.574
1.256	.565
1.272	.556
1.299	.548
1.371	.539
1.404	.534
1.414	.526

$n_1=4,\ n_2=4,\ n_3=5$

x	$P_0\{H \ge x\}$
1.454	.518
1.503	.509
1.530	.501
1.533	.493
1.586	.485
1.596	.477
1.615	.469
1.668	.465
1.701	.458
1.718	.450
1.744	.443
1.810	.436
1.876	.429
1.899	.422
1.929	.414
1.942	.408
1.958	.401
2.047	.388
2.110	.375
2.140	.371
2.143	.365
2.176	.362
2.196	.356
2.275	.344
2.387	.338
2.390	.332
2.403	.327
2.440	.316
2.443	.310
2.453	.305
2.558	.299
2.575	.293
2.601	.288
2.667	.283
2.670	.279
2.733	.271
2.756	.267
2.799	.262
2.881	.257
2.904	.253
2.918	.249
2.967	.245
2.987	.240
2.997	.236

$n_1=4,\ n_2=4,\ n_3=5$

x	$P_0\{H \ge x\}$
3.013	.228
3.086	.224
3.119	.221
3.129	.217
3.168	.214
3.218	.210
3.260	.206
3.297	.202
3.330	.200
3.382	.197
3.432	.190
3.442	.187
3.481	.183
3.511	.180
3.590	.176
3.613	.170
3.630	.167
3.640	.164
3.656	.160
3.696	.157
3.758	.154
3.828	.151
3.910	.146
3.986	.143
3.989	.141
4.025	.139
4.042	.134
4.068	.132
4.075	.130
4.118	.127
4.170	.125
4.200	.122
4.233	.121
4.253	.119
4.272	.117
4.289	.114
4.332	.112
4.381	.108
4.447	.106
4.497	.104
4.553	.102
4.619	.100
4.668	.098
4.685	.096

$n_1=4,\ n_2=4,\ n_3=5$

x	$P_0\{H \ge x\}$
4.701	.094
4.711	.092
4.728	.091
4.747	.089
4.760	.088
4.813	.086
4.830	.084
4.833	.082
4.896	.081
4.975	.077
5.014	.076
5.024	.074
5.028	.073
5.090	.071
5.172	.069
5.196	.068
5.225	.066
5.344	.065
5.360	.063
5.370	.062
5.387	.061
5.410	.060
5.440	.059
5.476	.057
5.486	.056
5.489	.056
5.519	.054
5.568	.052
5.571	.051
5.618	.050
5.657	.049
5.687	.048
5.756	.047
5.782	.046
5.815	.045
5.819	.043
5.914	.042
6.003	.042
6.013	.041
6.030	.040
6.096	.039
6.119	.038
6.132	.037
6.201	.036

$n_1=4,\ n_2=4,\ n_3=5$

x	$P_0\{H \ge x\}$
6.214	.034
6.228	.033
6.267	.032
6.310	.031
6.343	.030
6.382	.029
6.399	.028
6.462	.027
6.544	.027
6.547	.026
6.597	.026
6.672	.024
6.676	.024
6.804	.023
6.860	.022
6.870	.022
6.887	.021
6.890	.021
6.943	.020
6.953	.020
6.976	.019
7.058	.018
7.075	.017
7.101	.017
7.124	.016
7.190	.016
7.203	.015
7.233	.015
7.240	.014
7.256	.014
7.418	.014
7.467	.013
7.470	.013
7.497	.013
7.503	.012
7.586	.012
7.596	.012
7.714	.011
7.744	.011
7.760	.009
7.767	.009
7.797	.009
7.810	.009
7.833	.008

$n_1=4,\ n_2=4,\ n_3=5$

x	$P_0\{H \geq x\}$
7.942	.007
7.981	.007
8.047	.006
8.113	.006
8.130	.006
8.140	.005
8.156	.005
8.189	.005
8.403	.004
8.440	.004
8.456	.004
8.525	.003
8.558	.003
8.571	.003
8.604	.003
8.703	.003
8.733	.003
8.782	.002
8.868	.002
8.997	.002
9.053	.001
9.099	.001
9.129	.001
9.168	.001
9.396	.001
9.528	.001
9.590	.001
9.613	.000
9.758	.000
10.118	.000
10.187	.000
10.681	.000

$n_1=4,\ n_2=5,\ n_3=5$

x	$P_0\{H \geq x\}$
.006	1.000
.020	.994
.043	.988
.051	.976
.086	970
.111	.958
.131	.946
.143	.935
.180	.929
.203	.923
.223	.912
.226	.901
.271	.890
.280	.879
.326	.874
.360	.863
.371	.852
.386	.841
.463	.821
.500	.805
.523	.800
.543	.790
.546	.781
.591	.771
.600	.752
.691	.742
.706	.738
.726	.729
.751	.720
.771	.711
.783	.693
.843	.684
.863	.675
.866	.667
.966	.658
.980	.654
1.000	.650
1.003	.642
1.011	.626
1.046	.617
1.071	.610
1.140	.594
1.183	.587
1.186	.579
1.286	.572
1.300	.553
1.323	.547
1.331	.540
1.346	.532
1.366	.525
1.411	.518
1.423	.512
1.483	.505
1.551	.498
1.560	.492
1.606	.485
1.620	.479
1.643	.470
1.651	.458
1.686	.455
1.711	.449
1.731	.443
1.743	.437
1.803	.431
1.826	.425
1.871	.420
1.963	.414
1.971	.409
1.986	.398
2.006	.393
2.031	.382
2.051	.377
2.063	.372
2.100	.369
2.143	.364
2.191	.354
2.246	.349
2.280	.344
2.306	.339
2.351	.335
2.371	.330
2.383	.326
2.420	.322
2.443	.319
2.463	.307
2.466	.302
2.511	.298
2.520	.294
2.566	.292
2.600	.288
2.626	.284
2.691	.280
2.740	.276
2.783	.272
2.786	.268
2.831	.257
2.840	.254
2.885	.250
2.931	.246
2.946	.239
2.966	.236
2.991	.232
3.023	.229
3.083	.224
3.103	.221
3.160	.218
3.240	.215
3.243	.211
3.266	.209
3.286	.203
3.311	.200
3.343	.197
3.380	.188
3.403	.187
3.471	.184
3.540	.176
3.571	.174
3.586	.170
3.651	.167
3.743	.162
3.746	.160
3.791	.155
3.800	.153
3.846	.151
3.883	.148
3.891	.144
3.906	.142
3.926	.140
3.951	.137
3.971	.135
4.043	.133
4.063	.131
4.166	.127
4.200	.124
4.203	.122
4.246	.120
4.271	.118

$n_1=4,\ n_2=4,\ n_3=5$

x	$P_0\{H \geq x\}$
4.291	.115
4.303	.113
4.363	.111
4.383	.110
4.386	.108
4.486	.106
4.500	.105
4.520	.101
4.523	.099
4.531	.098
4.591	.096
4.611	.095
4.660	.093
4.706	.092
4.806	.089
4.843	.088
4.851	.086
4.866	.084
4.886	.083
4.911	.079
4.943	.078
4.980	.076
5.023	.075
5.071	.074
5.126	.073
5.163	.070
5.171	.069
5.186	.068
5.206	.067
5.231	.066
5.263	.064
5.323	.063
5.400	.061
5.446	.059
5.460	.058
5.483	.057
5.491	.056
5.526	.056
5.571	.055
5.583	.052
5.620	.051
5.643	.050
5.666	.049

$n_1=4,\ n_2=4,\ n_3=5$

x	$P_0\{H \geq x\}$
5.711	.048
5.780	.048
5.803	.047
5.811	.046
5.871	.045
5.903	.043
5.963	.042
5.983	.042
5.986	.041
6.031	.040
6.086	.040
6.100	.038
6.123	.037
6.146	.037
6.166	.035
6.211	.035
6.223	.034
6.283	.034
6.303	.033
6.351	.032
6.406	.031
6.440	.030
6.451	.029
6.486	.029
6.531	.028
6.543	.028
6.603	.027
6.623	.026
6.626	.026
6.671	.025
6.760	.025
6.763	.024
6.771	.024
6.786	.023
6.806	.022
6.831	.022
6.900	.021
6.943	.020
7.000	.019
7.046	.019
7.080	.018
7.106	.018
7.171	.018

$n_1=4,\ n_2=4,\ n_3=5$

x	$P_0\{H \geq x\}$
7.183	.017
7.220	.017
7.243	.017
7.266	.016
7.311	.015
7.320	.015
7.426	.015
7.446	.014
7.471	.014
7.491	.014
7.503	.013
7.563	.013
7.586	.012
7.631	.012
7.640	.011
7.686	.011
7.720	.011
7.766	.010
7.791	.010
7.823	.010
7.860	.010
7.903	.009
7.906	.009
8.006	.009
8.043	.009
8.051	.008
8.066	.008
8.086	.008
8.131	.008
8.143	.007
8.223	.007
8.226	.007
8.271	.006
8.280	.006
8.340	.006
8.363	.006
8.371	.005
8.386	.005
8.431	.005
8.463	.005
8.523	.005
8.543	.005
8.546	.004

$n_1=4,\ n_2=4,\ n_3=5$

x	$P_0\{H \geq x\}$
8.683	.004
8.691	.004
8.726	.004
8.751	.004
8.771	.004
8.969	.003
8.980	.003
9.000	.003
9.011	.003
9.026	.003
9.071	.002
9.103	.002
9.163	.002
9.231	.002
9.286	.002
9.323	.001
9.411	.001
9.503	.001
9.506	.001
9.606	.001
9.643	.001
9.651	.001
9.686	.001
9.926	.001
9.986	.000
10.051	.000
10.063	.000
10.100	.000
10.260	.000
10.511	.000
10.520	.000
10.566	.000
10.646	.000
11.023	.000
11.083	.000
11.571	.000

$n_1=5,\ n_2=5,\ n_3=5$

x	$P_0\{H \geq x\}$
.000	1.000
.020	.998

$n_1=5,\ n_2=5,\ n_3=5$

x	$P_0\{H \geq x\}$
.060	.983
.080	.968
.140	.954
.180	.925
.240	.911
.260	.898
.320	.871
.380	.858
.420	.832
.500	.807
.540	.794
.560	.783
.620	.759
.720	.736
.740	.725
.780	.703
.860	.681
.960	.660
.980	.650
1.040	.620
1.140	.601
1.220	.582
1.260	.564
1.280	.547
1.340	.538
1.460	.521
1.500	.505
1.520	.497
1.580	.481
1.620	.466
1.680	.459
1.820	.444
1.860	.416
1.940	.403
2.000	.390
2.060	.383
2.160	.371
2.180	.365
2.220	.353
2.240	.342

$n_1=5,\ n_2=5,\ n_3=5$

x	$P_0\{H \geq x\}$
2.340	.330
2.420	.319
2.480	.314
2.540	.304
2.580	.294
2.660	.284
2.780	.265
2.880	.256
2.940	.252
2.960	.239
3.020	.231
3.120	.223
3.140	.216
3.260	.208
3.380	.201
3.420	.190
3.440	.184
3.500	.177
3.620	.171
3.660	.165
3.780	.159
3.840	.153
3.760	.150
3.920	.145
3.980	.137
4.020	.132
4.160	.127
4.220	.123
4.340	.118
.4380	.110
4.460	.105
4.500	.102
4.560	.100
4.580	.096
4.740	.092
4.820	.089
4.860	.085
4.880	.084
4.940	.081
5.040	.075

$n_1=5,\ n_2=5,\ n_3=5$

x	$P_0\{H \geq x\}$
5.120	.072
5.180	.070
5.360	.065
5.420	.063
5.460	.060
5.540	.055
5.580	.053
5.660	.051
5.780	.049
5.820	.048
5.840	.046
6.000	.044
6.020	.043
6.080	.040
6.140	.038
6.180	.036
6.260	.035
6.320	033
6.480	.032
6.500	.031
6.540	.030
6.620	.028
6.660	.027
6.720	.026
6.740	.025
6.860	.024
6.980	.021
7.020	.020
7.220	.019
7.260	.018
7.280	.018
7.340	.016
7.440	.015
7.460	.015
7.580	.014
7.620	.013
7.740	.012
7.760	.012
7.940	.011
7.980	.011

$n_1=5,\ n_2=5,\ n_3=5$

x	$P_0\{H \geq x\}$
8.000	.009
8.060	.009
8.180	.008
8.240	.008
8.340	.007
8.420	.007
8.540	.006
8.640	.006
8.660	.006
8.720	.005
8.780	.005
8.820	.005
8.880	.004
8.960	.004
9.060	.004
9.140	.003
9.260	.003
9.360	.003
9.380	.003
9.420	.002
9.500	.002
9.620	.002
9.680	.001
9.740	.001
9.780	.001
9.920	.001
9.980	.001
10.140	.001
10.220	.001
10.260	.000
10.500	.000
10.580	.000
10.640	.000
10.820	.000
11.060	.000
11.180	.000
11.520	.000
11.580	.000
12.020	.000
12.500	.000

3 찾아보기

영문

ㄱ

ㄴ

ㄷ

ㅁ

ㅂ

R과 Python을 이용한

확률 및 통계

저　　자　박진호 · 박헌진 · 온일상 · 유동현
　　　　　조민호 · 조성일 · 조성훈 · 황진수
발 행 인　김지영
발 행 처　자유아카데미
주　　소　경기도 파주시 회동길 37-42
　　　　　파주출판도시
전　　화　031-955-1321
팩　　스　031-955-1322
홈페이지　www.freeaca.com
전자우편　main@freeaca.com (대표)
　　　　　editor@freeaca.com (편집)
　　　　　crm@freeaca.com (영업)
등　　록　제406-2003-017호, 1980. 7. 12
제1판1쇄　2023년 8월 10일 발행

저자와의
협의하에
인지생략

ISBN 979-11-5808-457-8 93310